Schwerpunktbereich Weitemeyer/Maciejewski · Unternehmensteuerrecht

Schwerpunkte

Eine systematische Darstellung der wichtigsten Rechtsgebiete anhand von Fällen
Begründet von Professor Dr. Harry Westermann †

Unternehmensteuerrecht

Dr. Birgit Weitemeyer
Professorin an der Bucerius Law School Hamburg

Dr. Tim Maciejewski, Dipl.-Finw. (FH)
Wissenschaftlicher Mitarbeiter an der Bucerius Law School Hamburg

Bibliografische Information der Deutschen Nationalbibliothek
Die Deutsche Nationalbibliothek verzeichnet diese Publikation in der Deutschen Nationalbibliografie; detaillierte bibliografische Daten sind im Internet über <http://dnb.d-nb.de> abrufbar.

ISBN 978-3-8114-4762-2

Telefon: +49 6221/1859-599
Telefax: +49 6221/1859-598
E-Mail: kundenservice@cfmueller.de

www.cfmueller.de

© 2021 C.F. Müller GmbH, Waldhofer Straße 100, 69123 Heidelberg

Dieses Werk, einschließlich aller seiner Teile, ist urheberrechtlich geschützt. Jede Verwertung außerhalb der engen Grenzen des Urheberrechtsgesetzes ist ohne Zustimmung des Verlages unzulässig und strafbar. Dies gilt insbesondere für Vervielfältigungen, Übersetzungen, Mikroverfilmungen und die Einspeicherung und Verarbeitung in elektronischen Systemen.

Satz: preXtension, Grafrath
Druck: Westermann Druck, Zwickau

Vorwort

Dieses Lehrbuch behandelt die Besteuerung der Einzelunternehmer, der Personengesellschaften und der Kapitalgesellschaften mit Einkommensteuer und Körperschaftsteuer. Es deckt damit den Kern des sowohl in der steuerrechtlichen Ausbildung als auch in der beruflichen Praxis zentralen Themenfelds des Unternehmenssteuerrechts ab. Das Werk richtet sich primär an Studierende der Rechtswissenschaften, insbesondere solche, die ihr universitäres Schwerpunktstudium im Bereich des Steuerrechts absolvieren. Es kann aber gleichermaßen von Praktikern, die sich auf das Steuerberaterexamen oder die Prüfung zum Fachanwalt für Steuerrecht vorbereiten wollen, verwendet werden.

Das Lehrbuch soll nicht nur die systematischen Grundlagen, sondern auch vertiefte Kenntnisse der jeweiligen Materie vermitteln und das Verständnis für die teilweise schwierigen Zusammenhänge und dogmatischen Fragestellungen wecken. So lernen die Leserinnen und Leser die Ergänzungs- und Sonderbilanzen kennen, verstehen die mitunternehmerische Betriebsaufspaltung, erhalten einen Einblick in die Besonderheiten der freiberuflichen Personengesellschaften und nehmen an der Debatte teil, wie vermögensverwaltende Personengesellschaften einzuordnen oder verdeckte Gewinnausschüttung und verdeckte Einlage bei Schwesterkapitalgesellschaften zutreffend zu erfassen sind.

Der Anspruch des Werks besteht nicht nur darin, abstraktes Wissen zu vermitteln, sondern gezielt auf steuerrechtliche Klausuren vorzubereiten. Die Inhalte werden bewusst in der Reihenfolge dargestellt, in der sie bei einer steuerrechtlichen Fallbearbeitung zu behandeln sind. Beispielsfälle und Berechnungen verdeutlichen die konkrete Rechtsanwendung und geben Formulierungsvorschläge für die Darstellung in einer Klausurlösung.

Das Lehrbuch ist ein Produkt der Lehre im universitären Schwerpunkt im Steuerrecht an der Bucerius Law School. Es bündelt die Erfahrungen aus Vorlesungen, Klausurenkursen und Fallbesprechungen im kleinsten Kreis (Supervisions), die wir in den vergangenen Jahren gemeinsam mit unseren geschätzten Kollegen Prof. *Dr. Götz T. Wiese*, *Dr. Christian Ruoff* und *Dr. Christian Süß* verantwortet haben. Eingeflossen sind auch zahlreiche Anregungen und Fragen unserer Studierenden.

Wir danken den aktuellen und ehemaligen wissenschaftlichen Mitarbeiterinnen und Mitarbeitern für die Unterstützung bei der Vorbereitung und Durchführung dieser Lehrveranstaltungen und der Erstellung des Lehrbuchs. Besonderer Dank gebührt Herrn *Philipp Sahrmann*, LLB., der gemeinsam mit uns das Projekt angestoßen hat, sowie Herrn *Dr. Frederik Schumacher*, der das einleitende Kapitel zur Rechtsformabhängigkeit der Unternehmensbesteuerung maßgeblich entworfen hat. Wir danken Herrn *Jan Krekeler*, LLB., für die kritische Durchsicht des Manuskripts und die Bearbeitung verschiedener Beispielsfälle. Die wissenschaftlichen Hilfskräfte *Simon Bösken*, *Fabian Hagemeister* und *Jimi Puttins* haben sich sehr um die Vereinheitlichung

Vorwort

der Fußnoten verdient gemacht. Schließlich wäre der erfolgreiche Abschluss dieses Projekts – wie unsere tägliche Arbeit in Lehre und Forschung an der Bucerius Law School insgesamt – ohne die vielfältige und unermüdliche Unterstützung durch unsere Büroleiterin Frau *Julia Theele* nicht denkbar gewesen.

Im erschienenen Werk noch verbleibende Fehler oder Ungenauigkeiten haben allein die Autoren zu verantworten. Schreiben Sie uns gern unter Birgit.Weitemeyer@law-school.de oder Tim.Maciejewski@law-school.de, wenn Sie Anmerkungen machen oder Anregungen geben möchten.

Hamburg, im September 2021 *Birgit Weitemeyer*
Tim Maciejewski

Inhaltsverzeichnis

		Rn	Seite
Vorwort			V
Literaturverzeichnis			XIII
§ 1	**Rechtsformabhängigkeit der Unternehmensbesteuerung** . . .	1	1
	A. Einleitung	1	1
	B. System der Unternehmensbesteuerung de lege lata	3	1
	I. Überblick	3	1
	II. Einfachrechtliches System, typisierte Steuerbelastung	9	3
	1. Grundsätzliche Systematik und Bemessungsgrundlage	9	3
	2. Tarifliche Belastung laufender Gewinne	14	4
	3. Besteuerung von Veräußerungsgewinnen	20	6
	III. Bewertung	23	7
	1. Verfassungsrecht	24	7
	2. Ökonomie und Rechtspolitik	29	9
	IV. Alternative Modelle, aktuelle Reformüberlegungen	32	10
	1. Allgemeine Unternehmensteuer/Betriebsteuer	33	10
	a) Besteuerung der „steuerjuristischen Person"	35	10
	b) Allgemeine Unternehmensteuer	40	11
	2. Teilhabersteuer	47	13
	3. Aktuelle Reformüberlegungen	49	13
§ 2	**Besteuerung von Einzelunternehmern**	52	14
	A. Einkünftequalifikation	52	14
	I. Einkünfte aus Gewerbebetrieb	55	15
	1. Laufende Einkünfte	56	16
	a) Selbständigkeit	60	17
	b) Nachhaltigkeit	65	20
	c) Gewinnerzielungsabsicht	70	22
	d) Beteiligung am allgemeinen wirtschaftlichen Verkehr . .	77	25
	e) Keine Land- und Forstwirtschaft, freiberufliche oder sonstige selbständige Tätigkeit	83	28
	f) Keine bloße Vermögensverwaltung	86	29
	2. (Teil-)Betriebsveräußerung und -aufgabe	108	41
	II. Einkünfte aus selbständiger Arbeit	114	44
	1. Freiberufliche Tätigkeit (§ 18 Abs. 1 Nr. 1 EStG)	116	45
	a) Freiberufliche Tätigkeitsmerkmale	117	46
	b) Katalogberufe	123	47
	c) Ähnliche Berufe	126	49
	d) Einsatz von Hilfskräften (§ 18 Abs. 1 Nr. 1 S. 3 f. EStG)	128	50
	2. Andere Varianten von Einkünften aus selbständiger Arbeit	133	53

B. Einkünfteermittlung ... 136 ... 54
I. Laufende Einkünfte ... 139 ... 56
1. Der Betrieb als objektive Bezugsgröße ... 139 ... 56
   a) Betriebsbegriff ... 139 ... 56
   b) Betriebsvermögen ... 143 ... 58
2. Ermittlung des betrieblichen Gewinns ... 181 ... 73
   a) Betriebsvermögensvergleich ... 182 ... 73
   b) Einnahmen-Überschuss-Rechnung ... 284 ... 114
3. Wechsel der Gewinnermittlungsart ... 311 ... 127

II. Beendigung des Betriebs ... 317 ... 130
1. Betriebsveräußerung/-aufgabe ... 317 ... 130
2. Unentgeltliche Übertragung eines (Teil-)Betriebs, § 6 Abs. 3 EStG ... 327 ... 135
3. Teilentgeltliche Übertragungen eines (Teil-)Betriebs ... 335 ... 139
4. Einbringung eines (Teil-)Betriebs in eine Kapitalgesellschaft oder Mitunternehmerschaft ... 339 ... 141

III. Verlustabzugsbeschränkungen ... 350 ... 145

§ 3 Besteuerung von Personengesellschaften ... 353 ... 147
A. Überblick ... 353 ... 147
B. Mitunternehmerschaften ... 359 ... 149
I. Einkünftequalifikation ... 361 ... 150
1. Gesamthandsbereich ... 362 ... 150
   a) Gewerbliche Mitunternehmerschaft ... 362 ... 150
   b) Selbständige (insbesondere freiberufliche) Mitunternehmerschaft ... 457 ... 182
2. Sonderbereich ... 471 ... 188
   a) Einnahmen und Ausgaben aus bestimmten Leistungsbeziehungen ... 472 ... 188
   b) Doppelstöckige Personengesellschaften ... 482 ... 191
   c) Sonderfall: (Typische) GmbH & Co. KG ... 486 ... 192

II. Einkünfteermittlung bei einer Mitunternehmerschaft ... 497 ... 197
1. Allgemeines zur Gewinnermittlung ... 499 ... 198
   a) Betriebsabgrenzung ... 499 ... 198
   b) Bilanzbündeltheorie als Vorläuferin der zweistufigen Gewinnermittlung ... 503 ... 199
   c) Zweistufige Gewinnermittlung mit Gesamthands- und Sonderbereich (§ 15 Abs. 1 S. 1 Nr. 2 S. 1 Hs. 1 und 2 EStG) ... 505 ... 199
   d) Ergänzungsrechnungen als Korrekturposten zum Gesamthandsbereich ... 513 ... 202
2. Gesamthandsbereich ... 525 ... 207
   a) Gewinnermittlungsart ... 525 ... 207
   b) Gewinnverteilung ... 526 ... 207
   c) Umfang des Betriebsvermögens ... 534 ... 211
   d) Vermögenstransfer zwischen Gesellschafter und Gesellschaft ... 536 ... 211
3. Sonderbereich ... 640 ... 243
   a) Gewinnermittlungsart ... 641 ... 243

						Rn.	Seite
			b)	Umfang des Sonderbetriebsvermögens		646	245
			c)	Vermögenstransfer in das oder aus dem Sonderbetriebsvermögen		674	255
		III.	Einkünfte aus der Beendigung der wirtschaftlichen Tätigkeit			697	262
			1.	Ende der wirtschaftlichen Tätigkeit der Gesellschaft		698	262
				a)	Beendigung durch Übertragung, Einbringung oder Aufgabe eines (Teil-)Betriebs der Mitunternehmerschaft	699	262
				b)	Beendigung durch Realteilung (§ 16 Abs. 3 S. 2 bis 4 EStG)	708	266
			2.	Ende der wirtschaftlichen Tätigkeit des einzelnen Mitunternehmers		723	271
				a)	Anwendbare Normkomplexe und Besonderheiten	724	271
				b)	Wechsel im Gesellschafterbestand als Ende der wirtschaftlichen Tätigkeit einzelner Mitunternehmer	741	277
		IV.	Verlustabzugsbeschränkungen			775	288
			1.	Verluste bei beschränkter Haftung (§ 15a EStG)		775	288
			2.	Verluste im Zusammenhang mit Steuerstundungsmodellen (§ 15b EStG)		783	290
		V.	Begünstigte Besteuerung von thesaurierten Gewinnen (§ 34a EStG)			785	290
	C.	Vermögensverwaltende Personengesellschaften				789	291
		I.	Einkünftequalifikation			791	292
			1.	Herrschende Meinung: Partielle Steuerrechtsfähigkeit der Gesellschaft		791	292
			2.	Strenge Bruchteilsbetrachtung nach § 39 Abs. 2 Nr. 2 AO		796	294
			3.	Besonderheiten beim gewerblichen Grundstückshandel		811	304
			4.	Zebragesellschaft		816	306
		II.	Verlustabzugsbeschränkungen			827	311
			1.	Einkünfte aus Kapitalvermögen und Verluste aus privaten Veräußerungsgeschäften		828	311
			2.	Verluste aus Vermietung und Verpachtung		831	312
	D.	Besteuerungsverfahren				837	315
		I.	Gesonderte und einheitliche Feststellung			841	316
		II.	Besonderheiten bei vermögensverwaltenden Personengesellschaften			848	319
§ 4	Besteuerung von Körperschaften					855	323
	A.	Überblick				855	323
		I.	Körperschaftsteuer als Ertragsteuer der Körperschaften			855	323
			1.	Aufbau der Körperschaftsteuer		855	323
			2.	Dualismus von Einkommen- und Körperschaftsteuer		858	323
				a)	Trennungs- versus Transparenzprinzip	858	323
				b)	Vermeidung von Mehrfachbelastungen als Grundproblem der Körperschaftsteuer	864	325
		II.	Geltendes System: Klassisches Körperschaftsteuersystem mit Teileinkünfteverfahren und Abgeltungssteuer			868	326
			1.	Überblick		868	326
			2.	Kapitalgesellschaften als Anteilseigner		872	327

3. Beteiligung im Privatvermögen natürlicher Personen 874 327
   a) Laufende Ausschüttungen 874 327
   b) Veräußerung der Beteiligung oder von Anteilen 880 329
4. Beteiligung im Betriebsvermögen natürlicher Personen 884 330

B. Subjektive (persönliche) Körperschaftsteuerpflicht 890 331

I. Steuersubjekte 890 331
   1. Erfasste Körperschaften 891 331
   2. Insbesondere: Kapitalgesellschaften nach
      § 1 Abs. 1 Nr. 1 KStG 899 333
      a) Inländische Kapitalgesellschaften 899 333
      b) Ausländische Kapitalgesellschaften im Allgemeinen ... 900 333
      c) Ausländische Kapitalgesellschaften unter der Geltung
         der Gründungs- und der Sitztheorie 903 335
   3. Nicht erfasste Rechtsformen 910 337
   4. Personengesellschaften nach Option zur Körperschaft-
      steuer 911 338
      a) Persönlicher Anwendungsbereich 912 338
      b) Übergang zur Körperschaftsteuer 916 339
      c) Besteuerung nach Körperschaftsgrundsätzen 917 339
      d) Rückoption 923 340
   5. Beginn und Ende der subjektiven Körperschaftsteuer-
      pflicht 924 341
      a) Beginn der Steuersubjekteigenschaft 925 341
      b) Ende der Steuersubjektseigenschaft 931 342

II. Unbeschränkte und beschränkte Steuerpflicht 932 343
   1. Unbeschränkte Steuerpflicht 935 343
   2. Beschränkte Steuerpflicht 936 343
      a) Steuerpflicht gem. § 2 Nr. 1 KStG 936 343
      b) Steuerpflicht nach § 2 Nr. 2 KStG 941 345
   3. Persönliche (subjektive) Steuerbefreiungen 943 345
      a) Umfassende/partielle Steuerbefreiung 944 345
      b) Einschränkung für Kapitalerträge 946 345
      c) Beginn und Erlöschen einer Steuerbefreiung 950 347

C. Objektive (sachliche) Steuerpflicht 953 347

I. Überblick 953 347

II. Einkünftequalifikation 960 348

III. Einkünfteermittlung 964 350
   1. Ermittlung des Steuerbilanzgewinns 965 351
      a) Entsprechende Anwendung der Regelungen des EStG . 965 351
      b) Fiktive Veräußerungstatbestände bei Entstrickung 966 352
   2. Außerbilanzielle Modifikationen 972 353
      a) Nicht abzugsfähige Betriebsausgaben 976 354
      b) Beteiligungserträge und -aufwendungen (§ 8b KStG) .. 1007 360
      c) Verdeckte Gewinnausschüttungen 1032 366
      d) Verdeckte Einlagen 1081 378
      e) Steuerliches Einlagekonto und Rückgewähr von
         Einlagen 1108 387
   3. Verlustabzugsbeschränkungen 1116 388

		a) Grundsätze des intertemporalen Verlustausgleichs (§ 10d EStG)	1116	388
		b) § 8c KStG	1120	390
	4.	Organschaft	1135	394
		a) Voraussetzungen	1141	395
		b) Rechtsfolgen der körperschaftsteuerlichen Organschaft	1169	402

D. Besteuerungsverfahren und Entstehen der Steuer 1175 403

    I. Grundsatz: Abschnittsbesteuerung 1176 404

    II. Ausnahme: Liquidationsbesteuerung 1181 405

E. Abschließende Übersichten 1184 406

    I. Belastungsvergleich zwischen Dividendenbesteuerung im Privat- und Betriebsvermögen 1184 406

    II. Besteuerung von Dividenden 1185 407

    III. Besteuerung von Anteilsveräußerungen 1186 407

Sachverzeichnis 409

Literaturverzeichnis

Birk, Dieter/Desens, Marc/ Tappe, Henning	Steuerrecht, 24. Auflage, Heidelberg 2021 (zitiert als: Birk/Desens/Tappe, Steuerrecht)
Drescher, Ingo/ Fleischer, Holger/ Schmidt, Karsten (Hrsg.)	Münchener Kommentar zum Handelsgesetzbuch, Band 1, 5. Auflage 2021 (zitiert als: *Bearbeiter*, in: MüKo HGB)
Frotscher, Gerrit	Körperschaftsteuer, Gewerbesteuer, 2. Auflage, München 2008 (zitiert als: *Frotscher*, Körperschaftsteuer)
Gersch, Eva Maria/ Jäger, Markus/ Rätke, Bernd et al (Hrsg.)	Abgabenordnung, Kommentar, begründet von Franz Klein/ Gerd Orlopp, 15. Auflage, München 2020 (zitiert als: *Bearbeiter*, in: Klein, AO)
Gosch, Dietmar (Hrsg.)	Körperschaftsteuergesetz, Kommentar, 4. Auflage, München 2020 (zitiert als: *Bearbeiter*, in: Gosch, KStG)
Haase, Florian/Dorn, Katrin (Hrsg.)	Vermögensverwaltende Personengesellschaften, 4. Aufl., München 2020 (zitiert als: *Bearbeiter*, in: Haase/Dorn)
Hey, Johanna/Klein, Martin/ Wendt, Michael (Hrsg.)	Einkommensteuergesetz, Körperschaftsteuergesetz, Kommentar, begründet von Alfons Mrozek/Albert Kennerknecht, fortgeführt von Carl Herrmann/Gerhard Heuer/ Arndt Raupach, Köln, Loseblatt, Stand: 303. Lieferung April 2021, (zitiert als: *Bearbeiter*, in: Herrmann/Heuer/Raupach)
Hübschmann, Walter/Hepp, Ernst/Spitaler, Armin (Hrsg.)	Abgabenordnung – Finanzgerichtsordnung, Kommentar, Köln, Loseblatt, Stand: 251. Ergänzungslieferung Februar 2021 (*zitiert:* Bearbeiter, in: Hübschmann/Hepp/Spitaler)
Hüttemann, Rainer	Gemeinnützigkeits- und Spendenrecht, 4. Auflage, Köln 2018 (zitiert als: *Hüttemann*, Gemeinnützigkeits- und Spendenrecht)
Kirchhof, Paul/Seer, Roman (Hrsg.)	Einkommensteuergesetz, Kommentar, 20. Auflage, Köln 2021 (zitiert als: *Bearbeiter*, in: Kirchhof/Seer, EStG)
Kirchhof, Paul/Söhn, Hartmut/ Mellinghoff, Rudolf (Hrsg.)	Einkommensteuergesetz, Kommentar, Loseblatt, Stand: April 2021 (zitiert als: *Bearbeiter*, in: Kirchhof/Söhn/Mellinghoff)
Knobbe-Keuk, Brigitte	Bilanz- und Unternehmensteuerrecht, 9. Auflage, Köln 1993 (zitiert als: Knobbe-Keuk, Unternehmensteuerrecht)
Niehus, Ulrich/Wilke, Helmuth	Die Besteuerung der Kapitalgesellschaften, 5. Auflage, Stuttgart 2018 (zitiert als: *Niehus/Wilke*, Kapitalgesellschaften)
Oetker, Hartmut (Hrsg.)	Handelsgesetzbuch, Kommentar, 7. Auflage, München 2021 (zitiert als: *Bearbeiter*, in: Oetker, HGB)

Literaturverzeichnis

Schaumburg, Harald/ Englisch, Joachim (Hrsg.)	Europäisches Steuerrecht, 2. Auflage 2020 (zitiert als: *Bearbeiter*, in: Schaumburg/Englisch, Europäisches Steuerrecht)
Scheffler, Wolfram	Besteuerung von Unternehmen, Band I: Ertrag-, Substanz- und Verkehrsteuern, 14. Auflage, Heidelberg 2020 (zitiert als: *Scheffler*, Besteuerung von Unternehmen I)
Scheffler, Wolfram	Besteuerung von Unternehmen, Band II: Steuerbilanz, 9. Auflage, Heidelberg 2018 (zitiert als: *Scheffler*, Besteuerung von Unternehmen II)
Schmidt, Karsten	Unternehmensrecht, Band I: Handelsrecht, 6. Auflage 2014 (zitiert als: *K. Schmidt*, Handelsrecht)
Schmidt, Karsten	Unternehmensrecht, Band II: Gesellschaftsrecht, 5. Auflage 2021 (*K. Schmidt*, Gesellschaftsrecht)
Seer, Roman/Brandis, Peter/ Drüen, Klaus-Dieter et al (Hrsg.)	Abgabenordnung – Finanzgerichtsordnung, Kommentar, begründet von Klaus Tipke/Heinz Wilhelm Kruse, Köln, Loseblatt, Stand: 165. Ergänzungslieferung April 2021 (zitiert als: *Bearbeiter*, in: Tipke/Kruse)
Seer, Roman/Hey, Johanna/ Englisch, Joachim/ Hennrichs, Joachim (Hrsg.)	Steuerrecht, begründet von Klaus Tipke, fortgeführt von Joachim Lang, 24. Auflage, Köln 2020 (zitiert als: Bearbeiter, in: *Tipke/Lang*)
Tipke, Klaus	Die Steuerrechtsordnung, Band 3, 2. Auflage, Köln 2003 (zitiert als: *Tipke*, StRO III)
Weber-Grellet, Heinrich (Hrsg.)	Einkommensteuergesetz, Kommentar, begründet von Ludwig Schmidt, 40. Auflage, München 2021 (zitiert als: *Bearbeiter*, in: Schmidt)

§ 1 Rechtsformabhängigkeit der Unternehmensbesteuerung

A. Einleitung

Anders als der Titel dieses Lehrbuchs vermuten lassen könnte, gibt es in Deutschland keine einheitliche Unternehmensteuer. Unternehmerische Tätigkeiten unterliegen mehreren, teilweise verschiedenen Steuerarten und -gesetzen.

Das Lehrbuch befasst sich mit der Besteuerung unternehmerischer Erträge.[1] Dabei wird die Gewerbesteuer als kommunale Steuer auf den (objektivierten) Gewerbeertrag ausgeklammert.[2] Der Fokus der Ausführungen in §§ 2 bis 4 liegt auf der Belastung unternehmerischer Gewinne mit **Einkommen- und Körperschaftsteuer**. Den Schwerpunkt bildet die Besteuerung gewerblicher Tätigkeiten (siehe dazu insbesondere Rn. 56 ff., 362 ff.). Gleichwohl soll nicht unterschlagen werden, dass natürliche Personen, Personengesellschaften und Körperschaften auch andere Tätigkeiten ausüben können, die (im Rechtsverkehr) als unternehmerisch angesehen werden. Dabei handelt es sich um selbständige Arbeit im Sinne des § 18 EStG (siehe dazu Rn. 116 ff., 457 ff.) und Vermögensverwaltung im Sinne der §§ 20, 21, 22 Nr. 2 i.V.m. 23 EStG (siehe dazu insbesondere Rn. 791 ff.). Auf diese Einkunftsarten wird insbesondere im Rahmen der Darstellung des Steuerrechts der Personengesellschaften ebenso eingegangen. Für Körperschaften im Sinne des § 1 Abs. 1 Nr. 1 bis 3 KStG, also insbesondere im Inland ansässige Kapitalgesellschaften, gilt die Besonderheit, dass alle Einkünfte als solche aus Gewerbebetrieb zu behandeln sind, § 8 Abs. 2 KStG (siehe noch im Detail unter Rn. 960 ff.). Die nachfolgende Darstellung des Systems der Unternehmensbesteuerung (siehe Rn. 3 ff.) beschränkt sich zur Vereinfachung auf den gedanklichen Normalfall, die Besteuerung gewerblicher Einkünfte.

B. System der Unternehmensbesteuerung de lege lata

I. Überblick

Die Besteuerung unternehmerischer Erträge erfolgt in Deutschland nicht einheitlich für alle Unternehmen, sondern **abhängig von der Rechtsform des Unternehmensträgers**.

Natürliche Personen unterliegen mit ihren unternehmerischen Gewinnen als Einzelunternehmer der Einkommensteuer. Die Regelungen des Einkommensteuergesetzes zur Qualifikation und Ermittlung der Einkünfte eines Einzelunternehmers sind zentral, weil sie aufgrund des Transparenzprinzips auch für das Steuerregime von Personengesellschaften gelten und für Körperschaften auf diese Vorschriften verwiesen wird (§§ 7 Abs. 1, 8 Abs. 1 KStG) und nur das danach ermittelte Ergebnis wegen der Besonderheiten der jeweiligen Rechtsform modifiziert wird.

---

1 In der Praxis der Unternehmensbesteuerung sind auch andere Steuern, insbesondere die Umsatzsteuer und die Grunderwerbsteuer, von erheblicher Bedeutung.
2 Vgl. dazu eingehend *Birk/Desens/Tappe*, Steuerrecht, Rn. 1334 ff.

5 **Körperschaften** sind eigenständige Steuersubjekte. Zu den Körperschaften zählen insbesondere die Kapitalgesellschaften.[3] Körperschaft und Anteilseigner werden jeweils selbständig und grundsätzlich unabhängig voneinander besteuert (**Trennungsprinzip**). Die von der Körperschaft erwirtschafteten Gewinne unterliegen der Körperschaftsteuer. Wenn und insoweit die Gewinne an die Anteilseigner ausgeschüttet werden, unterliegen sie dem Grunde nach bei ihnen – abhängig von ihrer Rechtsform – einer (erneuten bzw. ergänzenden) Besteuerung mit Einkommen- oder Körperschaftsteuer.

6 Demgegenüber sind **Personengesellschaften** kein eigenes Einkommen- oder Körperschaftsteuersubjekt. Vielmehr wird der auf Ebene der Gesellschaft erzielte Gewinn zwischen den Gesellschaftern verteilt und dann von diesen nach den für sie jeweils einschlägigen Regelungen versteuert. Die Gewinne unterliegen also entweder der Einkommen- (soweit natürliche Personen beteiligt sind) oder der Körperschaftsteuer (soweit Körperschaften beteiligt sind). Ist an einer Personengesellschaft eine andere Personengesellschaft beteiligt (doppelstöckige Personengesellschaft), werden die Gewinne den Gesellschaftern der Obergesellschaft zugerechnet. Dass es für Zwecke der Einkommen- und Körperschaftsteuer nicht auf die Personengesellschaft, sondern auf die hinter der Gesellschaft stehenden Gesellschafter ankommt, bezeichnet man als **Transparenzprinzip**.

7 Die rechtsformabhängige Besteuerung der Erträge von Einzelunternehmen, Personen- und Kapitalgesellschaften ist kein Spezifikum des deutschen Rechts. Das Trennungsprinzip bei Kapitalgesellschaften entspricht weltweit dem Standard. In einigen Staaten unterfallen Personengesellschaften ebenfalls der Körperschaftsteuer und dem Trennungsprinzip; in den Mitgliedstaaten der Europäischen Union werden sie steuerlich aber überwiegend transparent behandelt.[4] Einige Jurisdiktionen gewähren Personen- und/oder Kapitalgesellschaften eine Wahlmöglichkeit über ihre steuerliche Behandlung. So können einerseits Personengesellschaften in den USA für die Anwendung des Trennungsprinzips optieren, sogenannte kleine Kapitalgesellschaften bzw. ihre Gesellschafter können andererseits eine Besteuerung nach dem Transparenzprinzip wählen (sog. **Check-the-Box-Verfahren**). In Deutschland wird mit dem Gesetz zur Modernisierung des Körperschaftsteuerrechts vom 25.6.2021[5] erstmals Personengesellschaften bzw. ihren Gesellschaftern eine **Option zur Körperschaftsbesteuerung** eingeräumt (dazu eingehend unten unter Rn. 50, 911 ff.).

8 *De lege lata* bietet die unterschiedliche Behandlung von Personen- und Kapitalgesellschaften den Unternehmen vor allem Gestaltungsspielraum. Da zivilrechtlich (insbesondere bei Personengesellschaften) das Innenverhältnis der Gesellschaft weitgehend gestaltbar ist und die Rechtsformen einander angenähert werden können, können die unterschiedlichen steuerrechtlichen Folgen ein wesentliches Entscheidungskriterium für die Rechtsformwahl sein. Teilweise finden sich aber Regelungen, mit denen bestimmte Gestaltungen beschränkt werden, um das insgesamt verfolgte und verfassungsrechtlich gebotene Ziel einer Besteuerung nach der wirtschaftlichen Leistungs-

---

3 Die Begriffe Körperschaft und Kapitalgesellschaft werden zur Vereinfachung im Folgenden synonym verwendet.
4 Vgl. die Übersicht bei *Hey/Bauersfeld*, IStR 2005, 649.
5 Gesetz zur Modernisierung des Körperschaftsteuerrechts v. 25.6.2021 (BGBl. I 2021, S. 2050).

fähigkeit zu verwirklichen (z.B. die Verlustausgleichsbeschränkungen bei Einkünften eines zivilrechtlich beschränkt haftenden Gesellschafters nach § 15a EStG, siehe dazu im Detail unter Rn. 775 ff.).

II. Einfachrechtliches System, typisierte Steuerbelastung

1. Grundsätzliche Systematik und Bemessungsgrundlage

Die augenfälligste Differenzierung der Unternehmensbesteuerung liegt in der Anwendbarkeit des Einkommensteuergesetzes allein auf natürliche Personen und des Körperschaftsteuergesetzes auf Körperschaften andererseits. 9

Das Einkommen der Körperschaften wird getrennt vom Einkommen der Anteilseigner besteuert, das heißt, es findet grundsätzlich keine Verrechnung von Verlusten der Körperschaft mit Gewinnen des Anteilseigners und vice versa statt.[6] Die dem Gesellschafter eines Personenunternehmens zuzurechnenden Einkünfte aus der Gesellschaft werden hingegen grundsätzlich mit seinen übrigen Einkünften ver- bzw. zusammengerechnet (§ 2 EStG).[7] 10

Die **Bemessungsgrundlage** von Einkommen- und Körperschaftsteuer wird im Grundsatz nach den gleichen Vorschriften ermittelt, da § 8 Abs. 1 Satz 1 KStG zur Bestimmung des Einkommens einer Körperschaft auf die Regelungen des Einkommensteuergesetzes verweist. Damit sind insbesondere die Regelungen des **Bilanzsteuerrechts** der §§ 4 bis 7i EStG bedeutsam. Der wichtigste systematische Unterschied auf Ebene der Bemessungsgrundlage liegt in der Behandlung der **Leistungsbeziehungen zwischen Gesellschaft und Gesellschafter**: 11

Schuldrechtliche Vereinbarungen zwischen einer Körperschaft und ihren Anteilseignern werden steuerlich grundsätzlich wie Verträge zwischen fremden Dritten behandelt. Das heißt, dass Betriebsausgaben bzw. -einnahmen der Körperschaft aus diesem Leistungsverhältnis die körperschaftsteuerliche Bemessungsgrundlage mindern bzw. erhöhen. Einkünfte des Anteilseigners aus einer solchen Vereinbarung unterliegen bei ihm der Einkommen- oder Körperschaftsteuer. Sie sind autonom zu qualifizieren; das heißt beispielsweise, dass Einnahmen des Anteilseigners aus einer Tätigkeit als Angestellter der Körperschaft als Einkünfte aus nicht selbständiger Arbeit im Sinne des § 19 EStG behandelt werden. Überlässt der Gesellschafter der Gesellschaft ein Wirtschaftsgut zur Nutzung, bleibt es grundsätzlich Privatvermögen des Gesellschafters; Einnahmen aus der Nutzungsüberlassung sind nach §§ 20 ff. EStG steuerbar (zur abweichenden Beurteilung bei einer Betriebsaufspaltung siehe Rn. 100 ff.). Wenn und soweit eine Leistungsbeziehung zwischen der Körperschaft und dem Anteilseigner allerdings nicht fremdüblich ausgestaltet ist, liegt eine **verdeckte Gewinnausschüttung** oder **verdeckte Einlage** vor, die das Einkommen nicht mindert bzw. erhöht (siehe dazu § 8 Abs. 3 KStG und eingehend Rn. 1032 ff.; 1081 ff.). 12

---

6 Eine Saldierung erfolgt nur, wenn eine körperschaftsteuerliche Organschaft nach §§ 14 ff. KStG besteht.
7 Das Einkommensteuergesetz schließt jedoch in einigen Vorschriften die Verlustverrechnung aus oder beschränkt sie, z.B. §§ 15 Abs. 4, 15a EStG.

13 Auch bestimmte Leistungsbeziehungen zwischen einer Personengesellschaft und ihren Gesellschaftern führen dazu, dass durch sie veranlasste Betriebseinnahmen bzw. -ausgaben der Gesellschaft ihren Gewinn – und damit den Gewinnanteil ihrer Gesellschafter – in einem ersten Schritt erhöhen bzw. mindern. Die spiegelbildlichen Ausgaben bzw. Einnahmen des Gesellschafters werden jedoch nicht eigenständig steuerlich behandelt, sondern entsprechend der Einordnung seines Gewinnanteils (gewerblich oder freiberuflich) qualifiziert und mit diesem zusammengerechnet, § 15 Abs. 1 Satz 1 Nr. 2 EStG. Das heißt beispielsweise, dass Einnahmen des Gesellschafters aus einer Tätigkeit als Angestellter der (gewerblich tätigen) Personengesellschaft als Einkünfte aus Gewerbebetrieb im Sinne des § 15 EStG behandelt werden. Überlässt der Gesellschafter der Gesellschaft ein Wirtschaftsgut zur Nutzung, gehört es zum (Sonder-)Betriebsvermögen des Gesellschafters und die Einnahmen aus der Überlassung gehören zu den Einkünften aus Gewerbebetrieb. Wenn und soweit eine Leistungsbeziehung nicht fremdüblich ausgestaltet ist, kann eine **(verdeckte) Entnahme** oder **Einlage** vorliegen, die den Gewinn auf der Ebene der Personengesellschaft nicht mindert bzw. erhöht (zu den Einzelheiten siehe insbesondere Rn. 471 ff., 640 ff.).

2. Tarifliche Belastung laufender Gewinne

14 Erhebliche Unterschiede zwischen Körperschaft- und Einkommensteuer bestehen zudem bei der tariflichen Belastung. Gewinne eines Einzelunternehmers und Gewinne aus der Tätigkeit einer Personengesellschaft, die auf eine natürliche Person entfallen, unterliegen dem **progressiven Einkommensteuertarif**. Je größer das zu versteuernde Einkommen ist, desto höher fällt der Einkommensteuersatz aus. Der Spitzensteuersatz, der als Grenzsteuersatz für Entscheidungen über zusätzliche Investitionen entscheidend ist, liegt ab einem zu versteuernden Einkommen von 274.613 € bei 45 %, § 32a EStG.[8] Die Körperschaftsteuer beträgt hingegen – unabhängig von der Höhe des zu versteuernden Einkommens – 15 %, § 23 Abs. 1 KStG. Es besteht damit einer Tarifspreizung von 30 %-Punkten bzw. von 31,65 %-Punkten (47,475 % zu 15,825 %), wenn man den Solidaritätszuschlag einbezieht.[9]

15 Diese Differenz wird durch die **Gewerbesteuer** verringert. Unterstellt man einen (typischen) Gewerbesteuerhebesatz von 400 %,[10] unterliegen die Gewinne einer Körperschaft einer Ertragsteuerbelastung mit Körperschaftsteuer und Gewerbesteuer in Höhe von 29 % bzw. 29,825 % inklusive Solidaritätszuschlag. Da sich die tarifliche Einkommensteuer nach § 35 EStG um das Vierfache des Gewerbesteuer-Messbetrags ermäßigt, beträgt die Grenzsteuerbelastung natürlicher Personen auch unter Berück-

---

8 Bei der Zusammenveranlagung von Ehegatten greift der Spitzensteuersatz bei einem gemeinsamen zu versteuernden Einkommen von 549.226 € ein.
9 Die Tarifspreizung fällt noch größer aus, wenn man die Kirchensteuer in die Betrachtung einbezieht. Zur Vereinfachung und Veranschaulichung bleiben die Belastungen durch die Kirchensteuer unberücksichtigt.
10 Der anzuwendende Hebesatz wird von den Gemeinden festgesetzt, § 16 Abs. 1 GewStG. Im Jahr 2019 betrug der gewogene Durchschnittshebesatz in Deutschland 403 %, *Statistisches Bundesamt*, Realsteueraufkommen und gewogene Durchschnittshebesätze ab 1949 (abrufbar unter https://www.destatis.de; geprüft am 6.10.2021).

sichtigung der Gewerbesteuer 45 % bzw. 46,705 % inklusive Solidaritätszuschlag.[11] Es verbleibt ein Tarifgefälle von 16 % bzw. 16,88 %-Punkten.

Zusätzlich und auf Antrag findet auf die Gewinne eines Einkommensteuerpflichtigen der **Sondertarif des § 34a EStG für nicht entnommene Gewinne** Anwendung; der Steuersatz beträgt dann im günstigsten Fall[12] 28,25 % bzw. ca. 29,804 % inklusive Solidaritätszuschlag, sodass der nominelle Tarifunterschied auf 0,021 %-Punkte zusammenschmilzt. Zusammen mit der Gewerbesteueranrechnung nach § 35 EStG ergibt sich eine tarifliche Belastung von 29,034 % inklusive Solidaritätszuschlag und damit sogar eine niedrigere Steuerbelastung für Personenunternehmen im Vergleich zu Körperschaften. 16

Zusätzlich muss die Ebene der Anteilseigner betrachtet werden. **Gewinnausschüttungen einer Körperschaft** unterliegen der Einkommen- bzw. Körperschaftsteuer auf Ebene der Gesellschafter.[13] Die Höhe der Besteuerung hängt davon ab, ob der Gesellschafter einkommen- oder körperschaftsteuerpflichtig ist und ob der einkommensteuerpflichtige Gesellschafter seine Beteiligung im Privat- oder Betriebsvermögen hält. Wenn der Anteilseigner eine natürliche Person ist und die Beteiligung im Betriebsvermögen hält, dann sind Ausschüttungen zu 40 % steuerfrei, § 3 Nr. 40 lit. d EStG; sie unterliegen dem regulären Einkommensteuertarif (sog. **Teileinkünfteverfahren**).[14] Hält er die Beteiligung im Privatvermögen, sind Ausschüttungen zwar in voller Höhe steuerpflichtig; sie unterliegen jedoch einem gesonderten Steuersatz von lediglich 25 %, § 32d Abs. 1 EStG (sog. **Abgeltungssteuer**).[15] Unterliegt der Anteilseigner der Körperschaftsteuer, sind Ausschüttungen zu 95 % steuerfrei, § 8b Abs. 1 und 5 KStG;[16] Gewinnausschüttungen dieser Körperschaft an ihre Anteilseigner sind wiederum nach den gleichen Regelungen zu besteuern. 17

Die Besteuerung der **Gewinne eines Einzelunternehmers** bzw. der **Gewinne aus der Tätigkeit einer Personengesellschaft** ist grundsätzlich unabhängig davon, ob die Gewinne entnommen oder thesauriert werden. Zu einer Besteuerung von Entnahmen kommt es nur bei Anwendung des § 34a EStG; der Steuertarif beträgt in diesem sog. **Nachversteuerungsfall** 25 % bzw. 26,375 % inklusive Solidaritätszuschlag.[17] 18

---

11 Die Einbeziehung der Gewerbesteuer führt zu einer Reduzierung der Gesamtbelastung für natürliche Personen. Diese resultiert daraus, dass Bemessungsgrundlage des Solidaritätszuschlags die tarifliche Einkommensteuer ist, § 3 SolZG, und die tarifliche Einkommensteuer durch die Anrechnung der Gewerbesteuer gemindert wird.
12 Dieser günstigste Fall wird praktisch kaum erreicht, da der Einzel-/Mitunternehmer jedenfalls Steuerentnahmen tätigen wird. Zudem sind nach herrschender Meinung nicht abzugsfähige Betriebsausgaben – insbesondere die Gewerbesteuer – von der Begünstigung ausgenommen, s. *Wacker*, in: Schmidt, EStG, § 34a Rn. 5, 25.
13 Die Ausschüttung unterliegt zudem gegebenenfalls der Gewerbesteuer. Zur Vereinfachung wird im Folgenden unterstellt, dass die Voraussetzungen des § 8 Nr. 5 GewStG nicht vorliegen und die Gewerbesteuer nach § 35 EStG in voller Höhe angerechnet wird.
14 Betriebsausgaben, die mit den Beteiligungseinkünften zusammenhängen, dürfen ebenfalls nur zu 60 % abgezogen werden, § 3c Abs. 2 Satz 1 EStG.
15 Der Werbungkostenabzug ist ausgeschlossen, § 20 Abs. 9 Satz 1 Hs. 2 EStG.
16 Das gilt jedoch nicht, wenn die Beteiligung weniger als 10 % des Grund- oder Stammkapitals beträgt, § 8b Abs. 4 KStG.
17 Der Nachversteuerungsbetrag unterliegt nicht der Gewerbesteuer, weil die Thesaurierungsbegünstigung und die Nachversteuerungspflicht nur den Einkommensteuertarif modifizieren, nicht aber den Steuerbilanzgewinn, der dem gewerbesteuerpflichtigen Gewerbeertrag zugrunde liegt.

19 Im Überblick ergibt sich folgende Steuerbelastung im Vergleich[18]:

	Körperschaft (insb. Kapitalgesellschaft), auch bei Beteiligung an Personengesellschaft		Natürliche Person als Einzelunternehmer oder Gesellschafter einer Personengesellschaft	
	Anteilseigner hält Beteiligung im Betriebsvermögen	Anteilseigner hält Beteiligung im Privatvermögen	Anwendung von § 34a EStG	Keine Anwendung von § 34a EStG
Gewinn	100	100	100	100
Steuerbelastung des Gewinns	29,825	29,825	29,034	46,705
Ausschüttungs- bzw. entnahmefähiger Gewinn	70,175	70,175	70,966	53,295
Steuerbelastung der Vollausschüttung bzw. vollständiger Entnahme	19,989	18,509	18,717	0
Gewinn nach Steuern	50,186	51,666	52,249	53,295
Gesamtsteuerbelastung	49,814	48,334	47,751	46,705

3. Besteuerung von Veräußerungsgewinnen

20 Auch die Veräußerung eines Einzelunternehmens bzw. eines Anteils an einer Personengesellschaft unterliegt einer anderen steuerlichen Belastung als die Veräußerung eines Anteils an einer Kapitalgesellschaft.[19]

21 Gewinne aus der **Veräußerung von Kapitalgesellschaftsbeteiligungen** unterliegen bei Anteilseignern, die körperschaftsteuerpflichtig sind, nur zu 5 % der Körperschaftsteuer, § 8b Abs. 2 und 3 KStG. Ist der Anteilseigner eine natürliche Person und hält diese die Beteiligung im Betriebsvermögen oder ist sie wesentlich an der Gesellschaft beteiligt im Sinne des § 17 EStG, unterliegt der Veräußerungsgewinn dem persönlichen Einkommensteuertarif, ist aber zu 40 % steuerfrei, § 3 Nr. 40 lit. a und c, § 3c EStG (**Teileinkünfteverfahren**). Hält eine natürliche Person ihre nicht wesentliche Beteiligung im Privatvermögen, unterliegt der Veräußerungsgewinn gemäß § 32d Abs. 1 EStG der **Abgeltungssteuer**, d.h. einem gesonderten Tarif in Höhe von 25 % bzw. 26,375 % inklusive Solidaritätszuschlag.

22 Die Veräußerung eines (Teil-)Betriebs eines Einzelunternehmens oder eines Anteils an einer Personengesellschaft unterliegt zunächst einmal dem normalen progressiven

---

18 Berücksichtigung von Einkommen- und Körperschaftsteuer inklusive Solidaritätszuschlag und Gewerbesteuer mit Hebesatz von 400 % (einschließlich Anrechnung nach § 35 EStG).
19 Zur Vereinfachung werden gewerbesteuerliche Effekte ausgeklammert.

Einkommensteuertarif gemäß § 32a EStG. Er wird aber wegen der möglicherweise hohen steuerlichen Einmalbelastung einkommensteuerlich[20] begünstigt, wenn alle wesentlichen Betriebsgrundlagen des (Teil-)Betriebs bzw. neben der Beteiligung an der Personengesellschaft auch alle zu den wesentlichen Betriebsgrundlagen gehörenden Wirtschaftsgüter des Sonderbetriebsvermögens veräußert werden. Der Veräußerungsgewinn unterliegt dann einem besonderen Steuertarif nach § 34 Abs. 1 EStG (sogenannte **Fünftelregelung**). Hat der Steuerpflichtige das 55. Lebensjahr vollendet oder ist er im sozialversicherungsrechtlichen Sinne dauernd berufsunfähig, kann er den Veräußerungs- oder Aufgabegewinn auf Antrag um einen Freibetrag in Höhe von bis zu 45.000 € mindern, § 16 Abs. 4 EStG.[21] Zudem kann er beantragen, dass der Veräußerungsgewinn bis zu einer Höhe von 5 Millionen € nur einer Steuerbelastung in Höhe von 56 % des durchschnittlichen Steuersatzes, der sich bei Anwendung des regulären Einkommensteuertarifs des § 32a EStG ergibt, unterliegt, § 34 Abs. 3 EStG.[22]

III. Bewertung

Gegen die rechtsformabhängige Besteuerung unternehmerischer Gewinne werden verfassungsrechtliche sowie ökonomische bzw. rechtspolitische Einwände erhoben.[23]

1. Verfassungsrecht

Der allgemeine Gleichheitssatz des Art. 3 Abs. 1 GG verpflichtet den Gesetzgeber, (wesentlich) Gleiches gleich und (wesentlich) Ungleiches ungleich zu behandeln.[24] Für den Bereich des Steuerrechts ergibt sich daraus, dass steuerliche Lasten nach der wirtschaftlichen Leistungsfähigkeit des Steuerpflichtigen zu bemessen sind: danach müssen die Steuerpflichtigen im Grundsatz bei gleicher Leistungsfähigkeit rechtlich und tatsächlich gleichmäßig belastet werden; eine größere wirtschaftliche Leistungsfähigkeit gebietet grundsätzlich eine größere steuerliche Belastung.[25] Abweichungen vom Grundsatz der Besteuerung nach der wirtschaftlichen Leistungsfähigkeit bedürfen (verfassungsrechtlicher) Rechtfertigung.[26] Verbreitet wurde (und teilweise wird auch heute noch) vertreten, so wie unterschiedliche Einkunftsarten oder verschiedene

---

20 Veräußert ein Körperschaftsteuersubjekt einen (Teil-)Betrieb oder einen Anteil an einer Personengesellschaft, unterliegt dieser Gewinn der regulären körperschaftsteuerlichen Belastung, das heißt, es werden insoweit keinerlei Vergünstigungen gewährt.
21 Dieser Freibetrag wird dem Steuerpflichtigen nur einmal im Leben gewährt.
22 Auch dieser besonders günstige Tarif wird dem Steuerpflichtigen nur einmal im Leben gewährt. Die Steuerbelastung des begünstigten Veräußerungsgewinns beträgt zudem mindestens 14 %.
23 Aus dem Unionsrecht ergibt sich nach herrschender Meinung kein allgemeines Gebot rechtsformneutraler Besteuerung, vgl. *Englisch*, in: Tipke/Lang, Rn. 4.91; *Hey*, in: Tipke/Lang, Rn. 13.176; *Reimer*, in: Schaumburg/Englisch, Europäisches Steuerrecht, Rn. 7.171 f.
24 St. Rspr. des BVerfG, vgl. BVerfG, Beschluss v. 29.3.2017 – 2 BvL 6/11, BVerfGE 145, 106, juris Rn. 98 m.w.N.
25 St. Rspr. des BVerfG, vgl. BVerfG, Beschluss v. 29.3.2017 – 2 BvL 6/11, BVerfGE 145, 106, juris Rn. 99 m.w.N.
26 St. Rspr. des BVerfG, vgl. BVerfG, Beschluss v. 29.3.2017 – 2 BvL 6/11, BVerfGE 145, 106, juris Rn. 100 ff. m.w.N.

Berufe nicht ungleich besteuert werden dürften, sei gleich hohes Einkommen, unabhängig davon, in welcher Rechtsform es erzielt wird, im Grundsatz gleich zu besteuern; die wirtschaftliche Leistungsfähigkeit sei unabhängig von der Rechtsform.[27]

25 Vereinzelt wird im wissenschaftlichen Schrifttum zudem argumentiert, die rechtsformabhängige Ertragsbesteuerung verletze auch grundgesetzlich verbürgte Freiheitsrechte. Die fehlende Rechtsformneutralität der Unternehmensbesteuerung beeinträchtige die Entscheidung des Steuerpflichtigen, in welcher rechtlichen Organisationsform er einer unternehmerischen Tätigkeit nachgeht, und beschränke deshalb seine durch Art. 12, 14 und 2 Abs. 1 GG gewährleistete wirtschaftliche Handlungsfreiheit.[28] Außerdem könne die rechtformabhängige Besteuerung die (negative) Vereinigungsfreiheit des Art. 9 Abs. 1 GG verletzen.[29]

26 Das Bundesverfassungsgericht hat entsprechende Literaturauffassungen zum allgemeinen Gleichheitssatz rezipiert, ist ihnen aber in seiner Entscheidung zu § 32c EStG a.F. nicht gefolgt.[30] Die Abschirmung der Vermögenssphäre einer Kapitalgesellschaft gegenüber ihren Anteilseignern sei ein sachlicher Grund für die unterschiedliche steuerliche Behandlung unternehmerischer Tätigkeiten in Abhängigkeit von der Rechtsform.[31] Die Verselbständigung des Vermögens einer Kapitalgesellschaft rechtfertige die – von den Gesellschaftern unabhängige – Besteuerung des Einkommens[32] der Gesellschaft und die nachgelagerte (weitere) Besteuerung von Gewinnausschüttungen auf Ebene der Gesellschafter. Auf die freiheitsrechtlichen Erwägungen des Schrifttums ist das Gericht nicht eingegangen.

27 Es erscheint fraglich, ob sich aus dieser Entscheidung ableiten lässt, dass alle Ungleichbehandlungen von Personenunternehmen und Kapitalgesellschaften mit Verweis auf die Rechtsform gerechtfertigt werden können. Die vorsichtigen Formulierungen im Beschluss sowie in folgenden Entscheidungen des Bundesverfassungsgerichts, die insoweit auf ihn Bezug nehmen,[33] legen nahe, dass das Gericht lediglich die gesonderte steuerliche Erfassung des Gewinns der Kapitalgesellschaften und der Gewinnausschüttungen dem Grunde nach für verfassungsrechtlich unbedenklich hält; zur Ausgestaltung dieser Besteuerung – insbesondere im Vergleich zur Besteuerung der Gewinne von Personenunternehmen – ist damit noch nichts gesagt.[34]

---

27 Vgl. nur *Lang*, StuW 1990, 107, 115 f.; *Hey*, DStJG 24, 2001, S. 155, 161 ff. m.w.N.; *Drüen*, GmbHR 2008, 393, 396 ff. m.w.N.
28 *Hey*, DStJG 24, 2001, S. 155, 171 ff. m.w.N.; *Drüen*, GmbHR 2008, 393, 397 m.w.N.
29 Vgl. hierzu insb. *Kirchhof*, StuW 2002, 3, 11; kritisch hingegen *Hey*, DStJG 24, 2001, S. 155, 172 f.
30 BVerfG, Beschluss v. 21.6.2006 – 2 BvL 2/99, BVerfGE 116, 164 = BGBl I 2006, 1857, juris Rn. 112 ff.
31 BVerfG, Beschluss v. 21.6.2006 – 2 BvL 2/99, BVerfGE 116, 164 = BGBl I 2006, 1857, juris Rn. 116 f.
32 Für das Umsatzsteuerrecht hat das Bundesverfassungsgericht hingegen entschieden, dass die Rechtsform, in der die Leistung von einem Unternehmer erbracht wird, kein hinreichender Differenzierungsgrund für eine Umsatzsteuerbefreiung ist, s. BVerfG, Beschluss v. 10.11.1999 – 2 BvR 2861/93, BVerfGE 101, 151 = BStBl II 2000, 160.
33 BVerfG, Nichtannahmebeschluss v. 24.3.2010 – 1 BvR 2130/09, NJW 2010, 2116; BVerfG, Beschluss v. 12.10.2010 – 1 BvL 12/07, BVerfGE 127, 224 = BGBl. I 2010, 1766; BVerfG, Beschluss v. 29.3.2017 – 2 BvL 6/11, BVerfGE 145, 106.
34 Vgl. nur *Drüen*, GmbHR 2008, 393, 398 f.

Das steuerrechtliche Schrifttum vertritt seit der Entscheidung des Bundesverfassungsgerichts zu § 32c EStG a.F. überwiegend den (vermittelnden) Standpunkt, dass von Verfassungs wegen zwar keine absolut rechtsformneutrale bzw. -unabhängige Besteuerung geboten sei, die Unternehmensbesteuerung aber rechtsformgerecht bzw. rechtsformadäquat ausgestaltet werden müsse.[35] Das bedeutet, dass das Unternehmensteuerrecht Unterschiede zwischen den Rechtsformen abbilden darf und muss, soweit sie eine steuerliche Relevanz haben. Die zivilrechtliche Haftung des Gesellschafters einer Personengesellschaft nach § 128 HGB rechtfertigt beispielsweise jedenfalls die Zurechnung des Verlustes eines Personenunternehmens zu den (unbeschränkt persönlich haftenden) Gesellschaftern und die Möglichkeit der Verrechnung dieser Verluste mit positiven Einkünften des Gesellschafters.[36] Verfassungsrechtlich bedenklich sind hingegen die Fiktion gewerblicher Einkünfte bei inländischen Kapitalgesellschaften gemäß § 8 Abs. 2 KStG[37] und die aufgezeigte Tarifspreizung zwischen Personenunternehmen und Kapitalgesellschaften, sofern sie nicht wie gegenwärtig durch § 34a und § 35 EStG abgemildert wird.

28

2. Ökonomie und Rechtspolitik

Das Gebot rechtsformneutraler Besteuerung (bzw. damit einhergehend: finanzierungsneutraler Besteuerung) ist auch eine Ausprägung des ökonomischen Grundsatzes der Neutralität der Besteuerung.[38] Hintergrund dieses Neutralitätspostulats ist der Gedanke, dass wirtschaftliche Entscheidungen nicht durch die steuerliche Behandlung (des Ergebnisses) der Wirtschaftstätigkeit beeinflusst werden sollen. Der einzelne Bürger soll betriebswirtschaftliche Entscheidungen allein nach wirtschaftlichen (nicht-steuerlichen) Kriterien treffen; hieraus folgt volkswirtschaftlich idealiter eine effiziente Ressourcenallokation.[39] Das zweite ökonomische Argument für eine rechtsformneutrale Besteuerung ist der Grundsatz der Wettbewerbsneutralität. Er gebietet, das wirtschaftliche Ergebnis der miteinander in Wettbewerb stehenden Unternehmen steuerlich gleich zu belasten.[40]

29

Die ökonomischen Anforderungen an die Unternehmensbesteuerung sind somit – jedenfalls wenn man sie als unbedingte Gebote versteht, die keine Ausnahme zulassen – größer bzw. strenger als die verfassungsrechtlichen Vorgaben. Das deutsche Recht der Unternehmensbesteuerung wird diesen Idealvorstellungen nicht gerecht.

30

Auf der Grundlage dieser Neutralitätspostulate wurden zahlreiche **rechtspolitische Debatten** über das System der Unternehmensbesteuerung geführt. Der Gesetzgeber hat dies rezipiert und die „weitgehende Rechtsform- und Finanzierungsneutralität" als eines der Ziele der Unternehmensteuerreform 2008 formuliert.[41] Das Unternehmensteuerreformgesetz, mit dem der Körperschaftsteuertarif von 25 % auf 15 % abgesenkt

31

---

35 *Hey*, DStJG 24, 2001, S. 155, 180 f. m.w.N.
36 *Drüen*, GmbHR 2008, 393, 398.
37 *Drüen*, GmbHR 2008, 393, 402.
38 *Spengel*, in: Ständige Deputation des Deutschen Juristentages (Hrsg.), Verhandlungen des Sechsundsechzigsten Deutschen Juristentages, 2006, 47-48.
39 Vgl. *Desens*, in: Herrmann/Heuer/Raupach, Einführung zum KStG Rn. 55 m.w.N.
40 Vgl. *Desens*, in: Herrmann/Heuer/Raupach, Einführung zum KStG Rn. 56 m.w.N.
41 BT-Drs. 16/4841, S. 29.

wurde, führte deshalb die Thesaurierungsbegünstigung für Personenunternehmen in § 34a EStG ein.[42] Die grundsätzliche Architektur der Unternehmensbesteuerung blieb trotz der ehrgeizigen gesetzgeberischen Zielsetzung unberührt, sodass die Reformappelle nicht verstummt sind – vielmehr nehmen ihre Häufigkeit und Vehemenz in den letzten Jahren wieder zu.[43]

IV. Alternative Modelle, aktuelle Reformüberlegungen

32 Die Zahl der Vorschläge für ein alternatives System der Unternehmensbesteuerung bzw. für Modifikationen des bestehenden Systems ist Legion. Im Folgenden werden zentrale alternative Besteuerungsmodelle und aktuelle Reformüberlegungen vorgestellt.

1. Allgemeine Unternehmensteuer/Betriebsteuer

33 Mit den Begriffen allgemeine Unternehmensteuer bzw. Betriebsteuer werden verschiedene Besteuerungskonzepte betitelt, die unternehmerische Gewinne – rechtsformunabhängig – verselbständigt vom Unternehmer besteuern. Das *de lege lata* für Körperschaften geltende Trennungsprinzip wird zur allgemeinen Regel der Unternehmensbesteuerung.

34 Zwei Vorschläge einer allgemeinen Unternehmensteuer bzw. Betriebsteuer jüngeren Datums sind die Besteuerung der sog. steuerjuristischen Person, nach dem unter der Federführung von *Paul Kirchhof* formulierten Bundessteuergesetzbuch,[44] sowie die allgemeine Unternehmensteuer (in Verbindung mit dem Entwurf eines Einkommensteuergesetzes[45]) der Kommission Steuergesetzbuch der Stiftung Marktwirtschaft unter der Leitung von *Joachim Lang*.[46]

a) Besteuerung der „steuerjuristischen Person"

35 Das Bundessteuergesetzbuch (BStGB) unterwirft natürliche Personen und sogenannte steuerjuristische Personen der Einkommensteuer, § 42 BStGB.[47] Steuerjuristische Personen sind alle wirtschaftlich selbständige Organismen, an denen mehrere Personen beteiligt sind, § 12 BStGB. Damit unterfallen sowohl Personen- als auch Kapital-

---

42 BT-Drs. 16/4841, S. 31 f.
43 Vgl. exemplarisch *CDU/CSU-Fraktion im Deutschen Bundestag*, Modernisierung der Unternehmensbesteuerung in Deutschland, 2019 (abrufbar unter https://www.cducsu.de; geprüft am 6.10.2021); *Bundesministerium für Wirtschaft und Energie*, 4 Kernelemente für eine umfassende Unternehmenssteuerreform (abrufbar unter https://www.bmwi.de; geprüft am 6.10.2021).
44 *Kirchhof*, Bundessteuergesetzbuch.
45 *Kommission Steuergesetzbuch der Stiftung Marktwirtschaft*, Entwurf eines Einkommensteuergesetzes (Stand: Februar 2009) (abrufbar unter http://www.stiftung-marktwirtschaft.de; geprüft am 6.10.2021).
46 *Kommission Steuergesetzbuch der Stiftung Marktwirtschaft*, Entwurf eines Allgemeinen Unternehmensteuergesetzes (Stand: Juli 2006) (abrufbar unter http://www.stiftung-marktwirtschaft.de; geprüft am 6.10.2021).
47 Die Gewerbesteuer soll gänzlich abgeschafft werden. Stattdessen erheben die Gemeinden eine Kommunale Zuschlagsteuer, § 65 BStGB. Bemessungsgrundlage der Zuschlagsteuer ist das Einkommen, der Hebesatz muss mindestens 2 % betragen.

gesellschaften dem Topos steuerjuristische Person. Die Gewinne einer steuerjuristischen Person werden – unabhängig von einer Entnahme bzw. Ausschüttung – abschließend bei ihr besteuert. Vermögenstransfers an den Anteilseigner, also Entnahmen bzw. Gewinnausschüttungen, sind steuerfrei; Beteiligungsaufwendungen dürfen im Gegenzug nicht abgezogen werden, § 52 BStGB.

Gewinne einer steuerjuristischen Person können mit Verlusten des Anteilseigners (teilweise) verrechnet werden, § 49 Abs. 2 BStGB. Umgekehrt können Verluste einer steuerjuristischen Person mit den positiven Einkünften des Anteilseigners nur verrechnet werden, wenn der Anteilseigner eine natürliche Person ist und er für die Verbindlichkeiten der steuerjuristischen Person gesellschaftsrechtlich unbeschränkt haftet, § 49 Abs. 3 BStGB. 36

Die Veräußerung der Beteiligung an einer steuerjuristischen Person ist steuerbar. Bei der Ermittlung des Veräußerungsgewinns wird vermutet, dass Veräußerungskosten in Höhe von 90 % des Veräußerungspreises angefallen sind, § 53 Abs. 1 und 2 BStGB. Veräußerungsverluste können nur mit Veräußerungsgewinnen desselben Kalenderjahres ausgeglichen werden, § 53 Abs. 3 BStGB. Diese Regelungen gelten für die Veräußerung eines Einzelunternehmens entsprechend, § 53 Abs. 4 BStGB. 37

Sowohl für die Gewinne der steuerjuristischen Person als auch für das Einkommen natürlicher Personen, zu dem auch die Gewinne eines Einzelunternehmers zählen, gilt ein einheitlicher Steuertarif in Höhe von 25 %. Natürlichen Personen werden Freibeträge gewährt.[48] 38

Das Bundessteuergesetzbuch stellt eine rechtsformneutrale Besteuerung von Personen- und Kaitalgesellschaften sicher; lediglich die Einkünfte des Einzelunternehmers unterliegen einem anderen Regime als das Einkommen der steuerjuristischen Personen.[49] Die Umsetzung des Konzepts liegt jedoch in weiter Ferne, da der einheitliche Steuertarif für alle Steuerpflichtigen und die Steuerfreiheit von Gewinnausschüttungen und -entnahmen politisch nicht durchsetzbar erscheint. Zudem engt der zwingende Gleichlauf des Tarifs für natürliche und steuerjuristische Personen den politischen Gestaltungsspielraum des Gesetzgebers ein, da eine (steuerwettbewerbspolitisch ggf. gewünschte) Senkung des Tarifs für unternehmerische Gewinne mit der Senkung des Steuertarifs für natürliche Personen und damit beträchtlichen Steuermindereinnahmen einhergeht. 39

b) Allgemeine Unternehmensteuer

Nach dem Modell einer allgemeinen Unternehmensteuer wird die Körperschaftsteuer zu einer allgemeinen Unternehmensteuer (Unternehmensteuergesetz – UntStG) ausgebaut, indem Personengesellschaften[50] und Einzelunternehmen in ihren Anwen- 40

---

48 Grundfreibetrag in Höhe von 8.000 € und Sozialausgleichsbetrag von bis zu 3.000 €, §§ 47, 48 BStGB.
49 Zur Kritik vgl. *Spengel*, Ubg 2012, 256 mit zahlreichen Beispielen.
50 Personenhandelsgesellschaften unterliegen der Unternehmensteuer unabhängig vom Gegenstand ihres Unternehmens. Sonstige Personengesellschaften unterliegen der Unternehmensteuer nur, wenn sie Einkünfte aus Unternehmen im Sinne des § 4 Abs. 1 Nr. 1 EStG-E erzielen; dazu gehören insb. Einkünfte aus Gewerbebetrieb, freiberuflicher Tätigkeit und Land- und Forstwirtschaft.

dungsbereich einbezogen werden, § 1 UntStG.[51] Für Einzelunternehmer und Personengesellschaften, an denen höchstens fünf (ausschließlich) natürliche Personen beteiligt sind, gilt dies jedoch nur, wenn sie eine Mindestgewinnschwelle von 120.000 € in drei aufeinander folgenden Wirtschaftsjahren überschreiten; es steht ihnen jedoch frei, zur Unternehmensteuer zu optieren, § 3 UntStG (sog. Kleinunternehmerregelung).[52]

41 Der Entwurf des Unternehmensteuergesetzes schlägt ausdrücklich keinen bestimmten Steuersatz vor, da es sich hierbei um eine politische Entscheidung handle, § 5 UntStG.

42 Eine Verrechnung des Ergebnisses des Unternehmens mit den übrigen Einkünften des (Mit-)Unternehmers bzw. Anteilseigners ist grundsätzlich ausgeschlossen. Eine Verlustverrechnung ist hingegen möglich, wenn ein Kleinunternehmen nicht zur Unternehmensteuer optiert (§ 3 UntStG) oder wenn ein Beteiligter für Verbindlichkeiten des Unternehmens von einem Dritten persönlich in Anspruch genommen wird und die Leistung des Beteiligten an den Dritten der Abwendung der Insolvenz des Unternehmens dient, § 11 Abs. 4 UntStG. Darüber hinaus können Einzelunternehmer Verluste bis zur Höhe ihrer Einlagen von der Bemessungsgrundlage der Einkommensteuer abziehen, § 11 Abs. 5 UntStG.

43 Entnahmen von Einzelunternehmern oder natürlichen Personen, die an einer Personengesellschaft beteiligt sind, mindern den Gewinn des Unternehmens bis zu einem Betrag von Höhe von 120.000 € je Wirtschaftsjahr, § 8 UntStG (sog. transparente Entnahme). Der entnommene Betrag wird bei der natürlichen Person als Einkommen erfasst.

44 Im Übrigen mindern Entnahmen bzw. Ausschüttungen die Bemessungsgrundlage der Unternehmensteuer nicht. Die Vermögenstransfers unterliegen der Besteuerung beim Inhaber bzw. Anteilseigner. Die unternehmensteuerrechtliche Vorbelastung wird durch ein Teileinkünfteverfahren berücksichtigt, sodass die Gesamtsteuerbelastung dem Einkommensteuerspitzensatz entspricht, § 19 Abs. 2 EStG-E. Ist der Beteiligte mit höchstens 10 % am Unternehmen beteiligt, findet eine Abgeltungsteuer Anwendung, §§ 39, 53 EStG-E; eine Option zur Veranlagung und dem Teileinkünfteverfahren ist möglich.

45 Gewinne aus der Veräußerung von Beteiligungen an unternehmensteuerpflichtigen Unternehmen unterliegen der Einkommensteuer, § 20 Abs. 2 EStG-E. Auch insofern ist eine (nicht bezifferte) teilweise Steuerfreistellung vorgesehen, § 20 Abs. 4 EStG-E.[53]

---

51 Die Gewerbesteuer wird abgeschafft. Stattdessen dürfen die Gemeinden eine kommunale Unternehmensteuer erheben, deren Bemessungsgrundlage der Unternehmensteuer entspricht. Außerdem erhalten die Gemeinden das Recht, eine (kommunale) Bürgersteuer zu erheben, deren Grundlage die Einkommensteuer ist.
52 Wenn sie nicht zur Unternehmensteuer optieren, unterliegen die Gewinne der Einkommensteuer beim Einzelunternehmer bzw. den Gesellschaftern, s. §§ 17, 18 EStG-E. Insoweit wird an der transparenten Besteuerung und der Erfassung des Sonderbereichs (bei Mitunternehmerschaften) festgehalten.
53 Die Veräußerung eines Einzelunternehmens wird als Veräußerung aller Wirtschaftsgüter durch das Unternehmen behandelt. Der Veräußerungsgewinn unterliegt der Unternehmensteuer, wenn das Einzelunternehmen ihr unterliegt. Im Falle einer Entnahme des Veräußerungserlöses unterliegt die Entnahme der Einkommensteuer beim Inhaber (insoweit findet das Teileinkünfteverfahren Anwendung).

Das von der Stiftung Marktwirtschaft vorgeschlagene Konzept führt – mit Abstrichen wegen der Kleinunternehmerregelung und der sog. transparenten Entnahme – zu einer weitgehenden Rechtsformneutralität der Besteuerung. Im Vergleich zum (revolutionären) Modell des Bundessteuergesetzbuchs fügt es sich besser in das bestehende Ertragsteuerrecht ein. Die Abkopplung des Unternehmensteuertarifs vom Einkommensteuertarif ermöglicht es dem Gesetzgeber, flexibel im internationalen Steuerwettbewerb (bzw. Steuersatzwettbewerb) zu agieren. Gleichwohl hat der Vorschlag nur geringe Aussichten auf Umsetzung, was nicht zuletzt an der vorgeschlagenen Reform der Kommunalfinanzen liegt.[54]

46

2. Teilhabersteuer

Der Gegenentwurf zum Konzept der allgemeinen Unternehmensteuer ist die sog. Teilhabersteuer.[55] Nach diesem Modell werden sämtliche Unternehmensgewinne den Anteilseignern zugerechnet und bei ihnen der (progressiven) Einkommensteuer unterworfen. Das *de lege lata* für Personenunternehmen geltende Transparenzprinzip wird zur allgemeinen Regel der Unternehmensbesteuerung. Das Modell führt zu einer rechtsformunabhängigen Besteuerung und macht die Körperschaftsteuer obsolet.

47

Es bestehen gewichtige rechtliche Bedenken gegen eine Teilhabersteuer. Die Gesellschafter einer Kapitalgesellschaft werden besteuert, obwohl ihnen (noch) kein Gewinn zugeflossen ist. Wenn sie Minderheitsgesellschafter sind, können sie eine Gewinnausschüttung regelmäßig nicht durchsetzen, sodass es zu einer Besteuerung ohne einen Zuwachs an (realisierter) wirtschaftlicher Leistungsfähigkeit kommt.[56] Außerdem bestehen erhebliche praktische Schwierigkeiten der Ergebniszurechnung bei Kapitalgesellschaften, deren Anteile frei veräußerlich sind; das gilt insbesondere für börsennotierte Aktiengesellschaften.[57]

48

3. Aktuelle Reformüberlegungen

Unter dem Eindruck jüngster Steuersatzsenkungen zahlreicher europäischer Staaten[58] und der US-Steuerreform im Jahr 2018[59] sind unternehmensteuerliche Reformvorschläge jüngst wieder auf der politischen Tagesordnung gelandet.[60]

49

So wird unter Rückgriff auf legislative Vorarbeiten,[61] erstmalig für Wirtschaftsjahre, die nach dem 31.12.2021 beginnen, Personengesellschaften eine Option zur Besteue-

50

---

54 *Desens*, in: Herrmann/Heuer/Raupach, Einführung zum KStG Rn. 191.
55 Eingehend *Desens*, in: Herrmann/Heuer/Raupach, Einführung zum KStG Rn. 174.
56 *Tipke*, StRO III, S. 1199 f.
57 *Tipke*, StRO III, S. 1200.
58 So haben beispielsweise Belgien, Frankreich, Griechenland, Großbritannien, Italien, die Niederlande und Schweden ihre Körperschaftsteuersätze jüngst reduziert bzw. eine solche Reduzierung angekündigt.
59 Der Tax Cuts and Jobs Act führte unter anderem zu einer Senkung des Körperschaftsteuersatzes von 35 % auf 21 %.
60 *Bundesministerium für Wirtschaft und Energie*, 4 Kernelemente für eine umfassende Unternehmensteuerreform (abrufbar unter https://www.bmwi.de; geprüft am 6.10.2021); *CDU/CSU-Fraktion im Deutschen Bundestag*, Modernisierung der Unternehmensbesteuerung in Deutschland, 2019 (abrufbar unter https://www.cducsu.de; geprüft am 6.10.2021).
61 Nach entsprechenden wissenschaftlichen Vorarbeiten sah bereits der Entwurf des Steuersenkungsgesetzes 2000 mit § 4a KStG-E eine entsprechende Option vor, BT-Drs. 14/2683, S. 77.

rung nach dem Körperschaftsteuergesetz eingeräumt. Ein solches Optionsrecht kann ein taugliches Mittel sein, um größere Rechtsformneutralität der Unternehmensbesteuerung zu erreichen. Bei der gesetzlichen Ausgestaltung müssen jedoch zahlreiche Aspekte bedacht werden. Zu nennen sind hier nur die Fragen, ob und wie lange die Personenunternehmen an die Ausübung ihres Optionsrechts gebunden sind, ob die Option eines Personenunternehmens einen einstimmigen Beschluss der Gesellschafter voraussetzt, wie der Übergang vom Transparenz- zum Trennungsprinzip steuerlich gewürdigt wird, wie das Sonderbetriebsvermögen behandelt wird und wie die Personenunternehmen erbschaftsteuerlich eingeordnet werden (Einzelheiten siehe Rn. 911 ff.).[62]

51 Ein weiterer – minimalinvasiver – Vorschlag geht dahin, die Thesaurierungsbegünstigung des § 34a EStG zu verändern. Diskutiert werden insbesondere die Absenkung des Steuersatzes für thesaurierte Gewinne auf 20 % und die Anpassung der Nachbelastung von Entnahmen an den persönlichen Einkommensteuersatz in Verbindung mit dem Teileinkünfteverfahren.[63] Diese Änderungsvorschläge haben den Charme, dass sie einfach umzusetzen sind. Gleichwohl bestehen in der Praxis[64] erhebliche Vorbehalte gegen die Thesaurierungsbegünstigung,[65] sodass zweifelhaft ist, ob Unternehmer von einem reformierten § 34a EStG vermehrt Gebrauch machen werden.

§ 2 Besteuerung von Einzelunternehmern

A. Einkünftequalifikation

52 Unternehmerische Tätigkeit kann im Einkommensteuerrecht – neben den hier nicht dargestellten Einkünften aus Land- und Forstwirtschaft (§ 2 Abs. 1 S. 1 Nr. 1 i.V.m. §§ 13 ff. EStG) – entweder zu Einkünften aus Gewerbebetrieb (§ 2 Abs. 1 S. 1 Nr. 2 i.V.m. §§ 15 ff. EStG) oder aus selbständiger Arbeit (§ 2 Abs. 1 S. 1 Nr. 3 i.V.m. § 18 EStG) führen. Von der Gruppe der Überschusseinkunftsarten – Einkünfte aus nichtselbständiger Arbeit (§ 2 Abs. 1 S. 1 Nr. 4 i.V.m. § 19 EStG), Kapitalvermögen (§ 2 Abs. 1 S. 1 Nr. 5 i.V.m. § 20 EStG), Vermietung und Verpachtung (§ 2 Abs. 1 S. 1 Nr. 6 i.V.m. § 21 EStG) und sonstige Einkünfte (§ 2 Abs. 1 S. 1 Nr. 7 i.V.m. § 22 ff. EStG) – sind diese jeweils anhand bestimmter Tatbestandsmerkmale abzugrenzen. So unterscheidet die Selbständigkeit unternehmerische Einkünfte von Einkünften aus nichtselbständiger Arbeit und die über eine bloße Vermögensverwaltung hinausge-

---

62 Vgl. den RegE eines Gesetzes zur Modernisierung des Körperschaftsteuerrechts, BT-Drs. 19/28656, zur ersten Diskussion *Wacker*, DStR 2019, 585, 587 ff.; *Karrenbrock*, DStR 2020, 1, 3 f.
63 Vgl. *Hey*, Belastung thesaurierender Personenunternehmen. Reformbedarf bei Sondertarifierung (§ 34a EStG) und Gewerbesteueranrechnung (§ 35 EStG), 2020; *CDU/CSU-Fraktion im Deutschen Bundestag*, Modernisierung der Unternehmensbesteuerung in Deutschland, 2019 (abrufbar unter https://www.cducsu.de; geprüft am 6.10.2021).
64 Zu wissenschaftlichen Einwänden gegen das „Sonderrecht" des § 34a EStG vgl. *Wacker*, DStR 2019, 585, 590 ff.
65 Ein wesentliches Hemmnis ist beispielsweise, dass die Umwandlung des Personenunternehmens in eine Kapitalgesellschaft zwingend zur Nachversteuerung des thesaurierten Gewinns führt, § 34a Abs. 6 Satz 1 Nr. 2 EStG.

hende Tätigkeit am Markt von Einkünften aus Kapitalvermögen oder Vermietung und Verpachtung sowie sonstigen Einkünften (zu den einzelnen Tatbestandsmerkmalen noch sogleich unter Rn. 56 ff.). Unternehmerische Einkünfte und sonstige Einkünfte unterscheiden sich insbesondere durch die Art der Gewinnermittlung. Gebräuchlich ist die in § 2 Abs. 2 EStG angelegte Differenzierung zwischen Gewinn- und Überschusseinkunftsarten (sog. **Dualismus der Einkunftsarten**; dazu noch im Detail unter Rn. 136 ff.).

Einkünfte aus **Gewerbebetrieb** bilden den **Normalfall** der unternehmerischen Einkünfte. Nur gewerbliche Einkünfte unterliegen der Gewerbesteuer als zweiter Ertragsteuer neben der Einkommensteuer. Diese besteuert jeden im Inland betriebenen stehenden Gewerbebetrieb (§ 2 Abs. 1 S. 1 GewStG), wobei das Gewerbesteuergesetz sowohl hinsichtlich der Abgrenzung der gewerblichen Tätigkeit von anderen (unternehmerischen oder nichtunternehmerischen) Tätigkeiten (§ 2 Abs. 1 S. 2 GewStG) als auch hinsichtlich der Ermittlung des Gewinns aus einem Gewerbebetrieb (§ 7 S. 1 GewStG) grundsätzlich an die einkommensteuerlichen Regelungen anknüpft. Der nach den Vorschriften des EStG ermittelte Gewinn wird allerdings sodann – dem Charakter der Gewerbesteuer als Objektsteuer folgend – durch Hinzurechnungen (§ 8 GewStG) und Kürzungen (§ 9 GewStG) modifiziert, um die finanzierungs- und beteiligungsunabhängige Ertragskraft des Betriebs zu ermitteln. Die festgesetzte Gewerbesteuer wird pauschaliert auf die Einkommensteuer angerechnet (§ 35 EStG), um die bei gewerblichen Einkünften entstehende Doppelbelastung durch Einkommen- und Gewerbesteuer zumindest abzumildern (s.o. Rn. 15).

53

Einkünfte aus **selbständiger Arbeit** stellen im Vergleich zu Einkünften aus Gewerbetrieb einen **privilegierten Sonderfall** dar: Da sie nicht der Gewerbesteuer unterliegen und nach der pauschalierten Anrechnung der Gewerbesteuer auf die Einkommensteuer häufig noch eine Belastungsspitze verbleibt, ist die Gesamtertragsteuerbelastung für Einkünfte aus selbständiger Arbeit regelmäßig niedriger. Außerdem greifen originäre steuerliche Buchführungs- (§ 141 AO), Aufzeichnungs- (§§ 143 f. AO) und Bilanzierungsvorschriften (§ 5 EStG) zumindest unmittelbar nur für Gewerbetreibende und nicht für Selbständige (zur entsprechenden Anwendung diverser Vorschriften aus § 5 EStG auch auf andere Personengruppen noch im Detail unter Rn. 192). Da die Angehörigen der freien Berufe, die die wichtigste Gruppe der selbständig Tätigen bilden (§ 18 Abs. 1 Nr. 1 EStG; im Detail noch unter Rn. 116 ff.) keine Kaufleute i.S.d. § 1 HGB und damit auch nicht handelsrechtlich buchführungspflichtig (§ 238 HGB) sind, steht ihnen – anders als den meisten Gewerbetreibenden – regelmäßig auch die Möglichkeit einer vereinfachten Gewinnermittlung durch Einnahmen-Überschuss-Rechnung nach § 4 Abs. 3 EStG offen.

54

I. Einkünfte aus Gewerbebetrieb

Die Einkünfte aus Gewerbebetrieb lassen sich weiter untergliedern in laufende Einkünfte (§ 15 EStG; dazu sogleich unter Rn. 56 ff.) und Einkünfte aus der Veräußerung oder Aufgabe des Betriebs (§ 16 EStG, dazu unter Rn. 108 ff.). Einkünfte aus der Veräußerung oder Aufgabe wesentlicher Beteiligungen an einer Kapitalgesellschaft, die nach der gesetzlichen Fiktion des § 17 EStG ebenfalls zu den Einkünften

55

aus Gewerbebetrieb gehören, werden im Zusammenhang mit der Besteuerung von Körperschaften und ihren Anteilseigner dargestellt (dazu unter Rn. 883).

1. Laufende Einkünfte

56 Nach der Legaldefinition des § 15 Abs. 2 EStG ist ein Gewerbebetrieb (auf den auch § 2 Abs. 2 S. 2 GewStG für gewerbesteuerliche Zwecke verweist) eine selbständige nachhaltige Betätigung, die mit der Absicht, Gewinn zu erzielen, unternommen wird und sich als Beteiligung am allgemeinen wirtschaftlichen Verkehr darstellt, wenn die Betätigung weder als Ausübung von Land- und Forstwirtschaft noch als Ausübung eines freien Berufs noch als andere selbständige Arbeit anzusehen ist. Dass § 15 Abs. 1 S. 1 Nr. 1 EStG Einkünfte aus Gewerbebetrieb als solche aus „gewerblichen Unternehmen" definiert, ist nach herrschender Meinung nur eine begriffliche Abweichung, aus der keine weiteren Tatbestandsmerkmale für Einzelunternehmer abzuleiten sind.[1]

57 Die damit allein maßgebliche Definition des § 15 Abs. 2 EStG erinnert an **zivilrechtliche oder ordnungsrechtliche Gewerbebegriffe**: So ist für die handelsrechtliche Bestimmung der Kaufmannseigenschaft entscheidend, ob ein Handelsgewerbe betrieben wird (§ 1 Abs. 1 HGB), wobei Handelsgewerbe wiederum jeder Gewerbebetrieb ist, es sei denn, dass das Unternehmen einen in kaufmännischer Weise eingerichteten Geschäftsbetrieb nicht erfordert (§ 1 Abs. 2 HGB). Der unbestimmte Rechtsbegriff des Gewerbebetriebs umfasst nach der ständigen zivilgerichtlichen Rechtsprechung jede selbstständige, planmäßig auf eine gewisse Dauer angelegte, nach außen gerichtete, nicht freiberufliche Tätigkeit in Gewinnerzielungsabsicht[2] bzw. gegen Entgelt.[3] Ob bzw. inwieweit die Tätigkeit erlaubt sein muss,[4] ist im Einzelnen umstritten.[5] Ähnlich definiert die ständige verwaltungsgerichtliche Rechtsprechung ein Gewerbe für Zwecke der Gewerbeordnung als eine nicht sozial unwertige (generell nicht verbotene), auf Gewinnerzielungsabsicht gerichtete und auf Dauer angelegte selbstständige Tätigkeit, die nicht zur Urproduktion, zu den freien Berufen oder zur bloßen Verwaltung eigenen Vermögens zu rechnen ist.[6]

58 Die verschiedenen Begriffsbestimmungen ähneln sich zwar sowohl strukturell durch die kumulative Verknüpfung positiver und negativer Tatbestandsmerkmale als auch inhaltlich mit Blick auf diverse Teilelemente. Gleichwohl besteht zwischen den einzelnen Definitionen keine wechselseitige Verknüpfung. Der Gewerbebetrieb wird in

---

[1] *Birk/Desens/Tappe*, Steuerrecht, Rn. 701 ff.; BFH, Urteil v. 17.1.1973 – I R 191/72, BFHE 108, 190 = BStBl II 1973, 260, juris Rn. 10; aus jüngerer Zeit z.B. BFH, Urteil v. 3.5.2016 – VIII R 4/13, BFH/NV 2016, 1275, juris Rn. 26.
[2] So BGH, Urteil v. 10.6.1974 – VII ZR 44/73, BGHZ 63, 32; BGH, Urteil v. 7.7.1960 – VIII ZR 215/59, BGHZ 33, 321; vgl. auch BT-Drs. 13/8444, S. 24.
[3] Vgl. etwa *Körber*, in: Oetker, HGB, § 1 Rn. 12, 26; *K. Schmidt*, in MüKoHGB, § 1 Rn. 31.
[4] So die frühere herrschende Lehre; vgl. nur BT-Drs. 13/8444, S. 24; vgl. für die nunmehr h.M., die eine so pauschale Einschränkung angesichts von § 7 HGB ablehnt, nur *K. Schmidt*, in MüKoHGB, § 1 Rn. 29, *K. Schmidt*, Handelsrecht, § 9 Rn. 32 m.w.N.
[5] Vgl. zum Meinungsstand nur *Körber*, in: Oetker, HGB, § 1 Rn. 27 m.w.N.
[6] So zuletzt BVerwG, Beschluss v. 11.3.2008 – 6 B 2/08, NJW 2008, 1974; zuvor etwa BVerwG, Urteil v. 24.6.1976 – I C 56.74, MDR 1977, 75; BVerwG, Urteil v. 26.1.1993 – 1 C 25/91, DÖV 1993, 616; BVerwG, Beschluss v. 16.2.1995 – 1 B 205/93, ZIP 1995, 563.

§ 15 Abs. 2 EStG **steuerrechtsspezifisch bestimmt**.[7] Ob zugleich ein handelsrechtliches oder ordnungsrechtliches Gewerbe vorliegt, ist irrelevant. Dementsprechend geht auch weder von einer Eintragung im Handelsregister noch von einer Anmeldung bei der Gewerbeaufsicht eine Anscheins- oder Indizwirkung für die steuerrechtliche Behandlung einer Tätigkeit aus. Für die steuerrechtliche Bestimmung des Gewerbebetriebs kommt es primär auf eine wirtschaftliche Betrachtung an, bei der neben den gesetzlichen Tatbestandsmerkmalen in Zweifelsfällen darauf abgestellt wird, ob die Tätigkeit dem entspricht, was nach dem Gesamtbild und der Verkehrsauffassung einen Gewerbebetrieb ausmacht. Durch diese Gesamtbetrachtung muss insbesondere von der – im Rahmen der Überschusseinkunftsarten zu erfassenden – bloßen **Vermögensverwaltung** abgegrenzt werden.

Die Definition des Gewerbebetriebs lässt sich danach in vier positive und drei negative Tatbestandsmerkmale aufspalten: Gewerbebetrieb ist eine

- selbständige (dazu sogleich unter Rn. 60 ff.)
- nachhaltige (dazu unter Rn. 65 ff.)
- mit Gewinnerzielungsabsicht vorgenommene (dazu unter Rn. 70 ff.)
- Beteiligung am allgemeinen wirtschaftlichen Verkehr (dazu unter Rn. 77 ff.)

die nicht

- Land- und Forstwirtschaft (dazu unter Rn. 83 ff.)
- freier Beruf, sonstige selbständige Arbeit (dazu unter Rn. 83 ff., 114 ff.) oder
- bloße Vermögensverwaltung (dazu unter Rn. 86 ff.) ist.

a) Selbständigkeit

Durch das Merkmal der Selbständigkeit wird eine gewerbliche Tätigkeit insbesondere von Einkünften aus nichtselbständiger Arbeit (§ 2 Abs. 1 S. 1 Nr. 4 i.V.m. § 19 EStG) abgegrenzt. Beide Einkunftsarten stehen in einem Ausschlussverhältnis zueinander, d.h. der Steuerpflichtige kann nur entweder selbständig oder unselbständig tätig sein. Selbständig tätig ist derjenige, der auf eigene Rechnung (Unternehmerrisiko) und auf eigene Verantwortung (Unternehmerinitiative) handelt.[8] Er muss das Risiko seiner Tätigkeit tragen und die Tätigkeit durch seine Entscheidungen maßgeblich prägen können.[9] Im Gegensatz dazu trägt der nichtselbständig Tätige regelmäßig kein wirtschaftliches Risiko,[10] ist den Weisungen eines anderen unterworfen und in einen –

---

7   Vgl. z.B. BFH, Urteil v. 2.11.1971 – VIII R 1/71, BFHE 104, 321 = BStBl II 1972, 360, juris Rn. 6; BFH, Urteil v. 4.11.2004 – III R 21/02, BFHE 207, 321 = BStBl II 2005, 168, juris Rn. 12.
8   BFH, Urteil v. 17.1.1973 – I R 191/72, BFHE 108, 190 = BStBl II 1973, 260, juris Rn. 12; BFH, Urteil v. 27.9.1988 – VIII R 193/83, BFHE 154, 525 = BStBl II 1989, 414, juris Rn. 6; BFH, Urteil v. 22.2.2012 – X R 14/10, BFHE 236, 464 = BStBl II 2012, 511, juris Rn. 31; BFH, Urteil v. 3.11.2015 – VIII R 63/13, BFHE 252, 294 = BStBl II 2016, 383; H 15.1 „Allgemeines" EStH.
9   Vgl. BFH, Urteil v. 13.2.1980 – I R 17/78, BFHE 129, 565 = BStBl II 1980, 303, juris Rn. 10; BFH, Urteil v. 31.7.1990 – I R 173/83, BFHE 162, 236 = BStBl II 1991, 66, juris Rn. 10; BFH, Urteil v. 24.9.1991 – VIII R 349/83, BFHE 166, 124 = BStBl II 1992, 330, juris Rn. 42.
10 Vgl. z.B. BFH, Urteil v. 2.12.1998 – X R 83/96, BFHE 188, 101 = BStBl II 1999, 534; BFH, Urteil v. 16.5.2002 – IV R 94/99, BFHE 199, 261 = BStBl II 2002, 565, jeweils m.w.N.; etwas Anderes kann sich ergeben, wenn der Steuerpflichtige eigenes Vermögen einsetzt und die Höhe seiner Einnahmen durch das Herbeiführen eines besonderen Erfolgs beeinflussen kann; vgl. z.B. BFH, Urteil v. 14.6.2007 – VI R 5/06, BFHE 218, 233 = BStBl II 2009, 931.

nicht von ihm selbst bestimmten – Betriebsablauf eingebunden (insbesondere Arbeitnehmer und Beamte; vgl. § 1 Abs. 2 S. 2 LStDV).[11]

61 Ob eine selbständige oder eine unselbständige Tätigkeit vorliegt, kann regelmäßig nur nach dem **Gesamtbild der Verhältnisse** beurteilt werden.[12] Dabei setzt eine selbständige Tätigkeit zwar voraus, dass sowohl Unternehmerrisiko als auch Unternehmerinitiative vorhanden sind. Bei einer Gesamtbetrachtung kann aber eine schwache Ausprägung des einen Merkmals durch eine starke Ausprägung des anderen Merkmals kompensiert werden.[13]

62 **Unternehmerrisiko** trägt der Steuerpflichtige insbesondere dann, wenn er nicht nur am Gewinn der Tätigkeit partizipiert, sondern auch für die Verluste einstehen muss. Erfolg oder Misserfolg des Unternehmens muss sich unmittelbar in seinem Vermögen niederschlagen. Der Erhalt fester, vom wirtschaftlichen Erfolg der Tätigkeit unabhängiger Bezüge spricht umgekehrt gegen ein Unternehmerrisiko. **Unternehmerinitiative** liegt bei derjenigen Person, nach deren Willen das Unternehmen geführt wird. Regelmäßig kann sie unabhängig über Umfang, Zeit und Ort der Tätigkeit bestimmen. Zumindest muss der Steuerpflichtige an unternehmerischen Entscheidungen teilhaben. Daran fehlt es, wenn er bei seiner Tätigkeit von einem anderen persönlich abhängig (insbesondere dessen Weisungen unterworfen) und in einen fremdbestimmten Betriebsablauf eingebunden ist.

63 Eine selbständige Tätigkeit setzt mithin nicht voraus, dass der Steuerpflichtige selbst oder unter seinem eigenen Namen tätig wird. Er kann bei der Ausführung der steuerpflichtigen Tätigkeit weisungsgebundene (insbesondere Arbeitnehmer) oder nicht weisungsgebundene (Subunternehmer) Dritte einbinden und nach außen unter einem Firmennamen auftreten. Sowohl offene Stellvertretung als auch eine Tätigkeit im Rahmen eines Treuhandverhältnisses (verdeckte Stellvertretung) kann zu einer selbständigen Tätigkeit des Prinzipals führen. Entscheidend ist nur, dass ihm das Handeln der Dritten zuzurechnen ist (insbesondere, weil er es durch seine Anweisungen maßgeblich bestimmt) und er das Risiko der Tätigkeit trägt (insbesondere, weil er Aufwendungen erstatten und Verluste ausgleichen muss und gleichzeitig einen Anspruch auf Herausgabe des Gewinns besitzt).

64 **Fall 1:** H ist Installateur und betreibt seinen eigenen Meisterbetrieb mit zwei Angestellten und einem Lehrling. Wenn einer der Mitarbeiter erkrankt oder besonders viele Aufträge auszuführen sind, greift er zudem für einzelne Projekte auf Leiharbeiter oder Aushilfen zurück.

In der Regel wird ein Großteil der Arbeiten bei Kunden von seinen Mitarbeitern ausgeführt, während H die Aufträge auswählt, den Preis aushandelt, die auszuführenden Arbeitsschritte bestimmt, besonders anspruchsvolle Arbeiten selbst durchführt und am Ende das fertige Werk vor Abnahme durch den Kunden nochmals kontrolliert. Seine fest angestellten Mitar-

---

11 StRspr., z.B. RFH, Urteil v. 15.5.1935 – VI A 288/35, RStBl 1935, 1306; BFH, Urteil v. 21.7.1972 – VI R 188/69, BFHE 106, 220 = BStBl II 1972, 738; BFH, Urteil v. 14.12.1978 – I R 121/76, BFHE 126, 311 = BStBl II 1979, 188.
12 BFH, Urteil v. 12.10.1989 – IV R 118-119/87, IV R 118/87, IV R 119/87, BFHE 158, 413 = BStBl II 1990, 64; BFH, Urteil v. 18.1.1991 – VI R 122/87, BFHE 163, 365 = BStBl II 1991, 409.
13 BFH, Urteil v. 7.2.2018 – X R 10/16, BFHE 260, 490 = BStBl II 2018, 630, juris Rn. 26.

beiter bekommen fixe monatliche Vergütungen. Leiharbeiter und Aushilfen bezahlt H auf Stundenbasis. H zahlt aus den Einnahmen zunächst diese Gehälter und anfallende Materialkosten. Aus dem regelmäßig verbleibenden Überschuss zahlt H seine private Altersvorsorge und überweist sich einen fixen Betrag zur Deckung seiner Lebenshaltungskosten auf ein privates Konto.

Seit einigen Jahren ist H zudem nebenberuflich als Berufsschullehrer tätig. Er übernimmt Lehraufträge für einzelne Veranstaltungen oder Kurse mit mehreren Terminen. Die genaue Zeitplanung erfolgt dabei ebenso wie die Auswahl der Räumlichkeiten durch die Berufsschule. Auch die Themen der Veranstaltungen sind durch die Ausbildungsordnung des Lehrgangs vorgegeben. H kann aber selbst entscheiden, in welcher Form er die Inhalte vermittelt und wie er die Unterrichtszeit einteilt. Die Berufsschule kann H einen Lehrauftrag jederzeit, ohne Angaben von Gründen und ohne besondere Frist wieder entziehen. Umgekehrt ist H nicht verpflichtet, einen Lehrauftrag zu übernehmen. H erhält von der Berufsschule eine Aufwandsentschädigung, die von der Anzahl der von ihm unterrichteten Stunden abhängt.

Ist H mit seiner Tätigkeit als Handwerksmeister und/oder mit seiner Tätigkeit als nebenberuflicher Berufsschullehrer selbständig tätig?

Lösung Fall 1: Selbständig ist, wer auf eigene Rechnung (Unternehmerrisiko) und auf eigene Verantwortung (Unternehmerinitiative) tätig wird.

Als Handwerksmeister trägt H Unternehmerrisiko, weil sich der Erfolg oder Misserfolg seiner Tätigkeit unmittelbar in seinem Vermögen niederschlagen. Während seine Mitarbeiter fixe Vergütungen erhalten, deckt H seine privaten Ausgaben aus der Differenz zwischen Einnahmen und Ausgaben. Sollten Einnahmen ausbleiben, muss H die Gehälter und Materialkosten gleichwohl zahlen und etwaige Verluste ggfs. aus privaten Mitteln ausgleichen. H trägt auch Unternehmerinitiative, weil er die betrieblichen Abläufe generell und auch die Ausführung des einzelnen Auftrags maßgeblich prägt. Dass ein Großteil der Arbeiten durch andere Personen ausgeführt werden, ist unerheblich, weil diese auf Anweisung von H tätig werden.

Als nebenberuflicher Berufsschullehrer erhält H seine Vergütung zwar ausschließlich in Abhängigkeit von den geleisteten Unterrichtsstunden und unabhängig davon, ob die Berufsschule insgesamt Gewinne erwirtschaftet. Da er den Lehrauftrag aber jederzeit und ohne besondere Kündigungsfrist wieder verlieren kann und dann auch etwaige von ihm selbst getragene Aufwendungen wirtschaftlich wertlos werden, trägt er gleichwohl ein – wenn auch schwach ausgeprägtes – Unternehmerrisiko. Seine Unternehmerinitiative ist insoweit eingeschränkt, als Themen und Räumlichkeiten durch die Ausbildungsordnung und die Stundenpläne der Berufsschule vorgegeben sind. Allerdings ist H im Kernbereich seiner Tätigkeit, dem Vermitteln der Inhalte, vollkommen unabhängig. Er kann insbesondere über die didaktische Ausrichtung der Veranstaltungen und die zeitliche Einteilung frei entscheiden. Die Vorgabe eines organisatorischen Rahmens durch die Berufsschule fällt demgegenüber kaum ins Gewicht. H kann mithin in starkem Maße Unternehmerinitiative entfalten, sodass er bei wertender Gesamtbetrachtung auch als nebenberuflicher Berufsschullehrer selbständig tätig ist.[14]

---

14 Vgl. zu Lehrbeauftragten an einer Hochschule BFH, Urteil v. 17.7.1958 – IV 101/56 U, BFHE 67, 223 = BStBl III 1958, 360, juris Rn. 9; H 19.2 LStH 2015 „Nebenberufliche Lehrtätigkeit".

b) Nachhaltigkeit

65 Durch das Merkmal der Nachhaltigkeit grenzt sich die gewerbliche Tätigkeit insbesondere von einmaligen Veräußerungsgeschäften (§§ 22 Nr. 2, 23 EStG) und Dienstleistungen (§ 22 Nr. 3 EStG) ab. Eine Tätigkeit ist nachhaltig, wenn sie von der Absicht getragen ist, sie zu wiederholen und daraus eine ständige Erwerbsquelle zu machen, und sie objektiv auf Wiederholung angelegt ist.[15] Die **Wiederholungsabsicht** muss nicht auf einem einheitlichen Willensentschluss beruhen, der bereits auf bestimmte wiederkehrende Handlungen gerichtet ist. Es genügt, dass der Steuerpflichtige von Vornherein den Willen hat, entsprechende Handlungen bei sich bietender Gelegenheit zu wiederholen und daraus eine Erwerbsquelle zu machen.[16] Als innere Tatsache kann die Wiederholungsabsicht regelmäßig nur anhand tatsächlicher Indizien be- oder widerlegt werden.[17] Maßgeblich sind dabei die Umstände des Einzelfalls.

66 Grundsätzlich kann auf eine Wiederholungsabsicht des Steuerpflichtigen geschlossen werden, wenn er tatsächlich **mehrere gleichartige Handlungen** wiederholt und durch die Erzielung von Einnahmen zumindest die Voraussetzungen dafür schafft, eine dauerhafte Erwerbsquelle zu begründen.[18] Einmalige Handlungen begründen demgegenüber in der Regel keine nachhaltige gewerbliche Tätigkeit, sondern können (unter weiteren Voraussetzungen) als sonstige Einkünfte steuerbar sein (§§ 22 Nr. 2 i.V.m. § 23 EStG oder § 22 Nr. 3 EStG). Dies gilt grundsätzlich auch dann, wenn mit einer Handlung verschiedene Leistungen erbracht werden, insbesondere wenn im Rahmen eines Vertrags an einen Erwerber mehrere Gegenstände veräußert werden.[19] Ein Automatismus besteht insoweit aber nicht. Auch bei mehreren gleichartigen Handlungen kann die Wiederholungsabsicht fehlen (zur (begrenzten) Reichweite der sog. „Drei-Objekte-Grenze" für die Abgrenzung zwischen gewerblichem Grundstückshandel und privater Vermögensverwaltung noch im Detail unter Rn. 95 ff.).[20] Und auch bei einer einmaligen Handlung kann der Steuerpflichtige die Absicht haben, sie bei entsprechender Gelegenheit zu wiederholen, selbst wenn es dazu später nicht mehr kommt.[21]

67 Ausnahmsweise kann nach der Rechtsprechung auch dann eine nachhaltige Tätigkeit vorliegen, wenn der Steuerpflichtige nur einen einzigen (Veräußerungs-)Vertrag abschließt und sich keine Wiederholungsabsicht feststellen lässt. Dies soll dann der Fall sein, wenn der Steuerpflichtige eine solche Vielzahl von Aktivitäten entfaltet, dass seine Betätigung dem Bild eines Gewerbetreibenden entspricht und diese Tätigkeiten darauf abzielten, einen möglichst hohen Ertrag aus dem einzelnen Geschäft zu erzie-

---

15 Z.B. BFH, Urteil v. 19.2.2009 – IV R 10/06, BFHE 224, 321 = BStBl II 2009, 533, juris Rn. 38; BFH, Urteil v. 22.4.2015 – X R 25/13, BFHE 250, 55 = BStBl II 2015, 897, juris Rn. 20; 31 ff.
16 BFH, Urteil v. 7.3.1996 – IV R 2/92, BFHE 180, 121 = BStBl II 1996, 369, juris Rn. 48 f.
17 H 15.2 EStH 2012 „Wiederholungsabsicht".
18 Vgl. BFH, Urteil v. 19.11.1985 – VIII R 104/85, BFHE 146, 115 = BStBl II 1986, 424, juris Rn. 15; BFH, Urteil v. 12.7.1991 – III R 47/88, BFHE 165, 498 = BStBl II 1992, 143, juris Rn. 32; 37 ff.
19 BFH, Beschluss v. 10.12.2001 – GrS 1/98, BFHE 197, 240 = BStBl II 2002, 291, juris Rn. 23 ff.; BFH, Urteil v. 7.10.2004 – IV R 27/03, BFHE 208, 147 = BStBl II 2005, 164, juris Rn. 17.
20 BFH, Urteil v. 28.6.1984 – IV R 156/81, BFHE 141, 513 = BStBl II 1984, 798, juris Rn. 17.
21 BFH, Urteil v. 21.8.1985 – I R 60/80, BFHE 145, 33 = BStBl II 1986, 88, juris Rn. 14 f.; BFH, Urteil v. 31.7.1990 – I R 173/83, BFHE 162, 236 = BStBl II 1991, 66, juris Rn. 21 ff.; BFH, Urteil v. 13.12.1995 – XI R 43-45/89, XI R 43/89, XI R 44/89, XI R 45/89, BFHE 179, 353 = BStBl II 1996, 232, juris Rn. 39 ff.

len.²² So hat der BFH beispielsweise eine nachhaltige Tätigkeit bei einer einmaligen Grundstücksveräußerung bejaht, weil der Veräußerer zur bestmöglichen Verwertung seines Grundbesitzes einen Kooperationsvertrag mit einem Generalunternehmer, der auf diesem Grundstück ein Einkaufszentrum errichten sollte, abschloss, die Baugenehmigung für das Gebäude beantragte, sich um Mieter für das noch zu errichtende Gebäude bemühte und um die Zustimmung der Nachbarn zur Umsetzung des Bauprojektes warb.²³

Nachhaltigkeit setzt im Übrigen weder voraus, dass eine Tätigkeit ununterbrochen, noch dass sie für eine bestimmte Mindestdauer ausgeübt wird. Zeitweilige Unterbrechungen, die in der Art des Betriebs begründet sind (z.B. Saisonarbeit), stehen einer nachhaltigen Tätigkeit nicht entgegen, wenn die Absicht besteht, die Tätigkeit bei entsprechender Gelegenheit wieder aufzunehmen. Ebenso schadet es nicht, wenn die Tätigkeit von vornherein nur als vorübergehende aufgenommen wird (z.B. bei Verkaufsständen auf Messen oder Jahrmärkten oder bei Ausstellungen), solange sie sich nicht nur auf einen einzigen Anlass erstreckt.²⁴ Nachhaltigkeit fehlt indes, wenn **bloß gelegentlich** einzelne Handlungen vorgenommen werden, auch wenn diese sich untereinander ähneln. So führt auch der wiederholte Verkauf von Gegenständen des täglichen Gebrauchs (private Kleidung, Hausrat, Schmuck), beispielsweise bei der Auflösung eines Hausstandes, auf Flohmärkten oder auf Online-Plattformen grundsätzlich nicht zu einer nachhaltigen gewerblichen Tätigkeit. Etwas anderes gilt aber, wenn entsprechende Verkäufe ständig durchgeführt werden und es auch zu Ankäufen oder Tauschgeschäften kommt.²⁵ Hat der Steuerpflichtige keine anderen Einkunftsquellen, kann auch dies ein Indiz für eine nachhaltige Tätigkeit sein.

68

Fall 2: V ist kaufmännischer Angestellter. Nach der Geburt seines ersten Kindes nimmt er zwölf Monate Elternzeit. Weil der Platz in seinem Keller begrenzt ist, verkauft er innerhalb dieser Zeit immer wieder Kinderkleidung, die seinem Kind zu klein geworden ist, und nicht mehr benötigtes Babyspielzeug auf Online-Plattformen. Auf dem gleichen Weg erwirbt er auch Kleidung in größeren Größen für sein Kind. Innerhalb der zwölf Monate tätigt er insgesamt zehn Verkäufe von jeweils zwei bis vier Stücken und kauft achtmal in entsprechendem Umfang ein.

Nachdem V auf diesem Weg Einblicke in die Preisstruktur auf den Online-Plattformen gewonnen hat, beginnt er nach Ablauf seiner Elternzeit, auch Kleidung und Spielzeug zu erwerben, das nicht für sein Kind bestimmt ist, sondern das er ungenutzt mit Gewinn weiterverkauft. Obwohl er seiner Tätigkeit als kaufmännischer Angestellter weiterhin nachgeht, kauft oder verkauft er fast wöchentlich mindestens ein Objekt.

Erzielt V – bei von Anfang an unterstellter Gewinnerzielungsabsicht – Einkünfte aus Gewerbebetrieb?

69

---

22 BFH, Urteil v. 1.12.2005 – IV R 65/04, BFHE 212, 106 = BStBl II 2006, 259, juris Rn. 44 ff.; BFH, Urteil v. 19.10.2010 – X R 41/08, BFH/NV 2011, 245, juris Rn. 29; jew. m.w.N.
23 BFH, Urteil v. 9.12.2002 – VIII R 40/01, BFHE 201, 180 = BStBl II 2003, 294, juris Rn. 29.
24 Vgl. BFH, Urteil v. 26.5.1993 – X R 108/91, BFHE 171, 500 = BStBl II 1994, 96, juris Rn. 30 f.
25 Vgl. hinsichtl. Briefmarken BFH, Urteil v. 8.5.1953 – III 67/52 U, BFHE 57, 620 = BStBl III 1953, 237, juris Rn. 6, hinsichtl. Schiffsmodelle Niedersächsisches Finanzgericht, Urteil v. 26.6.1996 – VII 533/95, EFG 1997, 802, juris Rn. 21; hinsichtl. Pfennigbasar BFH, Urteil v. 11.2.2009 – I R 73/08, BFHE 224, 212 = BStBl II 2009, 516, juris Rn. 10; zur Nachhaltigkeit bei Verkäufen über Onlineplattformen näher *Biber*, EStB 2006, 156 ff.

> **Lösung Fall 2:** Mit seiner Tätigkeit als Ein- und Verkäufer von Kleidung und Spielzeug ist V selbständig tätig, weil er selbst Art, Zeitpunkt und Ausmaß des Handels bestimmt (Unternehmerinitiative) und die wirtschaftlichen Chancen und Risiken allein trägt (Unternehmerrisiko). Da die von ihm veräußerten Gegenstände über die Online-Plattformen einer Vielzahl von potentiellen Kunden angeboten werden, beteiligt er sich auch am allgemeinen wirtschaftlichen Verkehr (im Einzelnen dazu noch unter Rn. 77 ff.).
>
> Fraglich ist aber, ob bzw. ab wann V nachhaltig tätig ist, also mit der Absicht handelt, die Verkäufe zu wiederholen und sich damit eine Erwerbsquelle zu erschließen. V führt regelmäßig ähnliche Handlungen (Verkäufe von Kinderkleidung und Spielzeug) aus und kauft entsprechende Produkte auch an. Dies spricht grundsätzlich für eine Wiederholungsabsicht. Allerdings erfolgen die An- und Verkäufe während der Elternzeit ausgehend vom eigenen privaten Bedarf. V kauft Kleidung und Spielzeug, wenn sein Kind diese benötigt, und verkauft diese wieder, wenn sie nicht mehr zur Größe bzw. zum Alter seines Kindes passen. Dass innerhalb des ersten Lebensjahres eine Vielzahl von Verkäufen stattfinden, ist angesichts des Wachstums und der Entwicklung des Kindes in dieser Zeit nicht untypisch. Die An- und Verkäufe erfolgen mithin in der Elternzeit nur gelegentlich und begründen keine nachhaltige Tätigkeit. A erzielt für diesen Zeitraum also keine Einkünfte aus Gewerbebetrieb. Selbst wenn zwischen An- und Verkauf der einzelnen Gegenstände weniger als ein Jahr liegt, liegen auch keine steuerbaren privaten Veräußerungsgeschäfte nach § 22 Nr. 2 i.V.m. § 23 Abs. 1 S. 1 Nr. 2 S. 1 EStG vor, weil Gegenstände des täglichen Gebrauchs vom Anwendungsbereich der Norm ausgenommen sind (§ 23 Abs. 1 S. 1 Nr. 2 S. 2 EStG). V erzielt während der Elternzeit mithin keine steuerbaren Einkünfte.
>
> Nach Ende der Elternzeit lassen sich die An- und Verkäufe von V allerdings nicht mehr als bloß gelegentliches Handeln qualifizieren. V kauft und verkauft vielmehr unabhängig von seinem persönlichen Bedarf und mit einer hohen Regelmäßigkeit. Dies spricht für eine Wiederholungsabsicht, sodass V in dieser Phase nachhaltig tätig ist und mithin Einkünfte aus Gewerbebetrieb erzielt.

c) Gewinnerzielungsabsicht

70 Eine gewerbliche Tätigkeit setzt weiterhin voraus, dass der Steuerpflichtige mit Gewinnerzielungsabsicht handelt (§ 15 Abs. 2 S. 1 EStG), wobei die Gewinnerzielungsabsicht auch nur ein Nebenzweck der Tätigkeit sein kann (§ 15 Abs. 2 S. 3 EStG). Über die Gewinnerzielungsabsicht wird die gewerbliche Tätigkeit von einer nicht steuerbaren, aus privaten Motiven vorgenommen Tätigkeit (sog. **„steuerrechtliche Liebhaberei"**) abgegrenzt. Gewinne oder Verluste aus privat motivierten Tätigkeiten werden bei der Ermittlung des zu versteuernden Einkommens nicht einbezogen. Dies lässt sich vor allem mit dem primären Fiskalzweck der Einkommensbesteuerung erklären:[26] Die Erhebung von Einkommensteuern dient vornehmlich dazu, Mittel für die öffentliche Hand zu beschaffen und dabei die Steuerpflichtigen entsprechend ihrer wirtschaftlichen Leistungsfähigkeit heranzuziehen. Dieser Zweck kann nur erreicht werden, wenn auf Dauer gesehen positive Einkünfte für die Besteuerung erfasst werden können. Es würde sowohl das Steueraufkommen gefährden als auch die horizontale Steuergerechtigkeit beeinträchtigen, wenn vornehmlich privat motivierte Verluste mit positiven Erwerbseinkünften verrechnet werden könnten. Dementsprechend er-

---

[26] BFH, Beschluss v. 25.6.1984 – GrS 4/82, BFHE 141, 405 = BStBl II 1984, 751, juris Rn. 183; ausf. *Escher*, Steuerliche Liebhaberei, 2005, S. 18 ff.

fassen die Einkünfte im Sinne von § 2 Abs. 1 S. 1 Nr. 1-7 EStG bei teleologischer Auslegung nur solche Tätigkeiten, bei denen zumindest über die Gesamtdauer der Tätigkeit ein positives Gesamtergebnis angestrebt wird. Das in § 15 Abs. 2 S. 1 EStG ausdrücklich genannte Merkmal der Gewinnerzielungsabsicht ist damit bei teleologischer Auslegung der Vorschriften des Einkommensteuergesetzes keine Besonderheit gewerblicher Einkünfte. Vielmehr ist auch bei allen anderen Einkünften (trotz fehlender ausdrücklicher Regelungen) eine **Einkünfteerzielungsabsicht** (der Begriff findet sich im Einleitungssatz zu § 15 Abs. 3 EStG) zu fordern. Belegen lässt sich diese teleologische Auslegung auch durch die systematischen Verweise in § 13 Abs. 7 EStG und § 18 Abs. 4 S. 2 EStG auf § 15 Abs. 2 S. 3 EStG sowie die spezielle Abgrenzung von steuerbaren und nicht steuerbaren Vermietungstätigkeiten in § 21 Abs. 2 EStG.

Mit dem anzustrebenden Gewinn ist dabei nicht der periodische Gewinn eines Veranlagungszeitraums i.S.v. § 4 Abs. 1 oder § 4 Abs. 3 EStG, sondern der **Totalgewinn** vom Beginn bis zur Beendigung der Tätigkeit gemeint. Einzubeziehen sind dabei auch eventuelle Veräußerungs- und Aufgabegewinne, wobei unerheblich ist, ob diese steuerpflichtig oder steuerfrei sind.[27] Auf die Höhe des Gesamtgewinns kommt es nicht an. Es ist unschädlich, wenn der Steuerpflichtige durch ein Alternativinvestment höhere Renditen hätte erzielen können oder durch Gewinne unterhalb der allgemeinen Inflationsrate real an Kaufkraft verliert. Entscheidend ist allein, dass während des Betrachtungszeitraums die Erträge aus dem Betrieb die entstehenden Kosten insgesamt überschreiten. Durch § 15 Abs. 2 S. 2 EStG wird klargestellt, dass die bloße Steuerersparnis, die sich durch einen horizontalen Verlustausgleich zwischen Verlusten aus Gewerbebetrieb und anderen Einkünften ergeben kann, kein Gewinn i.S.d. Gewinnerzielungsabsicht ist. 71

Bei der Gewinnerzielungsabsicht handelt es sich um eine **innere Tatsache**.[28] Ob der Steuerpflichtige mit oder ohne Gewinnerzielungsabsicht handelt, lässt sich nur anhand der äußeren Umstände des Einzelfalls beurteilen.[29] Erforderlich ist eine in die Zukunft gerichtete und langfristige Bewertung der Wesensart und der Bewirtschaftung des Betriebs.[30] Diese erfolgt nach herrschender Meinung in einer **zweistufigen Prüfung** mit einem objektiven und einem subjektiven Merkmal: 72

In objektiver Hinsicht ist zunächst eine Prognose aufzustellen, ob der Steuerpflichtige mit seiner Tätigkeit einen Totalgewinn erzielen kann. Der Prognosezeitraum richtet sich nach der Eigenart des Betriebs, beträgt aber regelmäßig mehrere Jahre oder Jahrzehnte (z.B. 30 Jahre bei einer Ferienwohnung). Die Unsicherheit, die mit einer derart langfristig angelegten Prognose notwendigerweise verbunden ist, wird über Anscheinsbeweise und Feststellungslasten zwischen dem Steuerpflichtigen und der Finanzverwaltung verteilt: So spricht bei einem neu gegründeten Unternehmen der Be- 73

---

27 BFH, Urteil v. 21.8.1990 – VIII R 25/86, BFHE 163, 524 = BStBl II 1991, 564, juris Rn. 34; BFH, Beschluss v. 25.6.1984 – GrS 4/82, BFHE 141, 405 = BStBl II 1984, 751, juris Rn. 181; BFH, Urteil v. 14.3.1985 – IV R 8/84, BFHE 143, 355 = BStBl II 1985, 424, juris Rn. 25.
28 Vgl. BFH, Beschluss v. 25.6.1984 – GrS 4/82, BFHE 141, 405 = BStBl II 1984, 751, juris Rn. 179.
29 BFH, Urteil v. 20.9.2007 – IV R 20/05, BFH/NV 2008, 532, juris Rn. 48; BFH, Urteil v. 20.9.2012 – IV R 43/10, BFH/NV 2013, 408, juris Rn. 13, m.w.N.
30 BFH, Beschluss v. 25.6.1984 – GrS 4/82, BFHE 141, 405 = BStBl II 1984, 751, juris Rn. 186; vgl. auch z.B. BFH, Urteil v. 31.7.2002 – X R 48/99, BFHE 200, 504 = BStBl II 2003, 282, juris Rn. 31; BFH, Beschluss v. 4.6.2009 – IV B 69/08, BFH/NV 2009, 1644, juris Rn. 32.

weis des ersten Anscheins für eine Gewinnerzielungsabsicht, weil ein wirtschaftlich denkender Steuerpflichtiger keine von vornherein verlustbringenden Tätigkeiten aufnehmen würde.[31] Erst recht ist von einer positiven **Totalgewinnprognose** auszugehen, wenn der Steuerpflichtige mit seiner Tätigkeit über mehrere Jahre substanzielle Gewinne erzielt hat.[32] Dass einzelne Geschäfte zu Verlusten führen, steht dem nicht entgegen. Auch wenn der Steuerpflichtige mit einem neu gegründeten Betrieb während einer (ggfs. mehrjährigen) Anlaufphase zunächst Verluste erwirtschaftet, entkräftet dies noch nicht den Beweis des ersten Anscheins.[33] In all diesen Fällen würde es der Finanzverwaltung obliegen, in einem finanzgerichtlichen Verfahren darzulegen, warum es im konkreten Fall an einer positiven Totalgewinnprognose fehlt. Erst wenn es auch nach einer Anlaufphase weiterhin zu anhaltenden Verlusten kommt, kann dies ein Indiz dafür sein, dass der Betrieb nach seiner Art oder seiner unternehmerischen Führung nicht in der Lage ist, nachhaltig Gewinne zu erwirtschaften. Der Steuerpflichtige trägt dann die Feststellungslast, warum es in der Zukunft zu einer merklichen Besserung der betriebswirtschaftlichen Ergebnisse kommen soll. Diese Feststellungslast kann er beispielsweise dadurch erfüllen, dass er auf andauernde Verluste mit einer Anpassung seiner betrieblichen Organisation oder seines betrieblichen Konzepts reagiert.[34]

74 Selbst wenn die im ersten Schritt aufgestellte objektive Totalgewinnprognose negativ ist, bedeutet dies noch nicht automatisch, dass dem Steuerpflichtigen die Gewinnerzielungsabsicht fehlt. Vielmehr müssen nach herrschender Meinung in einem zweiten subjektiven Prüfungsschritt weitere Beweisanzeichen hinzukommen, aus denen sich ergibt, dass der Steuerpflichtige die Tätigkeit aus **persönlichen Motiven** ausübt.[35] Kann sich der Steuerpflichtige aus betriebswirtschaftlichen Gründen nicht am Markt durchsetzen (oder hat er schlicht Pech), so besteht kein Anlass, die Tätigkeit von den steuerbaren Einkünften auszunehmen und damit einen Ausgleich erlittener Verluste mit anderen positiven Einkünften auszuschließen. Nur wenn eine verlustbringende Tätigkeit aus privaten Motiven beibehalten wird, gefährdet eine Verlustverrechnung die horizontale Steuergerechtigkeit.

75 **Fall 3:** Die 70 Jahre alte A betreibt seit Jahrzehnten den einzigen Supermarkt in einer kleinen Gemeinde. Seit einigen Jahren beschäftigt sie ihren Tochter T als Buchhalterin und ihre Cousine C als Verkäuferin und Reinigungskraft. Die Verträge mit T und C sind fremdüblich, wurden vor Aufnahme der Tätigkeit schriftlich geschlossen und tatsächlich wie vereinbart durchgeführt.

---

31 BFH, Urteil v. 19.11.1985 – VIII R 4/83, BFHE 145, 375 = BStBl II 1986, 289, juris Rn. 25; BFH, Urteil v. 21.8.1990 – VIII R 25/86, BFHE 163, 524 = BStBl II 1991, 564, juris Rn. 31.
32 BFH, Urteil v. 18.5.1995 – IV R 31/94, BFHE 178, 69 = BStBl II 1995, 718, juris Rn. 76 ff., m.w.N.; BFH, Urteil v. 7.3.1996 – IV R 2/92, BFHE 180, 121 = BStBl II 1996, 369, juris Rn. 49.
33 BFH, Beschluss v. 10.4.2013 – X B 106/12, BFH/NV 2013, 1090, juris Rn. 6 ff., m.w.N.; wie lange eine solche Anlaufphase dauern kann, ist nach der Eigenart des Betriebs zu bestimmen; vgl. auch H 15.3 EStH „Anlaufverluste".
34 BFH, Urteil v. 29.3.2007 – IV R 6/05, BFH/NV 2007, 1492, juris Rn. 38; BFH, Beschluss v. 13.4.2011 – X B 186/10, BFH/NV 2011, 1137, juris Rn. 13; BFH, Urteil v. 20.9.2012 – IV R 43/10, BFH/NV 2013, 408, juris Rn. 14, m.w.N.
35 *Weber-Grellet*, DStR 1998, 873; BFH, Urteil v. 31.5.2001 – IV R 81/99, BFHE 195, 382 = BStBl II 2002, 276, juris Rn. 14; BFH, Urteil v. 26.2.2004 – IV R 43/02, BFHE 205, 243 = BStBl II 2004, 455, juris Rn. 20; BFH, Urteil v. 29.3.2007 – IV R 6/05, BFH/NV 2007, 1492, juris Rn. 26; H 15.3 EStH „Persönliche Gründe".

Nachdem im Nachbardorf eine Filiale eines großen Discounters eröffnet, gehen die Einnahmen des Supermarkts spürbar zurück. A, die sich ohnehin in absehbarer Zeit zur Ruhe setzen möchte, kommen die ausbleibenden Kunden durchaus entgegen und sie schränkt die Öffnungszeiten des Supermarkts erheblich ein. Während sie früher durchgehend von 9 bis 18 Uhr geöffnet hatte, öffnet sie den Laden nunmehr nur noch an drei Tagen in der Woche für jeweils zwei Stunden. Zudem schränkt sie ihr Sortiment deutlich ein. A kündigt die Verträge mit Aushilfen, die sie und C in der Vergangenheit regelmäßig im Verkauf unterstützt haben. Die Verträge mit T und C passt sie hingegen nicht an.

Infolge der Konkurrenz und der kürzeren Öffnungszeiten brechen die jährlichen Einnahmen der A von früher durchschnittlich 120.000 € auf nunmehr nur noch 20.000 € ein. Während die Ausgaben für den Wareneinkauf nahezu proportional fallen, sinken die Personalaufwendungen durch die Entlassung der Aushilfen nur geringfügig. Für die Gehälter von T und C muss A unverändert insgesamt ca. 60.000 € pro Jahr aufwenden.

Nachdem sich diese Situation in drei aufeinanderfolgenden Jahren nicht verändert, verweigert das zuständige Finanzamt die Anerkennung der entstehenden Verluste als Einkünfte aus Gewerbebetrieb, da der A die Gewinnerzielungsabsicht fehle. Zu Recht?

Lösung Fall 3: Da schon die fixen Personalkosten die Einnahmen der A deutlich übersteigen und keine Reaktion der A auf diese Situation ersichtlich ist, ist von einer negativen Totalgewinnprognose auszugehen. Dies allein rechtfertigt es noch nicht, auf eine fehlende Gewinnerzielungsabsicht zu schließen. Vielmehr ist nach den Gründen zu fragen, warum A die dauerhaften Verluste hinnimmt.

Zwar zählt das Betreiben eines Supermarkts nicht zu den Tätigkeiten, die typischerweise aus privaten Motiven ausgeübt werden. Im vorliegenden Fall sind aber keine betriebswirtschaftlichen Gründe für die Hinnahme der Verluste erkennbar. A hat auf die Eröffnung der Discounterfiliale und den dadurch steigenden Konkurrenzdruck mit angepassten Öffnungszeiten und einem verminderten Sortiment reagiert. Es wäre naheliegend gewesen, in diesem Zusammenhang auch die Personalausstattung entsprechend anzupassen. A hat aber nur die Aushilfen entlassen und die Verträge mit T und C nicht angepasst, obwohl davon auszugehen ist, dass angesichts des geringeren Tätigkeitsumfangs auch für T und C weniger Aufgaben anfallen. Die Gründe hierfür sind im Verwandtschaftsverhältnis zwischen A und ihren Angestellten zu sehen. Durch die Fortführung der Tätigkeit kann T und C weiterhin ein Gehalt gezahlt werden und diese sind finanziell abgesichert. Da A die andauernden Verluste mithin aus persönlichen Gründen hinnimmt, fehlt ihr die Gewinnerzielungsabsicht.

Da für die Beurteilung der Gewinnerzielungsabsicht nach den dargestellten Grundsätzen häufig die Entwicklung einer Tätigkeit über einen längeren Zeitraum betrachtet werden muss, erfolgen Veranlagungen insoweit häufig vorläufig (§ 165 Abs. 1 S. 1 AO).[36]

d) Beteiligung am allgemeinen wirtschaftlichen Verkehr

Als letztes positives Merkmal setzen gewerbliche Einkünfte voraus, dass sich die Betätigung als Beteiligung am allgemeinen wirtschaftlichen Verkehr darstellt. Das Merkmal lässt sich in zwei Bestandteile – die Teilnahme am wirtschaftlichen Verkehr

---

36 Vgl. BFH, Urteil v. 25.10.1989 – X R 109/87, BFHE 159, 128 = BStBl II 1990, 278, juris Rn. 24 f.; H 15.3 EStH „Vorläufige Steuerfestsetzung".

und die Teilnahme am allgemeinen Verkehr – zerlegen, die unterschiedliche Abgrenzungsfunktionen verwirklichen:[37]

78 Insoweit § 15 Abs. 2 S. 1 EStG eine Teilnahme am wirtschaftlichen Verkehr fordert, grenzt er damit zu nichtsteuerbaren Tätigkeiten ab: Das geltende Einkommensteuerrecht folgt keiner uneingeschränkten **Reinvermögenszugangs- oder -zuwachstheorie**,[38] weil es nur bestimmte und nicht alle Vermögenszuwächse der Besteuerung unterwirft. In den meisten Fällen lassen sich die Vermögenszuwächse auf eine Tätigkeit am Markt (**Markteinkommenstheorie**)[39] bzw. zumindest auf eine Erwerbstätigkeit zurückführen.[40] Insoweit die herrschende Meinung für eine Beteiligung am wirtschaftlichen Verkehr nur fordert, dass der Steuerpflichtige eine entgeltliche Leistung anbietet,[41] so spiegelt das diese typische Grenzziehung zwischen einkommensteuerbarem und nichtsteuerbarem Bereich wider. Auch eine selbständige, nachhaltige und mit Gewinnerzielungsabsicht vorgenommene Tätigkeit kann demnach nicht steuerbar sein, wenn sie nicht auf einen Leistungsaustausch gerichtet ist (so z.B. bei einem Bettler[42] oder einem Steuerpflichtigen, der regelmäßig an reinen Glücksspielen teilnimmt[43]).

79 Das Teilmerkmal der Teilnahme am allgemeinen Verkehr grenzt demgegenüber zu anderen Einkunftsarten, insbesondere zu sonstigen Einkünften aus Leistungen (§ 22 Nr. 3 EStG) ab.[44] Der Steuerpflichtige beteiligt sich nur dann am allgemeinen Verkehr, wenn er seine Leistung für Dritte äußerlich erkennbar anbietet.[45] Grundsätzlich muss der Steuerpflichtige bereit sein, seine Leistung an jeden zu erbringen, der die

---

37 Zur Funktion der beiden Teilmerkmale BFH, Urteil v. 9.7.1986 – I R 85/83, BFHE 147, 245 = BStBl II 1986, 851, juris Rn. 9 m.w.N.
38 Vgl. zur Reinvermögenszugangstheorie nach dem Schanz-Haig-Simons-Konzept nur *Hey*, in: Tipke/Lang, Rn. 7.30 f.
39 Vgl. zur Markteinkommenstheorie im Überblick *Hey*, in: Tipke/Lang, Steuerrecht, Rn. 7.30 f.; grundlegend *Ruppe*, DStJG 1 (1978), 7 ff.; *Lang*, StuW 1981, 223 ff.; *Lang*, DStJG 4 (1981), 54 f.
40 Das deutsche Einkommensteuerrecht folgt der Markteinkommenstheorie jedenfalls nicht umfänglich, weil auch Vermögenszuwächse besteuert werden, die außerhalb eines Marktes erwirtschaftet werden (beispielsweise Zinsen für ein zwischen zwei Privatpersonen gewährtes Darlehen, § 20 Abs. 1 Nr. 7) oder nicht auf einer eigenen Leistung des Steuerpflichtigen beruhen (z.B. bestimmte freiwillig gewährte regelmäßig wiederkehrende Bezüge, § 22 Nr. 1 S. 2 Hs. 2 EStG, oder Unterhaltsleistungen, § 22 Nr. 1a EStG); vgl. zum Begriff des Erwerbseinkommens *Hey*, in: Tipke/Lang, Rn. 7.31 m.w.N.
41 Z.B. BFH, Urteil v. 28.10.1993 – IV R 66-67/91, IV R 66/91, IV R 67/91, BFHE 173, 313 = BStBl II 1994, 463, juris Rn. 23.
42 H 15.4 EStH „Allgemeines".
43 Bei reinen Glücksspielen fehlt es an der für einen Leistungsaustausch erforderlichen Verknüpfung zwischen Leistung und Gegenleistung; BFH, Urteil v. 11.11.1993 – XI R 48/91, BFH/NV 1994, 622, juris Rn. 16; BFH, Urteil v. 19.7.1990 – IV R 82/89, BFHE 161, 144 = BStBl II 1991, 333, juris Rn. 18; BFH, Urteil v. 28.11.2007 – IX R 39/06, BFHE 220, 67 = BStBl II 2008, 469, juris Rn. 13; vgl. zur Abgrenzung zwischen reinen Glücksspielen und zumindest auch durch Geschicklichkeit geprägten Spielen anhand eines berufsmäßigen Pokerspielers BFH, Urteil v. 16.9.2015 – X R 43/12, BFHE 251, 37 = BStBl II 2016, 48, juris Rn. 21; BFH, Urteil v. 7.11.2018 – X R 34/16, BFH/NV 2019, 686, juris Rn. 29 ff.
44 Auch bei Einkünften aus privater Vermögensverwaltung (insb. Kapitalvermögen und Vermietung und Verpachtung) bietet der Steuerpflichtige seine Leistung häufig nicht oder zumindest nur in geringem Maße nach außen erkennbar an (BFH, Urteil v. 9.7.1986 – I R 85/83, BFHE 147, 245 = BStBl II 1986, 851, juris Rn. 9); in der Regel fließt dieser – häufig auch nur graduelle – Unterschied aber nur in die Gesamtbewertung der Tätigkeit ein, die im des negativen Tatbestandsmerkmals „keine bloße Vermögensverwaltung" vorzunehmen ist (s.u.).
45 BFH, Urteil v. 19.2.2009 – IV R 10/06, BFHE 224, 321 = BStBl II 2009, 533, juris Rn. 23.

von ihm geforderten Bedingungen erfüllt (insbesondere an jeden, der bereit ist, den geforderten Preis zu zahlen).[46] Liegt diese generelle Bereitschaft vor, ist es unschädlich, wenn der Steuerpflichtige tatsächlich nur für eine eng umgrenzte Gruppe von Personen oder sogar nur für einen einzigen Geschäftspartner tätig wird.[47] Generell stellt die Rechtsprechung insoweit keine hohen Anforderungen und verneint nur im Ausnahmefall eine Beteiligung am allgemeinen Verkehr.[48] Eine solche Ausnahmekonstellation kann vorliegen, wenn die eigene Leistung gar nicht[49] oder von vornherein nur bestimmten nahestehenden Personen angeboten wird.[50]

Wenn bereits Betriebsausgaben für eine **geplante gewerbliche Tätigkeit** angefallen sind, die dann jedoch tatsächlich nicht aufgenommen wird (**erfolgloser Unternehmer**), beispielsweise weil der Vertragspartner betrügerisch handelt, kommt es für die Qualifikation der Einkunftsart auf die Zweckrichtung im Zeitpunkt der Tätigung dieser Ausgaben an.[51]

80

Unerheblich für die Beurteilung sowohl der Teilnahme am wirtschaftlichen als auch am allgemeinen Verkehr ist es nach § 40 AO, ob die Tätigkeit des Steuerpflichtigen erlaubt und die von ihm abgeschlossenen Geschäfte zivilrechtlich wirksam sind.

81

Fall 4: A ist Angestellter der X-GmbH, eines großen Handelsunternehmens. Er nutzt seine berufliche Stellung, um sich zum Nachteil des Arbeitgebers persönlich zu bereichern: A ist im Einkauf tätig und entscheidet über die Auswahl von Lieferanten. Dabei wählt er regelmäßig nicht das aus Sicht der X-GmbH wirtschaftlich attraktivste Angebot aus, sondern übt seinen Einfluss zugunsten eines mit ihm befreundeten Lieferanten aus, der für jedes Geschäft, das die X-GmbH mit ihm abschließt, einen Betrag in Höhe von 0,5 % der Rechnungssumme auf das private Konto des A überweist.

82

Einige Kollegen von A bessern sich ihr Gehalt dadurch auf, dass sie aus dem Lager der X-GmbH besonders wertvolle Waren entwenden. Diese geben sie weiter an B, einen ehemaligen Mitarbeiter aus dem Vertrieb, der vor einigen Jahren entlassen wurde. B nutzt seine Kontakte aus der früheren Tätigkeit, um die Waren an Interessenten aus dem Kreis der aktuellen und früheren Kunden der X-GmBH zu verkaufen. Die auf diesem Weg erzielten Einnahmen teilen die Mitarbeiter und B unter sich auf.

Welche Einkünfte erzielen A und B?

---

46 BFH, Urteil v. 16.5.2002 – IV R 94/99, BFHE 199, 261 = BStBl II 2002, 565, juris Rn. 39; vgl. auch BFH, Urteil v. 7.3.1996 – IV R 2/92, BFHE 180, 121 = BStBl II 1996, 369, juris Rn. 56; BMF-Schreiben v. 26.3.2004, IV A 6 – S 2240 – 46/04, BStBl I 2004, 434, Tz. 4.
47 Vgl. nur BFH, Urteil v. 12.07.1991 – III R 47/88, BFHE 165, 498 = BStBl II 1992, 143; BFH, Urteil v. 16.5.2002 – IV R 94/99, BFHE 199, 261 = BStBl II 2002, 565; BFH, Urteil v. 31.8.2005 – XI R 62/04, BFH/NV 06, 505; BFH, Urteil v. 20.3.2013, X R 38/11, BFH/NV 2013, 1125.
48 BFH, Beschluss v. 10.12.2001 – GrS 1/98, BFHE 197, 240 = BStBl II 2002, 291, Rn. 25.
49 Z.B., wenn der Steuerpflichtige aus eigenem Antrieb in der Öffentlichkeit Pfandflaschen sammelt und diese bei einer oder mehreren Rückgabestellen abliefert; BFH, Urteil v 6.6.1973 – I R 203/71, BFHE 110, 22 = BStBl II 1973, 727; anders als beim Betteln liegen aber Einkünfte aus Leistungen i.S.v. § 22 Nr. 3 EStG vor, da die Auszahlung des Pfandes eine Gegenleistung für die Rückgabe darstellt.
50 Z.B., wenn ein Steuerpflichtiger gegen Provision ausschließlich für Verbindlichkeiten einer Gesellschaft bürgt, an der er selbst beteiligt ist; BFH, Beschluss v. 26.7.2006 – X B 58/06, BFH/NV 2006, 1837-1839. Handelt es sich bei der Gesellschaft um eine Mitunternehmerschaft, zählen die Bürgschaftsprovisionen zu den Sonderbetriebseinnahmen.
51 Z.B. bei einem geplanten Verwaltungsvertrag über ein (tatsächlich nie geliefertes) Blockheizkraftwerk angesichts der umfassenden Risikoübernahme BFH, Urteil v. 7.2.2018 – X R 10/16, BFHE 260, 490 = BStBl II 2018, 630, juris Rn. 58 f.

> **Lösung Fall 4:** A ist selbständig tätig, weil er mit der Auftragsvergabe ohne Berücksichtigung der wirtschaftlichen Kriterien nicht im Interesse des Arbeitgebers, sondern entgegen der arbeitsvertraglichen Weisungen tätig wird. Seine Tätigkeit ist auch nachhaltig und er handelt mit Gewinnerzielungsabsicht. Fraglich ist aber, ob er sich auch am allgemeinen wirtschaftlichen Verkehr beteiligt. Unerheblich ist insoweit, dass sein Handeln als Untreue strafbar ist (§ 40 AO). Eine Teilnahme am wirtschaftlichen Verkehr liegt vor, weil A eine Leistung entgeltlich an fremde Dritte anbietet. Es müsste aber auch eine Teilnahme am allgemeinen Verkehr vorliegen, das heißt die Leistung des A müsste auch nach außen erkennbar gewesen sein. A tritt allerdings nicht nach außen auf. Er beeinflusst lediglich eine Entscheidung im internen Geschäftsablauf der X-GmbH. Nach außen erkennbar ist nur die Leistung bzw. die Leistungsbereitschaft der X-GmbH. Eine Beteiligung des A am allgemeinen Verkehr liegt demnach nicht vor. A erzielt sonstige Einkünfte aus Leistungen (§ 22 Nr. 3 EStG).[52]
>
> B ist selbstständig, nachhaltig und mit Gewinnerzielungsabsicht tätig. Er bietet Waren zum Kauf an und tritt dabei – wenn auch für eine begrenzte Gruppe von Kunden – öffentlich in Erscheinung. Dass seine Tätigkeit als Hehlerei strafbar ist, ändert nichts daran, dass er am allgemeinen wirtschaftlichen Verkehr teilnimmt (§ 40 AO). B erzielt mithin Einkünfte aus Gewerbebetrieb.

e) Keine Land- und Forstwirtschaft, freiberufliche oder sonstige selbständige Tätigkeit

83 Neben den vier dargestellten Positivmerkmalen enthält § 15 Abs. 2 S. 1 EStG noch zwei **negative Tatbestandsmerkmale**: Einkünfte aus Gewerbebetrieb liegen nur vor, wenn die Betätigung weder als Ausübung von Land- und Forstwirtschaft noch als Ausübung eines freien Berufs oder einer anderen selbständigen Tätigkeit anzusehen ist. Aus dieser Negativformulierung folgt zweierlei:

84 Obwohl dies nicht ausdrücklich normiert ist, setzen auch Einkünfte aus Land- und Forstwirtschaft (§§ 13 ff. EStG; eine ausführliche Darstellung unterbleibt hier) und aus selbständiger Arbeit (§ 18 EStG; dazu noch im Detail unter Rn. 114 ff.) eine selbständige, nachhaltige mit Gewinnerzielungsabsicht vorgenommene Beteiligung am allgemeinen wirtschaftlichen Verkehr voraus. Andernfalls wäre die negative Ausnahme dieser Tätigkeiten von den Einkünften aus Gewerbebetrieb systematisch gar nicht erforderlich.

85 Einkünfte aus Land- und Forstwirtschaft und aus selbständiger Arbeit sind vorrangige Spezialfälle, die sich durch spezifische Anforderungen an die ausgeübte Tätigkeit und bei freien Berufen auch an die Qualifikation des Steuerpflichtigen von den Einkünften aus Gewerbebetrieb abheben. Da die Rechtsfolgen gegenüber gewerblichen Einkünften regelmäßig vorteilhafter sind (vereinfachte/pauschalierte Gewinnermittlungsmethoden, keine Gewerbesteuerpflicht) lassen sie sich als Privilegierungen begreifen. Die Einkunftsarten stehen allerdings nicht in einem Subsidiaritätsverhältnis zueinan-

---

52 Vgl. nur BFH, Beschluss v. 27.9.2007 – XI B 194/06, BFH/NV 2008, 87-89. Etwas anderes gilt allenfalls dann, wenn ein Angestellter zwar Geschäfte im Namen des Arbeitgebers abschließt, diese aber (teilweise) auf eigene Rechnung ausführt; vgl. BFH, Urteil v. 3.7.1991 – X R 163-164/87, BFHE 164, 556 = BStBl II 1991, 802.

der,⁵³ sondern schließen sich gegenseitig aus, weil eine Tätigkeit immer nur entweder zu Einkünften aus Gewerbebetrieb oder zu Einkünften aus Land- und Forstwirtschaft bzw. selbständiger Arbeit führen kann.⁵⁴

f) Keine bloße Vermögensverwaltung

Neben den ausdrücklich in § 15 Abs. 2 S. 1 EStG negativ ausgenommenen Einkünften aus Land- und Forstwirtschaft und aus selbständiger Arbeit entspricht es allgemeiner Auffassung, dass die gewerbliche Tätigkeit auch von der bloßen privaten Vermögensverwaltung abzugrenzen ist.⁵⁵ Bei teleologischer Auslegung der Vorschriften über die Einkünftequalifikation soll die Nutzung langfristig zu erhaltenden Vermögens im Sinne einer **Fruchtziehung** als Einkünfte aus Kapitalvermögen (§ 20 EStG), Vermietung und Verpachtung (§ 21 EStG) sowie sonstige Einkünfte aus privaten Veräußerungsgeschäften (§ 22 Nr. 2 i.V.m. § 23 EStG) erfasst werden. Einkünfte aus Gewerbebetrieb zeichnen sich demgegenüber dadurch aus, dass nicht die bloße Nutzung des bestehenden Vermögens im Zentrum steht, sondern erhebliche Zusatzleistungen angeboten werden oder substanzielle Vermögenszuwächse durch Umschichtung erzielt werden sollen.⁵⁶ Anders als bei der Abgrenzung zu Land- und Forstwirtschaft und selbständiger Arbeit kann die Abgrenzung zur bloßen Vermögensverwaltung regelmäßig nicht anhand einzelner gesetzlicher Tatbestandsmerkmale erfolgen, sondern erfordert eine gewichtende Beurteilung des Gesamtbildes der Betätigung unter Einbeziehung der Verkehrsanschauung und der artspezifischen Besonderheiten des jeweiligen Geschäftsfeldes.⁵⁷ Die Grenzziehung ist dabei häufig schwierig und kann nur im jeweiligen Einzelfall erfolgen. Orientierung vermitteln bereichsspezifische Abgrenzungsmaßstäbe, wie sie die Rechtsprechung entwickelt hat (zur jeweiligen Sonderdogmatik bei der Veräußerung bebauter Grundstücke (gewerblicher Grundstückshandel) siehe Rn. 93 ff. und bei der Überlassung von Vermögensgegenständen innerhalb eines auf mehrere Rechtsträger aufgeteilten Unternehmens (Betriebsaufspaltung), siehe Rn. 100 ff.).

86

Die **langfristig angelegte Vermietung von Grundbesitz** zählt regelmäßig zur bloßen Vermögensverwaltung und führt zu Einkünften aus Vermietung und Verpachtung (§ 21 Abs. 1 S. 1 Nr. 1 EStG). Das gilt auch, wenn erhebliche Verwaltungsarbeit anfällt, eine Vielzahl von Objekten überlassen wird oder die überlassenen Grundstücke sehr wertvoll sind. Einkünfte aus Gewerbebetrieb liegen erst dann vor, wenn der Vermieter weitere Leistungen in erheblichem Umfang übernimmt. Dies wird insbeson-

87

---

53 Ein solches Verhältnis besteht beispielsweise jeweils zwischen Einkünften aus Vermietung und Verpachtung (§ 21 Abs. 3 EStG) oder Einkünften aus Kapitalvermögen (§ 20 Abs. 8 EStG) und anderen Einkunftsarten.
54 BFH, Urteil v. 7.7.1971 – I R 41/70, BFHE 103, 153 = BStBl II 1971, 771.
55 Siehe zur nicht völlig klaren dogmatischen Herleitung dieses ungeschriebenen Tatbestandsmerkmales: *Buge*, in: Herrmann/Heuer/Raupach, § 15 EStG Rn. 1102.
56 Grundlegend zur Abgrenzung anhand der sog. Fruchtziehungsformel BFH, Beschluss v. 25.6.1984 – GrS 4/82, BFHE 141, 405 = BStBl II 1984, 751; H 15.7 Abs. 2 EStH 2010.
57 BFH, Beschluss v. 3.7.1995 – GrS 1/93, BFHE 178, 86 = BStBl II 1995, 617; BFH, Urteil v. 24.1.1996 – X R 255/93, BFHE 180, 51 = BStBl II 1996, 303; BFH, Beschluss v. 10.12.2001 – GrS 1/98, BFHE 197, 240 = BStBl II 2002, 291, unter C. II.; BFH v. 30.7.2003 – BFH, Urteil v. 30.7.2003 – X R 7/99, BFHE 204, 419 = BStBl II 2004, 408; BFH v. 2.9.2008 – X R 14/07, BFH/NV 2008, 2012.

re bei kurzfristigen Vermietungen an wechselnde Mieter angenommen, weil hier Serviceleistungen wie Vermittlung, Reinigung, Zurverfügungstellung sanitärer Anlagen, Versorgung mit Strom, Abwasser- und Müllbeseitigung, Beaufsichtigung und Bewachung eine wesentliche Bedeutung haben. Dementsprechend ist die Vermietung von Zimmern in Hotels oder Pensionen,[58] Parkplätzen für Kurzparker,[59] Stellplätzen auf einem Campingplatz,[60] Ausstellungsräumen oder Messeständen[61] regelmäßig Gewerbebetrieb.

88 Die **Vermietung von Ferienwohnungen** ist dann gewerblich, wenn sie hotelähnlich ausgestaltet ist, also insbesondere, wenn Nebenleistungen wie die Überlassung von Wäsche und die Reinigung der Zimmer angeboten werden und hierfür in ähnlichem Maße wie bei einem Hotel oder in einer Pension Personal vorgehalten werden muss.[62] Die langfristige Vermietung von Gewerbeflächen in einem Einkaufszentrum wird noch nicht dadurch gewerblich, dass der Vermieter die für eine größere Gewerbeimmobilie üblichen Infrastruktureinrichtungen (z.B. gemeinsame sanitäre Anlagen, zentraler Empfang) bereitstellt oder werbe- und verkaufsfördernde Maßnahmen für das Gesamtobjekt durchführt.[63]

89 Soweit sich bei einem Geschäftskonzept von Kauf, zwischenzeitlicher Vermietung und dem anschließenden Verkauf von beweglichen und von unbeweglichen Wirtschaftsgütern ein positives Gesamtergebnis von vornherein nur unter Einbeziehung des abschließenden Verkaufs erzielen lässt, geht die Rechtsprechung von einer „**Verklammerung**" der unterschiedlichen Tätigkeiten zu gewerblichen Einkünften aus.[64]

90 Die **Vermietung beweglicher Gegenstände** (z.B. Pkw, Wohnmobile, Boote) führt grundsätzlich zu sonstigen Einkünften i.S.d. § 22 Nr. 3 EStG. Eine gewerbliche Tätigkeit liegt abermals nur dann vor, wenn mit der Vermietung ins Gewicht fallende Sonderleistungen erbracht werden oder der Umfang der Tätigkeit eine unternehmerische Organisation erfordert. Dies ist regelmäßig bei nur kurzfristiger Vermietung an eine Vielzahl von Kunden der Fall (z.B. tage- oder stundenweise Pkw-Vermietung).[65] Bei der Überlassung von in einem öffentlichen Register eingetragenen Schiffen und Flugzeugen (§ 21 Abs. 1 S. 1 Nr. 1 EStG) oder Sachinbegriffen (§ 21 Abs. 1 S. 1 Nr. 2 EStG) liegen Einkünfte aus Vermietung und Verpachtung vor. Praxisrelevant ist insbesondere die Verpachtung eines gesamten Betriebs (**Betriebsverpachtung**), die zu Einkünften aus § 21 Abs. 1 S. 1 Nr. 2 EStG führen kann (Verpachtung eines Sachinbegriffs). Einkünfte aus Vermietung und Verpachtung liegen aber nur vor,

---

[58] BFH, Urteil v. 11.7.1984 – I R 182/79, BFHE 141, 282 = BStBl II 1984, 722.
[59] Zu bewachtem Parkplatz: BFH, Urteil v. 22.9.1976 – I R 102/74, BFHE 120, 53 = BStBl II 1976, 793; zu Parkhaus: BFH, Urteil vom 23.7.1988 – IV R 139/86, BFHE 154, 89 = BStBl II 1988, 1001; zu Betrieb eines Parkplatzes für Kurzparker: BFH, Urteil v. 9.4.2003 – X R 21/00, BFHE 201, 525 = BStBl II 2003, 520.
[60] BFH, Urteil v. 6.10.1982 – I R 7/79, BFHE 136, 497 = BStBl II 1983, 80; das gilt auch, wenn die Benutzer überwiegend sog. Dauercamper sind: BFH, Urteil v. 27.1.1983 – IV R 215/80, BFHE 138, 93 = BStBl II 1983, 426.
[61] R 15.7 Abs. 2 S. 1 EStR 2012.
[62] Vgl. im Einzelnen H 15.7 Abs. 2 EStH „Ferienwohnung" m.w.N.
[63] BFH, Urteil v. 14.7.2016 – IV R 34/13, BFHE 255, 12 = BStBl II 2017, 175.
[64] BFH, Urteil v. 28.9.2017 – IV R 50/15, BFHE 259, 341 = BStBl II 2018, 89.
[65] Vgl. BFH, Urteil v. 30.7.1985 – VIII R 263/81, BFHE 145, 129 = BStBl II 1986, 359.

wenn der Steuerpflichtige seine eigene gewerbliche Tätigkeit aufgegeben hat. Hat er hingegen seine Tätigkeit nur unterbrochen (**Betriebsunterbrechung**) und verpachtet den Betrieb mit der Absicht, in der Zukunft selbst wieder gewerblich tätig zu werden, kann er mit der Verpachtung weiterhin Einkünfte aus Gewerbebetrieb erzielen (zur Abgrenzung im Einzelnen noch unter Rn. 112 f.).

Die **Verwaltung eigenen Wertpapiervermögens** ist solange der Vermögensverwaltung zuzuordnen, wie sich die Wertpapiergeschäfte in einem gewöhnlichen Rahmen und Umfang bewegen (z.B. Handelsaufträge werden an einen Bankberater erteilt, der ein Depot des Steuerpflichtigen führt). Das Kernelement der Vermögensverwaltung, die Fruchtziehung aus zu erhaltenden Substanzwerten, wird nicht dadurch ausgeschlossen, dass Ertragserwartungen des Steuerpflichtigen nicht im Zufluss von Dividenden, sondern überwiegend in der Realisierung von Wertsteigerungen der Beteiligung bestehen.[66] Der Bereich der Vermögensverwaltung wird erst dann überschritten, wenn die entfaltete Tätigkeit der von Wertpapierhandels- bzw. Finanzunternehmen i.S.d. Kreditwesensgesetzes (KWG) vergleichbar ist.[67] Ein gewerbsmäßiger Wertpapierhandel ist danach regelmäßig nur gegeben, wenn der An- und Verkauf von Wertpapieren als Haupttätigkeit betrieben wird (§ 1 Abs. 3 KWG), wofür neben der Sachkenntnis des Steuerpflichtigen auch eine kaufmännische Organisation der Tätigkeit (beispielsweise durch die Anmietung eigener Büroräume und die Beschäftigung eigener Mitarbeiter)[68] sprechen kann. Ein weiteres Indiz liegt vor, wenn der Händler für andere bzw. für fremde Rechnung tätig wird (§ 1 Abs. 1 S. 2 Nr. 4, Abs. 1a S. 1 KWG) oder bei einer Tätigkeit für eigene Rechnung nicht bloß einer Bank gegenüber als An- und Verkäufer von Wertpapieren hervortritt, sondern unmittelbar mit anderen institutionellen Marktteilnehmern am Kapitalmarkt teilnimmt.[69] Ein gewerbliches Handeln liegt noch nicht allein deshalb vor, weil Dritte sich gegen Entgelt an den Geschäften beteiligen.[70]

91

Fall 5:[71] A ist ausgebildeter Bankangestellter und mittlerweile Vorstand einer Aktiengesellschaft. Er bezieht ein hohes Vorstandsgehalt, das er im Wesentlichen in Wertpapiere investiert. Da er mit den internen Richtlinien und Weisungen seiner Hausbank X, die seiner Ansicht nach zu risikoavers sind, sowie deren begrenzten Öffnungszeiten zunehmend unzufrieden ist, trifft er mit seinem bisherigen Anlageberater B, einem Angestellten der X, folgende Abmachung:

B kündigt bei der X und soll zukünftig im Namen und für Rechnung des A Wertpapiere an- und verkaufen und dabei durch tägliche Transaktionen und bewusste Investments in risikobehaftete Papiere die Marktschwankungen ausnutzen. Er erhält dafür von A eine erfolgsabhängige Vergütung. A räumt dem B umfassende Kontovollmachten ein und überlässt ihm

92

---

66 BFH, Urteil v. 20.12.2000 – X R 1/97, BFHE 194, 198 = BStBl II 2001, 706, juris Rn. 33.
67 BFH, Urteil v. 30.7.2003 – X R 7/99, BFHE 204, 419 = BStBl II 2004, 408, juris Rn. 46 f.; BFH, Beschluss v. 10.4.2006 – X B 209/05, BFH/NV 2006, 1461, juris Rn. 5.; FG Berlin-Brandenburg, Urteil v. 29.8.2007 – 3 K 5109/03 B = DStRE 2008, 208, juris Rn. 65 f.
68 Vgl. BFH, Urteil v. 30.7.2003 – X R 7/99, BFHE 204, 419 = BStBl II 2004, 408.
69 Vgl. BFH, Urteil v. 24.8.2011 – I R 46/10, BFHE 234, 339 = BStBl II 2014, 764, m.w.N. u. Aufzählung von entspr. Beweisanzeichen, wobei das Gesamtbild entscheidend ist.
70 Vgl. BFH, Urteil v. 7.9.2004 – IX R 73/00, BFH/NV 05, 51; BFH, Urteil v. 19.8.2009 – III R 31/07, BFH/NV 2010, 844, juris Rn. 23.
71 Angelehnt an BFH, Urteil v. 2.9.2008 – X R 14/07, BFH/NV 2008, 2012.

> die Auswahl der an jedem Tag zu erwerbenden oder zu veräußernden Papiere. Er bespricht die Anlagestrategie aber in regelmäßigen Abständen mit B und ordnet in diesem Zusammenhang häufig auch bestimmte An- und Verkäufe an. Die Transaktionen finanziert A in erheblichem Umfang auch mit Fremdkapital. Unter diesen Rahmenbedingungen eröffnet B im Namen des A Depots bei verschiedenen Banken und erwirbt über diese im Jahr 19 Wertpapiere zum Preis von insgesamt 11 Millionen €. Dem stehen Einnahmen aus Verkäufen in Höhe von insgesamt 10 Millionen € gegenüber. B erhält von A eine Vergütung in Höhe von 150.000 €.
>
> A erklärt daraufhin in seiner Steuererklärung einen Verlust aus Gewerbebetrieb in Höhe von 1,15 Millionen €, den er mit seinem Vorstandsgehalt verrechnen möchte. Zu Recht?

Lösung Fall 5: Grundsätzlich zählt der An- und Verkauf von Wertpapieren zur privaten Vermögensverwaltung und führt zu Einkünften aus Kapitalvermögen (§ 20 Abs. 2 EStG). Eine gewerbliche Tätigkeit liegt nur vor, wenn besondere Umstände hinzutreten, die die Tätigkeit des A mit derjenigen eines Wertpapierhändlers im Sinne des KWG vergleichbar machen.

Vorliegend erreichen die Wertpapiergeschäfte des A zwar ein erhebliches Volumen und A finanziert die Ankäufe zumindest teilweise durch Fremdkapital. Auch spricht die Organisation der Geschäfte durch den entgeltlich beschäftigten Vertreter B sowie die eigene Fachkenntnis des A für eine gewisse Professionalität.

Allerdings ist A hauptberuflich Vorstand einer Aktiengesellschaft. Anders als ein professioneller Wertpapierhändler (vgl. § 1 Abs. 3 KWG) übt er seine An- und Verkäufe nur zur Anlage seines Privatvermögens aus. Er handelt ausschließlich für eigene Rechnung und nicht auch für andere Personen (vgl. § 1 Abs. 1 S. 2 Nr. 4, Abs. 1a S. 1 KWG). Schließlich handelt A auch – anders als ein Wertpapierhändler – nicht unmittelbar mit institutionellen Partnern, sondern betreibt den Handel über mehrere depotführende Banken. Auch wenn B nicht mehr als Angestellter der X, sondern als persönlicher Vertreter des A auftritt, unterscheidet sich die Art und Weise des Investments damit nur unwesentlich von dem Wertpapierhandel über ein privates Depot mit einer Anlageberatung durch einen Bankangestellten. Nach dem Gesamtbild der Tätigkeit handelt A damit nicht einem Händler ähnlich, sondern einem privaten Investor. Er erzielt mithin keine Einkünfte aus Gewerbebetrieb, sondern Einkünfte aus Kapitalvermögen. Etwaige Verluste können nicht mit anderen Einkünften verrechnet werden (§ 20 Abs. 6 EStG).

93 **aa) Insbesondere: Gewerblicher Grundstückshandel.** Die langfristige Immobilienvermietung ist der Vermögensverwaltung zuzuordnen und begründet grundsätzlich Einkünfte nach § 21 Abs. 1 S. 1 Nr. 1 EStG (s.o.). Auch bei einer langfristig angelegten Vermietung kommt es aber regelmäßig irgendwann zu einer (teilweisen) Umschichtung des Vermögens durch Veräußerung der Objekte (und ggfs. Reinvestition des Erlöses in andere Objekte). Wie der Einkünftetatbestand der privaten Veräußerungsgeschäfte in § 22 Nr. 2 EStG i.V.m. § 23 Abs. 1 S. 1 Nr. 1 EStG zeigt, führen derartige Veräußerungen jedenfalls nicht zwingend zu gewerblichen Einkünften. Die Veräußerungsgewinne können vielmehr nach Ablauf der zehnjährigen Frist des § 23 Abs. 1 S. 1 Nr. 1 EStG sogar überhaupt nicht steuerbar sein. Die Umschichtung des Vermögens schließt eine vermögensverwaltende Tätigkeit nicht aus. Andererseits kann eine gewerbliche Handelstätigkeit nicht nur mit beweglichen Gegenständen ausgeübt werden, sondern auch mit Immobilien. Wer nachhaltig Grundstücke an- und verkauft, um über Wertsteigerungen oder durch zusätzliche Leistungen Gewinne zu erzielen, ist gewerblich tätig. Abgrenzungsschwierigkeiten zwischen beiden Fallgruppen ergeben sich dann, wenn Grundstücke zunächst zur Vermietung genutzt und sodann veräußert werden oder wenn der Steuerpflichtige einige Grundstücke zum Handel und andere zur Vermietung nutzt. Es kommt dann darauf an, ob noch die langjährige Fruchtziehung im Zentrum der Tätigkeit steht oder die Vermögenszuwächse gerade durch die Veräußerung des bestehenden Vermögens erzielt werden sollen.[72]

Fall 6: A hat einige Jahre als Immobilienmakler gearbeitet und nutzt sein Wissen nun, um sanierungsbedürftige Immobilien zu erwerben, in Stand zu setzen und sodann mit Gewinn wieder zu veräußern. Teilweise sind die Immobilien zwischenzeitlich vermietet, häufig stehen sie aber leer.

B hat vor fünf Jahren von ihrer Mutter vier Eigentumswohnungen geerbt, die diese vor 20 Jahren erworben hatte und die zu Wohnzwecken vermietet sind. Als B Kapital für den Erwerb eines privaten Wohnhauses benötigt, veräußert sie eine Wohnung. Auf Empfehlung ihres Anlageberaters veräußert sie ein Jahr später auch die anderen drei Wohnungen und legt das Geld in Aktien an.

Welche Einkünfte erzielen A und B?

94

Lösung Fall 6: A handelt mit Grundstücken und ist gewerblich tätig. Die Erzielung von Vermögenszuwächsen durch Wertsteigerung der Grundstücke steht im Zentrum seiner Tätigkeit.

B ist mit der Vermietung vermögensverwaltend tätig. Auch eine Umschichtung zu privaten Zwecken oder zur Neuausrichtung der Kapitalanlage steht dem nicht entgegen, weil B (bzw. ihre Mutter) die Grundstücke hier eindeutig nicht mit der Absicht erworben hat, sie zukünftig wieder zu veräußern und damit einen Vermögenszuwachs zu erzielen (im Einzelnen noch sogleich). Veräußerungsgewinne könnten allenfalls als private Veräußerungsgeschäfte (§ 22 Nr. 2 EStG) steuerbar sein. Hier sind aber die Haltefristen des § 23 Abs. 1 S. 1 Nr. 1 EStG deutlich überschritten, da der B die Anschaffung durch ihre Mutter gemäß § 23 Abs. 1 S. 3 EStG zugerechnet wird.

Zur Abgrenzung vermögensverwaltender Tätigkeit von einem **gewerblichen Grundstückshandel** wird auf die vom BFH entwickelte sog. **Drei-Objekte-Regel** abgestellt:[73] Werden innerhalb eines Zeitraums von fünf Jahren mehr als drei Objekte veräußert, die von Anfang an mit einer bedingten Veräußerungsabsicht erworben wurden, liegt in der Regel ein gewerblicher Handel vor.[74] Eine bedingte Veräußerungsabsicht wird dabei wiederum bei einem engen zeitlichen Zusammenhang zwischen Erwerb und Veräußerung des jeweiligen Grundstücks vermutet: Eine Veräußerung innerhalb von fünf Jahren ab Anschaffung indiziert regelmäßig eine bedingte Veräußerungsabsicht, innerhalb eines Zeitraums von fünf bis zehn Jahren müssen weitere In-

95

---

72 Grundlegend BFH, Beschluss v. 25.6.1984 – GrS 4/82, BFHE 141, 405 = BStBl II 1984, 751; H 15.7 Abs. 2 EStH 2010.
73 Vgl. zum Überblick *Leisner-Egensperger*, FR 2007, 813, 813 ff.; BMF-Schreiben v. 26.3.2004, IV A 6-S 2240-46/04, BStBl I. 2004, 434, Rn. 5 ff.
74 BFH, Urteil v. 1.12.1989 – III R 56/85, BFHE 159, 167 = BStBl II 1990, 1054, juris Rn. 11; BFH, Beschluss v. 3.7.1995 – GrS 1/93, BFHE 178, 86 = BStBl II 1995, 617, juris Rn. 33 ff.; BFH, Beschluss v. 10.12.2001 – GrS 1/98, BFHE 197, 240 = BStBl II 2002, 291, juris Rn. 30 f. BMF-Schreiben v. 26.3.2004, IV A 6-S 2240-46/04, BStBl I. 2004, 434, Rn. 5.

dizien für eine Veräußerungsabsicht hinzutreten, nach Ablauf von zehn Jahren liegt regelmäßig keine bedingte Veräußerungsabsicht vor.[75] Die Veräußerung eines Grundstücks, das der Steuerpflichtige geerbt oder geschenkt bekommen hat, zählt zumindest dann für einen gewerblichen Grundstückshandel, wenn der Steuerpflichtige das Objekt erheblich umgestaltet, um es besser veräußern zu können.[76] Auch wenn ein größeres Grundstück vom Steuerpflichtigen parzelliert und die Teilflächen dann veräußert werden, kann ein gewerblicher Grundstückshandel vorliegen, wenn der Steuerpflichtige über die Parzellierung hinaus weitere Tätigkeiten zur Vorbereitung des Verkaufs ausführt (z.B. Erschließung, Baureifmachung o.ä.).[77] Die Vermutungen einer bedingten Veräußerungsabsicht und einer gewerblichen Tätigkeit können vom Steuerpflichtigen zwar widerlegt werden, allerdings steigen die Anforderungen an die Widerlegung, je enger der zeitliche Zusammenhang zwischen Kauf und Verkauf einer Immobilie ist.[78]

96 **Fall 7:** H hat als Vermögensanlage in vermietete Immobilien investiert. Sie ist seit fünfzehn Jahren Eigentümerin von vier Eigentumswohnungen und hat vor acht Jahren zusätzlich zwei Mehrfamilienhäuser erworben. Vor drei Jahren erwarb sie schließlich noch zwei Einfamilienhäuser. Alle Immobilien sind dauerhaft zu Wohnzwecken vermietet.
Nachdem sie an ihrem 65. Geburtstag aus dem Beruf ausscheidet, entscheidet H sich, nach Australien auszuwandern. Um flexibler über ihr Vermögen verfügen zu können, veräußert sie sämtliche Immobilien an verschiedene Erwerber.
Muss H die Veräußerungsgewinne versteuern?

Lösung Fall 7: Die langfristig angelegte Vermietung ist eine vermögensverwaltende Tätigkeit und führt zu Einkünften aus Vermietung und Verpachtung (§ 21 Abs. 1 S. 1 Nr. 1 ESG).
Allerdings könnte A durch die Veräußerung von insgesamt acht Immobilien einen gewerblichen Grundstückshandel begründen, sodass die Veräußerungsgewinne zu Einkünften aus einem Gewerbebetrieb zählen. Nach der Drei-Objekte-Grenze der Rechtsprechung ist die Grenze der bloßen Vermögensverwaltung überschritten, wenn innerhalb von fünf Jahren mehr als drei Objekte veräußert werden, die von Anfang an mit einer **bedingten Veräußerungsabsicht** erworben wurden. Eine bedingte Veräußerungsabsicht kann insbesondere aus einer kurzen Haltedauer zwischen Anschaffung und Veräußerung abgeleitet werden und ist regelmäßig anzunehmen, wenn ein Objekt innerhalb von fünf Jahren seit seiner Anschaffung oder Herstellung veräußert wird. Umgekehrt spricht eine Haltedauer von mehr als fünf Jahren gegen eine bedingte Veräußerungsabsicht. Hier wurden sechs der Objekte vor mehr als fünf Jahren erworben. Es bestehen auch keine besonderen Anzeichen für eine von Anfang an bestehende bedingte Veräußerungsabsicht; im Gegenteil erfolgte die Veräußerung hier nur infolge des Entschlusses zum Auswandern und nicht auf Grund eines vorher gefassten Plans. Weder die Eigentumswohnungen noch die Mehrfamilienhäuser zählen also bei der Bemessung der Drei-Objekte-Grenze mit. Damit wurden hier nur zwei Objekte inner-

---

75 *Krumm*, in: Kirchhof/Seer, EStG, § 15 Rn. 119 m.w.N.; BMF-Schreiben v. 26.3.2004, IV A 6-S 2240-46/04, BStBl I. 2004, 434, Rn. 6.
76 BFH, Urteil v. 23.8.2017 – X R 7/15, BFH/NV 2018, 325, juris Rn. 27; BMF-Schreiben v. 26.3.2004, IV A 6-S 2240-46/04, BStBl I. 2004, 434, Rn. 9, 24.
77 BMF-Schreiben v. 26.3.2004, IV A 6-S 2240-46/04, BStBl I. 2004, 434, Rn. 3, 26.
78 BFH, Urteil v. 24.1.1996 – X R 255/93, BFHE 180, 51 = BStBl II 1996, 303, juris Rn. 17.

halb der letzten fünf Jahre veräußert, sodass die Grenze der bloßen Vermögensverwaltung nicht überschritten wird. Ein gewerblicher Grundstückshandel liegt nicht vor.

Allerdings können die Grundstücksveräußerungen auch als private Veräußerungsgeschäfte steuerbar sein (§ 22 Nr. 2 EStG i.V.m. § 23 Abs. 1 S. 1 Nr. 1 EStG). Insoweit kommt es darauf an, ob Grundstücke innerhalb von zehn Jahren ab Anschaffung veräußert werden. Mithin liegen zwar nicht bei der Veräußerung der Eigentumswohnungen, wohl aber bei der Veräußerung der Mehrfamilienhäuser und der Einfamilienhäuser steuerbare private Veräußerungsgeschäfte vor.

Andererseits kann auch beim Überschreiten des Fünf-Jahres-Zeitraums zwischen Kauf und Verkauf einer Immobilie oder beim Unterschreiten der Drei-Objekte-Grenze aufgrund anderer Indizien eine gewerbliche Tätigkeit angenommen werden.[79] Als Indizien kommen z.B. die sonstige Tätigkeit in der Immobilienbranche (z.B. als Immobilienmakler, Bauunternehmer oder Bauträger)[80] oder eine vollständige Fremdfinanzierung in Betracht.[81] Bei **Grundstücksveräußerungen durch eine Personengesellschaft** sind die Voraussetzungen eines gewerblichen Grundstückshandels zunächst nur auf Ebene der Gesellschaft zu prüfen. Liegt auf Ebene der Gesellschaft kein gewerblicher Grundstückshandel vor, können die Grundstücksveräußerungen durch die Gesellschaft aufgrund der Transparenz der Personengesellschaft zu einem eigenen gewerblichen Grundstückshandel des Gesellschafters führen, wenn dieser weitere Geschäfte getätigt hat (hierzu noch im Detail unter Rn. 811 ff.). 97

Selbst wenn die Drei-Objekte-Grenze überschritten ist und mithin die Tätigkeit nicht mehr als bloße Vermögensverwaltung eingeordnet werden kann, können gewerbliche Einkünfte an der fehlenden Nachhaltigkeit oder der hinreichenden Beteiligung am allgemeinen wirtschaftlichen Verkehr scheitern. Dies kann insbesondere der Fall sein, wenn der Steuerpflichtige zwar mehr als drei Grundstücke in bedingter Veräußerungsabsicht veräußert, diese aber sämtlich an einen einzigen Erwerber veräußert werden.[82] 98

Fall 8: S hat vor dreißig Jahren ein großes unbebautes Grundstück am Stadtrand von Hamburg erworben. Das Grundstück verpachtete er jahrelang an seinen Nachbarn, einen Landwirt, der dort Rinder grasen ließ. 99

Durch den ständigen Zuzug nach Hamburg liegt das Grundstück nunmehr an der Bebauungsgrenze und es ist absehbar, dass in den nächsten Jahren zusätzliches Bauland benötigt wird. S entscheidet sich, von dieser Situation zu profitieren und das Grundstück als Bauland zu veräußern. S setzt sich in der zuständigen Gemeinde erfolgreich für eine Änderung des Bebauungsplans ein. Kurz darauf spricht ihn der Bauträger B an, der das Grundstück gern erwerben würde. Absprachegemäß teilt S das Grundstück am 1.1.18 in zehn Parzellen auf und nimmt erste Maßnahmen zur Erschließung der einzelnen Parzellen vor (Anlegen einer Wasser- und Stromzuleitung sowie einer Abwasserleitung). Sodann veräußert er alle zehn Parzellen zum 31.12.18 an den Bauträger B, der auf den Parzellen jeweils schlüsselfertige Einfamilienhäuser errichten will.

Muss S den Gewinn aus der Veräußerung der Parzellen versteuern?

---

[79] BMF-Schreiben v. 26.3.2004, IV A 6-S 2240-46/04, BStBl I. 2004, 434, Rn. 28 ff.
[80] BFH, Urteil v. 5.9.1990 – X R 107- 108/89, BFHE 161, 543 = BStBl II 1990, 1060, juris Rn. 19 ff.
[81] BFH, Urteil v. 5.5.2004 – XI R 25/03, BFH/NV 2004, 1399, juris Rn. 24 m.w.N.
[82] Vgl. auch zu möglichen Rückausnahmen BFH, Urteil v. 22.4.2015 – X R 25/13, BFHE 250, 55 = BStBl II 2015, 897, juris Rn. 20 ff.

Lösung Fall 8: Die langjährige Verpachtung führt nicht zu einer gewerblichen Tätigkeit, sondern erschöpft sich in der bloßen Nutzziehung. Das Grundstück zählte mithin grundsätzlich zum Privatvermögen und eine Veräußerung könnte nur als privates Veräußerungsgeschäft steuerbar sein. Die Frist des § 23 Abs. 1 S. 1 Nr. 1 EStG ist indes abgelaufen. Auch die bloße Parzellierung des Grundstücks führt nicht zu einer neuen Anschaffung im Sinne von § 23 Abs. 1 S. 1 Nr. 1 EStG. Der Gewinn aus der Veräußerung ist mithin nur zu versteuern, wenn sie im Rahmen eines gewerblichen Grundstückshandels erfolgt.

Die Abgrenzung zwischen bloßer Vermögensverwaltung und gewerblichem Grundstückshandel erfolgt anhand der Drei-Objekte-Grenze. Ursprünglich hat A hier nur ein Grundstück erworben, das er langfristig gehalten und erst nach mehr als dreißig Jahren veräußert hat. Auch die Parzellierung dieses Grundstücks ändert grundsätzlich nichts daran, dass eine bedingte Veräußerungsabsicht im Erwerbszeitpunkt hier zunächst fernliegt. Allerdings hat A hier nicht nur das Grundstück parzelliert, sondern auch weitere Erschließungsmaßnahmen vorgenommen. Dies spricht indiziell für eine bedingte Veräußerungsabsicht. Selbst wenn man eine solche annimmt, spricht hier aber die Veräußerung sämtlicher Grundstücke an einen Erwerber mangels Nachhaltigkeit gegen die Annahme einer gewerblichen Tätigkeit. S ist mithin nicht gewerblich tätig. Da die Veräußerungsfrist des § 23 Abs. 1 S. 1 Nr. 1 EStG abgelaufen ist, muss er den Gewinn aus der Veräußerung nicht versteuern.

100 **bb) Insbesondere: Betriebsaufspaltung.** Eine Betriebsaufspaltung liegt vor, wenn die Funktionen und Vermögensbestandteile eines wirtschaftlich einheitlichen Betriebs in zwei Unternehmen – in ein **Besitzunternehmen** und in ein **Betriebsunternehmen** – aufgeteilt werden. Während das Betriebsunternehmen die eigentliche betriebliche Tätigkeit ausführt (z.B. Handel oder Produktion und Vertrieb), beschränkt sich das Besitzunternehmen darauf, das Anlagevermögen des Betriebs (Grundstücke, Maschinen) zu halten und an das Betriebsunternehmen zu überlassen. Betrachtet man beide Unternehmen jeweils für sich, müsste man zu dem Ergebnis kommen, dass das Besitzunternehmen nur vermögensverwaltend tätig ist und mithin keine Einkünfte aus Gewerbebetrieb erzielt. Die herrschende Meinung bewertet indes die Tätigkeiten beider Unternehmen gemeinsam, wenn eine **sachliche und personelle Verflechtung** zwischen Besitz- und Betriebsunternehmen besteht. Liegt eine solche Verflechtung vor, ist die Besitzgesellschaft nicht nur vermögensverwaltend, sondern – wenn auch die sonstigen Voraussetzungen vorliegen[83] – gewerblich tätig.[84]

101 Das Rechtsinstitut der Betriebsaufspaltung beruht auf einer teleologischen Auslegung von § 15 Abs. 2 S. 1 EStG, die eine Tätigkeit nicht primär in Abhängigkeit von der äußeren Organisationsform, sondern mit Blick auf die tatsächlichen wirtschaftlichen Zusammenhänge beurteilt. Auch wenn sich weder für die Voraussetzungen einer sachlichen und personellen Verflechtung noch für die Rechtsfolge einer Umqualifikation von Vermietungseinkünften in gewerbliche Einkünfte ein konkreter Anknüpfungspunkt im Gesetz finden lässt, hat das Bundesverfassungsgericht diese Auslegung des Bundesfinanzhofs in ständiger Rechtsprechung als verfassungskonform ak-

---

[83] Vgl. zur fehlenden Gewinnerzielungsabsicht auf Ebene der Besitzgesellschaft BFH, Urteil v. 12.4.2018 – IV R 5/15, BFHE 261, 157, juris Rn. 24 f. m.w.N.

[84] St. Rspr. seit BFH, Beschluss v. 8.11.1971 – GrS 2/71, BFHE 103, 440 = BStBl II 1972, 63; aus jüngerer Zeit z.B. BFH, Urteil v. 23.3.2011 – X R 45/09, BFHE 233, 416 = BStBl II 2011, 778; zusammenfassend: OFD Frankfurt a.M. v. 24.11.2009, S 2240 A-28-St 219, BeckVerw 251876.

zeptiert.⁸⁵ Mittlerweile handelt es sich um **Gewohnheitsrecht** und zudem hat der Gesetzgeber in § 50i Abs. 1 S. 4 EStG eine punktuelle gesetzliche Regelung geschaffen, die die von der Rechtsprechung entwickelten Voraussetzungen und Rechtsfolge einer Betriebsaufspaltung abbildet.⁸⁶

In sachlicher Hinsicht liegt eine Verflechtung zwischen Besitz- und Betriebsunternehmen vor, wenn das Besitzunternehmen mindestens ein⁸⁷ Wirtschaftsgut an das Betriebsunternehmen überlässt, das dort zu den **wesentlichen Betriebsgrundlagen** zählt.⁸⁸ Ob ein Wirtschaftsgut eine wesentliche Betriebsgrundlage bildet, bestimmt sich nach einer funktionalen Gesamtabwägung im Einzelfall: Entscheidend ist die wirtschaftliche Bedeutung für das Betriebsunternehmen, nicht der Wert des Wirtschaftsguts bzw. die in ihm ruhenden stillen Reserven.⁸⁹ Wesentliche Bedeutung haben Wirtschaftsgüter, die zur Erreichung des Betriebszwecks erforderlich sind und denen ein besonderes wirtschaftliches Gewicht für die Betriebsführung zukommt.⁹⁰ Häufig handelt es sich bei den überlassenen Wirtschaftsgütern um Grundstücke. Dabei gelten folgende Leitlinien: Fabrikgebäude, die von dem Betriebsunternehmen genutzt werden, zählen stets zu den wesentlichen Betriebsgrundlagen. Bei Bürogebäuden reicht es nach der neueren Rechtsprechung aus, wenn das Grundstück den räumlichen und funktionalen Mittelpunkt der betrieblichen Tätigkeit bildet oder besonders für die Bedürfnisse der Betriebsgesellschaft hergerichtet wurde.⁹¹ Sonstige Grundstücke sollen dann keine wesentlichen Betriebsgrundlagen darstellen, wenn ihre Fläche weniger als 10 % des gesamten Bedarfs des Betriebsunternehmens ausmacht.⁹² Wird ein unbebautes Grundstück überlassen, hängt die Einordnung als wesentliche Betriebsgrundlage davon ab, ob das Grundstück nach den Bedürfnissen der Betriebsgesellschaft bebaut werden kann und in einem Funktionszusammenhang mit dem Geschäftszweck steht. Andere Beispiele für wesentliche Betriebsgrundlagen können im

102

---

85 Vgl. BVerfG, Beschluss v. 14.1.1969 – 1 BvR 136/62, BVerfGE 25, 28 = BStBl II 1969, 389; BVerfG, Beschluss v. 12.3.1985 – 1 BvR 571/81, BVerfGE 69, 188 = BStBl II 1985, 475; BVerfG, Nichtannahmebeschluss. 25.3.2004 – 2 BvR 944/00, NJW 04, 2513; BVerfG, Nichtannahmebeschluss v. 14.2.2008 – 1 BvR 19/07, HFR 08, 754; BFH, Urteil v. 10.5.2016 – X R 5/14, BFH/NV 2017, 8, juris Rn. 30; kritisch zum Rechtsgrund *Kudert/Mroz*, StuW 2016, 146, 146 f. m.w.N.
86 Die Regelung betrifft nur eine eng umrissene Gruppe von Altfällen, in denen es – meist infolge des Wegzugs eines unbeschränkt Steuerpflichtigen ins Ausland – zu einer Beschränkung des deutschen Besteuerungsrechts kam.
87 Daraus folgt, dass eine sachliche Verflechtung auch zwischen einem Betriebsunternehmen und mehreren Besitzunternehmen bestehen kann. Wenn auch die Voraussetzungen einer personellen Verflechtung erfüllt sind, werden dann mehrere parallele Betriebsaufspaltungen begründet; vgl. BFH, Urteil v. 18.6.2015 – IV R 11/13, BFH/NV 2015, 1398, juris Rn. 25.
88 St. Rspr., z.B. BFH, Urteil v. 21.5.1974 – VIII R 57/70, BFHE 112, 391 = BStBl II 1974, 613 BFH, Urteil v. 12.11.1985 – VIII R 342/82, BFHE 145, 396 = BStBl II 1986, 299; BFH, Urteil v. 17.11.1992 – VIII R 36/91, BFHE 169, 389 = BStBl II 1993, 233; BFH, Urteil v. 19.3.2009 – IV R 78/06, BFHE 224, 428 = BStBl II 2009, 803; BFH, Urteil v. 24.9.2015 – IV R 9/13, BFHE 251, 227 = BStBl II 2016, 154.
89 BFH, Urteil v. 24.8.1989 – IV R 135/86, BFHE 158, 245 = BStBl II 1989, 1014.
90 Vgl. BFH, Urteil v. 26.3.1992 – IV R 50/91, BFHE 168, 96 = BStBl II 1992, 830; BFH, Urteil v. 17.11.1992 – VIII R 36/91, BFHE 169, 389 = BStBl II 1993, 233; BFH, Urteil v. 10.4.1997 – IV R 73/94, BFHE 183, 127 = BStBl II 1997, 569.
91 BFH, Urteil v. 10.6.2008 – VIII R 79/05, BFHE 222, 320 = BStBl II 2008, 863, juris Rn. 35.
92 Bei einer Nutzung von weniger als 10 % geht die Rechtsprechung nicht von einer wesentlichen Betriebsgrundlage aus, zwischen 10 % und 22 % kommt es auf den Einzelfall an.

Produktionsprozess zentral eingesetzte Maschinen, aber auch immaterielle Wirtschaftsgüter wie Patente oder Lizenzen sein.

103 Eine personelle Verflechtung liegt vor, wenn eine Person oder Personengruppe mit gleichgerichteten Interessen sowohl das Besitz- als auch das Betriebsunternehmen in der Weise beherrscht, dass sie in beiden Unternehmen einen einheitlichen Geschäfts- und Betätigungswillen durchsetzen kann.[93] Dies kann der Fall sein, wenn an der Besitz- und der Betriebsgesellschaft dieselben Personen in demselben Verhältnis beteiligt sind (**Beteiligungsidentität**),[94] aber auch, wenn eine Person oder Personengruppe an beiden Gesellschaften nur eine Mehrheit der Stimmrechte hält (**Beherrschungsidentität**), weil dies in der Regel ausreicht, um in beiden Unternehmen einen einheitlichen Willen durchsetzen zu können.[95] Durch eine mehrheitliche Beteiligung an beiden Unternehmen wird aber nicht mehr als ein Anscheinsbeweis begründet. Der Steuerpflichtige kann nachweisen, dass er trotz Mehrheitsbeteiligung beispielsweise wegen gesellschaftsvertraglicher oder gesetzlicher Regelungen keinen einheitlichen Willen in beiden Gesellschaften durchsetzen kann.[96] Insbesondere kann ein ausreichender Einfluss fehlen, wenn die Person oder Personengruppe bei einer der Gesellschaften keinen Einfluss auf die Geschäftsführung nehmen kann.[97]

104 **Fall 9:** A ist Eigentümerin eines Grundstücks, das sie seit mehreren Jahren an die B-GmbH vermietet, die dort eine Kfz-Werkstatt betreibt. Der Mietvertrag erstreckt sich auch auf die Betriebsvorrichtungen (Hebebühne und Rollenprüfstand). Einziger Gesellschafter der B-GmbH ist B.

Die Geschäfte der B-GmbH laufen zusehends schlecht. Nachdem erste Mietzahlungen ausbleiben und eine Insolvenz der B-GmbH immer wahrscheinlicher erscheint, entschließt sich A, dem langjährigen Mieter durch ein substanzielles Investment zu helfen. Sie erwirbt 50,1 % der Anteile an der B-GmbH. Zugleich beginnt sie mit einer umfassenden Modernisierung des Betriebsgebäudes.

Welche Einkünfte erzielt A mit den Mieteinnahmen?

Lösung Fall 9: Die Mieteinnahmen führen grundsätzlich zu Einkünften aus Vermietung und Verpachtung (§ 21 Abs. 1 S. 1 Nr. 1 EStG). Hier könnten indes ausnahmsweise vorrangige (§ 21 Abs. 3 EStG) Einkünfte aus Gewerbebetrieb (§ 15 Abs. 1 S. 1 Nr. 1 EStG) vorliegen, wenn zwischen dem Vermietungsunternehmen der A (Besitzunternehmen) und der B-GmbH andererseits (Betriebsunternehmen) eine sachliche und personelle Verflechtung besteht. Eine sachliche Verflechtung liegt vor, weil das Betriebsgrundstück und die Betriebsvorrichtungen funktional wesentliche Betriebsgrundlagen der Kfz-Werkstatt sind.

---

[93] St. Rspr. seit BFH, Beschluss v. 8.11.1971 – GrS 2/71, BFHE 103, 440 = BStBl II 1972, 63, a.a.O.; aus jüngerer Zeit z.B. BFH, Urteil v. 18.8.2009 – X R 22/07, BFH/NV 10, 208; BFH, Urteil v. 16.5.2013 – IV R 54/11, BFH/NV 13, 1557.
[94] BFH, Beschluss v. 08.11.1971 – GrS 2/71, BFHE 103, 440 = BStBl II 1972, 63; BFH, Urteil v. 02.4.1997 – X R 21/93, BFHE 183, 100 = BStBl II 1997, 565; BFH, Urteil v. 14.1.2009 – X R 37/07, BFH/NV 10, 406.
[95] BFH, Urteil v. 18.2.1986 – VIII R 125/85, BFHE 146, 266 = BStBl II 1986, 611.
[96] Vgl. z.B. BFH, Urteil v. 24.9.2015 – IV R 9/13, BFHE 251, 227 = BStBl II 2016, 154, juris Rn. 28: Gestaltungsmodell der Bestellung eines Erbbaurechts statt eines Mietvertrags als außergewöhnliches Geschäft der GbR, über das der geschäftsführende 90 %-Gesellschafter nicht allein entscheiden konnte, sondern nach § 709 BGB Einstimmigkeit erforderlich war.
[97] Vgl. BFH, Urteil v. 16.5.2013 – IV R 54/11, BFH/NV 13, 1557.

Eine personelle Verflechtung setzt voraus, dass A sowohl im Besitz als auch im Betriebsunternehmen einen einheitlichen Geschäftswillen durchsetzen kann. Zwar ist A nicht auch Alleingesellschafterin der B-GmbH, sodass keine Beteiligungsidentität vorliegt. A hält aber die Mehrheit der Stimmrechte an der B-GmbH, sodass ein Anscheinsbeweis dafür spricht, dass sie auch in der B-GmbH ihren Willen durchsetzen kann. Mangels anderer Anzeichen liegt auch eine personelle Verflechtung vor. Die Mieteinnahmen zählen damit ab dem Zeitpunkt des Beteiligungserwerbs zu den Einkünften aus Gewerbebetrieb.

Das führt dazu, dass Grundstück, Gebäude und Betriebsvorrichtungen in ein **Betriebsvermögen** eingelegt werden und etwaige Veräußerungsgewinne – unabhängig von der bei privaten Veräußerungsgeschäften bestehenden Frist von zehn Jahren ab Anschaffung (§ 22 Nr. 2 EStG i.V.m. § 23 Abs. 1 S. 1 Nr. 1 EStG) – als **Einkünfte aus Gewerbebetrieb** steuerbar sind. Auch die Anteile der A an der B-GmbH zählen zum notwendigen Betriebsvermögen des Besitzunternehmens. Die Mietzahlungen mindern zwar den körperschaft- und gewerbesteuerlichen Gewinn der B-GmbH, zugleich unterliegen sie aber bei A der Einkommen- und Gewerbesteuer.

Bei Ehegatten, Kindern und anderen Familienangehörigen verbietet Art. 6 GG als spezielles Diskriminierungsverbot, allein wegen der Verwandtschaft von gleichgerichteten Interessen auszugehen. Es müssen vielmehr zusätzliche Umstände hinzutreten, die auf eine gemeinsame Interessenverwirklichung hindeuten (beispielsweise eine von einem Ehegatten zugunsten des anderen unwiderruflich erteilte Stimmrechtsvollmacht oder eine wechselseitige Stimmrechtsbindung).[98]

105

> **Fall 10:** Die Familie F betreibt seit mehreren Generationen eine Gießerei. Der Betrieb wurde ursprünglich durch die Brüder A und B gegründet. Mittlerweile wird der Betrieb durch die F-GmbH geführt. Der Gesellschaftsvertrag sieht vor, dass die Anteile an der GmbH zu 60 % von Nachkommen des A und zu 40 % von Nachkommen des B gehalten werden. Grundlegende Entscheidungen, insbesondere über die Bestellung oder Entlassung eines Geschäftsführers, über die Entlastung des Geschäftsführers oder über die Veräußerung wesentlicher Teile des betrieblichen Vermögens können aber nur mit einer Mehrheit von 75 % getroffen werden.
>
> Aktuell werden die Anteile von den drei Geschwister AA, AB und AC (Nachfahren des A) sowie von den beiden Schwestern BA und BB (Nachfahren des B) gehalten. Jede Einzelperson hält 20 % der Anteile. Sowohl die Nachfahren des A als auch die Nachfahren des B haben sich zivilrechtlich wirksam verpflichtet, ihre Stimmrechte in der Gesellschafterversammlung der F-GmbH nur gemeinsam auszuüben.
>
> Die Geschwister AA, AB und AC sind zudem zu je 1/3 Eigentümer des Grundstücks, auf dem die Gießerei betrieben wird. Sie verpachten das Grundstück an die F-GmbH zu einem marktüblichen Pachtzins. Welche Einkünfte erzielen die Geschwister mit der Vermietung?

106

> **Lösung 10:** Grundsätzlich führt die Verpachtung eines Grundstücks zu Einnahmen aus Vermietung und Verpachtung (§ 21 Abs. 1 S. 1 Nr. 1 EStG). Hier könnten indes ausnahmsweise vorrangige (§ 21 Abs. 3 EStG) Einkünfte aus Gewerbebetrieb (dann in Form einer Mitunternehmerschaft, § 15 Abs. 1 S. 1 Nr. 2 EStG) vorliegen, wenn zwischen dem Vermietungsunternehmen der Geschwister AA, AB und AC (Besitzunternehmen) und der F-

---

98 BFH, Urteil v. 11.7.1989 – VIII R 151/85, BFH/NV 90, 99; BMF-Schreiben v. 18.11.1986, IV B 2-S 2240-25/86 II, BStBl I 86, 537.

> GmbH andererseits (Betriebsunternehmen) eine sachliche und personelle Verflechtung besteht. Eine sachliche Verflechtung liegt vor, weil das Betriebsgrundstück eine wesentliche Betriebsgrundlage der Gießerei ist.
>
> Fraglich ist aber, ob auch eine personelle Verflechtung besteht. Dann müssten AA, AB und AC als Personengruppe mit gleichgerichteten Interessen in der Lage sein, in beiden Unternehmen einen einheitlichen Geschäftswillen durchzusetzen. Dabei kann ein gleichgerichteter Wille nicht allein deshalb angenommen werden, weil AA, AB und AC Geschwister sind. Eine so pauschale Annahme zulasten der Steuerpflichtigen würde dem besonderen Diskriminierungsverbot aus Art. 6 GG widersprechen. Es müssen mithin zusätzliche Anzeichen hinzutreten, die auf eine gleichgerichtete Interessensausübung schließen lassen. Vorliegend indiziert die wechselseitige Verpflichtung zur einheitlichen Stimmabgabe in der F-GmbH einen gleichgerichteten Willen zwischen AA, AB und AC. Die drei Geschwister sind die einzigen Eigentümer des Grundstücks, sodass sie im Besitzunternehmen ihren Willen durchsetzen können. Es besteht zwar keine Beteiligungsidentität zum Betriebsunternehmen, weil an der F-GmbH neben AA, AB und AC auch noch BA und BB beteiligt sind. Dass AA, AB und AC gemeinsam die Mehrheit der Stimmrechte (60 %) in der F-GmbH halten, begründet aber einen Anscheinsbeweis dafür, dass sie auch in der F-GmbH ihren Willen durchsetzen können und damit Beherrschungsidentität besteht.
>
> Allerdings wird dieser Anscheinsbeweis hier durch die gesellschaftsvertraglichen Regelungen entkräftet: Wesentliche Entscheidungen in der Gesellschafterversammlung der F-GmbH können erst ab einer Mehrheit von 75 % der Stimmen getroffen werden. Eine solche Mehrheit kann nur erreicht werden, wenn entweder BA oder BB zustimmen. Zwar haben sich BA und BB ihrerseits zu einer koordinierten Stimmrechtsabgabe verpflichtet, es bestehen aber keinerlei Abreden zwischen den Nachkommen des A einerseits und den Nachkommen des B andererseits. AA, AB und AC können demnach ihren Willen in der F-GmbH nicht durchsetzen und eine personelle Verflechtung liegt nicht vor. Damit besteht auch keine Betriebsaufspaltung und die Pachteinnahmen zählen nicht zu den Einkünften aus Gewerbebetrieb, sondern zu den Einkünften aus Vermietung und Verpachtung.

107 Die verschiedenen Konstellationen einer Betriebsaufspaltung lassen sich anhand von Fallgruppen systematisieren, ohne dass den dadurch gefundenen Kategorien normative Bedeutung zukommt: Nach ihrer Entstehung lässt sich die echte von der unechten Betriebsaufspaltung abgrenzen. Bei einer **echten Betriebsaufspaltung** wird ein bestehender Betrieb in Besitz- und Betriebsunternehmen aufgespalten. Bei einer **unechten Betriebsaufspaltung** bestehen Besitz- und Betriebsunternehmen als eigenständige Unternehmen zunächst unabhängig voneinander, bevor eine sachliche und personelle Verflechtung begründet wird. Nach den Rechtsformen von Besitz- und Betriebsgesellschaft lassen sich mitunternehmerische, kapitalistische und umgekehrte Betriebsaufspaltungen unterscheiden. Sind Besitz- und Betriebsunternehmen jeweils Personengesellschaften mit (zumindest teilweise) identischen Gesellschaftern liegt eine **mitunternehmerische Betriebsaufspaltung** vor (zur Konkurrenz zwischen mitunternehmerischer Betriebsaufspaltung und Sonderbetriebseinkünften noch unter Rn. 426 ff., 658). Sind Besitz- und Betriebsunternehmen Kapitalgesellschaften spricht man von einer **kapitalistischen Betriebsaufspaltung**.[99] Ist das Besitzunter-

---

[99] Da unbeschränkt steuerpflichtige Kapitalgesellschaften gemäß der Fiktion in § 8 Abs. 2 KStG ohnehin ausschließlich gewerbliche Einkünfte erzielen, kommt es auf eine Umqualifikation nach den Grundsätzen der Betriebsaufspaltung insoweit aber nicht an.

nehmen eine Kapitalgesellschaft und das Betriebsunternehmen ein Einzelunternehmen einer natürlichen Person, bezeichnet man dies als **umgekehrte Betriebsaufspaltung**.

2. (Teil-)Betriebsveräußerung und -aufgabe

Zu den Einkünften aus Gewerbebetrieb gehören auch Gewinne, die bei der Veräußerung des ganzen Gewerbebetriebs oder eines Teilbetriebs erzielt werden, § 16 Abs. 1 S. 1 Nr. 1 EStG. Einer Veräußerung steht nach § 16 Abs. 3 S. 1 EStG die Aufgabe des Gewerbebetriebs gleich. Diese Grundaussagen überraschen nicht. Da die Veräußerung einzelner Wirtschaftsgüter aus dem Betriebsvermögen eines Gewerbebetriebs zu gewerblichen Einkünften führt, muss auch die gemeinsame Veräußerung mehrerer oder sogar sämtlicher Wirtschaftsgüter dieses Betriebs zu den Einkünften aus Gewerbebetrieb gehören. Auch dass eine endgültige Einstellung der Tätigkeit (Betriebsaufgabe) im Ergebnis genauso behandelt wird wie eine Veräußerung des Betriebs, ist naheliegend.

108

Die Bedeutung der Vorschrift liegt mithin nicht so sehr in der grundsätzlichen Qualifikation von Veräußerungs- und Aufgabegewinnen als Einkünfte aus Gewerbebetrieb, sondern darin, dass für Gewinne i.S.d. § 16 EStG zwingend eine Gewinnermittlung nach § 4 Abs. 1 EStG oder § 5 EStG angeordnet wird (§ 16 Abs. 2 S. 1, 2 EStG) und steuerliche Privilegierungen eingeräumt werden (im Einzelnen zur Ermittlung der Einkünfte und zur Anwendung der Privilegierungen unter Rn. 319 ff.): Veräußerungs- und Aufgabegewinne unterliegen als außerordentliche Einkünfte grundsätzlich einem ermäßigten Steuersatz (§ 34 Abs. 1, Abs. 2 Nr. 1 EStG). Zudem kann jeder Steuerpflichtige einmal im Leben unter weiteren Voraussetzungen einen besonderen Freibetrag nach § 16 Abs. 4 EStG und einen noch günstigeren Steuersatz nach § 34 Abs. 3 EStG in Anspruch nehmen. Der Gewinn, den eine natürliche Person aus der Veräußerung oder Aufgabe eines Betriebs oder Teilbetriebs erzielt, ist schließlich nach § 7 S. 2 GewStG gewerbesteuerfrei. Die verschiedenen Privilegierungen dienen unterschiedlichen Zwecken, was sich auf ihre Auslegung insbesondere bei gestreckten Veräußerungsvorgängen auswirkt (siehe dazu noch unter Rn. 321 ff.).

109

Wegen dieser Sonderregelungen ist die – auf Ebene der Einkünftequalifikation vorzunehmende – Abgrenzung bedeutsam, wann eine (Teil-)Betriebsveräußerung und eine Betriebsaufgabe vorliegen. Eine Veräußerung des ganzen Betriebs setzt voraus, dass alle wesentlichen Betriebsgrundlagen des Betriebs übertragen werden. Bei der Veräußerung eines Teilbetriebs müssen alle **wesentlichen Betriebsgrundlagen** eines organisatorisch verselbständigten und wirtschaftlich eigenständigen Betriebsteils übertragen werden. Dabei werden die wesentlichen Betriebsgrundlagen jeweils durch eine **weite, funktional-quantitative Betrachtung** bestimmt: Zu den Betriebsgrundlagen zählen zunächst die Güter, die für die Betätigung von Bedeutung sind, ohne Rücksicht darauf, ob in ihnen noch stille Reserven enthalten sind (**funktionale** oder **qualitative Betrachtungsweise**). Zusätzlich sind wesentliche Betriebsgrundlagen auch solche Wirtschaftsgüter, die zwar keine wesentliche Bedeutung für die Betätigung haben, in denen aber erhebliche stille Reserven liegen (**quantitative Betrachtungsweise**). Als Teilbetrieb gilt zudem nach der **Fiktion** des § 16 Abs. 1 S. 1 Nr. 1 S. 2 EStG stets die 100 %ige Beteiligung an einer Kapitalgesellschaft.

110

111 Ein (Teil-) Betrieb wird aufgegeben, wenn der Steuerpflichtige (objektiv) die ausgeübte Tätigkeit beendet und die wesentlichen Betriebsgrundlagen entweder veräußert oder betriebsfremden Zwecken zuführt (insbesondere, indem er sie ins Privatvermögen entnimmt). Dabei kann eine Betriebsaufgabe durch eine einzige Handlung vollzogen werden (in einem Akt), beispielsweise, indem der Steuerpflichtige sämtliche Wirtschaftsgüter des (Teil-)Betriebs in das Privatvermögen überführt. Es ist aber auch denkbar (und typisch), dass die Einstellung der werbenden Tätigkeit in einem gestreckten Prozess stattfindet, beispielsweise indem der Steuerpflichtige die wesentlichen Betriebsgrundlagen nach und nach an verschiedene Erwerber veräußert und die verbleibenden Wirtschaftsgüter sodann ins Privatvermögen überführt. Ein derart gestreckter Vorgang wird solange als (steuerbegünstigte) Betriebsaufgabe behandelt, wie er wirtschaftlich noch als **einheitlicher Vorgang** gewertet werden kann.[100] Dabei stellt die Rechtsprechung vor allem auf den zeitlichen Zusammenhang der einzelnen Aufgabehandlungen ab. Diese müssen in einem „kurzen Zeitraum" stattfinden, wobei die genaue Länge dieses Zeitraums nicht schematisch bestimmt werden kann, sondern davon abhängt, wie gut sich die wesentlichen Betriebsgrundlagen veräußern lassen.[101] Es würde der Privilegierungsfunktion von § 16 EStG widersprechen, wenn der Steuerpflichtige gezwungen wäre, Wirtschaftsgüter weit unter ihrem Wert loszuschlagen, um eine begünstigte Betriebsaufgabe zu verwirklichen. Als Orientierungspunkt hat sich in der Rechtsprechung ein Abwicklungszeitraum von zwei Jahren herausgebildet.[102] Länger gestreckte Abwicklungen stellen nur ausnahmsweise noch eine einheitliche Betriebsaufgabe dar.[103] Einer Betriebsaufgabe steht es nach § 16 Abs. 3a EStG gleich, wenn das Besteuerungsrecht Deutschlands hinsichtlich des Veräußerungsgewinns an sämtlichen Wirtschaftsgütern eines (Teil-)Betriebs beschränkt wird (sog. **finale Betriebsaufgabe**), was insbesondere der Fall ist, wenn ein Teilbetrieb einer ausländischen Betriebsstätte zuzuordnen ist (vgl. § 4 Abs. 1 S. 4 EStG).

112 Die bloße Einstellung eines (Teil-)Betriebs, ohne die wesentlichen Betriebsgrundlagen zu veräußern oder betriebsfremden Zwecken zuzuführen, führt für sich genommen noch nicht zu einer Betriebsaufgabe. Wenn zum Zeitpunkt der Einstellung nicht objektiv erkennbar ist, dass der Betrieb innerhalb kurzer Zeit aufgegeben werden soll, ist vielmehr von einer bloßen **Betriebsunterbrechung** auszugehen.[104] Auch wenn der Steuerpflichtige sich entscheidet, seinen Betrieb nicht mehr selbst fortzuführen, sondern im Ganzen an einen Dritten zu verpachten (**Betriebsverpachtung im Ganzen**) liegt in der Regel keine Betriebsaufgabe, sondern eine Fortsetzung des Betriebs

---

[100] BFH, Urteil v. 26.4.2001 – IV R 14/00, BFHE 195, 290 = BStBl II 2001, 798; BFH, Urteil v. 19.5.2005 – IV R 17/02, BFHE 209, 384 = BStBl II 2005, 637.
[101] BFH, Urteil v. 17.12.2008 – IV R 11/06, BFH/NV 09, 937.
[102] Vgl. BFH, Urteil v. 12.4.1989 – I R 105/85, BFHE 157, 93 = BStBl II 1989, 653, BFH, Urteil v. 19.5.2005 – IV R 17/02, BFHE 209, 384 = BStBl II 2005, 637; vgl. für zu lange Zeiträume demgegenüber BFH, Urteil v. 8.9.1976 – I R 99/75, BFHE 120, 187 = BStBl II 1977, 66 (fünf Jahre); BFH, Urteil v. 26.5.1993 – X R 101/90, BFHE 171, 468 = BStBl II 1993, 710; BFH, Urteil v. 26.4.2001 – IV R 14/00, BFHE 195, 290 = BStBl II 2001, 798 (drei Jahre).
[103] Vgl. z.B. BFH, Urteil v.12.12.2000 – VIII R 10/99, BFHE 194, 135 = BStBl II 2001, 282.
[104] Hierzu BFH, Urteil v. 3.10.1984 – I R 116/81, BFHE 142, 381 = BStBl II 1985, 131; BFH, Urteil v. 26.2.1997 – X R 31/95, BFHE 183, 65 = BStBl II 1997, 561; s. a. BFH, Urteil v. 17.10.1991 – IV R 97/89, BFHE 166, 149 = BStBl II 1992, 392; BFH, Urteil v. 7.11.2006 – VIII R 30/05, BFHE 215, 273 = BStBl II 2007, 723; BFH, Beschluss v. 29.7.2003 – X B 12/03, BFH/NV 03, 1575.

in anderer Form vor. Etwas anderes gilt regelmäßig nur dann, wenn der Steuerpflichtige ausdrücklich erklärt, den Betrieb aufzugeben und die Wirtschaftsgüter als Wirtschaftsgüter des Privatvermögens verpachten zu wollen.[105] Um Abgrenzungsschwierigkeiten zwischen Betriebsaufgabe und Betriebsunterbrechung bzw. Betriebsverpachtung im Ganzen zu verringern, hat der Gesetzgeber in § 16 Abs. 3b S. 1 EStG eine **Fortführungsfiktion** eingeführt: Solange der Steuerpflichtige nicht ausdrücklich die Aufgabe seines Betriebs gegenüber dem Finanzamt erklärt (Nr. 1) oder dem Finanzamt Tatsachen bekannt werden, aus denen sich die Betriebsaufgabe ergibt (Nr. 2), gilt ein Gewerbebetrieb nicht als aufgegeben, auch wenn der Steuerpflichtige die werbende Tätigkeit einstellt. Eine ausdrückliche Aufgabeerklärung kann dabei eine begrenzte Rückwirkung auf einen vom Steuerpflichtigen gewählten Zeitpunkt entfalten (§ 16 Abs. 3b S. 2, 3 EStG).

Fall 11: Der 58 Jahre alte A ist mit seinem Einzelunternehmen als Zulieferer für die Automobilbranche tätig. Er produziert insbesondere Türen und Motorhauben. Um auch bei Innovationen in der Modellentwicklung seine Produktionsprozesse flexibel anpassen und auf die Bedürfnisse verschiedener Hersteller eingehen zu können, hat er frühzeitig in die Entwicklung von flexiblen Arbeitsrobotern investiert. Unter dem Dach einer GmbH, dessen alleiniger Gesellschafter er ist, hat A eine eigene kleine Forschungsabteilung mit mehreren Mitarbeitern aufgebaut, aus deren Arbeit in den letzten Jahren mehrere Patente hervorgingen. Die Patente nutzt A zum einen (gegen ein fremdübliches Entgelt) im eigenen Betrieb. Zum anderen erlaubt die GmbH auch anderen Unternehmen gegen ein entsprechendes Entgelt die Nutzung der patentierten Verfahren und Technologien. A erfasst die Anteile an der GmbH als Anlagevermögen in der Bilanz seines Einzelunternehmens.

Nachdem die Forschungsabteilung eine besonders innovative Lösung für einen Robotergreifarm entwickelt hat, tritt ein großer Automobilkonzern an A heran, um die Anteile an der GmbH zu erwerben. Der angebotene Kaufpreis ist so attraktiv, dass A sich entscheidet, das Geschäft einzugehen und beruflich in der Zukunft kürzer zu treten. Er tritt daraufhin mit Wirkung zum 31.10.19 alle Anteile an der GmbH an den Automobilkonzern ab und erhält dafür einen Kaufpreis, der deutlich über dem Buchwert der Anteile liegt. Mit seiner langjährigen leitenden Mitarbeiterin B vereinbart A des Weiteren, dass diese ab dem 1.1.20 den Zulieferbetrieb auf eigene Rechnung führt. B zahlt an A monatlich pauschal 10.000 € für die Nutzung der betrieblichen Infrastruktur (Betriebsgrundstück, Firmenname, Kundenstamm und Maschinen), kann aber dafür die Gewinne aus dem operativen Ergebnis des Betriebs (Gewinn vor Zinsen auf langfristige Darlehen und Abschreibungen) selbst vereinnahmen.

A konzentriert sich ab dem 1.1.20 auf seine Hobbys und Reisen. Daran findet er so großen Gefallen, dass er sich eine Rückkehr in die Tätigkeit als aktiver Einzelunternehmer schon nach wenigen Monaten nicht mehr vorstellen kann. Er erklärt daraufhin gegenüber dem Finanzamt die Aufgabe seines Betriebs zum 31.12.20. A gibt die entsprechende Erklärung am 21.2.21 ab. Die Vereinbarung mit B behält A trotz der Betriebsaufgabe unverändert bei, d.h. A bleibt Eigentümer des Betriebsgrundstücks und der Maschinen und auch im Jahr 21 zahlt B an A monatlich 10.000 € und führt den Betrieb auf eigene Rechnung.

Welche Art von Einkünften erzielt A in den Veranlagungszeiträumen 19, 20 und 21?

113

---

105 Vgl. dazu BFH, Urteil v. 13.11.1963 – GrS 1/63 S, BFHE 78, 315 = BStBl III 64, 124; BFH, Urteil v. 27.2.1985 – I R 235/80, BFHE 143, 436 = BStBl II 1985, 456; BFH, Urteil v. 20.4.1989 – IV R 95/87, BFHE 157, 365 = BStBl II 1989, 863.

> **Lösung Fall 11:**
> **I. Einkünfte im Veranlagungszeitraum 19**
> Mit dem Betrieb seines Zulieferbetriebs erzielt A laufende Einkünfte aus Gewerbebetrieb (§ 15 Abs. 1 S. 1 Nr. 1 EStG). Die Veräußerung der Anteile an der GmbH ist aufgrund der Fiktion in § 16 Abs. 1 S. 1 Nr. 1 S. 2 EStG die Veräußerung eines Teilbetriebs und führt damit nicht zu laufenden Einkünften, sondern zu einem Veräußerungsgewinn i.S.v. § 16 EStG. Der im Teileinkünfteverfahren (§ 3 Nr. 40 S. 1 b), § 3c Abs. 2 EStG) zu ermittelnde Gewinn ist tariflich nicht begünstigt (§ 34 Abs. 2 Nr. 1 Hs. 2 EStG). A kann den Gewinn auf Antrag um einen Freibetrag mindern (§ 16 Abs. 4 S. 1, 3 EStG).
>
> Dass A zum 31.12.19 seine eigene Tätigkeit als Einzelunternehmer einstellt und den Betrieb ab dem 1.1.20 an B verpachtet, führt nicht zu einer Betriebsaufgabe i.S.v. § 16 Abs. 3 S. 1 EStG, weil A nicht sämtliche wesentlichen Betriebsgrundlagen veräußert oder ins Privatvermögen überführt hat und auch nicht ausdrücklich eine Betriebsaufgabe erklärt hat (§ 16 Abs. 3b S. 1 Nr. 1, 2 EStG).
>
> **II. Einkünfte im Veranlagungszeitraum 20**
> Da A seinen Gewerbebetrieb (zunächst) nicht aufgegeben hat, führen die laufenden Pachtzahlungen der B bei ihm zu laufenden Einkünften aus Gewerbebetrieb (§ 15 Abs. 1 S. 1 Nr. 1 EStG). Er kann die Pachtzahlungen um die Abschreibungen auf das Anlagevermögen sowie die Zinsaufwendungen auf langfristige Verbindlichkeiten mindern.
>
> Hinzu kommt ein Aufgabegewinn: Durch die Erklärung vom 21.2.21 erklärt A zum 31.12.20 die Aufgabe seines Betriebs. Da diese Erklärung innerhalb von drei Monaten nach dem Aufgabetermin abgegeben wurde, gilt der Betrieb des A zum 31.12.20 als aufgegeben (§ 16 Abs. 3b S. 1 Nr. 1, S. 2 EStG). Da A im Rahmen der Aufgabe keine Wirtschaftsgüter veräußert hat, wird der Aufgabegewinn als Differenz zwischen den gemeinen Werten und den Buchwerten der Wirtschaftsgüter zum 31.12.20 ermittelt (§ 16 Abs. 3 S. 7 EStG). A kann auf Antrag den Aufgabegewinn um einen Freibetrag mindern (§ 16 Abs. 4 S. 1, 3 EStG), wenn er diesen Antrag nicht bereits im Jahr 19 für die Besteuerung des Gewinns aus der Veräußerung der GmbH-Anteile gewählt hat. Der dann noch verbleibende steuerpflichtige Gewinn unterliegt einem ermäßigten Steuersatz (§ 34 Abs. 1, Abs. 2 Nr. 1 EStG) und A kann einen noch weiter ermäßigten Steuersatz wählen (§ 34 Abs. 3 EStG), insoweit der Aufgabegewinn nicht 5.000.000 € übersteigt.
>
> **III. Einkünfte im Veranlagungszeitraum 21**
> Nach Aufgabe seines Betriebs erzielt A mit der Verpachtung des Betriebsgrundstücks (§ 21 Abs. 1 S. 1 Nr. 1 EStG) sowie der Maschinen und des Firmennamens (§ 21 Abs. 1 S. 1 Nr. 2 EStG) Einkünfte aus Vermietung und Verpachtung.

II. Einkünfte aus selbständiger Arbeit

114 Wie bereits festgestellt wurde, bestehen weitgehende Strukturparallelen zwischen Einkünften aus Gewerbebetrieb und aus selbständiger Arbeit: Die Negativabgrenzung in § 15 Abs. 2 S. 1 EStG zeigt, dass auch Einkünfte aus selbständiger Arbeit eine selbständige, nachhaltige, mit Gewinnerzielungsabsicht ausgeübte Tätigkeit erfordert, die sich als Beteiligung am allgemeinen wirtschaftlichen Verkehr darstellt. Für das Merkmal der Nachhaltigkeit bestätigt dies auch § 18 Abs. 2 EStG, der vorübergehende – im Gegensatz zu nur gelegentlich ohne Wiederholungsabsicht ausgeübten – Tätigkeiten ausdrücklich in den Kreis der Einkünfte aus selbständiger Arbeit aufnimmt (vgl. zur Nachhaltigkeit bereits unter Rn. 65 ff.). Weitere Parallelen zum Gewerbebetrieb zeigen sich darin, dass auch bei Einkünften aus selbständiger Arbeit die Veräußerung eines (Teil)Betriebs oder dessen Aufgabe nach den Regeln des § 16 EStG behandelt werden (§ 18 Abs. 3 S. 1, 2 EStG; vgl. zu diesen Regelungen bereits ausführlich unter Rn. 108 ff.). Über die gemeinsamen Strukturmerkmale lassen sich Einkünfte aus selbständiger Arbeit von Überschusseinkünften – insbesondere von Einkünften aus nichtselbständiger Arbeit (§ 19 EStG) und sonstigen Einkünften aus Leistungen (§ 22 Nr. 3 EStG) – abgrenzen.

Die Abgrenzung zwischen Gewerbebetrieb und selbständiger Arbeit, die insbesondere wegen der fehlenden Gewerbesteuerpflicht für Einkünfte aus selbständiger Arbeit bedeutsam ist (zu weiteren Unterschieden bereits unter Rn. 53 f.), erfolgt über die Art der Tätigkeit: In § 18 Abs. 1 Nr. 1-4 EStG sind bestimmte Tätigkeiten enumerativ aufgezählt, die zu selbständigen Einkünften führen. Sucht man nach einer Gemeinsamkeit dieser Tätigkeiten, so lässt sich als idealtypische Grundregel formulieren, dass bei der selbständigen Arbeit der Einsatz der persönlichen (meist geistigen) Arbeitskraft und nicht der Einsatz von Kapital im Vordergrund steht. Tätigkeiten, die zu selbständiger Arbeit führen, lassen sich nicht beliebig durch den Einsatz finanzieller Mittel vervielfältigen, sondern hängen zentral von den Fähigkeiten des Steuerpflichtigen ab. Allerdings gelingt mit dieser Abgrenzung nicht mehr als eine erste Einschätzung. Einerseits kann auch bei gewerblichen Tätigkeiten der (finanzielle) Erfolg maßgeblich von den persönlichen Fähigkeiten und dem Arbeitseinsatz des Steuerpflichtigen abhängen (z.B. bei Maklern oder Vertretern). Andererseits können auch Einkünfte aus selbständiger Arbeit maßgeblich darauf beruhen, dass Kapital eingesetzt werden muss (beispielsweise zum Erwerb teurer Geräte eines Radiologen) oder eine Vielzahl von Hilfspersonen beschäftigt werden (beispielsweise in großen Steuerberater- oder Anwaltskanzleien oder bei Insolvenzverwaltern). Hinzu kommt, dass der Gesetzgeber einzelne Tätigkeiten nicht primär aus systematischen, sondern aus lenkungspolitischen Gründen den Einkünften aus selbständiger Arbeit zugeordnet hat (insbesondere § 18 Abs. 1 Nr. 2 und Nr. 4 EStG, siehe noch unter Rn. 133 ff.). Die Abgrenzung kann dementsprechend nicht anhand einer allgemeingültigen Formel, sondern nur über eine Auslegung der fallgruppenspezifischen Regelungen erfolgen.

1. Freiberufliche Tätigkeit (§ 18 Abs. 1 Nr. 1 EStG)

Einkünfte aus freiberuflicher Tätigkeit stellen die wichtigste Fallgruppe der Einkünfte aus selbständiger Arbeit dar. Das Merkmal der Freiberuflichkeit weist abermals weitgehende Parallelen zur Begriffsbestimmung im Handelsrecht auf, wird aber in § 18 Abs. 1 Nr. 1 S. 2 EStG originär steuerrechtlich definiert: Danach lässt sich eine selbständig ausgeübte Tätigkeit über drei alternative Wege als freier Beruf einordnen: Zunächst nennt das Gesetz fünf **Tätigkeitsmerkmale** (wissenschaftlich, künstlerisch, schriftstellerisch, unterrichtend und erzieherisch; dazu sogleich unter Rn. 117 ff.). Sodann werden bestimmte Berufsgruppen den freien Berufen zugeordnet (zu den sog. **„Katalogberufen"** unter Rn. 123 ff.). Schließlich führt auch eine Tätigkeit, die diesen Berufsgruppen „ähnlich" ist, zur Freiberuflichkeit (dazu unter Rn. 126 f.). Unabhängig von der Art der Begründung stellt das Gesetz sodann in § 18 Abs. 1 Nr. 1 S. 3 f. EStG besondere Voraussetzungen für den Einsatz von **Hilfspersonen** auf (dazu unter Rn. 128 ff.).

a) Freiberufliche Tätigkeitsmerkmale

117 Die **wissenschaftliche** Tätigkeit umfasst neben der theoretischen Wissenschaft auch die angewandte Forschung. Speziell in Gutachtenfällen ist abzugrenzen, ob es im Wesentlichen um eine praxisorientierte Beratung (dann gewerblich)[106] oder um die Übertragung qualifizierter Grundlagenkenntnisse geht (dann wissenschaftlich).[107] Die Tätigkeit eines **Erfinders** selbst erzeugt noch keine Einkünfte. Je nachdem, wie der Erfinder seine Erfindungen verwertet, durch eigene Produktion (dann meist Gewerbebetrieb) oder durch Lizenzvergabe, ergeben sich Einkünfte aus Gewerbebetrieb, aus nichtselbständiger Arbeit (siehe das Arbeitnehmererfindergesetz) oder aus selbständiger Tätigkeit.

118 Die **künstlerische** Tätigkeit kann wegen Art. 5 GG sehr weit gefasst werden. Entscheidend ist der eigenschöpferische Anteil sowie eine gewisse künstlerische Gestaltungshöhe.[108] Als künstlerische Tätigkeit wurde beispielsweise die Arbeit einer Casting-Direktorin anerkannt, die über die Rollenbesetzung in Filmproduktionen maßgeblich mitentscheidet.[109] Auch die Tätigkeit eines Werbegrafikers und Webdesigners, der u.a. Werbeplakate, Poster, Zeitungsanzeigen, Werbemappen und Produktverpackungen konzipierte und umsetzte und ein Fachhochschulstudium für Kunst und Gestaltung abgeschlossen hatte, wurde von Sachverständigen als künstlerisch anerkannt.[110] Dagegen stellt die Gestaltung von Angebots- und Prospektwerbung nach bestimmten Vorgaben des Auftraggebers regelmäßig eine gewerbliche Tätigkeit dar.[111] Ebenso ist die schauspielerische Mitwirkung in einem Fernsehwerbespot[112] oder das Sprechen eines Radio-Werbespots eine gewerbliche Tätigkeit, weil kein hinreichender schöpferischer Eigenanteil besteht.[113]

119 Die **schriftstellerische** Tätigkeit wird definiert als eine „für die Öffentlichkeit bestimmte schriftliche Fixierung eigener Gedanken".[114] Die schriftstellerische Tätigkeit muss dabei nicht künstlerisch sein. Ob Journalisten schriftstellerisch tätig sind, kann regelmäßig dahinstehen, weil sie bereits in den Katalogberufen enthalten sind (s.u.). Das FG Schleswig-Holstein hielt auch die entgeltliche Verbreitung eines Börsenbriefs mit Anlagetipps über das Internet für eine schriftstellerische Tätigkeit.[115] Die Vermarktung eines selbstgeschriebenen Werks (Selbstverlag) kann zu einer gewerblichen Tätigkeit führen.[116]

120 **Unterrichtend** ist jede Art der persönlichen Lehrtätigkeit, die anhand eines allgemein gültigen Lehrprogramms in organisierter und institutionalisierter Form erfolgt, und darauf gerichtet ist, bestimmte Kenntnisse oder Fähigkeiten zu vermit-

---

106 Vgl. BFH, Urteil v. 8.10.2008 – VIII R 74/05, BFHE 223, 261 = BStBl II 2009, 238; wissenschaftlich fundierte Beratung eines Volkswirts ist keine wissenschaftliche Tätigkeit.
107 BFH, Urteil v. 27.2.1992 – IV R 27/90, BFHE 168, 59 = BStBl II 1992, 826.
108 BFH, Urteil v. 11.7.1991 – IV R 33/90, BFHE 165, 362 = BStBl II 1992, 353.
109 FG München, Urteil v. 23.9.2011 – 1 K 3200/09, EFG 2012, 159.
110 FG Köln, Urteil v. 15.2.2006 – 14 K 7867/98, DStRE 2007, 1312.
111 FG Rheinland-Pfalz, Urteil v. 24.10.2013 – 6 K 1301/10, DStRE 2014, 1359.
112 BFH, Urteil v. 15.10.1998 – IV R 1/97, BFH/NV 1999, 465.
113 FG Rheinland-Pfalz, Urteil v. 2.4.2008 – 3 K 2204/04, EFG 2008, 1292.
114 BFH, Urteil v. 14.5.1958 – IV 278/56 U, BFHE 67, 115 = BStBl III 1958, 316.
115 FG Schleswig-Holstein, Urteil v. 2.11.2006 – 5 K 32/06, EFG 2007, 524.
116 BFH, Urteil v. 18.1.1962 – IV 270/60 U, BFHE 74, 344 = BStBl III 1962, 131.

teln.[117] Nicht erfasst ist die Ausbildung von Tieren.[118] Unterrichtend tätig sind beispielsweise Fahrlehrer, Tanzlehrer[119] oder Repetitoren, während Geräteeinweiser in Fitnesscentern gewerblich tätig sind.[120] Unterrichtende Tätigkeiten werden häufig auch nichtselbständig ausgeübt (beispielsweise Lehrer oder angestellte Professoren an öffentlichen oder privaten Hochschulen).

Während bei der unterrichtenden Tätigkeit die Person des Dozenten im Vordergrund steht, liegt der Fokus bei der **erzieherischen** Tätigkeit auf der Person des Adressaten.[121] Erzieherische Tätigkeiten bezwecken über die Vermittlung von Fähigkeiten hinaus die Schulung des Charakters und die Bildung der Persönlichkeit im Sinne einer körperlichen, geistigen und sittlichen Formung junger Menschen zu tüchtigen und mündigen Menschen.[122] Erzieherisch tätig ist beispielsweise ein Steuerpflichtiger, der Kinder zeitweise in seinen Haushalt aufnimmt und dort betreut.[123] Der Fokus erzieherischer Tätigkeiten liegt auf Minderjährigen, zwingend ist dies aber nicht.[124] Die Ausbildung von Tieren stellt keine erzieherische Tätigkeit dar.[125] 121

Einnahmen aus einer nebenberuflichen künstlerischen, unterrichtenden oder erzieherischen Tätigkeit können nach § 3 Nr. 26 EStG bis zu einer Höhe von 3.000 € steuerbefreit sein, wenn sie insbesondere für gemeinnützige Körperschaften oder staatliche Einrichtungen erbracht werden. Es besteht aber keine automatische Verknüpfung zwischen den Normen. Insbesondere erfasst § 3 Nr. 26 EStG auch nichtselbständige und gewerbliche Tätigkeiten. 122

b) Katalogberufe

Neben der selbständig ausgeübten wissenschaftlichen, künstlerischen, schriftstellerischen, unterrichtenden oder erzieherischen Tätigkeit zählt § 18 Abs. 1 Nr. 1 EStG in einem recht umfangreichen **Katalog bestimmte freie Berufe** auf, die sich zu einzelnen Gruppen zusammenfassen lassen:[126] Ärzte, Zahnärzte, Tierärzte, Heilpraktiker, Dentisten und Krankengymnasten üben **Heilberufe** aus. Rechtsanwälte, Notare, Patentanwälte, Wirtschaftsprüfer, Steuerberater, beratende Volks- und Betriebswirte, vereidigte Buchprüfer und Steuerbevollmächtigte sind **rechts- oder wirtschaftsberatend** tätig. Vermessungsingenieure, Ingenieure, Architekten und Handelschemiker 123

---

117 BFH, Urteil v. 2.2.2000 – XI R 38/98, BFH/NV 2000, 839; BFH, Urteil v. 18.4.1996 – IV R 35/95, BFHE 180, 568 = BStBl II 1996, 573; BFH, Urteil v. 13.1.1994 – IV R 79/92, BFHE 173, 331 = BStBl II 1994, 362; BFH, Urteil v. 11.6.1997 – XI R 2/95, BFHE 183, 450 = BStBl II 1997, 687.
118 Vgl. am Beispiel der Ausbildung von Blindenführhunden BFH, Urteil v. 9.5.2017 – VIII R 11/15, BFHE 258, 119 = BStBl II 2017, 911 m.w.N.
119 FG Rheinland-Pfalz v. 22.8.2006 – 2 K 1930/04; BFH, Urteil v. 18.5.1995 – IV R 31/94, BFHE 178, 69 = BStBl II 1995, 718.
120 BFH, Urteil v. 18.4.1996 – IV R 35/95, BFHE 180, 568 = BStBl II 1996, 573.
121 Vgl. zu Managementtrainern BFH, Urteil v. 11.6.1997 – XI R 2/95, BFHE 183, 450 = BStBl II 1997, 687.
122 Vgl. BFH, Urteil v. 11.6.1997 – XI R 2/95, BFHE 183, 450 = BStBl II 1997, 687; BFH, Urteil v. 17.5.1990 – IV R 14/87, BFHE 161, 361 = BStBl II 1990, 1018, BFH, Urteil v. 21.11.1974 – II R 107/68, BFHE 115, 64 = BStBl II 1975, 389.
123 BFH, Urteil v. 2.10.2003 – IV R 4/02, BFHE 203, 459 = BStBl II 2004, 129.
124 Offen gelassen von BFH, Urteil v. 11.6.1997 – XI R 2/95, BFHE 183, 450 = BStBl II 1997, 687.
125 BFH, Urteil v. 9.5.2017 – VIII R 11/15, BFHE 258, 119 = BStBl II 2017, 911 m.w.N.
126 Vgl. BVerfG, Beschluss v. 25.10.1977 – 1 BvR 15/75, BStBl II 1978, 125, BVerfGE 46, 224-246.

üben einen **naturwissenschaftlich orientierten** Beruf aus. Journalisten, Bildberichterstatter, Dolmetscher und Übersetzer **vermitteln geistige Güter oder Informationen**. Schließlich sind auch **Lotsen** freiberuflich tätig.

124 Zwischen diesen einzelnen Gruppen (bzw. zumindest zwischen einzelnen Berufen der Gruppen) lassen sich zwar teilweise wiederum gemeinsame Merkmale identifizieren: So basieren viele Berufe auf einer aufwändigen (häufig akademischen) Vorbildung, setzen eine erfolgreich absolvierte staatliche Prüfung voraus oder erfordern eine staatliche Zulassung, sind in Berufskammern organisiert oder unterliegen bei der Ausübung berufsrechtlichen Vorgaben (insbesondere einer Gebührenordnung). Die Gemeinsamkeiten zwischen den einzelnen Berufen lassen sich aber nicht zu einem einheitlichen Berufsbild einer freiberuflichen Tätigkeit verdichten, sondern konturieren nur das jeweilige Berufsbild. Das ist insbesondere deshalb relevant, weil zu den Einkünften aus freiberuflicher Tätigkeit nur Einkünfte aus **berufstypischen Handlungen** zählen.[127] Übt ein Freiberufler auch berufsatypische Tätigkeiten aus, erzielt er insoweit regelmäßig Einkünfte aus Gewerbebetrieb. Lassen sich die Tätigkeiten voneinander trennen, stehen beide Einkunftsarten nebeneinander. Sind die Tätigkeiten hingegen derart miteinander verknüpft und bedingen sich gegenseitig, dass eine Trennung willkürlich erscheinen würde, erfolgt die Qualifikation der gemischten Tätigkeit danach, welches Teilelement der Gesamtleistung das Gepräge gibt.[128]

125 **Fall 12:** A ist selbständige Architektin. Sie erstellt Baupläne, übernimmt die Bauleitung bei einzelnen Projekten oder erstellt Wertgutachten. Über ihre Kontakte zu Bauträgern und Grundstückseigentümern erfährt sie von einem Neubaugebiet, das in Kürze ausgeschrieben werden soll. Der Grundstückseigentümer G bietet ihr eine Exklusivvereinbarung an: A soll für das Neubaugebiet mehrere Einfamilienhäuser entwerfen, den jeweiligen Bau planen und Subunternehmer auswählen, die Bauausführung überwachen und die Bauwerke sodann schlüsselfertig an B übergeben. B veräußert die Grundstücke samt Gebäude und zahlt an A eine pauschale Vergütung für die von ihr erbrachten Leistungen.
Welche Einkünfte erzielt A?

Lösung Fall 12: Als selbständig tätige Architektin erzielt A grundsätzlich Einkünfte aus selbständiger Arbeit als Freiberuflerin, da der Beruf des Architekten ein sog. Katalogberuf ist (§ 18 Abs. 1 Nr. 1 S. 2 EStG).

Allerdings gilt dies nur für berufstypische Handlungen. Der Beruf des Architekten umfasst die künstlerische, auf wirtschaftlichen und technischen Grundlagen beruhende Planung und Gestaltung von Bauwerken, die Überwachung von Bauausführungen, die Beratung und Betreuung des Bauherrn in allen mit der Planung und Ausführung zusammenhängenden Fragen sowie dessen Vertretung gegenüber Behörden, Bauunternehmern und Handwerkern.[129]

---

127 BVerfG, Beschluss v. 25.10.1977 – 1 BvR 15/75 = BStBl II 1978, 125-130, BVerfGE 46, 224-246; BFH, Urteil v. 12.12.2001 – XI R 56/00, BFHE 197, 442 = BStBl II 2002, 202; v. 3.7.1997 – BFH, Urteil v. 3.7.1997 – IV R 2/97, BFHE 184, 104 = BStBl II 1997, 742; BFH, Urteil v. 18.10.2006 – XI R 10/06, BFHE 216, 518 = BStBl II 2008, 54; BFH, Urteil v. 18.10.2006 – XI R 9/06, BFHE 215, 210 = BStBl II 2007, 266.
128 BFH, Urteil v. 30.3.1994 – I R 54/93, BFHE 175, 40 = BStBl II 1994, 864; BFH, Urteil v. 2.10.2003 – IV R 48/01, BFHE 204, 80 = BStBl II 2004, 363.
129 BFH, Urteil v. 12.8.1965 – IV 61/61, BFHE 83, 237 = BStBl III 1965, 586.

A hat zwar gegenüber B zum Teil derartige Aufgaben übernommen. Insoweit sie aber auch die tatsächliche schlüsselfertige Herstellung des Bauwerks schuldet, handelt es sich nicht um typische Leistungen eines Architekten.[130] Da A gegenüber B eine einheitliche Leistung schuldet, die auch einheitlich vergütet wird und mithin kein sachgerechter Maßstab ersichtlich ist, mit dem zwischen den einzelnen Leistungsbestandteilen differenziert werden könnte, erzielt A aus ihrer Tätigkeit für B insgesamt Einkünfte aus Gewerbebetrieb.

c) Ähnliche Berufe

Die Variante der „ähnlichen" Berufe bezieht sich nur auf die vorher genannten Katalogberufe, nicht auf die freiberuflichen Tätigkeitsmerkmale. Während der allgemeine Sprachgebrauch des Wortes „ähnlich" auch eine weite Auslegung ermöglichen würde, sprechen die enumerative Aufzählung bestimmter Berufe in § 18 Abs. 1 Nr. 1 S. 2 EStG und der Umstand, dass sich zwischen den einzelnen Katalogberufen keine übergreifenden Gemeinsamkeiten ermitteln lassen, für eine enge Bestimmung der Ähnlichkeit: Vergleichspunkt ist immer ein bestimmter Katalogberuf (**Einzelähnlichkeit**).[131] Die betrachtete Tätigkeit muss dem Bild dieses Berufs mit allen seinen Merkmalen ähnlich sein,[132] das heißt nicht nur die Tätigkeit des Steuerpflichtigen an sich muss vergleichbar sein,[133] sondern auch andere charakteristische Merkmale des Berufs (sog. **„doppelte Vergleichbarkeit"**). Zeichnet sich der Katalogberuf beispielsweise durch eine qualifizierte, breit angelegte Ausbildung aus (beispielsweise bei einem Arzt oder Rechtsanwalt), so muss der Steuerpflichtige über vergleichbare Kenntnisse in ähnlicher Breite verfügen. Die Fachkenntnisse müssen zwar nicht auf demselben Weg erworben werden (also beispielsweise nicht durch ein Hochschulstudium). Autodidaktisch erworbenes Wissen muss im Zweifel aber durch eine Wissensprüfung bei einem Sachverständigen nachgewiesen werden.[134] Erfordert ein Katalogberuf eine staatliche Zulassung oder Erlaubnis oder unterliegt er einer staatlichen Aufsicht, kann eine andere Tätigkeit diesem Beruf nur ähneln, wenn sie in vergleichbarer Weise kontrolliert wird.[135]

126

Nach diesen Maßstäben kann beispielsweise ein Rechtsbeistand, der Mandanten berät und zulässigerweise vor Behörden oder Gerichten vertritt, ähnlich einem Rechtsanwalt tätig sein.[136] Ein Bilanzbuchhalter übt keine dem Steuerberater ähnliche Tätigkeit aus, weil er nur einen (untergeordneten) Teilbereich der Tätigkeitsfelder eines Steuerberaters abdeckt und insbesondere keine Mandanten berät. Ein Diplom-Infor-

127

---

130 BFH, Urteil v. 18.10.2006 – XI R 10/06, BFHE 216, 518, BStBl II 2008, 54.
131 BFH, Urteil v. 5.7.1973 – IV R 127/69, BFHE 110, 40 = BStBl II 1973, 730; BFH, Beschluss v. 14.2.2013 – III B 67/12, BFH/NV 13, 920, m.w.N.
132 BFH, Urteil v. 19.7.1985 – III R 175/80, BFHE 144, 413 = BStBl II 1986, 15.
133 BFH, Urteil v. 19.9.2002 – IV R 70/00, BFHE 200, 49 = BStBl II 2003, 25 (Personalberater); BFH, Urteil v. 26.11.1998 – IV R 59/97, BFHE 187, 500 = BStBl II 1999, 167 (Spielerberater).
134 BFH, Urteil v. 26.6.2002 – IV R 56/00, BFHE 199, 367 = BStBl II 2002, 768; BFH, Urteil v. 31.8.2005 – XI R 62/04, BFH/NV 2006, 505 (Abfallberater); BFH, Urteil v. 19.9.2002 – IV R 74/00, BFHE 200, 326 = BStBl II 2003, 27.
135 BFH, Urteil v. 9.10.1986 – IV R 235/84, BFHE 148, 42 = BStBl II 1987, 124.
136 Vgl. BFH, Urteil v. 12.10.1978 – I R 69/75, BFHE 126, 209 = BStBl II 1979, 64; einschränkend, wenn der Rechtsbeistand sich nur auf einen einzigen Aufgabenbereich konzentriert: BFH, Urteil v. 18.3.1970 – I R 147/67, BFHE 98, 497 = BStBl II 1970, 455.

matiker kann einen ingenieurähnlichen Beruf ausüben, wenn er Analysen für den Einsatz von Datenverarbeitungssystemen erarbeitet[137] oder Software durch eine klassische ingenieurmäßige Vorgehensweise (Planung, Konstruktion und Überwachung) entwickelt.[138] Der Beruf eines Masseurs ähnelt mit Blick auf die Ausbildung, die benötigten Kenntnisse und die Art der Tätigkeitsausübung derjenigen eines Krankengymnasten.[139]

d) Einsatz von Hilfskräften (§ 18 Abs. 1 Nr. 1 S. 3 f. EStG)

128 Nach der vom RFH entwickelten **Vervielfältigungstheorie** wurde ein Freiberufler steuerlich zum Gewerbetreibenden, wenn er die Hilfe anderer Arbeitskräfte in Anspruch nahm, die seine Tätigkeit ersetzten oder vervielfachten.[140] Der BFH sah es auf Basis dieser Theorie als schädlich an, wenn der Freiberufler mehr als einen gleichartigen Mitarbeiter beschäftigte.[141] Der Gesetzgeber reagierte auf diese sehr strikten Beschränkungen mit der Einführung von § 18 Abs. 1 Nr. 1 S. 3 EStG, der mehr Spielraum bei der Beschäftigung von Hilfskräften lässt: Ein Steuerpflichtiger ist auch dann noch freiberuflich tätig, wenn er sich der Mithilfe fachlich vorgebildeter Arbeitskräfte bedient. Voraussetzung ist allein, dass er **aufgrund eigener Fachkenntnisse leitend und eigenverantwortlich tätig** bleibt.

129 Er muss dafür über Fachkenntnisse verfügen, die die gesamte Breite der beruflichen Tätigkeit abdecken.[142] Leitend wird er tätig, wenn er in Form von Anweisungen und Kontrollen die Grundzüge des Organisationablaufs festlegt, grundsätzliche Fragen selbst entscheidet und die Arbeitsabläufe tatsächlich überwacht.[143] Eine eigenverantwortliche Tätigkeit setzt voraus, dass der Freiberufler in der Lage ist, für die von seinen Mitarbeitern erbrachten Leistungen die uneingeschränkte fachliche Verantwortung zu übernehmen,[144] was voraussetzt, dass er diese nicht nur gelegentlich überprüft, sondern an der praktischen Arbeit teilnimmt.[145] Das vom Steuerpflichtigen und seinen Mitarbeitern geschaffene Werk muss „den Stempel der Eigenpersönlichkeit des Berufsträgers" tragen.[146] Entscheidend sind die Umstände des jeweiligen Einzelfalls.[147] Zweifel an einer leitenden und eigenverantwortlichen Tätigkeit bestehen insbesondere, wenn der Steuerpflichtige bestimmte Teiltätigkeiten vollständig seinen Mitarbeitern überlässt oder eine so große Zahl gleichgebildeter Mitarbeiter beschäftigt, dass er sich schon faktisch gar nicht mehr oder jedenfalls nicht mit der berufstypischen Sorgfalt einbringen kann.[148]

---

137 BFH, Urteil v. 4.8.1983 – IV R 6/80, BFHE 139, 84 = BStBl II 1983, 677.
138 BFH, Urteil v. 18.4.2007 – XI R 57/05 BFH/NV 07, 1854 m.w.N.
139 BFH, Urteil v. 26.11.1970 – IV 60/65 –, BFHE 101, 115 = BStBl II 1971, 249; BFH, Urteil v. 24.1.1985 – IV R 249/82, BFHE 143, 75 = BStBl II 1985, 676.
140 RFH, Urteil v. 8.3.1939 – VI 568/38, RFHE 46, 258-262, RStBl 1939, 577.
141 BFH, Urteil v. 29.1.1952 – I 65/51 U, BFHE 56, 252 = BStBl III 1952, 99; BFH, Urteil v. 7.11.1957 – IV 668/55 U, BFHE 66, 85 = BStBl III 58, 34.
142 BFH, Urteil v. 2.12.1980 – VIII R 32/75, BFHE 132, 77 = BStBl II 1981, 170.
143 BFH, Urteil v. 1.4.1982 – IV R 130/79, BFHE 136, 86 = BStBl II 1982, 589.
144 BFH, Urteil v. 25.11.1975 – VIII R 116/74, BFHE 117, 247 = BStBl II 1976, 155 m.w.N.
145 BFH, Urteil v. 20.12.2000 – XI R 8/00, BFHE 194, 206 = BStBl II 2002, 478.
146 BFH, Urteil v. 14.3.2007 – XI R 59/05, BFH/NV 07, 1319 m.w.N.
147 BFH, Beschluss v. 29.4.2002 – IV B 29/01, BFHE 198, 316 = BStBl II 2002, 581 m.w.N.
148 Vgl. BFH, Urteil v. 21.3.1995 – XI R 85/93, BFHE 177, 377 = BStBl II 1995, 732; BFH, Beschluss v. 26.1.2000 – IV B 12/99, BFH/NV 2000, 837.

Fall 13:[149] A ist selbständige Anästhesistin. Sie betreibt ihre Praxis in einem Ärztehaus, in dem auch die Praxen von Zahnärzten und Hals-Nasen-Ohrenärzten untergebracht sind. Wenn bei den anderen Fachärzten im Haus eine Narkose durchgeführt werden muss, führt A das Vorgespräch mit dem Patienten durch, leitet die Narkose ein und überwacht den Patienten während der Operation durch den jeweiligen Facharzt sowie in der Aufwachphase. Unterstützt wird sie dabei von Anästhesiepflegern (auf Anästhesie spezialisierte Pflegekräfte).

130

Nachdem A vermehrt auch Anfragen von anderen Fachärzten mit Praxen außerhalb des Ärztehauses erreichen, entscheidet sie sich, ihr Praxisteam mit einem weiteren Anästhesisten zu vergrößern. A möchte aber unbedingt alleinige Inhaberin der Praxis bleiben. Sie stellt deshalb B, der wie A ein Medizinstudium und eine Facharztausbildung zum Anästhesisten abgeschlossen hat, als Angestellten ein. B soll zukünftig hauptsächlich die Operationen im Ärztehaus betreuen, während A sich auf die externen Termine konzentriert.

A führt aber weiterhin die Vorgespräche für sämtliche Operationen selbst durch und legt sodann eine – an der jeweiligen Konstitution der Patienten und ggfs. bestehenden Medikamentenunverträglichkeiten ausgerichtete – Narkosemethode fest. Hält sie die Narkose für unproblematisch, übernimmt B die Betreuung des Patienten während der Operation und der Aufwachphase. Bei als problematisch eingeschätzten Fällen führt A die Narkose selbst durch und überwacht diese. Der Verlauf der von ihm überwachten Narkosen wird von B mit Unterstützung durch das Pflegepersonal elektronisch protokolliert, sodass A – wenn sie sich nicht gerade bei einem externen Termin befindet – bei unvorhergesehenen Notfällen während einer Operation eingreifen und B unterstützen kann. A sichtet die Protokolle zudem regelmäßig und bespricht den Verlauf der Narkosen mit B, um eine einheitliche Arbeitsqualität zu sichern.

Welche Einkünfte erzielt A?

Lösung Fall 13: Als selbständige Ärztin übt A einen Katalogberuf aus, sodass sie grundsätzlich Einkünfte aus selbständiger Arbeit erzielt (§ 18 Abs. 1 Nr. 1 S. 2 EStG). Dass A bei ihrer Tätigkeit durch fachlich vorgebildete Arbeitskräfte unterstützt wird, steht einer freiberuflichen Tätigkeit grundsätzlich nicht entgegen. Allerdings muss A weiterhin aufgrund eigener Fachkenntnisse leitend und eigenverantwortlich tätig sein (§ 18 Abs. 1 Nr. 1 S. 3 EStG).

A überblickt als Anästhesistin sämtliche fachlichen Fragestellungen, die sich durch den Betrieb der Praxis und die Durchführung der Operationen ergeben. Sie hat mithin ausreichende eigene Fachkenntnisse. A ist auch leitend tätig, weil sie die Arbeitsabläufe innerhalb der Praxis durch Weisungen festgelegt hat und die Arbeit von B und den Anästhesiepflegern tatsächlich anhand der Narkoseprotokolle und im Rahmen der Nachbesprechungen überwacht. Sie trifft zudem in jedem einzelnen Fall die grundlegende Entscheidung über die Behandlungsmethode selbst und übernimmt problematische Fälle vollständig.

Schließlich müsste A auch eigenverantwortlich tätig sein, d.h. in der Weise an der praktischen Arbeit ihrer Mitarbeiter teilnehmen, dass das fertige Werk den Stempel ihrer Eigenpersönlichkeit trägt. Dies gilt in besonderem Maße bei Ärzten und anderen Heilberufen, die sich gerade durch die höchstpersönliche Leistungserbringung und das Vertrauensverhältnis zwischen Berufsträger und Patient auszeichnen. Zwar ist A nicht bei jeder Narkose anwesend und auch bei auftretenden Notfällen kann es vorkommen, dass A nicht eingreifen kann, weil sie bei einem externen Termin ist. A hat aber zu jedem Patienten einen persönlichen Kontakt im Rahmen des Vorgesprächs und bestimmt in jedem einzelnen Fall die Behandlungsmethode. Sie behält sich zudem die Behandlung von vorab als problematisch identifi-

---
149 Angelehnt an BFH, Urteil v. 16.7.2014 – VIII R 41/12, BFHE 247, 195 = BStBl II 2015, 216.

zierten Fällen vor. Wenn sie im Haus ist, steht sie schließlich bereit, um bei Notfällen selbst einzugreifen. Sie ist damit in einer Weise an der praktischen Arbeit beteiligt, die ihr erlaubt, die volle fachliche Verantwortung für das Handeln ihrer Mitarbeiter zu übernehmen. Würde man eine ständige Anwesenheit und Verfügbarkeit fordern, wäre eine Arbeitsteilung bei Heilberufen faktisch ausgeschlossen, was wiederum mit der gesetzgeberischen Systematik von § 18 Abs. 1 Nr. 1 S. 2, 3 EStG nicht vereinbar wäre. A ist mithin auch eigenverantwortlich tätig. Sie erzielt damit Einkünfte aus selbständiger Arbeit.

131 Nach § 18 Abs. 1 Nr. 1 S. 4 EStG steht eine **Vertretung** im Fall einer vorübergehenden Verhinderung einer leitenden und eigenverantwortlichen Tätigkeit nicht entgegen. Entscheidend ist, dass die persönliche Prägung der Tätigkeit durch den Steuerpflichtigen während der Vertretung nicht verloren geht. Die Vorschrift ist tendenziell eng auszulegen und erfasst im Wesentlichen Unterbrechungen, die von vornherein auf eine kurze Zeit angelegt sind (z.B. Urlaub) oder vom Steuerpflichtigen nicht vorhergesehen werden können (z.B. Krankheit). Eine langfristige Vertretung führt hingegen – mangels leitender und eigenverantwortlicher Tätigkeit des Steuerpflichtigen – zu gewerblichen Einkünften des Vertretenen. Gleiches gilt, sobald endgültig feststeht, dass der Steuerpflichtige nicht mehr leitend und eigenverantwortlich zurückkehren wird (beispielsweise, weil er infolge einer Krankheit berufsunfähig wird). Auch eine Verpachtung eines freiberuflichen Betriebs ist zwar möglich und führt nicht automatisch zu einer Betriebsaufgabe (vgl. auch § 18 Abs. 3 S. 2 EStG i.V.m. § 16 Abs. 3b EStG), der Verpächter erzielt aber dann gewerbliche Einkünfte.

132 **Fall 14:**[150] M war als selbständiger Ingenieur tätig. Nach seinem überraschenden Tod möchte F, die Witwe und Alleinerbin des M, dass das Unternehmen fortgeführt wird. Sie selbst ist allerdings als Rechtsanwältin tätig und verfügt weder über die Zeit noch über die nötigen Fachkenntnisse, um das Ingenieurbüro zu leiten. Langfristig soll S, der gemeinsame Sohn von M und F, der ebenfalls Ingenieur ist, das Unternehmen übernehmen. Da S jedoch aktuell noch als Angestellter in Vollzeit beschäftigt ist, sucht M nach einer Übergangslösung.

Sie einigt sich deshalb mit B, einem Studienkollegen des M, der ebenfalls Diplom-Ingenieur ist, dass dieser die Leitung des Unternehmens übernimmt und dafür eine Vergütung erhält.

a) Welche Einkünfte erzielt F aus dem fortgeführten Unternehmen, wenn B die Leitung bis auf Weiteres übernimmt?
b) Welche Einkünfte erzielt F, wenn B die Leitung von vornherein nur für 3 Monate übernimmt und sodann an S, der seine Vollzeittätigkeit schnellstmöglich kündigt, übergibt?
c) Was ändert sich, wenn nicht F, sondern S Alleinerbe des M ist und B (wie unter a) und b) dargestellt) als Vertreter einsetzt?
d) Welche Einkünfte erzielt F, wenn sie den Betrieb insgesamt an B verpachtet, der dafür eine pauschale Vergütung an F zahlt, aber die verbleibenden Gewinne des Unternehmens behalten darf?

Lösung Fall 14: M erzielt als selbständiger Ingenieur Einkünfte aus selbständiger Arbeit (§ 18 Abs. 1 Nr. 1 S. 2 EStG). Fraglich ist, ob F während der Übergangszeit, bis S die Praxis übernehmen soll, ebenfalls Einkünfte aus freiberuflicher Tätigkeit erzielt.

---

150 Angelehnt an BFH, Urteil v. 19.5.1981 – VIII R 143/78, BFHE 133, 396 = BStBl II 1981, 665.

Zwar sieht § 18 Abs. 1 Nr. 1 S. 4 EStG vor, dass eine vorübergehende Vertretung einer leitenden und eigenverantwortlichen Tätigkeit nicht entgegensteht. Allerdings mangelt es F an eigenen Fachkenntnissen, um den Betrieb des Ingenieurbüros zu überblicken. Sie ist weder Ingenieurin noch könnte ihre überwachende Tätigkeit als ähnlicher Beruf verstanden werden. Unabhängig von der Dauer der Vertretung erzielt F daher in den Konstellationen a) und b) Einkünfte aus Gewerbebetrieb.

S verfügt hingegen über ausreichende eigene Fachkenntnisse als Ingenieur und kann damit in der Konstellation c) grundsätzlich Einkünfte aus freiberuflicher Tätigkeit erzielen. Leitend und eigenverantwortlich ist er aber während der Vertretung durch B nur tätig, wenn es sich um eine vorübergehende Vertretung handelt (§ 18 Abs. 1 Nr. 1 S. 4 EStG). Dies wird man bei einer von vornherein auf drei Monate beschränkten Vertretung annehmen können (Konstellation b)), nicht aber bei einer Vertretung „bis auf Weiteres" (Konstellation c)).

Wenn F den Betrieb an B verpachtet, erzielt zwar B Einkünfte aus selbständiger Arbeit als Freiberufler, weil er selbst Unternehmerinitiative entfaltet und Unternehmerrisiko trägt. F erzielt aus der Verpachtung aber Einkünfte aus Gewerbebetrieb. Die Verpachtung führt ohne ausdrückliche Erklärung der F nicht zur Aufgabe des Betriebs, weil langfristig eine Fortführung des Betriebs (durch S) beabsichtigt ist (vgl. § 18 Abs. 3 S. 2 EStG i.V.m. § 16 Abs. 3b EStG).

2. Andere Varianten von Einkünften aus selbständiger Arbeit

Auch Einnehmer einer **staatlichen Lotterie** können Einkünfte aus selbständiger Arbeit erzielen (§ 18 Abs. 1 Nr. 2 EStG). Dabei wird der Begriff der staatlichen Lotterie in Übereinstimmung mit den gewerbesteuerlichen Befreiungen nach § 3 Nr. 1 GewStG, § 13 GewStDV eng verstanden und erfasst nur solche Unternehmen, die der Staat als Betrieb ohne eigene Rechtspersönlichkeit oder in der Form einer rechtsfähigen Anstalt öffentlichen Rechts unmittelbar selbst betreibt.[151] Einnehmer einer staatlichen Lotterie sind gewerblich tätig, wenn neben der staatlichen Lotterie (ohne besondere organisatorische Trennung) auch noch weitere Lotterien geführt werden[152] oder der Betrieb der Lottoeinnahmestelle nur ein nicht von der Haupttätigkeit getrenntes Hilfs- oder Nebengeschäft einer anderen gewerblichen Tätigkeit (beispielsweise eines Kiosks oder Zeitschriftengeschäfts) ist.[153]

133

Die **sonstige selbständige Arbeit** (§ 18 Abs. 1 Nr. 3 EStG) zeichnet sich vor allem durch die Verwaltung fremden Vermögens aus, wobei dazu auch die Verteilung im Rahmen einer Vermögensauflösung zählen kann. Neben den ausdrücklich genannten Einkünften aus einer Testamentsvollstreckung, Vermögensverwaltung oder Tätigkeit als Aufsichtsrat zählen dazu insbesondere auch Einkünfte eines Insolvenz- oder Zwangsverwalters.[154] Auch ein nach § 18 Abs. 1 Nr. 3 EStG selbständig tätiger Steuerpflichtiger darf sich der Mithilfe fachlich vorgebildeter Arbeitskräfte bedienen, solange er noch auf Grund eigener Fachkenntnisse leitend und eigenverantwortlich tätig

134

---

151 BFH, Urteil v. 13.11.1963 – GrS 1/62 S, BFHE 78, 496 = BStBl III 1964, 190; BFH, Urteil v. 24.10.1984 – I R 158/81, BFHE 142, 500 = BStBl II 1985, 223; BFH, Beschluss v. 4.3.2013 – III B 64/12, BFH/NV 2013, 985, Rn. 5.
152 BFH, Urteil v. 25.11.1954 – IV 118/53 U, BFHE 60, 196 = BStBl III 1955, 75.
153 FG Niedersachsen, Urteil v. 9.4.1984 – II 216/82, EFG 85, 78, rkr.
154 BFH, Urteil v. 23.5.1984 – I R 122/81, BFHE 141, 505 = BStBl II 1984, 823.

ist. Zwar enthält das Gesetz insoweit keinen ausdrücklichen Verweis auf § 18 Abs. 1 Nr. 1 S. 3 EStG, die Norm ist aber aus Gründen der Gleichbehandlung entsprechend anwendbar.[155]

135 Nach § 18 Abs. 1 Nr. 4 EStG zählen schließlich bestimmte Leistungsvergütungen bei **Wagniskapitalgesellschaften** zu den Einkünften aus selbständiger Arbeit. Die Norm betrifft Private Equity Fonds, mit denen in Form einer nur vermögensverwaltend tätigen Personengesellschaft (i.d.R. einer GmbH & Co. KG) das Kapital von verschiedenen Investoren gebündelt und dann in andere Unternehmen investiert wird. In der Regel ist das Ziel eines solchen Investments keine langfristige Beteiligung an den Unternehmenserträgen, sondern eine Steigerung des Unternehmenswertes (beispielsweise durch eine Sanierung des Unternehmens oder eine Neuausrichtung der Tätigkeit), der dann durch einen Verkauf der Beteiligung realisiert wird. An dem Fonds sind regelmäßig neben den Investoren auch die sog. Initiatoren beteiligt, die kein Kapital einbringen, sondern über ihre Kontakte Investoren für die Gesellschaft gewinnen und vor allem die Unternehmen auswählen, in die der Fonds investiert. Da sie damit eine wesentliche Rolle für die Rentabilität des Fonds spielen, erhalten sie eine überproportionale Beteiligung am Gewinn der Gesellschaft, sobald die Investoren ihr investiertes Kapital zurückerhalten haben (sog. **Gewinnvorzug** oder „**carried interest**"). Um derartige Investitionsmodelle zu fördern, hat der Gesetzgeber diese Vergütungen den Einkünften aus selbständiger Arbeit zugeordnet (unter Ausschluss einer möglichen Umqualifikation nach § 15 Abs. 3 EStG, siehe dazu noch Rn. 430 ff. und gleichzeitig die Anwendung des Teileinkünfteverfahrens angeordnet (§ 3 Nr. 40a EStG)).

B. Einkünfteermittlung

136 Ausgangspunkt für die Einkünfteermittlung ist § 2 Abs. 2 S. 1 Nr. 1 EStG: Einkünfte aus Gewerbebetrieb und selbständiger Arbeit bilden mit den – hier nicht dargestellten – Einkünften aus Land- und Forstwirtschaft die **Gewinneinkunftsarten**. Ihnen stehen Einkünfte aus nichtselbständiger Arbeit, Kapitalvermögen, Vermietung und Verpachtung sowie sonstige Einkünfte als **Überschusseinkunftsarten** (§ 2 Abs. 2 S. 1 Nr. 2 EStG) gegenüber. Diese als **Dualismus der Einkunftsarten** bezeichnete Unterscheidung ist historisch kennzeichnend für das deutsche Einkommensteuerrecht: Zwar werden sowohl bei Gewinn- als auch bei Überschusseinkünften jeweils bezogen auf eine Einkunftsquelle Einnahmen und Aufwendungen gegenübergestellt (**objektives Nettoprinzip**) und nur der Saldo fließt in die weitere Ermittlung des zu versteuernden Einkommens ein (§ 2 Abs. 3–5b EStG). Bei den Gewinneinkunftsarten werden aber auch Wertveränderungen der Einkunftsquelle selbst bei der Ermittlung dieses Saldos berücksichtigt. Der gesamte Vermögenszuwachs, der mit und aus der Einkunftsquelle erzielt wird, unterliegt der Besteuerung: Ein Einzelhändler muss nicht nur den laufenden Gewinn aus der Veräußerung seiner Waren versteuern. Einkünfte aus Gewerbebetrieb liegen auch vor, wenn er Teile seines Betriebsvermögens oder seinen gesamten Betrieb an einen Nachfolger veräußert. Diesem Zugriff liegt die **Reinvermögens-**

---

[155] BFH, Urteil v. 15.12.2010 – VIII R 50/09, BFHE 232, 162 = BStBl II 2011, 506; BFH, Urteil v. 26.1.2011 – VIII R 3/10, BFHE 232, 453 = BStBl II 2011, 498, juris Rn. 15 ff.; die Argumentation des BFH dürfte auf Einkünfte nach § 18 Abs. 1 Nr. 2 EStG übertragbar sein.

zugangstheorie zugrunde, die auf *von Schanz, Haig* und *Simons* zurückgeht.[156] Bei Überschusseinkünften unterliegen hingegen zwar die laufenden Erträge der Einkommensteuer, der Vermögensstamm ist aber (zumindest grundsätzlich) nicht steuerlich verstrickt: Der Vermieter eines Wohnhauses muss zwar die Differenz zwischen Mieteinnahmen und den durch das Mietobjekt veranlassten Aufwendungen versteuern. Veräußert er das Gebäude aber und erzielt damit einen Gewinn, so gehört dieser Gewinn nicht zu den Einkünften aus Vermietung und Verpachtung. Dieser Differenzierung zwischen Vermögensstamm (oder „Quelle") und -früchten liegt historisch die von *Fuisting* begründete **Quellentheorie** zugrunde.[157]

Diese kategorische Unterscheidung bietet Anreize zur Gestaltung, insbesondere wertvolle Vermögensgegenstände nicht in einem Betriebsvermögen zu halten, sondern der privaten Vermögenssphäre zuzurechnen, um den Vermögensstamm steuerlich nicht zu erfassen (**keine Steuerverstrickung**). Dies nötigt wiederum Gesetzgeber, Rechtsprechung und Verwaltung, derartige Gestaltungen zu begrenzen (etwa durch die Figur der **Betriebsaufspaltung**, dazu siehe unter Rn. 100 ff.). Die unterschiedliche Behandlung von Gewinn- und Überschusseinkunftsarten wird zudem in vielen Fällen durchbrochen, um eine verfassungsrechtlich gebotene Gleichbehandlung wirtschaftlich vergleichbarer Sachverhalte zu gewährleisten: Einerseits können Aufwendungen auf den Vermögensstamm vielfach auch bei der Ermittlung von Überschusseinkünften abgezogen werden: Der Vermieter eines Wohnhauses kann die Anschaffungskosten für das Gebäude im Rahmen der **Abschreibung** (§§ 7 ff. EStG) als Werbungskosten berücksichtigen (§ 9 Abs. 1 S. 3 Nr. 7 EStG). Gleiches gilt bei einem Arbeitnehmer, der für seinen Beruf Arbeitsmittel wie beispielsweise einen beruflich genutzten Computer oder Arbeitskleidung erwirbt (§ 9 Abs. 1 S. 3 Nr. 6 S. 2 EStG). Umgekehrt können auch Gewinne aus der Übertragung eines Wirtschaftsguts, das nicht im Rahmen einer Gewinneinkunftsart genutzt wurde, der Besteuerung unterliegen: Die Veräußerung von im Privatvermögen gehaltenen Beteiligungen an einer Kapitalgesellschaft führt nach § 17 EStG zu gewerblichen Einkünften, wenn der Veräußerer innerhalb der letzten fünf Jahre zu mindestens 1 % an der Gesellschaft beteiligt. Bei den Einkünften aus Kapitalvermögen ist nicht nur die Fruchtziehung (§ 20 Abs. 1 EStG), sondern regelmäßig auch die Veräußerung der Kapitalanlage selbst steuerbar (§ 20 Abs. 2 EStG). Werden Grundstücke innerhalb von zehn Jahren und sonstige Wirtschaftsgüter des privaten Vermögens innerhalb von einem Jahr ab Anschaffung veräußert, können Gewinne als Einkünfte aus einem privaten Veräußerungsgeschäft der Besteuerung unterliegen (§ 22 Nr. 2 EStG i.V.m. § 23 Abs. 1 Nr. 1 und 2 EStG).

137

Dass der Gesetzgeber punktuell auch bei Überschusseinkünften den Vermögensstamm in die Einkünfteermittlung einbezieht, hebt aber noch nicht den Dualismus der Einkunftsarten auf: Außerhalb der Gewinneinkunftsarten sind Wertentwicklungen der Einkunftsquelle weitgehend irrelevant, jenseits der ausdrücklichen gesetzlichen Regelungen müssen insbesondere Veräußerungsgewinne nicht versteuert werden. Bei

138

---

156 Grundlegend *von Schanz*, Der Einkommensbegriff und die Einkommensteuergesetze, FinArch. 13 (1896), 1 ff.; *von Schanz*, Der privatwirtschaftliche Einkommensbegriff, FinArch. 39 (1922), 505 ff.; *Haig*, The Federal Income Tax, 1921; *Simons*, Personal Income Taxation, 1938; vgl. auch *Hey*, in: Tipke/Lang, Rn. 7.30 f.
157 Grundlegend *Fuisting*, Die Preußischen direkten Steuern, Band 4: Grundzüge der Steuerlehre, 1902, S. 110, 147 ff.; vgl. auch *Hey*, in: Tipke/Lang, Rn. 8.50 ff. m.w.N.

Gewinneinkünften schlägt sich hingegen jede Wertveränderung im steuerlichen Ergebnis nieder. Die Vorschriften der §§ 4 ff. EStG zur **Gewinnermittlung** regeln im Wesentlichen die zeitliche Abgrenzung dieser Wertveränderungen über verschiedene Veranlagungszeiträume (dazu sogleich unter Rn. 139 ff.). Von diesen Vorschriften zur Ermittlung der laufenden Einkünfte aus Gewerbebetrieb oder selbständiger Arbeit sind die besonderen Ermittlungs- und Privilegierungsvorschriften zu unterscheiden, die greifen, wenn der Steuerpflichtige seine Tätigkeit endgültig beendet (dazu unter Rn. 317 ff.).

I. Laufende Einkünfte

1. Der Betrieb als objektive Bezugsgröße

a) Betriebsbegriff

139 Unabhängig davon, wie der laufende Gewinn aus Gewerbebetrieb und aus selbständiger Arbeit ermittelt wird, bezieht sich die Ermittlung jedenfalls auf den „Betrieb" als sachlichen Anknüpfungspunkt. Es kommt auf die Veränderung des **„Betriebsvermögens"** (§ 4 Abs. 1 EStG und § 5 Abs. 1 EStG) bzw. die Differenz zwischen **„Betriebseinnahmen"** und **„Betriebsausgaben"** (§ 4 Abs. 3 EStG) an. Auch wenn der Begriff des Betriebs damit eine zentrale Rolle für die Gewinnermittlung einnimmt und auch darüber hinaus in verschiedenen Regelungen des Einkommensteuergesetzes und anderer Steuergesetze auftaucht, ist er nicht legaldefiniert, sondern wird im Kontext der jeweiligen Regelung unterschiedlich (normspezifisch) ausgelegt. In seinem weitesten Verständnis grenzt der Begriff zum privaten Vermögensbereich und damit zu den Überschusseinkunftsarten ab: Die für Gewinneinkünfte verwendeten Wirtschaftsgüter bilden eine eigenständige Vermögenssphäre (das Betriebsvermögen), die – anders als das für Überschusseinkünfte oder privaten Konsum verwendete Privatvermögen – in vollem Umfang steuerverstrickt ist. In diesem Sinne hat der Betriebsbegriff vor allem Bedeutung für die Frage, wann ein Wirtschaftsgut bei einer Entnahme für „außerbetriebliche" Zwecke verwendet wird (vgl. § 4 Abs. 1 S. 2 EStG) und spiegelt damit den Dualismus der Einkunftsarten wider.

140 Für die Vorschriften der Gewinnermittlung ist demgegenüber von einem **engen Betriebsbegriff** auszugehen: Die Rechtsprechung definiert einen Betrieb als „die auf Erreichung einer arbeits- bzw. produktionstechnischen Zwecks gerichtete organisatorische Zusammenfassung personeller, sachlicher und anderer Arbeitsmittel zu einer selbständigen Einheit".[158] Jede unternehmerische Tätigkeit kann einen eigenständigen Betrieb darstellen. Verfolgt ein Gewerbetreibender sachlich unterscheidbare Zwecke organisatorisch (insbesondere räumlich) voneinander getrennt, liegen mehrere Betriebe vor, für die der Gewinn jeweils selbständig zu ermitteln ist.[159] Gesetzlich

---

158 BFH, Urteil v. 13.10.1988 – IV R 136/85, BFHE 154, 442 = BStBl II 1989, 7; BFH, Urteil v. 29.3.2001 – IV R 62/99, BFH/NV 01, 1248.
159 Zur Abgrenzung zwischen verschiedenen Betrieben vgl. BFH, Urteil v. 9.8.1989 – X R 130/87, BFHE 158, 80 = BStBl II 1989, 901; sowie *Wacker*, in Schmidt, EStG, § 15 Rn. 125; *Seiler*, in: Kirchhof/Söhn/Mellinghoff, § 4 Rn. B 55.

belegen lässt sich dieses enge Verständnis insbesondere[160] durch die Vorschrift des § 6 Abs. 5 S. 1 EStG, der eine Übertragung eines Wirtschaftsguts zwischen verschiedenen Betriebsvermögen desselben Steuerpflichtigen behandelt.[161] Bei Freiberuflern kann die besondere Prägung der Tätigkeit durch die Person des Steuerpflichtigen dafür sprechen, trotz räumlicher Trennung einen einheitlichen Betrieb anzunehmen. So übt ein Arzt grundsätzlich nur eine einheitliche selbständige Tätigkeit aus, auch wenn er mehrere Praxen betreibt. Unterscheiden sich die ausgeübten Tätigkeiten hingegen maßgeblich voneinander, können auch Freiberufler mehrere unterschiedliche Betriebe unterhalten.[162] Ist ein Steuerpflichtiger sowohl gewerblich als auch freiberuflich tätig, folgen schon aus den unterschiedlichen Einkunftsarten zwei separate Betriebsvermögen.

Fall 15: A ist ein künstlerisches Multitalent: Sie tritt bereits seit vielen Jahren als selbständige Sängerin bei Hochzeiten, Geburtstagen oder Firmenfeiern auf. Sie arbeitet mit einer Vielzahl verschiedener Kunden an wechselnden Orten zusammen und engagiert regelmäßig auf Werkvertragsbasis noch weitere Musiker, die sie begleiten.

In den letzten Jahren hat A daneben ihr schriftstellerisches Talent entdeckt und zwei erfolgreiche Romane veröffentlicht. Ihre Bücher schreibt A zuhause an ihrem Schreibtisch und nur mit Unterstützung durch das Lektorat ihres Verlags.

Durch ihr weit verzweigtes Kontaktnetzwerk zu anderen Künstlern und Kunden tritt A zudem immer wieder als Agentin auf und vermittelt gegen Provision Sänger und Musiker für einzelne Auftritte.

Wie viele Betriebe unterhält A?

141

Lösung Fall 15: Die Tätigkeiten als Sängerin und Schriftstellerin führen zwar beide zu Einkünften aus freiberuflicher Tätigkeit im Sinne von § 18 Abs. 1 Nr. 1 EStG. Da die Tätigkeiten aber auf unterschiedlichen persönlichen Fähigkeiten beruhen (vgl. auch die differenzierten Anknüpfungspunkte „künstlerisch" und „schriftstellerisch" in § 18 Abs. 1 Nr. 1 S. 2 EStG) und auch organisatorisch deutlich voneinander getrennt sind, liegen insoweit zwei separate Betriebe vor.

Mit ihrer Tätigkeit als Agentin ist A daneben gewerblich tätig, weil ihre Leistung nicht auf dem persönlichen Talent als Künstlerin beruht, sondern nur auf der Verwertung ihrer Kontakte[163] Diese Betätigung bildet in jedem Fall einen eigenen Betrieb neben den freiberuflichen Tätigkeiten.

A unterhält mithin drei voneinander getrennte Betriebe, für die sie jeweils gesondert den Gewinn ermitteln muss. Sie kann hierbei – unter den jeweiligen Voraussetzungen – auch unterschiedliche Gewinnermittlungsarten verwenden.

Ein Betrieb beginnt für einkommensteuerrechtliche Zwecke bereits mit den ersten Vorbereitungshandlungen für die spätere (werbende) Tätigkeit. Entsprechende Kosten (beispielsweise für die Erstellung eines Businessplans) sind bereits als Betriebsausgaben abzugsfähig. Das Einkommensteuergesetz privilegiert die (entgeltliche oder unentgeltliche) Übertragung des gesamten Betriebs mit besonderen Vorschriften (sie-

142

---

160 Vgl. des Weiteren § 141 Abs. 1 S. 1 AO: „Gewerbliche Unternehmer, die [...] für den einzelnen Betrieb"; § 34a Abs. 1 S. 2 EStG: „für jeden Betrieb".
161 *Loschelder*, in: Schmidt, EStG, § 4 Rn. 26 f.; *Bode*, in: Kirchhof/Seer, EStG, § 4 Rn. 92.
162 Vgl. *Brandt*, in: Herrmann/Heuer/Raupach, § 18 EStG Rn. 75, 340 m.w.N.
163 BFH, Urteil v. 18.4.1972 – VIII R 50/66, BFHE 105, 469 = BStBl II 1972, 624, juris Rn. 5 f. m.w.N.

he Rn. 317 ff.). Stellt der Steuerpflichtige seine Tätigkeit dauerhaft ein und veräußert er die zur Einkünfteerzielung genutzten Wirtschaftsgüter oder entnimmt sie ins Privatvermögen, endet der Betrieb (siehe zur Betriebsaufgabe in Abgrenzung zur Betriebsunterbrechung unter Rn. 111 ff.).

b) Betriebsvermögen

143 Eng mit dem Betrieb verbunden ist das Betriebsvermögen. Auch insoweit fehlt eine gesetzliche Definition und der Bedeutungsgehalt lässt sich nur aus dem Verwendungskontext der jeweiligen Norm erschließen: Zum einen – anknüpfend an den weiten Betriebsbegriff – bezeichnet Betriebsvermögen alle Wirtschaftsgüter, mit denen ein Steuerpflichtiger Gewinneinkünfte erzielt (in Abgrenzung zu Wirtschaftsgütern des Privatvermögens, die dem privaten Konsum des Steuerpflichtigen oder der Erzielung von Überschusseinkünften dienen). Für die Gewinnermittlung werden – dem engen Betriebsbegriff folgend – Wirtschaftsgüter darüber hinaus jeweils einem bestimmten Betrieb zugeordnet. Zuordnungsmaßstab ist der in § 4 Abs. 4 EStG gesetzlich verankerte aber im Einkommensteuerrecht universell anwendbare **Veranlassungsgrundsatz**: Das Betriebsvermögen eines Betriebs setzt sich aus den Wirtschaftsgütern zusammen, die aus betrieblicher Veranlassung angeschafft, hergestellt oder aus dem Privatvermögen dem Betrieb zugeführt wurden.[164] Bei der Gewinnermittlung durch Betriebsvermögensvergleich (§ 4 Abs. 1 S. 1 EStG und § 5 Abs. 1 S. 1 EStG) wird der Begriff des Betriebsvermögens schließlich als Synonym für das (steuerrechtlich bestimmte) Eigenkapital eines Betriebs als Differenz zwischen seinen positiven (aktiven) und negativen (passiven) Wirtschaftsgütern verwendet (im Einzelnen noch unter Rn. 182 ff.). Betriebsvermögen umschreibt damit eine – im jeweiligen Verwendungskontext unterschiedliche – Zusammenfassung mehrerer Wirtschaftsgüter.

144 **aa) Wirtschaftsgut als Zuordnungsobjekt.** Während sich das handelsrechtliche Vermögen des Kaufmanns aus verschiedenen **Vermögensgegenständen** zusammensetzt (vgl. z.B. § 246 Abs. 1, § 252 Abs. 1, § 253, § 266 HGB), verwendet das Steuerrecht den Begriff des **Wirtschaftsguts** (vgl. z.B. § 4 Abs. 1 S. 2 ff., Abs. 3 S. 3 f., § 5 Abs. 1 S. 2, Abs. 2, § 6 EStG). Zwischen beiden Begriffen bestehen weitgehende Parallelen,[165] allerdings bilden auch die im Handelsrecht gesondert erfassten Schulden (§ 246 Abs. 1, § 252 Abs. 1 HGB) steuerrechtlich passive oder negative Wirtschaftsgüter (vgl. § 6 Abs. 1 Nr. 3 EStG). Mit den Begriffen des Vermögensgegenstands bzw. Wirtschaftsguts wird das Gesamtvermögen in einzelne Bestandteile gegliedert, auf die dann wiederum unterschiedliche handels- und steuerrechtliche Ansatz- und Bewertungsvorschriften Anwendung finden. Dabei bildet die zivilrechtliche Aufteilung des Vermögens in verschiedene Sachen und Rechte zwar auch den handels- und steuerrechtlichen Ausgangspunkt, entscheidend sind sodann aber regelmäßig wirtschaftliche Gesichtspunkte.[166] Nach herrschender Meinung[167] sind Wirtschaftsgüter

---

164 BFH, Urteil v. 6.3.1991 – X R 57/88, BFHE 164, 246 = BStBl II 1991, 829, juris Rn. 19 m.w.N.
165 BFH, Beschluss v. 26.10.1987 – GrS 2/86, BFHE 151, 523 = BStBl II 1988, 348, juris Rn. 68 m.w.N.
166 BFH, Urteil v. 12.4.1984 – IV R 112/81, BFHE 141, 45 = BStBl II 1984, 554, juris Rn. 10, BFH, Urteil v. 10.3.2016 – IV R 41/13, BFHE 253, 337 = BStBl II 2016, 984, juris Rn. 26.
167 Vgl. z.B. BFH, Urteil v. 10.3.2016 – IV R 41/13, BFHE 253, 337 = BStBl II 2016, 984, juris Rn. 26; BFH, Urteil v. 20.3.2003 – IV R 27/01, BFHE 202, 256, juris Rn. 20; jew. m.w.N.

(1) alle körperlichen und nicht körperlichen Gegenstände im Sinne des bürgerlichen Rechts (Sachen und Rechte), aber auch tatsächliche Zustände, konkrete Möglichkeiten und sämtliche vermögenswerte Vorteile für den Betrieb,
(2) die der Kaufmann sich etwas kosten lässt,
(3) die nach der Verkehrsauffassung einer selbständigen Bewertung zugänglich sind
(4) und die einzeln oder zusammen mit dem Betrieb übertragen oder zumindest wirtschaftlich verwertet werden können.

In der Regel sind Wirtschaftsgüter für mehr als ein Wirtschaftsjahr nutzbar (z.B. Gebäude),[168] zwingend ist dies aber nicht (z.B. bei nur kurzfristig ausübbaren Optionsrechten).[169] Wirtschaftsgüter lassen sich unter verschiedenen Gesichtspunkten kategorisieren, was sich jeweils auf ihre steuerbilanzielle Behandlung auswirkt:

145

Abhängig von der Zweckbestimmung lässt sich zwischen Wirtschaftsgütern des **Anlagevermögens**, die dem Betrieb dauerhaft dienen sollen (§ 247 Abs. 2 HGB) und Wirtschaftsgütern des **Umlaufvermögens**, die zum Verkauf oder Verbrauch bestimmt sind, unterscheiden. Die Abgrenzung wirkt sich insbesondere auf die Bewertung aus: Nur bei Wirtschaftsgütern des Anlagevermögens werden die Anschaffungs- oder Herstellungskosten in Form von Absetzungen für Abnutzungen (§ 7 EStG) auf die betriebsgewöhnliche Nutzungsdauer verteilt als Betriebsausgaben abgezogen, wenn das Wirtschaftsgut **abnutzbar** ist (§ 6 Abs. 1 Nr. 1 EStG; vgl. auch die Wahlrechte zum (begrenzten) Sofortabzug in § 6 Abs. 2, 2a EStG). Die Anschaffungs- und Herstellungskosten von **nicht abnutzbaren Wirtschaftsgütern** (zum Beispiel Grund und Boden) und Wirtschaftsgütern des Umlaufvermögens wirken sich hingegen – abhängig von der gewählten Gewinnermittlungsart – in vollem Umfang im Zeitpunkt der Zahlung oder in dem Zeitpunkt, in dem das Wirtschaftsgut das Betriebsvermögen verlässt (Realisationszeitpunkt), aus (Einzelheiten unter Rn. 208, 221 ff., 292, 297 ff.). Unterschiedliche Regeln gelten weiterhin für **bewegliche** (z.B. Pkw) und **unbewegliche** (Grund und Boden oder Gebäude) Wirtschaftsgüter (vgl. z.B. § 6 Abs. 2, 2a, § 7 Abs. 2 EStG). Zudem wird zwischen **materiellen** (körperlichen) und **immateriellen** (unkörperlichen) Wirtschaftsgütern unterschieden: Immaterielle Wirtschaftsgüter des Anlagevermögens werden nach § 5 Abs. 2 EStG steuerrechtlich nur dann aktiviert (d.h. die Anschaffungskosten sind nicht sofort als Betriebsausgaben abziehbar), wenn sie entgeltlich erworben wurden (beispielsweise ein entgeltlich erworbener Domain-Name[170] oder ein im Rahmen eines Unternehmenskaufs erworbener Kundenstamm[171]).

146

Die unterschiedlichen steuerrechtlichen Regelungen führen dazu, dass eine zivilrechtlich einheitliche Sache im Sinne der §§ 90 ff. BGB steuerrechtlich in verschiedene Wirtschaftsgüter aufzuteilen sein kann. So zählt ein Gebäude zivilrechtlich zu den wesentlichen Bestandteilen eines Grundstücks (§ 94 Abs. 2 BGB), Grundstück und Gebäude bilden also eine einheitliche Sache. Steuerrechtlich liegen hingegen regel-

147

---

168 BFH, Urteil v. 10.3.2016 – IV R 41/13, BFHE 253, 337 = BStBl II 2016, 984, juris Rn. 26; BFH, Urteil v. 20.3.2003 – IV R 27/01, BFHE 202, 256, juris Rn. 20.
169 BFH, Urteil v. 26.11.2014 – X R 20/12, BFHE 248, 34 = BStBl II 2015, 325.
170 BFH, Urteil v. 19.10.2006 – III R 6/05, BFHE 215, 222 = BStBl II 2007, 301.
171 BFH, Urteil v. 16.9.1970 – I R 196/67, BFHE 101, 76 = BStBl II 1971, 175.

mäßig[172] mindestens zwei Wirtschaftsgüter vor, weil Grund und Boden (nicht abnutzbar) und das Gebäude (abnutzbar) unterschiedlichen Regeln unterliegen. Gebäude werden darüber hinaus entsprechend ihrer Nutzung in weitere Wirtschaftsgüter aufgeteilt: Gebäudeteile, die nicht in einem einheitlichen Funktions- und Nutzungszusammenhang mit dem sonstigen Gebäude stehen, bilden steuerrechtlich eigenständige Wirtschaftsgüter (vgl. § 7 Abs. 5a EStG), selbst wenn sie sachenrechtlich zu den wesentlichen Bestandteilen des Gebäudes gehören (§§ 93, 94 Abs. 2 BGB).[173] Denkbar sind sowohl bewegliche (insbesondere Scheinbestandteile und Betriebsvorrichtungen[174], vgl. R 4.2 Abs. 3 S. 3 Nr. 1, 2, R 7.1 Abs. 3, 4 EStR) als auch unbewegliche selbständige Gebäudeteile (insbesondere Ladeneinbauten, vgl. R 4.2 Abs. 3 S. 3 Nr. 3, R 7.1 Abs. 6 EStR). Dient ein Gebäude (oder ein selbständiger Gebäudeteil) unterschiedlichen Funktionen, so ist es anhand der Nutzung in weitere selbständige Wirtschaftsgüter aufzuteilen. Zu unterscheiden sind insoweit betriebliche Nutzung und Wohnzwecke, wobei jeweils weiter zwischen eigener Nutzung und fremder Nutzung differenziert wird (zur unterschiedlichen Zuordnung der einzelnen Gebäudeteile zum Betriebs- und Privatvermögen noch unter Rn. 180). Kleinste Zuordnungseinheit ist ein einzelner Raum innerhalb des Gebäudes.[175]

148 **Fall 16:** A ist Alleineigentümer eines Grundstücks. Auf dem Grundstück befinden sich ein mehrstöckiges Gebäude und ein Schuppen mit eigenem Fundament. Im Schuppen stellen A und seine Familie ihre Fahrräder ab. Außerdem werden dort Gartengeräte gelagert. Das Gebäude wird wie folgt genutzt:

Das Erdgeschoss ist an B vermietet, die dort eine Pizzeria betreibt. Da diese Nutzung schon bei Errichtung des Gebäudes beabsichtigt war, hat A extra einen Steinofen mauern lassen.

Im ersten Obergeschoss betreibt A seine Steuerberatungskanzlei. Im zweiten Obergeschoss wohnt A mit seiner Familie. Das Dachgeschoss hat A an eine Studentin vermietet.

Wie viele Wirtschaftsgüter liegen vor?

Lösung Fall 16: Zwar liegt zivilrechtlich nur eine einzige Sache vor, weil der Steinofen wesentlicher Bestandteil des Gebäudes (§ 93 BGB) und das Gebäude wesentlicher Bestandteil des Grundstücks ist (§ 94 Abs. 1 BGB). Steuerrechtlich ist jedoch zunächst zwischen Grund und Boden (nicht abnutzbares Wirtschaftsgut des Anlagevermögens) und den einzelnen Gebäudeteilen (abnutzbare Wirtschaftsgüter) zu unterscheiden. Der Steinofen stellt als Betriebsvorrichtung (vgl. § 68 Abs. 2 S. 1 Nr. 2 BewG) ein eigenständiges bewegliches Wirtschaftsgut dar, das nach § 7 Abs. 1 EStG abgeschrieben wird. Das Gebäude gliedert sich der Nutzung entsprechend in weitere vier eigenständige Wirtschaftsgüter, die nach § 7

---

172 Etwas anderes gilt nur, wenn das bebaute Grundstück nicht zum Anlage- sondern zum Umlaufvermögen zählt. Dies ist insbesondere bei einem gewerblichen Grundstückshandel (vgl. bereits unter Rn. 93 ff.) der Fall.
173 BFH, Beschluss v. 26.11.1973 – GrS 5/71, BFHE 111, 242 = BStBl II 1974, 132; BFH, Beschluss v. 23.8.1999 – GrS 5/97, BFHE 189, 174 = BStBl II 1999, 774; BFH, Urteil v. 11.11.2014 – VIII R 3/12, BFHE 248, 10 = BStBl II 2015, 382; BFH, Urteil v. 10.10.2017 – X R 1/16, BFHE 259, 511 = BStBl II 2018, 181.
174 Vgl. zur Abgrenzung vom Gebäude, die im Grundsatz parallel zum Bewertungsgesetz (§ 68 Abs. 2 S. 1 Nr. 2 BewG) erfolgt, gleichlautende Erlasse der obersten Finanzbehörden der Länder v. 5.6.2013, BStBl I 2013, 734.
175 Vgl. BFH, Urteil v. 10.10.2017 – X R 1/16, BFHE 259, 511 = BStBl II 2018, 181, juris Rn. 28 ff. m.w.N.

Abs. 4 Nr. 1 bzw. Nr. 2 EStG abgeschrieben werden. Der Schuppen dient zwar ebenfalls wie die Wohnung den eigenen privaten Wohnzwecken der Familie A. Gleichwohl liegt ein eigenständiges Wirtschaftsgut vor, weil der Schuppen mit einem eigenen Fundament und ohne bauliche Verbindung zum Haupthaus ein eigenständiges Gebäude darstellt. Insgesamt liegen damit sieben unterschiedliche Wirtschaftsgüter vor.

bb) Subjektive Zurechnung des Wirtschaftsguts. Wirtschaftsgüter sind primär dem Eigentümer bzw. Rechtsinhaber zuzurechnen (§ 39 Abs. 1 AO), auch insoweit können sich aber aus wirtschaftlichen Gründen Abweichungen ergeben (§ 39 Abs. 2 Nr. 1 S. 1 AO), wenn ein anderer als der Eigentümer die tatsächliche Herrschaft über das Wirtschaftsgut für dessen gewöhnliche Nutzungsdauer ausüben kann, sog. **wirtschaftliches Eigentum**. Das Gesetz nennt als Regelbeispiele den Treugeber gegenüber dem Treuhänder, den Sicherungsgeber gegenüber dem Sicherungseigentümer sowie den Eigenbesitzer gegenüber dem wahren Eigentümer (§ 39 Abs. 2 Nr. 1 S. 2 AO). Eine Zurechnung abweichend von der zivilrechtlichen Eigentumslage kann sich aber auch in anderen Fällen ergeben, beispielsweise bei einem **Eigentumsvorbehalt**.

149

Fall 17: Tischler A möchte für seinen Betrieb eine neue Hobelbank erwerben und den Kaufpreis in Raten zahlen. Fabrikant F verkauft A ein Exemplar, behält sich aber bis zur Zahlung der letzten Rate das Eigentum an der Hobelbank vor. A stellt die Hobelbank in seiner Werkstatt auf und verwendet sie in seiner täglichen Arbeit. Wem ist die Hobelbank zuzurechnen, wenn die letzte Kaufpreisrate noch nicht bezahlt wurde?

150

Lösung Fall 17: Grundsätzlich folgt die steuerliche Zurechnung der zivilrechtlichen Eigentumslage (§ 39 Abs. 1 AO). F hat sein Eigentum an der Hobelbank hier nur unter der aufschiebenden Bedingung vollständiger Kaufpreiszahlung an A übertragen (§§ 929 S. 1, 158 Abs. 1 BGB). Bis zur Zahlung der letzten Rate ist daher weiterhin F Eigentümer. Gleichwohl ist die Hobelbank hier ausnahmsweise nach § 39 Abs. 2 Nr. 1 S. 1 AO A zuzurechnen, da der Eigentumserwerb nur noch von seinem Verhalten abhängt, er die Nutzungen zieht und die Lasten trägt und er es mithin in der Hand hat, dauerhaft die tatsächliche Herrschaftsmacht über die Sache auszuüben.

Ausdifferenzierte Regelungen haben sich in der Praxis für Wirtschaftsgüter entwickelt, die im Rahmen eines **Finanzierungsleasingvertrags** überlassen werden. Zivilrechtlich handelt es sich in der Regel um eine besondere Form eines Mietvertrags: Der Leasinggeber (Vermieter) beschafft ein nach den Wünschen des Leasingnehmers (Mieter) ausgewähltes Wirtschaftsgut und überlässt es dem Leasingnehmer für einen bestimmten Zeitraum gegen wiederkehrende Zahlung einer bestimmten Leasingrate. Während dieses Zeitraums ist die ordentliche Kündigung regelmäßig ausgeschlossen. Der Leasingnehmer ist üblicherweise zur Durchführung sämtlicher Instandhaltungs- und Reparaturmaßnahmen verpflichtet und trägt das Risiko eines zufälligen Untergangs. Die zu zahlende Leasingrate orientiert sich an den Anschaffungskosten des Wirtschaftsguts, den Finanzierungs- und Verwaltungskosten des Leasinggebers sowie einem Gewinnzuschlag. Nach Ablauf der vereinbarten Laufzeit kann dem Leasingnehmer entweder die Option zur weiteren Verlängerung oder zum Erwerb des Eigentums gegen eine einmalige Abschlusszahlung eingeräumt werden.

151

152 Steuerrechtlich müssen die jeweiligen Vertragsbedingungen dahingehend gewürdigt werden, ob sie den Leasingnehmer schon während der Laufzeit in eine Position versetzen, in der er die Chance auf Wertsteigerungen bzw. das Risiko eines Wertverlustes trägt.[176] Dies ist beispielsweise der Fall, wenn das Wirtschaftsgut speziell auf die Bedürfnisse seines Betriebs angepasst ist und der Leasinggeber es deshalb nach Ablauf der Laufzeit nicht mehr am Markt veräußern kann (**Spezialleasing**). Auch wenn die Leasingraten während der Grundlaufzeit die Kosten des Leasinggebers voll abdecken (**Vollamortisation**) und gleichzeitig die Laufzeit die betriebsgewöhnliche Nutzungsdauer des Wirtschaftsguts (annähernd) ausschöpft, ist das Wirtschaftsgut regelmäßig bereits dem Leasingnehmer zuzurechnen. In der Praxis werden Leasingverträge in der Regel indes so ausgestaltet, dass das Wirtschaftsgut weiterhin dem Leasinggeber zuzurechnen ist und der Leasingnehmer die Leasingraten in vollem Umfang als Betriebsausgaben abziehen kann.

153 **Fall 18:** Die Installateurin I benötigt für ihren Betrieb ein neues Fahrzeug. Sie entscheidet sich für einen Transporter mit einer betriebsgewöhnlichen Nutzungsdauer von 5 Jahren. Da sie aktuell nicht über ausreichende Liquidität verfügt, um die Anschaffungskosten von 30.000 € zu begleichen, bietet ihr der Verkäufer in Kooperation mit der hauseigenen Bank des Fahrzeugherstellers zwei verschiedene Leasingoptionen an.

Entweder sie schließt einen Vertrag über 5 Jahre ab. Die Summe der Leasingraten beläuft sich auf 32.000 €.

Alternativ kann sie auch nur einen Vertrag über 3 Jahre abschließen, die Leasingraten belaufen sich dann auf insgesamt 20.000 €.

In beiden Varianten ist I für die Instandhaltung des Fahrzeugs verantwortlich und sie trägt das Risiko eines zufälligen Untergangs. Bei beiden Varianten besteht nach Ablauf der Leasingdauer keine Option auf Vertragsverlängerung oder Kauf des Fahrzeugs.

Wem ist das Fahrzeug jeweils zuzurechnen?

Lösung Fall 18: Grundsätzlich ist das Fahrzeug dem zivilrechtlichen Eigentümer zuzurechnen (§ 39 Abs. 1 AO). Dies ist trotz des abgeschlossenen Leasingvertrags weiterhin das Autohaus. In Betracht kommt allenfalls, dass I durch den Abschluss des Leasingvertrags wirtschaftliche Eigentümerin des Fahrzeugs wird und es ihr deshalb nach § 39 Abs. 2 Nr. 1 AO zuzurechnen ist.

In der ersten Variante kann I das Fahrzeug für die gesamte betriebsgewöhnliche Nutzungsdauer nutzen. Zudem zahlt sie mit den Leasingraten den vollständigen Kaufpreis sowie einen Zuschlag, mit dem Finanzierungs- und Verwaltungskosten des Autohauses sowie dessen Gewinnmarge abgedeckt sind (Vollamortisation). Damit trägt I wirtschaftlich auch das Risiko eines Wertverlustes während der betriebsgewöhnlichen Nutzungsdauer. Beim zivilrechtlichen Eigentümer verbleibt ausschließlich die Chance, nach Ablauf der Mietdauer einen etwaigen Restwert des Fahrzeugs zu realisieren und damit von (unwahrscheinlichen) Wertsteigerungen während der betriebsgewöhnlichen Nutzungsdauer zu profitieren. Diese Verteilung von Chancen und Risiken rechtfertigt es, das Fahrzeug I als wirtschaftlicher Eigentümerin zuzurechnen.

---

176 Die Praxis orientiert sich an den sogenannten Leasingerlassen der Finanzverwaltung; BMF-Schreiben v. 19.4.1971, IV B/2-S 2170-31/71, BStBl I 1971, 264; BMF-Schreiben vom 23.12.1991, IV B 2-S 2170-115/91, BStBl I 1992, 13; im Überblick *Scheffler*, Besteuerung von Unternehmen II, Rn. 216–217.

> In der zweiten Variante decken die Leasingraten zwar ebenfalls die (auf die gesamte Nutzungsdauer verteilten) Anschaffungskosten sowie einen Zuschlag. Allerdings kann I den zivilrechtlichen Eigentümer hier nicht für die betriebsgewöhnliche Nutzungsdauer ausschließen und das Risiko eines zwischenzeitlichen Wertverlustes bleibt zu einem erheblichen Teil beim Autohaus, weil dieses mit den Leasingraten erst einen Teil seiner Gesamtinvestition amortisiert hat. Das Fahrzeug ist daher weiterhin dem Leasinggeber zuzurechnen.

Sind zivilrechtlich mehrere Personen gemeinsam Eigentümer eines Gegenstands, muss weiter differenziert werden: Bei einer Gesamtberechtigung nach Bruchteilen (§§ 1008 ff., 741 ff. BGB) ist jedem Steuerpflichtigen sein ideeller Anteil als eigenständiges Wirtschaftsgut zuzurechnen. Dies ergibt sich unmittelbar aus der Grundregel des § 39 Abs. 1 AO, weil jeder Bruchteilseigentümer über seinen Anteil zivilrechtlich wie über einen eigenständigen Gegenstand verfügen kann. Insbesondere erlaubt § 747 BGB die Übertragung des Bruchteils ohne Zustimmung der anderen Miteigentümer. Sind also beispielsweise Eheleute gemeinsam Eigentümer des von ihnen selbst genutzten Wohnhauses, ist dieses steuerrechtlich jedem Ehegatten anteilig als eigenes Wirtschaftsgut zuzurechnen. Nutzt einer der Eheleute das Grundstück für eigenbetriebliche Zwecke, zählt nur sein ideeller Anteil zum steuerlichen Betriebsvermögen. **154**

Anders ist die Rechtslage, wenn ein Wirtschaftsgut zum Vermögen einer Gesamthandsgemeinschaft – also insbesondere einer Personenhandelsgesellschaft (OHG, KG), einer (Außen-)GbR, einer Partnerschaftsgesellschaft, eines nichtrechtsfähigen Vereins, einer Erbengemeinschaft oder einer ehelichen Gütergemeinschaft – zählt. Nach § 39 Abs. 2 Nr. 2 AO sind Wirtschaftsgüter, die mehreren zur gesamten Hand zustehen, zwar (wie bei Bruchteilseigentum) den Beteiligten anteilig zuzurechnen, aber nur „soweit eine solche getrennte Zurechnung für die Besteuerung erforderlich ist." Die anteilige Zurechnung ist damit eine begründungsbedürftige Ausnahme. Im Regelfall ist das Wirtschaftsgut nicht zwischen den einzelnen Gesamthändern aufzuteilen, sondern einheitlich der Gesamthandsgemeinschaft selbst zuzurechnen, weil nur diese nach den zivilrechtlichen Regelungen über den Gegenstand verfügen kann. **155**

Bei einer einheitlichen Zurechnung verbleibt es insbesondere dann, wenn die Gesamthandsgemeinschaft selbst als Steuerpflichtige behandelt wird.[177] So ist eine Gesamthandsgemeinschaft, die ein (gewerbliches) Unternehmen betreibt, selbst Steuerschuldnerin der Gewerbesteuer (§ 5 Abs. 1 S. 3 GewStG) und der Umsatzsteuer (§ 2 UStG).[178] Zählt zum Vermögen der Gesamthandsgemeinschaft ein inländisches Grundstück, ist die Gesamthandsgemeinschaft Schuldnerin der Grund- (§ 10 Abs. 1 GrStG) und bei entgeltlicher Übertragung des Grundstücks der Grunderwerbsteuer (§ 13 Abs. 1 Nr. 1 GrEStG).[179] **156**

Für die Einkommen- (§ 1 Abs. 1 S. 1 EStG) und Körperschaftsteuer (§ 1 Abs. 1 KStG) ist hingegen nur der einzelne Gesamthänder als natürliche Person oder Körperschaft subjektiv steuerpflichtig. Für Zwecke dieser Steuern ist es daher grundsätzlich erforderlich i.S.v. § 39 Abs. 2 Nr. 2 AO, die Wirtschaftsgüter des Gesamthandsver- **157**

---

177 BFH, Urteil v. 11.4.1967 – II 118/64, BFHE 89, 74 = BStBl III 1967, 539.
178 BFH, Urteil v. 25.3.1993 – V R 42/89, BFHE 172, 134 = BStBl II 1993, 729.
179 BFH, Urteil v. 25.3.1993 – V R 42/89, BFHE 172, 134 = BStBl II 1993, 729; BFH, Urteil v. 12.2.2014 – II R 46/12, BFHE 244, 455 = BStBl II 2014, 536.

mögens den einzelnen Gesamthändern anteilig zuzurechnen. Wird beispielsweise ein Grundstück, das sich im Eigentum einer Gesellschaft bürgerlichen Rechts befindet, vermietet, so unterliegen die Mieteinkünfte nur auf Ebene der Gesellschafter der Einkommensbesteuerung. Das Grundstück ist daher den einzelnen Gesellschaftern (jedenfalls im Ergebnis) anteilig zuzurechnen (zur Einkünfteermittlung bei **vermögensverwaltenden Personengesellschaften** noch ausführlich unter Rn. 791 ff.).

158 Allerdings enthält das Einkommensteuergesetz spezifische Regelungen zur Einkünftequalifikation und -ermittlung bei **gewerblichen** oder **freiberuflichen Mitunternehmerschaften** (§ 15 Abs. 1 S. 1 Nr. 2, Abs. 3, § 15a, § 16 Abs. 1 S. 1 Nr. 2, § 18 Abs. 3 S. 2, Abs. 4 S. 2). Die Tätigkeit der Personengesellschaft wird für einkommensteuerliche Zwecke einheitlich einer Einkunftsart zugeordnet. Der Gewinn aus dieser Tätigkeit wird zunächst auf Ebene der Gesellschaft ermittelt und sodann den Gesellschaftern anteilig zugerechnet (dazu noch ausführlich unter Rn. 499 ff.). Die Mitunternehmerschaft ist damit zwar nicht selbst Steuer-, aber Einkünfteermittlungssubjekt.[180] Wegen dieser Sondervorschriften ist es erforderlich, auch die Wirtschaftsgüter des Gesamthandsvermögens nicht anteilig den Mitunternehmern, sondern einheitlich der Mitunternehmerschaft zuzurechnen. Betreibt beispielsweise eine OHG einen Supermarkt, so werden Betriebsgrundstück, Gebäude, Einrichtung und Waren im Eigentum der OHG nur dem Betriebsvermögen der OHG zugerechnet und nicht anteilig den einzelnen Gesellschaftern. Durch die Eigenständigkeit der Mitunternehmerschaft sind steuerliche Leistungsbeziehungen und Vermögenstransfers zwischen Mitunternehmer und Mitunternehmerschaft möglich (zur Behandlung von entgeltlichen, unentgeltlichen und teilentgeltlichen Vermögenstransfers bei der Ermittlung der Einkünfte einer Mitunternehmerschaft Rn. 536 ff., 681 ff.; zu Sondereinkünften des Mitunternehmers aus (bestimmten) Leistungen an die Mitunternehmerschaft Rn. 472 ff.).

159 **cc) Zuordnung des Wirtschaftsguts zum Betriebsvermögen.** Damit ein Wirtschaftsgut, das dem Steuerpflichtigen subjektiv zuzurechnen ist, Betriebsvermögen darstellt, muss ein objektiver wirtschaftlicher Zusammenhang zwischen dem Wirtschaftsgut und der betrieblichen Tätigkeit des Steuerpflichtigen bestehen. Dieser **Veranlassungszusammenhang** (s.o. Rn. 143) wird anhand der Kategorien des notwendigen oder gewillkürten Betriebsvermögens konkretisiert.[181] Fehlt ein entsprechender Zusammenhang, zählt das Wirtschaftsgut zum Privatvermögen.

160 **(1) Notwendiges Betriebsvermögen.** **Notwendiges Betriebsvermögen** liegt vor, wenn ein Wirtschaftsgut dem Betrieb in der Weise unmittelbar dient, dass es objektiv erkennbar zum unmittelbaren Einsatz im Betrieb bestimmt ist.[182] Anders als der Be-

---

180 BFH, Beschluss v. 25.6.1984 – GrS 4/82, BFHE 141, 405 = BStBl II 1984, 751; BFH, Beschluss v. 2.9.1985 – IV B 51/85, BFHE 144, 432 = BStBl II 1986, 10.
181 Teilweise wird die Kategorienbildung mangels Grundlage im Gesetz kritisiert; vgl. nur *Loschelder*, in: Schmidt, EStG, § 4 Rn. 34 EStG; die den Kategorien zugrundeliegenden Kriterien (objektiver Zusammenhang zwischen Wirtschaftsgut und Tätigkeit einerseits und subjektive Verwendungsabsicht des Steuerpflichtigen andererseits) müssten aber auch bei einer Entscheidung nach dem „allgemeinen" Veranlassungszusammenhang Berücksichtigung finden.
182 BFH, Urteil v. 10.4.2019 – X R 28/16, BFHE 264, 226 = BStBl II 2019, 474, juris Rn. 27; BFH, Urteil v. 10.10.2017 – X R 1/16, BFHE 259, 511 = BStBl II 2018, 181; BFH, Urteil v. 13.11.1996 – XI R 31/95, BFHE 182, 79 = BStBl II 1997, 247; BFH, Urteil v. 10.11.2004 – XI R 32/01, BFHE 208, 514 = BStBl II 2005, 431.

griff „notwendig" vermuten lassen könnte, muss das Wirtschaftsgut zwar nicht unentbehrlich für die betriebliche Tätigkeit sein.[183] Das Wirtschaftsgut muss aber gleichwohl einen gewissen (i.S.v. engen, unmittelbaren) objektiv nachvollziehbaren Bezug zum Betriebsablauf haben und ihm dauerhaft dienen können.[184] Dabei kommt es – wie der Definitionsteil „bestimmt sein" zum Ausdruck bringt – auf die Funktion an, die der Steuerpflichtige dem Wirtschaftsgut im jeweiligen Betrieb (ggfs. konkludent) endgültig zugewiesen hat (**„Widmung"**).[185] Die Definition des notwendigen Betriebsvermögens vereint mithin objektive und subjektive Elemente, wobei den objektiven Elementen üblicherweise größeres Gewicht zukommt.

Notwendiges Betriebsvermögen sind danach zum einen Gegenstände und Einrichtungen, die unmittelbar im eigentlichen **Betriebsprozess** eingesetzt werden. Bei einem produzierenden Betrieb umfasst dies beispielsweise die verwendeten Rohstoffe, die zur Verarbeitung dieser Rohstoffe eingesetzten Maschinen, die aus den Rohstoffen hergestellten Produkte oder die Grundstücke, auf denen der Verarbeitungsprozess stattfindet. Bei einem Handelsbetrieb stellen Waren und Verpackungsmaterialien, Lager-, Verkaufs- und Büroräume sowie Lieferfahrzeuge notwendiges Betriebsvermögen dar. Häufig können diese Wirtschaftsgüter schon ihrer Art nach nur für betriebliche Zwecke verwendet werden. **161**

Zum notwendigen Betriebsvermögen zählen aber auch solche Wirtschaftsgüter, die darüber hinaus unmittelbar dem **Betriebsablauf** dienen. Dabei kann es sich um Gegenstände handeln, die zwar grundsätzlich privat genutzt werden könnten, aber tatsächlich betrieblich genutzt werden. So können beispielsweise Kraftfahrzeuge auch für private Zwecke genutzt werden. Gleichwohl gehören sie zum notwendigen Betriebsvermögen, wenn sie ausschließlich (oder zumindest überwiegend) für betriebliche Fahrten eingesetzt werden (zur Zuordnung gemischt genutzter Wirtschaftsgüter noch unter Rn. 176 ff.). Auch Beteiligungen an Kapitalgesellschaften können zum notwendigen Betriebsvermögen gehören, wenn sie dazu bestimmt sind, die betriebliche Tätigkeit des Steuerpflichtigen entscheidend zu fördern oder den Absatz von Produkten des Steuerpflichtigen zu gewährleisten.[186] Dies kann beispielsweise der Fall sein, wenn der Steuerpflichtige an einer Kapitalgesellschaft beteiligt ist, die ein wesentlicher oder der einzige Auftraggeber für sein Einzelunternehmen ist.[187] **162**

Ein Wirtschaftsgut zählt schließlich auch dann zum notwendigen Betriebsvermögen, wenn es tatsächlich noch nicht für betriebliche Zwecke genutzt wird, aber gleichwohl objektiv erkennbar ist, dass es endgültig zu einer solchen Nutzung bestimmt ist. Die endgültige Zuordnung zu zukünftigen betrieblichen Zwecken reicht aus.[188] Notwen- **163**

---

183 BFH, Urteil v. 31.5.2001 – IV R 49/00, BFHE 195, 386 = BStBl II 2001, 828; BFH, Urteil v. 26.1.2011 – VIII R 19/08, BFH NV 15/317.
184 BFH, Urteil v. 19.7.2011 – IV R 10/09, BFHE 234, 212 = BStBl II 2012, 93; BFH, Urteil v. 14.8.2014 – IV R 56/11, juris Rn. 22.
185 BFH, Urteil v. 10.11.2004 – XI R 32/01, BFHE 208, 514 = BStBl II 2005, 431, juris Rn. 16; BFH, Urteil v. 6.5.1991 – X R 57/88, BFHE 164, 246 = BStBl II 1991, 829, juris Rn. 20.
186 BFH, Urteil v. 10.4.2019 – X R 28/16, BFHE 264, 226 = BStBl II 2019, 474, juris Rn. 28; BFH, Urteil v. 12.6.2019 – X R 38/17, BFHE 265, 182 = BStBl II 2019, 518, juris Rn. 33 m.w.N.
187 Vgl. für weitere Beispiele BFH, Urteil v. 10.4.2019 – X R 28/16, BFHE 264, 226 = BStBl II 2019, 474, juris Rn. 33.
188 BFH, Urteil v. 6.3.1991 – X R 57/88, BFHE 164, 246 = BStBl II 1991, 829, juris Rn. 20.

diges Betriebsvermögen liegt hingegen nicht vor, wenn eine zukünftige betriebliche Nutzung nur möglich, aber nicht sicher ist.[189]

164 **Fall 19:**[190] In der Gemeinde Z wird ein neues Gewerbegebiet ausgewiesen. A ist Inhaberin eines Supermarkts in der Nachbargemeinde. Sie erwirbt ein 2.000 Quadratmeter großes unbebautes Grundstück im neu ausgewiesenen Gewerbegebiet vom bisherigen Eigentümer V und zahlt den Kaufpreis von einem privaten Konto. A und V erklären in einer Präambel zum Kaufvertrag, dass der Erwerb zur Eröffnung einer weiteren Supermarktfiliale erfolgt.

A beantragt und erhält eine Baugenehmigung für die Errichtung eines Supermarkts. Tatsächlich lässt sie das Grundstück aber zunächst brach liegen, weil ihr die notwendige Liquidität fehlt, um mit dem Bau zu beginnen. Gegen eine geringe Pacht erlaubt sie Imkerin I, Bienenkörbe auf dem Grundstück aufzustellen.

Zählen die Pachteinnahmen zu den Einkünften aus dem Gewerbebetrieb der A?

Lösung Fall 19: Einnahmen aus der Verpachtung eines Grundstücks führen grundsätzlich zu Einkünften aus Vermietung und Verpachtung (§ 21 Abs. 1 S. 1 Nr. 1 EStG), es sei denn sie sind vorrangig einer anderen Einkunftsart zuzurechnen (§ 21 Abs. 3 EStG). Vorliegend könnten die Pachteinnahmen zu den Einkünften der A aus ihrer gewerblichen Tätigkeit als Betreiberin eines Supermarktes zählen (§ 15 Abs. 1 S. 1 Nr. 1 EStG). Dann müsste das Grundstück zum Betriebsvermögen des Betriebs der A zählen. Vorliegend wird das Grundstück zwar nicht unmittelbar betrieblich genutzt, eine solche Nutzung war aber beim Erwerb objektiv erkennbar beabsichtigt. Hierauf deuten die kaufvertraglichen Absprachen und die Beantragung der Bauerlaubnis hin. Anzeichen dafür, dass A eine betriebliche Tätigkeit zukünftig nicht mehr beabsichtigt, bestehen nicht. Das Grundstück ist damit notwendiges Betriebsvermögen und die mit der Verpachtung erzielten Einnahmen gehören zu den Einkünften aus Gewerbebetrieb.

165 **(2) Gewillkürtes Betriebsvermögen.** **Gewillkürtes Betriebsvermögen** liegt vor, wenn ein Wirtschaftsgut objektiv dazu geeignet ist, den Betrieb zu fördern, und durch eine subjektive Entscheidung des Steuerpflichtigen erkennbar dazu bestimmt wurde.[191] Auch für gewillkürtes Betriebsvermögen ist also ein objektiver Zusammenhang zwischen dem Wirtschaftsgut und dem Betrieb erforderlich. Dieser ist aber weiter als bei notwendigem Betriebsvermögen: Das Wirtschaftsgut muss nicht unmittelbar betrieblichen Zwecken dienen, sondern nur geeignet sein, diese zu fördern. Eine solche Förderung kann insbesondere darin liegen, dass der Ertrags- oder Vermögenswert des Wirtschaftsguts als Sicherheit für den Betrieb eingesetzt werden kann.[192] So können beispielsweise vermietete Grundstücke oder Darlehensforderungen gewillkürtes Betriebsvermögen sein, weil sie dem Betrieb zusätzliches Kapital zuführen. Umgekehrt scheidet eine Zuordnung als gewillkürtes Betriebsvermögen aus, wenn das Wirt-

---

189 BFH, Urteil v. 6.3.1991 – X R 57/88, BFHE 164, 246 = BStBl II 1991, 829, juris Rn. 20; BFH, Urteil v. 19.7.2011 – IV R 10/09, BFHE 234, 212 = BStBl II 2012, 93, juris Rn. 26.
190 Angelehnt an BFH, Urteil v. 6.12.1977 – VIII R 29/75, BFHE 124, 424.
191 BFH, Urteil v. 10.10.2017 – X R 1/16, BFHE 259, 511 = BStBl II 2018, 181, juris Rn. 31; BFH, Beschluss v. 19.9.2016 – X B 159/15, B FH/NV 17, 54, juris Rn. 24.
192 BFH, Urteil v. 11.7.1996 – IV R 67/95, BFH/NV 1997, 114; BFH, Urteil v. 23.4.2009 – IV R 87/05, BFH/NV 09, 1650.

schaftsgut tatsächlich nur für private Zwecke genutzt wird.[193] So zählt beispielsweise das private Wohnhaus des Unternehmers zwingend zum Privatvermögen.

Auch Wirtschaftsgüter, die das Kapital des Unternehmens nicht stärken, sondern eine zusätzliche Belastung darstellen (sog. **betriebsschädliche Wirtschaftsgüter**), können den Betrieb nicht fördern. Deshalb stellen Verbindlichkeiten nur dann (notwendiges) Betriebsvermögen dar, wenn und soweit mit ihnen Wirtschaftsgüter des Betriebsvermögens angeschafft wurden.[194] Selbst wenn Verbindlichkeiten dem Betrieb dienen, wird der Abzug der damit verbundenen Zinsbelastungen als Betriebsausgaben eingeschränkt, wenn der Steuerpflichtige zugleich Entnahmen aus dem Betrieb tätigt, die die betrieblichen Gewinne überschreiten, sog. **Überentnahmen** gem. § 4 Abs. 4a EStG. Andere Verbindlichkeiten können den Betrieb nicht fördern. Gleiches gilt für Wirtschaftsgüter, bei denen im Zeitpunkt der Einlage bereits feststeht, dass sie dauerhaft nur Verluste einbringen werden.[195]

166

Fall 20: X betreibt einen Kfz-Handel. In seinem Eigentum befindet sich auch noch ein sanierungsbedürftiges Einfamilienhaus. X hat derzeit nicht die finanziellen Mittel, um eine Sanierung vorzunehmen, weshalb er nur Teile des Grundstücks als Abstellfläche vermieten kann. Die Mieteinnahmen decken laufende Kosten und Abschreibungen nicht. Angesichts der unattraktiven Lage des Grundstücks in unmittelbarer Nähe einer Müllverbrennungsanlage ist auch nicht absehbar, ob langfristig eine gewinnbringende Vermietung möglich wäre. Kann X das Einfamilienhaus seinem Betriebsvermögen zuordnen?

167

Lösung Fall 20: Da das Einfamilienhaus in keinem unmittelbaren Zusammenhang mit der betrieblichen Tätigkeit des X steht, zählt es nicht zum notwendigen Betriebsvermögen. Gewillkürtes Betriebsvermögen könnte es nur sein, wenn es dazu geeignet ist, den Betrieb zu fördern. Das Einfamilienhaus erwirtschaftet allerdings keine Erträge, sondern Verluste. Es ist auch langfristig nicht mit einer Wertsteigerung oder nachhaltigen Einnahmen zu rechnen, sodass weder der Ertrags- noch der Vermögenswert das betriebliche Kapital stärken können. Das Einfamilienhaus ist objektiv ungeeignet, den Betrieb des X zu fördern, sodass eine Zuordnung zum gewillkürten Betriebsvermögen ausscheidet.

Bei **Risikogeschäften** muss besonders sorgfältig geprüft werden, ob sie bei objektiver Betrachtung geeignet sind, das Betriebskapital zu stärken. Dies steht umso mehr in Zweifel, je risikoreicher das Geschäft ist. So ist eine Investition in börsengehandelte Wertpapiere zwar grundsätzlich geeignet, das Kapital zu stärken, bei Termin- oder Optionsgeschäften spricht das hohe Verlustrisiko tendenziell gegen eine Kapitalstärkung.[196] In die Beurteilung des Förderungszusammenhangs fließt neben der Risikoträchtigkeit des Geschäfts auch ein, ob es sich um eine branchenübliche Investition handelt: Je mehr der Steuerpflichtige von den in seiner Branche üblichen Tätigkeiten

168

---

193 BFH, Urteil v. 14.8.2014 – IV R 56/11, BFH/NV 15, 317; BFH, Urteil v. 23.1.1991 – X R 105-107/88, BFHE 163, 382 = BStBl II 1991, 519.
194 BFH, Urteil v. 5.2.2014 – X R 5/11, BFH/NV 14, 1018.
195 BFH, Urteil v. 19.2.1997 – XI R 1/96, BFHE 182, 567 = BStBl II 1997, 399; BFH, Urteil v. 17.11.2011 – IV R 51/08, BFH/NV 12, 723.
196 BFH, Urteil v. 20.4.1999 – VIII R 63/96, BFHE 188, 358 = BStBl II 1999, 466; BFH, Urteil v. 15.3.1994 – X R 38/92, BFH/NV 94, 850; BFH, Urteil v. 11.7.1996 – IV R 67/95, BFH/NV 97, 114.

abweicht, desto höher ist der Begründungsaufwand.[197] Bei branchenuntypischer Geschäftstätigkeit muss der Steuerpflichtige im Zweifel beweisen, dass ein Risikogeschäft dem Betrieb dient.

169 **Fall 21:**[198] G betreibt ein Unternehmen für Garten- und Landschaftsbau. Sie erzielt den Großteil ihrer Einnahmen in den Sommermonaten. Im Winter ruht der Betrieb fast vollständig. G sucht nach Möglichkeiten, die Liquiditätsreserven aus dem Sommer möglichst gewinnbringend kurzfristig zu investieren: Zum einen gewährt sie dem befreundeten Bäcker H ein Darlehen mit dreimonatiger Laufzeit. H muss einen kurzfristigen Liquiditätsengpass überbrücken, bekommt von seiner Bank aber keinen weiteren Kredit, weil er keine weiteren Sicherheiten beibringen kann. Zum anderen erwirbt G Goldbarren, in der Hoffnung, dass das allgemeine Niedrigzinsumfeld den Goldkurs weiter anfachen wird.
Können die Darlehensforderung gegen H und die Goldbarren im Betriebsvermögen von G erfasst werden?

Lösung Fall 21: Weder die Darlehensforderung noch die Goldbarren stehen in einem unmittelbaren Zusammenhang mit der betrieblichen Tätigkeit der G. Sie dienen vielmehr nur der weiteren Vermehrung der mit dem Betrieb erzielten Gewinne. Sowohl die Gewährung eines unbesicherten Darlehens als auch die Investition in Goldbarren sind mit einem – im Vergleich zu konservativen Anlageformen erhöhten – Verlustrisiko verbunden. Für einen Betrieb des Garten- und Landschaftsbaus sind sie auch unüblich. Gerade weil in den Wintermonaten nur geringfügige Einnahmen erzielt werden, ist G darauf angewiesen, dass die Liquiditätsreserven aus den Sommermonaten erhalten bleiben. Die verlustträchtigen Investitionsformen dienen diesen betrieblichen Anforderungen nicht. Weder die Darlehensforderung noch die Goldbarren können gewillkürtes Betriebsvermögen darstellen.

170 Noch enger sind die Grenzen des objektiven Förderungszusammenhangs bei Freiberuflern. Freiberufliche Tätigkeiten sind dadurch geprägt, dass der Steuerpflichtige seine eigene Arbeitskraft, sein geistiges Vermögen und Kenntnisse einsetzt, die er durch eine qualifizierte Ausbildung erworben hat. Der Einsatz erheblichen Kapitals bildet hingegen die Ausnahme. Dementsprechend zählen Geld- und Wertpapiergeschäfte grundsätzlich nicht zur freiberuflichen Tätigkeit.[199] Nur ausnahmsweise können entsprechende Wirtschaftsgüter gewillkürtes Betriebsvermögen darstellen.

171 **Fall 22:** S ist selbständige Steuerberaterin. Nachdem sie ihren Mandanten X bei einer aufwendigen Umstrukturierung beraten hat, die einen Einstieg eines Investors in das Unternehmen ermöglichen soll, steht noch ein Honorar von 10.000 € aus. X befindet sich allerdings in einem kurzfristigen Liquiditätsengpass und bittet S um eine Stundung der Forderung für sechs Monate. Andernfalls drohe seinem Unternehmen wegen Zahlungsunfähigkeit die Insolvenz. Innerhalb der kommenden sechs Monate könne hingegen der Einstieg des Investors realisiert werden, der dann die notwendige Liquidität mitbringt, um S das Honorar samt Zinsen in Höhe von 500 € zurückzuzahlen. S willigt in die Stundung ein.
Zählt die gestundete Honorarforderung zum Betriebsvermögen der S?

---

197 BFH, Urteil v. 23.9.2009 – IV R 5/07, BFH/NV 10, 612.
198 Angelehnt an BFH, Urteil v. 18.12.1996 – XI R 52/95, BFHE 182, 204 = BStBl II 1997, 351.
199 BFH, Urteil v. 31.5.2001 – IV R 49/00, BFHE 195, 386 = BStBl II 2001, 828; BFH, Urteil v. 23.9.2009 – IV R 14/07, BFHE 226, 332 = BStBl II 2010, 227; BFH, Urteil v. 17.5.2011 – VIII R 1/08, BFHE 234, 35 = BStBl II 2011, 862; BFH, Urteil v. 26.1.2011 – VIII R 19/08, BFH/NV 11, 1311.

> **Lösung Fall 22:** Die Honorarforderung steht grundsätzlich unmittelbar im Zusammenhang mit der betrieblichen Tätigkeit der S und ist deshalb notwendiges Betriebsvermögen. Die Ausgabe von Darlehen gegen Zinsen stellt hingegen keine typische Tätigkeit eines Steuerberaters dar, sondern beruht auf dem – für Freiberufler atypischen – Einsatz von Kapital. Allerdings erfolgt die kurzfristige Darlehensgewährung hier nur, um einen (teilweisen oder vollständigen) Ausfall der Honorarforderung infolge eines Insolvenzverfahrens zu verhindern. Die Stundung dient damit ausnahmsweise betrieblichen Zwecken und die Darlehensforderung zählt auch nach der Stundung weiterhin zum Betriebsvermögen.

Liegt ein hinreichender objektiver Förderzusammenhang vor, kann der Steuerpflichtige das Wirtschaftsgut dem Betrieb widmen. Erst durch diese Zweckbestimmung, die zeitnah nach außen dokumentiert werden muss, wird das Wirtschaftsgut zum Betriebsvermögen, ansonsten zählt es zum Privatvermögen.[200] Der Steuerpflichtige hat damit ein **Zuordnungswahlrecht**, von dem er frei Gebrauch machen kann. Er kann seine Zuordnungsentscheidung auch rückgängig machen (Entwidmung) und das Wirtschaftsgut dadurch aus dem Betriebsvermögen in das Privatvermögen entnehmen. Im Vergleich zum notwendigen Betriebsvermögen kommt der subjektiven Zuordnungsentscheidung des Steuerpflichtigen damit größeres Gewicht bei.

172

In der Regel wird die Zuordnung zum Betriebsvermögen dadurch dokumentiert, dass der Steuerpflichtige das Wirtschaftsgut in die Buchführung des Betriebs aufnimmt. Die buchhalterische Behandlung ist allerdings nur ein (wenngleich starkes) Beweisanzeichen für eine entsprechende Willensbildung des Steuerpflichtigen und kann durch andere Umstände in Frage gestellt werden.[201]

173

(3) Privatvermögen. Besteht kein hinreichender Zusammenhang zu einem der Betriebe des Steuerpflichtigen, so gehört das Wirtschaftsgut zum (steuerlichen) **Privatvermögen**. Dies ist zum einen der Fall, wenn das Wirtschaftsgut schon objektiv in keiner Beziehung zu der betrieblichen Tätigkeit steht (**notwendiges Privatvermögen**).[202] Dies trifft beispielsweise auf das zu eigenen Wohnzwecken genutzte Gebäude oder den privat genutzten Schmuck zu. Aber auch Wirtschaftsgüter, die objektiv geeignet wären, den betrieblichen Zweck zu fördern, die der Steuerpflichtige aber nicht erkennbar dem Betriebsvermögen zugeordnet hat, zählen zum Privatvermögen. Man kann insoweit – in Parallelität zum gewillkürten Betriebsvermögen – von gewillkürtem Privatvermögen sprechen.[203] Die Differenzierung zwischen notwendigen und gewillkürtem Privatvermögen ist allerdings – anders als diejenige zwischen notwendigem und gewillkürtem Betriebsvermögen[204] – ohne unmittelbare rechtliche Konsequenzen.

174

---

200 BFH, Urteil v. 10.10.2017 – X R 1/16, BFHE 259, 511 = BStBl II 2018, 181, juris Rn. 32 f.; BFH, Beschluss v. 19.9.2016 – X B 159/15, BFH/NV 17, 54, juris Rn. 24; BFH, Urteil v. 14.8.2014 – IV R 56/11, BFH/NV 15, 317, juris Rn. 22.
201 BFH, Urteil v. 23.10.1990 – VIII R 142/85, BFHE 162, 99 = BStBl II 1991, 401; BFH, Urteil v. 20.9.1995 – X R 46/94, BFH/NV 96, 393.
202 BFH, Urteil v. 14.8.2014 – IV R 56/11, BFH/NV 15, 317, juris Rn. 22.
203 Vgl. auch *Loschelder*, in Schmidt, EStG, § 4 Rn. 34.
204 Vgl. § 6 Abs. 1 Nr. 4 S. 2 Hs. 1 EStG, der die Anwendung der pauschalierten Ermittlung des Entnahmewerts für eine private Kraftfahrzeugnutzung nach der 1 %-Regelung für Fahrzeuge des gewillkürten Betriebsvermögens ausschließt.

175 Durch die Differenzierung zwischen notwendigem Betriebsvermögen, gewillkürtem Betriebsvermögen und Privatvermögen ergibt sich für einkommensteuerrechtliche Zwecke eine **Dreiteilung des Vermögens**. Diese kann und muss allerdings sowohl innerhalb des Betriebsvermögens (Zuordnung zu einem bestimmten Betrieb) als auch innerhalb des Privatvermögens (Zuordnung zu einer bestimmten Überschusseinkunftsart) für die Einkünfteermittlung noch präzisiert werden.

176 **(4) Gemischt genutzte Wirtschaftsgüter.** Die auf dem Veranlassungsprinzip basierende Zuordnungsentscheidung ist nach herrschender Meinung grundsätzlich für jedes Wirtschaftsgut einheitlich vorzunehmen (**Einheitlichkeitsgrundsatz**).[205] Ein gemischt genutztes Wirtschaftsgut kann nicht nur zu einem Teil zum Betriebs- und zu einem anderen Teil zum Privatvermögen gehören. Wird ein Wirtschaftsgut in verschiedenen Betrieben des Steuerpflichtigen eingesetzt, kann es einheitlich nur einem dieser Betriebe zugeordnet werden. Diese einheitliche Zuordnung knüpft an den Begriff des Wirtschaftsguts als wirtschaftlich verselbständigtem Gegenstand (**Einzelbewertbarkeit**) an und dient vor allem der Praktikabilität und Kontinuität. Andernfalls müsste man bei jeder Veränderung der Nutzungsverhältnisse den Bilanzansatz und die Abschreibungsbemessungsgrundlage neu ermitteln.

177 Bei beweglichen Wirtschaftsgütern erfolgt die Zuordnung nach Nutzungsanteilen (R 4.2 Abs. 1 S. 4 ff. EStR 2012): Nutzt der Unternehmer das Wirtschaftsgut zu mehr als 50 % für betriebliche Zwecke, zählt es zum notwendigen Betriebsvermögen.[206] Wirtschaftsgüter, die zwischen 10 % und 50 % zu betrieblichen Zwecken genutzt werden, sind objektiv zur Förderung des Betriebs geeignet und können dem Betrieb durch Widmung als gewillkürtes Betriebsvermögen zugeordnet werden. Liegt der betriebliche Nutzungsanteil unter 10 %, zählt das Wirtschaftsgut zum notwendigen Privatvermögen, weil bei einer derart geringen betrieblichen Nutzung kein hinreichender Förderzusammenhang mehr vorliegt.[207] Kurzfristige Veränderungen der Nutzungsanteile bleiben dabei außer Betracht, es kommt auf die langfristig vom Steuerpflichtigen beabsichtigte Nutzung an. Insbesondere verliert ein einmal dem Betrieb zugeordnetes Wirtschaftsgut nicht allein deshalb seine Eigenschaft als gewillkürtes Betriebsvermögen, weil der betriebliche Nutzungsanteil unter 10 % sinkt.[208]

178 Trotz dieser einheitlichen Zuordnung des Wirtschaftsguts entweder zum Betriebs- oder zum Privatvermögen müssen für die Gewinnermittlung **betriebliche** und **private Nutzungsanteile** voneinander abgegrenzt werden. Dies erfolgt über (Nutzungs-)Entnahmen und (Aufwands-)Einlagen (vgl. zu Entnahmen und Einlagen noch ausführlich unter Rn. 227 ff.): Insoweit ein betrieblich genutztes Wirtschaftsgut für nicht betriebliche Zwecke genutzt wird, entnimmt der Steuerpflichtige dem Betriebsvermögen die Nutzungsmöglichkeit (vgl. § 4 Abs. 1 S. 2 EStG: „Nutzungen"). Diese Ent-

---

205 Vgl. nur BFH, Beschluss v. 13.5.2014 – III B 152/13, BFH/NV 14, 1364; BFH, Urteil v. 2.10.2003 – IV R 13/03 –, BFHE 203, 373 = BStBl II 2004, 985; kritisch *Loschelder*, in: Schmidt, EStG, § 4 Rn. 48.
206 Diese prozentuale Grenze ist gesetzlich auch in § 6 Abs. 1 Nr. 4 S. 2 Hs. 1 EStG als Abgrenzungsmaßstab verankert.
207 BFH BFH, Urteil v. 26.1.2011 – VIII R 19/08, BFH/NV 11, 1311; BFH, Urteil v. 2.10.2003 – IV R 13/03, BFHE 203, 373 = BStBl II 2004, 985 m.w.N.
208 BFH, Urteil v. 21.8.2012 – VIII R 11/11, BFHE 239, 195 = BStBl II 2013, 117.

nahme wird mit dem **Teilwert** bewertet, der in der Regel den anteiligen durch die Nutzung veranlassten Aufwendungen entspricht (§ 6 Abs. 1 Nr. 4 S. 1 Hs. 1 EStG) Wird ein dem Privatvermögen zugeordnetes Wirtschaftsgut für betriebliche Zwecke genutzt, liegt zwar nach der Legaldefinition des § 4 Abs. 1 S. 8 EStG keine (Sach-) Einlage vor, weil das Wirtschaftsgut nicht dauerhaft dem Betrieb zugeführt wird. Die Rechtsprechung lässt gleichwohl im Rahmen einer teleologischen Extension zu, die durch die betriebliche Nutzung veranlassten Aufwendungen als **„Aufwandseinlage"** bei der betrieblichen Gewinnermittlung abzuziehen (vgl. noch im Einzelnen unter Rn. 255 f.).[209] Auf diesem Weg werden jedem Betrieb diejenigen Aufwendungen zugeordnet, die durch die jeweilige betriebliche Tätigkeit veranlasst sind – unabhängig davon, ob Wirtschaftsgüter des Betriebs- oder des Privatvermögens eingesetzt werden. Ob ein Wirtschaftsgut zum Betriebs- oder zum Privatvermögen gehört, hat aber gleichwohl weitreichende Folgen, weil nur bei Wirtschaftsgütern des Betriebsvermögens **Substanzgewinne** und **-verluste** umfassend der Besteuerung unterliegen (Dualismus der Einkunftsarten).

Fall 23: B betreibt eine Bäckerei mit angeschlossenem Café. Zum Einkauf und zur Auslieferung von Backwaren nutzt er
a) überwiegend einen mit dem Logo der Bäckerei bedruckten Lieferwagen (angeschafft zum 1.1.15; Bruttolistenpreis im Zeitpunkt der Erstzulassung 50.000 €). Am Wochenende erledigt B vereinzelt auch private Einkäufe mit dem Fahrzeug; der private Nutzungsanteil beträgt schätzungsweise 10 %. Ein Fahrtenbuch führt B für dieses Fahrzeug nicht. Die Gesamtaufwendungen für das Fahrzeug (inklusive AfA) betragen im Jahr 19 12.000 €.
b) teilweise auch seinen privaten Kombi (angeschafft zum 1.1.16; Bruttolistenpreis im Zeitpunkt der Erstzulassung 40.000 €). B führt für dieses Fahrzeug ein ordnungsgemäßes Fahrtenbuch. Das Fahrzeug wurde danach zu 20 % für betriebliche und zu 80 % für private Fahrten genutzt. B möchte den Kombi nicht seinem Betriebsvermögen zuordnen. Die Gesamtaufwendungen für das Fahrzeug (inklusive AfA) betragen im Jahr 19 10.000 €.
Zum 31.12.19 veräußert B beide Fahrzeuge und erzielt jeweils einen Gewinn in Höhe von 3.000 €.
Gehören die Fahrzeuge zum Betriebsvermögen des B? In welchem Umfang kann B die entstandenen Aufwendungen bei der Ermittlung seines Gewinns abziehen? Muss er die erzielten Gewinne versteuern?

Lösung Fall 23: Sowohl beim Lieferwagen als auch beim Kombi handelt es sich um gemischt genutzte bewegliche Wirtschaftsgüter. Diese sind einheitlich entweder dem Privat- oder dem Betriebsvermögen zuzuordnen. Der Lieferwagen wird zu mehr als 50 % betrieblich genutzt und zählt deshalb zum notwendigen Betriebsvermögen. Der Kombi wird zu mehr als 10 %, aber zu weniger als 50 % betrieblich genutzt. Er stellt damit weder notwendiges Betriebs- noch notwendiges Privatvermögen dar. B könnte das Fahrzeug grundsätzlich als gewillkürtes Betriebsvermögen erfassen; dieses Wahlrecht möchte er aber laut Sachverhalt nicht ausüben. Der Kombi zählt damit zum Privatvermögen.
Die Aufwendungen für den Lieferwagen in Höhe von insgesamt 12.000 € sind als Betriebsausgaben abziehbar (§ 4 Abs. 4 EStG), allerdings ist die private Nutzung des Fahrzeugs als

---
209 BFH, Beschluss v. 26.10.1987 – GrS 2/86, BFHE 151, 523 = BStBl II 1988, 348.

> Nutzungsentnahme zu erfassen (§ 4 Abs. 1 S. 2 EStG). Diese ist nach § 6 Abs. 1 Nr. 4 S. 2 EStG pauschal mit 1 % des Bruttolistenpreises im Zeitpunkt der Erstzulassung pro Monat zu bewerten, also mit 12 % * 50.000 € = 6.000 €. Die Nutzungsentnahme erhöht den betrieblichen Gewinn (vgl. noch unter Rn. 230 f.), sodass B im Ergebnis nur 6.000 € der Aufwendungen steuerlich geltend machen kann. Der Gewinn aus der Veräußerung des Lieferwagens führt zu betrieblichen Einnahmen.
>
> Die Aufwendungen für den Kombi sind insoweit betrieblich veranlasst, wie das Fahrzeug für betriebliche Fahrten genutzt wurde (§ 4 Abs. 4 EStG; sog. Aufwandseinlage). Durch das Fahrtenbuch ist eine zweifelsfreie Zuordnung möglich, sodass B 20 % * 10.000 € = 2.000 € als Betriebsausgaben abziehen kann. Der Gewinn aus der Veräußerung des Fahrzeugs ist nicht als privates Veräußerungsgeschäft steuerbar, da die Frist des § 23 Abs. 1 S. 1 Nr. 2 EStG (ein Jahr ab Anschaffung) überschritten ist.

180 Sonderregeln greifen für gemischt genutzte Gebäude: Diese werden nicht als ein einheitliches Wirtschaftsgut behandelt, sondern anhand ihres Nutzungs- und Funktionszusammenhangs in bis zu vier unterschiedliche Wirtschaftsgüter aufgeteilt (vgl. § 7 Abs. 5a EStG; siehe auch schon unter Rn. 147 f.):[210] Eigenbetrieblich genutzte Gebäudeteile gehören zum notwendigen Betriebsvermögen,[211] eigengenutzte Wohnungen zählen zum notwendigen Privatvermögen. Vermietete Gebäudeteile können sowohl (gewillkürtes) Betriebsvermögen als auch Privatvermögen sein. Ein Gebäudeteil besteht dabei aus mindestens einem Raum. Wird ein einzelner Raum teils gewerblich und teils privat genutzt, kann für die Zuordnung dieses Raumes zum betrieblich genutzten Gebäudeteil auf die für bewegliche Gegenstände gültigen Grenzen der Nutzungsanteile zurückgegriffen werden.[212] Jeder Gebäudeteil bildet ein eigenständiges Wirtschaftsgut, dem – grundsätzlich nach dem Verhältnis der Flächennutzung (R 4.2 Abs. 6 S. 2 ff. EStR 2012) – ein Teil der Anschaffungs- oder Herstellungskosten sowie ein Anteil des Grund und Bodens zugeordnet werden.[213] Die einzelnen Gebäudeteile können unterschiedlichen Abschreibungssätzen unterliegen (vgl. §§ 7 Abs. 4 – 5a EStG). Neben Gebäudebestandteilen können auf einem Grundstück noch weitere selbständige unbewegliche oder bewegliche Wirtschaftsgüter vorliegen, wenn diese eine eigenständige, vom Gebäude losgelöste Funktion ausüben oder einer anderen Person zuzurechnen sind (z.B. Betriebsvorrichtungen wie Fettabscheider, Kühleinrichtungen oder Fotovoltaikanlagen (R 4.2 Abs. 3 S. 4 EStR 2012); Mietereinbauten in Fremdgebäuden; Umzäunungen eines Betriebsgeländes; unter Umständen auch

---

210 BFH, Beschluss v. 26.11.1973 – GrS 5/71, BFHE 111, 242 = BStBl II 1974, 132; BFH, Beschluss v. 23.8.1999 – GrS 5/97, BFHE 189, 174 = BStBl II 1999, 774; BFH, Urteil v. 11.11.2014 – VIII R 3/12, BFHE 248, 10 = BStBl II 2015, 382; BFH, Urteil v. 10.10.2017 – X R 1/16, BFHE 259, 511 = BStBl II 2018, 181.
211 § 8 EStDV sieht auf Antrag eine eng umrissene Ausnahme vor, wenn der Wert des eigenbetrieblich genutzten Grundstücksteils nicht mehr als zwanzig Prozent des gesamten Grundstückswerts und nicht mehr als 20.500 € beträgt.
212 D.h. bei einem betrieblichen Nutzungsanteil von unter 10 % ist eine Zuordnung zum betrieblich genutzten Gebäudeteil ausgeschlossen, bei einem Nutzungsanteil zwischen 10 % und 50 % hat der Steuerpflichtige ein Wahlrecht und ab einem betrieblichen Nutzungsanteil von 50 % zählt der Raum zwingend zum eigenbetrieblich genutzten Gebäudeteil; BFH, Urteil v. 10.10.2017 – X R 1/16, BFHE 259, 511 = BStBl II 2018, 181, juris Rn. 28 ff.
213 Der Grund und Boden folgt insoweit der Gebäudeaufteilung, BFH, Urteil v. 27.1.1977 – I R 48/75, BFHE 121, 203 = BStBl II 1977, 388; BFH, Urteil v. 12.7.1979 – IV R 55/74, BFHE 128, 527 = BStBl II 1980, 5; H 4.2 Abs. 7 „Anteilige Zugehörigkeit des Grund und Bodens" EStH.

Blockheizkraftwerke[214]). Auch diese eigenständigen Wirtschaftsgüter können entweder zum Betriebs- oder zum Privatvermögen gehören. Für die Ermittlung des betrieblichen Gewinns können – genau wie bei beweglichen Wirtschaftsgütern – Nutzungsentnahmen oder Aufwandseinlagen zu berücksichtigen sein, wenn ein Wirtschaftsgut entgegen seiner grundsätzlichen Zuordnung benutzt wird. Für einzelne betrieblich genutzte Räume, die in den privat genutzten häuslichen Bereich eingebunden sind und bei denen es sich auch nach ihrer Ausstattung um **häusliche Arbeitszimmer** handelt, ist das Abzugsverbot in § 4 Abs. 5 S. 1 Nr. 6b EStG zu beachten.[215]

2. Ermittlung des betrieblichen Gewinns

Das Einkommensteuergesetz kennt vier verschiedene Arten der Gewinnermittlung. Zentral sind der **Betriebsvermögensvergleich** nach § 4 Abs. 1 EStG oder § 5 Abs. 1 EStG (dazu sogleich unter Rn. 182 ff.) und die **Einnahmen-Überschuss-Rechnung** nach § 4 Abs. 3 EStG (dazu unter Rn. 284 ff.). Daneben sieht § 5a EStG eine pauschalierende Gewinnermittlung für den Betrieb von Handelsschiffen im internationalen Verkehr abhängig von der geführten Tonnage vor (sogenannte **Tonnagesteuer**). Strukturell ähnlich eröffnet § 13a EStG für land- und forstwirtschaftliche Betriebe bis zu einer gewissen Größe die Möglichkeit, den Gewinn pauschalierend in Abhängigkeit von der bewirtschafteten Fläche und den Vieheinheiten zu ermitteln. Gesetzlicher Grundfall ist die Gewinnermittlung durch Betriebsvermögensvergleich (vgl. § 4 Abs. 1 S. 1 EStG: „Gewinn *ist* ..."). Alle anderen Methoden können vom Steuerpflichtigen – unter jeweils spezifischen Voraussetzungen – alternativ gewählt werden. Die Einnahmen-Überschuss-Rechnung führt mit Blick auf die gesamte Lebensdauer des Betriebs stets zu demselben Ergebnis wie der Betriebsvermögensvergleich **(Grundsatz der Totalgewinngleichheit)**. Es ergeben sich durch die Orientierung am tatsächlichen Geld- bzw. Vermögensfluss aber unterschiedliche Ergebnisse in den einzelnen Veranlagungszeiträumen (siehe dazu im Einzelnen noch unter Rn. 284 f.). Die – hier nicht weiter dargestellten – pauschalierenden Gewinnermittlungen führen hingegen häufig zu insgesamt niedrigeren Gewinnen als bei Ermittlung durch Betriebsvermögensvergleich. Sie stellen damit **(indirekte) Subventionen** für in Deutschland ansässige Reedereien bzw. Land- und Forstwirte dar.

181

a) Betriebsvermögensvergleich

Gewinn ist nach § 4 Abs. 1 S. 1 EStG der Unterschiedsbetrag zwischen dem Betriebsvermögen am Schluss des Wirtschaftsjahres und dem Betriebsvermögen am Schluss des vorangegangenen Wirtschaftsjahres, vermehrt um den Wert der Entnahmen und vermindert um den Wert der Einlagen. Die Gewinnermittlung folgt insoweit der **Reinvermögenszugangstheorie**: Das (Betriebs-)Vermögen wird zu zwei Zeitpunkten (Schluss des Wirtschaftsjahres und Schluss des vorangegangenen Wirtschaftsjahres) ermittelt und miteinander verglichen. Dabei werden private Einflüsse eliminiert

182

---

[214] Vgl. zum Blockheizkraftwerk *Schustek*, DStR 2015, 678, 679 ff. m.w.N.; zu den Beispielen *Loschelders* in: Schmidt, EStG, § 4 Rn. 115, 117.
[215] Vgl. mit weiteren Differenzierungen und Nachweisen auf die Rechtsprechung *Loschelders*, in: Schmidt, EStG, § 4 Rn. 121.

(Entnahmen und Einlagen). Die verbleibende Differenz muss vom Steuerpflichtigen als Gewinn versteuert werden.

183 Das **Betriebsvermögen** als Summe sämtlicher Wirtschaftsgüter, die zu einem Betrieb gehören, muss für die Anwendung von § 4 Abs. 1 S. 1 EStG in einer einzigen Zahl zusammengefasst werden, die den Wert des Betriebs zum jeweiligen Stichtag ausdrückt. Dies geschieht, indem stichtagsbezogen positive (aktive) und negative (passive) Wirtschaftsgüter durch **Bilanzierung** erfasst („**Bilanzierung dem Grunde nach**"; sogleich unter Rn. 196 ff.) und bewertet („**Bilanzierung der Höhe nach**"; sogleich unter Rn. 213 ff.) werden. Betriebsvermögen im Sinne von § 4 Abs. 1 S. 1 EStG ist die Differenz zwischen dem Wert der aktiven und dem Wert der passiven Wirtschaftsgüter zum jeweiligen Stichtag.

184 Bei Gewerbetreibenden, die gesetzlich buchführungspflichtig sind oder freiwillig Bücher führen, ist gemäß § 5 Abs. 1 S. 1 Hs. 1 EStG für den Betriebsvermögensvergleich grundsätzlich das Betriebsvermögen anzusetzen, das nach den handelsrechtlichen Grundsätzen ordnungsgemäßer Buchführung auszuweisen ist (sog. **Maßgeblichkeitsgrundsatz**). Der steuerrechtlichen Rechengröße des Betriebsvermögens entspricht dann grundsätzlich das **handelsrechtliche Eigenkapital** als Differenz zwischen Vermögensgegenständen und Schulden (vgl. § 266 Abs. 3 HGB). Diese Anknüpfung an das Handelsrecht ist aber vielfach gelockert: Zum einen können **steuerliche Wahlrechte** andere Wertansätze erlauben (§ 5 Abs. 1 S. 1 Hs. 2 EStG). Zum anderen enthalten § 5 Abs. 2 ff. und §§ 6 ff. EStG vorrangige Regelungen für die Bilanzierung dem Grunde und der Höhe nach.

185 Veränderungen des Betriebsvermögens während des Betrachtungszeitraums, die nicht betrieblich veranlasst sind, werden als **Entnahmen** (Minderungen des Betriebsvermögens; sogleich unter Rn. 227 ff.) oder **Einlagen** (Mehrungen des Betriebsvermögens, sogleich unter Rn. 247 ff.) erfasst. Während der nur partiell gesetzlich verankerte Veranlassungsgrundsatz (vgl. § 4 Abs. 4, § 12 EStG) die Frage beantwortet, ob eine Vermögensveränderung als Entnahme oder Einlage zu behandeln ist, existieren für deren Bewertung eigenständige Regelungen (§ 6 Abs. 1 Nr. 4, 5 EStG).

186 Schließlich muss das durch den Vergleich der einzelnen Bilanzpositionen ermittelte Ergebnis oftmals noch aufgrund steuerlicher Sondervorschriften korrigiert werden (sogleich unter Rn. 277 ff.). Insbesondere schränken verschiedene Vorschriften den Abzug von Aufwendungen als Betriebsausgaben ein (vgl. z.B. § 3c Abs. 2, § 4 Abs. 4a, Abs. 5, § 4h, § 4j EStG). Umgekehrt sind in § 3 EStG bestimmte Einnahmen von der Besteuerung freigestellt.

187 Im Einzelnen lässt sich die Gewinnermittlung durch Betriebsvermögensvergleich damit gedanklich in folgende Arbeitsschritte untergliedern, wobei die ersten drei Arbeitsschritte für jeden Stichtag durchgeführt werden müssen:
1. Ermittlung der aktiven und passiven Wirtschaftsgüter, die zum Betriebsvermögen gehören („Bilanzierung dem Grunde nach")
2. Bewertung der einzelnen Wirtschaftsgüter („Bilanzierung der Höhe nach")
3. Bestimmung des Betriebsvermögens als Differenz zwischen dem Wert aller aktiven und passiven Wirtschaftsgüter
4. Bestimmung der Differenz zwischen den Betriebsvermögen an beiden Stichtagen

5. Addition des Werts der Entnahmen im Betrachtungszeitraum
6. Abzug des Werts der Einlagen im Betrachtungszeitraum
7. Korrektur des ermittelten Ergebnisses aufgrund von steuerlichen Abzugsverboten und Steuerfreistellungen

In § 4 Abs. 1 S. 1 EStG wird ein Betriebsvermögensvergleich für das jeweilige **Wirtschaftsjahr** (vgl. § 4a EStG) angeordnet. Die Technik lässt sich aber auf beliebige andere Zeiträume und sogar auf einzelne Geschäftsvorfälle übertragen, indem gedanklich das Betriebsvermögen vor und nach dem betrachteten Ereignis ermittelt und bewertet wird („Denken in Bilanzen"). Eine solche isolierte Betrachtung einzelner Ereignisse ist – in grundsätzlicher Anlehnung an die Arbeitsweise in Betriebsprüfungen – häufig Aufgabe steuerrechtlicher Klausuren. Oftmals muss dabei die steuerrechtliche Behandlung eines Geschäftsvorfalls durch den Steuerpflichtigen überprüft und ggfs. korrigiert werden.

188

In der Praxis wird unterjährig kein Betriebsvermögensvergleich durchgeführt. Vielmehr bildet die laufende Buchführung die Veränderung des Betriebsvermögens ab: Dazu werden die einzelnen Bilanzpositionen zu Beginn des Wirtschaftsjahres in Aktiv- und Passivkonten (ggfs. mit weiteren Unterkonten) aufgelöst (sog. **Bestandskonten**). Zusätzlich werden Entnahmen und Einlagen auf Privatkonten und Erträge und Aufwendungen auf **Erfolgskonten** erfasst. Jeder Geschäftsvorfall lässt sich in Buchungssätzen abbilden. Jeder Buchungssatz berührt die Sollseite eines Kontos und die Habenseite eines anderen Kontos. Auch aus diesen Buchungssätzen lassen sich die Gewinnauswirkungen eines einzelnen Geschäftsvorfalls ableiten („Denken in Buchungssätzen").

189

Fall 24: Im Betriebsvermögen des Gewerbetreibenden A befindet sich ein unbebautes Grundstück, das A für 100.000 € angeschafft hat. Er veräußert dieses Grundstück am 1.7. für 300.000 € an B. B zahlt den Kaufpreis in zwei Raten á 150.000 € am 1.7 und 1.8. durch Banküberweisung.
Welche Auswirkungen ergeben sich auf den nach § 4 Abs. 1 S. 1 EStG zu ermittelnden Gewinn?

190

Lösung Fall 24: Man könnte die Auswirkungen zunächst durch Gegenüberstellung der bilanziellen Situation vor dem Geschäftsvorfall und nach dem Geschäftsvorfall ermitteln („Denken in Bilanzen"): Zunächst befand sich im Betriebsvermögen das unbebaute Grundstück, das gemäß § 6 Abs. 1 Nr. 2 EStG mit den Anschaffungskosten in Höhe von 100.000 € zu bewerten war. Isoliert auf diesen Vorfall hatte A also zunächst ein Betriebsvermögen von 100.000 €. Nach der Veräußerung am 1.7. kann A zwar das Grundstück nicht mehr in seiner Bilanz ausweisen, weil er nicht mehr zivilrechtlicher oder wirtschaftlicher Eigentümer ist. Dafür erhöht sich der Bestand seiner Bankforderungen durch die Überweisung des B um 150.000 €. Zudem hat A eine Forderung gegen B in Höhe der zweiten Rate von 150.000 €. Mit Überweisung am 1.8. erlischt diese Forderung durch Erfüllung, der Bankbestand erhöht sich im Gegenzug um weitere 150.000 €. Das Betriebsvermögen des A nach dem Geschäftsvorfall beträgt mithin 300.000 €. Das Betriebsvermögen hat sich mithin um 200.000 € erhöht. Mangels Entnahmen oder Einlagen entspricht der Gewinn im Sinne von § 4 Abs. 1 S. 1 EStG dieser Veränderung.
Alternativ lässt sich der Geschäftsvorfall auch in einzelnen Buchungssätzen abbilden. Die Veräußerung des Grundstücks führt zu einer Erhöhung des Bankbestandskontos um

150.000 € und des Forderungsbestandskontos um 150.000 € (Sollbuchungen auf aktiven Bestandskonten) sowie zu einer Minderung des Grundstücksbestands (Habenbuchung auf einem aktiven Bestandskonto) um 100.000 €. Die Differenz zwischen den Bestandsveränderungen führt zu einer Habenbuchung auf einem Erfolgskonto. Die Zahlung der zweiten Rate erhöht das Bankbestandskonto und mindert in gleicher Höhe das Forderungsbestandskonto (Aktivtausch). Die Buchungssätze lauten damit

Bank	150.000 €	an	Grund und Boden	100.000 €
Forderungen	150.000 €		Ertrag	200.000 €
Bank	150.000 €	an	Forderungen	150.000 €

Da insgesamt nur ein einziges Erfolgskonto berührt wird, entspricht die Erhöhung dieses Erfolgskontos um 200.000 € den Gesamtgewinnauswirkungen des Geschäftsvorfalls.

191 **aa) Buchführungspflicht.** Die Gewinnermittlung durch Betriebsvermögensvergleich setzt tatbestandlich nicht voraus, dass der Steuerpflichtige zur Buchführung verpflichtet ist oder tatsächlich Bücher führt. Vielmehr stellt sie nach § 4 Abs. 1 S. 1 EStG den gesetzlichen Regelfall dar.

192 Gleichwohl ist die Buchführungspflicht eine wesentliche Weichenstellung für die Art der Gewinnermittlung und die anzuwendenden Rechtsgrundlagen und bildet daher in einer steuerrechtlichen Klausur den Ausgangspunkt der Ausführungen zur Gewinnermittlung. Zum einen steht das Wahlrecht zur Einnahmen-Überschuss-Rechnung (§ 4 Abs. 3 S. 1 EStG, siehe noch unter Rn. 287) nur solchen Steuerpflichtigen offen, die nicht buchführungspflichtig sind und auch nicht freiwillig Bücher führen. Buchführungspflichtige Steuerpflichtige müssen ihren Gewinn also (vorbehaltlich der hier nicht dargestellten §§ 5a, 13a EStG) durch Betriebsvermögensvergleich ermitteln. Zum anderen gilt § 5 EStG, der den Betriebsvermögensvergleich durch die grundsätzliche Anknüpfung an die handelsrechtlichen Grundsätze ordnungsgemäßer Buchführung (**Maßgeblichkeitsgrundsatz**, § 5 Abs. 1 S. 1 Hs. 1 EStG) und steuerrechtliche Sondervorschriften (§ 5 Abs. 2 ff. EStG) ausgestaltet, unmittelbar nur für Gewerbetreibende, die buchführungspflichtig sind oder freiwillig Bücher führen. Allerdings zeigt § 4 Abs. 2 EStG, dass auch andere Steuerpflichtige (z.B. Selbständige) bei der Erstellung eines Jahresabschlusses Grundsätze ordnungsgemäßer Buchführung beachten müssen. Was zu diesen „allgemeinen" **Grundsätzen ordnungsgemäßer Buchführung** gehört, wird – im Interesse einer möglichst gleichmäßigen Besteuerung – in der Regel durch analoge Anwendung der in § 5 Abs. 1 S. 1 Hs. 1 EStG genannten „handelsrechtlichen" Grundsätze ordnungsgemäßer Buchführung sowie der in § 5 Abs. 2 ff. EStG normierten Sonderregeln bestimmt.[216] Im Ergebnis mögen damit zwar praktisch kaum Unterschiede zwischen der Ermittlung des Betriebsvermögens bei buchführungspflichtigen Gewerbepflichtigen (bzw. solchen, die freiwillig Bücher führen) und anderen Steuerpflichtigen, die ihren Gewinn durch Betriebsver-

---

216 Z.B. BFH, Urteil v. 27.11.1997 – IV R 95/96, BFHE 185, 160 = BStBl II 1998, 375; BFH, Beschluss v. 2.3.2004 – III B 114/03, BFH/NV 04, 1109; BFH, Urteil v. 15.2.2017 – VI R 96/13, BFHE 257, 244 = BStBl II 2017, 884, juris Rn. 18.

mögensvergleich ermitteln, bestehen. Gleichwohl muss in einer steuerrechtlichen Klausur sauber differenziert werden, ob eine Vorschrift unmittelbar oder nur im Wege einer Analogie Anwendung findet.

Eine **steuerrechtliche Buchführungspflicht** kann sich aus § 140 AO oder § 141 AO ergeben. § 140 AO verpflichtet all diejenigen Steuerpflichtigen zur Buchführung, die bereits aufgrund anderer Gesetze Bücher oder Aufzeichnungen führen, die für die Besteuerung von Bedeutung sind (sog. **derivative Buchführungspflicht**). Damit sind insbesondere Kaufleute nicht nur nach den §§ 238 ff. HGB handelsrechtlich, sondern nach § 140 AO auch steuerrechtlich buchführungspflichtig und müssen deshalb ihren Gewinn durch Betriebsvermögensvergleich nach § 4 Abs. 1 S. 1 EStG i.V.m. § 5 EStG ermitteln. Dies gilt gleichermaßen für Ist-Kaufleute (§ 1 Abs. 1 HGB), für im Handelsregister eingetragene Kann-Kaufleute (§ 2 HGB) sowie Personenhandelsgesellschaften (OHG und KG, § 6 Abs. 1 HGB i.V.m. § 105 Abs. 1 HGB bzw. § 161 Abs. 1 HGB) und Formkaufleute (insbesondere AG und GmbH, § 6 Abs. 1 HGB i.V.m. § 3 Abs. 1 AktG bzw. § 13 Abs. 3 GmbHG). Nach herrschender Meinung führt auch eine allein nach ausländischem Recht bestehende Buchführungspflicht zu einer steuerrechtlichen Buchführungspflicht nach § 140 AO.[217] Dies betrifft in erster Linie beschränkt Steuerpflichtige, die im Inland keine Betriebsstätte[218] unterhalten.

193

Bei all diesen Steuerpflichtigen ändert die derivative Buchführungspflicht aber nichts an der Einkünftequalifikation: Eine Gewinnermittlung nach den §§ 4 ff. EStG kommt nur dann in Betracht, wenn Gewinneinkünfte erzielt werden (§ 2 Abs. 2 S. 1 Nr. 1 EStG). Dementsprechend sind OHG und KG, die nur eigenes Vermögen verwalten und allein durch ihre Eintragung im Handelsregister nach § 105 Abs. 2 HGB zu Handelsgesellschaften werden (**vermögensverwaltende Personengesellschaften**, siehe noch unter Rn. 791 ff.), zwar handelsrechtlich buchführungspflichtig. Sie erzielen allerdings keine Gewinn-, sondern Überschusseinkünfte (insbesondere aus Kapitalvermögen (§ 20 EStG) oder Vermietung und Verpachtung (§ 21 EStG)), die nicht nach den §§ 4 ff. EStG, als Überschuss der Einnahmen über die Werbungskosten (§§ 8 ff. EStG) zu ermitteln sind.

194

Originär kann sich eine steuerrechtliche Buchführungspflicht aus § 141 Abs. 1 AO für Gewerbetreibende (und Land- und Forstwirte) ergeben, die die dort genannten Umsatz- oder Gewinngrenzen überschreiten und von der Finanzverwaltung auf die Buchführungspflicht hingewiesen werden. Gewinn- und Umsatzgrenzen sind mit der Privilegierung für Kleinstgewerbetreibende nach § 241a HGB abgestimmt. Die Buchführungspflicht ist nach § 141 Abs. 2 AO erst ab dem Beginn des Wirtschaftsjahres zu erfüllen, dass auf die Mitteilung der Finanzverwaltung folgt. Daneben treten vereinzelt spezialgesetzliche steuerliche Aufzeichnungspflichten (z.B. § 22 UStG).

195

bb) Ermittlung und Vergleich der Betriebsvermögen. Wird der Gewinn nach § 4 Abs. 1 EStG (ggfs. i.V.m. § 5 Abs. 1 EStG) ermittelt, ist zunächst zu ermitteln, wie

196

---

217 BFH, Urteil v. 14.11.2018 – I R 81/16, BFHE 263, 108 = BStBl II 2019, 390, juris Rn. 14 ff. m.w.N. auch mit abweichenden Auffassungen.
218 Die inländische Betriebsstätte eines ausländischen Kaufmanns ist regelmäßig handelsrechtlich eine Zweigniederlassung, für die die handelsrechtliche Buchführungspflicht aus §§ 238 ff. HGB greift; vgl. § 13d Abs.3, § 13e Abs. 1, § 13f Abs. 1, § 13g Abs. 1 HGB.

sich das Betriebsvermögen innerhalb des betrachteten Zeitraums verändert hat (sog. erste Stufe der Gewinnermittlung).

197 **(1) Der Maßgeblichkeitsgrundsatz.** Nach § 5 Abs. 1 S. 1 Hs. 1 EStG ist bei Gewerbetreibenden, die buchführungspflichtig sind oder freiwillig Bücher führen, das nach den handelsrechtlichen Grundsätzen ordnungsgemäßer Buchführung ermittelte Betriebsvermögen anzusetzen. Wie der Verweis auf § 4 Abs. 1 S. 1 EStG zeigt, ist damit erneut das Betriebsvermögen als Sammelbegriff für sämtliche Wirtschaftsgüter und Schulden gemeint. Diese **grundsätzliche Maßgeblichkeit** erstreckt sich damit trotz der Formulierung „anzusetzen" nicht nur auf die Frage, welche Wirtschaftsgüter überhaupt in der Bilanz erfasst werden müssen (Bilanzierung dem Grunde nach), sondern auch auf die Bewertung dieser Wirtschaftsgüter (Bilanzierung der Höhe nach).

198 Allerdings unterliegt der Maßgeblichkeitsgrundsatz weit reichenden Einschränkungen, weil Handelsbilanz und steuerliche Gewinnermittlung **unterschiedliche Zwecke** verfolgen: Die Handelsbilanz dient vor allem als Informationsquelle für den Kaufmann und seine Gläubiger. Insbesondere das **Vorsichtsprinzip** (dazu noch sogleich) sorgt dafür, dass das Vermögen des Kaufmanns dabei tendenziell niedrig ausgewiesen wird. Legen Gläubiger dieses niedrige Vermögen bei der Kreditvorgabe zugrunde, senkt dies die Gefahr von Kreditausfällen. Der Kaufmann wird durch den niedrigen Vermögensausweis zu tendenziell vorsichtigen Investitionen angehalten. Mit der Ermittlung des steuerrechtlichen Gewinns soll hingegen die tatsächliche wirtschaftliche Leistungsfähigkeit abgebildet werden. Im Vergleich zu anderen Steuerpflichtigen soll der Kaufmann weder zu hoch noch zu niedrig besteuert werden (Grundsatz der horizontalen Steuergerechtigkeit, abgeleitet aus Art. 3 Abs. 1 GG). Dem widerspricht es, wenn er sich im Rahmen einer vorsichtigen Bilanzierung ärmer rechnen kann bzw. muss, als er tatsächlich ist.

199 Die handelsrechtlichen Bilanzierungsmaßstäbe werden daher durch **steuerrechtliche Sonderregeln** modifiziert oder durchbrochen: Soweit Steuergesetze **zwingende Anordnungen** für den Ansatz (insbesondere in § 5 Abs. 2 ff. EStG) oder die Bewertung (insbesondere in § 5 Abs. 6 EStG i.V.m. § 6 ff. EStG) eines Wirtschaftsguts enthalten, sind diese unabhängig von der handelsrechtlichen Bewertung zu beachten.

200 Besteht **steuerrechtlich** ein **Wahlrecht**, so kann dieses Wahlrecht nach § 5 Abs. 1 S. 1 Hs. 2 EStG unabhängig von der handelsrechtlichen Bilanzierung ausgeübt werden, solange der Steuerpflichtige ein entsprechendes Verzeichnis über die betroffenen Wirtschaftsgüter führt (§ 5 Abs. 1 S. 2, 3 EStG). Dies gilt nach der herrschenden Meinung zum einen, wenn handelsrechtlich das Wirtschaftsgut zwingend mit einem anderen Wert bilanziert werden muss.[219] So besteht beispielsweise handelsrechtlich die Verpflichtung, ein Wirtschaftsgut auf den beizulegenden Wert abzuschreiben, wenn dieser voraussichtlich dauerhaft niedriger ist (§ 253 Abs. 3 S. 5 HGB). Nach § 6 Abs. 1 S. 1 Nr. 2 S. 2 EStG hat der Steuerpflichtige hingegen ein Wahlrecht, ob er auf einen voraussichtlich dauerhaft niedrigeren Teilwert abschreibt oder nicht (vgl. zur

---

[219] BMF-Schreiben v. 12.3.2010, IV C 6-S 2133/09/10001, BStBl I 2010, 239, Rn. 13 ff.; *Strahl*, KÖSDI 2008, 16 290, 16 294; *Förster/Schmidtmann*, BB 2009, 1342, 1343.

Bewertung im Einzelnen noch unter Rn. 213 ff.).[220] Zum anderen greift die Vorschrift nach der herrschenden Meinung auch, wenn sowohl handels- als auch steuerrechtlich ein Wahlrecht besteht.[221] So schreibt das Handelsrecht regelmäßig keine bestimmte Methode vor, nach der die Anschaffungs- oder Herstellungskosten eines Wirtschaftsguts über die Nutzungsdauer verteilt werden und auch steuerrechtlich kann (in engen Grenzen) ein Wahlrecht zwischen verschiedenen Methoden bestehen (vgl. § 7 Abs. 1 und Abs. 4 EStG einerseits sowie § 7 Abs. 2 und Abs. 5 EStG andererseits). Der Steuerpflichtige kann die Wahlrechte dann im Handelsrecht und Steuerrecht unterschiedlich ausüben. Diese weite Auslegung von § 5 Abs. 1 S. 1 Hs. 2 EStG ist allerdings nicht zweifelsfrei: Eine abweichende Literaturauffassung will den Anwendungsbereich aus historisch-teleologischen Gründen auf solche Wahlrechte beschränken, die der Steuergesetzgeber aus Lenkungszwecken eingeräumt hat.[222] In jedem Fall müssen auch nach der h.M. sowohl im Handelsrecht als auch im Steuerrecht die Voraussetzungen für eine Wahlrechtsausübung vorliegen, damit überhaupt eine unterschiedliche handels- und steuerrechtliche Behandlung in Betracht kommt.[223]

201 Besteht **handelsrechtlich** ein **Wahlrecht**, ohne dass es für diese Frage eine besondere steuerrechtliche Vorschrift gibt, folgert die herrschende Meinung aus den unterschiedlichen Zwecken von Handels- und Steuerbilanz, dass handelsrechtliche Aktivierungswahlrechte zu steuerrechtlichen Aktivierungsgeboten und handelsrechtliche Passivierungswahlrechte zu steuerrechtlichen Passivierungsverboten führen.[224] Nur so werde vermieden, dass der Steuerpflichtige sich nach Belieben arm oder reich rechnen kann und damit eine Besteuerung nach der wirtschaftlichen Leistungsfähigkeit sichergestellt. Nachdem durch das Gesetz zur Modernisierung des Bilanzrechts (BilMoG)[225] zahlreiche handelsrechtliche Aktivierungs- und Passivierungswahlrechte abgeschafft wurden, hat dieser Grundsatz aber an Relevanz verloren.

202 Der Steuerpflichtige muss die Unterschiede zwischen handels- und steuerrechtlichen Regelungen beim Erstellen der Steuererklärung berücksichtigen, indem er entweder den Gewinn aus der Handelsbilanz im Rahmen einer gesonderten Rechnung an die steuerlichen Vorgaben anpasst oder indem er eine eigene Steuerbilanz aufstellt (§ 60 Abs. 2 EStDV).

---

220 In diese Richtung zumindest obiter dictum auch BFH, Urteil v. 9.12.2014 – X R 36/12, BFH/NV 15, 821, juris Rn. 20.
221 BMF-Schreiben v. 12.3.2010, I V C 6-S 2133/09/10001, BStBl I 2010, 239, Rn. 16 ff.; *Ortmann-Babel/Bolik/Gageur*, DStR 2009, 934, 935; *Weber-Grellet*, DB 2009, 2402.
222 Vgl. nur *Hennrichs*, Ubg 09, 533, 538 ff., *Anzinger/Schleiter*, DStR 10, 395, 398; *Schulze-Osterloh*, DStR 11, 534. 536 ff.
223 Daran fehlt es regelmäßig, wenn steuerrechtlich eine andere Methode der Folgebewertung (Lifo/Fifo) gewählt werden soll (§ 6 Abs. 1 Nr. 2a S. 1 EStG) als handelsrechtlich (§ 256 HGB), weil dann der mit diesen Bewertungsmethoden verfolgte Vereinfachungszweck verfehlt und damit die ausdrücklich zum steuerrechtlichen Tatbestandsmerkmal erhobenen handelsrechtlichen Grundsätze ordnungsgemäßer Buchführung nicht erfüllt werden; vgl. nur *Drüen/Mundfortz*, DB 15, 2245; *Hüttemann/Meinert*, Die Lifo-Methode in Handels- und Steuerbilanz, 2013, S. 95 f.
224 BFH, Beschluss v. 3.2.1969 – GrS 2/68, BFHE 95, 31 = BStBl II 1969, 291; vgl. auch BMF-Schreiben v. 12.3.2010, IV C 6-S 2133/09/10001, Rn. 3 f.
225 Gesetz zur Modernisierung des Bilanzrechts (Bilanzrechtsmodernisierungsgesetz – BilMoG) v. 15.5.2009 (BGBl. I 2009, S. 1102).

203 **(2) Bilanzierung dem Grunde nach.** Welche aktiven und passiven Wirtschaftsgüter in einer Bilanz erfasst werden müssen, richtet sich zunächst nach den handelsrechtlichen Grundsätzen ordnungsgemäßer Buchführung (§ 5 Abs. 1 Hs. 1 EStG). Diese sind im Wesentlichen[226] in den §§ 238 ff. HGB normiert, wobei insbesondere den Regelungen der §§ 252 ff. HGB für die Bewertung von Vermögensgegenständen (also der Bilanzierung der Höhe nach) über ihren Wortlaut hinaus auch Bedeutung für die Bilanzierung dem Grunde nach zukommt.

204 Nach § 246 Abs. 1 S. 1 HGB muss der Jahresabschluss sämtliche Vermögensgegenstände (nach steuerrechtlicher Terminologie: aktive Wirtschaftsgüter), Schulden (nach steuerrechtlicher Terminologie: passive Wirtschaftsgüter bzw. Verbindlichkeiten und Rückstellungen) und (aktive oder passive) Rechnungsabgrenzungsposten enthalten; sämtliche Aufwendungen und Erträge des Kaufmanns müssen in die Bilanz einfließen (sog. **Vollständigkeitsgebot**; vgl. auch § 239 Abs. 2 HGB; zum Begriff des Wirtschaftsguts bereits unter Rn. 144 ff.). Vermögensgegenstände sind beim (wirtschaftlichen) Eigentümer, Schulden beim Schuldner zu erfassen (§ 246 Abs. 1 S. 2 f. HGB; zur steuerrechtlichen Zurechnung nach § 39 AO bereits unter Rn. 149 ff.). Posten der Aktivseite (Vermögensgegenstände oder aktive Rechnungsabgrenzungsposten) dürfen nicht mit Posten der Passivseite (Schulden oder passive Rechnungsabgrenzungsposten); Aufwendungen nicht mit Erträgen verrechnet werden (sog. **Verrechnungsverbot**, § 246 Abs. 2 S. 1 HGB). In der Bilanz ist mithin grundsätzlich das gesamte Betriebsvermögen des Steuerpflichtigen zu erfassen, wobei jedes Wirtschaftsgut eine eigene Ansatz- und Bewertungseinheit bildet.

205 Dabei sind zwar immer die Verhältnisse zum Bilanzstichtag am Ende des jeweiligen Geschäftsjahres maßgebend (**Stichtagsprinzip**, § 252 Abs. 1 Nr. 3 HGB). Die Ansätze einer Abschlussbilanz müssen aber in die Eröffnungsbilanz des folgenden Geschäftsjahres übernommen werden (**Grundsatz der Bilanzidentität** oder **des Bilanzzusammenhangs**, § 252 Abs. 1 Nr. 1 HGB). Durch diese periodenübergreifende Verknüpfung verfälschen fehlerhafte Bilanzansätze den Gesamtgewinn nicht: Wird ein Vermögensgegenstand objektiv fehlerhaft am Ende eines Geschäftsjahres (nicht) erfasst, wirkt sich dies bei der Gewinnermittlung durch Betriebsvermögensvergleich in den folgenden Geschäftsjahren entgegengesetzt aus, sodass es im Ergebnis nur zu einer Gewinnverschiebung, nicht aber zu einem unterschiedlichen Totalgewinn kommt.

206 **Fall 25:** Kaufmann A ermittelt in seiner Bilanz zum 31.12.01 ein Eigenkapital in Höhe von 600.000 €. Irrtümlich erfasst er dabei eine betriebliche Forderung gegen B in Höhe von 100.000 € nicht. Am 13.5.02 zahlt B den Forderungsbetrag auf das betriebliche Bankkonto des A. Unter Berücksichtigung des dadurch erhöhten Bankguthabens ermittelt A zum 31.12.02 ein Eigenkapital in Höhe von 800.000 €.

Welche Gewinne ergeben sich aus den Bilanzen des A in den Wirtschaftsjahren 01 und 02 durch Betriebsvermögensvergleich, wenn A in beiden Jahren weder Entnahmen noch Einlagen tätigt und das Eigenkapital zum 1.1.01 200.000 € beträgt? Welche Gewinne hätten sich bei zutreffender Bilanzierung ergeben?

---

226 Auf nach h.M. daneben bestehende ungeschriebene Grundsätze ordnungsgemäßer Buchführung wird hier nicht eingegangen.

> **Lösung Fall 25:** Auf Grundlage der von A erstellten Bilanzen ergeben sich Gewinne in Höhe von 400.000 € für das Jahr 01 (600.000 € – 200.000 € = 400.000 €) und 200.000 € für 02 (800.000 € – 600.000 €). Bei zutreffender Bilanzierung hätte A zum 31.12.01 ein um 100.000 € höheres Betriebsvermögen in Höhe von 700.000 € ermittelt und damit einen Gewinn für das Geschäftsjahr 01 in Höhe von 500.000 €. Dieses erhöhte Betriebsvermögen hätte aber auch den Ausgangspunkt für die Gewinnermittlung im Geschäftsjahr 02 gebildet, sodass sich für dieses Geschäftsjahr nur noch ein Gewinn in Höhe von 100.000 € ergeben hätte, weil der Zahlungseingang im Jahr 02 durch eine Verminderung des Forderungskontos ausgeglichen worden wäre (800.000 € – 700.000 € = 100.000 €). Der Totalgewinn der beiden Geschäftsjahre beträgt in beiden Varianten 600.000 €.

Zwar gewährleistet der Bilanzzusammenhang eine zutreffende Totalgewinnermittlung, das Steuerrecht knüpft aber an den jeweiligen Gewinn eines Veranlagungszeitraums an (§ 25 Abs. 1 EStG). Daher erlaubt § 4 Abs. 2 S. 1 EStG für steuerrechtliche Zwecke die nachträgliche **Berichtigung** einer objektiv fehlerhaften Bilanz, solange diese noch nicht einer Steuerfestsetzung zugrunde liegt, die verfahrensrechtlich nicht mehr geändert oder aufgehoben werden kann. 207

Der Zeitpunkt, zu dem Aufwendungen und Erträge (und damit auch Wirtschaftsgüter und Schulden) in einer Bilanz zu erfassen sind, wird grundsätzlich durch das **Verursachungsprinzip** bestimmt (vgl. § 252 Abs. 1 Nr. 5 HGB): Entscheidend ist nicht, wann der Kaufmann die entsprechenden Zahlungen leistet oder erhält, sondern wann Aufwendungen und Erträge wirtschaftlich verursacht wurden. Der Kaufmann muss Forderungen aktivieren, sobald er die entsprechende Leistung erbracht und einen durchsetzbaren (keine Einwendungen oder Einreden) Anspruch auf die Gegenleistung erworben hat, auch wenn der Anspruch erst später fällig wird. Wirtschaftsgüter werden in dem Zeitpunkt aktiviert, in dem sie angeschafft oder hergestellt wurden. Hat der Kaufmann eine Leistung erhalten, aber die entsprechende Gegenleistung noch nicht erbracht, muss er eine Verbindlichkeit passivieren. Zahlungen, die wirtschaftlich (auch) auf einen zukünftigen Veranlagungszeitraum entfallen (beispielsweise Vorauszahlungen im Rahmen eines Dauerschuldverhältnisses), müssen mit Hilfe von **Rechnungsabgrenzungsposten** auf die einzelnen Geschäftsjahre verteilt werden (§ 250 HGB). 208

Konkretisiert wird das Verursachungsprinzip durch das **Vorsichtsprinzip** (vgl. §§ 248, 249, 252 Abs. 1 Nr. 4 HGB), nach dem der Kaufmann sich nicht reicher rechnen darf als er ist (sondern tendenziell eher ärmer): Gewinne dürfen erst dann ausgewiesen werden, wenn sie (in der Regel durch einen Leistungsaustausch) realisiert wurden (**Realisationsprinzip**, § 252 Abs. 1 Nr. 4 Hs. 2 HGB). Bloße Wertsteigerungen von Vermögensgegenständen werden in der Bilanz noch nicht erfasst. Es bilden sich vielmehr „stille Reserven" die erst bei der Übertragung des Wirtschaftsguts aus dem Betriebsvermögen – sei es durch Veräußerung an einen Dritten oder durch Entnahme ins Privatvermögen – aufgedeckt werden. Risiken und Verluste sind demgegenüber schon dann zu berücksichtigen, wenn sie drohen (§ 252 Abs. 1 Nr. 4 Hs. 1 HGB). Deshalb muss der Kaufmann für ungewisse Verbindlichkeiten, deren wirtschaftliche Ursache im laufenden Geschäftsjahr liegt, bereits **Rückstellungen** bilden (§ 249 Abs. 1 S. 1 HGB). Dies gilt insbesondere auch für drohende Verluste aus noch nicht abgewickelten („schwebenden") Geschäften (§ 249 Abs. 1 S. 1 Hs. 2 HGB). 209

Die unterschiedliche Behandlung von nicht realisierten Gewinnen und Verlusten wird unter dem Begriff des **Imparitätsprinzips** zusammengefasst. Ausdruck des Vorsichtsprinzips ist weiterhin, dass für selbst geschaffene immaterielle Vermögensgegenstände des Anlagevermögens nur ein Aktivierungswahlrecht besteht (§ 248 Abs. 2 S. 1 HGB), das zudem durch ein Aktivierungsverbot für selbst geschaffene Marken, Drucktitel, Verlagsrechte, Kundenlisten und vergleichbare immaterielle Vermögensgegenstände begrenzt wird (§ 248 Abs. 2 S. 2 HGB). Hintergrund der Ansatzbeschränkungen für immaterielle Wirtschaftsgüter ist, dass häufig Schwierigkeiten bei der Bestimmung ihrer zukünftigen Nutzungsdauer und der ihnen zuzuordnenden Herstellungskosten bestehen.

210 Steuerrechtlich normieren insbesondere § 5 Abs. 2-5 EStG vorrangige Ansatzregeln: Nach § 5 Abs. 2 EStG dürfen **immaterielle Wirtschaftsgüter des Anlagevermögens** nur dann aktiviert werden, wenn sie entgeltlich erworben wurden. Abweichend von § 248 Abs. 2 HGB besteht damit steuerrechtlich ein vollständiges Aktivierungsverbot für selbstgeschaffene immaterielle Wirtschaftsgüter. In § 5 Abs. 3-4b und § 6a EStG werden einschränkende Voraussetzungen zur Passivierung von verschiedenen Rückstellungen aufgestellt. Hervorzuheben sind insbesondere das steuerrechtliche Passivierungsverbot für Rückstellungen für **drohende Verluste** aus schwebenden Geschäften (§ 5 Abs. 4a EStG) entgegen der handelsrechtlichen Passivierungspflicht aus § 249 Abs. 1 S. 1 Hs. 2 EStG sowie die besonderen steuerrechtlichen Voraussetzungen für die Passivierung von **Pensionsrückstellungen** (§ 6a Abs. 1, 2 EStG). Der Ansatz von Rechnungsabgrenzungsposten wird schließlich in § 5 Abs. 5 EStG verbindlich geregelt. Anders als nach § 250 Abs. 3 HGB muss damit insbesondere zwingend ein aktiver Rechnungsabgrenzungsposten gebildet werden, wenn der Erfüllungsbetrag einer Verbindlichkeit höher liegt als ihr Auszahlungsbetrag.

211 **Fall 26:** Kaufmann A schließt mit seiner Bank am 1.1.01 einen Darlehensvertrag über eine Summe von 200.000 € mit einer Laufzeit von fünf Jahren. Neben der monatlichen Zinszahlung erhebt die Bank bei Auszahlung des Darlehensbetrags ein Damnum (**Disagio**) von 0,5 %, d.h. A bekommt nur 199.000 € überwiesen. Welche handels- und steuerbilanziellen Folgen ergeben sich für das Jahr 01?

Lösung Fall 26: Grundsätzlich führt die Einbehaltung des Damnums handels- und steuerbilanziell zu Aufwand, weil A zwar eine Verbindlichkeit in Höhe von 200.000 € passivieren muss, sein Bankguthaben sich aber nur um 199.000 € erhöht. Handelsrechtlich besteht ein Wahlrecht für A, diesen Aufwand vollständig im Jahr 01 abzuziehen oder einen Rechnungsabgrenzungsposten zu aktivieren und damit den Aufwand auf die Gesamtlaufzeit des Darlehens zu verteilen (§ 250 Abs. 3 HGB). Im Jahr 01 könnten dann nur 200 € als Aufwand abgezogen werden. Steuerrechtlich besteht für den Rechnungsabgrenzungsposten kein Aktivierungswahlrecht, sondern eine Aktivierungspflicht (§ 5 Abs. 5 S. 1 Nr. 1 EStG). Dieser wird über die Laufzeit des Darlehens verteilt aufgelöst.

212 Ein originäres steuerrechtliches Ansatzwahlrecht ohne handelsrechtliches Äquivalent besteht insbesondere für Rücklagen nach § 6b EStG. Diese Vorschrift erlaubt es, den Gewinn, der sich aus der Veräußerung eines bestimmten Wirtschaftsguts ergibt, durch die gewinnmindernde Bildung einer Rücklage auszugleichen (§ 6b Abs. 3 S. 1 EStG) und auf diesem Weg die in dem veräußerten Wirtschaftsgut gebildeten stillen

Reserven auf ein innerhalb einer bestimmten Frist angeschafftes Ersatzwirtschaftsgut zu übertragen (§ 6b Abs. 3 S. 2, 3 EStG).[227]

(3) Bilanzierung der Höhe nach. Jedem in der Bilanz ausgewiesenen Wirtschaftsgut muss in einem nächsten Schritt ein Wert zugewiesen werden (Bilanzierung der Höhe nach oder **Bewertung**). Auch für diesen Schritt greifen einerseits die handelsrechtlichen Grundsätze ordnungsgemäßer Buchführung und andererseits steuerrechtliche Spezialregelungen. In § 4 Abs. 1 S. 9 EStG und § 5 Abs. 6 EStG wird ausdrücklich geregelt, dass die steuerrechtlichen Regelungen im Konfliktfall zwingend zu beachten sind.

213

Die Vermögensgegenstände und Schulden sind einzeln zum jeweiligen Bilanzstichtag zu bewerten (**Stichtagsprinzip**, § 252 Abs. 1 Nr. 3 HGB) unter der Annahme, dass das Unternehmen fortgeführt wird (**Grundsatz der Unternehmensfortführung – Going-concern**, § 252 Abs. 1 Nr. 2 HGB). Als Ausfluss des **Vorsichtsprinzips** (§ 252 Abs. 1 Nr. 4 HGB) sind bei der Bewertung im Rahmen der Bilanzaufstellung auch solche vorhersehbaren Risiken zu berücksichtigen, deren Ursache zwar schon vor dem Bilanzstichtag lag, die aber erst nach dem Bilanzstichtag bekannt wurden. Erlaubt ein Ereignis nach dem Bilanzstichtag einen Rückschluss auf die Verhältnisse am Bilanzstichtag, so ist es bei der Bewertung zu berücksichtigen (**wertaufhellende Tatsachen**). Dies gilt unabhängig davon, ob sich daraus eine höhere oder eine niedrigere Bewertung des kaufmännischen Vermögens ergibt. Unberücksichtigt bleiben demgegenüber Ereignisse, die keinen Rückschluss auf die Verhältnisse am Bilanzstichtag erlauben, sondern die Situation grundlegend verändern (**wertbegründende Tatsachen**).

214

Fall 27: Kaufmann A hat am 31.12.01 Forderungen gegenüber seinen Kunden B und C. B hat bereits im Jahr 01 seine Rechnungen nur noch verzögert und nicht mehr in vollem Umfang beglichen. C hat bislang stets fristgerecht und in vollem Umfang gezahlt. Bevor A seine Bilanz zum 31.12.01 im Mai 02 aufstellt, wird im März 02 über das Vermögen von B und C das Insolvenzverfahren eröffnet. A kann in beiden Fällen nur mit einer Befriedigung in Höhe der Insolvenzquote rechnen.

Muss A das erhöhte Ausfallrisiko bereits bei der Bewertung der Forderungen im Rahmen der Aufstellung der Bilanz auf den 31.12.01 berücksichtigen?

215

Lösung Fall 27: Mit Blick auf die Forderung gegenüber B handelt es sich bei der Eröffnung des Insolvenzverfahrens um eine wertaufhellende Tatsache: Mit der Eröffnung des Insolvenzverfahrens wird deutlich, wie groß das bereits am Bilanzstichtag erkennbare Ausfallrisiko tatsächlich war. A muss insoweit die Insolvenzeröffnung bei der Bewertung berücksichtigen und kann die Forderung nur entsprechend der voraussichtlichen Insolvenzquote berücksichtigen (§§ 253 Abs. 4, 255 Abs. 4 HGB; dazu im Einzelnen sogleich).

Mit Blick auf die Forderung des C handelt es sich bei der Eröffnung des Insolvenzverfahrens um eine wertbegründende Tatsache. Zum Bilanzstichtag war nicht vorauszusehen, dass C die Forderung nicht begleichen könnte. A muss die Forderung daher ungeachtet des bereits eröffneten Insolvenzverfahrens zum 31.12.01 noch zum Nennwert bilanzieren.

---

227 Eine vergleichbare Möglichkeit sieht R 6.6 Abs. 1 S. 1, 2 EStR 2012 für den Fall vor, dass ein Wirtschaftsgut infolge höherer Gewalt oder zur Vermeidung eines behördlichen Eingriffs gegen Entschädigung aus dem Betriebsvermögen ausscheidet.

216 Der Grundsatz der **Bilanzidentität** (§ 252 Abs. 1 Nr. 1 HGB) bezieht sich auch auf die Bewertung. Vermögensgegenstände und Schulden müssen aus der Schlussbilanz eines Geschäftsjahres mit einem unveränderten Wertansatz in die Eröffnungsbilanz des Folgejahres übernommen werden. Nach dem Grundsatz der **Bilanzkontinuität** (§ 252 Abs. 1 Nr. 6 HGB) sind darüber hinaus auch die bei der Aufstellung einer Bilanz angewendeten Bewertungsmethoden grundsätzlich in den Folgejahren beizubehalten. Dies gilt insbesondere für Bewertungsvereinfachungsverfahren nach § 256 HGB bzw. § 6 Abs. 1 Nr. 2a EStG.

217 Das Vorsichtsprinzip findet bei der Bewertung über die Wertaufhellung hinaus vor allem Ausdruck im **Höchstwertprinzip** des § 253 HGB: Vermögensgegenstände sind höchstens mit ihren Anschaffungs- oder Herstellungskosten zu bewerten (§ 253 Abs. 1 S. 1 HGB).

218 **Anschaffungskosten** sind Aufwendungen, die geleistet werden, um einen Vermögensgegenstand zu erwerben und in einen betriebsbereiten Zustand zu versetzen (vgl. im Einzelnen § 255 Abs. 1 HGB). Bestehen die Aufwendungen darin, dass der Steuerpflichtige selbst ein Wirtschaftsgut hingibt, um ein anderes Wirtschaftsgut zu erhalten (Tausch), so bestimmt § 6 Abs. 6 S. 1 EStG für die steuerrechtliche Bewertung, dass sich die Anschaffungskosten nach dem gemeinen Wert des hingegebenen Wirtschaftsguts bemessen. Wird ein Wirtschaftsgut unentgeltlich in das Betriebsvermögen eines anderen Steuerpflichtigen übertragen, fingiert § 6 Abs. 4 EStG für den übernehmenden Steuerpflichtigen Anschaffungskosten für das Wirtschaftsgut in Höhe des gemeinen Werts des erhaltenen Wirtschaftsguts.

219 **Herstellungskosten** sind Aufwendungen, die für die Herstellung eines Vermögensgegenstands, seine Erweiterung oder wesentliche Verbesserung entstehen (vgl. im Einzelnen § 255 Abs. 2-3 HGB). Hat sich der Wert des Vermögensgegenstands über die ursprünglichen Anschaffungs- oder Herstellungskosten hinaus erhöht, werden diese Wertsteigerungen in der Bilanz nicht abgebildet (stille Reserven), solange sie sich nicht (in der Regel durch Übertragung des Vermögensgegenstands) realisiert haben (**Realisationsprinzip**, § 252 Abs. 1 Nr. 4 Hs. 2 HGB). Auch die steuerrechtlichen Bewertungsvorschriften in § 6 Abs. 1 Nr. 1-2b EStG erklären die Anschaffungs- oder Herstellungskosten zur Obergrenze des möglichen Wertansatzes. In § 6 Abs. 1 Nr. 1a und Nr. 1b EStG finden sich lediglich spezifische steuerrechtliche Regelungen zur Bestimmung der Herstellungskosten. Praxis- und klausurrelevant ist insoweit vor allem die Regelung des § 6 Abs. 1 Nr. 1a EStG zu **anschaffungsnahen Herstellungskosten**.

220 **Fall 28:** A ist vorsteuerabzugsberechtigter Einzelhandelskaufmann und möchte eine weitere Geschäftsfiliale eröffnen. Dazu erwirbt er für 1.000.000 € (umsatzsteuerfrei) ein bebautes Grundstück. Vom Kaufpreis entfallen 800.000 € auf den Grund und Boden. Das Grundstück ist mit einem eingeschossigen Gebäude bebaut, das allerdings renovierungsbedürftig ist. A erneuert in den drei Jahren nach dem Erwerb die Dämmung des Gebäudes und tauscht Fenster und Bodenbeläge aus. Dafür fallen Kosten in Höhe von insgesamt 47.600 € (inklusive 7.600 € USt) an. Außerdem lässt er einen kleinen Anbau errichten, um Raum Büro- und Abstellflächen zu gewinnen. Hierfür entstehen Kosten in Höhe von 59.500 € (inklusive 9.500 € USt). Außerdem zahlt A jährlich 5.950 € (inklusive 950 €) für einen Hausmeisterservice. Mit dieser Pauschale sind insbesondere kleinere Reparaturen, der Austausch von Lampen u.ä. abgedeckt.

Wie hoch sind die Anschaffungs – und Herstellungskosten des Gebäudes?

Lösung Fall 28: Anschaffungskosten sind nach der handelsrechtlichen Definition die Aufwendungen, die geleistet werden, um einen Vermögensgegenstand zu erwerben und in einen betriebsbereiten Zustand zu versetzen sowie nachträgliche Anschaffungskosten (§ 255 Abs. 1 S. 1, 2 HGB). Zu den Anschaffungskosten des Gebäudes zählt damit zunächst der Kaufpreis, soweit er nicht anteilig auf den Grund und Boden entfällt (200.000 €). Die Renovierungskosten, die Pauschale für den Hausmeisterservice und die Aufwendungen für den Anbau entstehen hingen nicht für den Erwerb des Gebäudes, sondern für seine Instandsetzung und Umgestaltung. Sie sind damit keine Anschaffungskosten, könnten allerdings Herstellungskosten sein. Zu den Herstellungskosten zählen nach § 255 Abs. 2 S. 1 HGB nicht nur die Aufwendungen für die erstmalige Herstellung eines Vermögensgegenstands, sondern auch für dessen Erweiterung oder über den ursprünglichen Zustand hinausgehende wesentliche Verbesserung. Durch die Errichtung des Anbaus wird zwar kein vollständig neuer Vermögensgegenstand geschaffen, allerdings das bestehende Gebäude flächenmäßig vergrößert und damit erweitert. Die Kosten des Anbaus sind damit Herstellungskosten. Dies gilt allerdings nicht für die enthaltene Umsatzsteuer in Höhe von 9.500 €, weil A sich diese als Vorsteuer vom Finanzamt erstatten lassen kann (insoweit erwirbt A eine Forderung). Die sonstigen Aufwendungen könnten nur Herstellungskosten sein, wenn sie zu einer Verbesserung des Gebäudes führen. Allerdings wird durch den Austausch der sanierungsbedürftigen Fenster und Bodenbeläge sowie der Dämmung nur der ursprüngliche Status des Gebäudes wiederhergestellt und durch die mit der Servicepauschale abgedeckten Reparaturen dieser Zustand erhalten. Handelsrechtlich betragen die Anschaffungs- und Herstellungskosten des Gebäudes mithin insgesamt 250.000 €.

Für die steuerrechtliche Bewertung ist zunächst ebenfalls der handelsrechtliche Anschaffungs- und Herstellungskostenbegriff maßgeblich (§ 5 Abs. 1 S. 1 Hs. 1 HGB; vgl. auch den Verweis in § 6 Abs. 1 Nr. 1a S. 2 EStG). Allerdings könnten die Renovierungsaufwendungen als anschaffungsnahe Herstellungskosten zu den Herstellungskosten des Gebäudes zählen (§ 6 Abs. 1 Nr. 1a S. 1 EStG), wenn die Nettoaufwendungen für Instandsetzungs- und Modernisierungsmaßnahmen innerhalb von drei Jahren nach Anschaffung die Grenze von 15 % der Anschaffungskosten des Gebäudes übersteigen. Dabei bleiben nach § 6 Abs. 1 Nr. 1a S. 2 EStG die Aufwendungen für Erweiterungen im Sinne von § 255 Abs. 2 S. 1 EStG sowie für jährlich üblicherweise anfallende Erhaltungsarbeiten außer Betracht. Vorliegend bleiben mithin die Aufwendungen für den Anbau sowie die Hausmeisterpauschale außer Betracht. Da die Renovierungsaufwendungen aber mit 40.000 € netto gleichwohl mehr als 15 % der Anschaffungskosten (15 % * 200.000 € = 30.000 €) des Gebäudes betragen, handelt es sich insoweit um anschaffungsnahe Herstellungskosten. Auch hier gilt allerdings, dass die als Vorsteuer abzugsfähige Umsatzsteuer nicht zu den Anschaffungskosten zählt (§ 9b Abs. 1 EStG). Die steuerrechtlichen Anschaffungs- und Herstellungskosten betragen damit insgesamt 290.000 €.

Abhängig von der Art des Vermögensgegenstands ist allerdings sowohl handels- als auch steuerrechtlich auch eine Bewertung mit einem Wert unterhalb der Anschaffungs- oder Herstellungskosten zulässig oder sogar zwingend. Handelsrechtlich sind insoweit § 253 Abs. 1 S. 1 HGB i.V.m. § 253 Abs. 3-5 HGB maßgeblich: Bei abnutzbaren Wirtschaftsgütern des Anlagevermögens erfolgen planmäßige **Abschreibungen**, um die Anschaffungs- oder Herstellungskosten auf den Zeitraum der voraussichtlichen Nutzung zu verteilen (§ 253 Abs. 3 S. 1, 2 HGB; auch Ausdruck des **Verursachungsprinzips**). Die Abschreibungsmethode ist dabei handelsrechtlich nicht vorgegeben. Denkbar sind sowohl lineare als auch degressive oder progressive Abschreibungen sowie Leistungsabschreibungen. Die voraussichtliche Nutzungsdauer wird für selbst geschaffene immaterielle Vermögensgegenstände und entgeltlich erworbene Geschäfts- oder Firmenwerte in Zweifelsfällen mit zehn Jahren fingiert (§ 253 Abs. 3 S. 3, 4 HGB). Auch steuerrechtlich sind die Anschaffungskosten von abnutzbaren Wirtschaftsgütern des Anlagevermögens um Absetzungen für Abnutzungen zu mindern (§ 6 Abs. 1 Nr. 1 S. 1 EStG). Dabei geben § 7 Abs. 1 und Abs. 4 EStG sowohl für bewegliche Wirtschaftsgüter als auch für Gebäude eine **lineare Abschreibung** als Regelfall vor. Ausnahmsweise kommt nach § 7 Abs. 2 und Abs. 5 EStG jeweils eine **degressive Abschreibung** in Betracht. Andere Abschreibungsmethoden sind steuerrechtlich unzulässig.

222 Sinkt der Marktpreis eines Vermögensgegenstands unter den Betrag, der sich durch planmäßige Abschreibungen ergibt, können oder müssen handelsrechtlich unter Umständen zusätzlich außerplanmäßige Abschreibungen vorgenommen werden: Bei abnutzbaren und nicht abnutzbaren Wirtschaftsgütern des Anlagevermögens muss zwingend auf den beizulegenden Wert am Abschlussstichtag (der nach § 255 Abs. 4 HGB in der Regel dem Marktpreis entspricht) abgeschrieben werden, wenn die Wertminderung voraussichtlich von **Dauer** ist (§ 253 Abs. 3 S. 5 HGB). Bei **Finanzanlagen** kann der Kaufmann wahlweise auch bei einer voraussichtlich nur vorübergehenden Wertminderung eine außerplanmäßige Abschreibung vornehmen (§ 253 Abs. 3 S. 6 HGB). Bei Vermögensgegenständen des Umlaufvermögens ist zwingend eine Abschreibung auf einen niedrigeren **Börsen- oder Marktpreis** (hilfsweise auf den beizulegenden Wert) vorzunehmen, unabhängig davon, ob die Wertminderung voraussichtlich von Dauer ist oder nicht (§ 253 Abs. 4 HGB). Für alle außerplanmäßigen Abschreibungen gilt nach § 253 Abs. 5 S. 1 HGB, dass der Wertansatz wieder auf die (fortgeführten) Anschaffungskosten erhöht werden muss, wenn die Gründe für die Abschreibung nicht mehr bestehen **(Wertaufholung)**. Eine Ausnahme besteht allein bei einem außerplanmäßig abgeschriebenen entgeltlich erworbenen Firmenwert.

223 Steuerrechtlich sehen § 6 Abs. 1 Nr. 1 S. 2 und Nr. 2 S. 2 EStG sowohl für abnutzbare Wirtschaftsgüter des Anlagevermögens als auch für sonstige Wirtschaftsgüter ein Wahlrecht vor, bei einer **voraussichtlich dauernden Wertminderung** auf einen **Teilwert** abzuschreiben, der unterhalb der (fortgeführten) Anschaffungskosten liegt. Außerdem besteht die Möglichkeit einer Absetzung für außergewöhnliche technische oder wirtschaftliche Abnutzung (§ 7 Abs. 1 S. 7 Hs. 1 EStG). Diese geht systematisch der Abschreibung auf einen niedrigeren Teilwert vor (vgl. § 6 Abs. 1 Nr. 1 S. 1, 2 EStG), erfasst aber nur Wertminderungen, die auf eine **Substanzbeeinträchtigung** zurückgehen. Sowohl bei Absetzungen für außergewöhnliche technische oder wirtschaftliche Abnutzung (§ 7 Abs. 1 S. 7 Hs. 2 EStG) als auch für Teilwertabschreibungen gilt ein **Wertaufholungsgebot** (§ 6 Abs. 1 Nr. 1 S. 4 und Nr. 2 S. 3 EStG).

224 **Fall 29:** Kaufmann A hat Aktien der börsennotierten X-AG zum Preis von 100 €/Aktie erworben. Die Aktien sollen langfristig der Stärkung des Betriebskapitals dienen. Seit dem Erwerb schwankt der Kurs der Aktien zwischen 80 € und 100 €. Zum Bilanzstichtag beträgt er 90 €. Zum Zeitpunkt der Bilanzaufstellung hat er sich auf 95 € erholt.
Zum 31.12.19 hat A zudem noch Waren mit Herstellungskosten in Höhe von 30 €/Stück auf Lager, die allerdings einen optischen Fehler aufweisen. Waren aus dieser Charge konnten in

der Vergangenheit nur für 25 €/Stück veräußert werden. Tatsächlich gelingt es A allerdings, die am 31.12.19 vorhandenen Waren noch vor Bilanzaufstellung für 28 €/Stück zu veräußern.

Mit welchen Werten muss oder kann A die Aktien und die Waren zum 31.12.19 handelsrechtlich und steuerrechtlich bewerten?

Lösung Fall 29: Sowohl die Aktien als auch die Waren sind handels- und steuerrechtlich maximal mit den Anschaffungs- bzw. Herstellungskosten zu bewerten. Fraglich ist jeweils nur, ob eine Bewertung mit einem niedrigeren Wert zwingend oder zumindest möglich ist:

I. Bewertung der Aktien

Die Aktien zählen zum Anlagevermögen und sind nicht abnutzbar. Eine niedrigere Bewertung könnte sich handelsrechtlich nur aus der Abschreibung auf einen niedrigeren beizulegenden Wert ergeben (§ 253 Abs. 3 S. 4 und 5 HGB). Der beizulegende Wert betrug am Bilanzstichtag 90 €/Aktie und liegt damit unter den Anschaffungskosten von 100 €/Aktie. Fraglich ist nur noch, ob diese Wertminderung voraussichtlich dauerhaft ist, weil nach § 253 Abs. 3 S. 4 HGB bei voraussichtlich dauerhafter Wertminderung zwingend eine Abschreibung vorzunehmen ist, während eine voraussichtlich nur vorübergehende Wertminderung bei Finanzanlagen nach § 253 Abs. 3 S. 5 lediglich ein Wahlrecht zur Abschreibung auslöst. Da sich der Wert der Aktien bis zur Bilanzaufstellung noch bis auf 95 € erholt hat, könnte man unter dem Gesichtspunkt der Wertaufhellung nur von einer dauerhaften Wertminderung auf 95 € ausgehen. Nach herrschender Meinung sind Wertveränderungen bei Aktien allerdings stets wertbegründende Tatsachen, sodass Veränderungen bis zur Bilanzaufstellung keine Berücksichtigung bei der Bewertung zum Bilanzstichtag finden können.[228] Da zum Bilanzstichtag damit keinerlei Anzeichen für eine baldige Werterholung bestanden, ist von einer voraussichtlich dauerhaften Wertminderung auszugehen, sodass die Aktien handelsrechtlich zwingend auf den niedrigeren Wert von 90 €/Aktie abzuschreiben sind.

Steuerrechtlich ist bei nicht abnutzbaren Wirtschaftsgütern des Anlagevermögens wie hier bei den Aktien nach § 6 Abs. 1 Nr. 2 S. 2 EStG eine Abschreibung auf einen voraussichtlich dauerhaft niedrigeren Teilwert möglich, aber nicht zwingend. A kann dieses Wahlrecht nach herrschender Meinung unabhängig von der handelsrechtlichen Behandlung ausüben (§ 5 Abs. 1 S. 1 Hs. 2 HGB). A kann mithin die Aktien steuerrechtlich ebenfalls mit 90 €/Aktie bewerten, er kann aber auch eine Bewertung mit den Anschaffungskosten von 100 €/Aktie vornehmen.

II. Bewertung der Waren

Auch bei den Waren liegt der am Bilanzstichtag beizulegende Wert mit 25 €/Stück unter den Anschaffungskosten (30 €/Stück). Da die Waren zum Umlaufvermögen gehören, müssen sie handelsrechtlich zwingend auf diesen niedrigeren Wert abgeschrieben werden – unabhängig davon, ob die Wertminderung voraussichtlich von Dauer ist oder nicht (§ 253 Abs. 4 S. 1, 2 HGB).

Steuerrechtlich ist auch bei Wirtschaftsgütern des Umlaufvermögens gemäß § 6 Abs. 1 Nr. 2 S. 2 EStG eine Abschreibung auf einen niedrigeren Teilwert nur dann zulässig, wenn die Wertminderung voraussichtlich von Dauer ist. Bei zur Veräußerung bestimmten Waren ist eine Wertminderung jedenfalls dann voraussichtlich von Dauer, wenn sie bis zur Veräu-

---

[228] BFH, Urteil v. 21.9.2011 – I R 89/10, BFHE 235, 263 = BStBl II 2014, 612; BMF-Schreiben v. 16.7.2014, St II 5-S 2220 a-GFZ/14/00003-4, BStBl I 2014, 1162 Tz. 15; krit. *Scholze/Wielenberg*, StuW 2009, 373.

ßerung anhält. Erfolgt die Veräußerung noch vor Bilanzaufstellung, so ist die Preisentwicklung bis zur Veräußerung als wertaufhellende Tatsache zu berücksichtigen. Mithin liegt hier nur eine voraussichtlich dauernde Wertminderung auf 28 €/Stück vor. Die handelsrechtlich zwingende Bewertung mit 25 €/Stück ist trotz der grundsätzlichen Maßgeblichkeit des Handelsrechts (§ 5 Abs. 1 S. 1 Hs. 1 EStG) steuerrechtlich nicht zulässig (§ 5 Abs. 6 EStG). Ob A die Waren mit 28 €/Stück oder mit den Herstellungskosten von 30 €/Stück bewertet, kann er nach herrschender Meinung unabhängig von der handelsrechtlichen Bewertung frei wählen (§ 5 Abs. 1 S. 1 Hs. 2 EStG).

225

Fall 30: Gewerbetreibender A hat sich auf die fachgerechte Entsorgung von Gefahrenstoffen spezialisiert. Er erwirbt zum 1.1.19 ein mit einer Halle bebautes Grundstück, das er als Zwischenlager für zu entsorgende Stoffe nutzen will. Die Anschaffungskosten betragen insgesamt 500.000 €, wobei auf die Halle 200.000 € entfallen. Die Halle besteht aus zwei voneinander getrennten gleich großen Räumen.

Einige Monate später ereignet sich auf dem Grundstück ein Unfall mit in der Halle gelagerten Giftstoffen. Diese gehen eine Verbindung mit dem Hallenboden ein und gelangen über ein Loch in der Bodenabdeckung auch ins Erdreich. Infolge der Verunreinigung darf der hintere Raum der Halle nicht mehr betreten werden. A müsste ihn abreißen lassen und neu errichten. Der vordere Raum der Halle kann aber ohne Einschränkungen weiter genutzt werden.

Ein Gutachter ermittelt, dass das Grundstück (ohne Halle) wegen der Bodenverunreinigung nur noch einen Marktwert von 150.000 € hat. A ist zwar umweltrechtlich zur Beseitigung der Verunreinigung verpflichtet, es ist aber nicht damit zu rechnen, dass zeitnah eine entsprechende behördliche Anordnung erfolgen wird. A beabsichtigt nicht, ohne eine solche Anordnung die Verunreinigung zu beseitigen.

Mit welchen Werten muss A das Grundstück und die Halle zum 31.12.19 in seiner Steuerbilanz erfassen?

Lösung Fall 30: Sowohl das Grundstück als auch die Halle sind steuerrechtlich maximal mit den Anschaffungs- bzw. Herstellungskosten zu bewerten. Fraglich ist jeweils nur, ob eine Bewertung mit einem niedrigeren Wert zwingend oder zumindest möglich ist:

I. Bewertung des Grundstücks

Bei dem Grundstück handelt es sich um ein nicht abnutzbares Wirtschaftsgut des Anlagevermögens. Steuerrechtlich besteht ein Wahlrecht (§ 6 Abs. 1 Nr. 2 S. 2 EStG), ob A das Grundstück zu den Anschaffungskosten (300.000 €) oder zum niedrigeren Teilwert (150.000 €) bewertet, wenn der Teilwert voraussichtlich dauerhaft niedriger ist. Dies ist bei dem niedrigeren Marktwert des Grundstücks der Fall, weil keine Anzeichen dafür bestehen, dass die Verunreinigung zeitnah beseitigt werden wird. Das Wahlrecht besteht nach herrschender Meinung unabhängig von der handelsrechtlichen Bewertung (§ 5 Abs. 1 S. 1 Hs. 2 EStG; handelsrechtlich muss nach § 253 Abs. 3 S. 4 HGB zwingend auf den niedrigeren beizulegenden Wert abgeschrieben werden).

II. Bewertung der Halle

Bei der Halle handelt es sich um ein abnutzbares Wirtschaftsgut des Anlagevermögens, sodass die Anschaffungskosten (200.000 €) durch Absetzungen für Abnutzungen zu mindern sind (§ 6 Abs. 1 S. 1 Nr. 1 EStG). Da eine degressive Abschreibung nach § 7 Abs. 5 EStG nicht in Betracht kommt, beträgt die lineare Abschreibung nach § 7 Abs. 4 S. 1 Nr. 1 EStG 3 % = 6.000 €. Allerdings bleibt gemäß § 7 Abs. 4 S. 3 EStG i.V.m. § 7 Abs. 1 S. 7 Hs. 1

EStG auch eine Abschreibung wegen **außergewöhnlicher technischer Abnutzung** (AfaA) möglich. Diese kommt hier in Betracht, weil infolge des Unfalls und der damit einhergehenden Beeinträchtigung der Hallensubstanz im hinteren Raum dieser Teil der Halle wirtschaftlich wertlos geworden ist. A hat mithin ein Wahlrecht, ob er die anteiligen fortgeführten Anschaffungskosten (100.000 € – 3.000 € = 97.000 €) abschreibt. Er kann die Halle also entweder mit 194.000 € oder mit 97.000 € bewerten. Die AfaA geht einer Teilwertabschreibung vor (vgl. § 6 Abs. 1 Nr. 1 S. 1, 2 EStG).

Verbindlichkeiten sind handelsrechtlich mit ihrem **Erfüllungsbetrag**, Rückstellungen mit dem nach vernünftiger kaufmännischer Beurteilung notwendigen (voraussichtlichen) Erfüllungsbetrag zu bewerten (§ 253 Abs. 1 S. 2 HGB). Rückstellungen mit einer Restlaufzeit von mehr als einem Jahr sind abzuzinsen (im Detail § 253 Abs. 2 HGB). Steuerrechtlich erklärt § 6 Abs. 1 Nr. 3 S. 1 EStG für Verbindlichkeiten die Regelungen für sonstige positive Wirtschaftsgüter (§ 6 Abs. 1 Nr. 2 EStG) für entsprechend (also mit umgekehrten Vorzeichen) anwendbar. Das heißt, Verbindlichkeiten sind steuerrechtlich mindestens mit dem nominalen Rückzahlungsbetrag zu bewerten, bei voraussichtlich dauernder Erhöhung dieses Betrags (denkbar beispielsweise bei Fremdwährungsverbindlichkeiten) kann auch dieser höhere Betrag angesetzt werden. Verbindlichkeiten sind grundsätzlich mit einem Zinssatz von 5,5 % abzuzinsen, wobei diese Regelung für die großen Gruppen der verzinslichen und der kurzfristigen Verbindlichkeiten nicht greift. Für die Bewertung von Rückstellungen enthält § 6 Abs. 1 Nr. 3a EStG eine Vielzahl von Bewertungskriterien; insbesondere sind auch Rückstellungen grundsätzlich mit einem fixen Zinssatz von 5,5 % abzuzinsen und ihr Ansatz ist höchstens auf den handelsrechtlichen Wert begrenzt.

cc) Korrektur von Entnahmen und Einlagen. Indem das Betriebsvermögen zum Ende des Wirtschaftsjahres ermittelt und mit dem Betriebsvermögen zum Ende des vorangegangenen Wirtschaftsjahres verglichen wird, ergibt sich noch nicht automatisch der betriebliche Gewinn oder Verlust. Betriebsvermögensmehrungen oder -minderungen können auch auf betriebsfremden Gründen beruhen und insbesondere durch private Motive des Steuerpflichtigen veranlasst sein. Derartige Veränderungen des Betriebsvermögens werden korrigiert, indem die Betriebsvermögensdifferenz um Entnahmen vermehrt (dazu sogleich unter Rn. 228 ff.) und um Einlagen vermindert wird (dazu unter Rn. 247 ff.). Dies bezeichnet man auch als zweite Stufe der Gewinnermittlung.

(1) Hinzurechnung von Entnahmen. Entnahmen sind nach § 4 Abs. 1 S. 2 EStG „alle Wirtschaftsgüter (Barentnahmen, Erzeugnisse, Nutzungen und Leistungen), die der Steuerpflichtige dem Betrieb für sich, für seinen Haushalt oder für andere betriebsfremde Zwecke entnimmt." Diese gesetzliche Formulierung ist zumindest missverständlich, weil sie in dem Klammerzusatz Nutzungen und Leistungen mit Wirtschaftsgütern gleichsetzt. Zugleich ist sie in gewissem Umfang tautologisch, weil sie den Begriff der Entnahme mit dem Verb entnehmen definiert. Auch die Vorschriften des § 4 Abs. 1 S. 3 EStG, nach der die Beschränkung oder der Wegfall eines Besteuerungsrechts einer Entnahme gleichsteht (dazu unter Rn. 239.), oder des § 6 Abs. 1 Nr. 4 EStG, nach der Entnahmen grundsätzlich mit dem Teilwert und fiktive Entnahmen mit dem gemeinen Wert zu bewerten sind (dazu unter Rn. 240 ff.), enthalten keine eindeutige Legaldefinition einer Entnahme. Die gesetzlichen Regelungen bilden mithin nur den Ausgangspunkt des Entnahmebegriffs, der vor allem aus systematischen und funktionalen Erwägungen weiter konkretisiert werden muss. Insbesondere muss anhand des Gegenstands der Entnahme zwischen **Sach- bzw. Substanzentnahmen** (Entnahme eines Wirtschaftsguts) einerseits und **Nutzungs- bzw. Leistungsentnahmen** andererseits unterschieden werden (dazu sogleich unter Rn. 229 ff.), bevor auf dieser Basis die Tatbestandsvoraussetzungen einer Entnahme (dazu unter Rn. 232 ff.) entwickelt werden können.

229 (a) *Entnahmebegriff*

Sachentnahmen liegen vor, wenn bei einem bilanzierungsfähigen Wirtschaftsgut, das bisher zum notwendigen oder gewillkürten Betriebsvermögen gehört, der Funktionszusammenhang mit dem Betrieb gelöst wird. Dies ist der Fall, wenn der Steuerpflichtige unmissverständlich zum Ausdruck bringt, dass das Wirtschaftsgut dauerhaft nicht mehr für betriebliche Zwecke genutzt werden soll.[229] Beispielsweise tätigt der Steuerpflichtige Sachentnahmen, wenn er seine privaten Einkäufe mit Barmitteln aus einer betrieblichen Kasse oder von einem betrieblichen Konto zahlt oder wenn er auf einem bisher dem Betriebsvermögen zugeordneten Grundstück ein Wohnhaus für sich und seine Familie errichtet.

230 Eine **Nutzungsentnahme** liegt demgegenüber vor, wenn ein dauerhaft dem Betrieb zugeordnetes Wirtschaftsgut vorübergehend für betriebsfremde Zwecke genutzt wird,[230] beispielsweise indem der Steuerpflichtige mit einem betrieblichen Fahrzeug eine private Fahrt tätigt. Wird nicht ein betriebliches Wirtschaftsgut, sondern betriebliche Arbeitskraft für betriebsfremde Zwecke eingesetzt, bezeichnet man dies als **Leistungsentnahme**.[231] Eine solche liegt beispielsweise vor, wenn der Steuerpflichtige Baumängel an seinem privaten Grundstück durch Mitarbeiter seines Betriebs in deren Arbeitszeit beseitigen lässt.

231 Nutzungs- und Leistungsentnahme haben gemeinsam, dass im betrieblichen Bereich Aufwand entsteht, der durch betriebsfremde Zwecke veranlasst ist,[232] während bei einer Sachentnahme ein Wirtschaftsgut das Betriebsvermögen dauerhaft verlässt. Eine Nutzungs- oder Leistungsentnahme führt dazu, dass der betriebliche **Aufwand** um den privat verwendeten Anteil korrigiert wird (vgl. z.B. § 6 Abs. 1 Nr. 4 S. 3 EStG), während bei einer Sachentnahme grundsätzlich die **stillen Reserven** als Differenz zwischen Teil- und Buchwert des Wirtschaftsguts aufgedeckt werden müssen (§ 6 Abs. 1 Nr. 4 S. 1 EStG; zur Bewertung der Entnahmen noch im Einzelnen unter Rn. 240 ff.).

---

229 BFH, Beschluss v. 7.10.1974 – GrS 1/73, BFHE 114, 189 = BStBl II 1975, 168 m.w.N.; BFH, Urteil v. 14.5.2009 – IV R 44/06, BFHE 225, 367 = BStBl II 2009, 811; BFH, Beschluss v. 5.4.2006 – X B 181/05, BFH/NV 06, 1288.
230 Vgl. BFH, Urteil v. 12.7.1973 – IV R 205/69, BFHE 110, 252 = BStBl II 1973, 842; BFH, Urteil v. 23.3.1995 – IV R 94/93, BFHE 177, 408 = BStBl II 1995, 637; BFH, Urteil v. 14.1.1998 – X R 57/93, BFHE 185, 230.
231 Vgl. z.B. BFH, Urteil v. 4.8.1959 – I 69/58 U –, BFHE 69, 428.
232 BFH, Beschluss v. 26.10.1987 – GrS 2/86, BFHE 151, 523 = BStBl II 1988, 348; BFH, Urteil v. 19.12.2002 – IV R 46/00, BFHE 201, 454; sowie obiter dictum in BFH, Urteil v. 16.3.2004 – VIII R 48/98, BFHE 205, 458 = BStBl II 2004, 725.

(b)   Entnahmetatbestand   232

Sowohl Sach- als auch Nutzungsentnahme setzen grundsätzlich eine Entnahmehandlung voraus, durch die der Entnahmewille des Steuerpflichtigen unmissverständlich erkennbar wird. Ebenso wie die ursprüngliche Zuordnung eines Wirtschaftsguts zum Betriebsvermögen (dazu bereits unter Rn. 159 ff.) erfolgt also auch die dauerhafte (Sachentnahme) oder vorübergehende (Nutzungsentnahme) Lösung dieses Zuordnungszusammenhangs regelmäßig durch die Kombination eines objektiven (**Entnahmehandlung**) und eines subjektiven (**Entnahmewille**) Elements. Ganz ausnahmsweise nimmt die Rechtsprechung eine Entnahme auch ohne Entnahmehandlung und -willen allein durch einen Rechtsvorgang an, wenn damit die vorher gegebenen Voraussetzungen für die Annahme von Betriebsvermögen endgültig beseitigt werden. Wichtigstes Beispiel ist der nachträgliche **Wegfall** der Voraussetzungen **einer Betriebsaufspaltung** (siehe zu diesen Voraussetzungen bereits unter Rn. 100 ff.), beispielsweise durch Aufhebung der persönlichen Verflechtung.[233]

Als **Entnahmehandlung** kommt sowohl eine ausdrückliche Handlung als auch ein konkludentes Verhalten in Betracht.[234] Voraussetzung ist jeweils, dass aus dem Verhalten unmissverständlich auf den Entnahmewillen des Steuerpflichtigen geschlossen werden kann.[235] Es muss durch die Handlung nach außen erkennbar sein, dass der Steuerpflichtige das Wirtschaftsgut für betriebsfremde Zwecke einsetzen will.[236] Für Nutzungs- und Leistungsentnahmen reicht es als Entnahmehandlung demnach aus, wenn der Steuerpflichtige tatsächlich ein Wirtschaftsgut für private Zwecke nutzt oder betriebliche Arbeitskräfte tatsächlich für private Zwecke einsetzt. Als Entnahmehandlung für eine Sachentnahme reicht eine Nutzungsänderung hingegen nur dann aus, wenn diese ihrer Art nach auf Dauer angelegt ist und deshalb aus der Nutzungsänderung allein erkennbar ist, dass der Steuerpflichtige die Zuordnung zum Betrieb lösen und das Wirtschaftsgut dauerhaft für betriebsfremde Zwecke einsetzen will.[237] Dies gilt selbst dann, wenn das Wirtschaftsgut durch die Nutzungsänderung eigentlich dem notwendigen Privatvermögen zuzuordnen wäre.   233

Fall 31:[238]   Zum Betriebsvermögen der Steuerpflichtigen A gehören ein PKW und ein unbebautes Grundstück. Der PKW wurde in den vergangenen Jahren zu Anteilen zwischen 20 % und 40 % betrieblich genutzt. Im Jahr 20 fällt der betriebliche Nutzungsanteil auf 5 %. Das Grundstück bebaut A mit einem Wohngebäude, in das sie im Jahr 20 selbst mit seiner Familie einzieht. Sowohl PKW als auch Grundstück erfasst A unverändert in ihrer Bilanz. Zu Recht?   234

---

233   BFH, Urteil v. 15.12.1988 – IV R 36/84, BFHE 155, 538 = BStBl II 1989, 363; BFH, Urteil v. 25.8.1993 – XI R 6/93, BFHE 172, 91 = BStBl II 1994, 23.
234   BFH, Urteil v. 7.2.2002 – IV R 32/01, BFH/NV 2002, 1135; BFH, Urteil v. 14.5.2009 – IV R 44/06, BFHE 225, 367, BStBl II 2009, 811.
235   BFH, Beschluss v. 7.10.1974 – GrS 1/73, BFHE 114, 189 = BStBl II 1975, 168 m.w.N.; BFH, Urteil v. 14.5.2009 – IV R 44/06, BFHE 225, 367 = BStBl II 2009, 811.
236   BFH, Urteil v. 21.8.2012 – VIII R 11/11, BFHE 239, 195 = BStBl II 2013, 117.
237   BFH, Urteil v. 12.11.1964 – IV 99/63 S, BFHE 81, 128 = BStBl III 1965, 46; BFH, Urteil v.4.11.1982 – IV R 159/79, BFHE 137, 294 = BStBl II 1983, 448; BFH, Urteil v. 21.8.2012 – VIII R 11/11, BFHE 239, 195 = BStBl II 2013, 117, juris Rn. 35.
238   Teilweise angelehnt an BFH, Urteil v. 21.8.2012 – VIII R 11/11, BFHE 239, 195 = BStBl II 2013, 117.

Lösung Fall 31: PKW und Grundstück gehörten ursprünglich zum Betriebsvermögen der A. Diese Zuordnung könnte jeweils nur durch eine Sachentnahme aufgehoben worden sein, was eine Entnahmehandlung voraussetzt, aus der sich unmissverständlich auf den Entnahmewillen der A schließen lässt, das jeweilige Wirtschaftsgut dauerhaft nicht mehr für betriebliche Zwecke nutzen zu wollen. Als Entnahmehandlung kommt jeweils nur die veränderte Nutzung des Wirtschaftsguts in Betracht.

Beim Grundstück lässt sich aus dem Einzug von A und ihrer Familie in das neu errichtete Wohnhaus darauf schließen, dass das Grundstück dauerhaft für betriebsfremde Zwecke genutzt werden soll. Die Errichtung eines Gebäudes und die Nutzung als privates Wohnhaus sind regelmäßig auf Dauer angelegte Nutzungsänderungen. Das Grundstück ist dementsprechend aus dem Betriebsvermögen entnommen worden.

Diese Argumentation lässt sich allerdings nicht ohne weiteres auf die veränderte Nutzung des PKW übertragen. Zwar wird der PKW im Jahr 20 nur noch in einem Umfang betrieblich genutzt, der eine Zuordnung zum Betriebsvermögen nicht mehr ermöglichen würde (notwendiges Privatvermögen bei einer betrieblichen Nutzung von weniger als 10 %, vgl. im Detail unter Rn. 176 ff.). Allerdings schwankte die Nutzung auch in den Vorjahren, sodass allein aus der veränderten Nutzung nicht auf einen Willen der A geschlossen werden kann, den PKW dauerhaft nicht mehr betrieblich zu nutzen. Weitere Indizien dafür, dass A den PKW dauerhaft dem Privatvermögen zuordnen und die stillen Reserven aufdecken wollte, liegen nicht vor. Im Gegenteil hat A den PKW weiterhin als Betriebsvermögen behandelt.

Allerdings führt die Nutzung des PKW zu betriebsfremden Zwecken zu einer Nutzungsentnahme. Die durch den Betrieb des PKW veranlassten und damit eigentlich dem betrieblichen Bereich zuzuordnenden Aufwendungen sind zu 95 % über eine Entnahme zu korrigieren (eine pauschale Bewertung der privaten Nutzung nach § 6 Abs. 1 Nr. 4 S. 2 EStG kommt nicht in Betracht, weil der PKW nicht zu mehr als 50 % betrieblich genutzt wird).

235 Führt eine Nutzungsänderung dazu, dass ein Wirtschaftsgut zwar nicht mehr notwendiges Betriebsvermögen ist, aber andererseits auch nicht zu notwendigem Privatvermögen wird, so genügt die Nutzungsänderung allein nicht als Entnahmehandlung für eine Sachentnahme und das Wirtschaftsgut bleibt im Zweifel **gewillkürtes** bzw. **„geduldetes" Betriebsvermögen**.[239] Der Entnahmewille des Steuerpflichtigen muss sich in diesen Fällen in zusätzlichen Handlungen manifestieren. Wesentliches Indiz ist insbesondere die Behandlung des Wirtschaftsguts in der betrieblichen Buchführung.[240]

236 **Fall 32:** Zum Betriebsvermögen des Steuerpflichtigen B gehört ein bebautes Grundstück, das bislang ausschließlich für eigene betriebliche Zwecke genutzt wurde. Ab dem 1.1.20 vermietet B das Grundstück langfristig an S. Sind die Einnahmen aus der Vermietung bei der Ermittlung des betrieblichen Gewinns zu berücksichtigen, wenn
a) B das Grundstück weiterhin in seiner Bilanz ausweist?
b) B das Grundstück weiterhin in seiner Bilanz ausweist, die Vermietung aber zu einem deutlich vergünstigten Preis erfolgt, weil S die Schwester des B ist?
c) B das Grundstück zwar weiterhin in seiner Bilanz ausweist, die Einkünfte aus der Vermietung aber in seiner Steuererklärung als Einkünfte aus Vermietung und Verpachtung erfasst?

---

[239] Vgl. BFH, Urteil v. 10.11.2004 – XI R 31/03, BFHE 208, 180 = BStBl II 2005, 334; vgl. auch BFH, Urteil v. 14.5.2009 – IV R 44/06, BFHE 225, 367 = BStBl II 2009, 811.
[240] BFH, Urteil v. 25.11.1997 – VIII R 4/94, BFHE 184, 255 = BStBl II 1998, 461.

> d) B das Grundstück aus seiner Bilanz ausbucht und die Differenz zwischen Teil- und Buchwert des Grundstücks als Betriebseinnahme erfasst?

Lösung Fall 32: Das Grundstück gehörte ursprünglich zum notwendigen Betriebsvermögen des B. Dieser Zuordnungszusammenhang könnte nur unterbrochen worden sein, wenn das Grundstück entnommen wurde (§ 4 Abs. 1 S. 2 EStG). Das setzt eine Entnahmehandlung des B voraus, aus der sich unmissverständlich auf seinen Entnahmewillen schließen lässt, das Grundstück dauerhaft für betriebsfremde Zwecke zu nutzen.

Die bloße Nutzungsänderung bei unveränderter Behandlung des Grundstücks in der betrieblichen Buchführung (Konstellation a)) genügt noch nicht als Entnahmehandlung, weil das fremdvermietete Grundstück weiterhin gewillkürtes Betriebsvermögen sein kann (vgl. im Detail unter Rn. 165 ff.). Es sind auch keine anderen Handlungen erkennbar, mit denen B zum Ausdruck bringen könnte, dass er das Grundstück dauerhaft für betriebsfremde Zwecke nutzen will.

Auch die vergünstigte Vermietung (Konstellation b)) führt nicht zu einer langfristig anderen Zuordnung des Grundstücks. Es liegt lediglich eine Nutzungsentnahme vor, die mit der Differenz zwischen den anteiligen Kosten (s.u. Rn. 244 f.) und tatsächlich erhobenem Mietzins zu bewerten ist, weil insoweit betriebliche Aufwendungen betriebsfremden Zwecken zugeführt werden.

Die Erfassung der Einnahmen als Einkünfte aus Vermietung und Verpachtung (Konstellation c)) lässt sich ebenfalls nicht als unmissverständliche Entnahmehandlung begreifen, weil B das Grundstück zugleich noch in seiner Bilanz als Betriebsvermögen ausweist.

Erst indem B auch die stillen Reserven aus dem Grundstück realisiert (Konstellation d)) und damit die Folgen einer Entnahme abbildet, lässt sich unmissverständlich auf seinen Entnahmewillen schließen.

Der **Entnahmewille** muss darauf gerichtet sein, das Wirtschaftsgut oder die betriebliche Arbeitskraft (dauerhaft oder vorübergehend) für betriebsfremde Zwecke zu verwenden. Betriebsfremde Zwecke sind nach dem Wortlaut von § 4 Abs. 1 S. 2 EStG in jedem Fall private (Konsum-)Zwecke („für sich, für seinen Haushalt"). Ebenso unstrittig ist umgekehrt, dass keine Entnahme zu betriebsfremden Zwecken vorliegt, wenn der Steuerpflichtige ein Wirtschaftsgut veräußert (Realisation der stillen Reserven) oder aus betrieblicher Veranlassung unentgeltlich an einen anderen Steuerpflichtigen überträgt (Betriebsausgaben, ggfs. im Abzug beschränkt nach § 4 Abs. 5 Nr. 1 EStG) oder wenn er es offen oder verdeckt in eine Kapitalgesellschaft einlegt (Tausch bzw. tauschähnlicher Umsatz, § 6 Abs. 6 S. 1, 2 EStG).

Betriebsfremde Zwecke erschöpfen sich aber nach der gesetzlichen Formulierung („oder für andere betriebsfremde Zwecke") nicht in privaten (Konsum-)Zwecken. Auf Grundlage eines weiten Betriebsbegriffes lässt sich unter „anderen betriebsfremden Zwecken" nur der Einsatz eines Wirtschaftsguts oder betrieblicher Arbeitskraft zum Erzielen von Überschusseinkünften begreifen. Folgt man einem engen Betriebsbegriff, ist auch eine Verwendung für die Zwecke eines anderen Betriebs des Steuerpflichtigen ein betriebsfremder Zweck. Für eine solche enge Auslegung des Betriebsbegriffs im Rahmen der Gewinnermittlungsvorschriften spricht insbesondere die Regelung des § 6 Abs. 5 S. 1 EStG, der ausdrücklich eine Übertragung eines Wirtschaftsguts zwischen zwei Betrieben desselben Steuerpflichtigen behandelt (siehe auch schon unter Rn. 140).

239 *(c) Fiktive Entnahmen bei Entstrickung*

Die Rechtsprechung hat den Begriff der betriebsfremden Zwecke lange – ohne sich ausdrücklich auf einen engen oder weiten Betriebsbegriff festzulegen – nach der sog. **„Theorie der finalen Entnahme"** ausgelegt: Danach führte auch eine Überführung eines Wirtschaftsguts innerhalb des betrieblichen Bereichs von einem (Teil-)Betrieb in einen anderen zu einer Entnahme, wenn eine spätere steuerliche Erfassung der im Buchansatz für dieses WG enthaltenen stillen Reserven nicht gewährleistet ist.[241] Insbesondere nahm die Rechtsprechung eine finale Entnahme an, wenn ein Wirtschaftsgut von einem inländischen Betrieb auf eine ausländische Betriebsstätte desselben Unternehmers übertragen wurde. Nachdem der Bundesfinanzhof diese Rechtsprechung aufgegeben hat,[242] normiert nunmehr § 4 Abs. 1 S. 3 EStG ausdrücklich, dass der Ausschluss oder die Beschränkung des Besteuerungsrechts Deutschlands hinsichtlich des Gewinns aus der Veräußerung oder Nutzung eines Wirtschaftsguts[243] einer Entnahme für betriebsfremde Zwecke gleichsteht. Nach § 4 Abs. 1 S. 4 EStG liegen ein Ausschluss oder eine Beschränkung insbesondere dann vor, wenn ein bisher einer inländischen Betriebsstätte zuzuordnendes Wirtschaftsgut nunmehr einer ausländischen Betriebsstätte zuzuordnen ist. Der Gesetzgeber hat mit dieser **Entnahmefiktion** einen **allgemeinen Entstrickungstatbestand** geschaffen, der immer dann greift, wenn der deutsche Staat ein bislang bestehendes Besteuerungsrecht an den in einem Wirtschaftsgut ruhenden stillen Reserven verliert oder die Anrechnung ausländischer Steuern zulassen muss.[244]

240 *(d) Bewertung von Entnahmen*

Für die Bewertung ist zunächst § 6 Abs. 1 Nr. 4 EStG einschlägig. Nach dessen Satz 1 sind Entnahmen im Sinne von § 4 Abs. 1 S. 2 EStG mit dem Teilwert und fiktive Entnahmen nach § 4 Abs. 1 S. 3 EStG mit dem gemeinen Wert anzusetzen. Der Anwendungsbereich dieser Regelung ist aber kleiner, als es auf den ersten Blick scheint: Sowohl der Einleitungssatz zu § 6 Abs. 1 EStG („für die Bewertung der einzelnen Wirtschaftsgüter […] gilt das Folgende") als auch der Verweis auf den Teilwert („Betrag, den ein Erwerber […] für das einzelne Wirtschaftsgut zahlen würde") zeigen, dass § 6 Abs. 1 Nr. 4 S. 1 EStG nur für Sachentnahmen, aber nicht für Leistungs- und Nutzungsentnahmen greift (zu deren Bewertung sogleich).[245] Auch für Sachentnahmen handelt es sich aber nicht um eine abschließende Regelung. Zum einen erlaubt § 6 Abs. 1 Nr. 4 S. 4 EStG die Bewertung einer Entnahme mit dem **Buchwert**, also ohne Aufdeckung der stillen Reserven, wenn das Wirtschaftsgut un-

---

241 Vgl. BFH, Urteil v. 16.7.1969 – I 266/65, BFHE 97, 342 = BStBl II 1970, 175; BFH, Urteil v. 28.4.1971 – I R 55/66, BFHE 102, 374 = BStBl II 1971, 630; BFH, Urteil v. 24.11.1982 – I R 123/78, BFHE 137, 59 = BStBl II 1983, 113; zustimmend: BFH, Urteil v. 30.5.1972 – VIII R 111/69, BFHE 106, 198 = BStBl II 1972, 760; BFH, Urteil v. 16.12.1975 – VIII R 3/74, BFHE 117, 563 = BStBl II 1976, 246; BFH, Urteil v. 19.2.1998 – IV R 38/97, BFHE 186, 42 = BStBl II 1998, 509.
242 BFH, Urteil v. 17.7.2008 – I R 77/06, BFHE 222, 402 = BStBl II 2009, 464.
243 Nach § 4 Abs. 1 S. 5 EStG gilt dies nicht für Anteile an einer Europäischen Gesellschaft oder einer Europäischen Genossenschaft, wenn diese ihren Sitz verlegen, weil durch Art. 14 der Fusionsrichtlinie (Richtlinie 2009/133/EG des Rates vom 19.10.2009, ABl. L 310 S. 34) eine Besteuerung der Gesellschafter bei einer solchen Sitzverlegung verboten wird.
244 Vgl. im Einzelnen *Bode*, in: Kirchhof/Seer, EStG, § 4 Rn. 107 f. m.w.N.
245 Vgl. z.B. BFH, Urteil v. 26.1.1994 – X R 1/92, BFHE 173, 356 = BStBl II 1994, 353; BFH, Urteil v. 14.1.1998 – X R 57/93, BFHE 185, 230.

mittelbar nach seiner Entnahme unentgeltlich an eine nach § 5 Abs. 1 Nr. 9 KStG wegen der Verwirklichung gemeinnütziger Zwecke von der Körperschaftsteuer befreiten Körperschaft oder eine juristische Person des öffentlichen Rechts überlassen wird. Zum anderen ordnet § 6 Abs. 5 S. 1 EStG systematisch vorrangig die Bewertung mit dem Buchwert an, wenn ein Wirtschaftsgut zwischen verschiedenen Betrieben desselben Steuerpflichtigen überführt wird. Zum ebenfalls vorrangigen Buchwertansatz bei unentgeltlichen Übertragungen zwischen dem Einzelbetriebsvermögen eines Steuerpflichtigen und seinem Sonderbetriebsvermögen bei einer Mitunternehmerschaft (§ 6 Abs. 5 S. 2 EStG) sowie bei bestimmten unentgeltlichen Übertragungen innerhalb einer Mitunternehmerschaft oder zwischen verschiedenen Mitunternehmerschaften (§ 6 Abs. 5 S. 3 EStG) noch im Detail unter Rn. 560 ff., 679 f., 684 ff.).

Fall 33: C ist als Architektin freiberuflich tätig. Daneben betreibt sie einen gewerblichen Handel mit Antiquitäten. Im Betriebsvermögen des Architekturbüros befinden sich zwei Fahrzeuge, die sie vor vier Jahren als Firmenwagen für zwei ihrer Angestellten angeschafft hatte. Nachdem C wegen der aktuell günstigen Angebote zwei aktuellere Fahrzeugmodelle für die Arbeitnehmer erworben hat, hat sie für die beiden älteren Fahrzeuge (Buchwert jeweils 5.000 €, Teilwert jeweils 10.000 €) keine Verwendung mehr.
Sie verschenkt das eine Fahrzeug an ihre Tochter und nutzt das andere Fahrzeug zukünftig nur noch für ihren Antiquitätenhandel. Sie erfasst beide Fahrzeuge in ihrer Gewinnermittlung für das Architekturbüro als Abgänge und nimmt das zweite Fahrzeug in ihrer Bilanz für den Antiquitätenhandel auf. Liegen Entnahmen vor und wie sind diese zu bewerten?

241

Lösung Fall 33: Das Geschenk an die Tochter führt dazu, dass ein bisher dem Betriebsvermögen zuzuordnendes Wirtschaftsgut nunmehr dauerhaft für private Zwecke verwendet wird. Es liegt mithin eine Sachentnahme vor, die nach § 6 Abs. 1 Nr. 4 S. 1 EStG mit dem Teilwert zu bewerten ist. Dadurch werden die stillen Reserven als Differenz zwischen Buch- und Teilwert in Höhe von 5.000 € aufgedeckt und müssen von C versteuert werden.
Die Überführung des anderen Fahrzeugs von einem Betriebsvermögen in ein anderes Betriebsvermögen der C stellt zwar ebenfalls eine Sachentnahme dar, weil ein Wirtschaftsgut des Betriebsvermögens dauerhaft für andere betriebsfremde Zwecke verwendet wird. Diese Entnahme ist nach § 6 Abs. 5 S. 1 EStG allerdings zum Buchwert zu bewerten, sodass es nicht zu einer Aufdeckung der stillen Reserven kommt.

Die Bewertung von Nutzungsentnahmen ist in § 6 Abs. 1 Nr. 4 S. 2 f. EStG partiell für die private Nutzung von Kraftfahrzeugen geregelt, die zu mindestens 50 % betrieblich genutzt werden, also zum notwendigen Betriebsvermögen gehören. Nach § 6 Abs. 1 Nr. 4 S. 2 EStG ist diese private Nutzung grundsätzlich für jeden Monat pauschaliert mit 1 % des Bruttolistenpreises des Fahrzeugs im Zeitpunkt der Erstzulassung anzusetzen (Hs. 1), wobei für Elektrofahrzeuge und extern aufladbare Hybridelektrofahrzeuge abhängig vom Zeitpunkt der Anschaffung Ermäßigungen greifen (Hs. 2 Nr. 1 und Nr. 2). Alternativ kann die private Nutzung nach § 6 Abs. 1 Nr. 4 S. 3 EStG mit den auf die Privatfahrten entfallenden Aufwendungen bewertet werden, wenn der Steuerpflichtige die insgesamt entstehenden Aufwendungen durch Belege und das Verhältnis zwischen privaten und betrieblichen Fahrten durch ein ordnungsgemäß geführtes **Fahrtenbuch** belegen kann (Hs. 1). Auch hier greifen Vergünstigungen für Elektrofahrzeuge und extern aufladbare Hybridelektrofahrzeuge (Hs. 2 Nr. 1 und Nr. 2).

242

243 Daneben existiert in § 6 Abs. 1 Nr. 4 S. 6 EStG eine begünstigende Sonderregelung für die private Nutzung eines betrieblichen **Fahrrads**: Diese ist nicht anzusetzen – das heißt nach der systematischen Stellung von § 6 Abs. 1 Nr. 4 EStG als Bewertungsvorschrift, die Nutzungsentnahme ist mit 0 € zu bewerten –, sodass die durch das Fahrrad veranlassten Aufwendungen im Ergebnis in vollem Umfang als Betriebsausgaben abgezogen werden können.

244 Neben diesen partiellen Regelungen enthält das Einkommensteuergesetz keine allgemeine Aussage zur Bewertung einer Nutzungsentnahme. Für die Bewertung einer Leistungsentnahme finden sich überhaupt keine gesetzlichen Anhaltspunkte. Nach ganz herrschender Meinung ist diese Gesetzeslücke nicht durch eine analoge Anwendung von § 6 Abs. 1 Nr. 4 S. 1 EStG zu schließen. Nutzungs- und Leistungsentnahmen sind vielmehr grundsätzlich nicht mit dem Marktpreis, sondern (nur) mit den tatsächlichen **Selbstkosten**, die auf die Nutzung oder Leistung entfallen, zu bewerten.[246] Dafür spricht zum einen die partielle Regelung zur privaten Nutzung eines Kraftfahrzeugs in § 6 Abs. 1 Nr. 4 S. 3 EStG, die ebenfalls eine Bewertung der Nutzung mit den anteiligen Aufwendungen anordnet. Zum anderen besteht der Sinn und Zweck der Nutzungs- und Leistungsentnahme nach herrschender Meinung darin, den nicht betrieblich veranlassten Aufwand zu neutralisieren und nicht darin, fiktive Einnahmen zu besteuern. Diesem Zweck wird nur eine Bewertung mit den Selbstkosten gerecht. Lediglich wenn der **Marktpreis** einer Nutzung oder Leistung unter deren Selbstkosten liegt, soll der Marktpreis maßgeblich sein, um abermals keine fiktiven, am Markt gar nicht erzielbaren Einnahmen zu besteuern.[247]

245 **Fall 34:** A betreibt einen Einzelhandel und ist zugleich freiberuflich als Dozent tätig. Im Betriebsvermögen des Einzelhandels befindet sich ein Pkw, den A das gesamte Jahr über auch für private Zwecke benutzt. Der Bruttolistenpreis im Zeitpunkt der Erstzulassung betrug 50.000 €. Die durch das Fahrzeug im Jahr 20 veranlassten und als Betriebsausgaben erfassten Aufwendungen betragen inklusive AfA 10.000 €. Wie sind die Entnahmen zu bewerten, wenn im Jahr 20

a) das Fahrzeug zu 70 % für betriebliche Fahrten genutzt wird, A aber kein ordnungsgemäßes Fahrtenbuch zur Abgrenzung der betrieblichen und privaten Fahrten geführt hat?
b) das Fahrzeug zu 25 % für betriebliche Fahrten und zu 75 % für private Fahrten genutzt wird, was A durch ein ordnungsgemäß geführtes Fahrtenbuch nachweisen kann?
c) Das Fahrzeug zu 70 % für betriebliche Fahrten genutzt wird, zu 20 % für private Fahrten und zu 10 % für Fahrten im Zusammenhang mit seiner freiberuflichen Tätigkeit, was A durch ein ordnungsgemäß geführtes Fahrtenbuch nachweisen kann?

---

246 BFH, Beschluss v. 26.10.1987 – GrS 2/86, BFHE 151, 523 = BStBl II 1988, 348; BFH, Urteil v. 22.8.2002 – IV R 42, 43/01, BFH/NV 2003, 302; BFH, Urteil v. 14.1.1998 – X R 57/93, BFHE 185, 230; BFH, Urteil v. 18.2.1992 – VIII R 9/87, BFH/NV 1992, 590, BFH, Urteil v. 24.5.1989 – I R 213/85, BFHE 157, 521 = BStBl II 1990, 8; BFH, Urteil v. 19.12.2002 – IV R 46/00, BFHE 201, 454; auch zur Frage, welche Aufwendungen zu diesen tatsächlichen Selbstkosten zu zählen sind; zu Leistungsentnahmen bereits BFH, Urteil v. 4.8.1959 – I 69/58 U, BFHE 69, 428.
247 BFH, Urteil v. 19.12.2002 – IV R 46/00, BFHE 201, 454; BFH, Urteil v. 24.3.2011 – IV R 46/08, BFHE 233, 162 = BStBl II 2011, 692; BFH, Urteil v. 3.12.2015 – IV R 43/13, BFH/NV 2016, 742, juris Rn. 28.

Lösung Fall 34: Die teilweise Nutzung des betrieblichen Pkw auch für betriebsfremde Zwecke führt nicht zu einer Sachentnahme, weil sich nicht auf einen Willen des A schließen lässt, das Wirtschaftsgut dauerhaft nicht mehr betrieblich nutzen zu wollen. Indem ein Wirtschaftsgut des Betriebsvermögens vorübergehend für betriebsfremde Zwecke genutzt wird, liegt aber eine Nutzungsentnahme vor. Die einzelnen Konstellationen unterscheiden sich nur dadurch, wie diese Nutzungsentnahme zu bewerten ist:

In Konstellation a) ist die private Nutzung des Pkw, der zu mehr als 50 % betrieblich genutzt wird, mit 1 % des Bruttolistenpreises pro Monat zu bewerten (§ 6 Abs. 1 Nr. 4 S. 2 EStG), also mit 12 % * 50.000 € = 6.000 €. Eine Bewertung mit den anteiligen Aufwendungen, die auf die privaten Fahrten entfallen (§ 6 Abs. 1 Nr. 4 S. 3 EStG: 30 % * 10.000 € = 3.000 €) kommt mangels ordnungsgemäß geführten Fahrtenbuches nicht in Betracht.

In Konstellation b) ist die pauschale Bewertungsvorschrift des § 6 Abs. 1 Nr. 4 S. 2 EStG nicht anwendbar, weil der Pkw insgesamt nicht zu mehr als 50 % betrieblich genutzt wird. Es kommt deshalb nur eine Bewertung der Nutzungsentnahme mit den anteiligen Aufwendungen, die auf die privaten Fahrten entfallen, also mit 75 % * 10.000 € = 7.500 € in Betracht.

In Konstellation c) ist die private Nutzung des zu mehr als 50 % betrieblich genutzten Fahrzeugs grundsätzlich nach § 6 Abs. 1 Nr. 4 S. 2 EStG pauschal mit 6.000 € zu bewerten. Da A ein ordnungsgemäßes Fahrtenbuch geführt hat, kann er die Nutzungsentnahme alternativ aber auch mit den auf die private Nutzung entfallenden Aufwendungen, also mit 20 % * 10.000 € = 2.000 € bewerten. Unabhängig davon, welche Bewertung A für die private Nutzung des Kfz wählt, muss zusätzlich die Nutzung des Kfz für die Dozententätigkeit als Entnahme für andere betriebsfremde Zwecke bewertet werden.[248] Mangels gesetzlicher Regelung sind insoweit die anteiligen Aufwendungen in Höhe von 10 % * 10.000 € = 1.000 € zu berücksichtigen. Bei der Gewinnermittlung für seine Dozententätigkeit kann A diese Nutzung über eine Nutzungs- bzw. Aufwandseinlage als Betriebsausgabe abziehen (siehe noch im Detail unter Rn. 255 f.).

Fall 35: A betreibt als Einzelkaufmann einen Gemüsehandel. Um beim Großmarkt einkaufen zu können und Firmenkunden zu beliefern, hat er einen Lieferwagen angeschafft (Bruttolistenpreis im Zeitpunkt der Erstzulassung 50.000 €) und in seiner Bilanz aktiviert. A nutzt das Fahrzeug regelmäßig auch für private Fahrten. Der Anteil privater Fahrten beträgt nach dem von A ordnungsgemäß geführten Fahrtenbuch 20 %.

Am 30.6.20 hat A ohne eigenes Verschulden einen Unfall, bei dem der Lieferwagen (Buchwert zum 30.6.20 15.000 €; Teilwert zum 30.6.20 25.000 €; Gesamtaufwendungen im Jahr 20 inklusive AfA bis zu diesem Zeitpunkt: 10.000 €) einen Totalschaden erleidet. Zwei Monate später erhält A von der Versicherung des Unfallgegners Schadensersatz für die Zerstörung des Fahrzeugs in Höhe von 25.000 €.

Welche Rechtsfolgen ergeben sich, wenn

a) A sich bei dem Unfall auf dem Weg zum Großmarkt befand, um neue Ware einzukaufen?
b) A seinen Laden am 30.6. gar nicht geöffnet hatte und er sich bei dem Unfall auf dem Weg zum Kindergarten befand, um seine Tochter abzuholen?

Lösung Fall 35: Wenn der Pkw zum Zeitpunkt des Unfalls noch zum Betriebsvermögen zählt, führt seine Zerstörung zu einer Abschreibung für außergewöhnliche technische Abnutzung (§ 7 Abs. 1 S. 7 EStG), sodass in Höhe des zu diesem Zeitpunkt noch vorhandenen

---

248 Vgl. BFH, Urteil v. 26.4.2006 – X R 35/05, BFHE 214, 61 = BStBl II 2007, 445; BFH, Urteil v. 19.3.2009 – IV R 59/06, BFH/NV 09, 1617.

Buchwerts (15.000 €) Betriebsausgaben abgezogen werden können. In Konstellation a) ist dies unstrittig. In Konstellation b) stellt sich die Frage, ob der Pkw vor dem Unfall aus dem Betriebsvermögen entnommen wurde. Allerdings kann aus der bloßen Nutzung des Pkw für eine private Fahrt nicht unmissverständlich auf einen Willen des A geschlossen werden, das Fahrzeug dauerhaft nicht mehr für betriebliche Zwecke nutzen zu wollen. Es liegt mithin keine Sachentnahme, sondern nur eine Nutzungsentnahme vor. Damit zählt der Pkw auch in Konstellation b) zum Zeitpunkt des Unfalls noch zum Betriebsvermögen, sodass auch hier Betriebsausgaben in Höhe von 15.000 € vorliegen.

In beiden Konstellationen ist eine Nutzungsentnahme zu erfassen, um die private Nutzung des Lieferwagens abzubilden: In Konstellation a) ist die Entnahme grundsätzlich nach § 6 Abs. 1 Nr. 4 S. 2 EStG mit 6 % * 50.000 € = 3.000 € zu bewerten. Da A ein ordnungsgemäßes Fahrtenbuch führt, kann er die Nutzungsentnahme alternativ nach § 6 Abs. 1 Nr. 4 S. 3 EStG auch mit den anteiligen Aufwendungen in Höhe von 20 % * 10.000 € = 2.000 € bewerten. In Konstellation b) sind auch die durch die außergewöhnliche Abschreibung entstehenden Aufwendungen in Höhe von 15.000 € privat veranlasst, sodass jedenfalls bei einer Bewertung der Nutzungsentnahme nach § 6 Abs. 1 Nr. 4 S. 3 EStG die Nutzungsentnahme entsprechend höher bemessen werden muss (20 % * 10.000 € + 15.000 € = 17.000 €).[249] Macht A von seinem Bewertungswahlrecht nach § 6 Abs. 1 Nr. 4 S. 3 EStG keinen Gebrauch, bleibt es nach herrschender Meinung bei der pauschalen Bewertung der Nutzungsentnahme nach § 6 Abs. 1 Nr. 4 S. 2 EStG in Höhe von 6 % * 50.000 € = 3.000 €, weil diese sämtliche privat veranlasste Aufwendungen abdecken soll.[250]

Da der Pkw im Zeitpunkt seines Untergangs in beiden Konstellationen zum Betriebsvermögen gehört, sind auch die Schadensersatzleistungen jeweils als betriebliche Einnahmen zu erfassen. In Konstellation b) soll dies nach herrschender Meinung aber nur insoweit gelten, als die Schadensersatzleistung den vormaligen Buchwert des Fahrzeugs überschreitet.[251]

Dies überzeugt indes nur, insoweit der Steuerpflichtige die Nutzungsentnahme nach § 6 Abs. 1 Nr. 4 S. 3 EStG und nicht über die pauschale Regelung des § 6 Abs. 1 Nr. 4 S. 2 EStG ermittelt, weil nur dann eine Besteuerung fiktiver Einnahmen droht, wenn der betriebliche Aufwand bereits über die Nutzungsentnahme korrigiert wurde.

247 **(2) Abzug von Einlagen.** Einlagen sind nach § 4 Abs. 1 S. 8 Hs. 1 EStG „alle Wirtschaftsgüter (Bareinzahlungen und sonstige Wirtschaftsgüter), die der Steuerpflichtige dem Betrieb im Laufe des Jahres zugeführt hat." Parallel zur fiktiven Entnahme bei einer Entstrickung (siehe bereits unter Rn. 239) nimmt § 4 Abs. 1 S. 8 Hs. 2 EStG eine **fiktive Einlage** bei einer Verstrickung an (dazu noch im Detail unter Rn. 261 ff.). Nach § 6 Abs. 1 Nr. 5 S. 1 Hs. 1 und Nr. 6 EStG sind Einlagen grundsätzlich mit dem **Teilwert** und nach § 6 Abs. 1 Nr. 5a EStG fiktive Einlagen mit dem **gemeinen Wert** zu bewerten (zur Bewertung im Einzelnen noch unter Rn. 264 ff.).

---

[249] Statt vieler BFH, Urteil v. 24.5.1989 – I R 213/85, BFHE 157, 521, BStBl II 1990, 8, juris Rn. 2 ff. m.w.N.; BFH, Urteil v. 18.4.2007 – XI R 60/04, BFHE 218, 56 = BStBl II 07, 762; R 4.7 Abs. 1 S. 2 f. EStR 2012; a.A. (Entnahme mit dem Teilwert zu bewerten): BFH, Beschluss v. 23.1.2001 – VIII R 48/98, BStBl II 01, 395, juris Rn. 16 ff., aufgehoben durch BFH v. 14.10.2003 – VIII R 48/98, BFH/NV 04, 331 und – als obiter dictum – BFH, Urteil v. 16.3.2004 – VIII R 48/98, BFHE 205, 458 = BStBl II 2004, 725, juris Rn. 12.

[250] FG Köln, Urteil v. 8.12.2004 – 14 K 2612/03, EFG 2005, 589. rkr., OFD Erfurt, Erlass v. 26.1.1999, DStR 1999, 594.

[251] R 4.7 Abs. 1 S. 5 EStR 2012.

Genau wie bei der Entnahme enthält keine dieser gesetzlichen Regelungen eine abschließende Legaldefinition einer Einlage. Die Funktion der Einlage im System der steuerrechtlichen Gewinnermittlung macht vielmehr eine systematisch-teleologische Auslegung und Extension des Gesetzeswortlauts erforderlich. Dies betrifft zum einen die Abgrenzung der Einlage eines Wirtschaftsguts von anderen Erwerbsvorgängen und zum anderen die möglichen Einlagegegenstände (dazu sogleich unter Rn. 249 ff.). Erst auf Basis des so entwickelten Begriffs können die Voraussetzungen einer Einlage im Einzelnen betrachtet werden (dazu unter Rn. 258 ff.).

248

(a) Einlagebegriff

249

Der Wortlaut des § 4 Abs. 1 S. 8 Hs. 1 EStG bezeichnet Einlagen als dem Betriebsvermögen „zugeführte" Wirtschaftsgüter. Aus Perspektive des Betriebsvermögens handelt es sich bei der Einlage eines Wirtschaftsguts also um einen Erwerbsvorgang: Ein bisher nicht zum Betriebsvermögen gehörendes Wirtschaftsgut wird dem Betriebsvermögen zugeordnet. Dieser Einlagebegriff lässt sich konkretisieren, indem man ihn von anderen Erwerbsvorgängen abgrenzt:

Entgeltliche Erwerbe führen zu Anschaffungs- oder Herstellungskosten (vgl. §§ 255 Abs. 1-2a HGB), die die Obergrenze für die steuerrechtliche Bewertung des Wirtschaftsguts bilden (§ 6 Abs. 1 S. 1 Nr. 1-2 EStG). Dies gilt auch bei einem Tausch (§ 6 Abs. 6 S. 1 EStG; siehe im Einzelnen bereits unter Rn. 218 ff.). Da neben diesen Regelungen für entgeltliche Erwerbsvorgänge mit § 6 Abs. 1 Nr. 5 EStG eine eigenständige Bewertungsvorschrift für eingelegte Wirtschaftsgüter existiert (dazu noch im Einzelnen unter Rn. 264 ff.), muss es sich bei der Einlage um einen **unentgeltlichen Erwerbsvorgang** handeln. Von einem unentgeltlichen Erwerb nach § 6 Abs. 4 EStG unterscheidet sich eine Einlage wiederum dadurch, dass das Wirtschaftsgut **von dem Steuerpflichtigen selbst** und nicht von einem anderen Steuerpflichtigen in das Betriebsvermögen überführt werden muss. Zudem erfasst § 6 Abs. 4 EStG nur betrieblich veranlasste Vermögensmehrungen (nur dann wird das unentgeltlich übertragene Wirtschaftsgut beim Erwerber dem Betriebsvermögen zugeordnet), während Einlagen nur deshalb bei der Gewinnermittlung nach § 4 Abs. 1 S. 1 EStG wieder abgezogen werden, weil sie das Betriebsvermögen **aus betriebsfremden Gründen** vermehrt haben.

250

Mit dem Abzug der Einlagen in Höhe des **Teilwerts** (§ 4 Abs. 1 S. 1, § 6 Abs. 1 Nr. 5 S. 1 Hs. 1 EStG) auf der zweiten Stufe der Gewinnermittlung (§ 4 Abs. 1 S. 1 EStG) wird insbesondere erreicht, dass vom Steuerpflichtigen steuerfrei gebildete oder bei ihm bereits im Rahmen der Überschusseinkunftsarten besteuerte Vermögensmehrungen nach Zuordnung zum Betriebsvermögen nicht (erneut) besteuert werden. Erhält der Steuerpflichtige beispielsweise als Gegenleistung für eine Tätigkeit als Arbeitnehmer ein Wirtschaftsgut, muss er diesen Vermögenszugang als sonstigen Sachbezug bei seinen Einkünften aus nichtselbständiger Arbeit versteuern (§ 8 Abs. 2 S. 1 EStG; ggfs. greifen Freigrenzen und -beträge nach § 8 Abs. 2 S. 11 oder Abs. 3 S. 2 EStG). Wird dieses Wirtschaftsgut später unentgeltlich dem Betrieb zugeführt, erhöht sich dadurch das Betriebsvermögen und der auf der ersten Stufe der Gewinnermittlung durch Betriebsvermögensvergleich ermittelte Gewinn. Indem diese Erhöhung des Betriebsvermögens durch Abzug einer Einlage wieder rückgängig gemacht wird, wird eine Doppelbesteuerung vermieden.

251

252 In Abgrenzung zu anderen Erwerbsvorgängen und mit Blick auf die Funktion, außerhalb des betrieblichen Bereichs entstandene Vermögensmehrungen nicht im betrieblichen Bereich zu besteuern, lässt sich der Einlagebegriff danach wie folgt konkretisieren: Eine Einlage liegt vor, wenn der Steuerpflichtige ein ihm zuzurechnendes Wirtschaftsgut erstmals dem Betriebsvermögen eines seiner Betriebe zuordnet, ohne hierfür eine Gegenleistung zu erhalten.

253 Weiter konkretisiert werden kann und muss der Einlagebegriff mit Blick auf den Einlagegegenstand: Grundsätzlich meint „Wirtschaftsgut" im Sinne von § 4 Abs. 1 S. 8 Hs. 1 EStG im systematischen Kontext des § 4 Abs. 1 S. 1 EStG jedes (dem Grunde nach) bilanzierungsfähige materielle oder immaterielle Wirtschaftsgut, weil nur die unentgeltliche Übertragung eines solchen Wirtschaftsguts das Betriebsvermögen und damit den Gewinn auf der ersten Gewinnermittlungsstufe erhöht. Die Erhöhung des Betriebsvermögens kann auch darin bestehen, dass ein passives Wirtschaftsgut vermindert wird, beispielsweise, indem der Steuerpflichtige eine betriebliche Verbindlichkeit mit privaten Mitteln tilgt.[252] Unentgeltliche Nutzungen (bspw. die Nutzung eines Gegenstands des Privatvermögens für betriebliche Zwecke) und Leistungen (bspw. der Einsatz der Arbeitskraft des Unternehmers) führen hingegen regelmäßig nicht unmittelbar zu einer bilanziell erfass- und bewertbaren Erhöhung des Betriebsvermögens und müssen dementsprechend auch nicht durch den Abzug einer Einlage korrigiert werden. Die Vorschrift des § 4 Abs. 1 S. 8 Hs. 1 EStG erfasst also im Grundsatz nur **Sacheinlagen**. Die Funktion der Einlage, betriebsfremde Vermögensmehrungen von einer Besteuerung auszunehmen, kann es im Einzelfall erforderlich machen, steuerrechtliche Aktivierungsverbote teleologisch zu reduzieren.[253]

254 **Fall 36:** Die angestellte Ingenieurin A erledigt ihre privaten Lebensmitteleinkäufe regelmäßig bei einem Supermarkt, dessen Parkplatz leicht abschüssig ist. Nachdem ihr auf diesem Parkplatz zum wiederholten Mal der Einkaufswagen entglitten und mit einem parkenden Auto kollidiert ist, kommt ihr eine Idee, wie man eine automatische Bremsvorrichtung für Einkaufswagen konstruieren könnte. Sie bastelt in ihrer privaten Garage einen Prototyp, hält die Konstruktionsschritte schriftlich fest und beantragt vorsorglich ein entsprechendes Patent. Nachdem sie sich mit dem Betreiber des Supermarkts über ihre Idee unterhalten und dieser den Hersteller der Einkaufswagen darüber informiert hat, bietet der Einkaufswagenhersteller ihr überraschend 30.000 € für eine Übertragung des Patents.

A entscheidet sich, das Angebot abzulehnen und selbst in die serienmäßige Produktion der Bremsvorrichtung einzusteigen. Sie erwirbt (mit Hilfe eines Bankdarlehens) ein bebautes Grundstück und die für die Produktion notwendigen Maschinen. Bei der Aufstellung der Eröffnungsbilanz für ihren Betrieb fragt sie sich, ob und mit welchem Wert sie das Patent in der Bilanz erfassen muss.

Lösung Fall 36: Das patentierte Nutzungsrecht ist ein von A selbst geschaffenes immaterielles Wirtschaftsgut, das dauerhaft im Betrieb der A genutzt werden soll und mithin zum notwendigen Betriebsvermögen zählt. Einer Erfassung in der Eröffnungsbilanz steht grund-

---

252 Vgl. BFH, Urteil v. 15.4.2015 – I R 44/14, BFHE 249, 493 = BStBl II 2015, 769 m.w.N.; BFH, Beschluss v. 9.6.1997 – GrS 1/94, BFHE 183, 187 = BStBl II 1998, 307.
253 BFH, Urteil v. 22.1.1980 – VIII R 74/77, BFHE 129, 485 = BStBl II 1980, 244; zustimmend: BFH, Urteil v. 20.8.1986 – I R 150/82, BFHE 149, 25 = BStBl II 1987, 455.

sätzlich das Aktivierungsverbot des § 5 Abs. 2 EStG entgegen. Dieses Verbot ist hier aber ausnahmsweise teleologisch zu reduzieren:

Das Wirtschaftsgut wurde von A ursprünglich im Rahmen einer nicht steuerbaren Tätigkeit entwickelt. Sie erzielte mit der Erfindung weder Einkünfte aus selbständiger Arbeit noch aus Gewerbebetrieb, weil sie mangels Wiederholungsabsicht jedenfalls nicht nachhaltig tätig war (auch die Gewinnerzielungsabsicht ist fraglich).[254] Die entgeltliche Übertragung des Patents an den Einkaufswagenhersteller hätte auch nicht zu sonstigen Einkünften geführt: Es liegt kein privates Veräußerungsgeschäft (§§ 22 Nr. 2 i.V.m. 23 Abs. 1 S. 1 Nr. 2 EStG) vor, weil A das Patent nicht angeschafft hat und die entgeltliche Übertragung eines Wirtschaftsguts führt auch nicht zu Einkünften aus Leistungen (§ 22 Nr. 3 EStG).[255] Indem A das Patent dauerhaft für ihre neu aufgenommene gewerbliche Tätigkeit nutzen will, legt sie es in das Betriebsvermögen ein (vgl. § 4 Abs. 1 S. 8 Hs. 1 EStG). Nur wenn das Patent dabei aktiviert und nach § 6 Abs. 1 Nr. 6 EStG i.V.m. § 6 Abs. 1 Nr. 5 S. 1 Hs. 1 EStG zum Teilwert bewertet wird, wird verhindert, dass bei einer späteren Veräußerung des Patents der im nicht steuerbaren Bereich geschaffene Wertzuwachs besteuert wird.

Während die Ausnahme betriebsfremder Vermögensmehrungen von der Besteuerung die Seite der betrieblichen Erträge betrifft, kommt den Einlagen darüber hinaus auch eine Funktion für den Abzug der betrieblichen Aufwendungen zu: Nach § 4 Abs. 1 S. 9 EStG sind bei der Gewinnermittlung durch Betriebsvermögensvergleich die Vorschriften über die Betriebsausgaben zu befolgen, das heißt, sämtliche betrieblich veranlassten Aufwendungen müssen gewinnmindernd berücksichtigt werden (§ 4 Abs. 4 EStG; zu ausnahmsweise bestehenden Abzugsverboten noch unter Rn. 279 ff.). Wenn Wirtschaftsgüter des Betriebsvermögens für betriebliche Zwecke eingesetzt werden, werden entsprechende Aufwendungen unmittelbar in einer Minderung des Betriebsvermögens zum Ende des Wirtschaftsjahres abgebildet und fließen so bei der ersten Stufe der Gewinnermittlung ein. Betrieblich veranlasste Aufwendungen können aber auch dadurch entstehen, dass betriebsfremde Wirtschaftsgüter für betriebliche Zwecke verwendet werden (beispielsweise, indem der Steuerpflichtige sein privates Kraftfahrzeug für eine betriebliche Fahrt nutzt) oder Leistungen für einen betrieblichen Zweck mit betriebsfremden Mitteln erbracht werden (beispielsweise, indem der Steuerpflichtige Arbeitnehmer eines Betriebs für Zwecke eines anderen Betriebs einsetzt). Da betriebsfremdes Vermögen nicht in den Betriebsvermögensvergleich auf erster Stufe einbezogen wird, lassen sich diese Aufwendungen bei einer Gewinnermittlung nach § 4 Abs. 1 S. 1 EStG nur berücksichtigen, wenn hierfür eine Einlage abgesetzt wird.[256] Mit dem Wortlaut des § 4 Abs. 1 S. 8 Hs. 1 EStG, der nur **Sacheinlagen** erfasst, lässt sich dies allerdings nicht vereinbaren: Ein vorübergehend betrieblich genutztes Wirtschaftsgut wird dem Betriebsvermögen nicht (im Sinne eines Erwerbstatbestands) zugeführt. Vielmehr erfordert diese zweite Funktion des

255

---

254 Vgl. BFH, Urteil v. 18.6.1998 – IV R 29/97, BFHE 186, 351 = BStBl II 1998, 567.
255 St. Rspr., vgl. z.B. BFH, Urteil v. 20.10.1999 – X R 132/95, BFHE 190, 178 = BStBl II 2000, 82; BFH, Urteil v. 14.9.1999 – IX R 88/95, BFHE 189, 424 = BStBl II 1999, 776; BFH, Urteil v. 5.8.1976 – VIII R 117/75, BFHE 120, 182 = BStBl II 1977, 27.
256 Grundlegend BFH, Beschluss v. 26.10.1987 – GrS 2/86, BFHE 151, 523 = BStBl II 1988, 348; zuletzt bspw. BFH, Urteil v. 16.9.2014 – X R 32/12, BFH/NV 2015, 324, juris Rn. 17; BFH, Urteil v. 25.3.2015 – X R 14/12, BFH/NV 2015, 973, juris Rn. 21; BFH, Urteil v. 10.10.2018 – X R 44-45/17, BFHE 263, 11 = BStBl II 2019, 203.

Einlagebegriffs eine teleologische Extension der Vorschrift. Ähnlich wie bei Entnahmen existieren damit über den Wortlaut des § 4 Abs. 1 S. 8 Hs. 1 EStG hinaus auch Nutzungs- oder Leistungseinlagen (oft auch zusammengefasst unter dem Begriff der **Aufwandseinlage**), die einen Abzug der mit der Nutzung bzw. Leistung zusammenhängenden betrieblich veranlassten **Aufwendungen** ermöglichen (zur Bewertung noch unter Rn. 274 ff.).

256 **Fall 37:** B ist selbständiger Steuerberater mit eigener Praxis, in der er mehrere Steuerfachangestellten beschäftigt. Als sein Vater stirbt, erbt B zudem noch dessen kleinen Kiosk, den er nebenberuflich weiterführt. Zum Betriebsvermögen des Kiosks gehört ein kleiner Lieferwagen.

B lässt die laufende Buchführung für den Kiosk durch eine seiner Steuerfachangestellten erstellen. Umgekehrt nutzt er den Lieferwagen aus dem Betriebsvermögen des Kiosks, um einen neuen Schreibtisch für seine Steuerberatungskanzlei vom Möbelgeschäft zum Büro zu transportieren.

Wie sind die Vorgänge bei den beiden Betrieben zu erfassen?

Lösung Fall 37: Zwar führt weder die mit der Erstellung der Buchführung verbundene Dienstleistung noch die einmalige Nutzung des Lieferwagens dazu, dass ein bisher einem der Betriebe zugeordnetes Wirtschaftsgut nunmehr einem anderen Betrieb zuzuordnen ist, sodass keine Sachentnahmen bzw. -einlagen vorliegen.

Indem B den Lieferwagen für außerbetriebliche Zwecke (nämlich für die Zwecke eines anderen Betriebs) nutzt, tätigt er allerdings eine **Nutzungsentnahme** aus dem Betriebsvermögen des Kiosks, die abweichend von § 6 Abs. 1 Nr. 4 EStG mit den anteiligen Aufwendungen zu bewerten ist. Gleichzeitig sind die Aufwendungen im Rahmen einer Einlage bei der Ermittlung des Gewinns aus der Tätigkeit als Steuerberater zu erfassen.

Der Einsatz der Arbeitskraft der Steuerfachangestellten zur Erstellung der Buchführung des Kiosks stellt auf Ebene des Steuerberatungsbüros eine **Leistungsentnahme** dar, die mit den anteiligen (Lohn-)Aufwendungen zu bewerten ist. Auf Ebene des Kiosks liegt umgekehrt eine Leistungseinlage vor, die dazu führt, dass die anteiligen (Lohn-)Aufwendungen den mit dem Betrieb des Kiosks erzielten Gewinn mindern.

257 Keine Einlage im steuerrechtlichen Sinne liegt vor, wenn der Gesellschafter einer Personen- oder Kapitalgesellschaft seine gesellschaftsrechtliche Einlageverpflichtung erfüllt, indem er ein Wirtschaftsgut auf die Gesellschaft überträgt („**offene Einlage**", vgl. § 272 HGB). Die Übertragung erfolgt nicht unentgeltlich, weil der Gesellschafter als Gegenleistung für die Übertragung Gesellschafterrechte erhält. Geht das Wirtschaftsguts im Wege einer **verdeckten Einlage** auf die Gesellschaft über (also im Rahmen einer unentgeltlichen oder teilentgeltlichen Übertragung außerhalb der gesellschaftsrechtlichen Vorschriften), ordnet § 6 Abs. 6 S. 2 EStG für eine verdeckte Einlage in eine Kapitalgesellschaft an, dass sich die Anschaffungskosten des Übertragenden für die Beteiligung an der Kapitalgesellschaft um den Teilwert des übertragenen Wirtschaftsguts erhöhen. Aus Sicht des übertragenden Gesellschafters liegt damit ein **tauschähnlicher Umsatz** vor. Aus Sicht der Kapitalgesellschaft handelt es sich gleichwohl um eine nach § 8 Abs. 1 KStG i.V.m. § 6 Abs. 1 Nr. 5 EStG zu bewertende Einlage: Zwar erfolgt die Übertragung hier nicht durch den Steuerpflichtigen (die Kapitalgesellschaft) selbst, dies ist aber angesichts der nur entsprechenden Anwen-

dung der einkommensteuerrechtlichen Gewinnermittlungsvorschriften bei der Ermittlung des körperschaftsteuerlichen Einkommens unerheblich.[257] Es genügt, dass die Vermögensmehrung aus Sicht der Kapitalgesellschaft auf betriebsfremden Gründen beruht. Bei einer verdeckten Einlage in eine Personengesellschaft, also einer unentgeltlichen oder teilentgeltlichen Übertragung eines Wirtschaftsguts vom Gesellschafter auf die Gesellschaft, kommt § 6 Abs. 5 S. 3 EStG zur Anwendung (im Einzelnen noch unter Rn. 560 ff., 684 ff.).

(b) Einlagetatbestand **258**

Eine Einlage setzt – parallel zur Entnahme – eine **Einlagehandlung** voraus, aus der sich auf den **Einlagewillen** des Steuerpflichtigen schließen lässt. Aus einer tatsächlichen Handlung muss sich unmissverständlich schließen lassen, dass der Steuerpflichtige ein bisher nicht zum Betriebsvermögen zählendes Wirtschaftsgut dauerhaft **(Sacheinlage)** oder vorübergehend **(Nutzungseinlage)** betrieblich nutzen oder mit betriebsfremden Mitteln eine Leistung für betriebliche Zwecke erbringen möchte **(Leistungseinlage)**. Welche Rechtsfolgen die Einlage hat, muss der Steuerpflichtige nicht überblicken.[258]

Als Einlagehandlung kommt sowohl ausdrückliches als auch schlüssiges Handeln in **259** Betracht. Insbesondere kann damit die Nutzung eines Wirtschaftsguts zu betrieblichen Zwecken eine Einlagehandlung darstellen. Für eine Sacheinlage gilt dies allerdings nur, wenn die Nutzung nach objektiven Kriterien dauerhaft so verändert wird, dass das Wirtschaftsgut zum notwendigen Betriebsvermögen wird. Besteht infolge der Nutzungsänderung ein Zuordnungswahlrecht zwischen gewillkürtem Betriebsvermögen oder Privatvermögen, muss die dauerhafte Zuordnung zum Betriebsvermögen in jedem Fall anhand zusätzlicher Handlungen dokumentiert werden. In derartigen Grenzfällen kommt insbesondere der buchhalterischen Behandlung des Wirtschaftsguts indizielle Bedeutung zu.[259]

Fall 38: Die Gewerbetreibende A nutzt einen bisher nur privat genutzten Pkw nunmehr **260** erstmals auch für betriebliche Fahrten. Welche Rechtsfolgen ergeben sich, wenn A keine weiteren Handlungen tätigt und der betriebliche Nutzungsanteil

a) 5 %,
b) 20 % oder
c) 60 % beträgt?

Wie ändert sich die Beurteilung jeweils, wenn A den Pkw in ihrer laufenden Buchführung als Betriebsvermögen erfasst?

Lösung Fall 38: In der veränderten Nutzung könnte eine (konkludente) Sacheinlage des Pkw zu sehen sein, wenn sich aus der bloßen Nutzungsänderung zweifelsfrei schließen lässt, dass A das Fahrzeug dauerhaft dem Betrieb zuordnen möchte.

---

257 Grundlegend BFH, Beschluss v. 26.10.1987 – GrS 2/86, BFHE 151, 523 = BStBl II 1988, 348, juris Rn. 90.
258 BFH, Beschluss v. 13.5.2014 – III B 152/13, BFH/NV 2014, 1364; vgl. auch BFH, Beschluss v. 22.4.2015 – IV B 76/14, BFH/NV 2015, 976.
259 Vgl. nur BFH, Beschluss v. 3.8.2012 – X B 153/11, BFH/NV 2012, 1956, juris Rn. 16 m.w.N.

Eine solche Zuordnung scheidet aber jedenfalls aus, wenn der Pkw zu weniger als 10 % betrieblich genutzt wird, weil er dann notwendiges Privatvermögen darstellt (Konstellation a)). Dies gilt unabhängig davon, ob A den Pkw in ihrer Buchführung als Betriebsvermögen einordnet oder nicht. Es liegt mithin keine Sacheinlage, sondern nur eine mit den anteiligen Aufwendungen zu bewertende Nutzungs- bzw. Aufwandseinlage vor.

Beträgt der Nutzungsanteil 20 % (Konstellation b)) ist zwar eine Zuordnung zum gewillkürten Betriebsvermögen möglich. Die bloße Nutzungsänderung trifft dann aber keine Aussage darüber, ob A den Pkw dauerhaft dem Betriebsvermögen zuordnen möchte. Nur, wenn A den Pkw bilanziert, lässt sich eindeutig auf einen entsprechende Einlagewillen der A schließen. Nur dann liegt also eine mit dem Teilwert zu bewertende Sacheinlage vor, ansonsten eine mit den anteiligen Aufwendungen zu bewertende Nutzungs- bzw. Aufwandseinlage. Wenn eine Sacheinlage vorliegt und der Pkw mithin dem Betriebsvermögen zugeführt wird, führt die anteilige Nutzung des Fahrzeugs für private Zwecke (80 %) wiederum zu einer Nutzungsentnahme. Da keine betriebliche Nutzung über 50 % vorliegt und eine pauschale Bewertung nach der 1 %-Methode mithin ausscheidet, ist diese mit den anteiligen Aufwendungen zu bewerten.

Beträgt der Nutzungsanteil 60 % (Konstellation c)) handelt es sich zwar bei dem Pkw um notwendiges Betriebsvermögen. Gleichwohl lässt sich aus der Nutzungsänderung allein noch nicht darauf schließen, dass das Fahrzeug dem Betriebsvermögen dauerhaft zugeordnet werden soll, weil die Nutzungsanteile kurzfristig schwanken können. Also liegt im Ausgangsfall abermals eine bloße Aufwandseinlage vor. Anderes gilt, wenn die Steuerpflichtige den Pkw als Betriebsvermögen aktiviert hat. Dann liegt einerseits eine Sacheinlage vor, gleichzeitig durch die private Nutzung aber eine Nutzungsentnahme, die grundsätzlich nach der pauschalen 1 %-Methode zu bewerten ist (§ 6 Abs. 1 Nr. 4 S. 2 f. EStG).

261 *(c) Fiktive Einlagen bei Verstrickung*

Die Vorschrift des § 4 Abs. 1 S. 8 Hs. 2 EStG fingiert eine Einlage, wenn ein Besteuerungsrecht der Bundesrepublik Deutschland hinsichtlich des Gewinns aus der Veräußerung eines Wirtschaftsguts begründet wird.

262 Anders als der allgemeine Entstrickungstatbestand in § 4 Abs. 1 S. 3 EStG erfasst die fiktive Einlage nur die erstmalige Begründung des Besteuerungsrechts, aber nicht dessen Erweiterung. Damit liegt insbesondere eine fiktive Einlage vor, wenn ein Wirtschaftsgut aus einer ausländischen Betriebsstätte in einem Staat, mit dem ein Doppelbesteuerungsabkommen mit Freistellungsmethode besteht, in ein inländisches Betriebsvermögen überführt wird: Vorher bestand kein Besteuerungsrecht Deutschlands, weil die Gewinne aus der ausländischen Betriebsstätte bei der Ermittlung des deutschen zu versteuernden Einkommens freizustellen sind. Mit der Überführung wird erstmals ein Besteuerungsrecht begründet. Keine fiktive Einlage liegt hingegen vor, wenn Deutschland auch schon bisher ein eingeschränktes Besteuerungsrecht hatte (insbesondere im Rahmen eines Doppelbesteuerungsabkommens mit Anrechnungsmethode) und dieses durch die Überführung des Wirtschaftsguts in ein inländisches Betriebsvermögen zu einem unbeschränkten Besteuerungsrecht erweitert wird.

263 Ebenfalls abweichend vom allgemeinen Entstrickungstatbestand bezieht sich § 4 Abs. 1 S. 8 Hs. 2 EStG nur auf den Gewinn aus der Veräußerung des Wirtschaftsguts. Die erstmalige Begründung eines Besteuerungsrechts an der Nutzung eines Wirtschaftsguts führt mithin nicht zu einer fiktiven Einlage.

(d) Bewertung von Einlagen 264

Für die Bewertung von Einlagen ist zwischen der Einlage eines Wirtschaftsguts (**Sacheinlage**) und der **Aufwandseinlage** (Nutzungs- bzw. Leistungseinlage) zu differenzieren: Für Sacheinlagen gibt es gesetzliche Vorschriften in § 6 Abs. 1 Nr. 5 EStG, die nach § 6 Abs. 1 Nr. 6 EStG auch bei der Eröffnung eines Betriebs entsprechend anwendbar sind. Vorrangig kann zudem § 6 Abs. 5 S. 1 EStG greifen. Handelt es sich bei dem eingelegten Wirtschaftsgut um ein abnutzbares Wirtschaftsgut, bildet der Einlagewert zugleich die Bemessungsgrundlage für die weiteren Absetzungen für Abnutzungen, wobei nach § 7 Abs. 1 S. 5, Abs. 4 S. 1 Hs. 2 EStG ggfs. eine Kürzung um bereits im Rahmen der Überschusseinkunftsarten als Werbungskosten berücksichtigte Abnutzungen vorzunehmen sein kann. Für die Bewertung von Aufwandseinlagen existieren keine gesetzlichen Regelungen.

Sacheinlagen sind grundsätzlich mit dem **Teilwert** des Wirtschaftsguts im Zeitpunkt der Einlage zu bewerten, § 6 Abs. 1 Nr. 5 S. 1 Hs. 1 EStG. Allerdings wird der Einlagewert in § 6 Abs. 1 Nr. 5 S. 1 Hs. 2 a) – c) i.V.m. S. 2 f. EStG für bestimmte Wirtschaftsgüter der Höhe nach begrenzt, um Steuerumgehungen zu vermeiden: 265

Dies betrifft nach § 6 Abs. 1 Nr. 5 S. 1 Hs. 2 a) EStG zunächst Wirtschaftsgüter, die der Steuerpflichtige innerhalb der **letzten drei Jahre vor dem Zeitpunkt der Einlage angeschafft oder hergestellt** hat. Diese sind maximal mit den Anschaffungs- oder Herstellungskosten zu bewerten, sodass eventuelle stille Reserven in Höhe der Differenz zum Teilwert bei einer zukünftigen Realisation (insbesondere durch Veräußerung des Wirtschaftsguts) den betrieblichen Gewinn erhöhen. Die gesetzliche Regelung behandelt den Steuerpflichtigen im Fall von Wertsteigerungen damit so, als wäre das zunächst außerhalb des Betriebs angeschaffte oder hergestellte Wirtschaftsgut von Anfang an für eine betriebliche Nutzung bestimmt gewesen. Vor der Einlage gebildete stille Lasten wirken sich hingegen keinesfalls im betrieblichen Bereich aus, weil es bei einer Bewertung zum Teilwert bleibt, wenn dieser unter den Anschaffungs- oder Herstellungskosten liegt. 266

Handelt es sich bei dem Wirtschaftsgut um ein **abnutzbares Wirtschaftsgut**, sind die Anschaffungs- oder Herstellungskosten nach § 6 Abs. 1 Nr. 5 S. 2 EStG um (planmäßige und erhöhte) Absetzungen für Abnutzungen für den Zeitraum zwischen Anschaffung oder Herstellung und Einlage zu kürzen. Verglichen wird dann also der Teilwert mit den fortgeführten Anschaffungs- oder Herstellungskosten. Dies gilt unabhängig davon, ob der Steuerpflichtige die Abschreibungen tatsächlich steuerlich geltend machen konnte oder das Wirtschaftsgut für private Zwecke außerhalb der steuerbaren Sphäre genutzt hat: In beiden Fällen ist es bereits zu einem Wertverzehr gekommen, der über die pauschalierenden Regelungen der Abschreibungen der Zeit vor der Einlage zugeordnet wird.[260] Ist das Wirtschaftsgut vor der Einlage aus demselben oder einem anderen Betriebsvermögen des Steuerpflichtigen entnommen worden, so kommt es für die Dreijahresfrist des § 6 Abs. 1 Nr. 5 S. 1 Hs. 2 a) EStG nicht auf den Zeitpunkt der Anschaffung oder Herstellung, sondern auf denjenigen der **Entnahme** an (§ 6 Abs. 1 Nr. 5 S. 3 EStG). Der Teilwert im Zeitpunkt der Einlage 267

---
260 BFH, Urteil v. 20.4.2005 – X R 53/04, BFHE 210, 100 = BStBl II 2005, 698.

§ 2 Besteuerung von Einzelunternehmern

wird nicht mit den (fortgeführten) Anschaffungs- oder Herstellungskosten, sondern mit dem (fortgeführten) Entnahmewert verglichen.

268 **Fall 39:** Der Steuerpflichtige B hat zum 1.1.10 ein bebautes Grundstück angeschafft, das er seitdem zu Wohnzwecken vermietet. Die Anschaffungskosten betrugen für den Grund und Boden 1.000.000 € und für das Gebäude 500.000 €. Zum 1.1.12 legt er das Grundstück in sein Betriebsvermögen ein, vermietet es aber weiterhin zu Wohnzwecken. Der Teilwert des Grundstücks liegt zu diesem Zeitpunkt bei 1.100.000 €, der des Gebäudes bei 500.000 €. Welche Rechtsfolgen ergeben sich, wenn B das bebaute Grundstück aus dem Betriebsvermögen am 31.12.17 veräußert? Was ändert sich, wenn das Grundstück erst am 31.12.25 veräußert wird?

Lösung Fall 39:

A. Veranlagungszeiträume 10 und 11

I. Einkünfte aus Vermietung und Verpachtung

Vom 1.1.10 bis zum 31.12.11 erzielt B mit der Vermietung des Grundstücks Einkünfte aus Vermietung und Verpachtung (§ 21 Abs. 1 Nr. 1 EStG). Als Werbungskosten sind insbesondere Absetzungen für Abnutzungen für das Grundstück zu berücksichtigen (§ 9 Abs. 1 S. 3 Nr. 7 EStG). Diese bemessen sich nach den Anschaffungskosten des Gebäudes i.H.v. 500.000 € (vgl. § 7 Abs. 1 S. 1 EStG) und einem jährlichen AfA-Satz von 2 % (§ 7 Abs. 4 S. 1 Nr. 2 a) EStG). Als Abschreibungen sind also jährlich 10.000 € abzusetzen.

II. Einkünfte aus einem privaten Veräußerungsgeschäft (§ 22 Nr. 2 EStG i.V.m. § 23 EStG)

Die Einlage *in das Betriebsvermögen* steht nach § 23 Abs. 1 S. 5 Nr. 1 EStG einer *Veräußerung* im Sinne des § 23 Abs. 1 S. 1 Nr. 1 EStG gleich, wenn das Grundstück in der Folge *aus dem Betriebsvermögen* innerhalb von zehn Jahren nach Anschaffung veräußert wird. Das ist der Fall, wenn das Grundstück im Jahr 17 veräußert wird. Damit sollen die im privaten Vermögen gebildeten Wertzuwächse auch dann besteuert werden, wenn das Grundstück innerhalb des Zehnjahreszeitraums in ein Betriebsvermögen eingelegt wird.

Der Gewinn aus dem privaten Veräußerungsgeschäft ist grundsätzlich die Differenz zwischen Veräußerungspreis und Anschaffungskosten (§ 23 Abs. 3 S. 1 EStG).

Als **Veräußerungspreis** ist bei einer fiktiven Veräußerung im Sinne von § 23 Abs. 1 S. 5 Nr. 1 EStG der Wert anzusetzen, mit dem die Einlage zu bewerten ist (§ 23 Abs. 3 S. 2 Hs. 1 EStG). Die Einlage ist grundsätzlich nach § 6 Abs. 1 Nr. 5 Hs. 1 EStG mit dem Teilwert (insgesamt 1.600.000 €) zu bewerten. Da die Einlage innerhalb von drei Jahren nach der Anschaffung erfolgt, ist der Einlagewert allerdings begrenzt auf die Anschaffungs- und Herstellungskosten (§ 6 Abs. 1 Nr. 5 S. 1 Hs. 2 a) EStG), wobei die Anschaffungskosten des Gebäudes um die Absetzungen für Abnutzungen für den Zeitraum zwischen Anschaffung und Einlage zu mindern sind. Die Einlage ist also maximal auf 1.000.000 € + 500.000 € ./. 2*10.000 € = 1.480.000 € begrenzt. Dieser Wert gilt zugleich als Veräußerungspreis im Sinne des § 23 EStG.

Die **Anschaffungskosten** des Grundstücks (1.000.000 € + 500.000 € = 1.500.000 €) sind für die Ermittlung des Veräußerungsgewinns i.S.d. § 23 EStG um die Absetzungen für Abnutzungen zu mindern, soweit sie bei der Ermittlung der Einkünfte aus Vermietung und Verpachtung abgesetzt wurden (§ 23 Abs. 3 S. 4 EStG). Die zu berücksichtigenden Anschaffungskosten betragen damit ebenfalls 1.480.000 € (1.000.000 € + 500.000 € ./. 2*10.000 €). Mithin ergibt sich aus der Einlage kein Veräußerungsgewinn.

Wird das Grundstück erst im Jahr 25 aus dem Betriebsvermögen veräußert, führt die Einlage im Jahr 12 nicht zu einem privaten Veräußerungsgeschäft.

B. Veranlagungszeiträume 12-17

Nach der Einlage der Wirtschaftsgüter Grund und Boden und Gebäude zählen die Vermietungseinkünfte zu den Einkünften aus Gewerbebetrieb. Die Einlage innerhalb von drei Jahren nach der Anschaffung ist auf die fortgeführten Anschaffungskosten begrenzt (s.o.). Anlass für eine teleologische Reduktion besteht nicht, weil durch die Übernahme des Einlagewerts als Veräußerungspreis bei § 23 Abs. 1 S. 1 Nr. 5, Abs. 3 S. 2 Hs. 1 EStG) keine stillen Reserven aufgedeckt werden.[261]

Die Absetzungen für Abnutzungen für das Gebäude bemessen sich nach der Einlage nach dem Einlagewert (vgl. auch § 7 Abs. 1 S. 5 EStG).[262] Eine Kürzung dieser Bemessungsgrundlage nach § 7 Abs. 4 S. 1 Hs. 2 EStG i.V.m. Abs. 1 S. 5 EStG um bereits bei den Überschusseinkunftsarten in Anspruch genommene Absetzungen für Abnutzungen ist nicht erforderlich, weil der Einlagewert ohnehin schon nach § 6 Abs. 1 Nr. 5 S. 1 Hs. 2 a) EStG i.V.m. S. 2 EStG um diese Absetzungen gekürzt wurde. Die jährliche Abschreibung beträgt damit 2 % * 480.000 € = 9.600 €.

Fall 40: Die Steuerpflichtige A hält in ihrem Betriebsvermögen ein mit einer Lagerhalle bebautes Grundstück, das sie an einen anderen Gewerbetreibenden vermietet. Nachdem dieser Mietvertrag zum 31.12.17 ausgelaufen ist, entnimmt A das Grundstück am 1.1.18 in ihr Privatvermögen. Die Teilwerte betragen zu diesem Zeitpunkt für den Grund und Boden 300.000 € (Buchwert 150.000 €) und für die Lagerhalle 200.000 € (Buchwert 100.000 €).

A nutzt das Grundstück bis zum 31.12.19 als Abstellfläche für ihre private Oldtimersammlung. Weil sie in ihrem Gewerbebetrieb zusätzliche Lagerflächen benötigt, beschließt A zu diesem Zeitpunkt erneut, die Nutzung des Grundstücks zu ändern und legt es mit Wirkung zum 1.1.20 wieder in ihr Betriebsvermögen ein. Die Teilwerte betragen zu diesem Zeitpunkt für den Grund und Boden 350.000 € und für die Lagerhalle 150.000 €.

Wie sind die Entnahmen zum 1.1.18 und die Einlagen zum 1.1.20 zu bewerten? Wie hoch ist die AfA-Bemessungsgrundlage zum 1.1.20?

Lösung Fall 40: Die Entnahme von Grund und Boden und Gebäude zum 1.1.18 ist jeweils mit dem Teilwert zu bewerten und führt zur Aufdeckung der stillen Reserven. Es ergibt sich jeweils ein laufender gewerblicher Gewinn in Höhe von 150.000 € beim Grundstück (300.000 € ./. 150.000 € = 150.000 €) und ein Gewinn in Höhe von 100.000 € beim Gebäude (200.000 € ./. 100.000 € = 100.000 €).

Die Einlagen von Grund und Boden und Gebäude zum 1.1.20 sind grundsätzlich jeweils mit dem Teilwert zu bewerten. Da allerdings die Wirtschaftsgüter innerhalb der letzten drei Jahre vor der Einlage aus demselben Betriebsvermögen entnommen wurden, ist der Einlagewert nach § 6 Abs. 1 Nr. 5 S. 1 Hs. 2 a) EStG i.V.m. S. 3 EStG auf den Entnahmewert, im Fall des abnutzbaren Gebäudes auf den um fiktive Absetzungen für Abnutzungen fortge-

---

261 Etwas anderes ergibt sich indes, wenn ein Grundstück innerhalb von drei Jahren nach seiner Anschaffung verdeckt in eine Kapitalgesellschaft eingelegt wird und dabei der Teilwert über den fortgeführten Anschaffungskosten liegt, weil dann die Einlage zwingend zu einer Realisation der stillen Reserven führt (§ 23 Abs. 1 S. 2 Nr. 2, Abs. 3 S. 2 Hs. 2 EStG): Um eine Doppelbesteuerung zu vermeiden, muss die Vorschrift des § 6 Abs. 1 Nr. 5 S. 1 Hs. 2 b) EStG in diesen Fällen teleologisch reduziert werden.
262 BFH, Urteil v. 9.3.2016 – X R 46/14, BFHE 253, 156 = BStBl II 2016, 976 m.w.N.

> führten Entnahmewert (§ 6 Abs. 1 Nr. 5 S. 2 EStG) begrenzt. Für das Grundstück bedeutet dies, dass die Einlage nicht mit dem Teilwert am 1.1.20 (350.000 €) anzusetzen ist, sondern auf den Wert der früheren Entnahme (300.000 €) begrenzt ist. Für das Gebäude ist zunächst der fortgeführte Entnahmewert zu ermitteln. Nach der Entnahme hätte A bei einer Nutzung der Halle zur Erzielung von Überschusseinkünften nach § 7 Abs. 4 S. 1 Nr. 2 a) EStG eine jährliche AfA in Höhe von 200.000 € * 2 % = 4.000 € abziehen können. Mithin beträgt der fortgeführte Einlagewert zum 1.1.20 200.000 € ./. 2 * 4.000 € = 192.000 €. Da der Teilwert am 1.1.20 (150.000 €) unter diesem Wert liegt, ist die Einlage mit dem niedrigeren Teilwert zu bewerten.
>
> Die weiteren Absetzungen für Abnutzungen bemessen sich nach diesem Teilwert. Eine Kürzung dieser Bemessungsgrundlage nach § 7 Abs. 1 S. 5 EStG scheidet jedenfalls aus, weil das Wirtschaftsgut in der Zeit, in der es nicht zum Betriebsvermögen gehörte, nicht zur Erzielung von Überschusseinkünften verwendet wurde. Selbst wenn dies der Fall gewesen wäre, wäre hier aber der Teilwert die Bemessungsgrundlage gewesen, weil dieser noch unter den fortgeführten Anschaffungskosten liegt (§ 7 Abs. 1 S. 5 Hs. 2 EStG).

270 Nach § 6 Abs. 1 Nr. 5 S. 1 Hs. 2 b) EStG ist der Einlagewert ebenfalls auf die Anschaffungskosten (bzw. bei einer vorherigen Entnahme auf den Entnahmewert, § 6 Abs. 1 Nr. 5 S. 3 EStG) begrenzt, wenn ein Anteil an einer Kapitalgesellschaft in das Betriebsvermögen eingelegt wird und der Steuerpflichtige an dieser Gesellschaft wesentlich beteiligt ist im Sinne von § 17 Abs. 1 oder Abs. 6 EStG. Da die Einlage eines Kapitalgesellschaftsanteils in ein Betriebsvermögen nicht zu einer Veräußerung im Rahmen von § 17 Abs. 1 S. 1 oder Abs. 4 EStG führt, könnte der Steuerpflichtige ansonsten eine Besteuerung von stillen Reserven verhindern, indem er den Kapitalgesellschaftsanteil in seinen Betrieb einlegt und sodann veräußert. Aus demselben Grund muss im umgekehrten Fall – wenn der Teilwert des Kapitalgesellschaftsanteils die ursprünglichen Anschaffungskosten unterschreitet – abweichend von § 6 Abs. 1 Nr. 5 S. 1 Hs. 1 und Hs. 2 b) EStG die Einlage mit den höheren Anschaffungskosten bewertet werden, damit die entstandenen und grundsätzlich im Rahmen von § 17 EStG steuerverhafteten stillen Lasten nicht durch eine Einlage des Kapitalgesellschaftsanteils in das Betriebsvermögen dauerhaft verloren gehen. Schließlich muss § 6 Abs. 1 Nr. 5 S. 1 Hs. 2 b) EStG für den Sonderfall der verdeckten Einlage eines Kapitalgesellschaftsanteils in eine andere Kapitalgesellschaft teleologisch reduziert werden: Die verdeckte Einlage eines Kapitalgesellschaftsanteils steht nach § 17 Abs. 1 S. 2 EStG einer Veräußerung des verdeckt eingelegten Kapitalgesellschaftsanteils gleich, sodass die stillen Reserven oder Lasten im Zeitpunkt der verdeckten Einlage besteuert werden. In diesem Fall ist der verdeckt eingelegte Kapitalgesellschaftsanteil zwar auf Ebene der aufnehmenden Kapitalgesellschaft nach § 6 Abs. 1 Nr. 5 S. 1 Hs. 1 EStG zu bewerten (siehe bereits unter Rn. 257), die Vorschrift des § 6 Abs. 1 Nr. 5 S. 1 Hs. 2 b) EStG muss aber teleologisch reduziert werden, sodass der Anteil auch dann mit dem Teilwert bewertet wird, wenn dieser oberhalb der Anschaffungskosten liegt, weil andernfalls eine Doppelbesteuerung stiller Reserven droht.

271 **Fall 41:** Die Gewerbetreibende A hat vor einigen Jahren eine Beteiligung in Höhe von 10 % an der F-GmbH gegen Zahlung von 10.000 € von ihrem Freund F erworben. Die restlichen Anteile an der GmbH hält F, der als alleinige Geschäftsführer unter dem Dach der GmbH einen Onlinehandel betreibt. A hat den Anteil ursprünglich erworben, weil F für sein

Unternehmen zusätzliches Kapital benötigte und A auf der Suche nach einer Anlage für ihr privates Vermögen war. Geschäftsbeziehungen zwischen A und der F-GmbH bestehen nicht. A hat den Anteil an der F-GmbH nicht in ihrem Betriebsvermögen erfasst.

Zum 1.1.20 will A ihr betriebliches Kapital stärken und legt deshalb den Anteil an der F-GmbH in ihr Betriebsvermögen ein. Welche Rechtsfolgen ergeben sich, wenn der Teilwert (= gemeiner Wert) des Anteils am 1.1.20

a) 20.000 €
b) 5.000 € beträgt?
c) Welche Rechtsfolgen ergeben sich in den beiden vorgenannten Varianten, wenn A ihren eigenen Betrieb zunächst in eine neu gegründete A-GmbH einbringt und zum 1.1.20 sodann den Anteil an der F-GmbH unentgeltlich auf diese A-GmbH überträgt?

Lösung Fall 41:

A. Behandlung der Varianten a) und b) bei einer Einlage des Anteils in das Betriebsvermögen

Bei dem Anteil an der F-GmbH handelt es sich zunächst um ein Wirtschaftsgut des Privatvermögens, dessen Übertragung bei A zu Einkünften nach § 17 Abs. 1 S. 1 EStG führen kann, weil A innerhalb der letzten fünf Jahre zu mindestens 1 % an der Gesellschaft beteiligt war. Die Einlage dieses Anteils in das Betriebsvermögen ist allerdings keine Veräußerung im Sinne von § 17 Abs. 1 S. 1 EStG, sodass kein Besteuerungstatbestand vorliegt. Im aufnehmenden Betriebsvermögen ist die Einlage nach § 6 Abs. 1 Nr. 5 S. 1 Hs. 1 EStG grundsätzlich mit dem Teilwert zu bewerten. Fraglich ist nur, ob § 6 Abs. 1 Nr. 5 S. 1 Hs. 2 b) EStG den Einlagewert begrenzt:

In Konstellation a) liegt der Teilwert (20.000 €) über den ursprünglichen Anschaffungskosten (10.000 €), sodass die Einlage nur mit den ursprünglichen Anschaffungskosten bewertet werden kann.

In Konstellation b) liegt der Teilwert (5.000 €) unter den ursprünglichen Anschaffungskosten, sodass die Einlage nach § 6 Abs. 1 Nr. 5 S. 1 Hs. 1 EStG grundsätzlich mit dem niedrigeren Teilwert bewertet werden müsste. Dann würden allerdings auch Wertsteigerungen zwischen diesem niedrigeren Teilwert und den ursprünglichen Anschaffungskosten bei einer späteren Veräußerung des Anteils aus dem Betriebsvermögen einer Besteuerung unterliegen. Weil die Einlage keinen Besteuerungstatbestand i.S.v. § 17 Abs. 1 S. 1 EStG darstellt und mithin nicht zu einer steuerwirksamen Realisierung der stillen Lasten führt, würde dies im Ergebnis bedeuten, dass A die von ihr gezahlten Anschaffungskosten in Höhe des bisherigen Wertverlustes (5.000 €) nie steuerlich geltend machen könnte, obwohl das Wirtschaftsgut seit dem Erwerb steuerverhaftet war. Um dieses Resultat, das mit einer Besteuerung nach der wirtschaftlichen Leistungsfähigkeit schwerlich vereinbar ist, zu verhindern, ist § 6 Abs. 1 Nr. 5 S. 1 Hs. 2 b) EStG über seinen Wortlaut hinaus so auszulegen, dass die Einlage nicht mit dem niedrigeren Teilwert, sondern mit den ursprünglichen Anschaffungskosten zu bewerten ist.

B. Behandlung der Varianten a) und b) bei einer verdeckten Einlage des Anteils in die A-GmbH

Wenn A den Anteil an der F-GmbH unentgeltlich an die A-GmbH überträgt und damit verdeckt in diese einlegt, steht dies einer Veräußerung im Sinne von § 17 Abs. 1 S. 1 EStG gleich (§ 17 Abs. 1 S. 2 EStG). Für die Berechnung des Veräußerungsgewinns tritt der gemeine Wert des Anteils an die Stelle des Veräußerungspreises (§ 17 Abs. 1 S. 2 EStG). Dieser fiktive Veräußerungspreis ist nach § 3 Nr. 40 S. 1 c) EStG zu 40 % steuerfrei. Die vom Veräußerungspreis abzuziehenden Anschaffungskosten dürfen nach § 3c Abs. 2 S. 1 EStG

> nur zu 60 % abgezogen werden. In Variante a) ergibt sich ein Veräußerungsgewinn in Höhe von 60 % * 20.000 € ./. 60 % *10.000 € = 6.000 €. In Variante b) ergibt sich ein Veräußerungsverlust in Höhe von 60 % * 5.000 € ./. 60 % * 10.000 € = ./. 3.000 €. Zugleich erhöhen sich durch die verdeckte Einlage die Anschaffungskosten der A für ihre Anteile an der A-GmbH um den Teilwert der verdeckt eingelegten Anteile, also um 20.000 € (Variante a)) bzw. 5.000 € (Variante b)).
>
> Bei der aufnehmenden A-GmbH ist die Zuführung der Anteile an der F-GmbH als Einlage zu bewerten, die nach § 6 Abs. 1 Nr. 5 S. 1 Hs. 1 EStG grundsätzlich mit dem Teilwert zu bewerten ist. Fraglich ist nur, ob diesem Ansatz § 6 Abs. 1 Nr. 5 S. 1 Hs. 2 b) EStG entgegensteht.
>
> In Variante a) liegt der Teilwert (20.000 €) über den ursprünglichen Anschaffungskosten (10.000 €), sodass die Bewertung grundsätzlich auf die Anschaffungskosten beschränkt wäre. Allerdings würden damit die stillen Reserven in Höhe der Differenz zwischen Anschaffungskosten und Teilwert (10.000 €) auf Ebene der A-GmbH erneut steuerverstrickt, obwohl gerade diese stillen Reserven von A bereits im Rahmen von § 17 Abs. 1 S. 1 EStG einer Besteuerung unterworfen wurden. Um diese mit dem Grundsatz der Besteuerung nach der wirtschaftlichen Leistungsfähigkeit unvereinbare Doppelbesteuerung zu vermeiden, ist § 6 Abs. 1 Nr. 5 S. 1 Hs. 2 b) EStG teleologisch zu reduzieren und die Einlage mit dem über den ursprünglichen Anschaffungskosten liegenden Teilwert zu bewerten.
>
> In Variante b) liegt der Teilwert (5.000 €) unter den ursprünglichen Anschaffungskosten (10.000 €), sodass § 6 Abs. 1 Nr. 5 S. 1 Hs. 2 b) EStG einer Bewertung zum Teilwert nicht entgegensteht. Damit korrespondiert die Bewertung auf Ebene der A-GmbH mit dem von A im Rahmen von § 17 Abs. 1 S. 1 EStG versteuerten fiktiven Veräußerungspreis, sodass keine Doppelbesteuerung droht.

272 Schließlich begrenzt § 6 Abs. 1 Nr. 5 S. 1 Hs. 2 c) EStG den Einlagewert auch für Wirtschaftsgüter im Sinne von § 20 Abs. 2 EStG (beispielsweise Kleinstbeteiligungen an Kapitalgesellschaften oder Forderungen) und § 2 Abs. 4 InvStG (Anteile an Investmentfonds) auf die Anschaffungskosten bzw. den Entnahmewert (§ 6 Abs. 1 Nr. 5 S. 3 EStG). Die bei § 6 Abs. 1 Nr. 5 S. 1 Hs. 2 b) EStG gebotenen teleologischen Reduktionen bei einer Einlage zu einem Teilwert unterhalb der Anschaffungskosten (Ansatz der Anschaffungskosten) und der verdeckten Einlage eines Kapitalgesellschaftsanteils in eine andere Kapitalgesellschaft (Ansatz des Teilwerts) lassen sich nicht auf § 6 Abs. 1 Nr. 5 S. 1 Hs. 2 c) EStG übertragen, weil Einkünfte aus § 20 Abs. 2 EStG anders als Einkünfte aus § 17 EStG einem besonderen Steuerregime (grundsätzlich abgeltende Besteuerung mit einem ermäßigten Steuersatz, § 32d EStG) und insbesondere einer eingeschränkten Verlustverrechnung unterliegen (§ 20 Abs. 6 EStG).

273 Bei der unentgeltlichen Übertragung eines Wirtschaftsguts von einem Betriebsvermögen unmittelbar in ein anderes Betriebsvermögen, die aus Sicht des aufnehmenden Betriebsvermögens eine Sacheinlage darstellt, verdrängt § 6 Abs. 5 S. 1 EStG die Regelung des § 6 Abs. 1 Nr. 5 EStG. Der **Buchwert** des überführten Wirtschaftsguts ist zwingend fortzuführen.

274 Anders als die Parallelvorschrift zur Bewertung von Entnahmen (§ 6 Abs. 1 Nr. 4 S. 2 f. EStG) enthält § 6 Abs. 1 Nr. 5 EStG noch nicht einmal eine fragmentarische Regelung zur Bewertung von **Aufwandseinlagen** (bzw. Nutzungs- oder Leistungseinlagen). Ausgehend von der Funktion, betrieblich veranlasste Aufwendungen im

Rahmen der Gewinnermittlung nach § 4 Abs. 1 S. 1 EStG berücksichtigen zu können (§ 4 Abs. 1 S. 9 EStG, vgl. auch schon unter Rn. 255), sind diese mit den anteilig auf die Nutzung eines betriebsfremden Gegenstands entfallenden Aufwendungen (inklusive Absetzungen für Abnutzungen) bzw. den zum Erbringen einer betrieblichen Leistung im außerbetrieblichen Bereich verursachten Aufwendungen zu bewerten.[263]

Einen Grenzfall bildet die **Bewertung von unentgeltlich erworbenen obligatorischen oder dinglichen Nutzungsrechten**. Grundsätzlich kann ein solches Nutzungsrecht ein immaterielles Wirtschaftsgut darstellen, das (ungeachtet des möglicherweise einschlägigen Aktivierungsverbots in § 5 Abs. 2 EStG; vgl. bereits unter Rn. 253) Gegenstand einer Sacheinlage sein kann. Allerdings würde eine Bewertung dieses Wirtschaftsguts mit dem Teilwert regelmäßig dazu führen, dass die wirtschaftliche Verwertung des Nutzungsrechts gar nicht besteuert würde. Um dieses systemwidrige Ergebnis zu vermeiden, ist die Einlage in derartigen Fällen nur mit dem tatsächlich außerbetrieblich entstandenen Aufwand, also wie eine **Aufwandseinlage** zu bewerten.[264] 275

Fall 42: Mutter M ist Eigentümerin eines fremdvermieteten Grundstücks, das sie im Privatvermögen hält. Daneben ist sie als Gewerbetreibende tätig. Sie überträgt das Grundstück unentgeltlich auf ihren Sohn S, behält sich aber einen lebenslangen Nießbrauch an dem Grundstück vor. Als Nießbraucherin soll M weiterhin alle laufenden Aufwendungen im Zusammenhang mit dem Grundstück tragen, behält aber auch alle aus der Vermietung erzielten Erträge. Nach der Übertragung entscheidet sich M, das Vermögen ihres Betriebs durch zusätzliche regelmäßige Einnahmen zu stärken und dementsprechend den Nießbrauch an dem Grundstück dem gewillkürten Betriebsvermögen zuzuordnen. Welche Rechtsfolgen ergeben sich? 276

Lösung Fall 42: Der Nießbrauch (§ 1030 BGB) stellt als dingliches subjektives Recht ein immaterielles Wirtschaftsgut dar, das mit dauerhafter Zuordnung zum Betrieb in das Betriebsvermögen eingelegt wird. Die Einlage führt nicht zu einem Besteuerungstatbestand im Privatvermögen, da weder ein zu den Einkünften aus Kapitalvermögen zählender Veräußerungstatbestand (§ 20 Abs. 2 EStG) noch ein privates Veräußerungsgeschäft (§ 22 Nr. 2, § 23 EStG) vorliegt. Eine Aktivierung des Nießbrauchs im Betriebsvermögen kann auch nicht allein mit Verweis auf § 5 Abs. 2 EStG abgelehnt werden, weil die notwendige Abgrenzung zwischen betrieblicher und privater Sphäre eine teleologische Reduktion von Vorschriften über den Ansatz von erworbenen Wirtschaftsgütern in Einlagekonstellationen erforderlich machen kann (siehe bereits oben Rn. 253).

Grundsätzlich wäre der Nießbrauch bei seiner Einlage nach § 6 Abs. 1 Nr. 5 S. 1 Hs. 1 EStG mit dem Teilwert zu bewerten. Der Teilwert müsste dazu anhand der geschätzten zukünftigen Erträge aus dem Nießbrauch bestimmt werden, drückt also den wirtschaftlichen Wert der mit dem Nießbrauch verbundenen Nutzungsmöglichkeit aus. Der so aktivierte Wert würde dann in der Folge über Abschreibungen auf die voraussichtliche verbleibende Lauf-

---

263 Grundlegend: BFH, Beschluss v. 26.10.1987 – GrS 2/86, BFHE 151, 523 = BStBl II 1988, 348; aus jüngerer Zeit: BFH, Urteil v. 16.9.2014 – X R 32/12, BFH/NV 15, 324; bei Fehlen eines sachgerechten Aufteilungsmaßstabs s. BFH, Urteil v. 17.10.2013 – III R 27/12, BFHE 243, 327 = BStBl II 2014, 372. Zur betrieblichen Nutzung eines zum Privatvermögen gehörenden Kfz s. BFH, Urteil v. 10.10.2018 – X R 44-45/17, BFHE 263, 11 = BStBl II 2019, 203 m.w.N.
264 BFH, Beschluss v. 26.10.1987 – GrS 2/86, BFHE 151, 523 = BStBl II 1988, 348, juris Rn. 80 f.; BFH, Urteil v. 13.1.1994 – IV R 117/92, BFHE 173, 336 = BStBl II 1994, 454, juris Rn. 14 f.

zeit des Nießbrauchs verteilt und damit die laufenden Einnahmen aus der Vermietung mindern. Gleichzeitig könnten sämtliche Aufwendungen im Zusammenhang mit der Vermietung als Betriebsausgaben abgezogen werden. Das würde aber dazu führen, dass M im Ergebnis niedrigere Einkünfte als ohne Einlage des Nießbrauchs versteuern müsste: Dann müsste M die als Nießbraucherin erzielten Einnahmen aus der Vermietung als Einkünfte aus Vermietung und Verpachtung (§ 21 Abs. 1 Nr. 1 EStG) in Höhe der Differenz zwischen den Einnahmen und den Werbungskosten versteuern. Sie kann als Werbungskosten keine Abschreibungen auf den Nießbrauch geltend machen, weil sie dieses Recht weder angeschafft noch hergestellt hat. Ihre Einkünfte aus Vermietung und Verpachtung wären damit um die Abschreibungen auf den Nießbrauch höher als nach einer Einlage des Nießbrauchs in das Betriebsvermögen. Allein durch die Einlage des Nießbrauchs könnte M ihre Einkünfte mithin erheblich mindern. Zugleich würde die Einlage keinen Besteuerungstatbestand auslösen.

Dieses systemwidrige Ergebnis kann nur vermieden werden, indem die Einlage des Nießbrauchs nicht als Sach-, sondern als Aufwandseinlage behandelt wird. M kann also nur die Aufwendungen, die ihr tatsächlich im Zusammenhang mit der Vermietung entstanden sind, als Betriebsausgaben abziehen und dafür eine Einlage absetzen.

277 dd) **Steuerbefreiungen und Betriebsausgabenabzugsverbote.** Der durch Betriebsvermögensvergleich ermittelte Gewinn im Sinne von § 4 Abs. 1 S. 1 EStG kann nach der ersten (Vergleich der Betriebsvermögen am Ende und zu Beginn des Wirtschaftsjahres) und zweiten (Hinzurechnung von Entnahmen und Abzug von Einlagen) Stufe der Gewinnermittlung noch durch Steuerbefreiungen und Betriebsausgabenabzugsverbote zu korrigieren sein. Steuerbefreiungen führen dazu, dass der durch Betriebsvermögensvergleich ermittelte Gewinn gekürzt wird, Betriebsausgabenabzugsverbote erhöhen den Gewinn. Diese Korrekturen können innerbilanziell nicht abgebildet werden, sondern erfolgen in einer **Sonderrechnung außerhalb der Bilanz** (vgl. § 60 Abs. 2 EStDV).

278 Die Vielzahl der Steuerbefreiungsvorschriften in § 3 EStG betreffen Überschusseinkunftsarten (insbesondere Einkünfte aus nichtselbständiger Arbeit). Im betrieblichen Bereich relevant ist insbesondere die teilweise Steuerfreistellung im Rahmen des **Teileinkünfteverfahrens** (§ 3 Nr. 40, § 3c Abs. 2 EStG), die dazu dient, Mehrfachbelastungen auszugleichen, die sich aus der gleichzeitigen Steuerpflicht einer Kapitalgesellschaft und ihrer Gesellschafter ergibt. Nebenberufliche Tätigkeiten als Übungsleiter o.ä. (§ 3 Nr. 26 EStG) oder sonstige Tätigkeiten im Dienst oder Auftrag einer öffentlich-rechtlichen Körperschaft oder einer nach § 5 Abs. 1 Nr. 9 KStG wegen gemeinnütziger Tätigkeit von der Körperschaftsteuer befreiten Körperschaft (§ 3 Nr. 26a EStG) können steuerfrei sein, wenn die Tätigkeit zu Einkünften aus Gewerbebetrieb oder selbständiger Arbeit führt. Daneben bestehen vereinzelte Steuerfreistellungen, um bestimmte Berufsgruppen oder Investitionsmodelle zu fördern (vgl. z.B. § 3 Nr. 27, 70, 71 EStG). Nach § 3a i.V.m. § 3c Abs. 4 EStG können unter detaillierten Voraussetzungen außerdem betriebliche Gewinne steuerfrei sein, die sich daraus ergeben, dass Gläubiger des Steuerpflichtigen ihm betriebliche Schulden erlassen, um einen Beitrag zur **Sanierung** des Unternehmens zu leisten.

279 Für die betriebliche Gewinnermittlung relevanter sind Betriebsausgabenabzugsverbote. Diese lassen sich anhand ihres Regelungszweckes in verschiedene Kategorien einteilen:

Ermittlung des betrieblichen Gewinns § 2 B I 2

Zunächst wird der Betriebsausgabenabzug in Fällen begrenzt, in denen die Aufwendungen dem Grunde oder der Höhe nach auch durch **private Veranlassungsbeiträge** beeinflusst werden. Als Grundvorschrift für diese Gruppe von Abzugsverboten lässt sich § 4 Abs. 5 S. 1 Nr. 7 EStG begreifen, der Betriebsausgaben vom Abzug ausschließt, die die Lebensführung des Steuerpflichtigen oder anderer Personen berühren, soweit sie nach allgemeiner Lebensauffassung als **unangemessen** anzusehen sind. Dieser allgemeine Rechtsgedanke wird durch verschiedene Spezialregelungen konkretisiert, die den Abzug von (zumindest auch) betrieblich veranlassten Aufwendungen gänzlich ausschließen, von einschränkenden Voraussetzungen abhängig machen oder der Höhe nach begrenzen. Zu nennen sind beispielsweise die Abzugsverbote für

280

- betriebliche **Geschenke** an Personen, die keine Arbeitnehmer sind (§ 4 Abs. 5 S. 1 Nr. 1 EStG): Höchstbetrag
- betrieblich veranlasste **Bewirtungen** (§ 4 Abs. 5 S. 1 Nr. 2 EStG): Beschränkung auf einen prozentualen Anteil der Aufwendungen, soweit diese angemessen sind
- Aufwendungen für **Gästehäuser** (§ 4 Abs. 5 S. 1 Nr. 3 EStG), Jagd, Fischerei, Segel- oder Motorjachten und ähnliche Zwecke (§ 4 Abs. 5 S. 1 Nr. 4 EStG): Vollständiges Abzugsverbot
- **Verpflegungsmehraufwendungen** (§ 4 Abs. 5 S. 1 Nr. 5 i.V.m. § 9 Abs. 4a EStG): Pauschalierter Abzug bei vorübergehender Tätigkeit entfernt vom Wohnort und dem Mittelpunkt der betrieblichen Tätigkeit, ansonsten vollständiges Abzugsverbot
- Aufwendungen für ein **häusliches Arbeitszimmer** (§ 4 Abs. 5 S. 1 Nr. 6b EStG): Unbeschränkter Abzug, Beschränkung der Höhe nach oder vollständiges Abzugsverbot, abhängig davon, ob ein anderer Arbeitsplatz zur Verfügung steht und ob der Mittelpunkt der betrieblichen Tätigkeit im Arbeitszimmer liegt
- Aufwendungen für eine **erstmalige Berufsausbildung** (§ 4 Abs. 9 EStG): Vollständiger Ausschluss (aber der Höhe nach beschränkter Sonderausgabenabzug möglich, § 10 Abs. 1 Nr. 7 EStG)

Zumindest ähnlich ist der Regelungsgedanke hinter § 4 Abs. 4a EStG, der den Betriebsausgabenabzug für Zinsen in typisierender Weise beschränkt, wenn die Entnahmen des Steuerpflichtigen die Summe aus betrieblichem Gewinn und Einlagen überschreiten (**Überentnahmen**). Die Regelung nimmt typisierend an, dass mit betrieblichen Darlehen dann zumindest zum Teil auch privat veranlasste Aufwendungen finanziert werden.

281

Andere Vorschriften schließen einen Betriebsausgabenabzug aus bzw. begrenzen ihn, um außersteuerrechtliche Wertungsentscheidungen nicht zu unterlaufen. So weicht der Gesetzgeber mit den **Abzugsverboten für Geldbußen** (§ 4 Abs. 5 S. 1 Nr. 8 EStG), **Geldstrafen** (§ 12 Nr. 4 EStG), Zinsen auf **hinterzogene Betriebssteuern** (§ 4 Abs. 5 S. 1 Nr. 8a EStG) sowie **Schmier- und Bestechungsgeldern** (§ 4 Abs. 5 S. 1 Nr. 10 EStG) bewusst von der Grundregel des § 40 AO ab, nach der es für die Besteuerung unerheblich ist, ob ein Verhalten gesetzes- oder sittenwidrig ist. Vielmehr wird das außersteuerrechtliche Unwerturteil dadurch untermauert, dass der Steuerpflichtige grundsätzlich betrieblich veranlasste Aufwendungen steuerlich nicht geltend machen kann und deshalb einen höheren Gewinn versteuern muss. Auch das Abzugsverbot für **Parteispenden** (§ 4 Abs. 6 EStG, stattdessen nur der Höhe nach beschränkte Steuerermäßigung nach § 34g EStG und subsidiär der Höhe nach be-

282

schränkter Sonderausgaben nach § 10b Abs. 2 EStG) verwirklicht eine außersteuerrechtliche Wertentscheidung, nämlich die verfassungsrechtlich gebotene Chancengleichheit der Parteien nach Art. 21 GG.

283 Schließlich wurden in den letzten Jahren Vorschriften geschaffen, die sich gegen eine Verlagerung von Besteuerungssubstrat ins Ausland richten und deshalb den Abzug von **Zins-** (§ 4h EStG, dazu noch Rn. 283, 984 ff.) und **Lizenzaufwendungen** (§ 4j EStG) im Inland beschränken.

b) Einnahmen-Überschuss-Rechnung

284 Nach § 4 Abs. 3 S. 1 EStG können bestimmte Steuerpflichtige, die nicht gesetzlich buchführungspflichtig sind und auch nicht freiwillig Bücher führen und Abschlüsse erstellen, als Gewinn den Überschuss der Betriebseinnahmen über die Betriebsausgaben ansetzen (**Einnahmen-Überschuss-Rechnung**). Das Gesetz gewährt damit für bestimmte Steuerpflichtige eine **einfachere Alternative zur Gewinnermittlung** durch Betriebsvermögensvergleich: Das Betriebsvermögen muss nicht zum Ende jedes Wirtschaftsjahres ermittelt und bewertet werden, sondern es genügt, dass der Steuerpflichtige die während eines Wirtschaftsjahres angefallenen Einnahmen und Ausgaben gegenüberstellt. Dabei orientiert sich die Einnahmen-Überschuss-Rechnung grundsätzlich an den tatsächlichen Vermögens- und insbesondere Geldflüssen: Betriebseinnahmen und -ausgaben werden den Wirtschaftsjahren nach ihrem **Zu- bzw. Abfluss** zugeordnet (§ 11 EStG, zu Ausnahmen nach § 4 Abs. 3 S. 3 f. EStG noch unter Rn. 298 ff.). Wertschwankungen im Betriebsvermögen bleiben grundsätzlich unberücksichtigt.

285 Diese vereinfachte Art der Gewinnermittlung führt zwar regelmäßig zu anderen Ergebnissen als eine Gewinnermittlung durch Betriebsvermögensvergleich. Allerdings gilt dies nach ganz herrschender Meinung nur für die einzelnen Wirtschaftsjahre. Betrachtet man den gesamten Zeitraum vom Beginn einer betrieblichen Tätigkeit bis zu ihrer Einstellung, so kommen Betriebsvermögensvergleich und Einnahmen-Überschuss-Rechnung zu identischen Gesamtergebnissen. Für diesen **Grundsatz der Totalgewinngleichheit** spricht einfachrechtlich die systematische Einbettung von § 4 Abs. 3 EStG: Betriebsvermögensvergleich und Einnahmen-Überschuss-Rechnung sind jeweils Elemente des allgemeinen Gewinnbegriffs (§ 4 EStG). Für die Einnahmen-Überschuss-Rechnung werden zudem verschiedene Vorschriften des Betriebsvermögensvergleichs für (entsprechend) anwendbar erklärt (§ 4 Abs. 3 S. 3 EStG, § 6 Abs. 7 EStG). Verfassungsrechtlich entspricht die Totalgewinngleichheit dem Grundsatz der Besteuerung nach der wirtschaftlichen Leistungsfähigkeit: Die vereinfachende Gewinnermittlung führt nicht zu einer rechtfertigungsbedürftigen Privilegierung einzelner Steuerpflichtiger, sondern lediglich zu einer zeitlich anderen Verteilung des identischen Gesamtgewinns. Um eine Totalgewinngleichheit zu erreichen, sind über die gesetzlichen Verweise auf die Regelungen des Betriebsvermögensvergleichs hinaus Modifikationen der bloßen Geld- und Vermögensflussrechnung erforderlich (insbesondere für Entnahmen und Einlagen, vgl. noch unter Rn. 305 ff.).

286 **aa) Persönlicher Anwendungsbereich.** Steuerpflichtige können ihren Gewinn nur dann durch Einnahmen-Überschuss-Rechnung ermitteln, wenn sie nicht auf Grund gesetzlicher Regelungen verpflichtet sind, Bücher zu führen und regelmäßig Ab-

schlüsse zu machen und auch nicht freiwillig Bücher führen und Abschlüsse machen. Damit scheidet diese Art der Gewinnermittlung für einen Großteil der Gewerbetreibenden aus, weil sie als Kaufleute im Sinne des Handelsrechts nach § 238 Abs. 1 S. 1 HGB i.V.m. § 140 AO für handels- und steuerrechtliche Zwecke buchführungspflichtig sind (vgl. zur Buchführungspflicht bereits unter Rn. 191 ff.). Anwendbar ist sie nur für Gewerbetreibende, deren Unternehmen nach Art und Umfang keinen in kaufmännischer Weise eingerichteten Geschäftsbetrieb erfordert (§ 1 Abs. 2 HGB) und die auch nicht die Grenzen des § 141 AO überschritten haben und von der Finanzverwaltung zur Buchführung aufgefordert wurden. Daneben können Selbständige (insbesondere Freiberufler), die keine Kaufleute sind und für die § 141 AO nicht greift, ihren Gewinn nach § 4 Abs. 3 EStG ermitteln.

287 Wenn keine Buchführungspflicht besteht und auch nicht freiwillig Bücher geführt und Abschlüsse gemacht werden, *kann* der Gewinn durch Einnahmen-Überschuss-Rechnung ermittelt werden – es besteht also ein **Wahlrecht** des Steuerpflichtigen. Macht der Steuerpflichtige von seinem Wahlrecht keinen Gebrauch, ist der Gewinn nach dem gesetzlichen Grundsatz des Betriebsvermögensvergleichs zu ermitteln (§ 4 Abs. 1 S. 1 EStG: „Gewinn *ist*..:"). Für die Ausübung des Wahlrechts bestehen **keine formalen Anforderungen**. Es genügt eine tatsächliche Handlung, aus der sich schlüssig ergibt, dass der Steuerpflichtige seinen Gewinn nach § 4 Abs. 3 EStG ermitteln will. Eine solche konkludente Wahlrechtsausübung liegt insbesondere vor, wenn der Steuerpflichtige eine Einnahmen-Überschuss-Rechnung erstellt und diese im Rahmen seiner persönlichen Steuererklärung an die Finanzverwaltung übermittelt.[265]

288 Das Gesetz nennt grundsätzlich **keine zeitlichen Beschränkungen** für die Ausübung des Wahlrechts. Der Steuerpflichtige muss daher nicht schon zu Beginn des Wirtschaftsjahres festlegen, wie er den Gewinn ermitteln will, sondern kann sich auch erst im Nachhinein und grundsätzlich bis zur Bestandskraft des entsprechenden Steuerbescheids für eine Einnahmen-Überschuss-Rechnung entscheiden.[266] Selbst wenn er zu Beginn des Wirtschaftsjahres eine Eröffnungsbilanz aufgestellt und diese während des Wirtschaftsjahres im Rahmen einer kaufmännischen Buchführung fortgeführt hat, kann er den Gewinn des Wirtschaftsjahres noch als Überschuss der Betriebseinnahmen über die Betriebsausgaben ermitteln. Erst wenn der Steuerpflichtige auch eine Abschlussbilanz erstellt, liegt eine freiwillige Buchführung i.S.v. § 4 Abs. 3 S. 1 EStG vor, die eine Einnahmen-Überschuss-Rechnung ausschließt.[267]

289 Hat der Steuerpflichtige sein Wahlrecht zugunsten einer Einnahmen-Überschuss-Rechnung ausgeübt, kann er diese Entscheidung für das betreffende Wirtschaftsjahr **nicht mehr nachträglich ändern**.[268] Zwar bezieht sich die Entscheidung zugunsten einer Gewinnermittlungsart angesichts der Periodizität der Einkommensteuer jeweils nur auf einen Veranlagungszeitraum (vgl. §§ 25 Abs. 1, 36 Abs. 1 EStG). Da aller-

---

265 BFH, Urteil v. 2.6.2016 – IV R 39/13, BFHE 254, 118 = BStBl II 2017, 154.
266 BFH, Urteil v. 20.3.2013 – X R 15/11, BFH/NV 13, 1548; BFH, Urteil v. 2.6.2016 – IV R 39/13, BFHE 254, 118 = BStBl II 2017, 154 m.w.N.
267 BFH, Urteil v. 19.10.2005 – XI R 4/04, BFHE 211, 262 = BStBl II 2006, 509; BFH, Urteil v. 5.11.2015 – III R 13/13, BFHE 252, 322 = BStBl II 2016, 468, juris Rn. 16.
268 BFH, Urteil v. 8.10.2008 – VIII R 74/05, BFHE 223, 261 = BStBl II 2009, 238; BFH, Urteil v. 5.11.2015 – III R 13/13, BFHE 252, 322 = BStBl II 2016, 468.

dings der **Wechsel der Gewinnermittlungsart** mit nicht unerheblichem Verwaltungsaufwand für den Steuerpflichtigen und die Finanzverwaltung verbunden ist, kann der Steuerpflichtige nach herrschender Meinung nicht beliebig zwischen Einnahmen-Überschuss-Rechnung und Betriebsvermögensvergleich hin- und herwechseln. Denn der Vereinfachungszweck der Einnahmen-Überschuss-Rechnung würde dadurch konterkariert werden. Wenn keine besonderen wirtschaftlichen Gründe bestehen, ist der Steuerpflichtige vielmehr nach einem Wechsel der Gewinnermittlungsart **für drei Wirtschaftsjahre** an seine Entscheidung **gebunden**.[269] Dies gilt sowohl, wenn er vom Betriebsvermögensvergleich zur Einnahmen-Überschuss-Rechnung übergegangen ist, als auch im umgekehrten Fall (zu den materiell-rechtlichen Folgen eines Wechsels der Gewinnermittlungsart noch unter Rn. 312 ff..).

290 bb) **Betriebseinnahmen und Betriebsausgaben.** Während Betriebsausgaben in § 4 Abs. 4 EStG legaldefiniert werden als „Aufwendungen, die **durch den Betrieb veranlasst** sind", fehlt eine entsprechende Definition der Einnahmen. Durch Übertragung des Veranlassungsgrundsatzes aus § 4 Abs. 4 EStG auf die Einnahmenseite und mit Blick auf die gesetzliche Regelung für Einnahmen bei Überschusseinkünften (§ 8 Abs. 1 S. 1 EStG) lassen sich Betriebseinnahmen definieren als alle Betriebsvermögensmehrungen in Geld oder Geldeswert, die durch den Betrieb **veranlasst** sind.[270] Aus systematischen Gründen müssen die Begriffe der Betriebseinnahmen und -ausgaben allerdings weiter eingeschränkt werden auf **erfolgswirksame Vorgänge**, also solche, die zu einer wirtschaftlichen Veränderung der Vermögenspositionen führen. Andernfalls würden eine Vielzahl von Vorgängen doppelt erfasst, der Vereinfachungszweck des § 4 Abs. 3 S. 1 EStG damit wenigstens eingeschränkt und missbrauchsanfällige Gestaltungsspielräume eröffnet. Dementsprechend führt beispielsweise die Auszahlung oder Tilgung eines **Darlehens** weder zu Betriebseinnahmen noch zu Betriebsausgaben.[271] Ebenso führt die Anschaffung eines Wirtschaftsguts des Anlagevermögens nicht gleichzeitig zu Betriebseinnahmen (Zugang des Wirtschaftsguts zum Betriebsvermögen) und Betriebsausgaben (Abgang der Gegenleistung aus dem Betriebsvermögen). Erst der durch den Einsatz für betriebliche Zwecke entstehende Wertverlust des Wirtschaftsguts führt zu Betriebsausgaben und eine eventuelle Veräußerung des Wirtschaftsguts zu Betriebseinnahmen (vgl. im Einzelnen noch unter Rn. 297 ff.).

291 Nach § 4 Abs. 3 S. 2 EStG sind zudem Beträge, die im Namen und für Rechnung eines anderen vereinnahmt oder verausgabt werden, nicht als Betriebseinnahmen oder Betriebsausgaben zu erfassen **(durchlaufende Posten)**. Dies betrifft beispielsweise Gerichtskosten, die ein Rechtsanwalt im Namen und für Rechnung seines Mandanten zahlt und sich sodann von seinem Mandanten erstatten lässt.[272] Betriebseinnahmen können aufgrund spezifischer steuerrechtlicher Regelungen (teilweise) steuerfrei

---

269 Grundlegend BFH, Urteil vom 9.11.2000 – IV R 18/00, BFHE 193, 436 = BStBl II 2001, 102.
270 Vgl. BFH, Urteil v. 26.9.1995 – VIII R 35/93, BFHE 179, 251 = BStBl II 1996, 273; BFH, Urteil v. 6.10.2004 – X R 36/03, BFH/NV 05, 682 m.w.N.; BFH, Urteil v. 12.11.2014 – X R 39/13, BFH/NV 15, 486.
271 BFH, Urteil v. 19.2.1975 – I R 154/73, BFHE 115, 129 = BStBl II 1975, 441; BFH, Urteil v. 15.11.1990 – IV R 103/89, BFHE 162, 567 = BStBl II 1991, 228 m.w.N.
272 BFH, Urteil v. 4.10.1984 – IV R 180/82, BFH/NV 86, 215 und BFH, Beschluss v. 11.12.1996 – IV B 54/96, BFH/NV 97, 290.

sein, Betriebsausgaben (teilweise) einem Abzugsverbot unterliegen (vgl. bereits unter Rn. 277 ff.).

Anders als beim Betriebsvermögensvergleich sind Betriebseinnahmen und -ausgaben nicht nach dem Realisations- und Vorsichtsprinzip dem Wirtschaftsjahr zuzuordnen, indem sie wirtschaftlich verursacht wurden, sondern es kommt für die zeitliche Zuordnung im Grundsatz auf den in **§ 11 EStG geregelten Zu- bzw. Abfluss** an. Neben der Formulierung „Überschuss" in § 4 Abs. 3 S. 1 EStG ergibt sich dies auch im Umkehrschluss aus § 11 Abs. 1 S. 5, Abs. 2 S. 6 EStG, die nur die Vorschriften über die Gewinnermittlung nach § 4 *Abs. 1*, § 5 EStG für vorrangig erklären. Betriebseinnahmen sind dann zugeflossen i.S.v. § 11 Abs. 1 S. 1 EStG, wenn der Steuerpflichtige die **wirtschaftliche Verfügungsmacht** über sie erlangt; spiegelbildlich sind Betriebsausgaben dann geleistet (§ 11 Abs. 1 S. 2 EStG) bzw. abgeflossen, wenn der Steuerpflichtige die wirtschaftliche Verfügungsmacht verliert. Wirtschaftliche Verfügungsmacht hat der Steuerpflichtige regelmäßig dann, wenn er zivilrechtlicher Rechtsinhaber (Eigentümer) ist. Unerheblich ist für die wirtschaftliche Verfügungsmacht, wie lange der Steuerpflichtige die Vermögenswerte innehat. Selbst wenn bereits feststeht, dass Vermögenswerte wieder zurückgezahlt werden müssen, kann zunächst ein Zu- bzw. Abfluss vorliegen.[273] So führen beispielsweise rechtsgrundlos erfolgte Zahlungen trotz der von Anfang an bestehenden bereicherungsrechtlichen Rückforderungsansprüche zu einem Zu- bzw. Abfluss.[274] Ebenso führt es zu einem Zufluss, wenn der Steuerpflichtige die Auszahlung einer Forderung verlangen könnte und sodann eine abweichende Abrede mit dem Schuldner trifft (Umwandlung in ein Darlehen, **Novation**), weil er damit seine wirtschaftliche Verfügungsmacht über den Forderungsbetrag ausübt.[275]

292

Regelmäßig wiederkehrende Betriebseinnahmen oder -ausgaben, die kurze Zeit vor oder nach Ende des Wirtschaftsjahres, zu dem sie wirtschaftlich gehören, zu- bzw. abfließen, gelten als in dem Wirtschaftsjahr ihrer wirtschaftlichen Zugehörigkeit zu- bzw. abgeflossen (§ 11 Abs. 1 S. 2, Abs. 2 S. 2 EStG). Dabei umfasst ein **„kurzer" Zeitraum** im Sinne dieser Normen regelmäßig einen Zeitraum von zehn Tagen.[276] Nach § 11 Abs. 2 S. 3 EStG sind Aufwendungen, die für eine Nutzungsüberlassung von mehr als fünf Jahren im Voraus geleistet werden (z.B. im Voraus gezahlte Pacht, Mieten oder Erbbauzinsen), gleichmäßig auf den Zeitraum zu verteilen, für den sie geleistet werden. Dies gilt nicht für ein marktübliches **Damnum** oder **Disagio** (§ 11 Abs. 2 S. 4 EStG). Dieses kann also im Zahlungszeitpunkt in voller Höhe als Betriebsausgaben abgezogen werden. Erzielt der Steuerpflichtige Betriebseinnahmen aus einer **Vorauszahlung** für eine mehr als fünfjährige Nutzungsüberlassung, kann er diese Einnahmen gleichmäßig auf den Gesamtzeitraum der Nutzungsüberlassung ver-

293

---

273 Grundlegend BFH, Urteil v. 13.10.1989 – III R 30-31/85, BFHE 159, 123 = BStBl II 1990, 287; s. auch BFH, Urteil v. 4.5.2006 – VI R 17/03, BFHE 213, 383 = BStBl II 2006, 830; BFH, Urteil v. 30.9.2008 – VI R 67/05, BFHE 223, 98 = BStBl II 2009, 282.
274 BFH, Urteil v. 4.5.2006 – VI R 17/03, BFHE 213, 383 = BStBl II 2006, 830; BFH, Urteil vom 4.5.2006 – VI R 19/03, BFHE 213, 381 = BStBl II 2006, 832; zu überzahltem Arbeitslohn; BFH, Urteil v. 22.7.1997 – VIII R 13/96, BFHE 184, 46, BStBl II 1997, 767.
275 BFH, Urteil v. 16.3.2010 – VIII R 4/07, BFHE 229, 141 = BStBl II 2014, 147; BFH, Urteil v. 14.2.1984 – VIII R 221/80, BFHE 140, 542 = BStBl II 1984, 480.
276 H 11 „Allgemeines – Kurze Zeit" EStH 2012.

teilen, er kann sie aber auch vollständig im Zuflusszeitpunkt erfassen (§ 11 Abs. 1 S. 3 EStG).

294 **Fall 43:** Zum Betriebsvermögen des Einzelhändlers A gehört ein unbebautes Grundstück, das er an die Handwerkerin B verpachtet hat, die es als Lagerplatz nutzt. Nachdem B ein kleineres Vermögen von ihrer Großtante geerbt hat, möchte sie ihren Betrieb erweitern und zu diesem Zweck auf dem Grundstück des A eine Halle errichten. A möchte das Grundstück aber nicht veräußern. Als Kompromiss einigen sie sich darauf, dass A der B mit Wirkung zum 1.1.20 ein 99 Jahre währendes Erbbaurecht an dem Grundstück einräumt.

Da A kurzfristig Kapital zur Modernisierung seines Betriebs benötigt, vereinbart er mit B, dass sie als Erbbauzins einen einmaligen Betrag in Höhe von 99.000 € zahlt. Die Zahlung geht vereinbarungsgemäß am 30.1.20 auf dem Konto des A ein.

Wie ist die Zahlung bei der Ermittlung des Gewinns für den Veranlagungszeitraum 20 bei A und bei B zu behandeln, wenn beide Steuerpflichtigen ihren Gewinn

a) durch Betriebsvermögensvergleich oder
b) zulässigerweise durch Einnahmen-Überschuss-Rechnung ermitteln?

Lösung Fall 43: Die Erbbauzinsen stellen ein Nutzungsentgelt dar, das wirtschaftlich auf den Gesamtzeitraum von 99 Jahren entfällt. Bei einer Gewinnermittlung durch Betriebsvermögensvergleich sind der entsprechende Ertrag des A und der Aufwand des B durch Rechnungsabgrenzungsposten auf diesen Gesamtzeitraum zu verteilen. Im Jahr 20 stehen der Erhöhung des Bankvermögens des A in Höhe von 99.000 € ein passiver **Rechnungsabgrenzungsposten** in Höhe von 98.000 € und ein Ertrag in Höhe von 1.000 € gegenüber. Auf Seiten der B führt die Minderung des Bankvermögens um 99.000 € nur in Höhe von 1.000 € zu Aufwand. In Höhe von 98.000 € ist ein aktiver Rechnungsabgrenzungsposten zu erfassen.

Bei einer Gewinnermittlung durch Einnahmen-Überschuss-Rechnung kommt es grundsätzlich nur auf den Zufluss bei A (§ 11 Abs. 1 S. 1 EStG) bzw. den Abfluss bei B (§ 11 Abs. 2 S. 1 EStG). A kann nach § 11 Abs. 1 S. 3 EStG die Einnahmen aus der Nutzungsüberlassung für mehr als fünf Jahre gleichmäßig auf die Gesamtlaufzeit verteilen, er muss dies aber nicht. A kann mithin entweder Betriebseinnahmen in Höhe von 99.000 € oder in Höhe von 1.000 € erfassen. Für B schreibt § 11 Abs. 2 S. 3 EStG zwingend eine Verteilung der Ausgaben auf die Gesamtlaufzeit vor. B erfasst also Betriebsausgaben in Höhe von 1.000 €.

295 Die Unterschiede zwischen der Gewinnermittlung nach Betriebsvermögensvergleich und der Einnahmen-Überschuss-Rechnung zeigen sich insbesondere an der Behandlung von **Forderungen** und **Verbindlichkeiten**: Im Rahmen eines Betriebsvermögensvergleichs sind betrieblich veranlasste Forderungen im Zeitpunkt ihrer wirtschaftlichen Entstehung (bzw. ihres Erwerbs) als aktive nicht abnutzbare Wirtschaftsgüter zu erfassen. Der betriebliche Ertrag wird in dem Zeitpunkt erfasst, in dem der Steuerpflichtige seine Leistung erbracht und den Anspruch auf eine Gegenleistung erworben hat. Im Rahmen einer Einnahmen-Überschuss-Rechnung wirkt sich die Entstehung einer Forderung hingegen nicht aus. Betriebseinnahmen liegen erst dann vor, wenn tatsächliche Zahlungen auf die Forderung eingehen. Spiegelbildlich müssen Verbindlichkeiten im Rahmen eines Betriebsvermögensvergleichs passiviert werden, sobald der Steuerpflichtige die geschuldete Leistung erhalten hat. Durch **Rückstellungen** werden sogar noch ungewisse zukünftige Verbindlichkeiten antizipiert. Bei einer Einnahmen-Überschuss-Rechnung führt hingegen erst die tatsächliche Zahlung des Steuerpflichtigen auf eine Verbindlichkeit zu Betriebsausgaben (zur Tilgung von Verbindlichkeiten aus Anschaffungsgeschäften noch sogleich).

Fall 44: R ist Radiologe in eigener Praxis. Er führt keine Bücher und erstellt keine Jahresabschlüsse, sondern will seinen Gewinn durch Einnahmen-Überschuss-Rechnung ermitteln.

Im Jahr 20 erwirbt er ein neues Röntgengerät zum Preis von 2.000.000 €, das er vollständig fremdfinanziert. Seine Bank B gewährt ihm dazu ein Darlehen in Höhe von 2.010.000 €, das sie nach Abzug eines Disagios in Höhe von 10.000 € am 1.1.20 an R auszahlt. Im Jahr 20 zahlt R an B insgesamt 60.000 € Tilgung und 40.000 € Zinsen.

Zum 31.12.20 hat R noch ausstehende Rechnungen gegenüber Privatpatienten in Höhe von insgesamt 30.000 € für Behandlungen, die er im Jahr 20 durchgeführt hat. Diese Rechnungen werden alle erst im Januar oder Februar 21 beglichen.

Welche Auswirkungen ergeben sich für den Gewinn des A im Veranlagungszeitraum 20?

Lösung Fall 44: Als Arzt ist A Freiberufler (§ 18 Abs. 1 Nr. 1 S. 2 EStG), sodass er mangels Buchführungspflicht (vgl. § 140 AO i.V.m. § 238 Abs. 1 S. 1, § 1 HGB; § 141 AO) seinen Gewinn aus selbständiger Arbeit durch Einnahmen-Überschuss-Rechnung ermitteln kann (§ 4 Abs. 3 S. 1 EStG).

Der Zufluss des Darlehensbetrags führt nicht zu Betriebseinnahmen, weil den zugeflossenen Mitteln eine Rückzahlungsverbindlichkeit gegenübersteht und mithin kein erfolgswirksamer Vorgang vorliegt. Aus demselben Grund führt die Tilgung des Darlehens in Höhe von 60.000 € nicht zu Betriebsausgaben. Betriebsausgaben in Höhe von 10.000 € ergeben sich aber dadurch, dass der Auszahlungsbetrag des Darlehens unter der Rückzahlungsverpflichtung liegt (Disagio). Das Disagio ist wirtschaftlich (ebenso wie der Darlehenszins) ein **Nutzungsentgelt** für das zur Verfügung gestellte Kapital. Auch wenn das Disagio damit wirtschaftlich eine Vorauszahlung für die gesamte (mehrjährige) Laufzeit des Darlehens darstellt, ist es nach § 11 Abs. 2 S. 4 EStG nicht gleichmäßig auf die Gesamtlaufzeit zu verteilen, sondern im Zeitpunkt seines Abflusses im Veranlagungszeitraum 20 als Betriebsausgabe zu berücksichtigen (§ 11 Abs. 2 S. 1 EStG). Auch die Zinsen sind mit Abfluss bei ihrer Zahlung im Veranlagungszeitraum 20 Betriebsausgaben in Höhe von 40.000 €.

Dass A im Jahr 20 bereits Leistungen an seine Patienten erbracht hat, wirkt sich hingegen noch nicht auf den von ihm zu versteuernden Gewinn aus, weil ihm im Veranlagungszeitraum 20 noch kein Entgelt für seine Leistung zugeflossen ist. Erst mit Zahlung der Honorare im Jahr 21 muss A insoweit Betriebseinnahmen erfassen.

cc) Anschaffung und Veräußerung von Wirtschaftsgütern. Die Veräußerung von Wirtschaftsgütern des Betriebsvermögens führt im Zeitpunkt des Zuflusses des Veräußerungserlöses zu Betriebseinnahmen. Umgekehrt sind die Anschaffungskosten von betrieblichen Wirtschaftsgütern als Betriebsausgaben abzugsfähig. Wie dieser Betriebsausgabenabzug umgesetzt wird, hängt aber von der Art der Wirtschaftsgüter ab:

Nach § 4 Abs. 3 S. 3 EStG sind die Vorschriften über Absetzungen für Abnutzungen und Substanzverringerung (§ 7 EStG) sowie für die Anschaffung von geringwertigen Wirtschaftsgütern (§ 6 Abs. 2, 2a EStG) auch im Rahmen einer Einnahmen-Überschuss-Rechnung zu beachten. Das heißt, die Anschaffungs- oder Herstellungskosten von **abnutzbaren Wirtschaftsgütern des Anlagevermögens** sind grundsätzlich gleichmäßig auf die betriebsgewöhnliche Nutzungsdauer des Wirtschaftsguts zu verteilen (§ 7 Abs. 1 S. 1 ff. EStG), wobei die Nutzungsdauer von Gebäuden abhängig von ihrem Baujahr und der Verwendung über verschiedene Prozentsätze typisiert wird (§ 7 Abs. 4 EStG). Ausnahmsweise kommt in Altfällen eine degressive Abschreibung in Betracht (§ 7 Abs. 2, 5 EStG). Bei außergewöhnlichen technischen oder wirtschaftlichen Abnutzungen, die eine Substanzbeeinträchtigung voraussetzen, können zusätzliche Abschreibungen vorgenommen werden (§ 7 Abs. 1 S. 7, Abs. 4 S. 3 EStG). Bei geringwertigen beweglichen Wirtschaftsgütern können die Anschaffungskosten unter Umständen in vollem Umfang im Zeitpunkt der Anschaffung (§ 6 Abs. 2 S. 1 EStG) oder typisiert über einen Sammelposten (§ 6 Abs. 2a EStG) abgeschrieben werden. Die Absetzungen für Abnutzungen bzw. die erleichterten Abzugsmöglichkeiten nach § 6 Abs. 2, 2a EStG kann der Steuerpflichtige auch dann in Anspruch nehmen, wenn er das Wirtschaftsgut auf Rechnung angeschafft und die entstehende Verbindlichkeit noch nicht getilgt hat. Die Tilgung dieser Verbindlichkeiten führt dann aber auch nicht zu Betriebsausgaben. Wird eine Verbindlichkeit aus der Anschaffung von abnutzbarem Anlagevermögen erlassen, fließen dem Steuerpflichtigen Betriebseinnahmen zu, weil sich sein Betriebsvermögen in diesem Zeitpunkt dauerhaft erhöht.[277]

299 Der für abnutzbare Wirtschaftsgüter des Anlagevermögens bestehende **Gleichlauf zwischen Betriebsvermögensvergleich und Einnahmen-Überschuss-Rechnung** endet bei bloßen Wertschwankungen: Während im Rahmen eines Betriebsvermögensvergleichs eine gewinnwirksame Abschreibung auf einen voraussichtlich dauerhaft niedrigeren Teilwert möglich ist (§ 6 Abs. 1 S. 2 EStG), kommt eine solche mangels Abfluss bei einer Gewinnermittlung nach § 4 Abs. 3 EStG nicht in Betracht.[278] Die Regelungen zur **Teilwertabschreibung** sind auch **nicht** von dem Verweis in § 4 Abs. 3 S. 3 EStG **erfasst**. Vielmehr zeigt der Verweis in § 6 Abs. 7 Nr. 2 EStG auf die Bewertungsvorschriften in § 6 Abs. 1 Nr. 1a und Nr. 4-7 EStG für die Bemessung der Absetzungen für Abnutzungen im Umkehrschluss, dass § 6 Abs. 1 Nr. 1 S. 2 EStG bei einer Einnahmen-Überschuss-Rechnung keine entsprechende Anwendung findet. Liegt nicht nur ein vorübergehender oder voraussichtlich dauerhafter Wertverlust vor, sondern verlässt das Wirtschaftsgut das Betriebsvermögen endgültig – sei es freiwillig durch Veräußerung oder Entnahme oder unfreiwillig durch Diebstahl oder Zerstörung – so sind die bisher noch nicht im Rahmen von Abschreibungen berücksichtigten Anschaffungs- oder Herstellungskosten zu diesem Zeitpunkt als Betriebsausgaben abzugsfähig.[279] Daher wird durch die fehlende Abzugsmöglichkeit einer Teilwertabschreibung nicht das Gebot der **Totalgewinngleichheit** der unterschiedlichen Gewinnermittlungsarten (s.o. Rn. 285) verletzt.

300 Die Anschaffungskosten von **nicht abnutzbaren Wirtschaftsgütern des Anlagevermögens** sind nach § 4 Abs. 3 S. 4 EStG bei Veräußerung des Wirtschaftsguts erst im Zeitpunkt des Zuflusses des Veräußerungserlöses oder bei Entnahme des Wirt-

---
277 Vgl. BFH, Urteil v. 31.8.1972 – IV R 93/67, BFHE 107, 205 = BStBl II 1973, 51.
278 BFH, Urteil v. 21.6.2006 – XI R 49/05, BFHE 214, 218 = BStBl II 2006, 712; BFH, Beschluss v. 9.2.2006 – IV B 60/04, juris; BFH, Urteil v. 5.11.2015 – III R 13/13, BFHE 252, 322 = BStBl II 2016, 468.
279 BFH, Urteil v. 23.10.1978 – IV R 146/75, BFHE 126, 298 = BStBl II 1979, 109; BFH, Urteil v. 14.1.1982 – IV R 168/78, BFHE 135, 188 = BStBl II 1982, 345; BFH, Urteil v. 5.11.2015 – III R 13/13, BFHE 252, 322 = BStBl II 2016, 468; BFH, Urteil v. 22.8.1985 – IV R 29-30/84 m.w.N.

schaftsguts im Zeitpunkt der Entnahme als Betriebsausgaben zu berücksichtigen. Wann der Steuerpflichtige diese Kosten gezahlt hat, ist ebenso unerheblich wie ein zwischenzeitlicher Wertverlust (keine Teilwertabschreibung nach § 6 Abs. 1 Nr. 2 S. 2 EStG). Dasselbe gilt für **bestimmte Wirtschaftsgüter des Umlaufvermögens** (Anteile an Kapitalgesellschaften, Wertpapiere und vergleichbare nicht verbriefte Forderungen und Rechte, Grund und Boden und Gebäude). Die Regelung des § 4 Abs. 3 S. 4 EStG ist analog anzuwenden, wenn eins der genannten Wirtschaftsgüter das Betriebsvermögen ohne oder gegen den Willen des Steuerpflichtigen endgültig verlässt, also insbesondere bei Diebstahl oder Zerstörung.[280] Wird eine Verbindlichkeit im Zusammenhang mit der Anschaffung eines Wirtschaftsguts im Sinne von § 4 Abs. 3 S. 4 EStG erlassen, mindern sich die Anschaffungs- oder Herstellungskosten, die im Zeitpunkt des Ausscheidens aus dem Betriebsvermögen abgezogen werden können.

Fall 45: A ist selbständige Architektin. Sie ermittelt ihren Gewinn durch Einnahmen-Überschuss-Rechnung. Sie hat zum 1.1.18 zu einem Preis von 300.000 € (Anteil Grund und Boden 50 %) eine leerstehende ehemalige Fabrikhalle erworben und betreibt dort nun ihr Architekturbüro.

Leider stellt sich im Januar 19 heraus, dass der Boden des Grundstücks durch die vormalige Nutzung mit Gefahrenstoffen verunreinigt wurde. Eine professionelle Reinigung des Bodens würde 50.000 € kosten. Die Substanz des Gebäudes ist durch die Bodenverunreinigung zwar nicht beeinträchtigt, für die Bodenarbeiten müsste aber ein Teil des Gebäudes abgebrochen und nach der Reinigung des Bodens wiederaufgebaut werden, was Kosten in Höhe von 20.000 € verursachen würde. Der Teilwert von Grund und Boden und Gebäude liegt infolge der Verunreinigungen dauerhaft um 50.000 € bzw. 20.000 € unter den (fortgeführten) Anschaffungskosten.

A kann das Kapital für die Beseitigung der Verunreinigungen nicht aufbringen und entscheidet sich daher dazu, das Grundstück zum 31.8.20 für einen Gesamtpreis von 230.000 € (Anteil Grund und Boden: 100.000 €) zu veräußern und ihre Tätigkeit in gemieteten Räumen fortzusetzen. Der Kaufpreis wird vereinbarungsgemäß für sechs Monate gestundet und geht erst am 28.2.21 auf dem betrieblichen Konto der A ein.

Welche Auswirkungen ergeben sich für den Gewinn der A in den Veranlagungszeiträumen 19, 20 und 21?

Lösung Fall 45: Als Architektin ist A Freiberuflerin (§ 18 Abs. 1 Nr. 1 S. 2 EStG), sodass sie mangels Buchführungspflicht (vgl. § 140 AO i.V.m. § 238 Abs. 1 S. 1, § 1 HGB; § 141 AO) ihren Gewinn aus selbständiger Arbeit durch Einnahmen-Überschuss-Rechnung ermitteln kann (§ 4 Abs. 3 S. 1 EStG). Das bebaute Grundstück, das sich steuerrechtlich aus dem nicht abnutzbaren Wirtschaftsgut Grund und Boden sowie dem abnutzbaren Wirtschaftsgut Gebäude zusammensetzt, zählt von der Anschaffung im Veranlagungszeitraum 18 bis zur Veräußerung im Veranlagungszeitraum 21 zum notwendigen Betriebsvermögen der A.

---

280 BFH, Urteil v. 2.9.1971 – IV 342/65, BFHE 104, 311 = BStBl II 1972, 334; BFH, Urteil v. 23.11.1978 – IV R 146/75, BFHE 126, 298 = BStBl II 1979, 109; BFH, Urteil v. 14.1.1982 – IV R 168/78, BFHE 135, 188 = BStBl II 1982, 345; BFH, Urteil v. 31.5.2005 – X R 36/02, BFHE 210, 124 = BStBl II 2005, 707; BFH, Urteil v. 5.11.2015 – III R 13/13, BFHE 252, 322 = BStBl II 2016, 468.

A. Veranlagungszeitraum 19:

Die Anschaffungskosten des Gebäudes können verteilt über die betriebsgewöhnliche Nutzungsdauer als Betriebsausgaben abgezogen werden (§ 4 Abs. 3 S. 3 EStG). Für das für eigenbetriebliche Zwecke genutzte Gebäude ergibt sich im Veranlagungszeitraum 20 eine Abschreibung in Höhe von 3 % * 150.000 € = 4.500 € (§ 7 Abs. 4 S. 1 Nr. 1 EStG). Eine weitergehende Absetzung für außergewöhnliche technische oder wirtschaftliche Abnutzung (§ 7 Abs. 4 S. 3, Abs. 1 S. 7 EStG) kommt nicht in Betracht, weil die Bodenverunreinigung die Substanz des Gebäudes nicht beeinträchtigt hat. Zwar ist der Teilwert des Gebäudes wegen des in Folge der Bodenverunreinigung notwendigen Teilabbruchs dauerhaft um 20.000 € niedriger als die ursprünglichen Anschaffungskosten. Eine Teilwertabschreibung ist aber bei einer Einnahmen-Überschuss-Rechnung nicht möglich.

Die Anschaffungskosten von Grund und Boden als nicht abnutzbares Wirtschaftsgut des Anlagevermögens wirken sich erst in dem Zeitpunkt aus, in dem der Veräußerungserlös zufließt (§ 4 Abs. 3 S. 4 EStG).

B. Veranlagungszeitraum 20:

Auch im Jahr 20 kann die Abschreibung auf das Gebäude als Betriebsausgabe berücksichtigt werden. Da das Gebäude nur noch für acht Monate zum Betriebsvermögen der A gehörte, ergibt sich eine Abschreibung in Höhe von 8/12 * 4.500 € = 3.000 €.

In dem Zeitpunkt, in dem das Gebäude das Betriebsvermögen verlässt, wirken sich aber auch die bisher noch nicht im Rahmen von Abschreibungen berücksichtigten Anschaffungskosten als Betriebsausgaben aus: Mithin entstehen A zusätzliche Betriebsausgaben in Höhe von 150.000 € ./. (2*4.500 € + 3.000 €) = 138.000 €.

Der Veräußerungserlös für das Gebäude führt hingegen erst mit Zufluss (§ 11 Abs. 1 S. 1 EStG) im Veranlagungszeitraum 21 zu Betriebseinnahmen.

C. Veranlagungszeitraum 21:

Der Kaufpreis für Grund und Boden und Gebäude führt mit Zufluss am 28.2.21 zu Betriebseinnahmen in Höhe von 230.000 €. Zu diesem Zeitpunkt sind auch die Anschaffungskosten für den Grund und Boden in Höhe von 150.000 € als Betriebsausgaben abzugsfähig (§ 4 Abs. 3 S. 4 EStG).

302 Bei allen **nicht in § 4 Abs. 3 S. 4 EStG erfassten Wirtschaftsgütern des Umlaufvermögens** sind die Anschaffungs- oder Herstellungskosten im Zeitpunkt der Zahlung als Betriebsausgaben abziehbar.[281] In dieser Fallgruppe zeigt sich der Charakter der Einnahmen-Überschuss-Rechnung als Geld- bzw. Vermögensflussrechnung am deutlichsten. Erwirbt der Steuerpflichtige ein solches Wirtschaftsgut auf Rechnung und wird ihm die entsprechende Verbindlichkeit erlassen, bleibt dies ebenso ohne Auswirkung, wie wenn eine Forderung aus der Veräußerung eines solchen Wirtschaftsguts ausfällt.

303 **Fall 46:** H betreibt einen Onlineshop für Modelleisenbahnen. Er kauft und verkauft Sammlerstücke in Deutschland und dem europäischen Ausland. Die An- und Verkäufe finden regelmäßig in der jeweiligen Landeswährung statt. H ermittelt seinen Gewinn zulässigerweise durch Einnahmen-Überschuss-Rechnung.

Im Januar 20 hat H mehrere Modelleisenbahnen von dem britischen Händler B gekauft, mit dem er schon häufiger Geschäfte gemacht hat. Es wurde vereinbart, dass der Kaufpreis

---

281 BFH, Urteil v. 12.7.1990 – IV R 137-138/89, BFHE 162, 34 = BStBl II 1991, 13.

1.000 Pfund Sterling beträgt, was nach dem Wechselkurs im Januar 20 einem Betrag von 1.200 € entspricht. Wie üblich verschickt B zunächst die Ware an H, der sie prüft und sodann den Kaufpreis bezahlt. Da eine der Loks beschädigt ist, vereinbaren B und H eine Reduzierung des Kaufpreises auf 950 Pfund Sterling. Diesen zahlt H im Februar 20. Mittlerweile hat das Pfund Sterling gegenüber dem Euro an Wert verloren, sodass 950 Pfund Sterling 1.100 € entsprechen.

Eine der erworbenen Modelleisenbahnen verkauft H im Juni 20 an den dänischen Sammler D für 1.000 Dänische Kronen, was nach dem aktuellen Umrechnungskurs 130 € entspricht. H versendet die Ware, aber D zahlt im September 20 lediglich einen Teilbetrag in Höhe von 500 Dänischen Kronen, was nach dem damaligen Umrechnungskurs 60 € entspricht. Am 31.12.20 erfährt H, dass D am 30.11.20 völlig überschuldet und ohne Erben verstorben ist. Mit einer weiteren Zahlung ist nicht zu rechnen.

Welche Auswirkungen ergeben sich für den Gewinn des H im Veranlagungszeitraum 20?

Lösung Fall 46: Die Modelleisenbahnen zählen zum Umlaufvermögen im Betrieb des H. Ihre Anschaffungskosten sind daher bei Abfluss (§ 11 Abs. 2 S. 1 EStG) als Betriebsausgaben abzugsfähig. Abfluss liegt in dem Zeitpunkt vor, in dem H den Kaufpreis an B zahlt, also im Februar 20. H entstehen mithin Betriebsausgaben in Höhe von 1.100 €. Dass die ursprüngliche Verbindlichkeit des H höher war, ist im Rahmen der Einnahmen-Überschuss-Rechnung unerheblich.

Mit Zufluss des Veräußerungspreises für die an D veräußerte Modelleisenbahn erzielt H Betriebseinnahmen in Höhe von 60 €. Dass er daneben noch eine Forderung gegenüber D hat und diese Forderung in ihrem Wert durch den sich ändernden Wechselkurs schwankt, ist mangels Zu- oder Abflusses aus dem Vermögen des H für die Gewinnermittlung durch Einnahmen-Überschuss-Rechnung irrelevant. Ebenso führt der Ausfall der Forderung nicht zu Betriebsausgaben, weil sich die ursprünglichen Anschaffungskosten des Wirtschaftsguts bereits vollständig ausgewirkt haben (nämlich bei der Zahlung des Kaufpreises an B im Februar 20) und die Entstehung der Forderung auch nicht zu Betriebseinnahmen geführt hat.

Abnutzbare Wirtschaftsgüter des Anlagevermögens und Wirtschaftsgüter im Sinne von § 4 Abs. 3 S. 4 EStG müssen vom Steuerpflichtigen mit ihren (ggfs. fortgeführten) Anschaffungs- oder Herstellungskosten oder dem an diese Stelle tretenden (Einlage-)Wert in ein gesondertes Verzeichnis (**Anlagespiegel**) aufgenommen werden (§ 4 Abs. 3 S. 5 EStG). 304

dd) Entnahmen und Einlagen. In § 4 Abs. 3 S. 1 EStG findet sich keine Regelung zur Berücksichtigung von Entnahmen und Einlagen. Schon um **Totalgewinngleichheit** mit einem Betriebsvermögensvergleich herzustellen, müssen aber auch im Rahmen einer Einnahmen-Überschuss-Rechnung privat veranlasste Einflüsse auf die Gewinnermittlung korrigiert werden.[282] Auch die Erwähnung von Entnahmen in § 4 Abs. 3 S. 4 EStG und der Verweis auf die Bewertungsvorschriften für Entnahmen und Einlagen in § 6 Abs. 7 Nr. 2 EStG zeigen, dass dieselben Grundsätze wie bei einem Betriebsvermögensvergleich gelten müssen.[283] 305

---
[282] BFH, Urteil v. 16.1.1975 – IV R 180/71, BFHE 115, 202 = BStBl II 1975, 526; v. 22.1.1980 – BFH, Urteil v. 22.1.1980 – VIII R 74/77, BFHE 129, 485 = BStBl II 1980, 244.
[283] Vgl. auch BFH, Urteil v. 31.10.1978 – VIII R 196/77, BFHE 127, 168 = BStBl II 1979, 401.

306 Demnach dürfen Entnahmen im Ergebnis nicht zu einer Minderung des Gewinns führen. Wird ein Wirtschaftsgut des Betriebsvermögens dauerhaft für betriebsfremde Zwecke genutzt (Sachentnahme), muss der für die Anschaffungskosten bestehende Betriebsausgabenabzug (siehe unter Rn. 297 ff.) korrigiert werden. Dies erfolgt, indem in Höhe des anzusetzenden Entnahmewerts Betriebseinnahmen erfasst werden. Entnahmewert ist in der Regel der Teilwert des Wirtschaftsguts nach § 6 Abs. 1 Nr. 4 S. 1 Hs. 1 EStG, möglich ist aber auch eine Bewertung zum Buchwert nach § 6 Abs. 1 Nr. 4 S. 4 EStG oder § 6 Abs. 5 S. 1 EStG (vgl. auch § 6 Abs. 7 Nr. 1 EStG). Wird ein Wirtschaftsgut des Betriebsvermögens vorübergehend für betriebsfremde Zwecke genutzt (**Nutzungsentnahme**) oder mit betrieblichen Arbeitskräften eine Leistung für betriebsfremde Zwecke erbracht (**Leistungsentnahme**), müssen die auf die Nutzung entfallenden Betriebsausgaben korrigiert werden. Auch dies erfolgt durch den Ansatz fiktiver Betriebseinnahmen. Bei der privaten Nutzung eines betrieblichen Kraftfahrzeugs kann deren Höhe pauschal nach der 1 %-Regelung zu bestimmen sein. Geht das Wirtschaftsgut durch die private Nutzung unter, sind auch die dadurch entstehenden Aufwendungen zu korrigieren (vgl. bereits unter Rn. 230 f.).

307 **Fall 47:** H ist als Tierärztin selbständig tätig und ermittelt ihren Gewinn durch Einnahmen-Überschuss-Rechnung. Sie betreut insbesondere mehrere Land- und Pferdewirte. Da sie regelmäßig zu verschiedenen Bauernhöfen fahren muss, hat sie für ihren Betrieb am 1.1.18 einen Geländewagen zum Preis von 20.000 € (betriebsgewöhnliche Nutzungsdauer: 5 Jahre; Bruttolistenpreis im Zeitpunkt der Erstzulassung: 25.000 €) angeschafft, den sie weit überwiegend für betriebliche, vereinzelt aber auch für private Fahrten nutzt. Ein Fahrtenbuch führt sie nicht.

Nachdem der private Pkw ihrer Tochter bei einem Unfall zerstört wurde, entscheidet sich H am 31.12.20, den Geländewagen (Teilwert zu diesem Zeitpunkt: 10.000 €) ihrer Tochter zu schenken und für ihren Betrieb im kommenden Januar ein neues Fahrzeug zu erwerben. Sie streicht den Geländewagen daraufhin zum 31.12.20 aus dem Verzeichnis der abnutzbaren Wirtschaftsgüter ihres Betriebsvermögens (§ 4 Abs. 3 S. 5 EStG).

Welche Auswirkungen ergeben sich auf den Gewinn der H im Veranlagungszeitraum 20?

Lösung Fall 47: H erzielt als Tierärztin Einkünfte aus freiberuflicher Tätigkeit im Sinne von § 18 Abs. 1 Nr. 1 EStG. Ihr Gewinn wird mangels Buchführungspflicht (vgl. § 140 AO i.V.m. § 238 Abs. 1 S. 1, § 1 HGB; § 141 AO) zulässigerweise durch Einnahmen-Überschuss-Rechnung ermittelt (§ 4 Abs. 3 S. 1 EStG).

Der weit überwiegend betrieblich genutzte PKW gehört zum notwendigen Betriebsvermögen der H. Die Anschaffungskosten kann sie im Rahmen der Abschreibung nach § 7 Abs. 1 EStG in Höhe von 4.000 € jährlich als Betriebsausgaben abziehen (§ 4 Abs. 3 S. 3 EStG a.E.). Die private Nutzung des Fahrzeugs führt zu einer Nutzungsentnahme, die nach § 6 Abs. 1 Nr. 4 S. 2 EStG mit 12 % * 25.000 € = 3.000 € jährlich zu bewerten ist. In dieser Höhe muss H fiktive Betriebseinnahmen erfassen, um den Betriebsausgabenabzug insoweit zu korrigieren, als er auf die private Nutzung entfiel.

Indem H den PKW zum 31.12.20 aus dem Verzeichnis der abnutzbaren Wirtschaftsgüter streicht, macht sie deutlich, dass eine betriebliche Nutzung dauerhaft nicht mehr erfolgen soll. Hierin liegt eine (Sach-)Entnahme des PKW, die nach § 6 Abs. 1 Nr. 4 S. 1 EStG mit dem Teilwert, also mit 10.000 € zu bewerten ist. In dieser Höhe muss H fiktive Betriebseinnahmen erfassen. Da der PKW als abnutzbares Wirtschaftsgut das Betriebsvermögen bei der Entnahme verlässt, sind zugleich die noch nicht über die Abschreibungen als Betriebsausgaben abgezogenen Anschaffungskosten nun als Betriebsausgaben abzugsfähig. Es ergeben sich Betriebsausgaben in Höhe von 8.000 €.

Fall 48: Der Gewerbetreibende A ermittelt seinen Gewinn zulässigerweise durch Einnahmen-Überschuss-Rechnung. Er hat eine Forderung gegen seinen Kunden K in Höhe von 1.000 €, dem er am 31.3.20 Waren geliefert hat. K ist zugleich ein enger Freund des A, mit dem er regelmäßig gemeinsam Poker spielt. Bei den letzten Spielrunden hat A sich mehrfach Geld von K geliehen (insgesamt 200 €). A und K vereinbaren, ihre gegenseitigen Forderungen zu verrechnen und K überweist an A dementsprechend am 3.4.20 nur 800 € auf sein betriebliches Konto.
Welche Auswirkungen ergeben sich auf den Gewinn des A?

Lösung Fall 48: A ermittelt seinen Gewinn zulässigerweise (vgl. § 140 AO i.V.m. § 238 Abs. 1 S. 1, § 1 HGB; § 141 AO) durch Einnahmen-Überschuss-Rechnung nach § 4 Abs. 3 EStG, sodass es für die zeitliche Zuordnung seiner Betriebseinnahmen grundsätzlich auf deren Zufluss (§ 11 Abs. 1 EStG) ankommt. A erzielt mithin noch keine Einnahmen, in dem Zeitpunkt, in dem er seine Leistung erbringt und die Forderung entsteht. Vielmehr führt erst die tatsächliche Verwertung dieser Forderung zu einem Zufluss von Betriebseinnahmen:

Insoweit K am 3.4.20 800 € zahlt, liegen unproblematisch Betriebseinnahmen vor. Insoweit die betriebliche Forderung gegen eine private Verbindlichkeit aufgerechnet wird, liegt eine Entnahme der Forderung vor. Diese ist mit dem Teilwert zu bewerten (§ 6 Abs. 1 Nr. 4 S. 1 EStG), der dem Nennwert der Forderung entspricht, und führt zu weiteren Betriebseinnahmen in Höhe von 200 €.

Den Betriebseinnahmen stehen keine Betriebsausgaben gegenüber, da die Anschaffungskosten für die von A gelieferten Waren bereits im Zeitpunkt der Zahlung der Anschaffungskosten als Betriebsausgaben abgezogen wurden.

Einlagen dürfen den betrieblichen Gewinn nicht erhöhen. Wird ein Wirtschaftsgut, das bisher nicht zum Betriebsvermögen gehörte, dauerhaft dem Betriebsvermögen zugeordnet (Sacheinlage) ist dies wie eine fiktive Anschaffung zu bewerten, d.h. der Steuerpflichtige kann Betriebsausgaben in Höhe des nach § 6 Abs. 1 Nr. 5 oder Abs. 5 S. 1 EStG anzusetzenden Einlagewerts abziehen. Zu welchem Zeitpunkt diese Betriebsausgaben abgezogen werden können, richtet sich nach den Grundsätzen für die Anschaffung von Wirtschaftsgütern (siehe bereits unter Rn. 297 ff.): Bei abnutzbaren Wirtschaftsgütern des Anlagevermögens erfolgt der Abzug über Abschreibungen, bei Wirtschaftsgütern im Sinne von § 4 Abs. 3 S. 4 EStG in dem Zeitpunkt, in dem ein Veräußerungserlös zufließt bzw. im Zeitpunkt einer Entnahme, und bei sonstigen Wirtschaftsgütern des Umlaufvermögens im Zeitpunkt der Einlage. Die private Tilgung betrieblicher Verbindlichkeiten führt dann zu Betriebsausgaben, wenn die Tilgung der Verbindlichkeit mit betrieblichen Mitteln ebenfalls zu Betriebsausgaben geführt hätte. Aufwandseinlagen, die sich durch die vorübergehende Nutzung betriebsfremder Wirtschaftsgüter für betriebliche Zwecke oder durch den Einsatz außerbetrieblicher Arbeitskraft für eine betriebliche Leistung ergeben, sind mit den anteilig durch diese betriebliche Nutzung verursachten Ausgaben zu bewerten und führen in dieser Höhe ebenfalls zu fiktiven Betriebsausgaben.

310 **Fall 49:** Die selbständige Steuerberaterin S ermittelt den Gewinn aus ihrer Steuerberatungspraxis durch Einnahmen-Überschuss-Rechnung. Sie ist Eigentümerin eines bebauten Grundstücks, das sie zum 1.1.00 für einen Gesamtpreis von 1.000.000 € (Anteil Grund und Boden 500.000 €) erworben und seitdem insgesamt für Wohnzwecke vermietet hat. Den Erwerb hat sie unter anderem durch ein (insgesamt fremdübliches) Darlehen ihres Vaters V in Höhe von 200.000 € finanziert. S hat weder den Grund und Boden noch das Gebäude in das Verzeichnis ihrer betrieblichen Wirtschaftsgüter (§ 4 Abs. 3 S. 5 EStG) aufgenommen und den Überschuss ihrer Mieteinnahmen über die mit dem Grundstück zusammenhängenden Aufwendungen als Einnahmen aus Vermietung und Verpachtung erfasst.

Ab dem 1.1.20 nutzt S das Gebäude nur noch als Standort für ihre Praxis. Sie erfasst Grund und Boden dementsprechend im Verzeichnis ihrer betrieblichen Wirtschaftsgüter. Der Teilwert des Grund und Bodens beträgt zu diesem Zeitpunkt 800.000 €. Der Teilwert des Gebäudes beträgt 400.000 €. Zum 30.6.20 verzichtet V auf seine Darlehensforderung gegenüber S, die zu diesem Zeitpunkt noch mit 100.000 € valutiert. V verzichtet auf die Forderung, weil er im Lotto gewonnen hat und nunmehr zur Finanzierung seines Lebensunterhalts weder auf die Zins- noch auf die Tilgungsraten angewiesen ist. Auf diesem Weg möchte er seine Tochter an seinem Spielglück teilhaben lassen.

Welche Auswirkungen ergeben sich auf den Gewinn der S im Veranlagungszeitraum 20?

Lösung Fall 49: S erzielt als Steuerberaterin Einkünfte aus einer freiberuflichen Tätigkeit (§ 18 Abs. 1 Nr. 1 S. 1 EStG), die sie mangels Buchführungspflicht (vgl. § 140 AO i.V.m. § 238 Abs. 1 S. 1, § 1 HGB; § 141 AO) zulässigerweise durch Einnahmen-Überschuss-Rechnung ermittelt (§ 4 Abs. 3 EStG).

Die Einnahmen aus der Vermietung des Grundstücks stellen allerdings keine Einnahmen aus der steuerberatenden Tätigkeit dar, da das Grundstück kein notwendiges Betriebsvermögen darstellt und für eine Zuordnung zum gewillkürten Betriebsvermögen jedenfalls ein entsprechender Widmungsakt fehlt. Das Grundstück befindet sich bis zum 31.12.19 vielmehr im steuerlichen Privatvermögen und A erzielt mit der Vermietung Einkünfte aus Vermietung und Verpachtung. Auch das zur Finanzierung der Anschaffungskosten aufgenommene Darlehen ist nicht als betriebliche Verbindlichkeit zu erfassen. Zinszahlungen führen nicht zu Betriebsausgaben, sondern zu Werbungskosten bei den Einkünften aus Vermietung und Verpachtung (§ 9 Abs. 1 S. 3 Nr. 1 EStG).

Von dem Zeitpunkt an, ab dem S das Grundstück nur noch als betrieblichen Standort nutzt, zählt es zum notwendigen Betriebsvermögen. Durch die dauerhafte Nutzungsänderung legt S sowohl den Grund und Boden als auch das Gebäude als Anlagevermögen in den Betrieb ein. Die Einlage führt keinesfalls zu einem privaten Veräußerungsgeschäft i.S.v. § 23 Abs. 1 S. 1 Nr. 1 EStG, weil sie erst mehr als zehn Jahre nach der ursprünglichen Anschaffung des Grundstücks erfolgt.

Die Einlage von Grund und Boden ist zum Teilwert zu bewerten (§ 6 Abs. 1 Nr. 5 S. 1 EStG), also mit 800.000 €. Sie wirkt sich auf die Gewinnermittlung zunächst nicht aus. Der Einlagewert kann erst in dem Zeitpunkt, in dem ein Erlös aus einer Veräußerung zufließt oder im Zeitpunkt einer Entnahme als Betriebsausgaben abgezogen werden (§ 4 Abs. 3 S. 4 EStG).

Die Einlage des Gebäudes ist ebenfalls mit dem Teilwert zu bewerten (§ 6 Abs. 1 Nr. 5 S. 1 EStG), also mit 400.000 €. Dieser Einlagewert ist grundsätzlich im Rahmen von Abschreibungen als Betriebsausgaben abzugsfähig (§ 4 Abs. 3 S. 3 EStG). Da das Gebäude als abnutzbares Wirtschaftsgut vor der Einlage vom 1.1.00 bis zum 31.12.19 (20 Jahre) zur Erzielung von Einkünften aus Vermietung und Verpachtung genutzt wurde, ist für die Bemessungsgrundlage der Abschreibungen der Einlagewert allerdings um die in der Vergangenheit in Anspruch genommenen Abschreibungen, maximal bis zu den fortgeführten Anschaffungskosten, zu kürzen (§ 7 Abs. 4 S. 1 Hs. 2, Abs. 1 S. 5 EStG). In der Vergangenheit konnten Abschreibungen nach § 7 Abs. 4 S. 1 Nr. 2 a) EStG in Höhe von insgesamt 20 * 2 % * 500.000 € = 200.000 € abgezogen werden. Der gekürzte Einlagewert würde damit 400.000 € – 200.000 € = 200.000 € betragen. Da dieser allerdings unter den fortgeführten Anschaffungskosten von 500.000 € – 200.000 € = 300.000 € liegt, bemessen sich die zukünftigen Abschreibungen nach den fortgeführten Anschaffungskosten. Es ergeben sich nach § 7 Abs. 4 S. 1 Nr. 1 EStG jährliche Betriebsausgaben in Höhe von 300.000 € * 3 % = 9.000 €.

Auch die zur Finanzierung der ursprünglichen Anschaffungskosten aufgenommene Darlehensverbindlichkeit zählt ab dem Zeitpunkt der Einlage des Grundstücks zum Betriebsvermögen der S. Ihre Tilgung erfolgt aus privaten Gründen und mit betriebsfremden Mitteln. Weder die Zuordnung des Darlehens zum Betriebsvermögen noch die spätere Tilgung führt zu fiktiven Betriebseinnahmen oder -ausgaben, weil sich auch die Auszahlung des Darlehens und die Tilgung mit betrieblichen Mitteln nicht auf den Gewinn ausgewirkt hätten.

3. Wechsel der Gewinnermittlungsart

Ein Steuerpflichtiger kann für die Ermittlung seines betrieblichen Gewinns zwischen verschiedenen Gewinnermittlungsarten wechseln. Dies ergibt sich für den – hier nicht dargestellten – Übergang vom Betriebsvermögensvergleich zur pauschalen Gewinnermittlung für Land- und Forstwirte (§ 13a EStG) ausdrücklich aus dem Gesetz (§ 4 Abs. 1 S. 6 EStG). Für den Wechsel zwischen Betriebsvermögensvergleich und Einnahmen-Überschuss-Rechnung gilt aber nichts anderes: Solange die Voraussetzungen des § 4 Abs. 3 S. 1 EStG erfüllt sind, kann der Steuerpflichtige das Wahlrecht zur Einnahmen-Überschuss-Rechnung ausüben oder darauf verzichten. Er kann seinen Gewinn in einem Veranlagungszeitraum durch Betriebsvermögensvergleich und im nächsten durch Einnahmen-Überschuss-Rechnung ermitteln oder umgekehrt. Wegen des mit einem Wechsel der Gewinnermittlungsart verbundenen Verwaltungsaufwands (siehe bereits oben unter Rn. 289) erlaubt die Rechtsprechung dem Steuerpflichtigen allerdings nicht, völlig willkürlich hin- und herzuwechseln Teilweise kann ein Wechsel aber auch zwingend erforderlich sein: So legt § 16 Abs. 2 S. 2 EStG fest, dass der Gewinn aus der Veräußerung oder Aufgabe eines (Teil-)Betriebs zwingend durch Betriebsvermögensvergleich ermittelt werden muss (im Einzelnen noch unter Rn. 317 f.). Hat der Steuerpflichtige den Gewinn eines veräußerten oder aufgegebenen Betriebs bisher durch Einnahmen-Überschuss-Rechnung ermittelt, muss er die Gewinnermittlung also spätestens zum Übertragungs- bzw. Aufgabestichtag umstellen.

311

Aus dem Grundsatz der **Totalgewinngleichheit** folgt, dass ein (freiwilliger oder erzwungener) Wechsel der Gewinnermittlungsart nicht zu einer Veränderung des Totalgewinns führen darf.[284] Einzelne Vermögensmehrungen oder -minderungen dürfen

312

---

[284] Vgl. nur BFH, Urteil v. 28.5.1968 – IV R 202/67, BFHE 92, 555 = BStBl II 1968, 650; BFH, Urteil v. 24.1.1985 – IV R 155/83, BFHE 143, 78 = BStBl II 1985, 255; BFH, Urteil v. 30.3.1994 – I R 124/93, BFHE 175, 46 = BStBl II 1994, 852; BFH, Urteil v. 16.12.2014 – VIII R 45/12, BFHE 249, 83 = BStBl II 2015, 759; R 4.6 Abs. 1 S. 1 EStR 2012; H 4.6 „Gewinnberichtigungen beim Wechsel der Gewinnermittlungsart" EStH.

weder gar nicht noch doppelt erfasst werden. Um diese Totalgewinngleichheit zu gewährleisten, muss im Zeitpunkt des Wechsels der Gewinnermittlungsart eine **Überleitungsrechnung** erstellt werden: Bereits begonnene steuerliche Sachverhalte müssen darauf untersucht werden, wie sie sich nach der bisherigen Gewinnermittlungsart ausgewirkt haben und wie sie sich nach der zukünftigen Gewinnermittlungsart noch auswirken werden. Insoweit Vorgänge doppelt oder gar nicht berücksichtigt würden, muss der betriebliche Gewinn korrigiert werden.

313 Bei einem Wechsel von einem Betriebsvermögensvergleich zur Einnahmen-Überschuss-Rechnung droht beispielsweise eine doppelte Berücksichtigung bei **Forderungen** aus Lieferungen und Leistungen, weil deren Entstehung sich bereits gewinnerhöhend im Rahmen des Betriebsvermögensvergleichs ausgewirkt hat und der spätere Zufluss der Gegenleistung bei Erfüllung (bsp. Geldzahlung) im Rahmen der Einnahmen-Überschuss-Rechnung erneut zu Betriebseinnahmen führen würde. Umgekehrt führt der Erwerb von Wirtschaftsgütern des Umlaufvermögens, die nicht unter § 4 Abs. 3 S. 4 EStG fallen, gegen Barzahlung im Rahmen des Betriebsvermögensvergleichs nicht zu einer Gewinnminderung (Aktiv-Passiv-Tausch) und würde sich auch im Rahmen der Einnahmen-Überschuss-Rechnung nicht mehr gewinnmindernd auswirken. Gleichzeitig würde aber der Erlös aus der Veräußerung eines solchen Wirtschaftsguts in vollem Umfang zu Betriebseinnahmen führen, sodass im Ergebnis eine Überbesteuerung droht.

314 Bei einem Wechsel von einer Einnahmen-Überschuss-Rechnung zu einem Betriebsvermögensvergleich kann sich eine Doppelberücksichtigung zum Beispiel in Bezug auf **vorausgezahlte Erträge** ergeben: Hat der Steuerpflichtige Mieteinnahmen für drei Jahre im Voraus erhalten, muss er sie im Rahmen der Einnahmen-Überschuss-Rechnung bei Zufluss in voller Höhe als Betriebseinnahmen erfassen (vgl. § 11 Abs. 1 S. 1, 3 EStG). In seiner Eröffnungsbilanz für den Betriebsvermögensvergleich müsste er hingegen für die Erträge, die auf zukünftige Zeiträume entfallen, einen passiven Rechnungsabgrenzungsposten bilden und diesen in der Folge gewinnerhöhend auflösen. Umgekehrt führt es im Rahmen einer Einnahmen-Überschuss-Rechnung noch nicht zu Betriebseinnahmen, wenn der Steuerpflichtige eine betriebliche Leistung erbracht und damit eine Forderung auf eine Gegenleistung erworben hat. Weil die Tilgung dieser Forderung durch den Schuldner im Rahmen eines Betriebsvermögensvergleichs ebenfalls keine gewinnerhöhende Wirkung hätte (Aktiv-Tausch), droht insoweit eine systemwidrige Nichtberücksichtigung.

315 Durch die Saldierung der einzelnen Änderungen ergibt sich ein sog. **Übergangsgewinn** oder **-verlust**.[285] Dieser Korrekturbetrag ist mit dem laufenden Gewinn des Steuerpflichtigen aus seiner unternehmerischen Tätigkeit zu verrechnen. Dies gilt auch dann, wenn der Wechsel der Gewinnermittlungsart zwingend infolge einer Betriebsveräußerung oder -aufgabe erfolgt.[286] Beim Übergang von einer Einnahmen-Überschuss-Rechnung zum Betriebsvermögensvergleich ist der Übergangsgewinn oder -verlust grundsätzlich bei der Erstellung der Eröffnungsbilanz zu berücksichtigen. Um Härten durch den progressiven Einkommensteuertarif zu vermeiden, die un-

---

[285] Vgl. für eine Übersicht möglicher Korrekturposten die Anlage 1 zu R 4.6 EStR 2012.
[286] BFH, Urteil v. 24.10.1972 – VIII R 32/67, BFHE 108, 39 = BStBl II 1973, 233.

ter Umständen sogar den Fortbestand des Betriebs gefährden könnten, lässt es die Finanzverwaltung aber auf Antrag des Steuerpflichtigen zu, einen solchen Übergangsgewinn gleichmäßig auf bis zu drei Jahre zu verteilen.[287] Eine Verteilung kommt allerdings nicht in Betracht, wenn der Steuerpflichtige zwingend infolge einer Betriebsveräußerung oder -aufgabe zum Betriebsvermögensvergleich übergehen musste, weil der Betrieb in diesem Fall ohnehin nicht weiter besteht.[288] Wenn der Steuerpflichtige umgekehrt von einem Betriebsvermögensvergleich zur Einnahmen-Überschuss-Rechnung übergeht, muss der Übergangsgewinn oder -verlust im ersten Wirtschaftsjahr, für das der Gewinn nach § 4 Abs. 3 S. 1 EStG ermittelt wird, berücksichtigt werden.[289] Der Übergangsgewinn kann in diesen Fällen nicht auf mehrere Wirtschaftsjahre verteilt werden.[290]

> **Fall 50:** Die Gewerbetreibende A hat den Gewinn ihres kleinen Handwerksunternehmens bislang zulässigerweise durch Einnahmen-Überschuss-Rechnung ermittelt. Ab dem 1.1.21 will sie ihre Gewinnermittlung auf einen Betriebsvermögensvergleich umstellen. Für den Veranlagungszeitraum 20 hat sie einen Gewinn in Höhe von 40.000 € ermittelt, dabei aber folgende Geschäftsvorfälle noch nicht berücksichtigt:
>
> Am 1.1.20 hat A die Miete für ihre Werkstatt für die Jahre 20-22 im Voraus überwiesen (3 * 18.000 € = 54.000 €).
>
> Zum 30.6.20 erhielt A die Rechnung ihres Steuerberaters für die Erstellung der Einnahmen-Überschuss-Rechnung 19 in Höhe von 4.000 €. Da A mit der Leistung des Steuerberaters unzufrieden war, hat sie die Rechnung bislang noch nicht gezahlt. Der Steuerberater hat mit Rechnung vom 31.12.20 (zu Recht) Zinsen und Mahngebühren in Höhe von weiteren 100 € geltend gemacht, die A bislang ebenfalls noch nicht überwiesen hat.
>
> Am 17.12.20 hat A ein Werk für die Kundin K vollendet. K hat am 17.12.20 eine Anzahlung in Höhe von 1.000 € geleistet. Für die noch ausstehende Abschlusszahlung in Höhe von 2.000 € hat A eine Rechnung gestellt, die K bis zum 31.12.20 aber noch nicht beglichen hat.
>
> Welche Konsequenzen ergeben sich für den laufenden Gewinn für den Veranlagungszeitraum 20? Entsteht ein Übergangsgewinn oder -verlust aus der Umstellung auf einen Betriebsvermögensvergleich? Wann ist dieses Übergangsergebnis zu berücksichtigen?

316

> **Lösung Fall 50:** A ermittelt ihren Gewinn für den Veranlagungszeitraum 20 zulässigerweise durch Einnahmen-Überschuss-Rechnung (§ 4 Abs. 3 EStG).
>
> Dabei muss sie die vorausgezahlte Miete im Zahlungszeitpunkt als Betriebsausgaben geltend machen, weil sie bereits abgeflossen ist (§ 11 Abs. 2 S. 1 EStG) und eine Verteilung auf die gesamte Mietdauer nur bei Vorauszahlungen für mehr als fünf Jahre erfolgt (§ 11 Abs. 2 S. 3 EStG). Es ergeben sich mithin zusätzliche Betriebsausgaben für den Veranlagungszeitraum 20 in Höhe von 54.000 €. Bei der Umstellung der Gewinnermittlung auf einen Betriebsvermögensvergleich muss A für den Teil der Mietvorauszahlung, der auf die Jahre 21 und 22 entfällt (2 * 18.000 € = 36.000 €) einen aktiven Rechnungsabgrenzungsposten bilden, der in beiden Jahren anteilig gewinnmindernd aufzulösen ist. Um die sich da-

---

287 R 4.6 Abs. 1 S. 2 f. EStR 2012.
288 BFH, Urteil v. 13.9.2001 – IV R 13/01, BFHE 196, 546 = BStBl II 2002, 287 m.w.N.
289 R 4.6 Abs. 2 EStR 2012.
290 H 4.6 „Keine Verteilung des Übergangsgewinns" EStH mit Verweis auf BFH, Urteil v. 3.10.1961 – I 236/60 U, BFHE 73, 821 = BStBl III 1961, 565.

mit ergebende doppelte Gewinnminderung auszugleichen, muss ein Übergangsgewinn in Höhe von 36.000 € erfasst werden.

Die Rechnungen des Steuerberaters wirken sich im Veranlagungszeitraum 20 mangels Abflusses (§ 11 Abs. 2 S. 1 EStG) nicht aus. Im Rahmen der Einnahmen-Überschuss-Rechnung kommt es nicht auf das Entstehen einer Verbindlichkeit, sondern erst auf deren Tilgung an. Da die Tilgung der Verbindlichkeit sich allerdings im Rahmen des Betriebsvermögensvergleichs als bloßer Aktiv-Passiv-Tausch nicht mehr auswirken würde, würde der Aufwand insgesamt unberücksichtigt bleiben. Um dies zu vermeiden, muss bei der Umstellung der Gewinnermittlung insoweit ein Übergangsverlust in Höhe von 4.100 € erfasst werden.

Die von K geleistete Anzahlung führt mit Zufluss zu Betriebseinnahmen in Höhe von 1.000 € im Rahmen der Einnahmen-Überschuss-Rechnung für den Veranlagungszeitraum 20. Dass mit Fertigstellung des Werks auch die Forderung auf die Abschlusszahlung in Höhe von 2.000 € entsteht, wirkt sich im Veranlagungszeitraum 20 mangels Zuflusses nicht aus. Weil die Tilgung der Forderung im Rahmen des Betriebsvermögensvergleichs als Aktivtausch nicht zu einer Gewinnerhöhung führen würde, muss insoweit ein Übergangsgewinn in Höhe von 2.000 € erfasst werden.

Es ergibt sich mithin ein laufendes, nach § 4 Abs. 3 EStG ermitteltes Ergebnis der A für den Veranlagungszeitraum 20 in Höhe von 40.000 € – 54.000 € + 1.000 € = -13.000 €.

Durch die Umstellung der Gewinnermittlungsart kommt es zu einem Übergangsergebnis in Höhe von 36.000 € -4.100 € + 2.000 € = 33.900 €. Dieser Übergangsgewinn ist grundsätzlich in dem Jahr zu erfassen, in dem erstmalig ein Betriebsvermögensvergleich erstellt wird, also im Veranlagungszeitraum 21. Auf Antrag kann A den Gewinn aber auch auf bis zu drei Jahre verteilen (dann 11.300 € jährlich in den Veranlagungszeiträumen 21-23).

II. Beendigung des Betriebs

1. Betriebsveräußerung/-aufgabe

317 Der **Veräußerer** eines (Teil-)Betriebs muss die Differenz zwischen erhaltenem Veräußerungspreis und dem Wert des übertragenen Betriebsvermögens als Einkünfte aus Gewerbebetrieb versteuern (§ 16 Abs. 2 S. 1 EStG). Dabei schreibt § 16 Abs. 2 S. 2 EStG zwingend vor, dass der Wert des übertragenen Betriebsvermögens nach § 4 Abs. 1 EStG oder nach § 5 EStG ermittelt werden muss. Der Steuerpflichtige muss also zum Übertragungsstichtag eine gesonderte Bilanz aufstellen. Hat er seinen betrieblichen Gewinn bisher durch Einnahmen-Überschuss-Rechnung nach § 4 Abs. 3 EStG ermittelt, muss er die Gewinnermittlung umstellen und einen Übergangsgewinn oder -verlust ermitteln. Dieses **Übergangsergebnis** zählt zu den laufenden Einkünften aus Gewerbebetrieb und nimmt nicht an den Privilegierungen der §§ 16, 34 EStG teil.[291] Der Erwerber des (Teil-)Betriebs verteilt den gezahlten Kaufpreis nach dem Verhältnis der Verkehrswerte als Anschaffungskosten auf die einzelnen Wirtschaftsgüter.

318 Auch der Gewinn aus einer **Betriebsaufgabe** ist nach § 4 Abs. 1 EStG oder nach § 5 EStG zu ermitteln: Werden einzelne Wirtschaftsgüter im Rahmen der Betriebsaufgabe veräußert, sind die Veräußerungspreise anzusetzen (§ 16 Abs. 3 S. 6 EStG). Wer-

---

291 BFH, Urteil v. 24.10.1972 – VIII R 32/67, BFHE 108, 39 = BStBl II 1973, 233.

den Wirtschaftsgüter nicht veräußert (sondern insbesondere[292] ins Privatvermögen überführt), ist der gemeine Wert im Zeitpunkt der Aufgabe anzusetzen (§ 16 Abs. 3 S. 7 EStG). Diesen Werten ist jeweils der Buchwert der übertragenen Wirtschaftsgüter gegenüberzustellen (§ 16 Abs. 3 S. 1 i.V.m. Abs. 2 S. 1, 2 EStG). Erstreckt sich die Aufgabe über mehr als einen Veranlagungszeitraum, so ist der Aufgabegewinn anteilig in dem Zeitraum zu erfassen, indem die jeweilige Aufgabehandlung (beispielsweise die Veräußerung eines Wirtschaftsguts oder die Überführung ins Privatvermögen) bei wirtschaftlicher Betrachtung abgeschlossen wird.[293]

Hat der Steuerpflichtige das 55. Lebensjahr vollendet oder ist er im sozialversicherungsrechtlichen Sinne dauernd berufsunfähig, kann er den Veräußerungs- oder Aufgabegewinn auf Antrag um einen **Freibetrag** in Höhe von 45.000 € mindern (§ 16 Abs. 4 S. 1 EStG), der abgeschmolzen wird, insoweit der Veräußerungsgewinn einen Betrag in Höhe von 136.000 € übersteigt (§ 16 Abs. 4 S. 3 EStG). Der Antrag kann vom Steuerpflichtigen nur einmal im Leben gestellt werden (§ 16 Abs. 4 S. 2 EStG). Der Freibetrag kann nicht auf mehrere begünstigte Veräußerungen aufgeteilt werden. Der so ermittelte steuerpflichtige Gewinn unterliegt nach § 34 Abs. 1, Abs. 2 Nr. 1 EStG einem ermäßigten Steuersatz (sogenannte **Fünftelregelung**). Auf Antrag kann der Steuerpflichtige alternativ zu der Fünftelregelung einmal im Leben für einen Veräußerungs- oder Aufgabegewinn bis zu einer Höhe von maximal 5 Millionen Euro einen regelmäßig noch günstigeren Steuersatz wählen (§ 34 Abs. 3 S. 1 EStG). Beide Möglichkeiten der tariflichen Begünstigungen entfallen, insoweit der Veräußerungsgewinn im Teileinkünfteverfahren nach § 3 Nr. 40 S. 1 b), § 3c Abs. 2 EStG begünstigt ist, d.h. insoweit er auf die Veräußerung von Anteilen an einer Kapitalgesellschaft zurückgeht. Entfällt ein Aufgabegewinn auf mehr als einen Veranlagungszeitraum, greifen die Privilegierungen in jedem Veranlagungszeitraum. Allerdings können die Frei- und Höchstbeträge aus § 16 Abs. 4 S. 1, 3 EStG und § 34 Abs. 3 S. 1 EStG insgesamt nur einmal ausgenutzt werden.

319

Fall 51: Die 60 Jahre alte A ist als Schreinerin tätig. Sie nutzt bei ihrer Arbeit vor allem eine vollautomatisierte Drechselbank, die sie speziell nach ihren Vorstellungen hat anfertigen lassen. Vor einigen Jahren hat A neben ihrer Werkstatt auch ein eigenes Möbelgeschäft eröffnet, in dem sie selbst hergestellte Möbel veräußert, aber auch mit Möbeln anderer Hersteller handelt.

320

Mit zunehmendem Alter möchte A sich auf die Tätigkeit als Möbelhändlerin konzentrieren. Daher veräußert sie sämtliche Wirtschaftsgüter, die der Werkstatt zuzuordnen sind, zu einem Gesamtveräußerungspreis i.H.v. 200.000 € an ihren früheren Lehrling B, der die Werkstatt im eigenen Namen fortführen will. Vom Verkaufspreis entfallen auf das bebaute Grundstück 120.000 € (Buchwert 70.000 €), auf die Drechselbank 30.000 € (Buchwert 20.000 €) auf die Werkstatteinrichtung 40.000 € (Buchwert 30.000 €) und auf Ersatzteile und Materialien 10.000 € (Buchwert 10.000 €).
Welche steuerlichen Folgen ergeben sich für A und für B?

---

292 § 16 Abs. 3 S. 7 EStG erfasst auch eine unentgeltliche Übertragung von Wirtschaftsgütern auf einen anderen Steuerpflichtigen, wenn diese nicht nach § 6 Abs. 5 EStG oder § 6 Abs. 3 EStG privilegiert ist.
293 BFH, Urteil v. 17.10.1991 – IV R 97/89, BFHE 166, 149 = BStBl II 1992, 392; unerheblich ist, wann der jeweilige Veräußerungspreis zufließt; BFH, Urteil v. 16.3.1989 – IV R 153/86, BFHE 156, 195 = BStBl II 1989, 557.

Lösung Fall 51:

I. Behandlung bei A

Die Werkstatt stellt als geschlossene organisatorische Einheit im Einzelunternehmen der A einen Teilbetrieb dar. A überträgt den Teilbetrieb inklusive aller funktional-quantitativen Betriebsgrundlagen. Die Veräußerung führt mithin zu Einkünften aus § 16 Abs. 1 S. 1 Nr. 1 EStG. Veräußerungsgewinn ist die Differenz zwischen Veräußerungspreis und Buchwerten der übertragenen Wirtschaftsgüter (§ 16 Abs. 2 S. 1, 2 EStG); es ergibt sich grundsätzlich ein Gewinn i.H.v. 200.000 € – 130.000 € = 70.000 €.

Auf Antrag kann A diesen Gewinn um einen Freibetrag i.H.v. 45.000 € mindern (§ 16 Abs. 4 S. 1 EStG). Da der Gewinn 136.000 € nicht übersteigt, wird der Freibetrag nicht abgeschmolzen. Der Gewinn unterliegt in jedem Fall einer ermäßigten Besteuerung nach § 34 Abs. 1, Abs. 2 Nr. 1 EStG. Auf Antrag kann A auch eine noch günstigere Besteuerung nach § 34 Abs. 3 EStG wählen.

II. Behandlung bei B

B hat die Wirtschaftsgüter entgeltlich angeschafft. Aus seiner Perspektive ist es unerheblich, in welcher Höhe A einen Veräußerungsgewinn versteuern muss. B aktiviert das Gebäude mit 120.000 €, die Drechselbank mit 30.000 €, die Werkstatteinrichtung mit 40.000 € und die Ersatzteile mit 10.000 €.

321 Die Privilegierungen für Veräußerungsgewinne dienen unterschiedlichen Zwecken, was sich auf ihre Auslegung insbesondere bei **gestreckten Veräußerungsvorgängen** auswirkt: Der ermäßigte Steuersatz nach § 34 Abs. 1, Abs. 2 Nr. 1 EStG für Veräußerungsgewinne als außerordentliche Einkünfte soll die negativen Auswirkungen abmildern, welche sich aufgrund des progressiven Steuertarifs typischerweise ergeben, wenn alle stillen Reserven „auf einen Schlag" aufgedeckt werden. Erfolgt die Übertragung des Betriebs hingegen in mehreren Schritten – beispielsweise, weil einzelne wesentliche Betriebsgrundlagen vorab an andere Erwerber veräußert oder ins Privatvermögen übernommen werden – stellt sich die Frage, ob insgesamt eine privilegierungswürdige Aufdeckung „geballter" stiller Reserven vorliegt. Unproblematisch ist eine gestaffelte Betriebsveräußerung zunächst dann, wenn jeder Veräußerungsschritt die Merkmale von § 16 Abs. 1 S. 1 Nr. 1-3 EStG erfüllt, beispielsweise wenn zunächst ein Teilbetrieb und dann ein weiterer Teilbetrieb veräußert wird.[294]

322 **Fall 52 – Fortsetzung von Fall 51:** Einige Monate nachdem A die Werkstatt veräußert hat, veräußert sie auch das Möbelgeschäft.
Liegt eine begünstigte Betriebsveräußerung vor?

Lösung Fall 52: Auch das Möbelgeschäft stellt einen eigenständigen Betrieb dar, sodass erneut ein begünstigter Veräußerungsgewinn vorliegt. Dieser Gewinn unterliegt abermals einer ermäßigten Besteuerung nach §§ 34 Abs. 1, Abs. 2 Nr. 1 EStG. A kann – aber nur wenn sie entsprechende Anträge nicht schon bei der ersten Teilbetriebsveräußerung gestellt hat – den Gewinn um einen Freibetrag nach § 16 Abs. 4 EStG mindern und/oder einen noch günstigeren Steuertarif nach § 34 Abs. 3 S. 1 EStG wählen. Denn diese Vergünstigungen werden nur einmal im Leben gewährt.[295]

---

294 BFH, Urteil v. 28.5.2015 – IV R 26/12, BFHE 249, 536 = BStBl II 2015, 797, juris Rn. 26.
295 BFH, Urteil v. 3.5.2017 – X R 12/14, BFHE 258, 317, juris Rn. 72.

Werden im Rahmen einer **Vorabveräußerung** einzelner Wirtschaftsgüter oder einer Entnahme einzelner Wirtschaftsgüter in das Privatvermögen im Vorfeld die **stillen Reserven aufgedeckt**, bestehen auch keine Bedenken, den ermäßigten Steuersatz auf die Veräußerung des Restbetriebs anzuwenden. Dann wurden nämlich – genau wie von der Vorschrift vorausgesetzt – alle stillen Reserven des Betriebs aufgedeckt. Fraglich ist nur, ob auch der Gewinn aus der vorab erfolgten Veräußerung/Entnahme der einzelnen Wirtschaftsgüter von der Tarifbegünstigung profitiert, obwohl diese im Zeitpunkt der Veräußerung keinen eigenständigen Teilbetrieb bildeten. Dies hängt bei der gebotenen teleologischen Auslegung von § 34 Abs. 1, Abs. 2 Nr. 1 EStG davon ab, ob noch ein **enger zeitlicher und wirtschaftlicher Zusammenhang (zeitraumbezogene Betrachtung)** besteht, weil nur dann die aufgedeckten stillen Reserven zu einer Erhöhung der Progression führen.[296] Eine exakte Grenze für einen engen zeitlichen und wirtschaftlichen Zusammenhang lässt sich nicht bestimmen. Die Rechtsprechung knüpft an den Zeitraum an, der für eine begünstigte Betriebsaufgabe (§ 16 Abs. 3 S. 1 EStG) noch akzeptiert wird.[297] Ein enger zeitlicher Zusammenhang liegt danach jedenfalls nicht mehr vor, wenn die Veräußerung über mehr als zwei Veranlagungszeiträume andauert.[298]

323

Die auf Antrag zu gewährenden Privilegierungen nach § 16 Abs. 4 EStG sowie nach § 34 Abs. 3 EStG stellen demgegenüber eine besondere Begünstigung für ältere Unternehmer dar, um deren Altersvorsorgemöglichkeiten zu verbessern: Da der Aufbau unternehmerischen Vermögens häufig einen wesentlichen Teil der Altersvorsorge von Einzelunternehmern bildet, sollen diese einmal im Leben Gewinne aus der Veräußerung einer betrieblichen Einheit unter besonders günstigen Bedingungen vereinnahmen können. Ausgehend von diesem Normzweck kommt es nach der jüngeren Rechtsprechung nicht darauf an, ob im Vorfeld einer solchen Veräußerung bereits einzelne Wirtschaftsgüter veräußert oder entnommen wurden. Entscheidend ist allein, dass noch eine betriebliche Einheit besteht, die entgeltlich an einen Dritten übertragen wird. Für diese Normen ist also nach der herrschenden Meinung eine strikte **Zeitpunktbetrachtung** maßgeblich.[299] Hierfür spricht im Kontext von § 16 EStG auch der Wortlaut des § 16 Abs. 2 S. 2 EStG, der ausdrücklich auf den Zeitpunkt der Veräußerung abstellt, während eine Zeitraumbetrachtung nur für den Spezialfall der Realteilung angeordnet wird (§ 16 Abs. 3 S. 3 EStG), zur Realteilung noch unter Rn. 708 ff.).

324

Die Finanzverwaltung überträgt demgegenüber die **zeitraumbezogene Betrachtung** bei § 34 Abs. 1, Abs. 2 Nr. 1 EStG auch auf weitere Konstellationen: Immer dann, wenn der Steuerpflichtige aufgrund eines einheitlichen Plans und in engem zeitlichem Zusammenhang einzelne Wirtschaftsgüter und Sachgesamtheiten überträgt, seien diese Vorgänge für die steuerrechtliche Beurteilung einheitlich zu betrachten. Dies könne dann insbesondere dazu führen, dass betriebliche Einheiten nicht vollständig übertragen werden und deshalb entsprechende Privilegien wie beispielsweise der Freibe-

325

---

[296] BFH, Urteil v. 24.8.1989 – IV R 67/86, BFHE 158, 329 = BStBl II 1990, 132, juris Rn. 13.
[297] BFH, Beschluss v. 22.11.2013 – III B 35/12, BFH/NV 2014, 531, juris Rn. 6, BFH, Urteil v. 30.8.2012 – IV R 44/10, BFH/NV 2013, 376, juris Rn. 36.
[298] BFH, Beschluss v. 22.11.2013 – III B 35/12, BFH/NV 2014, 531, juris Rn. 7; BFH, Urteil v. 26.5.1993 – X R 101/90, BFHE 171, 468 = BStBl II 1993, 710, juris Rn. 28; vgl. für weitere entschiedene Einzelfälle *Wacker*, in: Schmidt, EStG, § 16 Rn. 211.
[299] BFH, Urteil v. 9.12.2014 – IV R 36/13, BFHE 248, 75 = BStBl II 2015, 529, juris Rn. 17.

trag nach § 16 Abs. 4 EStG oder der besondere Steuersatz nach § 34 Abs. 3 EStG nicht zur Anwendung kommen.³⁰⁰ Da sich die Verwaltung dabei auf eine – allerdings nur im Kontext von § 34 Abs. 1, Abs. 2 Nr. 1 EStG ergangene und mittlerweile eingeschränkte und präzisierte – Entscheidung des vierten Senats des Bundesfinanzhofs stützt,³⁰¹ werden diese Einschränkungen auch als **„Grundsätze der Gesamtplan-Rechtsprechung"** oder „Gesamtplan-Betrachtung" bezeichnet.³⁰² Die Finanzverwaltung sieht in dem Einwand eines schädlichen Gesamtplans einen allgemeinen Rechtsgedanken und beruft sich auf gemeinsame historische Entwicklungslinien insbesondere bei § 16 EStG und § 34 EStG. Die Rechtsprechung stellt demgegenüber die unterschiedlichen teleologischen Zwecke der einzelnen Privilegierungsvorschriften in den Vordergrund und ordnet die zusammenfassende Betrachtung bei § 34 Abs. 1, Abs. 2 Nr. 1 EStG als Ausnahme ein, die sich nur aus einer teleologischen Auslegung gerade dieser Vorschrift ergibt.

326 **Fall 53 – Abwandlung zu Fall 51:** A überträgt zunächst die Drechselbank unentgeltlich in ein anderes Betriebsvermögen und führt insoweit (zutreffend) den Buchwert fort (§ 6 Abs. 5 S. 1 EStG). Einen Tag später veräußert sie das Werkstattgebäude mit Einrichtung und Ersatzteilen an B.
Liegt eine begünstigte Teilbetriebsveräußerung vor?

Lösung Fall 53: Die Anwendung von § 34 Abs. 1, Abs. 2 Nr. 1 EStG scheidet nach übereinstimmender Ansicht aus. Die Drechselbank stellt nach funktional-quantitativer Betrachtungsweise eine wesentliche Betriebsgrundlage dar. Die stillen Reserven aus dieser wesentlichen Betriebsgrundlage wurden nicht in zeitlichem Zusammenhang mit der Veräußerung des restlichen Betriebs aufgedeckt, sondern vielmehr in engem zeitlichem Zusammenhang und aufgrund eines einheitlichen Entschlusses zu Buchwerten ausgegliedert. Da nicht alle stillen Reserven aus dem Teilbetrieb „auf einen Schlag" realisiert wurden und nur eine solche Aufdeckung „geballter" stiller Reserven tariflich begünstigt werden soll, kommt eine Privilegierung nach § 34 Abs. 1, Abs. 2 Nr. 1 EStG nicht in Betracht.

Die Finanzverwaltung würde aus denselben Erwägungen und mit Verweis auf die gemeinsame historische Entstehungsgeschichte von § 16 EStG und § 34 EStG auch eine Privilegierung des Gewinns aus der Teilbetriebsveräußerung auf Antrag nach § 16 Abs. 4 EStG oder § 34 Abs. 3 EStG ausschließen. Hiergegen sprechen die unterschiedlichen Zielsetzungen der Privilegierungsvorschriften; nur der Zweck von § 34 Abs. 1, Abs. 2 Nr. 1 EStG erfordert eine Zeitraumbetrachtung. Die Veräußerungsgewinnbesteuerung stellt ansonsten vielmehr ausdrücklich auf Zeitpunkte ab (vgl. z.B. § 16 Abs. 2 S. 2 EStG: „Zeitpunkt der Veräußerung"). Ein Bezug auf einen bestimmten Zeitraum findet sich demgegenüber nur im Kontext der Realteilung (§ 16 Abs. 3 S. 3 EStG).

---

300 Vgl. H 16.4 „Buchwertübertragung von wesentlichen Betriebsgrundlagen" EStH; ausführlich zur Argumentation *Sobanski*, FR 2017, 384 ff.
301 BFH, Urteil v. 6.9.2000 – IV R 18/99, BFHE 193, 116 = BStBl II 2001, 229, juris Rn. 6; Ursprünge bereits bei RFH, Urteil v. 1.2.1934 – IV A 1856/32, RStBl 1934, 540; vgl. aus jüngerer Zeit BFH, Urteil v. 5.2.2014 – X R 22/12, BFHE 244, 49 = BStBl II 2014, 388, juris Rn. 22; BFH, Urteil v. 17.12.2014 – IV R 57/11, BFHE 248, 66 = BStBl II 2015, 536, juris Rn. 18 f.; BFH, Urteil v. 16.12.2015 – IV R 8/12, BFHE 252, 141 = BStBl II 2017, 766, juris Rn. 16 jew. m.w.N. zur Rechtsprechungsentwicklung.
302 Vgl. z.B UmwStE Tz. 20.07; siehe zur Figur des Gesamtplans *Herlinghaus*, FR 2014, 441; *Kempelmann*, StuW 2016, 385, 385ff. und *Sobanski*, FR 2017, 384 ff.

2. Unentgeltliche Übertragung eines (Teil-)Betriebs, § 6 Abs. 3 EStG

Unentgeltliche Übertragungen **betrieblicher Sachgesamtheiten** sind nach § 6 Abs. 3 S. 1, 3 EStG ohne Aufdeckung stiller Reserven möglich: Wird ein Betrieb oder ein Teilbetrieb unentgeltlich übertragen, ist zwingend der Buchwert anzusetzen. 327

Unentgeltlichkeit im Sinne von § 6 Abs. 3 S. 1 EStG setzt voraus, dass der Übertragende beabsichtigt, den Empfänger i.S.d. **§ 516 BGB zu bereichern**.[303] Hieran wird es zwischen fremden Dritten in der Regel[304] fehlen.[305] Eine Übertragung ohne Entgelt erfolgt in diesen Fällen häufig, um eine verlustbringende Beteiligung endgültig zu beenden oder Haftungsrisiken zu minimieren. Umgekehrt besteht bei Vermögensübertragungen zwischen Angehörigen eine widerlegbare Vermutung dafür, dass eine Bereicherungsabsicht besteht.[306] Typische Beispiele für unentgeltliche Übertragungen sind dementsprechend Nachfolgekonstruktionen im Wege der vorweggenommenen Erbfolge, bei denen schon zu Lebzeiten (Teil-)Betriebe an die zukünftigen Erben verschenkt werden. Die Buchwertverknüpfung soll diese Generationennachfolge erleichtern und vermeiden, dass betriebliche Einheiten anlässlich einer Übertragung von einer Generation auf die nächste zerschlagen werden müssen, um die anfallende Steuer zu begleichen.[307] 328

Voraussetzung für die **Buchwertverknüpfung** ist – wie auch bei der Übertragung von Einzelwirtschaftsgütern – dass der Besteuerungszugriff Deutschlands nicht gefährdet wird (§ 6 Abs. 3 S. 1 Hs. 1 a.E. EStG). Es handelt sich mithin nicht um einen endgültigen Besteuerungsverzicht, sondern lediglich um einen Aufschub: Wenn der Erwerber die betriebliche Einheit oder einzelne Wirtschaftsgüter veräußert, unterliegen die stillen Reserven bei ihm der Besteuerung. Der Gesetzgeber nimmt allerdings hin, dass stille Reserven durch die unentgeltliche Übertragung einem anderen Steuerpflichtigen zugeordnet werden und sichert dies – anders als bei § 6 Abs. 5 S. 3 EStG – nicht generell durch eine **Sperrfrist** ab. 329

Die Buchwertverknüpfung nach § 6 Abs. 3 S. 1, 3 EStG setzt voraus, dass der gesamte Betrieb bzw. der gesamte Teilbetrieb übertragen wird, d.h. alle **wesentlichen Betriebsgrundlagen**. Der Übertragende muss seine betriebliche Tätigkeit einstellen. Zur Bestimmung der wesentlichen Betriebsgrundlagen kommt es – anders als im Kontext von § 16 Abs. 1 S. 1 Nr. 1 EStG i.V.m. § 34 Abs. 1, Abs. 2 Nr. 1 EStG – auf 330

---

303 BFH, Urteil v. 26.6.2002 – IV R 3/01, BFHE 199, 482, juris Rn. 27, Vgl. BFH, Urteil v. 10.3.1998 – VIII R 76/96, BFHE 186, 50 = BStBl II1999, 269; BFH, Urteil v. 21.4.1994 – IV R 70/92, BFHE 174, 413 = BStBl II 1994, 745 jew. m.w.N.
304 Als Beispiel für eine ausnahmsweise bestehende Bereicherungsabsicht unter fremden Dritten (Übertragung eines Möbelgeschäfts auf einen Angestellten, damit der aufgebaute Betrieb erhalten bleibt) vgl. FG Düsseldorf v. 10.1.2010 – 13 K 4281/07 F, EFG 2010, 803, rkr.
305 Vgl. nur BFH v. 31.5.1972 – I R 49/69, BStBl II 1972, 696; FG Düsseldorf v. 10.1.2010 – 13 K 4281/07 F, EFG 2010, 803, rkr.; BMF-Schreiben v. 11.3.2010 – IV C 3 – S 2221/09/10004, BStBl I 2010, 227, Rn. 5.
306 St. Rspr., vgl. nur BFH, Beschluss v. 5.7.1990 – GrS 4-6/89, BFHE 161, 317 = BStBl II 1990, 847; BFH, Urteil v. 29.1.1992 – X R 193/87, BFHE 167, 95 = BStBl II 1992, 465BFH, Urteil v. 21.1.1986 – VIII R 238/81, BFH/NV 1986, 597; Urteil v. 26.3.1987 – IV R 58/85, BFH/NV 1987, 770; jew. m.w.N.
307 Vgl. nur BFH, Urteil v. 2.8.2012 – IV R 41/11, BFHE 238, 135 = BStBl II 2019, 715., juris Rn. 36 m.w.N.

eine rein **funktionale Betrachtung** an: Wesentlich sind mithin alle Wirtschaftsgüter, die von ihrer Funktion her ein besonderes wirtschaftliches Gewicht für die Betriebsführung besitzen.[308] Nach herrschender Meinung ist zusätzlich erforderlich, dass der Übertragende seine bisherige betriebliche Tätigkeit einstellt. Daran fehlt es insbesondere, wenn die wesentlichen Betriebsgrundlagen zwar übereignet werden, sich der Übertragende aber weiterhin einen **Nießbrauch** an den mit ihnen erzielten Erträgen vorbehält.[309]

331 Zwischen Rechtsprechung und Finanzverwaltung war ebenso wie bei den Privilegierungen für Veräußerungs- und Aufgabegewinne nach §§ 16 Abs. 4, 34 Abs. 1 und Abs. 3 EStG umstritten, ob es für die Bestimmung der wesentlichen Betriebsgrundlagen auf eine reine **Zeitpunktbetrachtung** ankommt (so die jüngere Rechtsprechung)[310] oder ob nach den sog. Grundsätzen der **Gesamtplan-Betrachtung** auch andere entgeltliche oder unentgeltliche Vermögenstransfers in einem engen zeitlichen und wirtschaftlichen Kontext einzubeziehen sind.[311] Im Kontext von § 6 Abs. 3 EStG hat die Finanzverwaltung ihre abweichende Auffassung aber mittlerweile weitgehend aufgegeben: Die Buchwertverknüpfungen nach § 6 Abs. 3 S. 1, 3 EStG und § 6 Abs. 5 S. 1, 3 EStG können auch gleichzeitig zur Anwendung kommen, d.h. es ist grundsätzlich unschädlich, wenn einzelne wesentliche Betriebsgrundlagen nicht mit dem (Teil-)Betrieb an den Erwerber, sondern in ein anderes Betriebsvermögen übertragen werden.[312] Ebenso ist es grundsätzlich unschädlich für die Anwendung von § 6 Abs. 3 S. 1, 3 EStG, wenn aufgrund einer einheitlichen Planung einzelne wesentliche Betriebsgrundlagen entnommen oder veräußert werden und sodann der „Restbetrieb" unentgeltlich an einen Erwerber übertragen wird.[313] Etwas anderes gilt nur, wenn nach der Vorabausgliederung einer wesentlichen Betriebsgrundlage keine funktionsfähige betriebliche Einheit mehr verbleibt **(Betriebszerschlagung)**, weil dann kein (Teil-)Betrieb mehr übertragen werden und damit der Tatbestand von § 6 Abs. 3 S. 1, 3 EStG nicht mehr erfüllt werden kann.[314] In diesen Fällen liegt dann eine Aufgabe des bisherigen Betriebs vor, die zur Aufdeckung auch der stillen Reserven aus den unentgeltlich übertragenen Wirtschaftsgütern führt (§ 16 Abs. 3 S. 7 EStG).

332 Besonders präzise müssen die Übertragungszeitpunkte bestimmt werden, wenn **„tagoder zeitgleich"** mit der Übertragung eines funktionsfähigen (Teil-)Betriebs andere Wirtschaftsgüter übertragen werden, die bislang wesentliche Betriebsgrundlagen des

---

308 Vgl. BFH, Urteil v. 18.8.2009 – X R 20/06, BFHE 226, 224 = BStBl II 2010, 222, juris Rn. 27; BFH, Urteil v. 6.5.2010 – IV R 52/08, BFHE 229, 279 = BStBl II 2011, 261, juris Rn. 18; jew. m.w.N.
309 Vgl. nur BFH, Urteil v. 25.1.2017 – X R 59/14, BFHE 257, 227 = BStBl II 2019, 730, juris Rn. 11 m.w.N. zu abweichenden Auffassungen in der Literatur und zur abweichenden Auslegung des IV. Senats für unter Nießbrauch übertragene land- und forstwirtschaftliche Betriebe.
310 Vgl. z.B. BFH, Urteil v. 2.8.2012 – IV R 41/11, BFHE 238, 135 = BStBl II 2019, 715; BFH, Urteil v. 9.12.2014 – IV R 29/14, BFHE 247, 449 = BStBl II 2019, 723, juris Rn. 18 ff.; BFH, Urteil v. 10.9.2020 – IV R 14/18, DStR 2021, 18; vgl. auch Stein/Stein, FR 2013, 156, 158 f.
311 Vgl. insbesondere BMF-Schreiben v. 3.3.2005, IV B 2-S 2241-14/05, BStBl I 2005, 458, Rn. 7; mittlerweile aber ersetzt durch BMF-Schreiben v. 20.11.2019, IV C 6-S 2241/15/10003, BStBl I 2019, 1291 und BMF-Schreiben v. 5.5.2021, IV C 6-S 2240/19/10003:17, BStBl I 2021, 696.
312 BMF-Schreiben v. 20.11.2019, IV C 6-S 2241/15/10003, BStBl I 2019, 1291, Rn. 10, 14.
313 BMF-Schreiben v. 20.11.2019, IV C 6-S 2241/15/10003, BStBl I 2019, 1291, Rn. 13.
314 BFH, Urteil v. 28.2.2013 – IV R 4/11, BFH/NV 13, 1081, juris Rn. 39; IV R 29/14 Rn. 24, BMF-Schreiben v. 20.11.2019, IV C 6-S 2241/15/10003, BStBl I 2019, 1291, Rn. 12 f.

übertragenen Betriebs waren. Es kommt nach (mittlerweile) übereinstimmender Ansicht von Rechtsprechung und Finanzverwaltung strikt auf die Übertragungsreihenfolge an: Werden zunächst einzelne Wirtschaftsgüter in das Privatvermögen entnommen oder veräußert, steht dies – solange keine Betriebszerschlagung vorliegt (siehe dazu unter Rn. 331) – einer Übertragung des verbleibenden Betriebs zu Buchwerten nicht entgegen. Dies gilt auch dann, wenn zwischen der Übertragung des jeweiligen wirtschaftlichen Eigentums nur eine **„juristische Sekunde"** liegt.[315] Keine Anwendung findet § 6 Abs. 3 S. 1, 3 EStG aber nach wie vor, wenn die Übertragung exakt zeitgleich mit der Veräußerung oder Entnahme der Wirtschaftsgüter geschieht.[316] Noch großzügiger sind Rechtsprechung und Finanzverwaltung, wenn einzelne Wirtschaftsgüter nicht entnommen oder veräußert, sondern nach § 6 Abs. 5 EStG zu Buchwerten übertragen werden: Da zwischen den Vorschriften des § 6 Abs. 3 S. 1, 3 EStG und des § 6 Abs. 5 EStG kein gesetzliches Rangverhältnis besteht und sie beide bestimmte Übertragungsvorgänge privilegieren sollen, sind sie parallel anwendbar. Das heißt, auch bei einer exakt zeitgleichen unentgeltlichen Übertragung einzelner Wirtschaftsgüter nach § 6 Abs. 5 EStG kann der (funktionsfähige) Restbetrieb nach § 6 Abs. 3 S. 1, 3 EStG zu Buchwerten übertragen werden.[317]

Fall 54:[318] A betreibt einen Reitsporthandel. Sie ist Eigentümerin eines Ladenlokals in begehrter Innenstadtlage und eines Grundstücks in einem Gewerbegebiet, auf dem sich ein Gebäude mit Lager- und Büroräumen befindet. A möchte sich zur Ruhe setzen und den Betrieb auf ihren Sohn S übertragen.

S will den Betrieb „in ein neues Zeitalter führen" und zukünftig allein auf einen Onlinehandel setzen, den er von der Immobilie im Gewerbegebiet aus betreiben kann. Für das Verkaufslokal in der Innenstadt hat er dementsprechend zukünftig keine Verwendung. A, die ein zusätzliches finanzielles Polster als Altersabsicherung gut gebrauchen kann, veräußert daraufhin das Ladenlokal mit Wirkung zum 31.12.19 12:00 Uhr zu einem Preis, der deutlich über dem Buchwert liegt. Mit Wirkung zum 31.12.19 13:00 Uhr überträgt sie die verbliebenen Wirtschaftsgüter (insbesondere das Grundstück im Gewerbegebiet, den Firmennamen, den Kundenstamm sowie die gelagerten Waren) unentgeltlich auf S, der auch die bestehenden betrieblichen Verbindlichkeiten übernimmt.

Mit welchem Wert sind die Wirtschaftsgüter bei der Übertragung von A auf S zu bewerten?

Lösung Fall 54: Die Übertragung erfolgt zu Buchwerten, wenn A auf S einen (vollständigen) (Teil-)Betrieb übertragen hat (§ 6 Abs. 3 S. 1 Hs. 1 Var. 1 EStG). A hat mit dem Betriebsgrundstück und dem Kundenstamm eine funktionsfähige betriebliche Einheit übertragen. Das veräußerte Ladenlokal ist für den zukünftigen Betrieb des Onlinehandels funktional nicht erforderlich. Aus der Perspektive des übernehmenden S liegt mithin eine Übertragung eines ganzen Betriebs vor. Die Veräußerung des Ladenlokals führt nicht zu einer Betriebszerschlagung, nach der keine funktionierende betriebliche Einheit mehr verbleibt.

---

315 BFH, Urteil v. 10.9.2020 – IV R 14/18, DStR 2021, 18, Rn. 29 f.; nunmehr auch BMF-Schreiben v. 5.5.2021, IV C 6-S 2240/19/10003:017, BStBl. I 2021, 696, Rn. 9, 9a, 13.
316 BFH, Urteil v. 10.9.2020 – IV R 14/18, DStR 2021, 18, Rn. 31 f.
317 BFH, Urteil v. 2.8.2012 – IV R 41/11, BFHE 238, 135, BStBl II 2019, 715, Rn. 19; BFH, Urteil v. 10.9.2020 – IV R 14/18, DStR 2021, 18, Rn. 33; BMF-Schreiben v. 5.5.2021, IV C 6-S 2240/19/10003:017, BStBl. I 2021, 696, Rn. 10.
318 Angelehnt an BFH, Urteil v. 10.9.2020 – IV R 14/18, DStR 2021, 18.

Gleichwohl kann man an der Anwendung von § 6 Abs. 3 S. 1, 3 EStG zweifeln, weil das Ladenlokal eine wesentliche Betriebsgrundlage des ursprünglichen Reitsporthandels der A darstellte. Stellt man auf den ursprünglichen Betrieb und mithin auf die Perspektive der übertragenden A ab, liegt eine Betriebsaufgabe vor: A hat die wesentlichen Betriebsgrundlagen innerhalb kurzer Zeit (nämlich am selben Tag) teilweise veräußert und teilweise unentgeltlich übertragen. Dies führt zu einer vollständigen Aufdeckung der stillen Reserven, auch derjenigen aus den unentgeltlich übertragenen Wirtschaftsgütern, § 16 Abs. 3 S. 7 EStG.

Dem Wortlaut von § 6 Abs. 3 S. 1, 3 EStG lässt sich angesichts der passiven Formulierung („wird übertragen") nicht entnehmen, ob die Perspektive des übertragenden Steuerpflichtigen (und damit eine Zeitraumbetrachtung) oder des übernehmenden Steuerpflichtigen (und damit eine Zeitpunktbetrachtung) maßgeblich ist.

Bei systematischer Betrachtung enthält zwar § 6 Abs. 3 S. 2 EStG eine Sonderregelung, nach der eine Buchwertverknüpfung auch dann greift, wenn bei der teilweisen Übertragung eines Mitunternehmeranteils einzelne Wirtschaftsgüter nicht mitübertragen werden, sofern diese weiterhin im Betriebsvermögen der Mitunternehmerschaft bleiben. Damit wird aus Vereinfachungsgründen auf die **quotale Mitübertragung von Sonderbetriebsvermögen** verzichtet, weil die Besteuerung der stillen Reserven weiterhin gesichert ist (vgl. noch im Detail unter Rn. 733 ff.). Aus dieser Sonderregel mit Vereinfachungscharakter lässt sich aber nicht im Umkehrschluss ableiten, dass andere Konstellationen, in denen Wirtschaftsgüter nicht übertragen werden, zu einer Betriebsaufgabe führen.[319]

Vielmehr erscheint es mit Blick auf die Systematik der Vorschriften zur Übertragung von Einzelwirtschaftsgütern und Sachgesamtheiten und den Zweck von § 6 Abs. 3 S. 1, 3 EStG fragwürdig, für die Anwendung der Buchwertverknüpfung danach zu differenzieren, ob ein Wirtschaftsgut einen Tag vor der Übertragung des Betriebs oder am Übertragungsstichtag selbst entnommen oder veräußert wird. Es handelt sich bei wirtschaftlicher Betrachtung um vergleichbare Sachverhalte und das Gesetz enthält keinerlei Anhaltspunkte dafür, dass für die Bestimmung des maßgeblichen Übertragungszeitpunkts nur auf einen Tag und nicht auch auf die Übertragungsreihenfolge an diesem Tag abgestellt werden sollte.[320] Ebenso wenig überzeugend ist es, eine tages- oder zeitgleiche Übertragung einer wesentlichen Betriebsgrundlage zu Buchwerten nach § 6 Abs. 5 EStG anders zu behandeln als eine Übertragung unter Aufdeckung der stillen Reserven (Veräußerung/Entnahme). Die Buchwertfortführung nach § 6 Abs. 3 S. 1, 3 EStG soll eine Übertragung funktionsfähiger betrieblicher Einheiten erleichtern, indem zur Schonung der betrieblichen Liquidität stille Reserven nicht besteuert werden müssen, sofern ihre spätere Besteuerung gesichert ist. Wenn schon eine Aussonderung zu Buchwerten, bei der stille Reserven auf eine andere Person übergehen (nur abgesichert über eine Sperrfrist, vgl. § 6 Abs. 5 S. 4 EStG), diesem Zweck nicht widerspricht, weil die stillen Reserven weiterhin steuerverhaftet sind, so muss dies erst recht gelten, wenn die stillen Reserven im Zuge der Aussonderung tatsächlich besteuert werden.

Die einzige Differenzierung, die sich dem Gesetz mit hinreichender Klarheit und ohne systematische Widersprüche entnehmen lässt, ist, ob im Übertragungszeitpunkt noch ein Betrieb vorhanden ist. Danach liegt hier eine Übertragung zum Buchwert nach § 6 Abs. 3 S. 1 Hs. 1 Var. 1 EStG vor.

---

319 In diese Richtung aber FG Schleswig-Holstein, Urteil v. 26.3.2019 – 4 K 83/16, EFG 2019, 1508 (rkr.); juris Rn. 37 ff.; a.A. FG Düsseldorf, Urteil v. 19.4.2018 – 15 K 1187/17 F, EFG 2018, 1092, juris Rn. 24 ff.
320 Ebenso BFH, Urteil v. 10.9.2020 – IV R 14/18, DStR 2021, 18, juris Rn. 30 ff.

Aus der Rechtsfolge der Buchwertverknüpfung könnte man folgern, dass die unentgeltliche Übertragung einer Sachgesamtheit – ebenso wie eine entgeltliche Übertragung im Rahmen einer (Teil-)Betriebsveräußerung (siehe bereits unter Rn. 317 f.) – eine Gewinnermittlung nach § 4 Abs. 1 EStG (ggfs. i.V.m. § 5 EStG) erfordert und ein Steuerpflichtiger, der bisher seinen Gewinn durch Einnahmen-Überschuss-Rechnung ermittelt hat, eine Bilanz auf den Übertragungsstichtag aufstellen und einen **Übergangsgewinn** ermitteln muss. Dagegen spricht aber zum einen der Verweis in § 6 Abs. 7 Nr. 1 EStG, der § 6 Abs. 3 EStG auch im Rahmen einer Einnahmen-Überschuss-Rechnung bei der Ermittlung der AfA-Bemessungsgrundlagen für anwendbar erklärt, und zum anderen die Tatsache, dass nach der Übertragung kein weiterer Bedarf für eine Gewinnermittlung durch Betriebsvermögensvergleich besteht, sodass der Steuerpflichtige seine Gewinnermittlung zeitnah erneut umstellen und einen vorher realisierten Übergangsgewinn wieder ausgleichen könnte. Auf die Ermittlung eines Übergangsgewinns wird daher verzichtet.

334

3. Teilentgeltliche Übertragungen eines (Teil-)Betriebs

Nach ganz herrschender Meinung[321] findet bei der Übertragung von betrieblichen Sachgesamtheiten – also insbesondere bei der Übertragung eines einheitlichen Betriebs oder eines Teilbetriebs – die sog. **Einheitstheorie** Anwendung: Es liegt entweder eine unentgeltliche Übertragung vor, die nach § 6 Abs. 3 S. 1, 3 EStG zwingend zur Buchwertfortführung führt, oder eine entgeltliche Veräußerung, die nach § 16 Abs. 1 S. 1, Abs. 2 EStG einen steuerpflichtigen Veräußerungsgewinn auslöst. Entscheidendes Abgrenzungsmerkmal ist, ob das an den Übertragenden gezahlte Entgelt den Buchwert des übertragenen Betriebsvermögens übersteigt oder nicht. Ist das Entgelt höher als der Buchwert, liegt ein voll entgeltliches Geschäft vor. Ist das Entgelt niedriger und wollte der Übertragende den Erwerber bereichern, handelt es sich um eine unentgeltliche Übertragung.

335

Das Entgelt kann dabei auch darin bestehen, dass eine private Verbindlichkeit des Übertragenden übernommen wird. Außer Acht bleiben hingegen[322] solche Verbindlichkeiten, die einen Teil der betrieblichen Sachgesamtheit bilden – also beispielsweise Verbindlichkeiten gegenüber Lieferanten oder Darlehen zur Finanzierung des Anlagevermögens. Da betriebliche Einheiten fast immer auch Verbindlichkeiten umfassen, wäre ansonsten eine vollständig unentgeltliche Übertragung eines Betriebs oder Teilbetriebs, die in § 6 Abs. 3 S. 1, 3 EStG ausdrücklich vorgesehen ist, kaum denkbar.[323]

336

---

321 Vgl. nur BFH, Beschluss v. 19.3.2014 – X R 28/12, BFHE 245, 164 = BStBl II 2014, 629, juris Rn. 69 ff. m.w.N.; BFH, Urteil v. 24.3.1999 – IV R 114/97, BFHE 188, 315 = BStBl II 2000, 399, juris Rn. 38; BFH, Urteil v. 16.12.1992 – XI R 34/92, BFHE 170, 183 = BStBl II 1993, 436, juris Rn. 12; BFH, Urteil v. 10.7.1986 – IV R 12/81, BFHE 147, 63 = BStBl II 1986, 811, juris Rn. 18; BMF-Schreiben v. 13.1.1993, BStBl I 1993, 80, Rn. 35, *Wacker*, in: Schmidt, EStG, § 16 Rn. 37; 66 m.w.N.

322 Bei Übertragungen im Rahmen vorweggenommener Erbfolge werden darüber hinaus vom Erwerber an den Übertragenden geleistete Versorgungsleistungen (z.B. die Einräumung eines Wohnrechts) nicht als Entgelt berücksichtigt; vgl. BFH, Urteil v. 9.12.2014 – IV R 29/14, BFHE 247, 449 = BStBl II 2019, 723, juris Rn. 28; BFH, Beschluss v. 5.7.1990 – GrS 4-6/89, BFHE 161, 317 = BStBl II 1990, 847, juris Rn. 68.

323 BFH, Beschluss v. 5.7.1990 – GrS 4-6/89, BFHE 161, 317 = BStBl II 1990, 847, juris Rn. 85.

337 **Fall 55:** A betreibt seit Jahren einen kleinen Teeladen, in dem sie verschiedene Tee- und Kaffeesorten sowie entsprechendes Geschirr an Privatpersonen verkauft. Als im Nachbargebäude eine Gewerbefläche frei wird, gründet sie mit ihrem Schulfreund B die A und B-OHG und eröffnet dort ein Café. Teeladen und Café bestehen zunächst unabhängig nebeneinander.

Nach einigen Jahren beschließen A und B, ihre unternehmerischen Tätigkeiten unter dem Dach der OHG zu bündeln und Café und Teeladen miteinander zu verbinden. A überträgt zu diesem Zweck das Eigentum an dem Ladenlokal sowie an sämtlichen Einrichtungsgegenständen und Waren aus dem Teeladen und alle betrieblichen Forderungen auf die A und B-OHG (Buchwert 100.000 €, gemeiner Wert 300.000 €), ohne dass sich ihre gesellschaftsrechtliche Beteiligungsquote verändert; die OHG übernimmt alle betrieblichen Verbindlichkeiten.

Die OHG verfügt nicht über ausreichende liquide Mittel, um A einen Ausgleich in Höhe des gemeinen Werts zu zahlen. A weiß auch, dass ihr Freund B nicht über ausreichende finanzielle Mittel verfügt, um den Wert zu vergüten. Sie möchte den Betrieb gleichwohl übertragen, weil die Zusammenarbeit mit B ihr Freude bereitet und B ihr dann auch bei der Arbeit im Teeladen helfen kann. Um A zumindest in gewissem Umfang und entsprechend der finanziellen Leistungsfähigkeit der OHG zu entschädigen, verpflichtet sich die OHG, eine private Verbindlichkeit der A zu übernehmen.

I. Welche Rechtsfolgen ergeben sich, wenn die übernommene Verbindlichkeit zum Zeitpunkt der Übertragung noch i.H.v. 80.000 € besteht?

II. Welche Rechtsfolgen ergeben sich, wenn die übernommene Verbindlichkeit zum Zeitpunkt der Übertragung noch i.H.v. 120.000 € besteht?

Lösung Fall 55: Insoweit die private Verbindlichkeit übernommen wird, zahlt die OHG an A ein Entgelt. Da dieses Entgelt den gemeinen Wert des übertragenen Betriebsvermögens nicht erreicht, liegt ein teilentgeltliches Geschäft vor.

I. Wenn der Wert der übernommenen Verbindlichkeit den Buchwert des übertragenen Betriebsvermögens nicht erreicht (80.000 € < 100.000 €), liegt ein voll unentgeltliches Geschäft vor. A muss keinen Veräußerungsgewinn versteuern, die OHG führt die Buchwerte fort (und passiviert die übernommene Verbindlichkeit erfolgsneutral).

II. Überschreitet der Wert der übernommenen Verbindlichkeit den Wert des übertragenen Betriebsvermögens (120.000 € > 100.000 €), liegt ein voll entgeltliches Geschäft vor. A erzielt einen Veräußerungsgewinn in Höhe von 20.000 €. Die OHG aktiviert das übernommene Betriebsvermögen mit dem Wert von 120.000 € (Aufteilung auf die einzelnen Wirtschaftsgüter nach dem Verhältnis ihrer gemeinen Werten) und passiviert die übernommene Verbindlichkeit.

338 Aus dem Wortlaut der Vorschriften ergibt sich die von der Einheitstheorie unterstellte Abgrenzung nicht: Weder § 6 Abs. 3 EStG noch § 16 Abs. 1, 2 EStG sprechen teilentgeltliche Geschäfte ausdrücklich an. Noch definieren sie, wann eine unentgeltliche Übertragung und wann eine Veräußerung vorliegen. Wie ein teilentgeltliches Geschäft zu behandeln ist, muss mithin aus der systematischen und teleologischen Auslegung der Normen entnommen werden. Dabei sind in § 6 Abs. 3 EStG einerseits und § 16 Abs. 1, 2 EStG andererseits zwei im Grundsatz gegenläufige Regelungszwecke verankert.[324] Die Steuerpflicht eines **Veräußerungsgewinns** nach § 16 EStG ist Aus-

---

[324] Vgl. im Einzelnen *Geissler*, FR 2014, 152, 154-156 m.w.N.

druck der Besteuerung nach der steuerlichen Leistungsfähigkeit: Der Übertragende erhält eine Gegenleistung für die durch seine betriebliche Tätigkeit gebildeten stillen Reserven. Durch eine **unentgeltliche Übertragung** im Rahmen des § 6 Abs. 3 EStG steigt demgegenüber die wirtschaftliche Leistungsfähigkeit des Übertragenden nicht. Er erhält keine Gegenleistung, aus der er eine eventuelle Steuerbelastung begleichen könnte. Würde eine Aufdeckung der stillen Reserven gesetzlich angeordnet, müsste der Steuerpflichtige vielfach zumindest einen Teil des Betriebsvermögens entgeltlich veräußern, um die Steuern zahlen zu können. Der Gesetzgeber schiebt die Besteuerung der stillen Reserven durch die zwingende Buchwertverknüpfung in § 6 Abs. 3 S. 1, 3 EStG bis zum nächsten Realisationsakt auf. Er gewährleistet dadurch, dass Betriebe, Teilbetriebe und Mitunternehmeranteile nicht aus steuerlichen Gründen zerschlagen werden müssen und akzeptiert, dass im Rahmen der Übertragung stille Reserven auf einen anderen Steuerpflichtigen übergehen. Damit erleichtert der Gesetzgeber insbesondere die generationenübergreifende Vermögensnachfolge. Gerade in diesen Fällen sind aber häufig teilentgeltliche Geschäfte anzutreffen, beispielsweise wenn Ausgleichszahlungen an Miterben geleistet werden. Würde man ein teilentgeltliches Geschäft stets in einen entgeltlichen und einen unentgeltlichen Teil aufteilen, würde der Normzweck von § 6 Abs. 3 EStG zumindest beschränkt, da jedenfalls eine steuerliche Belastung des Geschäfts entstehen würde. Die Einheitstheorie vermeidet diesen Effekt, zieht gleichzeitig eine einfache Grenze zum entgeltlichen Bereich und berücksichtigt, dass auch teilentgeltlichen Geschäften ein einheitlicher Gestaltungswille zugrunde liegt.[325]

4. Einbringung eines (Teil-)Betriebs in eine Kapitalgesellschaft oder Mitunternehmerschaft

Bringt ein Einzelunternehmer einen (Teil-)Betrieb in eine Kapitalgesellschaft (§ 20 UmwStG) oder eine Personengesellschaft (§ 24 UmwStG) ein, so liegt darin ein entgeltlicher **tauschähnlicher Umsatz** (vgl. § 6 Abs. 6 EStG), der grundsätzlich einer Veräußerung gleichsteht: Im Gegenzug für die Übertragung des Vermögens erhält der Unternehmer Gesellschaftsrechte. Für diese tauschähnlichen Umsätze sieht das Umwandlungssteuergesetz allerdings in den §§ 20 ff. UmwStG Sonderregelungen vor: **339**

Grundsätzlich führt die Einbringung eines Betriebs oder Teilbetriebs in eine Kapital- oder Personengesellschaft gegen Gewährung von Gesellschaftsrechten zur Aufdeckung der in der Vergangenheit gebildeten stillen Reserven: Die aufnehmende Gesellschaft muss das eingebrachte Betriebsvermögen zum gemeinen Wert bilanzieren (§ 20 Abs. 2 S. 1, § 24 Abs. 2 S. 1 UmwStG) und für den bisherigen Einzelunternehmer gilt dieser Wert als erzielter Veräußerungspreis (§ 20 Abs. 3 S. 1, § 24 Abs. 3 S. 1 UmwStG). Aus Sicht des Einbringenden liegt damit eine Veräußerung im Sinne von § 16 Abs. 1 S. 1 Nr. 1 EStG vor; aus Sicht der aufnehmenden Gesellschaft ein entgeltliches Anschaffungsgeschäft. Bei der Einbringung eines (Teil-)Betriebs in eine Kapitalgesellschaft gilt der von der Gesellschaft angesetzte Wert zugleich als Anschaffungskosten der erhaltenen Anteile an der übernehmenden Gesellschaft. **340**

---

[325] *Werndl*, in: Kirchhof/Söhn/Mellinghoff, § 6 Rn. J 47 f.

341 Beispiel: A betreibt seit Jahren ein gewerbliches Einzelunternehmen. Zwar laufen die Geschäfte bislang gut, zur weiteren Expansion wird aber frisches Kapital benötigt. Außerdem möchte A frühzeitig einen Nachfolger einbeziehen. Er entscheidet sich daher, B zum 1.1.15 als gleichberechtigten Partner „in sein Geschäft aufzunehmen". Zu diesem Grund gründen A und B eine GmbH und übernehmen jeweils 50 % der Anteile. Als Einlage überträgt A sein Einzelunternehmen im gemeinen Wert von 400.000 € (Kapitalkonto 80.000 €) und B leistet eine Bareinlage von 400.000 €.

A hat für sein Einzelunternehmen zum 31.12.14 folgende Bilanz erstellt:

Bilanz des Einzelunternehmens A

Aktiva		Passiva	
Kapitalgesellschaftsbeteiligung	50.000 €	Kapital	80.000 €
sonst Aktiva	150.000 €	Verbindlichkeiten	120.000 €
Firmenwert	0 €		
Summe	200.000 €	Summe	200.000 €

Die entsprechenden gemeinen Werte zum 31.12.14 betragen:

Aktiva		Passiva	
Kapitalgesellschaftsbeteiligung	150.000 €	Kapital	400.000 €
sonst Aktiva	300.000 €	Verbindlichkeiten	120.000 €
Firmenwert	70.000 €		
Summe	520.000 €	Summe	520.000 €

Die Einbringung des Betriebs in die GmbH erfolgt gemäß § 20 Abs. 1, 2 S. 1 UmwStG grundsätzlich zu gemeinen Werten, d.h. die eingebrachten Wirtschaftsgüter würden (saldiert) mit einem Wert von 400.000 € bilanziert. Es ergibt sich folgende Eröffnungsbilanz der GmbH:

Eröffnungsbilanz der GmbH

Aktiva		Passiva	
Grundstück	350.000 €	Kapital	800.000 €
Bank	400.000 €	Verbindlichkeiten	120.000 €
sonst Aktiva	100.000 €		
Firmenwert	70.000 €		
Summe	920.000 €	Summe	920.000 €

Da der von der GmbH angesetzte Wert als von A erzielter Veräußerungspreis gilt (§ 20 Abs. 3 S. 1 UmwStG), erzielt A bei Bilanzierung zu gemeinen Werten einen Veräußerungsgewinn (§ 16 Abs. 1 S. 1 Nr. 1 EStG) in Höhe von 400.000 € − 80.000 € = 320.000 €. Zugleich hat A Anschaffungskosten für seine Anteile an der GmbH in Höhe von 400.000 €.

342 Die entstehende Steuerbelastung stellt ein erhebliches Hindernis für betriebswirtschaftlich notwendige oder sinnvolle Umstrukturierungen dar. Fiskalisch ist sie auch keineswegs zwingend, da sämtliche Wirtschaftsgüter auch nach der Umstrukturierung Betriebsvermögen bleiben und somit die stillen Reserven weiterhin steuerverhaftet sind. Das Gesetz sieht daher ein **Wahlrecht** für die Gesellschaft vor, die eingebrachten Wirtschaftsgüter nicht mit dem gemeinen Wert, sondern mit dem Buchwert oder einem zwischen Buchwert und gemeinem Wert liegenden Zwischenwert zu bilanzieren (§ 20 Abs. 2 S. 2, § 24 Abs. 2 S. 2 UmwStG). Wird eine Bilanzierung zum Buchwert gewählt, unterbleibt beim bisherigen Einzelunternehmer eine Aufdeckung der stillen Reserven vollständig. Wird ein Zwischenwert angesetzt, ergibt sich ein niedrigerer (allerdings gemäß § 20 Abs. 4 S. 1, § 24 Abs. 3 S. 2 UmwStG nicht nach § 16 Abs. 4 EStG begünstigungsfähiger) Veräußerungsgewinn. Hinsichtlich des Wertansatzes besteht grundsätzlich ein freies Wahlrecht der aufnehmenden Gesellschaft. Hierin liegt ein deutlicher Unterschied zu den Sonderregeln bei der unentgeltlichen Übertragung von Sachgesamtheiten (§ 6 Abs. 3 EStG), bei denen zwingend der Buchwert fortgeführt werden muss.

Die Anwendung von § 20 Abs. 2 S. 2 und § 24 Abs. 2 S. 2 UmwStG setzt stets voraus, dass der **gesamte (Teil-)Betrieb** übertragen wird. Entscheidend ist insoweit nach der jüngeren Rechtsprechung der Umfang der Sachgesamtheit im Zeitpunkt der Übertragung (Stichtagsbetrachtung). Die Finanzverwaltung will demgegenüber einschränkend die sog. **Gesamtplan-Rechtsprechung** anwenden und z.B. bei einer Vorabübertragung einer wesentlichen Betriebsgrundlage in ein anderes Betriebsvermögen § 20 UmwStG und § 24 UmwStG nicht anwenden.[326] Begreift man die im Rahmen der Gesamtplan-Rechtsprechung vorzunehmende Zeitraumbetrachtung ausschließlich als teleologische Konsequenz der im Rahmen von § 34 Abs. 1, Abs. 2 Nr. 1 EStG privilegierten „geballten" Aufdeckung stiller Reserven, besteht kein Anlass, sie auf Fälle des § 20 UmwStG und § 24 UmwStG zu übertragen.[327] Die sachliche Nähe zwischen § 6 Abs. 3 EStG und § 24 UmwStG spricht jedenfalls dafür, bei diesen beiden Normen einheitliche Maßstäbe anzuwenden.

343

Auch bei der Einbringung einer Sachgesamtheit findet die Einheitstheorie grundsätzlich Anwendung.[328] Die Gesellschaft kann das eingebrachte Betriebsvermögen auch dann mit dem Buchwert oder einem Zwischenwert ansetzen, wenn der Einbringende nicht nur neue Gesellschaftsanteile, sondern auch noch andere Gegenleistungen erhält – beispielsweise eine einmalige zusätzliche Ausgleichszahlung von der Gesellschaft. Eine Aufteilung des Geschäfts in einen entgeltlichen und einen unentgeltlichen Teil erfolgt nicht. Der Gesetzgeber hat aber – als Reaktion auf die Rechtsprechung des Bundesfinanzhofs – einschränkende Voraussetzungen in § 20 Abs. 2 S. 2 Hs. 2 und S. 4 bzw. § 24 Abs. 2 S. 2 Hs. 2 und S. 4 UmwStG für **Einbringungen mit Mischentgelten** verankert: Eine Bewertung des eingebrachten Betriebsvermögens unterhalb des gemeinen Werts ist nur dann möglich, wenn die neben den Gesellschaftsrechten gewährten Gegenleistungen nicht mehr als 25 % des Buchwerts des eingebrachten Betriebsvermögens (relative Höchstgrenze) oder nicht mehr als 500.000 €, maximal den Buchwert des eingebrachten Betriebsvermögens (absolute Höchstgrenze) betra-

344

---

326 UmwStE Rz 20.07.
327 BFH, Urteil v. 9.12.2014 – IV R 36/13, BFHE 248, 75 = BStBl II 2015, 529, juris Rn. 21; vgl. dazu *Schulze zur Wiesche*, DStR 2015, 1161, 1165 f.
328 Vgl. BFH, Urteil v. 18.9.2013 – X R 42/10, BFHE 242, 489 = BStBl II 2016, 639, juris Rn. 27.

gen (§ 20 Abs. 2 S. 2 Hs. 2 Nr. 4, § 24 Abs. 2 S. 2 Hs. 2 Nr. 2 UmwStG). Unterschreitet in diesem Fall der sich nach Aufdeckung der stillen Reserven ergebende Wertansatz den gemeinen Wert der sonstigen Gegenleistung, ist das eingebrachte Betriebsvermögen mindestens mit dem gemeinen Wert der sonstigen Gegenleistung anzusetzen (§ 20 Abs. 2 S. 4, § 24 Abs. 2 S. 4 UmwStG).

345 **Beispiel (Fortsetzung Rn. 341):** A will eine Aufdeckung der stillen Reserven möglichst vermeiden. Er vereinbart mit B, dass die GmbH ihr Wahlrecht nach § 20 Abs. 2 S. 2 UmwStG zugunsten einer Fortführung der bisherigen Buchwerte auszuüben. Danach ergibt sich in der Bilanz der GmbH folgendes Bild:

Eröffnungsbilanz der GmbH zu Buchwerten

Aktiva		Passiva	
Kapitalgesellschaftsbeteiligung	50.000 €	Kapital	480.000 €
Bank	400.000 €	Verbindlichkeiten	120.000 €
sonst Aktiva	150.000 €		
Firmenwert	0 €		
Summe	600.000 €	Summe	600.000 €

A erzielt keinen Veräußerungsgewinn, weil der kumulierte Ansatz der eingebrachten Wirtschaftsgüter bei der GmbH (200.000 € – 120.000 € = 80.000 €) dem bisherigen Buchwert entspricht. Er hat Anschaffungskosten für seine Anteile an der GmbH in Höhe von 80.000 €.

346 Insoweit zu dem eingebrachten (Teil-)Betrieb Anteile an einer Kapitalgesellschaft gehören und diese unterhalb des gemeinen Werts bewertet wurden, greift eine siebenjährige **Sperrfrist** (§ 22 Abs. 2, § 24 Abs. 5 UmwStG): Veräußert die übernehmende Gesellschaft innerhalb dieser Zeit die Anteile, ist deren Einbringung rückwirkend mit dem gemeinen Wert zu bewerten und der sich ergebende Unterschiedsbetrag zu dem bisher angesetzten Wert ohne die Vergünstigungen der § 16 Abs. 4 und § 34 EStG zu versteuern. Für jedes abgelaufene Kalenderjahr der Frist vermindert sich der Gewinn um ein Siebtel. Der vom Einbringenden zu versteuernde Gewinn gilt bei der Einbringung in eine Kapitalgesellschaft zugleich als nachträgliche Anschaffungskosten für die erhaltenen Anteile an der übernehmenden Gesellschaft (§ 22 Abs. 2 S. 4 UmwStG) und kann auf Antrag der übernehmenden Gesellschaft als nachträgliche Anschaffungskosten für die übertragenen Anteile berücksichtigt werden (§ 23 Abs. 2 S. 3 UmwStG). Hintergrund dieser Regelung ist, dass die Besteuerung der in den Anteilen ruhenden stillen Reserven auf Ebene der erwerbenden Kapitalgesellschaft nach § 8b KStG in erheblichem Umfang begünstigt ist.

347 **Beispiel (Fortsetzung):** Drei Jahre nach der Einbringung veräußert die GmbH die von A eingebrachten Anteile an der Kapitalgesellschaft für 200.000 €.

Die Veräußerung führt zu einer rückwirkenden Bewertung der Anteile im Zeitpunkt der Einbringung mit ihrem gemeinen Wert (150.000 €). Der Unterschied zu dem bisherigen Ansatz (50.000 €) vermindert um 3/7 ist von A als nicht nach § 16 Abs. 4, § 34 EStG begünstigungsfähiger Gewinn zu versteuern (§ 22 Abs. 2 S. 1 EStG; sog. **Einbringungsgewinn II**). Es ergibt sich ein Gewinn in Höhe von 4/7 * (150.000 € – 50.000 €) = 57.421 €. Dieser Gewinn unterliegt bei A dem Teileinkünfteverfahren (§ 3 Nr. 40 S. 1 a), § 3c Abs. 2 EStG) und ist mithin im

Ergebnis in Höhe von 34.452 € steuerpflichtig. Zugleich hat A nachträgliche Anschaffungskosten für seine Anteile an der GmbH in Höhe von 57.421 €. (§ 22 Abs. 2 S. 4 UmwStG). Die GmbH wiederum kann ihre Anschaffungskosten für die übertragenen Anteile auf Antrag um den Einbringungsgewinn II erhöhen (§ 23 Abs. 2 S. 3 UmwStG), sodass sie nur noch einen Veräußerungsgewinn in Höhe von 200.000 € – 107.421 € = 92.579 € versteuern muss (der nach § 8b Abs. 2, Abs. 3 KStG im Ergebnis zu 95 % steuerfrei bleibt).

Bei der Einbringung eines (Teil-)Betriebs in eine Kapitalgesellschaft greift gleichzeitig auch eine **Sperrfrist** für den einbringenden Unternehmer (§ 22 Abs. 1 UmwStG): Veräußert dieser die erhaltenen Anteile an der übernehmenden Gesellschaft innerhalb von sieben Jahren, ist die Einbringung des Betriebs nachträglich mit dem gemeinen Wert zu bewerten und der sich ergebende Unterschiedsbetrag zu dem bisher angesetzten Wert ohne die Vergünstigungen der § 16 Abs. 4 und § 34 EStG zu versteuern. Für jedes abgelaufene Kalenderjahr der Frist vermindert sich der Gewinn um ein Siebtel. Der vom Einbringenden zu versteuernde Gewinn gilt zugleich als nachträgliche Anschaffungskosten der im Gegenzug erhaltenen Anteile (§ 22 Abs. 1 S. 4 UmwStG). Außerdem kann er von der übernehmenden Gesellschaft auf Antrag als nachträgliche Anschaffungskosten der übernommenen Wirtschaftsgüter angesetzt werden (§ 23 Abs. 2 S. 1 UmwStG) 348

Abwandlung des Beispiels: Sechs Jahre nach der Einbringung veräußert A seine Anteile an der GmbH für 600.000 €. 349

Die Veräußerung führt zu einer rückwirkenden Besteuerung der Einbringung. Der Einbringungsgewinn bestimmt sich nach § 22 Abs. 1 S. 1 UmwStG durch Gegenüberstellung des gemeinen Werts des eingebrachten Betriebsvermögens (400.000 €) und des bisher angesetzten Werts (80.000 €) vermindert um 6/7 (sog. **Einbringungsgewinn I**). Es ergibt sich ein Gewinn in Höhe von 1/7 * (400.000 € – 80.000 €) = 45.714 €. Der Gewinn ist nicht nach § 16 Abs. 4, § 34 EStG begünstigt. In Höhe des Einbringungsgewinns I hat A nachträgliche Anschaffungskosten für seine Anteile an der GmbH, sodass er mit deren Veräußerung einen Gewinn von nur 600.000 € – (80.000 € + 45.714 €) = 474.286 € erzielt. Dieser Gewinn unterliegt dem Teileinkünfteverfahren, ist also im Ergebnis nur in Höhe von 284.571 € steuerpflichtig. Auf Antrag kann die GmbH ihre Anschaffungskosten für die von A übernommenen Wirtschaftsgüter um 45.714 € erhöhen.

III. Verlustabzugsbeschränkungen

In Ausnahmefällen ist der Ausgleich von Verlusten aus einer gewerblichen oder selbständigen Tätigkeit mit anderen Einkünften desselben Steuerpflichtigen ausgeschlossen. Sie dürfen dann regelmäßig auch nicht nach § 10d EStG vor- oder zurückgetragen werden, sondern mindern ausschließlich positive Einkünfte aus derselben Einkunftsquelle in folgenden Veranlagungszeiträumen. Ein derartiges **Verlustverrechnungsverbot** findet sich für Einzelunternehmer im Bereich der gewerblichen Tierzucht (§ 15 Abs. 4 EStG). Unter Umständen kann die Tätigkeit eines Einzelunternehmers auch als Steuerstundungsmodell i.S.v. § 15b Abs. 2 EStG zu qualifizieren sein, wenn das Erzielen negativer Einkünfte auf einer modellhaften Gestaltung beruht. Die Norm erfasst insbesondere die Beteiligung an Fonds in der Rechtsform einer Personengesellschaft (daher noch im Einzelnen unter Rn. 783 f.). 350

351 Ausdrücklich hat der Gesetzgeber in § 15b Abs. 3a EStG auch die sog. **„Goldfinger-Modelle"** als Steuerstundungsmodelle identifiziert.[329] Dabei machten sich Steuerpflichtige mit einem hohen persönlichen Steuersatz den (negativen) **Progressionsvorbehalt** für ausländische Einkünfte aus Gewerbebetrieb, die nach einem DBA in Deutschland steuerfrei sind (§ 32b Abs. 1 S. 1 Nr. 3 EStG), zunutze. Steuerpflichtige, die ihren Gewinn durch Einnahmen-Überschuss-Rechnung nach § 4 Abs. 3 EStG ermitteln, erwarben über eine ausländische Betriebsstätte (in der Regel in Form einer Personengesellschaft) in erheblichem Umfang wertvolle Wirtschaftsgüter des Umlaufvermögens (vor allem Gold). Die sich durch den sofortigen Betriebsausgabenabzug im Anschaffungszeitpunkt ergebenden Verluste (§ 4 Abs. 3 S. 4 EStG; siehe bereits unter Rn. 300 ff.) senkten im Rahmen des (negativen) Progressionsvorbehalts den inländischen Steuersatz. Bei der Veräußerung des Goldes (im folgenden Veranlagungszeitraum) ergab sich zwar ein entsprechend hoher Gewinn im Ausland, dieser konnte dort aber mit den Verlusten aus dem Vorjahr verrechnet werden. Im Inland erhöhte der Gewinn den Steuersatz im Rahmen des Progressionsvorbehalts nur dann, wenn nicht ohnehin schon der Höchststeuersatz erreicht war. § 15b Abs. 3a EStG will diese Gestaltungen nun zumindest für die Fälle generell ausschließen, in denen der Steuerpflichtige nie unmittelbarer Besitzer des Goldes wird. Gleichzeitig wurden die Regelungen zum Progressionsvorbehalt so angepasst, dass Anschaffungs- und Herstellungskosten für Wirtschaftsgüter des Umlaufvermögens erst im Zeitpunkt der Veräußerung der Wirtschaftsgüter als Betriebsausgaben berücksichtigt werden können (§ 32b Abs. 2 Nr. 2 c) EStG).[330]

352 Die Vorschrift des § 15b EStG insgesamt und der nachträglich eingeführte § 15b Abs. 3a EStG im Besonderen zogen verfassungsrechtlich motivierte Kritik auf sich. Sie wurden insbesondere unter dem Aspekt des **Bestimmtheitsgebotes** angegriffen.[331] Der BFH stellte jedoch für den Grundtatbestand fest, dass das Tatbestandsmerkmal einer „modellhaften Gestaltung" hinreichend bestimmt ist.[332] Auch die Ergänzung in Abs. 3a dürfte nach den Maßstäben der Rechtsprechung ausreichend bestimmt sein.[333]

---

[329] Vgl. zu Funktionsweise und Reichweite der Gestaltungen auf Basis der ursprünglichen Rechtslage *Dornheim*, DStR 2012, 1581; *Schmidt/Renger*, DStR 2012, 2042.
[330] Damit sind die „Goldfinger"-Gestaltungen im Wesentlichen nur noch ein Problem von Altfällen. Auch hier hat der BFH durch zwei aktuelle Entscheidungen die Reichweite der Gestaltung erheblich eingeschränkt, indem er schon eine Buchführungspflicht nach ausländischem Recht ausreichen ließ, um das Wahlrecht zur Gewinnermittlung nach § 4 Abs. 3 EStG auszuschließen; vgl. BFH, Urteil v. 25.6.2014 – I R 24/13, BFHE 246, 404 = BStBl II 2015, 141, juris Rn. 13; BFH, Urteil v. 10.12.2014 – I R 3/13, BFH/NV 2015, 667, juris Rn. 6. Zu noch offenen Fragen vgl. *Heuermann*, DStR 2014, 169; *Mann/Strahl*, DStR 2015, 1425.
[331] Vgl. *Hallermann*, in: Herrmann/Heuer/Raupach, § 15b EStG Rn. 7 m.w.N. zu beiden Auffassungen.
[332] BFH, Urteil v. 6.2.2014 – IV R 59/10, BFHE 244, 385 = BStBl II 2014, 465, juris Rn. 27.
[333] So auch *Hallermann*, in: Herrmann/Heuer/Raupach, § 15b EStG Rn. 7.

§ 3 Besteuerung von Personengesellschaften

A. Überblick

Die Besteuerung der Personengesellschaft folgt im Einkommensteuerrecht dem sogenannten **Transparenzprinzip**: Nicht die Gesellschaft, sondern die hinter ihr stehenden Gesellschafter sind Besteuerungssubjekte. Gesellschafter einer Personengesellschaft können sowohl natürliche Personen als auch juristische Personen sein. Die von einer Personengesellschaft erzielten Einkünfte werden den Gesellschaftern zugerechnet und unterliegen bei diesen der Einkommensteuer (für natürliche Personen, vgl. § 1 EStG) oder der Körperschaftsteuer (für juristische Personen und Zweckvermögen des privaten Rechts, vgl. §§ 1, 2 KStG). Es wird also für Zwecke der Einkommen- und Körperschaftsteuer „durch die Gesellschaft geblickt" oder anders ausgedrückt: Die Gesellschaft ist für steuerliche Zwecke transparent.

353

Dieses Besteuerungsprinzip lässt sich auch aus der **allgemeinen Regelung in § 39 Abs. 2 Nr. 2 AO** ableiten, wonach Wirtschaftsgüter, die mehreren zur gesamten Hand zustehen, den Beteiligten anteilig zugerechnet werden, soweit eine getrennte Zurechnung für die Besteuerung erforderlich ist. Da nur die Gesellschafter einer Personengesellschaft subjektiv einkommensteuer- oder körperschaftsteuerpflichtig sind, werden die Wirtschaftsgüter (und damit in der Regel auch die mit diesen erzielten Einkünfte)[1] anteilig den Gesellschaftern zugerechnet.[2] Die Personengesellschaft kann zwar zivilrechtlich Eigentümerin der Wirtschaftsgüter sein und mit ihren Gesellschaftern schuldrechtlich wirksame Leistungsbeziehungen eingehen,[3] steuerrechtlich wird diese zivilrechtliche Eigenständigkeit von Gesellschaft und Gesellschaftern im Rahmen von § 39 Abs. 2 Nr. 2 AO aber durch eine **wirtschaftliche Betrachtungsweise**[4] weitgehend (zum verbleibenden Anwendungsbereich von § 39 Abs. 2 Nr. 2 AO bei vermögensverwaltenden Personengesellschaften noch unter Rn. 791 ff.) negiert.

354

Die Regelung des § 39 Abs. 2 Nr. 2 AO wird allerdings für Personengesellschaften mit Gewinneinkunftsarten von **spezielleren Bestimmungen im EStG** verdrängt:[5] Die Einkünfte aus einer **gewerblichen Mitunternehmerschaft** (siehe im Detail Rn. 362 ff.) unterliegen nach § 15 Abs. 1 S. 1 Nr. 2 EStG als Einkünfte aus Gewerbebetrieb der Einkommensteuer. Die Mitunternehmerschaft stellt nach heute herrschender Ansicht (zur dogmatischen Herleitung und früher vertretenen Ansätzen noch unter Rn. 503 ff.) zwar kein Steuer-, aber ein Einkünfteermittlungssubjekt dar.[6] Es gilt

355

---
1 BFH, Urteil vom 20.1.1999 – I R 69/97, BFHE 188, 254 = BStBl II 1999, 514, Rn. 17 m.w.N.; *Fischer*, in: Hübschmann/Hepp/Spitaler, § 39 AO Rn. 29.
2 *Drüen*, in: Tipke/Kruse, § 39 AO Rn. 88, 90; *Ratschow*, in: Klein, AO, § 39 Rn. 77, 80.
3 Dies gilt nach der Grundsatzentscheidung des BGH, Urteil v. 29.1.2001 – II ZR 331/00 (ARGE Weißes Ross), BGHZ 146, 341 auch für die Außen-GbR.
4 Vgl. schon BFH, Urteil v. 26.1.1970 – IV R 144/66, BFHE 97, 466 = BStBl II 1970, 264, Rn. 67; BFH, Urteil v. 22.9.1982 – II R 61/80, BFHE 137, 188 = BStBl II 1983, 179, Rn. 12; *Fischer*, in: Hübschmann/Hepp/Spitaler, § 39 AO Rn. 13 m.w.N.
5 *Drüen*, in: Tipke/Kruse, § 39 AO Rn. 90 f.; *Ratschow*, in: Klein, AO, § 39 Rn. 78.
6 St. Rspr., vgl. nur BFH, Beschluss v. 25.6.1984 – GrS 4/82, BFHE 141, 405 = BStBl II 1984, 751, juris Rn. 137 ff.; BFH, Urteil v. 24.3.1983 – IV R 123/80, BFHE 138, 337 = BStBl II 1983, 598, juris Rn. 15.

die sogenannte **additive oder zweistufige Gewinnermittlung**[7] (im Detail Rn. 858 ff.): Die Einkünfte werden zunächst auf Ebene der Gesellschaft ermittelt; Wirtschaftsgüter sind der Gesellschaft (und nicht anteilig den Gesellschaftern) zuzurechnen. An die Gesellschafter gezahlte Vergütungen mindern den auf Ebene der Gesellschaft erzielten Gewinn. Den Gesellschaftern wird sodann ihr Anteil an dem ermittelten Gewinn der Gesellschaft zugerechnet (§ 15 Abs. 1 S. 1 Nr. 2 S. 1 Hs. 1 EStG; erste Stufe der Gewinnermittlung). Zu ihren Einkünften aus Gewerbebetrieb zählen nach § 15 Abs. 1 S. 1 Nr. 2 S. 1 Hs. 2 EStG aber auch Vergütungen, die der Gesellschafter von der Mitunternehmerschaft für seine Tätigkeit im Dienste der Gesellschaft, die Hingabe von Darlehen oder die Überlassung von Wirtschaftsgütern erhält (sogenannte **Sondervergütungen**; zweite Stufe der Gewinnermittlung, siehe dazu noch im Detail Rn. 471 ff., 640 ff.). Eine Mitunternehmerschaft ist damit zumindest in gewissem Umfang steuerlich verselbständigt. Allerdings wird der Mitunternehmer – entsprechend der parallelen Regelung in § 15 Abs. 1 S. 1 Nr. 1 und 2 EStG – durch die additive Gewinnermittlung weitgehend einem Einzelunternehmer gleichgestellt , bei dem ein für die eigene Tätigkeit oder die Überlassung von eigenen Wirtschaftsgütern gezahltes Entgelt aufgrund der Personenidentität schon zivilrechtlich nicht möglich ist und daher nicht zur Minderung des gewerblichen Gewinns führt.[8]

356 **Beispiel:** Gesellschafter der X-OHG sind A, B und C. Nach der – auch steuerlich anzuerkennenden – Gewinnverteilungsabrede erhält jeder Gesellschafter 1/3 des Gewinns. Die X-OHG ist eine Mitunternehmerschaft im Sinne von § 15 Abs. 1 S. 1 Nr. 2 S. 1 EStG und erzielt im Jahr 01 aus ihrer Geschäftstätigkeit einen steuerlichen Gewinn in Höhe von 100.000 €. Aus diesem Gewinn zahlt sie dem Gesellschafter A, der zugleich alleiniger Geschäftsführer der OHG ist, eine fixe Geschäftsführungsvergütung in Höhe von 40.000 €.

Auf Gesellschaftsebene mindert die gezahlte Geschäftsführungsvergütung als Betriebsausgabe den steuerlichen Gewinn. Der verbleibende Gewinn in Höhe von 60.000 € wird auf die Gesellschafter verteilt und von diesen in Höhe von jeweils 20.000 € als Einkünfte aus § 15 Abs. 1 S. 1 Nr. 2 S. 1 Hs. 1 EStG versteuert. Der Gesellschafter-Geschäftsführer A muss zusätzlich die Geschäftsführungsvergütung in Höhe von 40.000 € als weitere Einkünfte aus Gewerbebetrieb (§ 15 Abs. 1 S. 1 Nr. 2 S. 1 Hs. 2 Var. 1 EStG) versteuern.

Betrachtet man alle Mitunternehmer gemeinsam, versteuern diese Einkünfte in Höhe von 100.000 €, d.h. die an A gezahlte Geschäftsführungsvergütung hat den zu versteuernden Gewinn im Ergebnis nicht gemindert, sondern nur die Verteilung des Gewinns unter den Mitunternehmern beeinflusst. Der Gesamtbetrag wird nach § 180 Abs. 1 S. 1 Nr. 2 a) AO festgestellt und ist gemäß § 7 S. 1 GewStG Teil der Bemessungsgrundlage für die Gewerbesteuer. Steuerschuldner für die Gewerbesteuer ist die Personengesellschaft (§ 5 Abs. 1 S. 3 GewStG).

357 Durch die Verweise in § 13 Abs. 7 EStG und § 18 Abs. 4 S. 2 EStG sind die Vorschriften über die Einkünfteermittlung bei Mitunternehmerschaften auch auf Personengesellschaften mit Einkünften aus Land- und Forstwirtschaft oder aus selbständiger Arbeit (dazu noch unter Rn. 457 ff.) anwendbar. Folglich bleibt es bei der Grundregel des § 39 Abs. 2 Nr. 2 AO nur, wenn die Personengesellschaft Einkünfte aus Kapitalvermögen (§ 20 EStG) oder Vermietung und Verpachtung (§ 21 EStG) erzielt

---

[7] *Hennrichs*, in: Tipke/Lang, Rn. 10.20 ff.
[8] Zu dieser Gleichstellungsthese bspw. *Hallerbach*, FR 2016, 1117, 1123 ff.

(man spricht dann von **vermögensverwaltenden Personengesellschaften**, siehe im Detail Rn. 789 ff.).[9]

Auch wenn damit viele Personengesellschaften bei der **Einkünfteermittlung** steuerrechtlich verselbständigt sind,[10] stellt dies das Transparenzprinzip nicht in Frage: **Besteuerungssubjekt** der Einkommensteuer (anders für die Gewerbesteuer, § 5 Abs. 1 S. 3 GewStG) sind stets nur die Gesellschafter und nicht die Personengesellschaft. Der Unterschied zwischen § 39 Abs. 2 Nr. 2 AO und den spezielleren einkommensteuerlichen Regeln besteht in der **Ermittlung und Zurechnung** der von der Gesellschaft erzielten Einkünfte.

358

B. Mitunternehmerschaften

Aufgrund der vornehmlich wirtschaftlichen Betrachtungsweise des Steuerrechts spricht das Gesetz in § 15 Abs. 1 S. 1 Nr. 2 S. 1 HS. 1 EStG nicht nur von „Gesellschaft" und „Gesellschafter", sondern auch von **„Mitunternehmern"**. Dabei handelt es sich um Gesellschafter einer Personengesellschaft, die ähnlich wie ein Einzelunternehmer „unternehmerisch" an der Gesellschaft beteiligt sind, also eine gewisse unternehmerische Initiative zeigen können und ein gewisses unternehmerisches Risiko tragen (im Detail Rn. 375 ff.). Nur diese, und daher beispielsweise nicht ein bloß kapitalistisch beteiligter typischer stiller Gesellschafter (§ 230 HGB), beziehen gewerbliche oder andere Gewinneinkünfte aus der Gesellschaft. Der stille Gesellschafter erzielt gem. § 20 Abs. 1 Nr. 4 S. 1 EStG ebenso wie beispielsweise ein Darlehensgeber Einkünfte aus Kapitalvermögen. Mitunternehmer können aber auch Steuerpflichtige sein, in anderen Formen als einer Personengesellschaft gemeinsam Gewinneinkünfte erzielen. Beispiele sind fortgeführte **Erbengemeinschaften** (§ 2032 BGB) oder gewerblich am Markt tätige **eheliche Gütergemeinschaften** (§ 1415 BGB, Details Rn. 406 ff.). Die damit erfassten Personenzusammenschlüsse bezeichnet man als **Mitunternehmerschaften**.

359

Für die Einkommensbesteuerung der so eingegrenzten Personengesellschaften und weiteren mitunternehmerischen Personenzusammenschlüsse ist wie beim Einzelunternehmer zwischen der **Einkünftequalifikation** (Rn. 361 ff.) und der **Einkünfteermittlung** (Rn. 497 ff.) zu unterscheiden. Auf beiden Ebenen ist aber zwischen dem **Gesamthandsbereich der Gesellschaft oder des Personenzusammenschlusses** und dem **Sonderbereich** der beteiligten Gesellschafter/Mitunternehmer zu unterscheiden. Wieder wie beim Einzelunternehmer greifen schließlich auch bei Mitunternehmerschaften Sonderregelungen für die Beendigung der wirtschaftlichen Tätigkeit (§ 16 EStG). Da diese Regelungen aber auch bei Wechseln im Gesellschafterbestand einschlägig sein können, sowohl die Einkünftequalifikation als auch die Einkünfteermittlung betreffen und darüber hinaus häufig eine gemeinsame Betrachtung von Gesamthands- und Sonderbereich erfordern, werden sie in einem eigenen Abschnitt dargestellt (Rn. 697 ff.). Schließlich können Einkünfte aus Mitunternehmerschaften Ver-

360

---

9   *Hennrichs*, in: Tipke/Lang, Steuerrecht, Rn. 10.25 f.
10 *Hennrichs*, in: Tipke/Lang, Steuerrecht, Rn. 10.12 ff.

lustabzugsbeschränken (Rn. 775 ff.) oder einer begünstigten Thesaurierungsbesteuerung (Rn. 785 ff.) unterliegen.

I. Einkünftequalifikation

361 Da die Personengesellschaft bzw. die Mitunternehmerschaft selbst **Subjekt der Einkünfteermittlung** ist, stellt sich in der steuerlichen Fallbearbeitung bei der Ermittlung der objektiven Besteuerungsgrundlagen in einem ersten Prüfungsschritt die Frage, welche Einkünfte auf Gesellschaftsebene erzielt werden (dazu sogleich unter Rn. 362 ff.) bzw. welche Einkünfte der Gesellschafter mit seiner Tätigkeit für die Gesellschaft erzielt (dazu unter Rn. 471 ff.).

1. Gesamthandsbereich

a) Gewerbliche Mitunternehmerschaft

362 Ausgehen sollte die Prüfung der **Einkünftequalifikation** regelmäßig von der Frage, ob eine gewerbliche Mitunternehmerschaft vorliegt. Diese bildet nicht nur die bei weitem relevanteste Fallgruppe für Praxis und Klausur. Wegen der gesetzlichen Fiktionstatbestände in § 15 Abs. 3 Nr. 1 und 2 EStG, die insbesondere zu einer Umqualifizierung von vermögensverwaltenden und Freiberufler-Personengesellschaften in gewerbliche Mitunternehmerschaften führen können (s.u. Rn. 430 ff., 463 ff.), ist es auch systematisch naheliegend, zunächst die Voraussetzungen einer gewerblichen Mitunternehmerschaft zu prüfen und zu anderen Tatbeständen abzugrenzen.

363 Die **Voraussetzungen** einer gewerblichen Mitunternehmerschaft ergeben sich aus einer Zusammenschau der § 15 Abs. 1 S. 1 Nr. 2 S. 1 und Abs. 2 S. 1 EStG:

364 **aa) Zivilrechtliches Gesellschaftsverhältnis.** Das Gesetz spricht in § 15 Abs. 1 S. 1 Nr. 2 S. 1 EStG von „einer Offenen Handelsgesellschaft, einer Kommanditgesellschaft und einer anderen Gesellschaft, bei der der Gesellschafter als Unternehmer (Mitunternehmer) des Betriebs anzusehen ist", nimmt also exemplarisch auf Personengesellschaften Bezug. Personengesellschaften sind privatrechtliche Personenvereinigungen, die zur Erreichung eines bestimmten gemeinsamen Zwecks durch Rechtsgeschäft gegründet werden. Die Norm nennt ausdrücklich nur die **OHG** und die **KG** (wozu auch die GmbH & Co. KG sowie verwandte Formen gehören, z.B. die selten anzutreffende GmbH & Co. OHG), weil bei diesen die Gesellschafter *in der Regel* als Mitunternehmer anzusehen sind. Das bedeutet, dass bei den OHG oder KG, deren Gesellschaftsverträge nicht wesentlich von den dispositiven gesetzlichen Regelungen der §§ 105 ff., 161 ff. HGB abweichen, die Gesellschafter grundsätzlich steuerrechtlich als Mitunternehmer (zu den Kriterien s.u. Rn. 375 ff.) anzusehen sind.

365 Die **anderen Personengesellschaften** werden nach § 15 Abs. 1 S. 1 Nr. 2 EStG erfasst, wenn sie ebenfalls Mitunternehmerschaften sind. Hierzu können z.B. die BGB-Gesellschaft (§ 705 BGB) bei Betrieb eines lediglich kleingewerblichen Handelsgewerbes nach § 1 HGB, die Partenreederei (§ 489 HGB), die Europäische Wirtschaftliche Interessenvereinigung (EWIV-VO) und die sogenannte atypische stille Gesellschaft (§ 230 HGB; vgl. § 20 Abs. 1 Nr. 4 S. 1 Hs. 2 EStG) gehören.

366 Ausreichend ist auch eine BGB-Innengesellschaft nach § 705 BGB, wobei der Gesellschaftsvertrag konkludent geschlossen werden kann.[11] Eine solche **konkludente Innengesellschaft** dürfte in der Mehrzahl der Fälle vorliegen, in der die Rechtsprechung die Figur der **verdeckten/faktischen Mitunternehmerschaft** (siehe dazu unter Rn. 404 f.) herangezogen hat.[12]

367 Nicht vom Wortlaut des Begriffs „Gesellschaft" i.S.d. § 15 Abs. 1 S. 1 Nr. 2 EStG erfasst werden die **Gewinngemeinschaften** wie die Bruchteilsgemeinschaft (§ 741 BGB) und Erbengemeinschaft (§ 2032 BGB), solange die Miterben nicht – wenigstens konkludent – einen Gesellschaftsvertrag abschließen und damit eine Personengesellschaft gründen.[13]

368 **Abgrenzung:** Wie werden die Einkünfte aus einer Bruchteilsgemeinschaft (§ 741 BGB), etwa einer Beteiligung mehrerer Miteigentümer (§ 1008 BGB) an einem Mietgrundstück, steuerlich erfasst? Die Miteigentümer erzielen gemeinsam Einkünfte aus Vermietung und Verpachtung nach § 21 EStG, die nach ihrer zivilrechtlichen Verteilung den einzelnen Miteigentümern gemäß § 39 Abs. 2 Nr. 2 AO steuerlich zugerechnet werden. Das Gleiche gilt nach den Regeln über die Erbengemeinschaft in Bezug auf Einkünfte der Miterben, etwa aus Vermietung und Verpachtung oder aus Kapitalvermögen, § 20 EStG, wenn sich im Nachlass ein Sparkonto oder andere Kapitalanlagen, auch Beteiligungen an Kapitalgesellschaften, befinden (vgl. auch ausführlich zu vermögensverwaltenden Personengesellschaften noch Rn. 789 ff.).

369 Aufgrund der wirtschaftlichen und nicht streng zivilrechtlichen Betrachtungsweise im Steuerrecht kommt es für die Einordnung auf die *tatsächliche* Betätigung der Bruchteilsgemeinschaft oder der Erben an und nicht auf deren zivilrechtliche Qualifikation. Deshalb sind z.B. die Einkünfte der Erben aus einer fortgesetzten Erbengemeinschaft (§ 2032 Abs. 1 BGB) an einem früheren gewerblichen Unternehmen des Erblassers solche aus einem Gewerbebetrieb. Die Erben können das Gewerbe zivilrechtlich zeitlich unbeschränkt fortführen. Sie werden, obwohl die Erbengemeinschaft keine Gesellschaft ist, einer Mitunternehmerschaft nach § 15 Abs. 1 S. 1 Nr. 2 EStG gleichgestellt.[14]

370 Bei einer **Betriebsaufspaltung** können auch Vermietungseinkünfte von Miteigentümern[15] gewerbliche Einkünfte sein.

371 Bei Ehegatten mit vereinbarter Gütergemeinschaft (§ 1415 BGB) liegt eine mitunternehmerische Betätigung vor, wenn die Ehegatten im Rahmen der Gütergemeinschaft gewerblich tätig werden.[16]

372 **Merke:** Entscheidend für die Einordnung dieser Gebilde in den § 15 EStG ist daher nicht die zivilrechtliche Eigenschaft als Gesellschaft, sondern die tatsächliche Betätigung der an ihr beteiligten Personen in der Art und Weise von gewerblichen Mitun-

---

11 Vgl. mit Nachweisen auf die st. Rspr. *Krumm*, in: Kirchhof/Seer, EStG, § 15 Rn. 135 ff.
12 Vgl. auch *Klein*, Mitunternehmerbegriff, 2016, S. 151 ff, die eine Ausweitung auf Gemeinschaften im Wege der Analogie ablehnt und auch konkludent abgeschlossene Innengesellschaften nur zurückhaltend annimmt.
13 BGH, Urteil v. 8.10.1984 – II ZR 223/83, BGHZ 92, 259, juris Rn. 18.
14 BFH, Urteil v. 8.9.1971 – I R 191/69, BFHE 103, 175 = BStBl II 1972, 12, juris Rn. 8.
15 BFH, Urteil v. 11.11.1982 – IV R 117/80, BFHE 137, 357 = BStBl II 1983, 299, juris Rn. 8.
16 BFH, Urteil v. 4.11.1997 – VIII R 18/95, BFHE 185, 153 = BStBl II 1999, 384, juris Rn. 11.

ternehmern. Hierfür entscheidend sind die Merkmale der **Mitunternehmerinitiative** und des **Mitunternehmerrisikos** (dazu sogleich Rn. 375 ff.).

373 Nicht von § 15 EStG erfasst sind **Kapitalgesellschaften**, unabhängig von deren konkreter Organisation. Spiegelbildlich fallen nach einer richtungsweisenden Entscheidung des Großen Senats des BFH kapitalistisch organisierte Publikumspersonengesellschaften nicht unter § 1 KStG, da aus Gründen der Rechtssicherheit bei der Besteuerung von Kapitalgesellschaften streng nach der zivilrechtlichen Rechtsform zu unterscheiden ist.[17]

374 Auch **fehlerhafte Gesellschaften** werden für die Besteuerung als Mitunternehmerschaft zugrunde gelegt. Denn gemäß § 41 AO zählt das wirtschaftliche Ergebnis der gemeinsamen gewerblichen Gewinnerzielung der Gesellschafter, das aus Gründen der Gleichbehandlung mit anderen, wirksam gegründeten Gesellschaften in gleicher Weise steuerlich erfasst werden muss, und nicht die zivilrechtliche Wirksamkeit der Gesellschaft. Besonderheiten sind bei fehlerhaft gegründeten **Familienpersonengesellschaften** zu beachten, da hier ein natürlicher Interessengegensatz unter den Gesellschaftern fehlt (siehe unter Rn. 406 ff.).

375 bb) **Mitunternehmerstellung.** Einkünfte nach § 15 Abs. 1 S. 1 Nr. 2 S. 1 EStG liegen nur dann vor, wenn „die Gesellschafter als Unternehmer (Mitunternehmer) des Betriebs anzusehen" sind. Eine Gleichstellung der Einkünfte eines Gesellschafters mit denjenigen eines Einzelunternehmers (§ 15 Abs. 1 S. 1 Nr. 1 EStG) ist nur dann gerechtfertigt, wenn der Gesellschafter in vergleichbarem Maße am betrieblichen Geschäft beteiligt ist. Nach einer neueren Ansicht in der Literatur soll eine solche mitunternehmerische Beteiligung immer dann vorliegen, wenn der Gesellschafter ein vergleichbares Risiko trägt **(Mitunternehmerrisiko)**, weil die Mitunternehmerstellung lediglich dazu diene, die gewerblichen Einkünfte der Gesellschaft denjenigen zuzurechnen, die am wirtschaftlichen Erfolg der Gesellschaft partizipieren.[18] Unternehmerisch handeln müsse nur die Gesellschaft, nicht der Gesellschafter.[19]

376 Die ganz herrschende Meinung nimmt demgegenüber an, dass sich eine Mitunternehmerstellung auch dadurch auszeichnet, dass ein gewisser Einfluss auf die betriebliche Tätigkeit ausgeübt werden kann **(Mitunternehmerinitiative)**. Um eine Mitunternehmerstellung zu begründen, müssen stets sowohl Mitunternehmerrisiko also auch -initiative vorliegen, was unter Berücksichtigung aller die rechtliche und wirtschaftliche Stellung einer Person insgesamt bestimmenden Umstände zu würdigen ist.[20] Die beiden Elemente müssen aber nicht gleich stark ausgeprägt sein. Bei dem gesetzlich nicht definierten Begriff des Mitunternehmers handelt es sich um einen **Typusbegriff**:[21] Ein geringeres mitunternehmerisches Risiko kann durch eine besonders starke Ausprägung des Initiativrechts ausgeglichen werden und umgekehrt (sog. **Kompen-**

---

[17] BFH, Beschluss v. 25.6.1984 – GrS 4/82, BFHE 141, 405 = BStBl II 1984, 751, juris Rn. 92.
[18] *Klein*, Mitunternehmerbegriff, 2016, S. 101 ff.
[19] *Klein*, Mitunternehmerbegriff, 2016, S. 132.
[20] BFH, Beschluss v. 25.6.1984 – GrS 4/82, BFHE 141, 405 = BStBl II 1984, 751, juris Rn. 208.
[21] Vgl. z.B. BFH, Urteil v. 10.10.2012 – VIII R 42/10, BFHE 238, 444 = BStBl II 2013, 79, juris Rn. 21; BFH, Urteil v. 1.8.1996 – VIII R 12/94, BFHE 181, 423 = BStBl II 1997, 272, juris Rn. 31 ff.; Kritik am Typusbegriff bei *Florstedt*, StuW 2007, 314, 315 ff.; sowie *Klein*, Mitunternehmerbegriff, 2016, S. 188 ff.

sationsrechtsprechung). Das ist beispielsweise der Fall, wenn eine Komplementär-GmbH an Gewinn und Verlust der KG nicht beteiligt ist (sehr geringes Mitunternehmerrisiko), aber die GmbH über ihre Geschäftsführungsbefugnis zugleich typische unternehmerische Entscheidungen treffen kann.[22] Auf der anderen Seite kann ein **Scheingesellschafter** wegen seines erheblichen und nicht einschränkbaren Haftungsrisikos nach außen trotz geringer Mitunternehmerinitiative Mitunternehmer sein.[23] Eine Mitunternehmerstellung kann auch nur für kurze Zeit begründet werden, solange Mitunternehmerrisiko und -initiative vorliegen.[24]

Keine Mitunternehmerschaft liegt daher vor, wenn trotz Vorliegens einer zweigliedrigen Personengesellschaft nur ein Gesellschafter mitunternehmerisch beteiligt ist und der andere Gesellschafter abweichend vom dispositiven Gesellschaftsrecht weder Mitunternehmerrisiko noch Mitunternehmerinitiative hat. Darauf beruht die Gestaltung des sog. **Treuhandmodells**, bei dem am Kapital einer Kommanditgesellschaft zu 99,99 % am Kapital eine GmbH als Komplementärin und zu 0,01 % ein Kommanditist beteiligt sind, wobei der Kommanditist seinen Anteil treuhänderisch für die Komplementär-GmbH hält. Damit ist die Komplementär-GmbH als Treugeberin einziges Zurechnungssubjekt der gewerblichen Einkünfte und Schuldnerin der Gewerbesteuer und nicht nach § 5 Abs. 1 S. 3 GewStG die KG.[25] Der Vorteil der Gestaltung liegt darin, dass Gewinne und Verluste der beteiligten Gesellschafter ohne die Voraussetzungen einer körperschaftlichen und gewerbesteuerlichen Organschaft saldiert werden können.[26]

377

(1) Mitunternehmerrisiko. Ein Gesellschafter trägt ein Mitunternehmerrisiko, wenn der Betrieb auf seine Rechnung geführt wird und ihn der Fehlschlag unternehmerischer Entscheidungen mit trifft. Untermerkmale hierfür sind die Beteiligung am Unternehmenserfolg und die Gefahr des Verlustes des eingesetzten Kapitals.[27] **Indizien** für das Vorliegen eines Mitunternehmerrisikos sind:

378

- Die Beteiligung am Vermögen einschließlich der stillen Reserven des Anlagevermögens und eines Firmenwertes (insbesondere bei Auflösung der Gesellschaft oder Ausscheiden des Gesellschafters),
- die Beteiligung am laufenden Gewinn und Verlust sowie
- eine unmittelbare, uneingeschränkte Haftung mit dem Privatvermögen als oftmals entscheidendes Merkmal.

Mitunternehmerrisiko liegt nach der Rechtsprechung grundsätzlich vor, wenn der Gesellschafter beim Ausscheiden aus der Gesellschaft oder bei deren Auflösung am Vermögen einschließlich der stillen Reserven des Anlagevermögens und am Geschäfts-

379

---

22 Vgl. z.B. BFH, Urteil v. 25.4.2006 – VIII R 74/03, BFHE 213, 358 = BStBl II 2006, 595, juris Rn. 22; vgl. zur Mitunternehmerinitiative innerhalb einer GmbH & Still BFH, Urteil v. 13.7.2017 – IV R 41/14, BFHE 258, 459 = BStBl II 2017, 1133, juris Rn. 23.
23 A.A. auf geringe Wirkung der Außenhaftung und geringe Mitspracherechte abstellend BFH, Urteil v. 3.11.2015 – VIII R 63/13, BFHE 252, 294 = BStBl II 2016, 383, juris Rn. 23 ff., 46 ff.
24 BFH, Urteil v. 22.6.2017 – IV R 42/13, BFHE 259, 258, juris Rn. 46 ff.
25 Vgl. BFH, Urteil v. 3.2.2010 – IV R 26/07, BFHE 228, 365 = BStBl II 2010, 751, juris Rn. 28; anders für Treuhand-OHG FG Köln, Urteil v. 20.3.2019 – 4 K 3252/13, DStRE 2020, 300, Rn. 150, rkr.
26 Eingehend *Albrecht*, Die Ein-Unternehmer-Personengesellschaft im Treuhandmodell, 2015.
27 Vgl. H 15.8 (1) „Mitunternehmerrisiko" EStH 2012.

wert beteiligt ist. Es ist aber möglich, eine Beteiligung an den stillen Reserven für bestimmte Umstände auszuschließen. So steht die Buchwertabfindung in Abweichung zu § 738 Abs. 1 S. 2 BGB für die Fälle des vorzeitigen Ausscheidens oder bei Tod eines Gesellschafters der Annahme einer Mitunternehmerschaft nicht im Wege.[28] Schließlich kann das Mitunternehmerrisiko bei einer fehlenden Beteiligung am Vermögen auch durch andere Elemente (beispielsweise durch eine Beteiligung am laufenden Gewinn und Verlust der Gesellschaft) aufgewogen werden.[29]

380 Ist die **Beteiligung am Gewinn und Verlust** ausgeschlossen, ist aber in der Regel keine Mitunternehmerschaft gegeben. Der große Senat des BFH hat insbesondere entschieden, dass Mitunternehmerrisiko zumindest die Chance auf eine Beteiligung am Gewinn des Unternehmens erfordert – sei es über eine Beteiligung am laufenden Gewinn oder eine Teilhabe an den stillen Reserven in dem Zeitpunkt, in dem der Gesellschafter ausscheidet.[30] Die Entscheidung betraf die Beteiligung eines Kommanditisten an einer sogenannten **Verlustzuweisungsgesellschaft**. Diese Kommanditgesellschaften tätigten regelmäßig kapitalintensive Investitionen, die steuerlich durch besonders hohe Abschreibungsmöglichkeiten privilegiert waren (typische Zwecke waren z.B. die Anschaffung von Immobilien in den neuen Bundesländern oder der Erwerb von Containerschiffen). Das erforderliche Kapital wurde durch die von Anfang an befristete Beteiligung vermögender Einzelpersonen als Kommanditisten aufgebracht. Diese waren am laufenden Gewinn nicht beteiligt und erhielten nach Ablauf der Beteiligungsfrist nur ihre Einlage zurück. Attraktiv war dieses Investment dadurch, dass den Kommanditisten wegen der hohen Sonderabschreibungen hohe Verluste zugerechnet wurden, die zu einer erheblichen Steuerersparnis führten. Mit der Entscheidung des BFH, dass in einer solchen Konstellation mangels Mitunternehmerrisikos keine Mitunternehmerstellung vorliegt, wurden jedenfalls die Extremfälle dieser Gestaltungen ausgeschlossen. Um generell zu verhindern, dass einem Gesellschafter steuerliche Verluste zugerechnet werden, obwohl er nicht für tatsächlich eingetretene Verluste einstehen muss, hat der Gesetzgeber sodann mit § 15a EStG eine besondere **Missbrauchsvermeidungsvorschrift** für Kommanditisten geschaffen (dazu noch unter Rn. 775 ff.).

381 **Haftet der Gesellschafter** mit seinem Privatvermögen in voller Höhe für die Schulden der Gesellschaft, ist eine Mitunternehmerstellung zu unterstellen (Gesellschafter einer GbR bzw. OHG oder Komplementär einer KG, §§ 128 S. 1, 161 Abs. 1 HGB). Dies kann selbst dann gelten, wenn weder eine Beteiligung an den stillen Reserven noch am Gewinn und Verlust der Gesellschaft gegeben ist: Der **Komplementär** einer **KG** ist aufgrund seiner unbeschränkten Haftung regelmäßig als Mitunternehmer anzusehen. Dies gilt auch für die Komplementär-GmbH, selbst wenn sie am Gesellschaftskapital nicht beteiligt ist.[31] Auch ein Ausschluss von der Haftung **im Innenverhältnis** zwischen den Gesellschaftern ist unbeachtlich.[32] Der BFH hat mit Urteil vom 25.4.2006[33] die ständige Rechtsprechung dahingehend bestätigt, dass der Um-

---

28 BFH, Urteil v. 16.7.1964 – IV 377/62 U, BFHE 80, 410, juris Rn. 12.
29 BFH, Urteil v. 11.4.1973 – IV R 67/69, BFHE 109, 133 = BStBl II 1973, 528, juris Rn. 31.
30 BFH, Beschluss v. 25.6.1984 – GrS 4/82, BFHE 141, 405 = BStBl II 1984, 751, juris Rn. 214.
31 H 15.8 Abs. 1 „Komplementär" – erster Spiegelstrich EStH.
32 H 15.8 Abs. 1 „Komplementär" – dritter Spiegelstrich EStH.
33 BFH, Urteil v. 25.4.2006 – VIII R 74/03, BFHE 213, 358 = BStBl II 2006, 595, juris Rn. 22; H 15.8 Abs. 1 „Komplementär" – zweiter Spiegelstrich EStH.

stand, dass ein Komplementär weder am Gewinn und Verlust noch am Vermögen der Kommanditgesellschaft teilhat (sog. kapitalistisch organisierte KG), nicht geeignet ist, dessen Mitunternehmerstellung auszuschließen. Die fehlende Beteiligung am Gewinn und Verlust des Unternehmens hat zwar zur Folge, dass das Mitunternehmerrisiko auf die unbeschränkte Haftung für die Schulden der KG begrenzt ist und damit selbst unter Berücksichtigung des Anspruchs auf eine zumeist feste Haftungsvergütung die Regelanforderungen an das Vorliegen eines mitunternehmerischen Risikos nicht erfüllt werden. Letzteres wird jedoch durch eine starke Ausprägung der Initiativrechte des Komplementärs kompensiert (s.u. Rn. 388).

(2) Mitunternehmerinitiative. Mitunternehmerinitiative bedeutet die **Teilhabe** des Gesellschafters **an den unternehmerischen Entscheidungen**.[34] Er muss selbst den Erfolg des Unternehmens durch Entscheidungen beeinflussen oder zumindest unternehmerische Entscheidungen der anderen Gesellschafter blockieren können.[35] Anhaltspunkte für das Vorhandensein von Mitunternehmerinitiative sind: 382

- Geschäftsführungs- und Vertretungsbefugnis,
- Stimmrecht,
- Widerspruchsrechte,
- Kontrollrechte,
- Zustimmungsbefugnisse.

Aus der ausdrücklichen Erwähnung der KG in § 15 Abs. 1 S. 1 Nr. 2 S. 1 EStG folgt, dass eine hinreichende Mitunternehmerinitiative vorliegt, wenn dem Gesellschafter eine dem **Kommanditisten einer KG** vergleichbare oder zumindest angenäherte Stellung eingeräumt ist, d.h. er muss **Stimm-, Kontroll- und Widerspruchsrechte i.S.d. §§ 164, 166 HGB** oder ein gesellschaftsrechtliches Kontrollrecht nach § 716 Abs. 1 BGB haben.[36] Der Einfluss des Kommanditisten ergibt sich aus seinem **Widerspruchsrecht** gegen Maßnahmen der Geschäftsführung[37], § 164 HGB, und der **Stimmbefugnis** bei grundlegenden Fragen in der Gesellschafterversammlung, § 161 Abs. 2 i.V.m. § 119 HGB.   383

Wird das Widerspruchsrecht abbedungen, ist der Kommanditist nicht mehr als Mitunternehmer anzusehen.[38] Die verbleibenden gesetzlichen Initiativrechte reichen nicht aus, um eine Absenkung des angesichts der nur beschränkten persönlichen Haftung (§ 171 HGB) ohnehin geringen Mitunternehmerrisikos auszugleichen.[39] Sofern also zum Beispiel bei einem Kommanditisten der KG eine Beteiligung an den stillen Reserven des Betriebsvermögens **ausgeschlossen** ist (entgegen der Grundregel des § 161 Abs. 2 HGB i.V.m. §§ 105 Abs. 3, 738 Abs. 1 S. 2 BGB) und er nach dem Ge-   384

---

34 Siehe etwa BFH, Urteil v. 3.11.2015 – VIII R 63/13, BFHE 252, 294 = BStBl II 2016, 383, juris Rn. 21.
35 H 15.8 Abs. 1 „Mitunternehmerinitiative" EStH.
36 BFH, Beschluss v. 25.6.1984 – GrS 4/82, BFHE 141, 405 = BStBl II 1984, 751, juris Rn. 210; BFH, Urteil v. 7.2.2018 – X R 10/16, BFHE 260, 490 = BStBl II 2018, 630, juris Rn. 59.
37 BFH, Urteil v. 25.4.2006 – VIII R 74/03, BFHE 213, 358 = BStBl II 2006, 595, juris Rn. 22.
38 BFH, Urteil v. 11.10.1988 – VIII R 328/83, BFHE 155, 514 = BStBl II 1989, 762, juris Rn. 22; H 15.8 Abs. 1 „Mitunternehmerinitiative" EStH.
39 BFH, Urteil v. 28.10.1999 – VIII R 66-70/97, BFHE 190, 204 = BStBl II 2000, 183, juris Rn. 19; H 15.8 Abs. 1 „Mitunternehmerrisiko" – erster Spiegelstrich EStH.

sellschaftsvertrag nur eine übliche Verzinsung seines Kapitalkontos erhält, müssen ihm erhebliche zusätzliche Initiativrechte eingeräumt werden, damit er noch als Mitunternehmer gelten kann.

385 Gesellschafter einer **OHG** sind grundsätzlich gemeinschaftlich zur Geschäftsführung (§ 114 Abs. 1 HGB) und jeweils einzeln zur Vertretung (§ 125 Abs. 1 HGB) der Gesellschaft ermächtigt, sodass sie in großem Maße Mitunternehmerinitiative innehaben. Da sie zudem unbeschränkt persönlich haften (§ 128 S. 1 HGB) und mithin auch ein hohes Mitunternehmerrisiko tragen, verlieren sie ihre Mitunternehmerstellung selbst dann nicht, wenn gesellschaftsvertraglich deutlich geringere Initiativrechte vereinbart werden.

386 Erzielt eine **GbR** gewerbliche Einkünfte, so sind ihre Gesellschafter ebenfalls Mitunternehmer: Aufgrund der gemeinschaftlichen Vertretungsmacht und Geschäftsführungsbefugnis (§§ 709, 714 BGB) ist die Mitunternehmerinitiative regelmäßig gegeben.

387 **Beachte:** Einen praktisch häufigen Fall der (Innen-)GbR stellen **Labor- und Bürogemeinschaften** dar. Dabei handelt es sich typischerweise nicht um gewerbliche Mitunternehmerschaften, da diese in ihrer gemeinsamen Tätigkeit i.d.R. nicht mit Gewinnerzielungsabsicht tätig werden (vgl. schon unter Rn. 70). Sie werden nur in der Absicht gegründet, Kosten gemeinsam zu tragen und diese somit für jeden einzelnen Beteiligten zu reduzieren. Es fehlt also am Merkmal der Gewerblichkeit der GbR. Die Ergebnisse aus der GbR werden den Gesellschaftern für ihre jeweilige Gewinnermittlung nach § 39 Abs. 2 Nr. 2 AO anteilig zugerechnet.

388 Der **Komplementär einer KG** hat als alleiniger gesetzlicher Geschäftsführer und Vertreter der Gesellschaft (§§ 164 S. 1 Hs. 1, 170 HGB) grundsätzlich eine herausragende Initiativstellung. Die erhebliche Mitunternehmerinitiative führt in der Regel auch dann noch zu einer Mitunternehmerstellung, wenn das Mitunternehmerrisiko erheblich abgeschmolzen wird, z.B. wenn – entgegen dem gesetzlichen Regelfall – der Komplementär nicht am Gewinn und Verlust beteiligt und im Innenverhältnis von der Haftung gegenüber den Gläubigern der Gesellschaft freigestellt wird und nur eine feste Haftungsvergütung erhält. Nach der Rechtsprechung des BFH genügt es in diesen Fällen sogar, wenn der Komplementär nur entweder die Geschäftsführung oder die Vertretung der Gesellschaft innehat. Die organschaftliche Vertretungsbefugnis kann dem einzigen Komplementär ohnehin nicht entzogen werden, weil der Kommanditist zur organschaftlichen Vertretung nicht ermächtigt ist (§ 170 HGB; die Regelungen zur Geschäftsführung, § 164 S. 1 Hs. 1 HGB, sind hingegen gemäß § 163 HGB disponibel) und nach dem gesellschaftsrechtlichen **Grundsatz der Selbstorganschaft** mindestens ein persönlich unbeschränkt haftender Gesellschafter alleinige Vertretungsmacht haben muss. Auch nach Entzug der Geschäftsführung verbleiben zudem regelmäßig noch Kontrollrechte nach § 716 BGB, § 166 HGB. Selbst wenn die Komplementär-GmbH einer typischen GmbH & Co. KG also neben der Haftungsübernahme keine Tätigkeit ausübt und von der Geschäftsführung ausgeschlossen ist, ist sie wegen der aus der Vertretungsbefugnis und den verbleibenden Kontrollrechten resultierenden Mitunternehmerinitiative folglich als Mitunternehmerin anzusehen.[40]

---

[40] BFH, Urteil v. 10.10.2012 – VIII R 42/10, BFHE 238, 444 = BStBl II 2013, 79, juris Rn. 22 ff.

Diese Grundsätze gelten auch für die Gesellschafter einer GbR oder OHG. Zu einer Versagung der Mitunternehmerstellung kann es somit bei vollhaftenden Gesellschaftern nur kommen, wenn ihnen die Geschäftsführungsbefugnis inklusive sämtlicher Kontrollrechte und die Vertretungsbefugnis entzogen wird. Ob Letzteres möglich ist, bestimmt sich nach dem Grundsatz der Selbstorganschaft danach, ob die Gesellschaft trotz des Ausschlusses der Vertretungsmacht bei einem persönlich haftenden Gesellschafter noch ausschließlich durch weitere persönlich haftende Gesellschafter vertreten werden kann. 389

(3) Abgrenzungsfälle

(a) Typische und atypische stille Gesellschaft 390

Einen Sonderfall bildet die Besteuerung der stillen Gesellschaft. Diese ist nach § 230 HGB eine Gesellschaft, bei der sich jemand an dem Handelsgewerbe, das ein anderer betreibt, gegen einen Anteil am Gewinn mit einer Vermögenseinlage beteiligt, die in das Vermögen des anderen übergeht.

Kennzeichnend für den gesetzlichen Normalfall der **typischen stillen Gesellschaft** nach § 230 HGB ist, dass **kein gemeinsames Gesellschaftsvermögen** entsteht. Die Einlage des stillen Gesellschafters geht in das Vermögen des tätigen Teilhabers über. Das Unternehmen wird vom tätigen Teilhaber geführt. Der stille Gesellschafter trägt kein eigenes Unternehmerrisiko und ist deshalb steuerrechtlich kein Mitunternehmer. Konsequent beurteilt das Steuerrecht in § 20 Abs. 1 Nr. 4 S. 1 Var. 1 EStG die Einnahmen des stillen Gesellschafters als Einkünfte aus Kapitalvermögen. Steuerrechtlich wird die stille Gesellschaft einem **partiarischen Darlehen** (§ 20 Abs. 1 Nr. 4 S. 1 Var. 2 EStG) gleichgestellt, also einer gewinnabhängigen Kreditgewährung, bei der eine Beteiligung an den Verlusten ausgeschlossen ist. 391

Der Gewinnanteil, der an den stillen Gesellschafter (oder den partiarischen Darlehensgeber) ausgeschüttet wird, ist bei der Gesellschaft Betriebsausgabe und mindert bei ihr die steuerliche Bemessungsgrundlage. Gewerbesteuerlich erfolgt eine Hinzurechnung der ausgezahlten Gewinnanteile auf der Ebene der Gesellschaft nach § 8 Nr. 1 c) GewStG. Hinzugerechnet werden aber keine weiteren Vergütungen, die ein stiller Gesellschafter für andere Leistungen an die Gesellschaft erhält (z.B. Gehalt oder Miete für die Überlassung eines Wirtschaftsguts). Damit ergibt sich eine andere gewerbesteuerliche Belastung als bei einem Mitunternehmer, der im Sonderbereich auch Tätigkeitsvergütungen und Entgelte für die Überlassung von Wirtschaftsgütern oder die Gewährung von Darlehen als Einnahmen aus Gewerbebetrieb erfassen muss (§ 15 Abs. 1 S. 1 Nr. 2 S. 1 Hs. 2 EStG), im Gegenzug aber auch Aufwendungen, die durch diese Einnahmen veranlasst sind, als **Sonderbetriebsausgaben** (s.u. Rn. 472 ff.) abziehen kann. Die Frage, ob es sich um einen stillen Gesellschafter oder einen Mitunternehmer handelt, beeinflusst also die Belastung der Gesellschaft mit Gewerbesteuer. 392

Davon zu unterscheiden ist die **atypische stille Gesellschaft**. Schuldrechtlich können die Parteien im Rahmen des § 230 HGB vereinbaren, dass der stille Gesellschafter so gestellt wird, als sei er am Gesellschaftsvermögen beteiligt. Er nimmt dann im Ergebnis an den stillen Reserven teil, was bei der Beendigung der Gesellschaft in einem 393

Auseinandersetzungsanspruch zum Ausdruck kommt. In der Regel sind mit einer solchen Beteiligung echte Mitspracherechte bei der Unternehmensführung verbunden, die über die Kontrollrechte des § 233 HGB hinausgehen. Das Steuerrecht folgert hieraus, dass der atypische stille Gesellschafter als Mitunternehmer i.S. des § 15 Abs. 1 S. 1 Nr. 2 EStG zu beurteilen ist.[41] Für die Abgrenzung kann die Stellung eines Kommanditisten herangezogen werden: Damit der stille Gesellschafter als Mitunternehmer anzusehen ist, muss seine Stellung nach ihrem Gesamtbild mindestens der eines Kommanditisten gleichen.[42] Dabei gilt wiederum, dass ein Mehr an Risiko ein Weniger an Initiative ausgleichen kann und umgekehrt. So kann ein stiller Gesellschafter selbst dann Mitunternehmer sein, wenn er keine über § 233 HGB hinausgehenden Kontrollrechte hat, solange er am Risiko hinreichend beteiligt ist.[43]

394 Ebenso wie zwischen stiller und atypisch stiller Gesellschaft kann auch eine Abgrenzung zwischen **partiarischem Darlehen** und unternehmerischer Tätigkeit erforderlich sein, wenn eine Geldsumme nicht nur gegen bloße Gewinnbeteiligung, sondern unter Übernahme erheblicher Risiken zur Verfügung gestellt wird.[44]

395 Ist der atypische stille Gesellschafter nicht an einem Einzelunternehmen, sondern an einer Personengesellschaft beteiligt, entsteht eine **doppelstöckige Personengesellschaft** mit einer Personengesellschaft als Obergesellschaft und der atypischen stillen Gesellschaft als Untergesellschaft.[45]

396 *(b) Unterbeteiligung*

Der Gesellschafter einer Personengesellschaft kann einem Dritten eine Beteiligung an seinem Gesellschaftsanteil einräumen, indem er mit ihm eine **Innengesellschaft in Form einer BGB-Gesellschaft** gründet. Der Dritte wird dabei nicht Gesellschafter der Hauptgesellschaft. Das Rechtsverhältnis beschränkt sich auf die Beziehungen zu dem Hauptbeteiligten. Da das Halten und Verwalten dieser Hauptbeteiligung kein Handelsgewerbe ist, kann die Unterbeteiligung keine stille Gesellschaft i.S. der §§ 230 ff. HGB sein. Die Vorschriften finden im Zweifel jedoch entsprechende Anwendung. Von der Ausgestaltung dieses Rechtsverhältnisses hängt auch die einkommensteuerrechtliche Beurteilung der Gewinnanteile des Unterbeteiligten ab, die er von dem Hauptbeteiligten bezieht.[46]

397 Beschränken sich die Rechte des Unterbeteiligten auf eine Teilhabe am laufenden Gewinn der Personengesellschaft, soweit dieser auf den Hauptbeteiligten entfällt, dann handelt es sich um eine **typische Untergesellschaft**, für welche die Regelung des

---

41 Vgl. BFH, Urteil v. 28.11.2019 – IV R 54/16, BFHE 266, 250 Rn. 38 ff. m.w.N.
42 BFH, Urteil v. 6.7.1995 – IV R 79/94, BFHE 178, 180 = BStBl II 1996, 269.
43 So nimmt BFH, Urteil v. 19.7.2018 – IV R 10/17, BFH/NV 2018, 1268, juris Rn. 32 ff. eine Mitunternehmerstellung an, wenn eine Beteiligung am Verlust bis zur Höhe der geleisteten Einlage sowie im Falle eines Ausscheidens eine Beteiligung an den stillen Reserven einschließlich des Firmenwerts vereinbart wird.
44 Vgl. z.B. BFH, Urteil v. 7.2.2018 – X R 10/16, BFHE 260, 490 = BStBl II 2018, 630, juris Rn. 50 ff., 64 ff.
45 BFH, Urteil v. 24.4.2014 – IV R 34/10, BFHE 245, 253 = BStBl II 2017, 233, juris Rn. 31; BFH, Urteil v. 8.12.2016 – IV R 8/14, BFHE 256, 175 = BStBl II 2017, 538, juris Rn. 16 mit der Folge, dass für jede Gesellschaft eine Gewerbesteuererklärung abzugeben ist, § 2 Abs. 1 GewStG.
46 BFH, Urteil v. 8.8.1979 – I R 82/76, BFHE 128, 457 = BStBl II 1979, 768, juris Rn. 18.

§ 20 Abs. 1 Nr. 4 EStG entsprechend gilt.[47] Der Beteiligte ist nicht als Mitunternehmer anzusehen, sondern erzielt Einkünfte aus Kapitalvermögen. Diese kann der Gesellschafter als Sonderbetriebsausgaben von seinem Gewinnanteil abziehen. Gehen die Rechte des Unterbeteiligten darüber hinaus, indem etwa schuldrechtlich eine Beteiligung an den stillen Reserven vereinbart ist, die auf den Hauptgesellschaftsanteil entfallen, und sind dem Unterbeteiligten deshalb im Verhältnis zum Hauptbeteiligten auch Mitspracherechte eingeräumt (**atypische Unterbeteiligung**), so handelt es sich um eine Mitunternehmerschaft i.S. des § 15 Abs. 1 S. 1 Nr. 2 EStG. Der Unterbeteiligte bezieht dann gewerbliche Einkünfte.[48]

Fall 56:[49] A, B und C sind Gesellschafter einer OHG. A lässt sich die Hälfte seiner Einlage von dem Prokuristen P zur Verfügung stellen. Das Gleiche gilt für B. P soll bei Ausscheiden seine Einlage zurückerhalten, zusätzlich ist er am Gewinn- und Verlustanteil der beiden Gesellschafter beteiligt. Die Geschäfte der OHG führt P allein. Wie sind die Einkünfte des P aus den Beteiligungen zu versteuern?

398

Lösung Fall 56:

A. Einkünftequalifikation auf der Ebene der Gesellschaft

Die Gesellschaft betätigt sich gewerblich.

B. Einkünftequalifikation auf der Ebene des Gesellschafters

Fraglich ist die Einordnung der Tätigkeit des Prokuristen. Das Halten eines Gesellschaftsanteils stellt kein Handelsgewerbe dar, sodass keine stille Gesellschaft i.S.d. § 230 HGB vorliegt und die Beteiligung des P nicht zu Kapitaleinkünften nach § 20 Abs. 1 Nr. 4 EStG führt. § 20 Abs. 1 Nr. 4 EStG findet aber auch auf eine typische Unterbeteiligung analoge Anwendung. P würde dann Einkünfte nach § 20 EStG beziehen.

Einkünfte aus § 20 Abs. 1 Nr. 4 EStG (analog) setzen allerdings voraus, dass P nicht als Mitunternehmer anzusehen ist (bei dieser Einschränkung handelt es sich letztlich nur um eine spezielle Ausprägung der allgemeinen Subsidiaritätsklausel in § 20 Abs. 8 S. 1 EStG). Eine Mitunternehmerstellung setzt Mitunternehmerinitiative und Mitunternehmerrisiko voraus. P ist zwar nicht gesellschaftsrechtlich an dem Gesellschaftsvermögen und den stillen Reserven beteiligt, jedoch besteht eine solche Beteiligung aufgrund schuldrechtlicher Vereinbarung. Durch die Kumulation beider Merkmale ist P jeweils als Mitunternehmer bei A und B anzusehen. Die Unterbeteiligungsgesellschaft zwischen A und P sowie zwischen B und P wird dabei jeweils als eine Mitunternehmerschaft der Hauptgesellschaft angesehen. Der in den Unterbeteiligungen anfallende Gewinn wird nach § 179 II S. 3 AO gesondert erfasst.

C. Ergebnis

P erzielt als Mitunternehmer jeweils aus seinen Unterbeteiligungen gewerbliche Einkünfte i.S.d. § 15 Abs. 1 S. 1 Nr. 2 EStG.

---

47 BFH, Urteil v. 16.12.1986 – VIII R 10/85, BFH/NV 1987, 715, juris Rn. 16; BFH, Urteil v. 10.11.1987 – VIII R 53/84, BFHE 151, 434 = BStBl II 1988, 186, juris Rn. 17; BFH, Urteil v. 28.11.1990 – I R 111/88, BFHE 163, 69 = BStBl II 1991, 313, juris Rn. 10.
48 BFH, Urteil v. 27.5.1993 – IV R 1/92, BFHE 171, 510 = BStBl II 1994, 700, juris Rn. 19 f.; BFH, Urteil v. 16.12.2003 – VIII R 6/93, BFH/NV 2004, 1080, juris Rn. 20 ff.
49 Nach BFH, Beschluss v. 28.3.2003 – VIII B 194/01, BFH/NV 2003, 1308.

399 *(c) Treuhandverhältnisse*

Ähnlich erfolgt die Abgrenzung bei **Treuhandverhältnissen**. Was genau ein Treuhandverhältnis ist, lässt sich nicht präzise definieren, jedoch anhand typischer Merkmale charakterisieren: Bei rechtsgeschäftlichen Treuhandverhältnissen[50] erhält der Treuhänder vom Treugeber Vermögensrechte oder Verfügungsmacht, die er lediglich im Rahmen einer schuldrechtlichen Vereinbarung ausüben darf. Während bei der Unterbeteiligung der Hauptbeteiligte Gesellschafter für eigene und fremde Rechnung ist, wird der Treuhänder nur **für fremde Rechnung** tätig.[51]

400 Bei **Publikumskommanditgesellschaften** existieren häufig Treuhandverhältnisse über die Mitgliedschaft in der Gesellschaft. Ein Treuhänder hält zivilrechtlich die Kommanditanteile, nur er besitzt also eine Gesellschafterstellung. Diese übt der Treuhänder jedoch im eigenen Namen für die Treugeber aus, d.h. für diejenigen Personen, die sich *wie* Kommanditisten an der Gesellschaft beteiligen wollen. Mit diesen besteht nur eine **schuldrechtliche** Vereinbarung. Dabei handelt es sich regelmäßig um einen Geschäftsbesorgungsvertrag i.S. des § 675 BGB. Durch diese Konstruktion muss bei einem Wechsel der Beteiligung nicht der Kommanditanteil übertragen werden, sondern es genügt eine entsprechende Vereinbarung mit dem Treuhänder; zudem kann der Treugeber anonym bleiben.

401 Handelt der Treuhänder auf Rechnung und nach Weisung des Treugebers, vermittelt das Treuhandverhältnis dem **Treugeber** grundsätzlich eine steuerrechtliche Mitunternehmerstellung, vgl. § 39 Abs. 2 Nr. 1 S. 2 Hs. 1 und § 159 AO.[52] Dieser und nicht der **Treuhänder** ist dann als Mitunternehmer anzusehen.[53] Dies gilt etwa für den typischen Fall eines Treuhandkommanditisten. Etwas anderes ergibt sich nur, wenn der Treuhänder nach außen unbeschränkt haftet, also z.B. eine Stellung als Komplementär besitzt. In diesem Fall ist grundsätzlich auch der Treuhänder wegen des Haftungsrisikos als Mitunternehmer anzusehen.[54] Dass ein Treuhandkommanditist nicht als Mitunternehmer anzusehen ist, macht sich die Praxis im Rahmen einer geschickten Gestaltung (sog. **Treuhandmodell**) zunutze, um eine Gewerbesteuerkonsolidierung zu erreichen (s.o. Rn. 377).

402 *(d) Nießbrauch an einem Gesellschaftsanteil*

Zivilrechtlich ist anerkannt, dass an einem Gesellschaftsanteil auch ein Nießbrauch bestellt werden kann. D.h. einem Nichtgesellschafter wird das Recht eingeräumt, die Nutzungen aus dem Gesellschaftsanteil zu ziehen.[55] Umstritten – und deshalb in der

---

50 Beispiele für gesetzliche Treuhandverhältnisse sind etwa die Insolvenzverwaltung und die Testamentsvollstreckung.
51 *Wacker*, in: Schmidt, EStG, § 15 Rn. 297.
52 Zu seiner Mitunternehmerstellung s. BFH, Urteil v. 21.4.1988 – IV R 47/85, BFHE 153, 543 = BStBl II 1989, 722, juris Rn. 16.
53 BFH, Urteil v. 30.6.2005 – IV R 40/03, BFH/NV 2005, 1994.
54 BFH, Urteil v. 4.11.2004 – III R 21/02, BFHE 207, 321 = BStBl II 2005, 168, etwas anderes kann nach der Entscheidung gelten, wenn das Unternehmen wesentlich durch die persönliche Arbeitsleistung geprägt ist, nur ein geringer Kapitaleinsatz erforderlich ist und die Geschäftsabschlüsse kein nennenswertes wirtschaftliches Risiko bergen.
55 Hierin liegt eine Ausnahme von dem zivilrechtlichen Grundsatz, dass die Mitgliedschaft in einer Personengesellschaft nur einheitlich ausgeübt werden kann; *Lieder*, in: Oetker, HGB, § 105 Rn. 40 f. m.w.N.; BFH, Urteil v. 7.6.2006 – IX R 4/04, BFHE 214, 173 = BStBl II 2007, 294, juris Rn. 14.

Praxis regelungsbedürftig – ist insoweit allerdings, ob bzw. in welchem Umfang der Nießbraucher auch die Stimmrechte aus dem Gesellschaftsanteil geltend machen kann und inwieweit er einer Außenhaftung unterliegt.[56]

Für die steuerrechtliche Beurteilung kommt es abermals auf eine **Gesamtbetrachtung** des Einzelfalls an, ob der Nießbraucher über ausreichend Mitunternehmerrisiko und -initiative verfügt. Da das Mitunternehmerrisiko mangels unbeschränkter persönlicher Haftung in der Regel nur schwach ausgeprägt ist, kommt es vor allem auf den Umfang der Mitunternehmerinitiative an. Beschränken sich die Rechte des Nießbrauchers – entsprechend der gesetzlichen Regelungen zum Nießbrauch – vor allem auf die wirtschaftliche Nutzung des Anteils (sog. **Ertragsnießbrauch**), dann liegt keine Mitunternehmerstellung vor.[57] Kann der Nießbraucher darüber hinaus aber auch Verwaltungsrechte, insbesondere das Stimmrecht, ausüben oder im Innenverhältnis gegenüber dem Nießbrauchsbesteller die Stimmrechtsausübung steuern, so kann er Mitunternehmer sein (sog. **Vollrechtsnießbrauch**).[58] Es ist möglich, dass der Besteller des Nießbrauchs in diesen Konstellationen seine Mitunternehmerstellung verliert (insbesondere, wenn der Nießbraucher sämtliche Rechte aus dem Gesellschaftsanteil wahrnehmen kann).[59] Die Situation entspricht dann steuerrechtlich einer Treuhand, bei der der Besteller als Treuhänder und der Nießbraucher als Treugeber agiert. Es ist aber auch denkbar, dass sowohl der Besteller des Nießbrauchs als auch der Nießbraucher Mitunternehmer sind.[60] Ihnen ist dann (nach den Regelungen des Gesellschaftsvertrags) ein gemeinsamer Gewinnanteil zuzuweisen, der sodann zwischen ihnen (nach den Regelungen des Nießbrauchsvertrags) aufzuteilen ist.

(e) Verdeckte Mitunternehmerschaft

403

404

Der BFH geht in seltenen Fällen von einer **verdeckten Mitunternehmerschaft**[61] aus. Dies betrifft Personen, die zwar nicht nach außen sichtbar vertraglich mit der Personengesellschaft verbunden sind, aber **nach wirtschaftlicher Betrachtungsweise** die Merkmale des Mitunternehmers erfüllen. Der BFH betrachtet insoweit das Gesamtverhältnis zwischen den Beteiligten wertend und unabhängig von der formalen Bezeichnung der Rechtsbeziehungen. Lässt sich daraus ein übereinstimmender Wille ableiten, einen gemeinsamen Zweck zu verfolgen, nimmt der BFH an, dass eine konkludent abgeschlossene BGB-Innengesellschaft besteht.[62] Eine solche Innengesellschaft reicht als Grundlage für eine Mitunternehmerschaft aus (siehe dazu unter Rn. 366). Eine verdeckte Mitunternehmerschaft wurde etwa in einem Fall bejaht, in dem ein Einzelunternehmer seinen Ehegatten als Geschäftsführer angestellt und die-

---

56 Vgl. *Frank*, MittBayNot 2010, 96 ff.; *Kleinert/Geuß*, DStR 2013, 288 ff.; *Fleischer*, DStR 2013, 902 ff.; *Küspert*, FR 2014, 397 ff.; *Stein*, BB 2021, 28 ff. m.w.N. auf den Meinungsstand und mögliche Gestaltungsvarianten.
57 Vgl. z.B. BFH, Urteil v. 23.2.2010 – II R 42/08, BFHE 228, 184 = BStBl II 2010, 555, juris Rn. 16.
58 BFH, Urteil v. 6.5.2015 – II R 34/13, BFHE 250, 197, BStBl II 2015, 821, juris Rn. 23.
59 Vgl. BFH, Urteil v. 1.3.1994 – VIII R 35/92, BFHE 175, 231 = BStBl II 1995, 241, juris Rn. 43 ff.; H 15.8 Abs. 1 EStH „Nießbrauch"
60 Zu den unterschiedlichen Konstellationen *Götz*, FR 2019, 605 ff.; *Hermes*, FR 2019, 852 ff.
61 Siehe allgemein auch H 15.8 (1) EStH 2009.
62 Zuletzt BFH, Urteil v. 16.5.2018 – VI R 45/16, BFHE 261, 508 = BStBl II 2019, 60, juris Rn. 15 m.w.N.

sem eine unangemessen hohe Vergütung bezahlt hatte.[63] Erforderlich ist dabei stets, dass der Angestellte eine große Machtfülle aufweist und die Geschäfte praktisch führt, sowie dass er in Form einer hohen Vergütung (z.B. in Höhe von 90 % oder 56 %) am Gewinn wirtschaftlich beteiligt ist.[64]

405 **Fall 57:**[65] A ist Geschäftsführer und Alleingesellschafter der A-GmbH. Diese ist wiederum Komplementärin der C-KG. Alleinige Kommanditistin ist As Ehefrau E. Zwischen A und der KG wurde kein ausdrückliches Gesellschaftsverhältnis begründet. A erhält aufgrund eines mit der KG geschlossenen Anstellungsvertrages erhebliche Festgehaltszahlungen sowie eine jährliche Tantieme in Höhe von 56 % des Reingewinns der KG. Zudem übt er die volle unternehmerische Entscheidungsgewalt über die KG aus, ein Widerspruchsrecht der Kommanditistin E besteht nicht.
Ist A Mitunternehmer der C-KG?

Lösung Fall 57: Der BFH sah A als verdeckten Mitunternehmer an. Er übe durch seine Befugnisse erhebliche Mitunternehmerinitiative aus. Dass das Mitunternehmerrisiko in diesem Fall schwach ausgeprägt ist (A partizipiert „nur" an den Gewinnen der KG, nicht an Verlust oder stillen Reserven), sei in diesen Fällen nicht entscheidend. Folge dieser Bewertung ist, dass die Zahlungen der KG an A in vollem Umfang dem Gewinn der KG als Sonderbetriebseinnahmen des A zugerechnet werden.

406 *(f) Familienpersonengesellschaften*

Besondere steuerrechtliche Fragestellungen werfen Familienpersonengesellschaften auf. Unter diesem gesetzlich nicht geregelten Begriff werden Personengesellschaften zusammengefasst, die zwischen Ehegatten, zwischen Eltern und Kindern sowie zwischen sonstigen **Angehörigen** i.S. des § 15 AO begründet werden.[66] Mit der Gründung solcher Gesellschaften wird häufig der Zweck verfolgt, durch die Verteilung des Unternehmensgewinns auf mehrere Personen die **Einkommensteuerprogression** zu reduzieren und dadurch Steuern zu sparen. Die praktische Bedeutung der Familienpersonengesellschaft hat sich nach der Reform der Ehegattenbesteuerung durch Einführung des Ehegattensplittingverfahren im Jahre 1958 etwas verringert, nachdem das BVerfG die frühere Form der Zusammenveranlagung für nichtig erklärt hatte.[67]

407 **Beispiel:** Einzelunternehmerin A erzielt mit ihrem gewerblichen Unternehmen einen Gewinn von 100.000 €. Ihr Mann B ist nicht beruflich tätig, sondern betreut die minderjährigen Kinder K1 und K2. Die Eheleute überlegen auf Vorschlag ihres Steuerberaters, ihre persönliche Ein-

---

63 BFH, Urteil v. 22.1.2004 – IV R 44/02, BFHE 205, 157 = BStBl II 2004, 500, juris Rn. 12; BFH, Urteil v. 16.5.2018 – VI R 45/16, BFHE 261, 508 = BStBl II 2019, 60, juris Rn. 19 ff. – konkludente Ehegatten-Mitunternehmerschaft in der Landwirtschaft; vgl. auch BFH, Urteil v. 21.9.1995 – IV R 65/94, BFHE 179, 62 = BStBl II 1996, 66 – verdeckte Mitunternehmerschaft bei einer Familien-GmbH & Co. KG.
64 BFH, Urteil v. 13.7.1993 – VIII R 50/92, BFHE 173, 28 = BStBl II 1994, 282 verneint das Vorliegen einer verdeckten Mitunternehmerschaft aufgrund fehlender gesellschaftsrechtlicher Gewinnbeteiligung.
65 Nach BFH, Urteil v. 21.9.1995 – IV R 65/94, BFHE 179, 62 = BStBl II 1996, 66.
66 *Nawroth*, Die steuerliche Anerkennung von Familienpersonengesellschaften bei fehlerhaftem Gesellschaftsvertrag, S. 31.
67 BVerfG, Beschluss v. 17.1.1957 – 1 BvL 4/54, BVerfGE 6, 55, juris Rn. 46.

kommensteuerbelastung durch Gründung einer Familienpersonengesellschaft zu verringern, an der alle Familienmitglieder zu gleichen Teilen beteiligt sind:

1. Gewinn (zu versteuerndes Einkommen) als Einzelunternehmen: 100.000 €
   → ESt (Splittingtarif): 23.988 €
2. Gewinn als (Familien-)Gesellschaft:
   a) Eheleute: 50.000 (Splitting): 7.252 €
   b) Kind 1: 25.000 (Grundtabelle): 3.626 €
   c) Kind 2: 25.000 (Grundtabelle): 3.626 €
   → ESt gesamt 14.504 €
   Steuerersparnis **9.484 €**

Durch eine anteilige Vermögensübertragung schon zu Lebzeiten des bisherigen Alleininhabers wird zudem Erbschafts- und Schenkungsteuer gespart, weil die persönlichen Freibeträge nach § 16 ErbStG, die alle zehn Jahre wieder aufleben (vgl. § 14 ErbStG), mehrfach genutzt werden können. Zudem entstehen spätere Vermögenszuwächse teilweise bereits in den Händen der nächsten Generation und müssen gar nicht mehr erbschaftsteuerpflichtig übertragen werden. **408**

Es liegt (zumindest aus fiskalischer Sicht) nahe, die Wirksamkeit einer solchen Personengesellschaft aufgrund von § 41 Abs. 2 AO (**Scheingeschäft**) oder **§ 42 AO (Missbrauch von rechtlichen Gestaltungsmöglichkeiten)** in Frage zu stellen und den Steueranspruch in der Höhe festzusetzen, wie er ohne diese Gesellschaftsgründung entstehen würde. Eine besonders strenge Betrachtung von Familienpersonengesellschaften steht jedoch in einem Spannungsverhältnis mit dem Schutz von Ehe und Familie nach Art. 6 GG. **409**

Bei der steuerlichen Beurteilung von Familiengesellschaften sind zwei Problemkreise zu unterscheiden: Zum einen die Anerkennung der Gesellschaft als solche und zum anderen die Anerkennung der von den Gesellschaftern vorgenommenen Gewinnverteilung.[68] Die steuerliche Korrektur kann sich bei einer im Übrigen anzuerkennenden Gesellschaft auf die Gewinnverteilungsabrede beschränken. **410**

(aa) Anerkennung der Gesellschaft als solche **411**

Bei der Frage der **Anerkennung der Gesellschaft als solche** ist von dem Grundsatz auszugehen, dass eine zivilrechtlich zulässige und den wirtschaftlichen Vorgängen angemessene rechtliche Gestaltung (**§ 42 AO**) grundsätzlich auch steuerlich zu akzeptieren ist. Auch wenn eine Gesellschaft erkennbar aus Gründen der Steuerersparnis errichtet wird, steht dies ihrer Anerkennung nicht ohne Weiteres entgegen.[69] Ein Gesellschaftsvertrag zwischen Angehörigen kann steuerlich aber nur berücksichtigt werden, wenn er dem unter Dritten Üblichen entspricht und wie unter Dritten vollzogen wird. Im Einzelnen sind folgende Kriterien zu beachten:

---

68 Siehe zur Anerkennung von Verträgen zwischen Familienangehörigen *Birk/Desens/Tappe*, Steuerrecht, Rn. 326 ff.
69 BFH, Urteil v. 8.6.1967 – IV 162/63, BFHE 89, 235 = BStBl III 1967, 598, juris Rn. 17.

412 Der Gesellschaftsvertrag, die Übertragung eines Gesellschaftsanteils oder des als Beteiligung eingeräumten Kapitals musste nach der früheren Rechtsprechung des BFH **zivilrechtlich wirksam** sein (vgl. die Vorschriften der §§ 107, 108, 117, 181, 518, 1822 Nr. 3, 1909 BGB; § 41 Abs. 2 AO). Es war aber nicht erforderlich, dass in die Gesellschaft aufzunehmende Kinder eine Bareinlage leisten. Die Eltern konnten ihnen als Beteiligung Teile des Gesellschaftsvermögens schenken.[70]

413 Nach heutiger Auffassung des BFH und der h.M. in der Literatur kann Mitunternehmer auch sein, wer eine einem Gesellschafter wirtschaftlich vergleichbare Stellung hat. Die fehlende Rechtswirksamkeit eines Gesellschaftsvertrags begründet nur ein **Indiz** für die Frage, ob die Einkünfte der betrieblichen oder der privaten Sphäre zuzurechnen sind.[71] Damit wird auch dem aus Art. 6 GG gebotenen Schutz von Ehe und Familie Rechnung getragen.[72] Dafür ist auf die folgenden Kriterien abzustellen:

414 Die vertraglichen Vereinbarungen müssen **klar und ernsthaft gewollt** sein. Insbesondere muss der Umfang der Gesellschafterrechte, die Höhe der Kapitalanteile, die Gewinn- und Verlustbeteiligung, das Entnahmerecht und das Stimmrecht festgelegt werden.

415 Der **Gesellschaftsvertrag** muss **vollzogen** worden sein. Die tatsächliche Gestaltung der Dinge muss mit der formellen Gestaltung übereinstimmen, was eine Veränderung des bisherigen Zustandes zur Folge hat. Hieran fehlt es etwa, wenn der Gewinn tatsächlich nicht aufgeteilt, sondern in vollem Umfang dem bisherigen Alleininhaber belassen wird.[73]

416 Die allgemeinen Merkmale der **Mitunternehmerschaft** müssen erfüllt sein. Dies ist nicht anzunehmen, solange einem neu aufgenommenen Gesellschafter kein Kapitalanteil zusteht und er nicht an den stillen Reserven beteiligt wird,[74] wenn er also kein **Unternehmerrisiko** trägt. Zudem können Familienangehörige nur dann **Unternehmerinitiative** entfalten, wenn sie grundsätzlich volle Gesellschafterrechte genießen. Dies ist nicht der Fall, wenn die durch Schenkung eines Kapitalanteils als Gesellschafter aufgenommenen Kinder über ihre Gewinnanteile selbst nach Eintritt der Volljährigkeit nur in dem von den Eltern gebilligten Umfang verfügen können.[75] Das Gleiche gilt, wenn die Rechte der Mitgesellschafter so eingeschränkt sind, dass der bisherige Alleininhaber nach wie vor unumschränkt schalten und walten kann.[76]

---

70 Vgl. BFH, Urteil v. 19.9.1974 – IV R 95/03, BFHE 113, 558 = BStBl II 1975, 141, juris Rn. 40.
71 BFH, Urteil v. 12.5.2016 – IV R 27/13, BFH/NV 2016, 1559, juris Rn. 24 zur zivilrechtlichen Unwirksamkeit nach § 107 BGB bei Beteiligung eines Minderjährigen als stiller Gesellschafter, die nicht lediglich rechtlich vorteilhaft war.
72 BVerfG, Kammerbeschluss v. 16.7.1991 – 2 BvR 47/90, HFR 1992, 426, juris Rn. 1.
73 BFH, Urteil v. 6.11.1964 – VI 210/63 U, BFHE 81, 147 = BStBl III 1965, 52, juris Rn. 11.
74 BFH, Urteil v. 1.2.1973 – IV R 9/68, BFHE 108, 114 = BStBl II 1973, 221, juris Rn. 27.
75 BFH, Urteil v. 4.8.1971 – I R 209/69, BFHE 103, 156 = BStBl II 1972, 10, juris Rn. 11.
76 BFH, Urteil v. 22.1.1970 – IV R 178/68, BFHE 98, 405 = BStBl II 1970, 416, juris Rn. 11 – keinerlei Widerspruchsrecht nach § 164 HGB, jegliche Entnahme genehmigungsbedürftig, bei Heirat erfolgt Ausscheiden und Umwandlung in Unterbeteiligung; BFH, Urteil v. 8.2.1979 – IV R 163/76, BFHE 127, 188 = BStBl II 1979, 405, juris Rn. 21 – kein Einfluss auf Geschäftsführung, Ausschluss der Rechte aus § 164 HGB, langfristiger Ausschluss des Kündigungsrechts; BFH, Urteil v. 25.6.1981 – IV R 135/78, BFHE 134, 12 = BStBl II 1981, 779, juris Rn. 4 – Ausschluss von der Verwaltung der Kommanditbeteiligung bis zum 28. Lebensjahr.

Zu beachten ist aber, dass die Rechtsstellung des **Kommanditisten** gemäß §§ 162 ff. HGB durch die Regelungen des HGB ohnehin stark eingeschränkt ist und dass auch im Übrigen von den dispositiven gesellschaftsrechtlichen Normen des HGB abgewichen werden kann, ohne dass mit einem solchen Abweichen vom Normaltypus schon die steuerliche Anerkennung der Gesellschaft in Frage gestellt werden dürfte.

417

(bb)   Anerkennung der Gewinnverteilung

418

Für die Frage der **Anerkennung der Gewinnverteilung** ist davon auszugehen, dass die Gesellschafter zivilrechtlich eine ihren Vorstellungen und Interessen entsprechende Vereinbarung treffen können, da die §§ 121, 168 HGB und § 722 BGB nachgiebiges Recht sind. Eine zivilrechtlich wirksam vereinbarte und tatsächlich vollzogene Gewinnverteilung ist auch steuerlich grundsätzlich anzuerkennen.[77]

Unter dem Gesichtspunkt des **Missbrauchs von rechtlichen Gestaltungsmöglichkeiten** (§ 42 AO) ist die zivilrechtlich vereinbarte Gewinnverteilung dagegen steuerlich nicht wirksam, soweit sie nicht angemessen ist. Dies ist der Fall, insoweit die Gewinnverteilung in einem offensichtlichen und groben Missverhältnis zu den Leistungen des Gesellschafters steht (Kapitaleinsatz, Arbeitseinsatz, Haftungsrisiko, Kreditwürdigkeit). Die „Richtigkeitsgewähr des Vertragsmechanismus" ist unter Familienangehörigen nicht in gleicher Weise wie unter Fremden gewährleistet, weil der ansonsten charakteristische Interessengegensatz fehlt.

419

Bei **Prüfung der Angemessenheit** nach dem Kapitaleinsatz ist vom Kapitalkonto auszugehen, wobei auch die Beteiligung an den stillen Reserven zu berücksichtigen ist. Die Gewinnverteilung muss dem Verhältnis des Kapitaleinsatzes der verschiedenen Gesellschafter entsprechen (vgl. aber § 722 Abs. 1 BGB, § 121 Abs. 3 HGB – gleiche Anteile mangels abweichender Vereinbarung). Bei einer Familien-KG muss der Gewinnanteil des geschäftsführenden Komplementärs höher sein als der eines nicht mitarbeitenden Kommanditisten mit verhältnismäßig kleinem Kapitalkonto.[78] Eine allgemeingültige Formel gibt es nicht. Gewisse Richtlinien hat der BFH[79] mit der Aussage aufgestellt, eine Gewinnverteilung könne bei einer schenkweise begründeten Beteiligung mit steuerlicher Wirkung nur anerkannt werden, wenn sie auf längere Sicht, etwa im Durchschnitt von fünf Jahren, zu einer angemessenen Verzinsung des tatsächlichen Werts des Gesellschaftsanteils führe. Dies sei der Fall, wenn der vereinbarte Gewinnverteilungsschlüssel eine durchschnittliche Rendite von nicht mehr als 15 % des tatsächlichen Werts der geschenkten Beteiligung bei Vertragsabschluss ergebe.[80] Die Rechtsprechung verteidigt sich damit, dass die Angemessenheitsgrenze eine Typisierung darstelle, die zur Gleichbehandlung einer Vielzahl von Fällen führe und dem wirtschaftlichen Gehalt solcher Gestaltungen gerecht werde.[81]

420

Ist die Gewinnverteilung nach diesen Grundsätzen **unangemessen**, kann das Finanzamt von der Regelung der Parteien abweichen, wenn seine (angemessene) Beurtei-

421

---

77   Vgl. BFH, Urteil v. 15.11.1967 – IV R 139/67, BFHE 90, 399 = BStBl II 1968, 152, juris Rn. 25; BFH, Urteil v. 24.7.1969 – IV 275/64, BFHE 96, 314 = BStBl II 1969, 618, juris Rn. 5.
78   Vgl. BFH, Urteil v. 25.7.1963 – IV 421/62 U, BFHE 78, 3 = BStBl III 1964, 3, juris Rn. 6 f.
79   BFH, Beschluss v. 29.5.1972 – GrS 4/71, BFHE 106, 504 = BStBl II 1973, 5, juris Rn. 38 ff.
80   Kritisch zur starren prozentualen Grenze z.B. *Musil*, in: Herrmann/Heuer/Raupach, § 2 EStG Rn. 171.
81   BFH, Urteil v. 24.7.1986 – IV R 103/83, BFHE 147, 495 = BStBl II 1987, 54.

lung zu einem wesentlich anderen Ergebnis führt. Der unangemessen verteilte Gewinn wird den anderen Gesellschaftern steuerlich zugerechnet. Die über diesem Betrag liegende Auszahlung an die Familienmitglieder stellt eine betrieblich unbeachtliche private Unterhaltsleistung gemäß § 12 Nr. 1 EStG dar. Über einen etwaigen zivilrechtlichen Ausgleich muss sich die steuerliche Rechtsprechung keine Gedanken machen.[82]

422 **cc) Gewerbliche Tätigkeit der Gesellschaft.** Eine gewerbliche Mitunternehmerschaft liegt jedenfalls dann vor, wenn die Personengesellschaft ein **gewerbliches Unternehmen** betreibt. Was ein gewerbliches Unternehmen ist, bestimmt das EStG in § 15 Abs. 2 EStG: Eine selbständige nachhaltige Betätigung, die mit der Absicht, Gewinn zu erzielen, unternommen wird und sich als Beteiligung am allgemeinen wirtschaftlichen Verkehr darstellt, ist ein Gewerbebetrieb, wenn die Betätigung weder als Ausübung von Land- und Forstwirtschaft noch als Ausübung eines freien Berufs noch als andere selbständige Arbeit anzusehen ist (im Einzelnen bereits unter Rn. 56 ff.). Die handelsrechtliche Rechtsform ist für die Gewerblichkeit nicht entscheidend. Meist wird allerdings Deckungsgleichheit zwischen dem Vorliegen eines Handelsgewerbes nach §§ 1, 105, 161 HGB und dem einer gewerblichen Personengesellschaft vorliegen.

423 Eine Personengesellschaft kann auch aufgrund einer **Betriebsaufspaltung** (s. im Detail Rn. 100 ff.) gewerbliche Einkünfte erzielen. Relativ unproblematisch ist dabei die Konstellation, wenn die Besitzgesellschaft Personengesellschaft ist und als Betriebsgesellschaft eine Kapitalgesellschaft fungiert:

424 **Fall 58:** Die Lieferfix-GmbH unterhält einen Speditionsbetrieb, im Rahmen dessen auszuliefernde Möbel bis zur Lieferung an die Endkunden zwischengelagert werden müssen. Die entsprechende Lagerhalle hat sie von der AB-GbR für 10 Jahre angemietet. Die AB-GbR ist alleinige Gesellschafterin der Lieferfix-GmbH.
Welche Konsequenzen hat dies für die Mieteinnahmen auf Ebene der AB-GbR?

Lösung Fall 58: Im Ausgangspunkt ist die AB-GbR infolge ihrer Vermietungstätigkeit lediglich vermögensverwaltend tätig, sodass mangels gewerblicher Tätigkeit keine gewerbliche Mitunternehmerschaft vorliegt (§ 15 Abs. 1 S. 1 Nr. 2 EStG) ausscheidet. Liegen die Voraussetzungen der Betriebsaufspaltung vor, wird die Tätigkeit der AB-GbR allerdings als gewerblich qualifiziert. Zwischen der AB-GbR (Besitzgesellschaft) und der Lieferfix-GmbH (Betriebsgesellschaft) müsste somit eine **personelle** und eine **sachliche** Verflechtung vorliegen. Die AB-GbR kann infolge der 100 %-Beteiligung an der Lieferfix-GmbH stets ihren Willen in der Betriebsgesellschaft durchsetzen, sodass eine personelle Verflechtung anzunehmen ist. Die sachliche Verflechtung ergibt sich aus der Überlassung der betriebsnotwendigen Lagerhalle an die Lieferfix-GmbH. Die Mieteinkünfte der AB-GbR führen somit zu gewerblichen Einkünften. Die AB-GbR ist Mitunternehmerschaft i.S.v. § 15 Abs. 1 S. 1 Nr. 2 EStG.

---

[82] Vgl. hierzu *Knobbe-Keuk*, Unternehmensteuerrecht, § 12 I 3, III – ergänzende Auslegung oder ausdrückliche Regelung im Gesellschaftsvertrag; Wegfall der Geschäftsgrundlage; zu den Besonderheiten von Familienpersonengesellschaften insgesamt *Wacker*, in: Schmidt, EStG, § 15 Rn. 740 ff.

Fall 59: Die Ehegatten A und B sind Miteigentümer eines Grundstücks. Dieses verpachten sie an die A GmbH, deren alleiniger Gesellschafter der A ist. Das Grundstück ist wesentlich für den Betrieb der GmbH. Liegt eine Betriebsaufspaltung vor? Was ist, wenn A und B eine OHG oder eine KG mit A als Komplementär und B als Kommanditistin gründen, in der sie das Grundstück halten und die das Grundstück sodann an die GmbH vermietet?

425

Lösung Fall 59: Bilden A und B eine bloße **Bruchteilsgemeinschaft**, stehen ihnen im Zweifel gleiche Anteile zu (§ 742 BGB), sodass A Entscheidungen der Gemeinschaft nicht ohne B herbeiführen kann (§ 745 Abs. 1 S. 2 BGB). Mangels zusätzlicher Anzeichen kann auch nicht davon ausgegangen werden, dass die Ehegatten A und B gleichgerichtete Interessen verfolgen, weil eine derart pauschale Unterstellung mit dem besonderen Diskriminierungsverbot des Art. 6 GG unvereinbar wäre. Da A die Gemeinschaft nicht beherrscht, fehlt die Voraussetzung der personellen Verflechtung zwischen Besitz- und Betriebsgesellschaft, sodass **keine Betriebsaufspaltung** vorliegt. Das Gleiche gilt, wenn die gemeinsame Vermietung im Rahmen einer (ggf. konkludent gegründeten) GbR erfolgt. Auch insoweit fehlt A die Möglichkeit, allein eine Entscheidung der Gesellschaft herbeizuführen (§§ 709, 714 BGB).

Das Gleiche gilt nach §§ 114, 125 HGB, wenn die Eheleute zur Verwaltung des Grundstücks eine OHG gründen. Auch dann beherrscht A die Gesellschaft nicht, sodass mangels personeller Verflechtung eine Betriebsaufspaltung ausscheidet.

Gründen die Eheleute hingegen eine Kommanditgesellschaft, bei der A allein geschäftsführungsbefugter Komplementär (§ 164 HGB) wird, könnte A die Besitzgesellschaft beherrschen. Mit der dann vorliegenden personellen Verflechtung liegen auch die Voraussetzungen einer Betriebsaufspaltung vor. Durch gesellschaftsvertragliche Regelungen über die Geschäftsführungsbefugnis ist dies aber abdingbar.

Eine besondere Konstellation besteht, wenn sowohl das Besitz- als auch das Betriebsunternehmen personell verflochtene Personengesellschaften sind. Wendet man die Grundsätze der Betriebsaufspaltung an (sog. **mitunternehmerische Betriebsaufspaltung**), entsteht eine **Bilanzierungskonkurrenz**: Ohne das Institut der Betriebsaufspaltung würden die überlassenen Wirtschaftsgüter für die an Besitz- und Betriebsunternehmen beteiligten Gesellschafter Sonderbetriebsvermögen bei der Betriebsgesellschaft darstellen (s. im Detail Rn. 647 ff.). Entgelte, die für die Überlassung entrichtet werden, wären nach § 15 Abs. 1 S. 1 Nr. 2 Var. 2 EStG **Sonderbetriebseinnahmen**, also gewerbliche Einkünfte des Gesellschafters. Sie würden damit nicht den gewerbesteuerlichen Gewinn des Betriebsunternehmens mindern.

426

Umstritten ist, ob es bei dieser Konstruktion bleibt oder ob die entsprechenden Einkünfte vorrangig durch das Institut der Betriebsaufspaltung umqualifiziert werden und die überlassenen Gegenstände Betriebsvermögen der Besitzgesellschaft sind. Ein Unterschied ergibt sich dabei für Gesellschafter, die nur an der Besitzgesellschaft beteiligt sind: Während diese bei Vorrang des Sonderbetriebsvermögens nichtgewerbliche Einkünfte erzielen, solange die Besitzgesellschaft allein vermögensverwaltend tätig ist (vgl. § 15 Abs. 3 Nr. 1 S. 1 EStG), führt die vorrangige Anwendung der mitunternehmerischen Betriebsaufspaltung dazu, dass die Einkünfte gewerblich sind.

427

428 Die Rechtsprechung geht von einem **Vorrang der Betriebsaufspaltung** aus:[83] Der Sinn und Zweck von § 15 Abs. 1 S. 1 Nr. 2 S. 1 Hs. 2 EStG bestehe darin, den Mitunternehmer partiell einem Einzelunternehmer gleichzustellen (siehe unter Rn. 355, 471, 479). Deshalb würden von der Mitunternehmerschaft an den Mitunternehmer gezahlte Tätigkeitsvergütungen, Darlehensentgelte und Vergütungen für die Überlassung von Wirtschaftsgütern dem gewerblichen Bereich zugeordnet, sodass sie den gewerblichen Gewinn im Ergebnis nicht mindern. Eine Umqualifizierung sei auch dann geboten, wenn der Mitunternehmer die Leistung nicht allein, sondern mit anderen im Rahmen einer nicht gewerblich tätigen Personengesellschaft erbringt, da andernfalls die Regelung leicht unterlaufen werden könnte. Wenn die leistende Personengesellschaft aber ohnehin gewerblich tätig sei, erfordere der Zweck von § 15 Abs. 1 S. 1 Nr. 2 S. 1 Hs. 2 EStG keine Umqualifizierung. Da die Grundsätze der Betriebsaufspaltung (ebenso wie die Fiktion gewerblicher Einkünfte nach § 15 Abs. 3 Nr. 1 EStG und Nr. 2 EStG) schon zu gewerblichen Einkünften auf Ebene der Gesellschaft führten, sei eine Umqualifizierung der auf den Mitunternehmer entfallenden Vergütungen als Sondereinkünfte nicht mehr erforderlich.

429 **Beispiel:** Die Geschwister A und B sind als einzige Kommanditisten an der E Logistik GmbH & Co. KG beteiligt. Einzige Komplementärin ist die C-GmbH, an der A und B zu je 50 % beteiligt sind. Das Betriebsgrundstück der E KG haben A und B in die AB GbR eingebracht und an die E KG verpachtet.

Die E KG ist gewerblich tätig. Durch die Vermietung würden A und B eigentlich bloße Vermögensverwaltung betreiben und damit Einkünfte nach § 21 EStG erzielen. Hier gilt jedoch etwas anderes – entweder, weil eine Betriebsaufspaltung zur Umqualifizierung der Einkünfte führt (das Grundstück stellt eine wesentliche Betriebsgrundlage der E dar und die erforderliche personelle Verflechtung liegt vor) oder weil das Grundstück Sonderbetriebsvermögen von A und B bei der E ist. A und B erzielen durch die Vermietung also in jedem Fall gewerbliche Einkünfte. Nach Auffassung der Rechtsprechung ist die mitunternehmerische Betriebsaufspaltung vorrangig, sodass das Grundstück Betriebsvermögen der AB GbR darstellt.

Auswirkungen hat die Diskussion vor allem, wenn an der AB GbR noch der C (zu einem Drittel) beteiligt ist, welcher nicht Gesellschafter der E KG ist. Nach der Auffassung der Rechtsprechung werden nach den Grundsätzen der Betriebsaufspaltung alle Einkünfte der AB GbR umqualifiziert, sodass auch C gewerbliche Einkünfte erzielt. Sieht man allerdings einen Vorrang der Qualifikation des Grundstücks als Sonderbetriebsvermögen, so wäre das Grundstück nur anteilig Sonderbetriebsvermögen von A und B – da C nicht Gesellschafter der E KG ist, kann für ihn auch kein Sonderbetriebsvermögen bei E entstehen. Damit würde C weiterhin Einkünfte nach § 21 EStG beziehen. Die Gesellschafter der AB GbR, also A, B und C, würden teilweise gewerbliche, teilweise Vermietungseinkünfte erzielen, es läge eine Zebragesellschaft vor (siehe dazu unter Rn. 816 ff.).

430 **dd) Abfärbe- oder Infektionstheorie (§ 15 Abs. 3 Nr. 1 EStG).** Die Sonderregeln in § 15 Abs. 3 Nr. 1 und Nr. 2 EStG führen speziell für Personengesellschaften zu einer **fiktiven Erweiterung der gewerblichen Einkünfte**: Die Tätigkeit der Gesellschaft „gilt" in vollem Umfang" als Gewerbebetrieb. In beiden Fällen erzielt die Gesellschaft

---

[83] Siehe etwa BFH, Urteil v. 22.9.2011 – IV R 33/08, BFHE 235, 278 = BStBl II 2012, 10, juris Rn. 20, anders früher etwa BFH, Urteil v. 25.4.1985 – IV R 36/82, BFHE 144, 20 = BStBl II 1985, 622, juris Rn. 13.

also ausschließlich gewerbliche Einkünfte, obwohl sie mit ihrer Tätigkeit nur zum Teil (§ 15 Abs. 3 Nr. 1 EStG) oder überhaupt nicht (§ 15 Abs. 3 Nr. 2 EStG, dazu im Detail Rn. 450 ff.) die Voraussetzungen des § 15 Abs. 2 EStG erfüllt.

(1) Teilweise gewerbliche Tätigkeit (§ 15 Abs. 3 Nr. 1 S. 1 Var. 1 EStG). Nach § 15 Abs. 3 Nr. 1 S. 1 Var. 1 EStG reicht es aus, wenn die Gesellschaft „auch eine Tätigkeit i.S.d. Absatz 1 Satz 1 Nummer 1 [also eine originär gewerbliche Tätigkeit] ausübt". Erfasst sind damit Fälle, in denen eine freiberuflich, land- und forstwirtschaftlich oder vermögensverwaltend tätige Personengesellschaft gleichzeitig eine (meist in Bezug auf Umsatz und Gewinn untergeordnete) gewerbliche Tätigkeit ausübt (z.B. Tanzschulen-GbR mit Getränkeverkauf, Steuerberater-GbR mit Kapitalanlagevermittlung, Augenärzte mit Kontaktlinsenverkauf). Durch die in § 15 Abs. 3 Nr. 1 S. 1 EStG angeordnete Fiktion der insgesamt gewerblichen Tätigkeit färbt der gewerbliche Teil bildhaft auf den nicht gewerblichen Teil ab **(Abfärbung)** bzw. infiziert diesen **(Infektionstheorie – „Seitwärtsinfektion")**.

431

Zum Vergleich: Handelt es sich dagegen um die Tätigkeit einer Einzelperson, kann diese verschiedene Einkünfte aus den unterschiedlichen Einkunftsarten (Einkünfte aus selbständiger künstlerischer Tätigkeit als Tanzlehrer, Einkünfte als gewerblicher Einzelunternehmer aus Getränkeverkauf) erzielen, wenn sie dies in **getrennten** unterschiedlichen **Betrieben** organisiert (s.o. Rn. 140 f.). Sieht man den Zweck der Sonderregelungen für Mitunternehmerschaften in einer Gleichstellung des Mitunternehmers mit einem Einzelunternehmer (vgl. Rn. 355, 471, 479), könnte man deshalb an der nach Art. 3 GG verfassungsrechtlich gebotenen Folgerichtigkeit von § 15 Abs. 3 Nr. 1 S. 1 Var. 1 EStG zweifeln. Das Bundesverfassungsgericht teilt die Kritik an der Norm indes nicht und hält sie für verfassungskonform.[84] Die Ungleichbehandlung von Mitunternehmer und Einzelunternehmer lasse sich durch den bei einer Mitunternehmerschaft notwendigen **Vereinfachungseffekt** echtfertigen: Eine Zurechnung verschiedener Einkunftsarten mit u.U. unterschiedlicher Quotelung für jeden Gesellschafter sei zu kompliziert und missbrauchsanfällig. Zudem schütze die Norm das Gewerbesteueraufkommen. Die Verfassungskonformität werde dadurch gewahrt, dass die Anwendung der Vorschrift bei **Bagatelleinkünften** aus Gewerbebetrieb unverhältnismäßig sei und der Steuerpflichtige ihre Anwendung durch Gestaltungen, insbesondere durch die Gründung von **Schwesterpersonengesellschaften** für weitere Tätigkeiten, zumindest in gewissem Umfang vermeiden könne.[85]

432

Während nach der früheren Rechtsprechung zunächst jede noch so geringe gewerbliche Tätigkeit zu einer „Infektion" der gesamten Einkünfte der Gesellschaft führte,[86] vertritt der BFH mittlerweile – zumindest bei nebeneinander bestehenden Einkünften aus Gewerbebetrieb und aus freiberuflicher Tätigkeit[87] – eine weniger strenge Auffassung. Eine äußerst geringe gewerbliche Betätigung führt danach noch nicht zur Um-

433

---

84 BVerfG, Nichtannahmebeschluss v. 26.10.2004 – 2 BvR 246/98, HFR 2005, 56, juris Rn. 6.
85 BVerfG, Beschluss v. 15.1.2008 – 1 BvL 2/04, BVerfGE 120, 1, juris Rn. 130 ff.
86 BFH, Urteil v. 10.8.1994 – I R 133/93, BFHE 175, 357 = BStBl II 1995, 171, juris Rn. 12.
87 Die Übertragung dieser Grundsätze auf die Infektion von Einkünften aus einer vermögensverwaltenden Tätigkeit hat der BFH bislang offengelassen; vgl. BFH, Urteil v. 12.4.2018 – IV R 5/15, BFHE 261, 157, juris Rn. 36.

qualifizierung. Dies ist eine Ausprägung des verfassungsrechtlich fundierten **Verhältnismäßigkeitsgrundsatzes**.[88] Zunächst hat der BFH diese **teleologische Reduktion** nicht mit konkreten betragsmäßigen Grenzen versehen, sondern nur entschieden, dass ein gewerblicher Anteil von 1,25 %[89] oder 2,81 %[90] an den gesamten Umsätzen noch unschädlich sei. In drei Entscheidungen aus dem Jahr 2014 hat der BFH die Fallgruppe der äußerst geringen gewerblichen Betätigung weiter konkretisiert.[91] Danach sind zwei Merkmale kumulativ zu prüfen: Eine gewerbliche Betätigung ist nur dann unschädlich, wenn die auf die gewerbliche Tätigkeit entfallenden **Nettoumsatzerlöse** einen Anteil von 3 % an den Gesamtnettoumsatzerlösen und insgesamt den absoluten Betrag von 24.500 € nicht überschreiten. Nettoumsatzerlöse umschreiben dabei die Umsätze abzüglich enthaltener Umsatzsteuer. Die relative Grenze orientiert sich erkennbar an den auch bisher für unschädlich erachteten Fallgestaltungen.[92] Die absolute Grenze von 24.500 €, die eine Privilegierung von Gesellschaften mit besonders hohen nicht-gewerblichen Umsätzen vermeiden soll, ist an die Höhe des **Freibetrags im Gewerbesteuerrecht** (§ 11 Abs. 1 S. 3 Nr. 1 GewStG) angelehnt:[93] Wenn für die gewerbliche Tätigkeit als solche wegen der Befreiung schon keine Gewerbesteuer anfallen würde, erscheint es unangemessen, die gesamte nicht-gewerbliche Tätigkeit umzuqualifizieren. Dass der gewerbesteuerliche Freibetrag sich auf den (Netto)Gewinn und nicht auf den Umsatz des Gewerbes bezieht, spricht nach dem BFH nicht gegen eine Heranziehung: Eine Anknüpfung an den Gewinn bei der teleologischen Reduktion des § 15 Abs. 3 Nr. 1 S. 1 Var. 1 EStG würde eine gesonderte Gewinnermittlung für die einzelnen Tätigkeiten erfordern und widerspräche damit gerade den durch die Norm bezweckten Vereinfachungseffekten. Ebenso wie der Freibetrag in § 11 Abs. 1 S. 3 Nr. 1 GewStG führe auch die teleologische Reduktion zu einer Begünstigung kleiner Gewerbebetriebe, was die Übernahme der Grenze rechtfertige.

434 Wendet man § 15 Abs. 3 Nr. 1 S. 1 Var. 1 EStG aufgrund der teleologischen Reduktion bei **Bagatelleinkünften** nicht an, so erscheint es naheliegend, daraus zu folgern, dass die Personengesellschaft nebeneinander gewerbliche und nicht-gewerbliche Einkünfte erzielt. Der BFH nimmt demgegenüber an, dass in diesen Fällen *insgesamt* nicht-gewerbliche Einkünfte vorliegen.[94] Dies lässt sich über die mit § 15 Abs. 3 Nr. 1 EStG bezweckte Vereinfachungswirkung rechtfertigen, die gerade eine getrennte Gewinnermittlung (u.U. nach unterschiedlichen Gewinnermittlungsarten) verhindern soll. § 15 Abs. 3 Nr. 1 EStG wird mit dieser Argumentation die generelle Aussage entnommen, eine Mitunternehmerschaft könne immer nur eine Einkunftsart erzielen. Angesichts des Gewerbesteuerfreibetrags in § 11 Abs. 1 S. 3 Nr. 1 GewStG sind die Unterschiede zwischen einer einheitlichen und einer getrennten Zuordnung ohne-

---

88 BFH, Urteil v. 11.8.1999 – XI R 12/98, BFHE 189, 419 = BStBl II 2000, 229, juris Rn. 18; vgl. *Wacker*, in: Schmidt, EStG, § 15 Rn. 188.
89 BFH, Urteil v. 11.8.1999 – XI R 12/98, BFHE 189, 419 = BStBl II 2000, 229, juris Rn. 21.
90 BFH, Beschluss v. 8.3.2004 – IV B 212/03, BFH/NV 2004, 954, juris Rn. 11.
91 BFH, Urteil v. 27.8.2014 – VIII R 16/11, BFHE 247, 499 = BStBl II 2015, 996; BFH, Urteil v. 27.8.2014 – VIII R 41/11, BFHE 247, 506 = BStBl II 2015, 999; BFH, Urteil v. 27.8.2014 – VIII R 6/12, BFHE 247, 513 = BStBl II 2015, 1002.
92 BFH, Urteil v. 27.8.2014 – VIII R 16/11, BFHE 247, 499 = BStBl II 2015, 996, juris Rn. 31 f.
93 BFH, Urteil v. 27.8.2014 – VIII R 16/11, BFHE 247, 499 = BStBl II 2015, 996, juris Rn. 33 ff.
94 BFH, Urteil v. 27.8.2014 – VIII R 6/12, BFHE 247, 513 = BStBl II 2015, 1002, juris Rn. 66.

hin minimal, da bei Erreichen der Umsatzgrenze auch der geringere Gewinn vom Freibetrag umfasst ist. Allenfalls kann sich eine unterschiedliche zeitliche Zuordnung der Einkünfte wegen der Anwendung anderer Gewinnermittlungsvorschriften ergeben. Vor diesem Hintergrund erscheint die typisierende Ansicht des BFH als eine sinnvolle (wenngleich angesichts des geringen Ermittlungsaufwands bei niedrigen gewerblichen Einkünften nicht zwingende) Vereinfachung.

Fall 60: A, B und C sind die Mitglieder einer Gesangsgruppe, die überwiegend im Rahmen des Karnevals bei Konzerten und Karnevalsveranstaltungen auftritt. Aufgrund ihrer Beliebtheit insbesondere bei den Kölner „Jecken" erzielen sie zudem Einnahmen aus dem Verkauf von Merchandise-Artikeln (T-Shirts, Aufkleber, Kalender und CDs). A, B und C haben eine gemeinsame Feststellungserklärung für den Veranlagungszeitraum 14 abgegeben, in der sie bei Nettogesamtumsätzen von 200.000 € im Rahmen einer Gewinnermittlung nach § 4 Abs. 3 EStG einen Gesamtgewinn von 50.000 € ermittelt haben. Mit dem Merchandise-Verkauf wurden Nettoumsätze in Höhe von 5.000 € erzielt. Der anteilig auf den Verkauf entfallende Gewinn betrug 2.500 €.
Welche Einkünfte erzielen A, B und C?

435

Lösung Fall 60: A, B und C bilden eine Gesellschaft bürgerlichen Rechts. Die Darbietung von Tanz- und Unterhaltungsmusik ist als Ausdruck einer individuellen Anschauungsweise und einer besonderen Gestaltungskraft grundsätzlich eine künstlerische Tätigkeit. Auch die nach der Rechtsprechung des BFH erforderliche „gewisse Gestaltungshöhe" ist jedenfalls bei einer kommerziell erfolgreichen Gesangsgruppe gegeben. Die Gesellschaft erzielt insoweit also grundsätzlich Einkünfte aus einem freien Beruf (§ 18 Abs. 1 Nr. 1 S. 1, 2 EStG).

Der Verkauf der Merchandise-Artikel ist hingegen eine von der künstlerischen Tätigkeit losgelöste, originär gewerbliche Tätigkeit (§ 15 Abs. 2 EStG). Grundsätzlich führt diese zur Infektion auch der freiberuflichen Tätigkeit (§ 15 Abs. 3 Nr. 1 S. 1 Var. 1 EStG).

Um eine verfassungswidrige Ungleichbehandlung mit einem Einzelunternehmer, der in mehreren Betrieben verschiedene Tätigkeiten ohne Infektionsgefahr nebeneinander ausüben kann, zu vermeiden und den verfassungsrechtlich fundierten Verhältnismäßigkeitsgrundsatz zu wahren, ist die Norm allerdings bei nur äußerst geringfügigen gewerblichen Tätigkeiten teleologisch zu reduzieren. Eine solche liegt hier vor, da die Nettoumsatzerlöse aus dem Merchandise-Verkauf weniger als 3 % der Gesamtnettoumsatzerlöse ausmachen (5.000 €/ 200.000 €) = 2,5 % und insgesamt 24.500 € nicht überschreiten. Die GbR erzielt also nicht ausschließlich gewerbliche Einkünfte.

Nach Ansicht des BFH erzielt die GbR insgesamt Einkünfte aus selbständiger Arbeit in Höhe von 50.000 €. Vertretbar wäre es ebenso, gewerbliche Einkünfte in Höhe von 2.500 € und Einkünfte aus selbständiger Arbeit in Höhe von 47.500 € anzunehmen.

Nach der ausdrücklichen Regelung des § 15 Abs. 3 Nr. 1 S. 2 EStG kann es – entgegen der früheren Rechtsprechung des BFH[95] – auch dann zu einer Umqualifizierung der gesamten Einkünfte der Gesellschaft kommen, wenn aus der gewerblichen Tätigkeit ein **Verlust** erzielt wird.[96] Der Gesetzgeber wollte der entgegenstehenden Recht-

436

---
95 BFH, Urteil v. 12.4.2018 – IV R 5/15, BFHE 261, 157, juris Rn. 34 f.
96 Die Vorschrift des § 15 Abs. 3 S. 2 EStG ist nach § 52 Abs. 23 S. 1 EStG rückwirkend auch auf Veranlagungszeiträume vor 2019 anwendbar.

sprechung entgegengetreten und hat § 15 Abs. 3 Nr. 1 EStG um einen „klarstellenden" S. 2 ergänzt, wonach die Rechtsfolge der Abfärbung unabhängig davon eintritt, ob die gewerbliche Tätigkeit für sich betrachtet zu einem Gewinn oder Verlust führt oder ob die Mitunternehmerschaft insgesamt einen Gewinn oder Verlust erzielt. Auch hierdurch wird das Gewerbesteueraufkommen geschützt, da ein einkommensteuerlicher Verlust aufgrund von Hinzurechnungen durchaus zu einem Gewerbegewinn führen kann.[97] Eine teleologische Reduktion von § 15 Abs. 3 Nr. 1 S. 1 Var. 1 EStG kommt also nur in Betracht, wenn die mit der gewerblichen Tätigkeit erzielten *Umsätze* – sowohl absolut als auch in Relation zur sonstigen Tätigkeit – geringfügig sind. Ob sich aus diesen Umsätzen Gewinne oder Verluste ergeben, ist hingegen nicht relevant.

437 In der Praxis gliedert man „infizierende" gewerbliche Tätigkeiten auf eine personenidentische Personengesellschaft aus (**Ausgliederungslösung**).[98] Bei natürlichen Personen nimmt der BFH nur dann mehrere Gewerbebetriebe an, wenn eine Verbindung zwischen den Betrieben im Wesentlichen nur durch die Person des Steuerpflichtigen besteht und die Betriebe ansonsten vollkommen eigenständig sind. Ein einheitlicher Gewerbebetrieb liegt demgegenüber regelmäßig vor bei gleichartigen oder sich ergänzenden Betätigungen, die in räumlicher Nähe zueinander ausgeübt werden.[99] Auf Personengesellschaften sind diese Grundsätze (wegen der schon zivilrechtlichen Eigenständigkeit jeder Personengesellschaft) aber nur eingeschränkt übertragbar: Der BFH nimmt insoweit bereits dann eine auch für steuerliche Zwecke eigenständige weitere Personengesellschaft an, wenn (a) der Rechtsfolgewille der Gesellschafter auf die Begründung von zwei Gesellschaftsverhältnissen mit unterschiedlichen Zwecken gerichtet war, (b) diese Gesellschaften unterschiedliches Gesellschaftsvermögen gebildet und voneinander abgrenzbare Tätigkeiten entfaltet haben und (c) nach außen die Aufteilung der Tätigkeitsbereiche auf zwei Personengesellschaften erkennbar geworden ist.[100] Sind diese Voraussetzungen erfüllt, liegt in der Ausgliederung auch kein Missbrauch von rechtlichen Gestaltungsmöglichkeiten i.S.v. § 42 AO, weil die Regelungszwecke von § 15 Abs. 3 Nr. 1 EStG (Vereinfachung und Schutz des Gewerbesteueraufkommens) nicht gefährdet werden.

438 **Fall 61:**[101] A und B gründen eine Gesellschaft bürgerlichen Rechts, die eine Sauna und einen Massagebetrieb betreiben soll. Später gründen A und B zusammen mit dem C, dem Vater von A und B, eine weitere GbR, an die der Saunabetrieb veräußert wird. C ist zwar mit 10 % am Gewinn beteiligt, Geschäftsführer der Gesellschaft sind aber ausschließlich A und B. Massagepraxis und Saunabetrieb werden nach wie vor in einem Geschäftslokal betrieben. Von einem gemeinsamen Wartebereich aus bestehen aber eigenständige Zugänge für jeden Bereich. Für Massagepraxis und Saunabetrieb werden getrennte Bücher geführt. Ausgangsrechnungen werden auf unterschiedlichem Briefpapier erstellt.
Wie sind die Einkünfte aus den beiden GbR zu qualifizieren?

---

97 Durch Gesetz zur weiteren steuerlichen Förderung der Elektromobilität und zur Änderung weiterer steuerlicher Vorschriften v. 12.12.2019, BGBl I 2019, 2451.
98 Augenärzte mit Kontaktlinsenverkauf, BFH, Urteil v. 19.2.1998 – IV R 11/97, BFHE 186, 37 = BStBl II 1998, 603, juris Rn. 17.
99 BFH, Urteil v. 9.8.1989 – X R 130/87, BFHE 158, 80 = BStBl II 1989, 901, juris Rn. 16.
100 BFH, Urteil v. 12.6.2002 – XI R 21/99, BFH/NV 2002, 1554, juris Rn. 17.
101 Nach BFH, Urteil v. 12.6.2002 – XI R 21/99, BFH/NV 2002, 1554.

Lösung Fall 61:
A. Einkünftequalifikation auf der Ebene der Gesellschaft
I. Einordnung des Betriebs einer Sauna

Die A, B und C-GbR betreibt nach der Veräußerung nur noch die Sauna. Dabei handelt es sich um einen Gewerbetrieb nach § 15 Abs. 1 S. 1 Nr. 2, Abs. 2 EStG.

II. Einordnung der Massagepraxis

1. Katalogberuf

Die A und B GbR betreibt nach der Veräußerung nur noch eine Massagepraxis. Diese fällt nach dem Katalog des § 18 Abs. 1 Nr. 1 S. 2 EStG unter die Tätigkeit der Krankengymnasten.

2. Infektion

Da es sich um unterschiedliche Gesellschaften handelt, kommt grundsätzlich auch eine „Infektion" der Massagepraxis durch die Sauna nach § 15 Abs. 3 Nr. 1 S. 1 Var. 1 EStG nicht in Betracht. Fraglich ist jedoch, ob die hier vorgenommene Aufteilung der Tätigkeiten auf eine eigenständige Personengesellschaft steuerlich anerkannt wird. Bei einem Einzelunternehmer kann jeder einzelne Betrieb gesondert beurteilt werden. Das setzt voraus, dass selbständige Gewerbebetriebe mit vollkommener Eigenständigkeit bestehen, die Verbindung darf im Wesentlichen nur in der Person des Unternehmers bestehen. Für einen einheitlichen Betrieb sprechen gleichartige oder sich ergänzende gewerbliche Betätigungen, die in räumlicher Nähe zueinander ausgeübt werden. Nach diesen Maßstäben würde die Ausgliederung hier scheitern.

Diese Grundsätze sind aber nicht in vollem Umfang auf die Frage zu übertragen, wann zwei zivilrechtlich selbständige Personengesellschaften getrennte oder einheitliche gewerbliche Tätigkeiten betreiben. Die Rspr. beurteilt das sog. **Ausgliederungsmodell** zur Vermeidung der Abfärbewirkung des § 15 Abs. 3 Nr. 1 S. 1 Var. 1 EStG allein danach, ob die ursprüngliche Massagepraxis auf die neue GbR übertragen und von dieser weiterbetrieben worden ist. Entscheidend sei, ob der Rechtsfolgewille der Gesellschafter auf die Begründung zweier Gesellschaftsverhältnisse mit unterschiedlichen Zwecken ausgerichtet war, ob die Personengesellschaften unterschiedliches Gesellschaftsvermögen gebildet und voneinander abgrenzbare Tätigkeiten entfaltet haben und ob nach außen die Aufteilung der Tätigkeitsbereiche erkennbar ist.

Der Wille der Gesellschafter, zwei unterschiedliche Personengesellschaften zu gründen, manifestiert sich bereits im Ausgliederungsvertrag. Hierfür spricht auch die unterschiedliche Gesellschafterstruktur – unabhängig davon, dass C hier auf die tatsächliche Führung der Gesellschaft nur einen geringen Einfluss hatte. Dass jede Gesellschaft ein eigenständiges Gesellschaftsvermögen gebildet hat und unterscheidbare Tätigkeiten entfaltet wurden, lässt sich zumindest indiziell aus der eigenständigen Buchführung sowie der – wenn auch eingeschränkten – räumlichen Trennung entnehmen. Die gesonderte Buchführung sowie das separate Briefpapier sprechen schließlich dafür, dass die Aufteilung auf zwei Gesellschaften auch nach außen erkennbar war.

B. Ergebnis

Mit dem Saunabetrieb werden gewerbliche, mit der Massagepraxis selbständige Einkünfte erzielt.

Abgrenzung: Die Anwendung von § 15 Abs. 3 Nr. 1 S. 1 Var. 1 EStG setzt voraus, dass mindestens zwei voneinander abgrenzbare, unterschiedlich zu qualifizierende Tätigkeiten vorliegen (z.B. die Erteilung von Tanzunterricht und der Verkauf von Getränken). Sind die einzelnen Aspekte der Gesellschaftstätigkeit allerdings untrennbar miteinander verflochten, so liegt insgesamt nur eine Tätigkeit vor. Zur Qualifikation einer solchen Tätigkeit trifft § 15 Abs. 3 Nr. 1 EStG keine Aussage. Entscheidend ist vielmehr, welche Elemente die Gesamttätigkeit nach der Verkehrsanschauung **prägen**.

440 **Fall 62:**[102] Die Gesellschafter der S-GbR sind Wirtschaftsprüfer und Steuerberater. Der Zweck der Gesellschaft besteht darin, bei geschlossenen Immobilienfonds als Treuhänder für die Kommanditgesellschafter aufzutreten. Die GbR liefert den an einem Investment interessierten Personen zunächst eine wirtschaftliche Analyse der durch die jeweilige Fondsgesellschaft zur Verfügung gestellten Informationen: Sie begutachtet die Ertragsfähigkeit möglicher Erwerbsobjekte, unterzieht die beabsichtigten Verträge im Zusammenhang mit dem Erwerb einer wirtschaftsrechtlichen Prüfung und kontrolliert die Angemessenheit der angedachten Finanzierung. Sodann betreut sie den Abschluss der Beitrittsverträge inklusive der notwendigen Registeranmeldungen. Nach Beitritt der Kommanditisten vertritt sie deren Interessen gegenüber der Fondsgesellschaft und baut ein Treuhandregister auf. Die Tätigkeit der GbR endet jeweils mit dem Erwerb bzw. der Herstellung des Vermietungsobjekts und wird von dem jeweiligen Fonds pauschal vergütet. In der folgenden Bewirtschaftungsphase übernimmt eine Einzelperson die Treuhandtätigkeit. Wie sind die Einkünfte der S-GbR zu qualifizieren?

> **Lösung Fall 62:**
> **A. Einkünftequalifikation auf der Ebene der Gesellschaft**
> **I. Einordnung der Tätigkeit eines Treuhänders**
> Die Tätigkeit eines Wirtschaftsprüfers und Steuerberaters gehört zu den Katalogberufen nach § 18 Abs. 1 Nr. 1 S. 2 EStG. Nach st. Rechtsprechung reicht die Zugehörigkeit zu der Berufsgruppe allerdings nicht aus, sondern die tatsächlich ausgeübte Tätigkeit muss freiberuflicher Art sein. Von den dargestellten Einzeltätigkeiten der GbR lässt sich nur die wirtschaftliche „Begutachtung" der angedachten Investments eindeutig als typische Tätigkeit eines Wirtschaftsprüfers einordnen.
> Eine Treuhandtätigkeit im Rahmen von Bauherrengemeinschaften, die ihrer Natur nach eine Geschäftsbesorgung für Dritte ist, wird vom BFH hingegen nicht als berufstypisch beurteilt. Nicht ausreichend sei, dass die Tätigkeit berufsrechtlich für Wirtschaftsprüfer erlaubt ist. Dies gelte für die treuhänderische Tätigkeit für einen Immobilienfonds aus Gründen der Gleichbehandlung schon deshalb, weil die treuhänderische Tätigkeit für einen Gesellschafter einem Rechtsanwalt und einem Steuerberater wegen deren engerer berufsrechtlicher Vorschriften nicht erlaubt ist. Auch darüber hinaus lasse sich aus der bloßen berufsrechtlichen Gestattung nicht darauf schließen, dass die Tätigkeit für den Beruf auch gerade typisch ist. Die treuhänderische Tätigkeit – insbesondere die Vertretung gegenüber den Fondsgesellschaften – kann mithin nicht als freiberufliche Tätigkeit angesehen werden.
> Lassen sich die einzelnen Tätigkeiten nicht voneinander trennen, muss die Leistung danach beurteilt werden, welcher Teil ihr das Gepräge gibt.[103] Lässt sich eine freiberufliche Prägung nicht feststellen, sind die Voraussetzungen des § 18 Abs. 1 Nr. 1 EStG als nicht erfüllt anzusehen. Denn die Feststellungslast trägt der Steuerpflichtige, der sich auf die negative Voraussetzung des § 15 Abs. 2 S. 1 EStG sowie des § 2 Abs. 1 S. 2 GewStG beruft.[104] Von

---

102 Nach BFH, Urteil v. 20.12.2000 – XI R 32/00, BFHE 194, 212 = BStBl II 2001, 496; BFH, Urteil v. 18.10.2006 – XI R 9/06, BFHE 215, 210 = BStBl II 2007, 266.
103 BFH, Urteil v. 30.3.1994 – I R 54/93, BFHE 175, 40 = BStBl II 1994, 864, juris Rn. 14; BFH, Urteil v. 4.11.2004 – IV R 63/02, BFHE 209, 116 = BStBl II 2005, 362, juris Rn. 32; BFH, Urteil v. 18.10.2006 – XI R 9/06, BFHE 215, 210 = BStBl II 2007, 266, juris Rn. 34.
104 BFH, Urteil v. 4.11.2004 – IV R 63/02, BFHE 209, 116 = BStBl II 2005, 362 – Restauratorenfall.

der Untrennbarkeit ist hier auszugehen, weil alle Tätigkeiten auf den Abschluss der Treuhandtätigkeiten ausgerichtet waren. Die vor Abschluss der Beitrittsverträge angebotene Beratung erfolgte nur, um mögliche Interessenten zu einem Investment zu bewegen, und diente damit in direkter Vorbereitung der späteren Treuhandtätigkeit.

Angesichts des nur vorbereitenden Charakters der Beratungsleistungen prägen auch nicht diese, sondern vielmehr die späteren Treuhandleistungen die Gesamttätigkeit. Die Tätigkeit der GbR ist mithin nicht als Tätigkeit von Steuerberatern/Wirtschaftsprüfern freiberuflich.

II. Sonstige selbständige Arbeit i.S.d. § 18 Abs. 1 Nr. 3 EStG

Die Tätigkeit erfüllt auch nicht die Voraussetzungen einer sonstigen selbständigen Arbeit nach § 18 Abs. 1 Nr. 3 EStG. Nach der Rspr. des BFH ist eine Tätigkeit eine sonstige Tätigkeit i.S.d. § 18 Abs. 1 Nr. 3 EStG, wenn sie den im Gesetz genannten Tätigkeiten des Testamentsvollstreckers, Vermögensverwalters oder Aufsichtsrats ähnlich ist. In der Aufbauphase des Fonds, um die es hier ging, war die GbR aber nicht vermögensverwaltend tätig. Vielmehr war die Tätigkeit darauf gerichtet, den Erwerb der Anteile vorzubereiten. Zudem setzt dieser Tatbestand voraus, dass es sich um nur gelegentlich und nur ausnahmsweise nachhaltig ausgeübte Tätigkeiten handelt.[105] Das ist hier nicht der Fall.

B. Ergebnis

Die S-GbR ist nicht selbständig, sondern in vollem Umfang gewerblich tätig.

Fall 63:[106] Gesellschaftszweck der R-GbR ist der Betrieb einer Restaurierungswerkstatt. Jeder ihrer vier Gesellschafter hat ein Studium an einer Hochschule absolviert und ist Diplom-Restaurator. Die Tätigkeit der Gesellschaft umfasst die Restaurierung von Gemälden und anderen Kunstwerken, die Reinigung sowie den Transport. Weit überwiegend ist die Gesellschaft bei der Wiederinstandsetzung erheblich beschädigter Gemälde tätig. Dies umfasst in erheblichem Umfang eigene Malerarbeiten. Wie sind die Einkünfte der Gesellschaft einzuordnen, wenn

I. die Einzeltätigkeiten nicht voneinander trennbar sind;

II. Reinigung und Transport eine abtrennbare Einzeltätigkeit bilden, auf die zusammen Nettoumsätze in Höhe von 15.000 € bei Nettogesamtumsätzen von 300.000 € entfallen?

Lösung Fall 63:

I. Vorüberlegung: Einordnung der Tätigkeit eines Restaurators

Die Tätigkeit eines Restaurators kann wissenschaftlich sein i.S.d. § 18 Abs. 1 Nr. 1 S. 2 EStG, wenn sie sich auf die Erstellung von Gutachten und Veröffentlichungen beschränkt. Wird zugleich das begutachtete Kunstwerk restauriert, kann die Tätigkeit künstlerisch im Sinne von § 18 Abs. 1 Nr. 1 S. 2 EStG sein, wenn sie ein Kunstwerk betrifft, dessen Beschädigung ein solches Ausmaß aufweist, dass seine Wiederherstellung eine eigenschöpferische Leistung des Restaurators darstellt. Im Übrigen kann die Tätigkeit handwerklich und damit gewerblich sein, etwa der Transport oder die Reinigung.

II. Qualifikation bei einheitlicher Beurteilung

Lassen sich die einzelnen Tätigkeiten nicht voneinander trennen, muss die Leistung danach beurteilt werden, welcher Teil ihr das Gepräge gibt.[107] Lässt sich eine freiberufliche Prä-

---

105 St. Rspr., vgl. BFH, Urteil v. 4.11.2004 – IV R 26/03, BFHE 208, 280 = BStBl II 2005, 288, juris Rn. 8.
106 Nach BFH, Urteil v. 4.11.2004 – IV R 63/02, BFHE 209, 116 = BStBl II 2005, 362.
107 BFH, Urteil v. 30.3.1994 – I R 54/93, BFHE 175, 40 = BStBl II 1994, 864.

gung nicht feststellen, sind die Voraussetzungen des § 18 Abs. 1 Nr. 1 EStG als nicht erfüllt anzusehen. Denn die Feststellungslast trägt der Steuerpflichtige, der sich auf die negative Voraussetzung des § 15 Abs. 2 S. 1 EStG sowie des § 2 Abs. 1 S. 2 GewStG beruft.[108] Angesichts der weit überwiegenden Restaurationstätigkeiten mit schöpferischem Anteil und der im Wesentlichen vor- und nachbereitenden Eigenart von Reinigung und Transport erscheinen hier die freiberuflichen Elemente als prägend, sodass insgesamt Einkünfte aus selbständiger Arbeit vorliegen.

III. Qualifikation bei getrennter Beurteilung

Lassen sich die Tätigkeiten voneinander trennen, gilt nach § 15 Abs. 3 Nr. 1 S. 1 Var. 1 EStG gleichwohl die gesamte Tätigkeit der GbR als gewerblich.

Hiervon wird allerdings in teleologischer Reduktion der Vorschrift eine Ausnahme gemacht, wenn die gewerbliche Tätigkeit ganz untergeordnet ist.[109] Die „Infektion" der nicht gewerblichen Tätigkeiten durch die gewerblichen Tätigkeiten durch die Vorschrift des § 15 Abs. 3 Nr. 1 EStG hat den Zweck, die Einkünfteermittlung zu vereinfachen. Das rechtfertigt eine Ungleichbehandlung gegenüber dem Einzelunternehmer, für den die Vorschrift nicht gilt. Dieser Zweck erfordert eine vollumfängliche Gewerblichkeit jedoch dann nicht, wenn die gewerblichen Einkünfte von ganz untergeordneter Bedeutung sind.

Im vorliegenden Fall ist zwar die absolute Nettoumsatzgrenze (24.500 €) gewahrt, die relative Grenze von 3 % ist allerdings überschritten (hier 5 %). Nach den Grundsätzen des BFH liegt damit keine äußerst geringe gewerbliche Tätigkeit vor, sodass nach § 15 Abs. 3 Nr. 1 S. 1 Var. 1 EStG insgesamt gewerbliche Tätigkeiten vorliegen.

442 **(2) Bezug von Einkünften aus einer gewerblichen Mitunternehmerschaft (§ 15 Abs. 3 Nr. 1 S. 1 Var. 2 EStG).** Eine andere Facette der Infektionstheorie wird in § 15 Abs. 3 Nr. 1 S. 1 Var. 2 EStG geregelt: Die Tätigkeit einer Personengesellschaft ist auch dann insgesamt Gewerbebetrieb, wenn die Personengesellschaft (als Obergesellschaft) als Gesellschafterin Einkünfte aus einer gewerblichen Mitunternehmerschaft (= Untergesellschaft – **„Aufwärtsinfektion"**) „bezieht".

443 Dass schon die Beteiligung an einer gewerblichen Untergesellschaft zu einer Infektion führt, entsprach lange Zeit der Rechtsprechung des BFH, ohne dass es eine entsprechende eindeutige Regelung im EStG gab. Der BFH rückte indes von dieser Rechtsprechungspraxis für vermögensverwaltende Obergesellschaften mit dem Argument ab, dass § 15 Abs. 3 Nr. 1 EStG, der in der damaligen Fassung dem heutigen § 15 Abs. 3 Nr. 1 S. 1 Var. 1 EStG entsprach, nur von „Tätigkeiten" und nicht von „Einkünften" spreche und daher nur eine gewerbliche Tätigkeit, aber nicht die bloße Beteiligung an einer anderen Gesellschaft zu einer Infektion führen könne.[110] Der Gesetzgeber reagierte auf diesen Rechtsprechungswandel im Rahmen des Jahressteuergesetzes 2007[111] mit einem sog. **Nichtanwendungsgesetz**, indem er die bisherige höchstrichterliche Rechtsprechung durch Einfügung der zweiten Variante rückwirkend wiederherstellen wollte. Bezweckt wird auch hiermit, aus Vereinfachungsgrün-

---

108 BFH, Urteil v. 4.11.2004 – IV R 63/02, BFHE 209, 116 = BStBl II 2005, 362, juris Rn. 32.
109 BFH, Urteil v. 11.8.1999 – XI R 12/98, BFHE 189, 419 = BStBl II 2000, 229, juris Rn. 18.
110 BFH, Urteil v. 6.10.2004 – IX R 53/01, BFHE 207, 466 = BStBl II 2005, 383, juris Rn. 13; BFH, Beschluss v. 6.11.2003 – IV ER -S- 3/03, BFHE 207, 462 = BStBl II 2005, 376, juris Rn. 2.
111 JStG 2007 v. 13.12.2006, BGBl. I 2006, 2878.

den das Nebeneinander verschiedener Einkunftsarten bei Personengesellschaften zu verhindern (vgl. bereits oben Rn. 432).

Nach einer Entscheidung des IV. Senats aus dem Jahr 2014[112] setzt der Begriff des „Beziehens" in § 15 Abs. 3 Nr. 1 S. 1 Var. 2 EStG nicht nur voraus, dass eine Beteiligung an der gewerblichen Untergesellschaft besteht, sondern auch, dass für den jeweiligen Veranlagungszeitraum **Einkünfte** aus dieser Beteiligung **zugerechnet werden**. Einkünfte seien erst dann bezogen, wenn sie der Obergesellschaft als Mitunternehmerin nach § 4a EStG zuzurechnen sind. Für den Bezug kommt es nicht auf den Zufluss i.S.d. § 11 EStG an, weil die Vorschrift nur für Überschusseinkünfte eingreift (vgl. § 11 Abs. 1 S. 2 und Abs. 2 S. 6 EStG), sondern auf eine zeitliche Zurechnung. Nach § 4a Abs. 2 Nr. 2 EStG werden Gewinne bei einem **abweichenden Wirtschaftsjahr** der Untergesellschaft zur Gänze erst im Jahr, in dem das abweichende Wirtschaftsjahr endet, der Obergesellschaft zugerechnet.[113]

444

Fall 64: Die A-KG fungiert als eine von mehreren Holdinggesellschaften in einem mittelständischen Konzern. Bisher hielt die A-KG ausschließlich Anteile an Kapitalgesellschaften. Sie bezog von diesen Gesellschaften Dividenden und übertrug gelegentlich Anteile an andere Konzerngesellschaften oder Dritte. Das Wirtschaftsjahr der A-KG entspricht dem Kalenderjahr.

445

Im Rahmen einer konzerninternen Umstrukturierung wird die A-KG zum 1.4.17 erstmals auch Gesellschafterin einer Personengesellschaft: Von einer anderen Holdinggesellschaft wird eine 50 %ige Beteiligung an der gewerblichen X-OHG auf die A-KG übertragen. Die X-OHG hat ein abweichendes Wirtschaftsjahr vom 1.4. – 30.3. Im Wirtschaftsjahr 1.4.17 – 30.3.18 erzielt die X-OHG einen Gewinn in Höhe von 1 Mio. €. Nach den gesellschaftsvertraglichen Regelungen der X-OHG erhalten die Gesellschafter jeweils am 30.9. Abschlagszahlungen auf ihre voraussichtliche Gewinnbeteiligung. Dementsprechend überweist die X-OHG am 30.9.17 einen Betrag i.H.v. 250.000 € auf das Konto der A-KG.

Der Konzern wird seit Jahren von der Steuerberatungskanzlei S betreut, die auch die Umstrukturierung begleitet hat. Bei der Vorbereitung des Jahresabschlusses 17 für die A-KG wirft eine Mitarbeiterin der Kanzlei die Frage auf, ob die Umstrukturierung ggfs. auf Ebene der A-KG zu gewerbesteuerpflichtigen Einkünften geführt hat. Die verantwortliche Partnerin sieht einen Haftungsfall auf die Kanzlei zukommen und fragt sich, ob ggfs. durch eine zeitnahe Umstrukturierung Anfang 18 eine Gewerbesteuerbelastung noch vermieden werden kann.

Erzielt die A-KG im Jahr 17 Einkünfte aus Gewerbebetrieb?

Lösung Fall 64: Indem die A-KG Anteile an Kapitalgesellschaften hält und Dividenden bezieht, ist sie grundsätzlich nur vermögensverwaltend tätig. Auch die gelegentliche Veräußerung von Anteilen führt noch nicht zu einer gewerblichen Tätigkeit. Einkünfte aus Gewerbebetrieb könnten sich aber nach § 15 Abs. 3 Nr. 1 Var. 2 EStG daraus ergeben, dass die A-KG über ihre Beteiligung an der X-OHG Einkünfte im Sinne von § 15 Abs. 1 S. 1 Nr. 2 EStG bezieht. Die gewerblich tätige X-OHG ist eine Mitunternehmerschaft i.S.v. § 15 Abs. 1 S. 1 Nr. 2 EStG und die A-KG ist als OHG-Gesellschafterin mitunternehmerisch an dieser Gesellschaft beteiligt. Fraglich ist nur, ob sie im Jahr 17 auch Einkünfte i.S.v. § 15 Abs. 1 S. 1 Nr. 2 EStG „bezogen" hat.

---

112 BFH, Urteil v. 26.6.2014 – IV R 5/11, BFHE 246 = BStBl II 2014, 972.
113 BFH, Urteil v. 26.6.2014 – IV R 5/11, BFHE 246 = BStBl II 2014, 972, juris Rn. 20 f.

> Der Wortlaut spricht dagegen, schon allein mit der Beteiligung an einer gewerblichen Mitunternehmerschaft automatisch auch einen Bezug entsprechender Einkünfte anzunehmen. Das bloße Innehaben einer Einkunftsquelle kann nicht ohne Weiteres mit dem tatsächlichen Erzielen von Einkünften aus dieser Quelle gleichgesetzt werden. Man könnte annehmen, dass die A-KG in dem Zeitpunkt, in dem ihr die Abschlagszahlung zufließt und sie damit am wirtschaftlichen Ergebnis der X-OHG beteiligt wird, Einkünfte aus ihrer Beteiligung bezieht. Allerdings spricht dagegen systematisch, dass das Zu- und Abflussprinzip für Einkünfte aus Gewerbebetrieb gerade keine Anwendung findet (vgl. § 11 Abs. 1 S. 5 und Abs. 2 S. 6 EStG). Für Gewinneinkünfte sind vielmehr die §§ 4 ff. EStG maßgeblich (§ 2 Abs. 2 S. 1 Nr. 1 EStG). Danach gilt nach § 4a Abs. 2 Nr. 2 EStG bei Gewerbetreibenden, deren Wirtschaftsjahr vom Kalenderjahr abweicht, der Gewinn des Wirtschaftsjahres als in dem Kalenderjahr bezogen, in dem das Wirtschaftsjahr endet. Der Gewinn der X-OHG für das Wirtschaftsjahr 17/18 gilt also unabhängig von vorher erfolgten Vorabzahlungen erst im Kalenderjahr 18 als bezogen. Im Kalenderjahr 17 bezieht die A-KG mithin noch keine Einkünfte aus ihrer Beteiligung an der X-OHG, sodass ihre Tätigkeit auch nicht nach § 15 Abs. 3 Nr. 1 Var. 2 EStG als gewerblich gilt.
>
> Wird die Beteiligung an der X-OHG vor Ablauf des Wirtschaftsjahres der X-OHG (also vor Ablauf des 30.3.18) unentgeltlich auf eine andere (ohnehin gewerblich tätige) Konzerngesellschaft übertragen, besteht auch im Jahr 18 nicht mehr die Gefahr einer gewerblichen Infektion auf Ebene der A-KG.

446 Auch die Umqualifizierung durch § 15 Abs. 3 Nr. 1 S. 1 Var. 2 EStG führt zu einer Ungleichbehandlung einer Personengesellschaft gegenüber einem Einzelunternehmer. Es stellt sich abermals die Frage, ob diese Ungleichbehandlung gerechtfertigt ist oder ob – in grundsätzlicher Parallelität zu § 15 Abs. 3 Nr. 1 S. 1 Var. 1 EStG – eine teleologische Reduktion der Norm zumindest in den Fällen erforderlich ist, in denen nur gewerbliche Einkünfte in ganz geringem Umfang bezogen werden. Der Bundesfinanzhof[114] hat diese Frage differenziert beantwortet: Zwar nimmt er für einkommensteuerliche Zwecke eine Umqualifizierung nach § 15 Abs. 3 Nr. 1 S. 1 Var. 2 EStG **ohne Bagatellgrenze** an. Der Bezug von gewerblichen Einkünften führt (selbst im Verlustfall, § 15 Abs. 3 Nr. 1 S. 2 EStG) also dazu, dass die Personengesellschaft insgesamt nur Einkünfte aus Gewerbebetrieb erzielt. Allerdings legt der BFH § 2 Abs. 1 S. 2 GewStG verfassungskonform in der Weise eng aus, dass gewerbliche Einkünfte, die sich nur aufgrund einer Umqualifizierung ergeben, nicht der Gewerbesteuer unterliegen.

447 Diese Auslegung lässt sich wie folgt begründen: Zwar führt § 15 Abs. 3 Nr. 1 S. 1 Var. 2 EStG zu einer Vereinfachung der Gewinnermittlung auf Ebene der Obergesellschaft. Dieser Vereinfachungseffekt ist aber deutlich schwächer als in Konstellationen des § 15 Abs. 3 Nr. 1 S. 1 Var. 1 EStG, weil die Beteiligungseinkünfte ohnehin auf Ebene der gewerblich tätigen Untergesellschaft ermittelt und der Obergesellschaft nach § 15 Abs. 1 S. 1 Nr. 2 EStG nur zugerechnet werden. Anders als § 15 Abs. 3 Nr. 1 S. 1 Var. 1 EStG, bei dem durch die einheitliche Qualifikation unterschiedlicher Tätigkeiten zumindest auch vermieden wird, dass gewerbliche Einkünfte der Gewerbesteuer entzogen werden, lässt sich § 15 Abs. 3 Nr. 1 S. 1 Var. 2 EStG zudem nicht

---

[114] BFH, Urteil v. 6.6.2019 – IV R 30/16, BFHE 265, 157 = BStBl II 2020, 649; instruktiv zum Ganzen *Korn/Scheel*, DStR 2019, 1665 ff.

mit dem Schutz des Gewerbesteueraufkommens rechtfertigen. Die Gewinne einer originär gewerblich tätigen Mitunternehmerschaft (Untergesellschaft) unterliegen auf Ebene der Gesellschaft der Gewerbesteuer, weil diese für gewerbesteuerliche Zwecke selbst Steuersubjekt ist (§ 2 Abs. 1 S. 2, § 5 Abs. 1 S. 3 GewStG). Insoweit diese Gewinne nach § 15 Abs. 1 S. 1 Nr. 2 EStG einem Mitunternehmer (Obergesellschaft) zugerechnet werden, werden sie aber nicht erneut mit Gewerbesteuer belastet, sondern nach § 9 Nr. 2 GewStG bei der Ermittlung des Gewerbeertrags gekürzt. Die Umqualifizierung nach § 15 Abs. 3 Nr. 1 S. 1 Var. 2 EStG sichert also nicht die Belastung der gewerblichen Beteiligungseinkünfte mit Gewerbesteuer, sondern unterwirft nur die sonstigen Einkünfte der Obergesellschaft der Gewerbesteuer. Diese Mehrbelastung lässt sich durch den – noch dazu vergleichsweise geringfügigen – Vereinfachungseffekt bei der Einkünfteermittlung nicht rechtfertigen.

Abgrenzung: Die Regelung des § 15 Abs. 3 Nr. 1 S. 1 Var. 2 EStG kann also dazu führen, dass in einer doppelstöckigen Personengesellschaft, bei der die Untergesellschaft eine gewerbliche Mitunternehmerschaft ist, auch die Obergesellschaft gewerbliche Einkünfte erzielt. Der umgekehrte Fall, also die Beteiligung einer gewerblich tätigen Obergesellschaft an einer nicht gewerblich tätigen vermögensverwaltenden Untergesellschaft wird hingegen nicht von § 15 Abs. 3 Nr. 1 EStG erfasst und insoweit besteht auch keine zwingende Qualifikationsverknüpfung. Man spricht hier von einer **Zebragesellschaft** (siehe im Detail Rn. 816 ff.). 448

Fall 65: Die X-GbR hält mehrere Immobilien und vermietet diese. Andere Tätigkeiten übt die Gesellschaft nicht aus. Sie ist nicht an anderen Gesellschaften beteiligt. Gesellschafter der X-GbR sind die gewerblich tätige A-OHG und die natürliche Person A. 449

Erzielt die X-GbR Einkünfte aus Gewerbebetrieb?

Lösung Fall 65: Die Vermietung von Immobilien führt nicht zu Einkünften aus Gewerbebetrieb, sondern zu Einkünften aus Vermietung und Verpachtung nach § 21 Abs. 1 Nr. 1 EStG. Da die X-GbR selbst keine andere Tätigkeit ausübt, kommt auch keine Infektion nach § 15 Abs. 3 Nr. 1 Var. 1 EStG in Betracht. Dass die Gesellschafterin A-OHG gewerblich tätig ist, ist insoweit unerheblich. Es liegt auch kein Fall von § 15 Abs. 3 Nr. 1 Var. 2 EStG vor, weil die X-GbR keine Einkünfte als Mitunternehmerin bezieht. Dass umgekehrt die A-OHG als Mitunternehmerin an den Einkünften aus der X-GbR beteiligt ist, ist für die Einkünftequalifikation auf Ebene der X-GbR unerheblich.

Die X-GbR erzielt mithin keine Einkünfte aus Gewerbebetrieb (zur Behandlung einer nur vermögensverwaltend tätigen Personengesellschaft Rn. 789 ff.).

ee) Gewerblich geprägte Personengesellschaft (§ 15 Abs. 3 Nr. 2 EStG). Auch wenn die Personengesellschaft nicht gewerblich tätig ist, gilt ihre gesamte Tätigkeit als gewerblich, wenn ausschließlich Kapitalgesellschaften persönlich haftende Gesellschafter sind und nur diese zur Geschäftsführung befugt sind (ggf. neben weiteren Nichtgesellschaftern). Diese **gewerbliche Prägung** folgt unmittelbar aus § 15 Abs. 3 Nr. 2 S. 1 EStG. Gewerblich geprägt ist beispielsweise die typische GmbH & Co. KG, bei der nur die Komplementär-GmbH persönlich haftende Gesellschafterin und Geschäftsführerin der KG (§ 164 HGB) ist. Selbst wenn die KG nur vermögensverwaltend tätig ist, gilt ihre gesamte Tätigkeit gemäß § 15 Abs. 3 Nr. 2 EStG als gewerblich. 450

451 Ob ausschließlich Kapitalgesellschaften persönlich haften, bestimmt sich nach dem Gesellschaftsrecht. Daher ist eine GbR mit zwei natürlichen Personen als Gesellschaftern, bei der die Geschäftsführung gesellschaftsvertraglich allein einer GmbH als drittem Gesellschafter zusteht, nicht gewerblich geprägt, weil die persönliche unbeschränkte Haftung der GbR-Gesellschafter nicht ausgeschlossen werden kann.[115] Auch die Zulässigkeit einer quotalen Haftungsbeschränkung nach § 128 HGB analog mit *einzelnen* Gläubigern ändert daran nichts, da es nach Auffassung des BFH auf den Typus der Haftung ankommt und nicht darauf, ob im Einzelnen eine Haftungsbeschränkung vereinbart wird.[116]

452 Eine gewerbliche Prägung liegt auch vor, wenn statt der Kapitalgesellschaft wiederum eine gewerblich geprägte Personengesellschaft als alleinige persönlich haftende Gesellschafterin und Geschäftsführerin an einer eigentlich nicht gewerblich tätigen Personengesellschaft beteiligt ist (§ 15 Abs. 3 Nr. 2 S. 2 EStG). In einer **mehrstöckigen Struktur** kann die Beteiligung einer einzigen Kapitalgesellschaft also dazu führen, dass die Tätigkeit aller Personengesellschaften als gewerblich gilt. Erst recht gilt § 15 Abs. 3 Nr. 2 S. 2 EStG nach der Rechtsprechung des BFH, wenn die persönlich haftende Gesellschafterin zwar die Voraussetzungen einer gewerblichen Prägung erfüllt, ihre Gewerblichkeit aber schon daraus folgt, dass sie originär gewerblich tätig ist.

453 **Fall 66:**[117] Einzige Komplementärin und Geschäftsführerin der Y-KG ist die X-GmbH & Co. KG, bei der wiederum die X-GmbH alleinige Komplementärin und Geschäftsführerin ist. Die X-GmbH & Co. KG betreibt einen gewerblichen Großhandel. Die Y-KG ist Eigentümerin diverser Grundstücke und nur vermögensverwaltend tätig. Welche Einkünfte erzielen die X-GmbH & Co. KG und die Y-KG?

Lösung Fall 66: Die X-GmbH & Co. KG ist gewerbliche Mitunternehmerschaft nach § 15 Abs. 1 S. 1 Nr. 2 EStG. Die Fiktion des § 15 Abs. 3 Nr. 2 S. 1 EStG kommt insoweit nicht zur Anwendung, weil die X-GmbH & Co. KG mit dem Großhandel ohnehin gewerblich tätig ist im Sinne von § 15 Abs. 2 EStG (vgl. § 15 Abs. 3 Nr. 2 S. 1 EStG: „... einer Personengesellschaft, die keine Tätigkeit i.S.d. Absatzes 1 Satz 1 Nummer 1 ausübt...").

Die Y-KG ist nicht originär gewerblich tätig (reine Vermögensverwaltung). Auch die Fiktion nach § 15 Abs. 3 Nr. 2 S. 1 EStG findet mangels Beteiligung einer Kapitalgesellschaft keine Anwendung. § 15 Abs. 3 Nr. 2 S. 2 EStG ist seinem Wortlaut nach ebenfalls nicht einschlägig, weil die originär gewerblich tätige X-GmbH & Co. KG keine gewerblich geprägte Personengesellschaft im Sinne von § 15 Abs. 3 Nr. 2 S. 1 EStG ist. Aus Sicht des BFH ist hingegen entscheidend, dass die sonstigen Voraussetzungen einer gewerblich geprägten Personengesellschaft wegen der alleinigen persönlichen Haftung und Geschäftsführung der X-GmbH vorliegen. Wenn eine solche Personengesellschaft „zusätzlich" sogar originär gewerblich tätig sei, könne dies einer Anwendung von § 15 Abs. 3 Nr. 2 S. 2 EStG auf Ebene der Untergesellschaft nicht entgegenstehen. Auch in einer solchen Konstellation trage letztlich die Komplementärkapitalgesellschaft der Obergesellschaft auch in der Untergesellschaft das wesentliche Risiko und entfalte die maßgebliche Initiative. Die X-GmbH & Co. KG gilt damit für die Anwendung des § 15 Abs. 3 Nr. 2 S. 2 EStG als gewerblich ge-

---

[115] BGH, Urteil v. 27.9.1999 – II ZR 371/98, BGHZ 142, 315, juris Rn. 9.
[116] BFH, Beschluss v. 22.9.2016 – IV R 35/13, BFHE 255, 239 = BStBl II 2017, 116, juris Rn. 26.
[117] Vgl. BFH, Urteil v. 8.6.2000 – IV R 37/99, BFHE 193, 85 = BStBl II 2001, 162.

prägte Personengesellschaft, sodass auch die Y-KG nach § 15 Abs. 3 Nr. 2 S. 1, 2 EStG ein Gewerbe betreibt und damit gewerbliche Mitunternehmerschaft im Sinne von § 15 Abs. 1 S. 1 Nr. 2 EStG ist.

Das Konzept der gewerblichen Prägung existierte ursprünglich nur in der Rechtsprechung (sog. **Gepräge-Rechtsprechung**). Nachdem diese Auffassung aufgegeben worden war,[118] verankerte der Gesetzgeber sie durch das SteuerbereinigungsG 1986[119] im Gesetz. Damit wird im Ergebnis ein „Gewerbebetrieb auf Antrag" möglich. Steuerpflichtige können sich dies auch zunutze machen, um eine Entstrickung von Betriebsvermögen und die damit verbundene Aufdeckung stiller Reserven zu verhindern (z.B. zur Vermeidung einer Betriebsaufgabe). 454

Fall 67: Die 70-jährige A betreibt in der Dammtorstraße in Hamburg in einem von ihrem Vater geerbten Teileigentum eine Buchhandlung. A wird die Tätigkeit zu beschwerlich, sodass sie für Laden und Grundstück Nachfolger sucht. Sie findet aber niemanden für die Geschäftsnachfolge und, da in unmittelbarer Nähe rechts und links von ihrem Etablissement gerade fünfstöckige Büro- und Geschäftshäuser errichtet werden, auch keinen Grundstückskäufer. A will daher den Betrieb einstellen und das Grundstück (Gebäude und Grund und Boden) – welches vor langer Zeit sehr günstig angeschafft worden war und nur noch mit einem geringen Wert in der Bilanz steht – vermieten.
Welche steuerlichen Konsequenzen hätte dies?
Besteht eine Gestaltungsalternative? 455

Lösung Fall 67: Würde A den Buchhandelsbetrieb nicht weiterführen und nur noch das Grundstück vermieten, läge eine Betriebsaufgabe nach § 16 Abs. 3 S. 1 EStG vor. Zur Ermittlung des Aufgabegewinns (§ 16 Abs. 2 S. 2 EStG) müsste das Grundstück mit seinem gemeinen Wert angesetzt werden (§ 16 Abs. 3 S. 7 EStG), sodass die stillen Reserven des Grundstücks aufgedeckt werden müssten.
Für A bietet sich allerdings ein Ausweg: Gründet sie eine gewerblich geprägte GmbH & Co. KG und bringt ihr noch laufendes Unternehmen als Ganzes in diese Gesellschaft ein, so ist die Umwandlung nach § 24 Abs. 2 S. 2, Abs. 3 UmwStG ohne Aufdeckung der stillen Reserven möglich. Die KG erzielt wegen § 15 Abs. 3 Nr. 2 EStG in vollem Umfang gewerbliche Einkünfte. Aufgrund der gewerblichen Prägung ist dies unabhängig davon, ob der Buchhandel tatsächlich weitergeführt wird oder ob sich die Tätigkeit in der Vermietung des Grundstücks (eigentlich bloße Vermögensverwaltung) erschöpft. Selbst wenn A den Buchhandel nicht fortführt, liegt also noch keine Betriebsaufgabe vor – die KG ist aufgrund von § 15 Abs. 3 Nr. 2 EStG weiterhin gewerblich tätig.

Während Kapitalgesellschaften nach herrschender Auffassung über keine außerbetriebliche Sphäre verfügen (siehe noch unter Rn. 962 f.) und daher auch bei dauerhaften Verlusten das gesamte Handeln dem Betrieb zuzurechnen ist,[120] ist bei Personengesellschaften auch ein außerbetrieblicher Bereich denkbar. Voraussetzung für das Vorliegen gewerblicher Einkünfte nach § 15 Abs. 2 EStG allgemein und daher auch für die gewerbliche Prägung ist daher, dass die Absicht besteht, mit der gewerblich 456

---

118 BFH, Beschluss v. 25.6.1984 – GrS 4/82, BFHE 141, 405 = BStBl II 1984, 751, juris Rn. 133 f.
119 Vgl. BT-Drs. 10/3663, S. 6 f.
120 BFH, Urteil v. 4.12.1996 – I R 54/95, BFHE 182, 123, juris Rn. 19.

geprägten Gesellschaft einen **Totalgewinn** zu erzielen.[121] Dass dauerhaft Verluste erzielt werden, genügt isoliert jedoch nicht für die Annahme, dass die Verluste auf außerbetrieblichen Gründen beruhen – vielmehr müssen weitere Umstände wie eine private Motivation (s.o. Rn. 72 ff.) hinzutreten. Insbesondere bei einer Vorrats-GmbH & Co. KG hält der Bundesfinanzhof solche Umstände im Regelfall für nicht gegeben, sodass auch eine verlustträchtige Vorrats-GmbH & Co. KG (die nie aktiviert wurde, sondern bei der bis zu ihrer Liquidation nur Beratungskosten entstanden sind) als gewerblich geprägt anzusehen ist.[122]

b) Selbständige (insbesondere freiberufliche) Mitunternehmerschaft

457 Personengesellschaften bilden nicht nur eine Organisationsform für mehrere Personen, die gemeinsam gewerblich tätig werden wollen. Auch unternehmerische Tätigkeiten, die steuerlich als selbständige Arbeit im Sinne von § 18 EStG oder als Einkünfte aus Land- und Forstwirtschaft qualifiziert werden, können durch eine Personengesellschaft verfolgt werden.

458 **aa) Entsprechende Anwendbarkeit der Vorschriften über die gewerbliche Mitunternehmerschaft.** Die Vorschriften über die gewerbliche Mitunternehmerschaft (§ 15 Abs. 1 S. 1 Nr. 2 EStG) setzen zwar das Erzielen gewerblicher Einkünfte durch die Gesellschaft voraus, gemäß § 18 Abs. 4 S. 2 EStG finden die besonderen Zurechnungs- und Ermittlungsregelungen aber bei Einkünften aus selbständiger Arbeit entsprechende Anwendung. Gleiches gilt nach § 13 Abs. 7 EStG auch bei Einkünften aus Land- und Forstwirtschaft. Soweit sich also mehrere Personen in einer Gesellschaft (regelmäßig in Form einer GbR oder einer Partnerschaftsgesellschaft oder PartG mbB) zur Ausübung einer solchen Tätigkeit zusammenschließen, können die besonderen Zurechnungs- und Ermittlungsregeln über die Mitunternehmerschaft die allgemeinen Grundsätze aus § 39 Abs. 2 Nr. 2 AO verdrängen. Eine Mitunternehmerschaft liegt indes – in entsprechender Anwendung der unter Rn. 375 ff. dargestellten Grundsätze – nur dann vor, wenn die einzelnen Gesellschafter Mitunternehmerinitiative ausüben und Mitunternehmerrisiko tragen. Am häufigsten treten in der Praxis mitunternehmerschaftliche Zusammenschlüsse von Freiberuflern (z.B. Anwaltssozietäten, Ärzte-GbR) auf, für die sich eine – sogleich unter Rn. 462 ff. dargestellte – steuerrechtliche Sonderdogmatik entwickelt hat.

459 **Abgrenzung:** Schließen sich Freiberufler zusammen, ohne dass der Gesellschaftszweck auf die gemeinsame Berufsausübung gerichtet ist, sondern um z.B. bei einer bloßen Bürogemeinschaft nur die Kosten der Büroräume zu teilen, liegt **keine Mitunternehmerschaft** vor, die die von den jeweiligen Gesellschaftern erzielten freiberuflichen Einkünfte erfassen würde. Gesellschaftsrechtlich handelt es sich um eine Innengesellschaft, die nur auf die gemeinsame Nutzung von Büroräumen und Einrichtung, aber nicht auf die gemeinsame freiberufliche Tätigkeit gerichtet ist. Die hierbei erzielten Einkünfte oder Kosten werden nach § 39 Abs. 2 Nr. 2 AO dem jeweiligen Innengesellschafter zugerechnet (vgl. Rn. 365 f., 789 ff.) und unterfallen dann seinen Einkünften aus selbständiger Arbeit nach § 18 EStG.[123] Es existiert kein eigenes Be-

---

121 BFH, Urteil v. 25.9.2008 – IV R 80/05, BFHE 223, 86 = BStBl II 2009, 266, juris Rn. 27 ff.
122 BFH, Urteil v. 30.10.2014 – IV R 34/11, BFHE 247, 418 = BStBl II 2015, 380, juris Rn. 30 ff.
123 Vgl. BFH, Urteil v. 14.4.2005 – XI R 82/03, BFHE 210, 241 = BStBl II 2005, 752, juris Rn. 30 f. sowie FG München, Urteil v. 6.11.2003 – 5 K 3973/00, juris.

triebsvermögen der Innengesellschaft; alle Wirtschaftsgüter sind im jeweiligen Betriebsvermögen der freiberuflichen Gesellschafter steuerverstrickt.

Der entsprechende Verweis auf die Vorschriften über die gewerbliche Mitunternehmerschaft erstreckt sich nicht auf die Fiktionstatbestände in § 15 Abs. 3 Nr. 1 und Nr. 2 EStG. Es existiert also insbesondere keine Fiktion selbständiger Einkünfte, nur weil teilweise selbständige Einkünfte erzielt werden. Umgekehrt haben die Fiktionstatbestände insoweit Bedeutung für eine freiberuflich tätige Mitunternehmerschaft, als sie zu einer Umqualifizierung ihrer Einkünfte in gewerbliche Einkünfte führen können (siehe dazu bereits Rn. 430 ff. und noch sogleich unter Rn. 462 ff.). **460**

Anwendbar bleiben die allgemeinen **Subsidiaritätsregeln** der §§ 20 Abs. 8 S. 1, 21 Abs. 3 EStG auch bei der Einkünftequalifikation auf Ebene der Gesellschaft: Soweit Wirtschaftsgüter, die an sich zur Erzielung von Einkünften aus Kapitalvermögen oder aus Vermietung und Verpachtung genutzt werden, zum Betriebsvermögen der Mitunternehmerschaft zählen (s.u. Rn. 534 f.), werden die erzielten Einkünfte als Einkünfte aus selbständiger Arbeit oder Land- und Forstwirtschaft umqualifiziert, sodass insbesondere Veräußerungsgewinne steuerbar werden. **461**

bb) „Durchsäuerung" einer freiberuflich tätigen Personengesellschaft (Beteiligung eines berufsfremden Mitunternehmers). Die in § 18 Abs. 1 Nr. 1 EStG genannten freien Berufe nehmen im deutschen Ertragsteuerrecht eine privilegierte Sonderstellung ein: Obwohl sie ebenfalls selbständig und nachhaltig am Markt tätig sind, unterliegen sie mit ihren Gewinnen nicht der Gewerbesteuer und ihnen steht (unabhängig von den Grenzen des § 141 AO) mangels Buchführungspflicht ein steuerliches Wahlrecht **hinsichtlich der Gewinnermittlung** zu (§ 4 Abs. 3 EStG). Diese Besserstellung beruht vor allem auf – historisch zutreffenden, heute aber in vielen Bereichen fragwürdigen – abstrakten Unterschieden zwischen typischen Freiberuflern und Gewerbetreibenden.[124] Freiberufler erzielen ihre Gewinne danach vornehmlich durch den Einsatz besonderer, meist durch eine qualifizierte Ausbildung vermittelter Fachkenntnisse. Ihre Tätigkeit wird maßgeblich durch die persönliche Fachkenntnis und den Arbeitseinsatz des Freiberuflers geprägt und lässt sich dementsprechend nicht beliebig vervielfachen („skalieren"). Diese Typik des freien Berufs spiegelt sich heute vor allem in § 18 Abs. 1 Nr. 1 S. 3, 4 EStG wider, die einem Freiberufler zwar die Mithilfe fachlich vorgebildeter Arbeitskräfte und eine vorübergehende Vertretung gestatten, allerdings die weiterhin leitende und eigenverantwortliche Tätigkeit des Freiberuflers zur notwendigen Bedingung machen.[125] Diese Abgrenzung gilt aber auch für sonstige selbständige Tätigkeiten (siehe schon Rn. 134). Gewerbetreibende setzen demgegenüber vor allem Kapital ein (sei es in Form von Geldmitteln, Maschinen oder Arbeitskräften), um ein bestimmtes Produkt oder eine bestimmte Dienstleistung am Markt anzubieten. **462**

Diese besondere Privilegierung der freien Berufe und das dahinterstehende Grundverständnis eines typischen freien Berufs spiegeln sich auch in einer Sonderdogmatik zur freiberuflich tätigen Personengesellschaft wider: Anders als bei gewerblichen Mitun- **463**

---
124 Zu weiteren Einzelheiten vgl. *Birk/Desens/Tappe*, Steuerrecht, Rn. 750 f.
125 Zu möglichen Problemen durch den Einsatz von Legal Tech-Instrumenten in Anwaltskanzleien *Levedag*, DStR 2018, 2094 ff.

ternehmerschaften erfolgt die Einkünftequalifikation auf Ebene der Gesellschaft (zumindest nach Ansicht der Rechtsprechung) nicht unabhängig von den persönlichen Eigenschaften der einzelnen Mitunternehmer. Vielmehr führt die mitunternehmerschaftliche Beteiligung eines Berufsfremden dazu, dass die gesamte Mitunternehmerschaft nicht (mehr) freiberufliche, sondern gewerbliche Einkünfte erzielt.[126] Die Rechtsprechung leitet dieses Ergebnis aus dem „Wesen" der freien Berufe und mit Rückgriff auf die Norm des § 15 Abs. 3 Nr. 1 EStG her: Eine gemeinsame freiberufliche Tätigkeit setze voraus, dass alle Mitunternehmer freiberuflich tätig seien, also über die entsprechenden Kenntnisse verfügen und leitend und eigenverantwortlich tätig sind. Schließen sich Angehörige verschiedener freier Berufe zusammen (sogenannte **interprofessionelle Partnerschaften**), muss jeder Freiberufler zumindest für seinen Fachbereich diese Voraussetzungen erfüllen. Sind diese Voraussetzungen für einen Mitunternehmer hingegen nicht erfüllt, so sei dieser zwingend gewerblich tätig, was wiederum zu einer Infektion der Tätigkeit der Personengesellschaft nach § 15 Abs. 3 Nr. 1 Var. 1 EStG führe (sogenannte **„Durchsäuerungsthese"**). Der Umfang der mitunternehmerischen Beteiligung ist dabei nach Ansicht des BFH unerheblich; die bei § 15 Abs. 3 Nr. 1 Var. 1 EStG in anderen Konstellationen vorgenommene teleologische Reduktion wird nicht (auch nicht angepasst) übertragen.[127]

464 **Fall 68:**[128] A, B, C und D betreiben gemeinsam ein Ingenieurbüro in Form einer GbR. A, B und C, die jeweils mit 33 % am Gewinn und Verlust der Gesellschaft beteiligt sind, sind Diplom-Ingenieure. Sie übernehmen als alleinige Geschäftsführer der GbR die Auftragsbeschaffung, leiten und koordinieren die Durchführung und verantworten die langfristige Unternehmensplanung. D ist studierter Diplom-Kaufmann. Er ist mit 1 % am Gewinn und Verlust der Gesellschaft beteiligt; ihm stehen ansonsten nur die gesellschaftsrechtlichen Kontrollrechte eines Kommanditisten zu. In seinen Verantwortungsbereich fällt ausschließlich das Controlling sowie die Buchhaltung der GbR. Welche Einkünfte erzielt die GbR?

Lösung Fall 68: A-D sind Mitunternehmer, da sie sämtlich wegen ihrer Beteiligung an Gewinn und Verlust der Gesellschaft Mitunternehmerrisiko tragen und wegen ihres Einflusses auf die Unternehmensentscheidungen Mitunternehmerinitiative entfalten. Dies gilt auch für D, dem zumindest wesentliche Kontrollrechte zustehen. Fraglich ist aber, ob es sich um eine gewerblich oder um eine freiberuflich tätige Mitunternehmerschaft handelt.

A, B und C sind als Ingenieure grundsätzlich Freiberufler im Sinne von § 18 Abs. 1 Nr. 1 S. 2 EStG (Katalogberuf). Da sie gemeinsam sämtliche Ingenieurs-Tätigkeiten in der GbR übernehmen oder verantwortlich überwachen, sind sie insoweit auch leitend und eigenverantwortlich tätig.

D hat allerdings weder die Kenntnisse eines Freiberuflers noch übt er eine freiberufliche Tätigkeit aus. Die von ihm auf Grundlage seiner Kenntnisse als Diplom-Kaufmann übernommenen Aufgaben sind vielmehr gewerblicher Art.

Nach Ansicht der Rechtsprechung ist die mitunternehmerische Beteiligung des D mit dem Wesen eines freiberuflichen Personenzusammenschlusses nicht vereinbar. Die gewerbliche Tätigkeit des D führe zu einer Infektion der gesamten Tätigkeit der GbR, die daher gemäß

---

126 Instruktiv *Levedag*, FR 2016, 733, 733 ff.
127 BFH, Urteil v. 28.10.2008 – VIII R 69/06, BFHE 223, 206 = BStBl II 2009, 642, juris Rn. 40 f.; BFH, Urteil v. 10.10.2012 – VIII R 42/10, BFHE 238, 444, juris Rn. 30.
128 Vgl. BFH, Urteil v. 28.10.2008 – VIII R 69/06, BFHE 223, 206 = BStBl II 2009, 642.

§ 15 Abs. 3 Nr. 1 EStG insgesamt gewerbliche Einkünfte erziele. Dass D nur in geringem Umfang an der GbR beteiligt ist, sei unerheblich.

Die GbR erzielt also Einkünfte aus Gewerbebetrieb und stellt mithin eine gewerbliche Mitunternehmerschaft im Sinne von § 15 Abs. 1 S. 1 Nr. 2 EStG dar.

Auch wenn der Ausgangspunkt der Überlegungen des BFH, dass Freiberufler nicht ohne Weiteres mit anderen Personen zusammenarbeiten können, sich auch in § 18 Abs. 1 Nr. 1 S. 3 EStG wiederfindet, behandelt die Rechtsprechung diese Konstellationen anders: Sind zwar sämtliche Mitunternehmer freiberuflich tätig, werden aber qualifizierte Hilfskräfte in einem Umfang beschäftigt, der die leitende und eigenverantwortliche Tätigkeit der Mitunternehmer in Frage stellt, liegt zwar ebenfalls eine teilweise gewerbliche Tätigkeit mit der Folge einer Abfärbung nach § 15 Abs. 3 Nr. 1 Var. 1 EStG vor. Anders als bei der Beteiligung von Berufsfremden (Rn. 462 ff.) kommt es aber in Bagatellfällen zu einer **teleologischen Reduktion** der Vorschrift (erzielte **Nettoumsatzerlöse** durch die betroffenen Angestellten überschreiten einen Anteil von 3 % an den Gesamtnettoumsatzerlösen und insgesamt den absoluten Betrag von 24.500 € nicht, vgl. dazu Rn. 433 ff.).[129]

465

Fall 69:[130] A, B und C sind Ärzte, die nach Abschluss ihres Medizinstudiums beschließen, eine Gemeinschaftspraxis in Form einer GbR zu gründen.

466

A und B, die von ihren Eltern nicht unerhebliche Geldbeträge zum Abschluss des Studiums geschenkt bekommen haben, beteiligen sich als Gesellschafter an der GbR und finanzieren mit der Schenkung die anfängliche Praxisausstattung. Sie bieten C an, zu gleichen Bedingungen ebenfalls Gesellschafter der GbR zu werden.

C hat allerdings kein entsprechendes Vermögen geerbt und müsste sich daher für eine gleichmäßige Beteiligung verschulden. Er entscheidet sich daher gegen eine Gesellschafterstellung. A und B möchten die Gemeinschaftspraxis allerdings nicht ohne ihren Studienfreund C gründen, der von den dreien auch mit Abstand die besten Noten im Studium erreicht hat. Sie bieten ihm daher an, gegen eine prozentuale Beteiligung an den von ihm für Rechnung der GbR erzielten Honoraren in der Praxis als gleichberechtigter Arzt mitzuarbeiten. Zu einem späteren Zeitpunkt könne C dann immer noch gleichberechtigter Gesellschafter werden.

C willigt ein und betreut in der Folge eigenständig in gleichem Umfang wie A und B und ohne deren Überwachung Patienten der Gemeinschaftspraxis. Er erwirtschaftet Nettoumsatzerlöse in Höhe von 150.000 €. Sein Name erscheint auch gleichberechtigt neben A und B auf dem Praxisschild sowie den Briefköpfen der GbR. Einen Gesellschaftsanteil erwirbt er allerdings nicht.

Wie sind die Einkünfte der GbR zu qualifizieren?

Lösung Fall 69: A und B sind als persönlich haftende und nach den gesetzlichen Regelungen geschäftsführende und vertretungsberechtigte Gesellschafter der GbR Mitunternehmer einer Mitunternehmerschaft. C entfaltet zwar ggf. durch sein tatsächlich gleichberech-

---

129 BFH, Urteil v. 27.8.2014, VIII R 6/12, BFHE 247, 513 = BStBl II 2015, 1002, juris. Rn. 51 ff. zum Insolvenzverwalter; BFH, Urteil v. 3.11.2015 – VIII R 62/13, BFHE 252, 283 = BStBl II 2016, 381, juris Rn. 18 – Ärzte.
130 Angelehnt an BFH, Urteil v. 3.11.2015 – VIII R 62/13, BFHE 252, 283 = BStBl II 2016, 381.

tigtes Auftreten Mitunternehmerinitiative, er trägt aber fast kein Mitunternehmerrisiko, weil er nur an den positiven Erträgen der GbR beteiligt wird.[131] C ist daher kein Mitunternehmer (a.A. vertretbar, weil C als Scheingesellschafter nach außen unbeschränkt nach § 128 HGB analog haftet).

Die von A und B gebildete Mitunternehmerschaft könnte freiberufliche Einkünfte erzielen (§§ 18 Abs. 4 S. 2, 15 Abs. 1 S. 1 Nr. 2 EStG). Zu der freiberuflichen Tätigkeit gehört nach § 18 Abs. 1 Nr. 1 S. 2 EStG die selbständig ausgeübte Berufstätigkeit der Ärzte (Katalogberuf). Die Mitunternehmer A und B üben somit vom Grundsatz her die Tätigkeiten eines freien Berufes i.S.d. § 18 Abs. 1 Nr. 1 S. 2 EStG aus.

Gleichwohl liegen im Streitfall Einkünfte aus Gewerbebetrieb vor. Denn allein die Ausübung eines Katalogberufes reicht zur Bejahung freiberuflicher Einkünfte nicht aus. Auch bei der Ausübung eines Katalogberufs erfordert der Charakter der selbständigen Tätigkeit i.S.d. § 18 EStG, dass die Tätigkeit durch die unmittelbare, persönliche und individuelle Arbeitsleistung des Steuerpflichtigen selbst geprägt ist.[132] Dies war bezüglich der von C eigenverantwortlich behandelten Patienten nicht der Fall.

Nach § 18 Abs. 1 Nr. 1 S. 3 EStG kann sich ein Angehöriger eines freien Berufs der Mithilfe fachlich vorgebildeter Arbeitskräfte bedienen. Freiberuflich tätig wird er jedoch nur dann, wenn er aufgrund eigener Fachkenntnisse leitend und eigenverantwortlich tätig ist. Dies setzt voraus, dass die persönliche Teilnahme des Berufsträgers an der praktischen Arbeit in ausreichendem Umfang gewährleistet ist. Die Ausführung jedes einzelnen Auftrags muss dem Steuerpflichtigen selbst und nicht dem qualifizierten Mitarbeiter zuzurechnen sein.[133]

Diese Voraussetzung haben die Mitunternehmer der GbR, A und B, im Hinblick auf die Umsätze des C nicht erfüllt. C hat Patienten unstreitig eigenverantwortlich, ohne Überwachung und persönliche Mitwirkung von A und B behandelt. Die Mitunternehmer der GbR waren somit nicht in vollem Umfang eigenverantwortlich und damit nicht freiberuflich tätig. Soweit sie nicht freiberuflich tätig waren, lag eine gewerbliche Tätigkeit vor. Die Tätigkeit der GbR gilt deshalb gemäß § 15 Abs. 3 Nr. 1 Var. 1 EStG insgesamt als Gewerbebetrieb. Eine teleologische Reduktion kommt nicht in Betracht, weil der Anteil von C an den Nettoumsatzerlösen 3 % und die absolute Höhe 24.500 € überschreitet.

467 Mit Blick auf die entsprechend anwendbare Regelung des § 15 Abs. 1 S. 1 Nr. 2 S. 2 EStG sowie das Transparenzprinzip nimmt die Rechtsprechung zudem folgerichtig an, dass bei **doppelstöckigen Personengesellschaften** eine freiberufliche Tätigkeit der Untergesellschaft nur denkbar ist, wenn sämtliche Gesellschafter der Unter- und sämtliche Gesellschafter der Obergesellschaft freiberuflich tätig sind:[134] Wenn die persönlichen Eigenschaften der Mitunternehmer entscheidend sind, so muss auch bei mehrstufigen Strukturen auf die letztlich beteiligten natürlichen Personen geblickt werden; nur diese können die subjektiven Voraussetzungen eines Freiberuflers erfüllen. Vom Standpunkt der Rechtsprechung aus ist es dann auch konsequent, dass die **mitunternehmerische (atypische) Unterbeteiligung** eines Berufsfremden am Gesellschaftsanteil eines Freiberuflers ebenfalls zu einer gewerblichen Infektion der ge-

---

131 Vgl. zur Mitunternehmerstellung in der Parallelentscheidung BFH, Urteil v. 3.11.2015 – VIII R 63/13, BFHE 252, 294 = BStBl II 2016, 383.
132 St. Rspr. vgl. z.B. BFH, Urteil v. 21.3.1995 – XI R 85/93, BFHE 177, 377 = BStBl II 1995, 732, juris Rn. 22 m.w.N.
133 Vgl. BFH, Urteil v. 20.12.2000 – XI R 8/00, BFHE 194, 206 = BStBl II 2002, 478, juris Rn. 22.
134 BFH, Urteil v. 28.10.2008 – VIII R 69/06, BFHE 223, 206 = BStBl II 2009, 642.

samten Mitunternehmerschaft führt, denn bei einer mitunternehmerischen Unterbeteiligung entsteht ebenfalls eine doppelstöckige Personengesellschaft (s.o. Rn. 397).

Schließlich führt nach der Rechtsprechung jede **mitunternehmerische Beteiligung** einer (im Inland ansässigen) Kapitalgesellschaft an einer freiberuflich tätigen Personengesellschaft zu einer Durchsäuerung der Gesellschaft:[135] Wegen der gesetzlichen Fiktion in § 8 Abs. 2 KStG sei eine Kapitalgesellschaft zwingend gewerblich tätig, sodass ihre unmittelbare oder mittelbare mitunternehmerische Beteiligung an einer freiberuflichen Personengesellschaft zur Folge habe, dass nicht mehr alle Mitunternehmer freiberuflich tätig seien. Dies gilt nach Ansicht der Rechtsprechung selbst dann, wenn an der Kapitalgesellschaft ausschließlich Freiberufler beteiligt sind, die auch die Geschäftsführung und Vertretung der Gesellschaft übernehmen. Auch die berufsrechtlichen Novellierungen, die Steuerberatern und Wirtschaftsprüfern ausdrücklich einen Zusammenschluss im Rahmen einer Kapitalgesellschaft erlauben, haben den BFH nicht zu einer Abschwächung dieser These bewogen.[136] Im Ergebnis führt diese Auslegung bei freiberuflich tätigen Personengesellschaften dazu, dass die Umqualifizierung nach § 15 Abs. 3 Nr. 2 EStG regelmäßig leerläuft: Da ohnehin jede mitunternehmerische Beteiligung einer Kapitalgesellschaft zu gewerblichen Einkünften führt, kommt es auf die besonderen Voraussetzungen, die zu einer gewerblich geprägten Personengesellschaft führen (alleinige persönliche Haftung und Geschäftsführung durch die Kapitalgesellschaft) nicht mehr an.

468

Die strenge Ansicht der Rechtsprechung ist in der Literatur nicht ohne Widerspruch geblieben. So wurde beispielsweise vertreten, solange Freiberufler in der Gesellschaft „das Sagen haben" und die Gesellschaft freiberufliche Tätigkeiten anbietet, erziele die Gesellschaft insgesamt freiberufliche Einkünfte.[137] Nach einer anderen Auffassung soll zwischen Gesellschafts- und Gesellschafterebene getrennt werden. Sie führt an, dass die Beteiligung eines Berufsfremden die Tätigkeit der Gesellschaft, auf die § 15 Abs. 3 Nr. 1 EStG abstellt, nicht ändert. Die Gesellschaft bietet auch weiterhin freiberufliche Tätigkeiten am Markt an. Erst auf Gesellschafterebene wirke sich das Fehlen der Merkmale des § 18 Abs. 1 Nr. 1 EStG aus, da es beim betroffenen Gesellschafter zu einer Umqualifizierung der Einkünfte komme.[138] Diese Meinung dehnt damit die bisher nur bei vermögensverwaltenden Gesellschaften anerkannte Dogmatik der sog. **„Zebragesellschaft"** (s.u. Rn. 816 ff.) auch auf freiberuflich tätige Personengesellschaften aus.

469

Fall 70: Rechtsanwalt und Wirtschaftsprüfer R ist zusammen mit seinem gleichfalls qualifizierten Kollegen K Gesellschafter der Sozietät R und K GbR. Außerdem ist die Wirtschaftsprüfer-GmbH Gesellschafterin der GbR. Der Gesellschaftsvertrag sieht keine von den gesetzlichen Vorschriften abweichenden Regelungen vor. In der GmbH sind R und K alleinige Gesellschafter. Wie sind die von der GbR erzielten Einkünfte zu qualifizieren?

470

Lösung Fall 70: K und R könnten durch ihre Tätigkeit als Rechtsanwälte und Wirtschaftsprüfer Einkünfte aus selbständiger Tätigkeit nach § 18 Abs. 1 Nr. 1 EStG erzielen.

---

135 St. Rspr.; vgl. nur BFH, Urteil v. 10.10.2012 – VIII R 42/10, BFHE 238, 444, juris Rn. 16 f. m.w.N.
136 BFH, Urteil v. 10.10.2012 – VIII R 42/10, BFHE 238, 444.
137 *Knobbe-Keuk*, Unternehmensteuerrecht, S. 730 f.
138 *Hennrichs*, in: Tipke/Lang, Rn. 10.62 m.w.N.

> Beide Gesellschafter sind als Rechtsanwälte und Wirtschaftsprüfer freiberuflich tätig, da sie die Merkmale eines sogenannten Katalogberufs erfüllen (§ 18 Abs. 1 Nr. 1 S. 2 EStG).
>
> Dem könnte hier aber entgegenstehen, dass an der GbR noch eine GmbH mitunternehmerisch beteiligt ist. Die GmbH erzielt nach § 8 Abs. 2 KStG i.V.m. § 1 Abs. 1 Nr. 1 KStG ausschließlich Einkünfte aus Gewerbebetrieb. Dies gilt auch, wenn ihre Organe ausschließlich freiberuflich tätig sind und alle Gesellschafter und Geschäftsführer die Qualifikation für eine freiberufliche Tätigkeit besitzen. Damit ist die GmbH eine berufsfremde Person, die selbst jedenfalls nicht Einkünfte aus freiberuflicher Tätigkeit erzielen kann.
>
> Fraglich ist, wie sich dies auf die Einkünftequalifikation der gesamten GbR auswirkt. Nach § 15 Abs. 3 Nr. 1 EStG könnten alle Einkünfte der GbR als gewerblich einzustufen sein. Wiederum gilt: Wird erst auf der Stufe des Gesellschafters über die Einordnung entschieden, erzielt nur die GmbH gewerbliche Einkünfte.[139] Die h.M., vor allem der BFH,[140] gehen in diesem Fall hingegen davon aus, dass bereits auf der Ebene der Gesellschaft über die Einkünftequalifikation zu entscheiden sei. Zwar ist die Vorschrift des § 15 Abs. 3 Nr. 1 EStG auf diesen Fall nicht unmittelbar anwendbar, weil es sich nicht um unterschiedliche „Tätigkeiten" handelt. Die GmbH übt ja an sich eine freiberufliche Tätigkeit aus. Die Vereinfachungsfunktion der Vorschrift soll nach der h.M. aber auch in diesem Fall eingreifen.

2. Sonderbereich

471 Nach § 15 Abs. 1 S. 1 Nr. 2 S. 1 Hs. 2 EStG zählen zum Gewinn aus Gewerbebetrieb auch die „Vergütungen, die der Gesellschafter für seine Tätigkeit im Dienst der Gesellschaft oder für die Hingabe von Darlehen oder für die Überlassung von Wirtschaftsgütern bezogen hat." Der Gesellschafter erzielt in diesen Rechtsbeziehungen zu seiner Personengesellschaft also keine Überschusseinkünfte (Einkünfte aus nichtselbständiger Arbeit, Kapitaleinkünften oder Vermietung und Verpachtung), sondern die insoweit erzielten Einkünfte werden als Einkünfte aus Gewerbebetrieb umqualifiziert, um den Mitunternehmer mit einem Einzelunternehmer gleichzustellen, der seinen gewerblichen Gewinn auch nicht durch Zahlung eines Unternehmerlohns, Darlehenszinsen oder Miete an sich selbst mindern kann.

a) Einnahmen und Ausgaben aus bestimmten Leistungsbeziehungen

472 Den Ausgangspunkt zur Bestimmung der Sonderbetriebseinnahmen bildet § 15 Abs. 1 S. 1 Nr. 2 S. 1 Hs. 2 EStG. Die Vorschrift nennt drei Leistungsbeziehungen zwischen Gesellschafter und Gesellschaft und erklärt die entsprechenden von der Gesellschaft gezahlten „Vergütungen" zu Einkünften aus Gewerbebetrieb. Das ist insofern sprachlich ungenau, als mit den Vergütungen nur die Einnahmen, mit dem Begriff der Einkünfte aber der Gewinn als Saldo zwischen Einnahmen und Ausgaben umschrieben wird (objektives Nettoprinzip, vgl. § 2 Abs. 2 S. 1 Nr. 1 EStG). Das gilt auch im Sonderbereich. Der Mitunternehmer kann also die erhaltenen Vergütungen (**Sonderbetriebseinnahmen**) um Ausgaben mindern, die mit diesen in einem Veranlassungszusammenhang stehen (**Sonderbetriebsausgaben**).

---

139 Dafür *Hennrichs*, in: Tipke/Lang, Rn. 10.62 m.w.N.
140 BFH, Urteil v. 23.11.2000 – IV R 48/99, BFHE 193, 482 = BStBl II 2001, 241, juris Rn. 12.

Danach zählen zu den Einkünften aus Gewerbebetrieb zunächst Vergütungen für die Tätigkeit im Dienste der Gesellschaft, **Tätigkeitsvergütungen** (Var. 1). Hierunter fallen sämtliche Entgelte, die der Gesellschafter als Gegenleistung für eine Tätigkeit im Dienste der Gesellschaft erhält. Es kann sich um einmalige oder dauerhaft zu erbringende Tätigkeiten handeln. Rechtsgrundlage kann zivilrechtlich ein Arbeits-, Dienst- oder Werkvertrag sein. Ein klassisches Beispiel ist die Tätigkeit des Gesellschafter-Geschäftsführers einer Personengesellschaft. Als **Sonderbetriebsausgaben** können in dieser Konstellation z.B. alle Aufwendungen geltend gemacht werden, die bei einem Arbeitnehmer Werbungskosten zu den Einkünften aus nichtselbständiger Arbeit sind (vgl. § 4 Abs. 4, Abs. 5 EStG, Fahrtkosten, Aufwendungen für Arbeitsmittel). 473

Sonderbetriebseinnahmen sind weiterhin die Vergütungen für die Hingabe von **Darlehen** (Var. 2). Auch dieser Begriff ist weit zu verstehen und erfasst sämtliche Entgelte für die Überlassung von Kapital. Dabei kann es sich auch um eine verzinsliche Forderung aus einem anderen Rechtsgeschäft (beispielsweise einem Dienst- oder Kaufvertrag) handeln. Sonderbetriebsausgaben können insbesondere Refinanzierungsaufwendungen sein. 474

Dass durch die Hinzurechnung der Sonderbetriebseinnahmen der Betriebsausgabenabzug auf der Ebene der Gesamthand kompensiert wird, wirkt sich auch bei **Betriebsausgabenabzugsverboten** aus. So hat der BFH die Anwendung des § 3c Abs. 2 EStG auf der Ebene der Gesamthand für Betriebsausgaben teleologisch reduziert, wenn die entsprechenden Betriebsausgaben der Gesellschaft bei den Mitunternehmern als Sonderbetriebseinnahmen erfasst werden. Beispiel ist die Darlehensgewährung des Mitunternehmers an seine Personengesellschaft, damit diese eine Beteiligung an einer Kapitalgesellschaft finanzieren kann. Das Abzugsverbot des § 3c Abs. 2 EStG, das die Anwendung des Teileinkünfteverfahrens für die Ausschüttungen aus der Kapitalgesellschaft ausgleichen soll, findet auf die Zinszahlungen an den Gesellschafter keine Anwendung, weil diese im Ergebnis den Gewinn der Mitunternehmerschaft gar nicht gemindert haben.[141] 475

Schließlich zählen alle Entgelte für die Überlassung von Wirtschaftsgütern an die Gesellschaft wie **Miete oder Pacht** (Var. 3) zu den Sonderbetriebseinnahmen. Es ist nicht erforderlich, dass der Mitunternehmer selbst Eigentümer des Wirtschaftsgutes ist oder es ihm sonst steuerlich zuzurechnen ist. Vielmehr genügt es auch, wenn der Mitunternehmer das Wirtschaftsgut selbst mietet und es dann an die Gesellschaft überlässt. Die gezahlten Mietaufwendungen können dann als Sonderbetriebsausgaben abgezogen werden. 476

Weil ein Mitunternehmer nach § 15 Abs. 1 S. 1 Nr. 2 EStG gewerbliche Einkünfte erzielt, stellen die Wirtschaftsgüter, die ihm persönlich zuzurechnen sind und die er zur Erzielung dieser Einkünfte einsetzt, kein Privatvermögen, sondern Betriebsvermögen dar (sog. **Sonderbetriebsvermögen**, zum Umfang noch im Einzelnen Rn. 646 ff.). Vermögensmehrungen und -minderungen im Zusammenhang mit diesen Wirtschaftsgütern führen wiederum zu gewerblichen Einkünften. Eine Legaldefinition für den 477

---

[141] BFH, Urteil v. 6.2.2020 – IV R 5/18, BFHE 268, 199 = BStBl II 2020, 448.

Umfang des Sonderbetriebsvermögens existiert nicht, er lässt sich jedoch aus den Normen über die Einkünftequalifikation ableiten: Wenn § 15 Abs. 1 S. 1 Nr. 2 S. 1 Hs. 2 EStG die Vergütungen des Gesellschafters zu gewerblichen Einnahmen umqualifiziert, so folgt daraus zwingend, dass die vom Gesellschafter zur Erzielung dieser Vergütungen genutzten Wirtschaftsgüter zum Betriebsvermögen zählen (sog. **Sonderbetriebsvermögen I**). Darüber hinaus stellen auch **unentgeltlich** überlassene Wirtschaftsgüter notwendiges Sonderbetriebsvermögen I dar, weil auch diese dem Betrieb der Mitunternehmerschaft dienen.[142]

478 Entsprechend folgt aus der Qualifikation des Gewinnanteils als gewerbliche Einnahmen im Sinne von § 15 Abs. 1 S. 1 Nr. 2 S. 1 Hs. 1 EStG, dass Wirtschaftsgüter, die dem Gesellschafter zur Stärkung des Betriebs der Gesellschaft oder seiner Beteiligung an der Gesellschaft – und damit zur Erzielung dieses Gewinnanteils – dienen, ebenfalls Betriebsvermögen darstellen (sog. **Sonderbetriebsvermögen II**). Ein klassisches Beispiel dafür bildet die Beteiligung eines Kommanditisten an der Komplementär-GmbH in einer typischen GmbH & Co. KG, sofern der Kommanditist dadurch Einfluss auf die Geschäftsführung der KG nehmen kann. Eine Beteiligung von weniger als 10 % genügt mangels Einflussnahme demnach regelmäßig nicht. Eine Zuordnung zum Sonderbetriebsvermögen scheidet außerdem aus, wenn die Komplementär-GmbH neben der Geschäftsführung noch in erheblichem Umfang eine eigene Geschäftstätigkeit ausübt.[143] Rechtliche Auswirkungen hat die formale Unterscheidung zwischen Sonderbetriebsvermögen I und Sonderbetriebsvermögen II nicht, die Annahme von Sonderbetriebsvermögen II erweitert aber den Umfang des Sonderbetriebsvermögens.

479 Dass auch der Mitunternehmer Betriebsvermögen bildet, rechtfertigt sich wiederum aus einem Vergleich zum Einzelunternehmer: Will dieser ein Wirtschaftsgut oder eine Geldsumme für betriebliche Zwecke nutzen, kann er sie nicht an sich selbst überlassen, sondern muss sie ins Betriebsvermögen einlegen – mit allen u.U. auch negativen steuerlichen Konsequenzen (insbesondere: Steuerbarkeit von Veräußerungsgewinnen). Auch der Gesellschafter kann die Wirtschaftsgüter in die Gesellschaft, also in das Gesamthandsvermögen, einlegen; dann liegt jedenfalls Betriebsvermögen auf Ebene der Gesellschaft vor. Schließt der Gesellschafter aber nur einen schuldrechtlichen Überlassungsvertrag mit der Gesellschaft, werden die Wirtschaftsgüter nicht Teil des Gesamthandsvermögens, sondern sind weiter dem Gesellschafter zuzurechnen. Um die von § 15 Abs. 1 S. 1 Nr. 2 S. 1 Hs. 2 EStG bezweckte **Gleichbehandlung** zu erreichen, ist es dann zwingend erforderlich, auch die schuldrechtlich überlassenen Gegenstände als steuerlich verstricktes Betriebsvermögen zu behandeln. Gleiches gilt für Wirtschaftsgüter, die der Gesellschafter nicht der Gesellschaft überlässt, die ihm aber zur Stärkung des Betriebs der Gesellschaft (z.B. eine Beteiligung an einem Zuliefererbetrieb) oder seiner Beteiligung (z.B. eine Beteiligung an einer Muttergesellschaft) dienen.

---

142 Vgl. BFH, Urteil v. 14.4.1988 – IV R 160/84, BFH/NV 1989, 95, juris Rn. 31; BFH, Urteil v. 1.3.1994 – VIII R 35/92, BFHE 175, 231 = BStBl II 1995, 241, juris Rn. 31.
143 Vgl. BFH, Urteil v. 16.4.2015 – IV R 1/12, BFHE 249, 511 = BStBl II 2015, 1362, juris Rn. 17; BFH, Urteil v. 19.12.2019 – IV R 53/16, BFHE 267, 299 = BStBl II 2020, 534.

Abgrenzung: Beim Einzelunternehmer ist die Zuordnung einer Kapitalgesellschaftsbeteiligung zum Betriebsvermögen nicht von der Höhe der Beteiligung abhängig, sondern es kommt für notwendiges Betriebsvermögen auf eine enge inhaltliche Verbindung zwischen der Tätigkeit des Steuerpflichtigen und derjenigen der Kapitalgesellschaft an, etwa durch das Bestärken einer branchengleichen Betätigung oder den Absatz der Produkte des Steuerpflichtigen.[144] Normale Geschäftsbeziehungen reichen nicht aus. Gewillkürtes Betriebsvermögen ist möglich, solange nicht von vornherein Verluste zu erwarten sind. **480**

Das Sonderbetriebsvermögen wird bei Gewinnermittlung durch Betriebsvermögensvergleich im Rahmen einer **Sonderbilanz**, bei Gewinnermittlung nach § 4 Abs. 3 EStG im Rahmen von **gesonderten Verzeichnissen** (§ 4 Abs. 3 S. 5 ESG) erfasst und fortentwickelt (s.u. Rn. 644). Aus der Qualifikation als Betriebsvermögen folgt – insoweit zugunsten des Steuerpflichtigen – auch, dass sämtliche Aufwendungen, die in einem Veranlassungszusammenhang mit den Wirtschaftsgütern des Sonderbetriebsvermögens stehen, zu Betriebsausgaben im Sonderbereich führen (inklusive etwaiger Abschreibungen auf die Wirtschaftsgüter). **481**

b) Doppelstöckige Personengesellschaften

In § 15 Abs. 1 S. 1 Nr. 2 S. 2 EStG wird der mittelbar über eine oder mehrere andere Personengesellschaft beteiligte Gesellschafter dem unmittelbar beteiligten Gesellschafter gleichgestellt, wenn auf jeder Ebene eine mitunternehmerschaftliche Beteiligung vorliegt. Mit Blick auf den Transparenzgrundsatz erschließt sich der Sinn und Zweck dieser Regelung zunächst nicht: Da ohnehin nur die Gesellschafter Steuersubjekte sind, müssen auch bei einer Beteiligungskette (sog. **doppelstöckigen Personengesellschaften**) die Einkünfte der Gesellschaften letztlich einer natürlichen Person zugerechnet werden. Es wird also ohnehin bis zur natürlichen Person „durchgerechnet". **482**

Bedeutung erhält § 15 Abs. 1 S. 1 Nr. 2 S. 2 EStG aber mit Blick auf **Sondervergütungen**: Nach dem Wortlaut von § 15 Abs. 1 S. 1 Nr. 2 S. 1 Hs. 2 EStG zählen nur „Vergütungen, die der Gesellschafter von *der* Gesellschaft" erhält, zu den Einkünften aus Gewerbebetrieb. Der Wortlaut bezieht sich ausdrücklich nur auf Leistungsbeziehungen zwischen der Gesellschaft und dem unmittelbar beteiligten Gesellschafter. **483**

In der Praxis wurde diese Wortlautgrenze genutzt, um durch das Zwischenschalten einer weiteren Personengesellschaft eine Umqualifizierung in gewerbliche Einkünfte zu verhindern und damit letztlich die gewerbesteuerliche Bemessungsgrundlage zu mindern. Hierin sah der BFH nur in Ausnahmefällen, wenn die zwischengeschaltete Gesellschaft keine eigene wirtschaftliche Tätigkeit ausübte und keinem, über die Weiterleitung der Einkünfte hinausgehenden Zweck diente, einen Gestaltungsmissbrauch im Sinne von § 42 AO.[145] Diese Rechtsprechung korrigierte der Gesetzgeber im Rahmen des Steueränderungsgesetzes 1992 mit der Einführung von § 15 Abs. 1 S. 1 Nr. 2 S. 2 EStG. Konsequenz ist, dass auch der nur mittelbar beteiligte Gesellschafter Sondereinkünfte aus einer Leistungsbeziehung im Sinne von § 15 Abs. 1 S. 1 Nr. 2 S. 1 Hs. 2 EStG erzielt.[146] **484**

---

144 Vgl. etwa BFH, Urteil v. 12.6.2019 – X R 38/17, BFHE 265, 182 = BStBl II 2019, 518.
145 BFH, Beschluss v. 25.2.1991 – GrS 7/89, BFHE 163, 1 = BStBl II 1991, 691, juris Rn. 113 f.
146 Die Gleichstellung des unmittelbar und des mittelbar beteiligten Gesellschafters erstreckt sich zudem auch auf das Sonderbetriebsvermögen; vgl. dazu BFH, Urteil v. 12.10.2016 – I R 92/12, BFHE 256, 32, juris Rn. 18.

485 **Fall 71:**[147] An der A und B Hochbau-KG sind die C-KG als Komplementärin und die Eheleute A und B als Kommanditisten beteiligt. Gesellschafter der C-KG sind A sowie C. C ist (gemeinsam mit A) Geschäftsführerin der A und B Hochbau-KG und erhält ein Gehalt in Höhe von 100.000 €. Wie ist diese Gestaltung ohne und unter Berücksichtigung der Vorschrift des § 15 Abs. 1 S. 1 Nr. 2 S. 2 EStG einzuordnen?

Lösung Fall 71:

A. Qualifikation der Einkünfte ohne § 15 Abs. 1 S. 1 Nr. 2 S. 2 EStG

Jede Personengesellschaft ist eigenständiges Steuerermittlungssubjekt. Mitunternehmer der Hochbau-KG sind daher nur die C-KG und A und B. Die Gesellschafterstellung der C in der C-KG begründet keine mitunternehmerische Betätigung der C in der Hochbau-KG. Auch ein Gestaltungsmissbrauch i.S.d. § 42 AO ist nicht ersichtlich. Daher sind auch die Tätigkeitsvergütungen, die C von der Hochbau-KG erhält, nicht als gewerbliche Einkünfte nach § 15 Abs. 1 S. 1 Nr. 2 S. 2 EStG zu qualifizieren. Auf diese Weise würde es ermöglicht, Tätigkeitsvergütungen oder Pensionsverpflichtungen steuermindernd abzuziehen.

B. Qualifikation der Einkünfte unter Geltung von § 15 Abs. 1 S. 1 Nr. 2 S. 2 EStG

Diese durch den BFH eröffnete Möglichkeit der Steuergestaltung unterbindet die Einfügung des S. 2 in § 15 Abs. 1 S. 1 Nr. 2 EStG. Danach sind Gesellschafter wie C, die über eine andere Personengesellschaft an einer anderen sogenannten Untergesellschaft beteiligt sind, den unmittelbar beteiligten Gesellschaftern, hier A und B, gleichzustellen. Die Geschäftsführervergütung, die C von der Hochbau-KG erhält, wird ihr als gewerbliche Einkünfte aus dieser Gesellschaft zugerechnet. Dies gilt sogar bei mehrstufigen mittelbaren Beteiligungen.

c) Sonderfall: (Typische) GmbH & Co. KG

486 Häufiger als doppelstöckige Personengesellschaften sind in der Praxis Personengesellschaften, in denen eine Kapitalgesellschaft als (einzige) persönlich haftende und geschäftsführende Gesellschafterin auftritt (insbesondere bei einer GmbH & Co. KG). Zum einen dient eine solche Konstellation dazu, das Privatvermögen natürlicher Personen vor einer Haftung abzuschirmen. Zum anderen werden derartige Gesellschaften im Rahmen steuerlicher Gestaltungen eingesetzt: Da sie als gewerblich geprägte Gesellschaften in jedem Fall gewerbliche Einkünfte (§ 15 Abs. 3 Nr. 2 EStG) erzielen, kann sichergestellt werden, dass die Regeln für steuerliches Betriebsvermögen unabhängig von der tatsächlichen Tätigkeit der Gesellschaft dauerhaft Anwendung finden. So kann beispielsweise eine zwangsweise Aufdeckung stiller Reserven vermieden werden (s. bereits oben Rn. 454 f.).

487 Häufig übernimmt auf Ebene der Kapitalgesellschaft wiederum eine natürliche Person die Geschäftsführung, die auch Mitunternehmerin der Personengesellschaft ist. Ein typisches Beispiel ist die sog. **Ein-Personen-GmbH & Co. KG**:

488 **Beispiel:** Gesellschafter der A-GmbH & Co. KG sind die A-GmbH als Komplementärin und die natürliche Person A als Kommanditist. Alleinige Geschäftsführerin ist die A-GmbH. Einziger Gesellschafter der A-GmbH ist wiederum A, der auch die Geschäftsführung der A-GmbH übernimmt.

---

147 Angelehnt an BFH, Beschluss v. 25.2.1991 – GrS 7/89, BFHE 163, 1 = BStBl II 1991, 691.

Als Geschäftsführer der GmbH trifft A auch in der KG die Entscheidungen über die laufende Geschäftstätigkeit, er behält also die vollständige Kontrolle über die Personengesellschaft. Wenn A seine Kommanditeinlage bei der KG bezahlt hat, haftet er zudem nicht mehr mit seinem Privatvermögen für die Verbindlichkeiten der KG. Den Gläubigern steht nur ein unbeschränkter Zugriff auf das Gesellschaftsvermögen der GmbH zu. Diese muss A als einziger Gesellschafter aber nur mit einem Mindestkapital von 25.000 € ausstatten. Obwohl A also bei wirtschaftlicher Betrachtung der einzige Gesellschafter der KG ist und für diese (über seine Stellung in der GmbH) sämtliche Entscheidungen treffen kann, erreicht er einen weitgehenden Schutz seines Privatvermögens vor dem Zugriff der Gläubiger.

In einer solchen Konstellation stellt sich die Frage, ob die natürliche Person mit ihrer Geschäftsführungsvergütung Sondereinkünfte erzielt, weil sie – zumindest faktisch – auch die Geschäfte der Personengesellschaft führt. 489

Beispiel (Fortsetzung Rn. 488): Die A-GmbH erhält für die Geschäftsführung in der A-GmbH & Co. KG eine fixe Vergütung in Höhe von 20.000 € pro Jahr, die bei der Gesellschaft auf Gesamthandsebene als Betriebsausgabe abgezogen wird. A erhält als Geschäftsführer der A-GmbH von dieser ebenfalls eine Geschäftsführungsvergütung in Höhe von 20.000 €. Welche Sondereinkünfte erzielen die A-GmbH und A? 490

Der Wortlaut von § 15 Abs. 1 S. 1 Nr. 2 S. 1 Hs. 2 EStG spricht zunächst dafür, dass nur die geschäftsführende Kapitalgesellschaft Sondereinkünfte erzielen kann. Nur diese erhält eine Vergütung „von der [Personen]Gesellschaft" und nur diese ist – zumindest unmittelbar – „im Dienste der [Personen-]Gesellschaft" tätig. Eine Geschäftsführungsvergütung, die von der Personengesellschaft an die geschäftsführende Kapitalgesellschaft gezahlt wird, muss von dieser also als Sonderbetriebseinnahme erfasst werden. Damit wird gleichzeitig der Aufwand auf Gesamthandsebene „neutralisiert". 491

Allerdings kann die Kapitalgesellschaft diese Sonderbetriebseinnahmen um Ausgaben, die in einem wirtschaftlichen Zusammenhang mit ihrer Geschäftsführungstätigkeit stehen, mindern (**Sonderbetriebsausgaben**, § 4 Abs. 4 EStG). Um die Geschäftsführungsaufgaben in der Personengesellschaft wahrnehmen zu können, braucht die Kapitalgesellschaft ihrerseits wiederum einen Geschäftsführer. Wenn diesem eine Geschäftsführungsvergütung gezahlt wird, kann diese also Sonderbetriebsausgabe sein. Dann ergibt sich allerdings insbesondere bei Ein-Personen-GmbH & Co. KGs abermals eine Gestaltungsmöglichkeit zur Minderung des gewerbesteuerlichen Gewinns, die einem Einzelunternehmer nicht offensteht: 492

Beispiel (Fortsetzung Rn. 488, 490): Nimmt man an, dass die A-GmbH zwar Sonderbetriebseinnahmen in Höhe von 20.000 € erzielt, aber gleichzeitig die an A gezahlte Geschäftsführungsvergütung in Höhe von 20.000 € als Sonderbetriebsausgaben abziehen kann, erzielt sie im Ergebnis keine Sonderbetriebseinkünfte. Der Gewinn der Mitunternehmerschaft ist also auf Gesamthandsebene um 20.000 € gemindert, ohne dass auf Sonderebene positive Einkünfte vorliegen. Der Gesamtgewinn der Mitunternehmerschaft liegt um 20.000 € niedriger als der Gewinn eines Einzelunternehmers liegen würde, der sich einen Unternehmerlohn in Höhe von 20.000 € zahlt. 493

Die herrschende Meinung löst diesen **Wertungskonflikt** dadurch, dass sie auch die von der Kapitalgesellschaft gezahlte Geschäftsführungsvergütung als Sonderbetriebs- 494 einnahme des natürlichen Mitunternehmers umqualifiziert.[148] Zumindest wenn die Kapitalgesellschaft keine eigene wirtschaftliche Tätigkeit ausübt, sondern nur die Geschäftsführung bei der Personengesellschaft übernimmt (sog. **„typische" GmbH & Co. KG**), erhalte auch der Geschäftsführer der Kapitalgesellschaft letztlich eine Vergütung für eine Tätigkeit „im Dienste der [Personen-]Gesellschaft". Auch werde die Vergütung zumindest wirtschaftlich auch von der Personengesellschaft getragen.[149] Diese gleich doppelte Dehnung des Wortlauts von § 15 Abs. 1 S. 1 Nr. 2 S. 1 Hs. 2 EStG ist auch systematisch angreifbar, weil das Gesetz nur für doppelstöckige Personengesellschaften eine Sonderregelung in § 15 Abs. 1 S. 1 Nr. 2 S. 2 EStG vorsieht und Kapitalgesellschaften wegen des Trennungsprinzips steuerlich grundsätzlich gerade nicht so behandelt werden wie transparente Personengesellschaften. Rechtfertigen lässt sich die herrschende Meinung nur, wenn man den Vergleich zwischen der Mitunternehmerschaft und dem Einzelunternehmer in den Vordergrund stellt und hier zu einer möglichst weitgehenden Gleichbehandlung vor dem Hintergrund einer Besteuerung nach der wirtschaftlichen Leistungsfähigkeit kommen will. Zudem kann zugunsten der herrschenden Meinung angeführt werden, dass andernfalls die vom Gesetzgeber bewusst geschaffene Vorschrift des § 15 Abs. 1 S. 1 Nr. 2 S. 2 EStG ohne größeren Aufwand gestalterisch umgangen werden könnte. Wie weit diese Begründung im Einzelnen trägt, ist aber noch nicht endgültig geklärt.[150]

495 **Fall 72:** A betreibt seinen Fahrradeinzelhandel in Form einer Ein-Personen-GmbH & Co. KG (A-KG): Komplementärin der A-KG und deren einzige Geschäftsführerin und Vertreterin ist die A-GmbH, A ist nur Kommanditist. Gleichzeitig ist er einziger Gesellschafter und Geschäftsführer der A-GmbH, deren einzige Tätigkeit in der Führung der Geschäfte in der A-KG besteht. Im Jahr 17 hat die A-KG einen Handelsbilanzgewinn von 200.000 € ermittelt.

Die A-GmbH erhält von der KG eine marktübliche Geschäftsführungsvergütung in Höhe von 20.000 € pro Jahr. Zusätzlich erhält sie einen Anteil am Gesamtgewinn (220.000 €) als Gewinnvorab nach Abzug dieser Vergütung (200.000 €) in Höhe von 5 %. Im Jahr 17 beläuft sich dieser Gewinnanteil auf 10.000 €. Die A-KG hat die Geschäftsführungsvergütung, aber nicht den Gewinnvorab, bei der Ermittlung des Handelsbilanzgewinns als Betriebsausgabe abgezogen.

A erhält als Geschäftsführer der A-GmbH eine Geschäftsführungsvergütung in Höhe von 25.000 €. Da A lediglich die Geschäftsführungsaufgaben der A-GmbH in der A-KG wahrnimmt, wäre insoweit nur eine Vergütung in Höhe von 20.000 € angemessen.

Welche Einkünfte erzielt die A-GmbH im Veranlagungszeitraum 17?

Welche Einkünfte erzielt A aus seiner Beteiligung an der A-KG im Veranlagungszeitraum 17?

---

148 BFH, Urteil v. 14.2.2006 – VIII R 40/03, BFHE 212, 270 = BStBl II 2008, 182, juris Rn. 44; BFH, Urteil v. 6.7.1999 – VIII R 46/94, BFHE 189, 139 = BStBl II 1999, 720, juris Rn. 15; BFH, Urteil v. 28.5.2020 – IV R 11/18, BFHE 269, 170 = BStBl II 2020, 641; *Wacker*, in: Schmidt, EStG, § 15 Rn. 582; 717; *Krumm*, in: Kirchhof/Seer, EStG, § 15 Rn. 373.
149 Etwas leichter fällt die Begründung der herrschenden Meinung insoweit, wenn die Personengesellschaft selbst an den Geschäftsführer der Kapitalgesellschaft eine Vergütung zahlt.
150 Kritisch etwa *Desens/Bischke* in: Kirchhof/Söhn/Mellinghoff, § 15 Rn. F 308.

Lösung Fall 72:

A. Einkünfte der A-GmbH

Die A-GmbH ist unbeschränkt körperschaftsteuerpflichtig (§ 1 Abs. 1 Nr. 1 KStG) mit ihrem zu versteuernden Einkommen (§ 7 Abs. 1 KStG). Sie erzielt gemäß § 8 Abs. 2 KStG ausschließlich Einkünfte aus Gewerbebetrieb. Die A-GmbH erhält 20.000 € als Geschäftsführervergütung und 10.000 € als Gewinnanteil von der A-KG. Wegen § 8 Abs. 2 KStG kann dahinstehen, ob es sich dabei um Sonderbetriebseinnahmen nach § 15 Abs. 1 S. 1 Nr. 2 S. 1 Hs. 2 Var. 1 EStG handelt. Davon ist die betrieblich veranlasste Geschäftsführervergütung des A in Höhe von 25.000 € als Betriebsausgabe (§ 4 Abs. 4 EStG) abzuziehen, sodass zunächst ein bilanzieller Gewinn von 5.000 € vorliegt.

Der steuerbilanzielle Gewinn könnte aber nach § 8 Abs. 3 S. 2 EStG zu korrigieren sein, wenn die Vergütung eine vGA darstellt. Daher müsste die Gehaltszahlung eine Vermögensminderung oder unterlassene Vermögensmehrung darstellen, die sich auf den Unterschiedsbetrag nach § 4 Abs. 1 EStG ausgewirkt hat, durch das Gesellschaftsverhältnis veranlasst wurde und nicht im Rahmen einer offenen Gewinnausschüttung erfolgte.

Durch die Gehaltszahlung wurde der bilanzielle Gewinn gemindert und ein Zusammenhang mit einer offenen Gewinnausschüttung ist nicht ersichtlich. Es ist davon auszugehen, dass die besonderen Anforderungen an Leistungsbeziehungen zwischen der Gesellschaft und dem beherrschenden Gesellschafter erfüllt sind, sodass nicht schon aus diesem Grund eine Veranlassung durch das Gesellschaftsverhältnis vorliegt. Durch das Gesellschaftsverhältnis veranlasst ist eine Vermögensminderung aber immer dann, wenn ein ordentlicher und gewissenhafter Geschäftsleiter diese nicht hingenommen hätte. Ein gewissenhafter Geschäftsleiter hätte die Vermögensminderung regelmäßig nicht ohne marktübliche Gegenleistung akzeptiert. A hat eine Geschäftsführervergütung in Höhe von 25.000 € erhalten, obwohl die einzige Tätigkeit der A-GmbH in der Geschäftsführung für die A-KG besteht. Dafür erhielt die A-GmbH ihrerseits lediglich 20.000 €. Dem A wird lediglich eine höhere Vergütung bezahlt, um einen hohen Anteil des Gewinns der KG direkt an ihn weiterzuleiten, es liegt also eine Veranlassung durch das Gesellschaftsverhältnis vor.

Mithin ist der Gewinn um den unangemessenen Anteil von 5.000 € zu korrigieren; diese sind dem bilanziellen Gewinn wieder hinzuzurechnen.

Die A-GmbH erzielt im Veranlagungszeitraum 17 Einkünfte von 5.000 € (Bilanzgewinn) + 5.000 € (Korrektur wegen vGA) = 10.000 €.

B. Einkünfte des A aus der KG-Beteiligung an der A-KG

A ist in Deutschland unbeschränkt einkommensteuerpflichtig (§ 1 Abs. 1 S. 1).

Als Gesellschafter könnte er gewerbliche Einkünfte nach § 15 Abs. 1 S. 1 Nr. 2 EStG erzielen. Dazu muss die KG eine Mitunternehmerschaft sein, d.h. alle Gesellschafter müssen über Mitunternehmerinitiative und Mitunternehmerrisiko verfügen und die Gesellschaft muss eine gewerbliche Tätigkeit ausüben. A ist als Kommanditist am Gewinn und Verlust (bis zur Höhe seiner Kommanditeinlage) und an den stillen Reserven beteiligt und trägt damit Mitunternehmerrisiko; seine Kontroll- und Widerspruchsrechte ermöglichen ihm, im Sinn des Merkmals „Mitunternehmerinitiative" auf die Unternehmensführung Einfluss zu nehmen. Beide Merkmale sind auch für die A-GmbH als unbeschränkt haftende und geschäftsführende Komplementärin erfüllt. Schließlich betätigt sich die A-KG mit ihrem Fahrradeinzelhandel auch gewerblich.

Einkünfte sind nach § 2 Abs. 2 S. 1 Nr. 1 EStG der Gewinn. Da die KG als Handelsgesellschaft Formkaufmann (§§ 161 Abs. 1, 105 Abs. 1, 6 Abs. 1 HGB) und damit sowohl handelsrechtlich als auch steuerrechtlich buchführungspflichtig ist (§ 238 Abs. 1 S. 1 HGB,

§ 140 AO), kommt nur eine Gewinnermittlung durch Betriebsvermögensvergleich (§§ 4 Abs. 1, 5 Abs. 1 EStG) in Betracht (vgl. § 4 Abs. 3 S. 1 EStG).

I. Ebene der Gesellschaft

Der von der der A-KG ermittelte Handelsbilanzgewinn beträgt 200.000 €. Zurecht wurde für die Ermittlung des Gewinns die Geschäftsführervergütung in Höhe von 20.000 € als Entgelt für die Geschäftsführungsleistung der A-GmbH gewinnmindernd berücksichtigt. Der Gewinnvorab stellt demgegenüber keine Gegenleistung für eine Tätigkeit der A-GmbH dar, sondern es handelt sich nur um einen Vorgang der Gewinnverteilung, der keinen Einfluss auf das bilanzielle Ergebnis besitzt. Damit wurde der Handelsbilanzgewinn zutreffend ermittelt. Anpassungen aufgrund von steuerrechtlichen Vorschriften sind nicht ersichtlich. Auf A entfällt ein Gewinnanteil von 190.000 €.

II. Ebene des Gesellschafters

Zu den Einkünften des A gehört neben seinem Gewinnanteil (§ 15 Abs. 1 S. 1 Nr. 2 S. 1 Hs. 1 EStG) auch die Vergütung, die er für eine Tätigkeit im Dienst der Gesellschaft von der Gesellschaft erhält (§ 15 Abs. 1 S. 1 Nr. 2 S. 1 Hs. 2 Var. 1 EStG). A ist allerdings nicht Geschäftsführer der A-KG, sondern Geschäftsführer der A-GmbH und erhält auch nur von dieser und nicht von der A-KG eine Vergütung für seine Tätigkeit. Da aber die Tätigkeit der A-GmbH wiederum ausschließlich in der Geschäftsführung der A-KG besteht und die A-GmbH hierfür wiederum ein Entgelt von der A-KG erhält, wird A bei wirtschaftlicher Betrachtung für die A-KG tätig, die auch die dafür entstehende Vergütung wirtschaftlich trägt. Für eine solche wirtschaftliche Betrachtung spricht auch, dass A nicht nur Geschäftsführer der A-GmbH, sondern auch Kommanditist der A-KG ist und sich mithin in einer Doppelrolle befindet, in der er mit der Geschäftsführung zugleich einen Beitrag als Gesellschafter erbringt. Zudem stellt auch nur diese wirtschaftliche Betrachtung die von § 15 Abs. 1 S. 1 Nr. 2 S. 1 Hs. 2 EStG beabsichtigte Gleichbehandlung mit einem Einzelunternehmer her, der durch einen an sich selbst gezahlten „Unternehmerlohn" den Gewinn seines Gewerbebetriebs nicht mindern kann. Zu den Einkünften des D aus seiner Beteiligung als Mitunternehmer zählt also auch die Vergütung, die er von der A-GmbH erhält.

Soweit die Vergütung unangemessen hoch ist, liegt die Veranlassung nicht in der Tätigkeit für die Gesellschaft, sondern in der Beteiligung als Gesellschafter der A-GmbH. Während grds. Einkünfte aus Kapitalvermögen vorliegen (§ 20 Abs. 1 S. 1 Nr. 1, S. 2 EStG), könnte sich eine gemäß § 20 Abs. 8 S. 1 EStG vorrangige Zuordnung zu gewerblichen Einkünften ergeben, wenn der Anteil des A an der A-GmbH zu seinem Sonderbetriebsvermögen bei der A-KG gehört. In Betracht kommt hier nur Sonderbetriebsvermögen II. Durch seine Beteiligung als Alleingesellschafter der Komplementärin erlangt A zusätzliche Stimmrechte in der A-KG und kann maßgeblichen Einfluss ausüben. Mithin wird seine Stellung in der A-KG durch die Beteiligung erheblich gestärkt, sodass der Anteil notwendiges Sonderbetriebsvermögen II darstellt. Ausschüttungen, die auf diesem Anteil beruhen, führen zu Sonderbetriebseinnahmen.

Damit erzielt A aus der KG-Beteiligung Einkünfte in Höhe von 190.000 € (Gewinnanteil) + 20.000 € (fremdüblicher Teil der Vergütung). Dazu kommen 5.000 € (fremdunüblicher Teil der Vergütung), die aber als vGA gemäß § 3 Nr. 40 S. 1 d), S. 2 EStG zu 40 % steuerfrei sind, also lediglich 3.000 €.

Aus der Beteiligung an der A-KG erzielt A im Veranlagungszeitraum 17 insgesamt 213.000 €.

Fall 73: Gesellschafter der X-KG sind die A-GmbH als Komplementärin mit alleiniger Geschäftsführungsbefugnis und Vertretungsmacht sowie die natürlichen Personen A, B und

C. Die A-GmbH erhält eine fixe Geschäftsführungsvergütung in Höhe von 25.000 € pro Jahr.

Einziger Gesellschafter und Geschäftsführer der A-GmbH ist A. Die A-GmbH übt neben ihrer Geschäftsführertätigkeit noch eine eigene Handelstätigkeit aus. A verbringt ca. 1/3 seiner Arbeitszeit mit der Geschäftsführung in der X-KG und ca. 2/3 mit der eigenen Geschäftstätigkeit der GmbH und erhält insgesamt eine Geschäftsführungsvergütung in Höhe 75.000 €.

Welche Sondereinkünfte erzielen die A-GmbH und A aus ihrer Beteiligung an der X-KG?

Lösung Fall 73:

A. Sondereinkünfte der A-GmbH aus ihrer Beteiligung an der X-KG

Bei der Vergütung, welche die A-GmbH für die Geschäftsführung bei der X-KG erhält, handelt es sich um Sonderbetriebseinnahmen (§ 15 Abs. 1 S. 1 Nr. 2 S. 1 Hs. 2 Var. 1 EStG). Davon könnte die Geschäftsführervergütung, die die A-GmbH an A bezahlt, abzuziehen sein. Erforderlich ist, dass die Vergütung durch die Geschäftsführung bei der X-KG veranlasst wurde. Da die A-GmbH auch eine eigene Handelstätigkeit ausübt, ist lediglich ein Teil der Geschäftsführungstätigkeit des A für die A-GmbH durch die Geschäftsführung der A-GmbH bei der X-KG veranlasst; es muss nach sachgerechten Kriterien aufgeteilt werden. Ein sachgerechtes Kriterium stellt hier die Arbeitszeit dar, die A für die verschiedenen Aufgaben bei der A-GmbH aufwendet. A verbringt ein Drittel der Arbeitszeit mit der Geschäftsführung bei der X-KG, sodass ein Drittel seines Gehalts durch diese Tätigkeit veranlasst und mithin als Sonderbetriebsausgabe abziehbar ist.

Damit erzielt die A-GmbH Sondereinkünfte aus der Beteiligung an der X-KG in Höhe von 25.000 € − 1/3 * 75.000 € = 0 €.

B. Sondereinkünfte des A aus seiner Beteiligung an der X-KG

Obwohl A nur mittelbar für die X-KG tätig wird, erzielt er als Mitunternehmer Sonderbetriebseinnahmen (§ 15 Abs. 1 S. 1 Nr. 2 S. 1 Hs. 2 Var. 1 EStG), soweit sein Gehalt von der A-GmbH durch die Geschäftsführung bei der X-KG veranlasst ist (vgl. Fall 27). Legt man die aufgewendete Arbeitszeit als sachgerechtes Abgrenzungskriterium zugrunde, stellt ein Drittel seiner Geschäftsführungsvergütung von der A-GmbH Sonderbetriebseinnahmen dar.

A erzielt aus seiner Beteiligung an der X-KG Sondereinkünfte in Höhe von 1/3 * 75.000 € = 25.000 €.

II. Einkünfteermittlung bei einer Mitunternehmerschaft

Liegen die Tatbestandsvoraussetzungen einer Mitunternehmerschaft vor, bildet diese ein eigenständiges Einkünfteermittlungssubjekt. Mithin ist – wie bei einer natürlichen Person – nach der Qualifikation der Einkünfte mit der Ermittlung der Höhe der Einkünfte auf Ebene der Gesellschaft fortzufahren.

497

Abgrenzung: Liegen die Tatbestandsvoraussetzungen einer Mitunternehmerschaft nicht vor, handelt es sich (nur) um eine vermögensverwaltende Personengesellschaft (dazu noch im Detail unter Rn. 789 ff.). Da es sich bei einer solchen nicht um ein eigenständiges Einkünfteermittlungssubjekt handelt, entfällt die weitere Prüfung auf Ebene der Gesellschaft. Einkünfte werden unmittelbar auf Ebene der Gesellschafter qualifiziert und ermittelt.

498

1. Allgemeines zur Gewinnermittlung

a) Betriebsabgrenzung

499 Nach herrschender Auffassung kann eine **natürliche Person** mehrere gewerbliche, land- und forstwirtschaftliche und selbständige Tätigkeiten organisatorisch verselbständigen und dann mehrere **Betriebe** im Sinne der Gewinnermittlung nach den §§ 4, 5 EStG und §§ 238 ff. HGB haben.[151] Dies spiegelt sich auch in der Formulierung des § 141 AO („für den einzelnen Betrieb") wider. Auf diese Weise können selbständige (z.B. freiberufliche) und gewerbliche Tätigkeiten auseinandergehalten werden, sodass für die freiberuflichen Einkünfte sichergestellt wird, dass die Voraussetzungen des § 18 EStG eingehalten werden. Außerdem wird der Grundfreibetrag der GewSt für jeden Betrieb gewährt. Daher kann auch die Verselbständigung mehrerer unterschiedlicher gewerblicher Tätigkeiten sinnvoll sein. Nach § 1 Abs. 5 PublG werden für die Zwecke der Publizitätspflicht mehrere Gewerbebetriebe eines Einzelkaufmanns allerdings zusammengezogen.

500 Bei rechtsfähigen **Personen- und Kapitalgesellschaften** ist hingegen ein einziger Jahresabschluss für die Gesellschaft zu erstellen (§§ 120-122 HGB, § 264 Abs. 2 HGB). Deshalb kann die Personengesellschaft nach allgemeiner Ansicht nur **einen Betrieb** betreiben,[152] auch wenn sie z.B. eine Bäckerei und mehrere Kioske führt. Die Vorschrift des § 15 Abs. 3 Nr. 1 S. 1 Var. 1 EStG führt außerdem dazu, dass auch nicht gewerbliche Tätigkeiten einer Personengesellschaft als gewerblich gelten, wenn die Gesellschaft auch eine gewerbliche Tätigkeit ausübt („Infektion", siehe unter Rn. 431 ff.). Vermeiden lässt sich diese Rechtsfolge nur, indem man eine weitere Gesellschaft gründet und alle gewerblichen Tätigkeiten auf diese auslagert.

501 Für die Gewinnermittlung bei Mitunternehmerschaften sind daher sämtliche Einkünfte der Gesellschaft zu ermitteln.

502 **Abgrenzung:** Unbeschränkt steuerpflichtige **Kapitalgesellschaften** haben sowohl für körperschaftsteuerliche als auch für gewerbesteuerliche Zwecke nur einen Betrieb (vgl. § 8 Abs. 2 KStG, § 2 Abs. 2 S. 1 GewStG). Gemeinnützige Körperschaften und Stiftungen sind zwar grundsätzlich steuerbefreit (§ 5 Abs. 1 Nr. 9 S. 1 KStG). Sie können aber einen oder mehrere **wirtschaftliche** steuerpflichtige **Geschäftsbetriebe** unterhalten (z.B. Werbeeinnahmen aus wissenschaftlichen Zeitschriften oder Sponsoring einer Universität) und sind dann mit dem konsolidierten Ergebnis aller wirtschaftlichen Geschäftsbetriebe körperschaftsteuerpflichtig (vgl. § 5 Abs. 1 Nr. 9 S. 2 KStG). Für jeden wirtschaftlichen Geschäftsbetrieb ist aber zunächst eigenständig der Gewinn oder Verlust zu ermitteln.[153] Für gewerbesteuerliche Zwecke liegt kraft gesetzlicher Fiktion nur ein Gewerbebetrieb vor (§ 8 GewStDV). Körperschaften des öffentlichen Rechts können mehrere **Betriebe gewerblicher Art** haben (z.B. Bibliotheken und Kindergärten einer Gemeinde), die grundsätzlich separat körperschaft- und gewerbesteuerpflichtig sind (§ 1 Abs. 1 Nr. 6 KStG, § 2 Abs. 1 S. 1 GewStDV). Mehrere Betriebe gewerblicher Art können unter den Voraussetzungen des § 4 Abs. 6 S. 1 KStG zusammengefasst werden (s.u. Rn. 898).

---

151 *Loschelder*, in: Schmidt, EStG, § 4 EStG Rn. 27; zur Gewerbesteuerpflicht R 2.4 GewStR 2009.
152 BFH, Urteil v. 25.6.1996 – VIII R 28/94, BFHE 181, 133 = BStBl II 1997, 202, juris Rn. 21.
153 Etwas anderes folgt auch nicht aus § 64 Abs. 2 AO, der nur die gemeinnützigkeitssteuerrechtliche Frage der Mittelverwendung betrifft; vgl. *Hüttemann*, Gemeinnützigkeits- und Spendenrecht, Rn. 7.45 f. m.w.N.

b) Bilanzbündeltheorie als Vorläuferin der zweistufigen Gewinnermittlung

Personengesellschaften sind steuerrechtlich transparent. Die erzielten Einkünfte werden den Gesellschaftern nach § 15 Abs. 1 S. 1 Nr. 2 EStG als Einkünfte aus Gewerbebetrieb zugerechnet und bei diesen nach deren jeweiligen persönlichen Verhältnissen versteuert – entsprechendes gilt für selbständige (§ 18 Abs. 4 S. 2 EStG) und land- und forstwirtschaftliche (§ 13 Abs. 7 EStG) Mitunternehmerschaften. Die Gesellschaft als solche unterliegt mit ihrem Gesamtgewinn nicht der Einkommensteuer. Aus dieser Regelung ist von *Enno Becker*[154] und dem RFH[155] die zunächst auch vom BFH übernommene Bilanzbündeltheorie entwickelt worden.[156] Hiernach wird die Personengesellschaft nur als eine **Zusammenfassung der Unternehmen der einzelnen Gesellschafter** angesehen. Die Bilanz und der Gewinn der Gesellschaft sind ein Bündel aus Einzelbilanzen und Einzelgewinnen.[157] Die gesetzliche Grundlage für diese Ansicht bildet § 15 Abs. 1 S. 1 Nr. 2 S. 1 Hs. 2 EStG. Danach müssen die Entgelte für bestimmte Leistungen dem gewerblichen Gewinn hinzugerechnet werden.

503

Hintergrund: Die Folge der Bilanzbündeltheorie bestand vor allem darin, dass schuldrechtliche Beziehungen zwischen Gesellschaft und Gesellschafter abweichend vom Zivilrecht steuerrechtlich grundsätzlich nicht anerkannt wurden. Ebenso wie ein Einzelunternehmer mit sich selbst keine Geschäfte abschließen kann, wurde dies auch für die Personengesellschaft abgelehnt. Was die Gesellschaft an den Gesellschafter leistet, war dann auch außerhalb der ausdrücklich in § 15 Abs. 1 S. 1 Nr. 2 S. 1 Hs. 2 EStG genannten Leistungen eine Entnahme des Gesellschafters aus der Gesellschaft. Deshalb wurde die Differenz aus der Übertragung von Wirtschaftsgütern (Aufdeckung der stillen Reserven) ebenso wie bei den in § 15 Abs. 1 S. 1 Nr. 2 S. 1 Hs. 2 EStG ausdrücklich genannten Geschäften (Miete, Pacht, Darlehen und Dienstverhältnis) nur bei dem betroffenen Gesellschafter als Einlage oder Entnahme gebucht und erhöhte oder verminderte bei ihm den gewerbesteuerlichen Gewinn.

504

Für Warenlieferungen und Lieferantenkredite im üblichen Geschäftsverkehr wurde allerdings eine Ausnahme zugelassen.[158] Hier konnte der Gesellschafter wie ein fremder Dritter mit der Gesellschaft auch steuerlich wirksam Geschäfte schließen. Beispiel hierfür war der Gesellschafter einer Kaufhaus-OHG, der bei sich im Geschäft einkauft.

c) Zweistufige Gewinnermittlung mit Gesamthands- und Sonderbereich (§ 15 Abs. 1 S. 1 Nr. 2 S. 1 Hs. 1 und 2 EStG)

Heute wird die Bilanzbündeltheorie als erledigt betrachtet. Auch die Rechtsprechung beruft sich nicht mehr ausdrücklich auf sie. Man nimmt stattdessen eine **zweistufige Gewinnermittlung** vor. Nach heute herrschender Ansicht ist eine Personengesellschaft jedenfalls insoweit **Steuerrechtssubjekt, als es um die Feststellung der Einkunftsart und die Ermittlung der Einkünfte** geht. Damit wird die Gesellschaft in-

505

---

154 *Becker*, Die Grundlagen der Einkommensteuer, 1940, S. 94.
155 RFH, Urteil v. 14.7.1937 – VI A 422/37, RStBl 1937, 937; *Hallerbach*, Die Personengesellschaft im Einkommensteuerrecht, 1999, S. 108–110.
156 BFH, Urteil v. 15.11.1957 – VI 43/56 U, BFHE 66, 171 = BStBl III 1958, 68, juris Rn. 7; BFH, Urteil v. 14.1.1958 – I 159/57 U, BFHE 66, 193 = BStBl III 1958, 75, juris Rn. 5.
157 BFH, Urteil v. 22.1.1970 – IV R 47/68, BFHE 98, 479 = BStBl II 1970, 415, juris Rn. 10; BFH, Beschluss v. 19.10.1970 – GrS 1/70, BFHE 101, 62 = BStBl II 1971, 177, juris Rn. 9.
158 BFH, Urteil v. 14.6.1960 – I 37/60 U, BFHE 72, 326 = BStBl III 1961, 123, juris Rn. 2; BFH, Urteil v. 14.3.1969 – III R 108/67, BFHE 95, 546 = BStBl II 1969, 480.

soweit als Einheit betrachtet (**Einheitstheorie**). Auf einer ersten Stufe ist der Gewinn der Personengesellschaft zu ermitteln, während auf der zweiten Stufe die Verhältnisse der einzelnen Gesellschafter zu berücksichtigen sind.[159]

506 Auf der **ersten Stufe (Gesamthandsbereich)** sind Rechtsbeziehungen zwischen der Gesellschaft und den Gesellschaftern, soweit sie der Sphäre der Einkommenserzielung der Gesellschaft zuzuordnen sind, wie Rechtsbeziehungen zu fremden Dritten zu behandeln. Es gilt – wie sonst auch – der Veranlassungsgrundsatz. An die Gesellschafter geleistete Zahlungen, deren Grund in einem gesonderten Rechtsgeschäft liegt, sind bei der Gesellschaft damit Betriebsausgaben und mindern deren Gewinn. Dazu gehören auch die in § 15 Abs. 1 S. 1 Nr. 2 S. 1 Hs. 2 EStG genannten Sondervergütungen des Gesellschafters. Der so ermittelte Gesamthandsgewinn wird nach der gesellschaftsvertraglich festgelegten Gewinnverteilung auf die Gesellschafter verteilt. Erst auf der **zweiten Stufe (Sonderbereich)** der Ermittlung der Einkünfte der *Gesellschafter* sind ihrem derart berechneten Gewinnanteil die in § 15 Abs. 1 S. 1 Nr. 2 S. 1 Hs. 2 EStG genannten Sondervergütungen als Sonderbetriebseinnahmen wieder hinzuzurechnen. Auch wenn die Norm ihrem Wortlaut nach nur die vom Gesellschafter erhaltenen Vergütungen umqualifiziert, geht von ihr eine umfassende Wirkung aus: Soweit den Sonderbetriebseinnahmen Ausgaben gegenüberstehen, handelt es sich um bei der Ermittlung der Einkünfte aus Gewerbebetrieb des Mitunternehmers zu berücksichtigende Sonderbetriebsausgaben.[160] Die Wirtschaftsgüter des Mitunternehmers, die dieser zum Erzielen der Sonderbetriebseinnahmen verwendet, stellen Sonderbetriebsvermögen dar und sind deshalb auch bei einer Veräußerung durch den Gesellschafter steuerverhaftet.[161] Auf Ebene des Gesellschafters entsteht also eine eigene betriebliche Vermögenssphäre.

507 **Fall 74:** Gesellschafter der gewerblich tätigen X-OHG sind A und B. A ist alleiniger Geschäftsführer der OHG und erhält dafür auf Grundlage eines gesonderten (Dienst-)Vertrags eine fixe Vergütung. B vermietet an die Gesellschaft ein Grundstück, das sie für ihre geschäftliche Tätigkeit benötigt.

Wie sind die entsprechenden Zahlungen auf Ebene der X-OHG zu behandeln? Welche Einkünfte erzielen A und B?

Lösung Fall 74: Sowohl die Vergütung an A als auch die Miete an B sind aus Sicht der OHG betrieblich veranlasste Aufwendungen und stellen damit bei der Ermittlung ihres Gewinns Betriebsausgaben dar (erste Stufe/Gesamthandsbereich). Für A und B stellen die erhaltenen Zahlungen in einem zweiten Schritt Sonderbetriebseinnahmen im Sinne von § 15

---

[159] BFH, Urteil v. 24.3.1983 – IV R 123/80, BFHE 138, 337 = BStBl II 1983, 598, juris Rn. 15 m.w.N.; BFH, Beschluss v. 25.6.1984 – GrS 4/82, BFHE 141, 405 = BStBl II 1984, 751, juris Rn. 137 ff.; BFH, Beschluss v. 25.2.1991 – GrS 7/89, BFHE 163, 1 = BStBl II 1991, 691, juris Rn. 89; BFH, Beschluss v. 3.5.1993 – GrS 3/92, BFHE 171, 246 = BStBl II 1993, 616, juris Rn. 63; BFH, Beschluss v. 3.7.1995 – GrS 1/93, BFHE 178, 86 = BStBl II 1995, 617, juris Rn. 53; diff. *Bodden*, FR 2002, 559.; *ders.*, DStZ 2002, 391 ff.
[160] *Birk/Desens/Tappe*, Steuerrecht, Rn. 1187.
[161] St. Rspr. seit RFH, Urteil v. 22.10.1931 – VI A 1949/29, RStBl 1932, 388; RFH, Urteil v. 26.11.1931 – VI A 1978/31, RStBl 1932, 624; zust. BVerfG, Beschluss v. 15.7.1969 – 1 BvR 457/66, BVerfGE 26, 327 = BStBl II 1969, 718, juris Rn. 17; BVerfG, Beschluss v. 30.1.1985 – 1 BvR 279/83, NJW 1985, 1891.

Abs. 1 S. 1 Nr. 2 S. 1 Hs. 2 EStG dar (zweite Stufe/Sonderbereich). B kann diese Sonderbetriebseinnahmen um sämtliche mit dem Grundstück im Zusammenhang stehende Aufwendungen (Sonderbetriebsausgaben) mindern (z.B. Grundsteuer, ggf. Abschreibungen). Wenn B das Grundstück veräußert, zählt auch der sich ergebende Gewinn zu den Einkünften aus Gewerbebetrieb, weil es sich um Sonderbetriebsvermögen handelt.

Diese zweistufige Gewinnermittlung entnimmt die Rechtsprechung vor allem der Verwendung des Wortes „und" in § 15 Abs. 1 S. 1 Nr. 2 S. 1 EStG, das die Gewinnanteile der Gesellschafter *und* die Sondervergütungen additiv verknüpft und damit schuldrechtliche Beziehungen zwischen der Gesellschaft und dem Gesellschafter voraussetzt und anerkennt.[162] Die Anknüpfung an den Gesetzeswortlaut verdeutlicht zugleich auch die begrenzte Reichweite der zweistufigen Gewinnermittlung: Nur Vergütungen für die im Gesetz genannten gesonderten Leistungen des Gesellschafters werden auf der zweiten Stufe als Sonderbetriebseinnahmen erfasst.

508

Ist eine Zahlung von der Gesellschaft an den Gesellschafter nicht durch dessen Tätigkeit im Dienste der Gesellschaft, die Hingabe eines Darlehens oder die Überlassung eines Wirtschaftsguts veranlasst, bleibt es bei der allgemeinen Abgrenzung nach dem **Veranlassungszusammenhang** (vgl. § 4 Abs. 4 EStG). So führt eine Zahlung, die aus Sicht der Gesellschaft nicht durch den Geschäftsbetrieb veranlasst ist, zu Entnahmen des Gesellschafters und nicht zu Betriebsausgaben. Es liegen dann auf Ebene des Gesellschafters auch keine Sonderbetriebseinnahmen vor.

509

Fall 75: Gesellschafter der gewerblich tätigen X-OHG sind A und B. Beide führen die Geschäfte der OHG gemeinsam. Hierfür erhalten sie aber kein fixes Gehalt von der OHG. Vielmehr ist gesellschaftsvertraglich lediglich vereinbart, dass sämtliche Gewinne der OHG zu jeweils 50 % auf die Gesellschafter verteilt werden. Um ihren privaten Lebensunterhalt finanzieren zu können, haben A und B weiterhin vereinbart, dass in regelmäßigen Abständen Abschlagszahlungen vom Konto der OHG auf ihre privaten Konten überwiesen werden. Gewinnanteile werden dem Kapitalkonto des jeweiligen Gesellschafters gutgeschrieben, die Abschlagszahlungen werden dem Kapitalkonto belastet.
Wie sind die Zahlungen aus Sicht der OHG zu behandeln? Welche Konsequenzen ergeben sich aus Sicht von A und B?

510

Lösung Fall 75: Aus Sicht der OHG sind die Überweisungen nicht betrieblich, sondern durch die Stellung von A und B als Gesellschafter veranlasst. Es handelt sich mithin nicht um Betriebsausgaben, sondern um Entnahmen der Gesellschafter. A und B müssen ihren Anteil am Gewinn unabhängig vom Zeitpunkt der Entnahmen als Einkünfte aus Gewerbebetrieb versteuern (Transparenzprinzip, § 15 Abs. 1 S. 1 Nr. 2 S. 2 Hs. 1 EStG).

Auch wenn eine Zahlung an den Gesellschafter aus Sicht der Gesellschaft betrieblich veranlasst ist, weil eine gesonderte Leistung des Gesellschafters aus einem Rechtsgeschäft mit der Gesellschaft vergütet wird, muss das nicht unbedingt gleichzeitig zu einer Hinzurechnung auf Ebene des Gesellschafters führen. Es gibt Rechtsgeschäfte (insbesondere die **Übertragung von Wirtschaftsgütern** von dem Gesellschafter auf

511

---
[162] BFH, Beschluss v. 25.2.1991 – GrS 7/89, BFHE 163, 1 = BStBl II 1991, 691, juris Rn. 71 m.w.N.

die Gesellschaft, dazu noch im Einzelnen unter Rn. 536 ff.), die nicht unter § 15 Abs. 1 S. 1 Nr. 2 S. 1 Hs. 2 EStG fallen. Diese Geschäfte werden – zumindest insoweit die vereinbarten Entgelte fremdüblich sind – so behandelt wie Geschäfte mit fremden Dritten: Erwirbt die Gesellschaft ein Wirtschaftsgut von einem Gesellschafter, werden die Aufwendungen genauso behandelt, wie wenn das Wirtschaftsgut von einem fremden Dritten erworben wird. Ob und welche Einkünfte der Gesellschafter mit der Veräußerung erzielt, hängt davon ab, wie das Wirtschaftsgut bisher genutzt wurde. Veräußert die Gesellschaft ein Wirtschaftsgut an einen Gesellschafter oder erbringt sie eine Dienstleistung an ihn, so zählt der entstehende Gewinn zu den betrieblichen Einnahmen der Gesellschaft und wird nach der gesellschaftsinternen Gewinnverteilung auf die einzelnen Gesellschafter verteilt. Die Behandlung der Aufwendungen beim Gesellschafter hängt abermals von der Verwendung der bezogenen Leistung ab.

512 Zusammenfassend können sich also drei verschiedene Konstellationen ergeben:

Die Gesellschaft zahlt an den Gesellschafter eine gesonderte Vergütung für eine Leistung im Sinne von § 15 Abs. 1 S. 1 Nr. 2 S. 1 Hs. 2 EStG. Bsp.: Die Gesellschaft bezahlt dem Gesellschafter eine Geschäftsführervergütung.	Auf Ebene der Gesellschaft liegen Betriebsausgaben vor. Auf Ebene des Gesellschafters liegen Sonderbetriebseinnahmen vor.
Die Gesellschaft zahlt an den Gesellschafter eine gesonderte Vergütung für eine Leistung, die nicht unter § 15 Abs. 1 S. 1 Nr. 2 S. 1 Hs. 2 EStG fällt. Bsp.: Die Gesellschaft erwirbt vom Gesellschafter Wertpapiere zum Preis von 1.000,- €, die der Gesellschafter zuvor für 800,- € erworben hat.	Auf Ebene der Gesellschaft liegen Anschaffungskosten vor. Auf Ebene des Gesellschafters erfolgt eine „normale" Einkünftequalifikation, im Beispiel als Kapitaleinkünfte in Höhe von 200,- € (§ 20 Abs. 2 S. 1 Nr. 1 EStG).
Die Gesellschaft zahlt an den Gesellschafter, ohne dass hiermit eine besondere Leistung vergütet wird. Bsp.: Aufgrund eines erfolgreichen Geschäftsjahres überweisen sich A und B als Gesellschafter der AB-OHG jeweils 10.000 € auf ihr Konto.	Auf Ebene der Gesellschaft liegen Entnahmen des Gesellschafters vor, sodass die Auszahlung nicht zu steuerlichem Aufwand führt. Der Gesellschafter erzielt neben seinem Anteil am Gesamtgewinn der Gesellschaft keine zusätzlichen Einkünfte.

d) Ergänzungsrechnungen als Korrekturposten zum Gesamthandsbereich

513 Die zweistufige Gewinnermittlung, bei der die Gesellschaft auf der ersten Stufe als Einheit behandelt wird, führt dazu, dass die Erträge und Aufwendungen auf Gesamthandsebene im Ergebnis – dem Transparenzprinzip entsprechend – den Mitunternehmern entsprechend ihrer Gewinnbeteiligung anteilig zugerechnet werden.

514 Beispiel: An der gewerblich tätigen X-OHG sind A und B zu jeweils 50 % beteiligt. Nach dem Gesellschaftsvertrag werden Gewinne und Verluste den Gesellschaftern entsprechend ihren Beteiligungsquoten zugerechnet. Im Vermögen der X-OHG befindet sich ein unbebautes Grundstück (Anschaffungskosten 100.000 €), das die OHG für 400.000 € veräußert.

Unterstellt, es gibt keine weiteren Geschäftsvorfälle, so ergibt sich auf Ebene der OHG ein Gewinn in Höhe von 300.000 €, der von A und B in Höhe von jeweils 150.000 € als Einkünfte aus Gewerbebetrieb versteuert wird. Gedanklich werden den Gesellschaftern sowohl der Erlös (jeweils 200.000 €) als auch die Anschaffungskosten (jeweils 50.000 €) entsprechend der Gewinnanteile zugerechnet.

Dieses Vorgehen führt allerdings dann zu wirtschaftlich unzutreffenden Ergebnissen, wenn die Gesellschafter für eine nominell gleiche Beteiligung am Gewinn der Gesellschaft unterschiedlich hohe Beträge aufgewendet haben. Dieses Problem ergibt sich häufig infolge eines Gesellschafterwechsels: Übernimmt ein neuer Gesellschafter einen Gesellschaftsanteil, liegt der Preis typischerweise über den (fortgeführten) historischen Anschaffungskosten der einzelnen Wirtschaftsgüter, da stille Reserven von dem Erwerber vergütet werden. Der Eintretende hat also mehr für die einzelnen Wirtschaftsgüter aufgewendet als die Altgesellschafter. Da der Gewinn auf Gesamthandsebene einheitlich ermittelt wird, lässt sich dieser Unterschied aber nicht ohne Weiteres abbilden. Eine Korrektur im gesellschafterspezifischen Sonderbereich scheidet aus, weil keine Verbindung zu den in § 15 Abs. 1 S. 1 Nr. 2 S. 1 Hs. 2 EStG genannten Vergütungen besteht. 515

Beispiel (Fortsetzung Rn. 514): Bevor die Gesellschaft das Grundstück veräußert, überträgt B seinen Gesellschaftsanteil auf C. Von dem gezahlten Kaufpreis entfällt auf das unbebaute Grundstück ein Wert in Höhe von 200.000 €. Nun veräußert die Gesellschaft das Grundstück. 516

Auf Gesamthandsebene verändert sich die Behandlung des Geschäftsvorfalls nicht, d.h. es ergibt sich abermals ein Gewinn in Höhe von 300.000 €. C müsste also einen Gewinn in Höhe von 150.000 € versteuern. Dies wäre wirtschaftlich betrachtet aber unzutreffend, weil er für das Grundstück einen viermal so hohen Preis bezahlt hat wie sein Mitgesellschafter. Vergleicht man den auf ihn entfallenden Erlösanteil (200.000 €) mit den von ihm für das Grundstück gezahlten Anschaffungskosten (200.000 €), muss er im Ergebnis aus diesem Geschäftsvorfall keinen Gewinn versteuern.

Um dem eintretenden Gesellschafter die entsprechenden höheren Anschaffungskosten zurechnen zu können, wird eine gesellschafterspezifische **positive** Ergänzungsrechnung, in der Regel in Form einer **Ergänzungsbilanz**, erstellt. Ergänzungsbilanzen vervollständigen damit die Gewinnermittlung auf Ebene der Gesellschaft. Anders als Sonderbilanzen knüpfen sie nicht an eine bestimmte Leistungsbeziehung zwischen Gesellschaft und Gesellschafter an, sondern stellen eine weitere Konsequenz aus der transparenten Besteuerung der Personengesellschaften dar: Die Ergänzungsbilanz enthält auf der Passivseite den Mehrpreis als Mehrkapital, der auf der Aktivseite auf die einzelnen Wirtschaftsgüter mit stillen Reserven aufgeteilt wird. 517

Lösung des Beispiels: Für C ist eine Ergänzungsbilanz zu erstellen, in der seine zusätzlichen Anschaffungskosten für das Grundstück ausgewiesen werden. 518

Aktiva	Passiva
Mehrwert Grundstück 150.000 €	Mehrkapital 150.000 €

Im Zeitpunkt der Veräußerung ergibt sich aus der Ergänzungsbilanz ein Verlust in Höhe von 150.000 €, der mit dem Gewinn in gleicher Höhe verrechnet wird, den A aus der Gesamthandsbilanz zugerechnet bekommt. Damit wird das wirtschaftlich zutreffende Ergebnis erzielt: C muss aus der Veräußerung keinen Gewinn versteuern. Diese Verrechnung findet also auf der 1.

Ebene der Gewinnermittlung statt, aber nur bei dem jeweiligen Gesellschafter. Da die Korrektur die Beteiligung an dem Gesamthandsvermögen betrifft und nicht das Sonderbetriebsvermögen, berühren die Ergänzungsrechnungen nicht die 2. Ebene der Gewinnermittlung, den Sonderbereich.

519 In den Folgejahren ist eine Ergänzungsbilanz ggf. fortzuführen. Der Gewinnanteil des Gesellschafters wird dann durch das Ergebnis seiner Ergänzungsbilanz korrigiert. Die Anschaffungskosten sind so fortzuführen, dass der Gesellschafter so weit wie möglich einem Einzelunternehmer gleichgestellt wird, dem Anschaffungskosten für die Wirtschaftsgüter entstanden sind.[163]

520 **Fall 76:** An der A-KG sind A als Komplementär und B als Kommanditist beteiligt. Die Kapitalkonten betragen jeweils 100.000 €. Verbindlichkeiten bestehen nicht. Als aktive Wirtschaftsgüter sind neben dem Barvermögen (20.000 €) Forderungen (60.000 €), Patente (60.000 €) sowie Maschinen (60.000 € betriebsgewöhnliche Nutzungsdauer noch fünf Jahre) ausgewiesen. B veräußert seine Beteiligung an C zu einem Preis von 160.000 €. Der Mehrpreis von 60.000 € entfällt zu gleichen Teilen auf die Patente und die beweglichen Wirtschaftsgüter. Was ist die Folge?

Lösung Fall 76: Die Bilanz der Personengesellschaft bleibt unverändert, nur die Zuordnung des Kapitalkontos ändert sich von B auf C. C erstellt aber eine Ergänzungsbilanz, in der er die erhöhten Anschaffungskosten ausweist:

Aktiva	Passiva
Mehrwert Patente 30.000 €	Mehrkapital 60.000 €
Mehrwert Maschinen 30.000 €	

In der Folge schreibt C auch seine zusätzlichen Anschaffungskosten für die Maschinen über die verbleibende Restnutzungsdauer nach § 7 Abs. 1 EStG ab (also in Höhe von 6.000 € pro Jahr). Es ergeben sich entsprechende Verluste aus der Ergänzungsbilanz, die seine Gewinne aus der Gesamthandsbilanz mindern.

521 Gleichermaßen können negative Ergänzungsbilanzen für einzelne Gesellschafter gebildet werden. Dies erfolgt insbesondere dann, wenn eine Aufdeckung von stillen Reserven aufgrund von Sondervorschriften bei einzelnen Gesellschaftern unterbleiben kann. Das kann sich zum Beispiel aus der **gesellschafterbezogenen Betrachtung bei § 6b EStG**[164] ergeben: Für jeden Gesellschafter ist separat zu prüfen, ob die Voraussetzungen für eine Abschreibung nach § 6b Abs. 1 EStG bzw. für eine Rücklagenbildung nach § 6b Abs. 3 EStG vorliegen und ob ein Antrag gestellt wurde. Um diese gesellschafterbezogene Behandlung umzusetzen, werden entsprechende Minderungen der Anschaffungskosten (§ 6b Abs. 1 EStG) bzw. die Bildung entsprechender Rücklagen (§ 6b Abs. 3 EStG) nur in (negativen) Ergänzungsbilanzen abgebildet: Auf der Passivseite wird die Rücklage bzw. die Minderung der Anschaffungskosten erfasst, dem steht ein Minderkapital auf der Aktivseite entgegen. In den Folgejahren

---
163 BFH, Urteil v. 20.11.2014 – IV R 1/11, BFHE 248, 28, juris Rn. 13 ff.
164 Vgl. nur BFH, Urteil v. 22.11.2018 – VI R 50/16, BFHE 263, 44 = BStBl II 2019, 313, Rn. 22, 26; BFH, Urteil v. 9.11.2017 – IV R 19/14, BFHE 260, 121 = BStBl II 2018, 575, Rn. 27; jew. m.w.N.

werden ggf. bestehende höhere Abschreibungen in der Gesamthandsbilanz in der Ergänzungsbilanz korrigiert.

Fall 77: A, B und D sind zu je 1/3 Gesellschafter der X-OHG, die als gewerbliche Mitunternehmerschaft einen Baustoffhandel betreibt. A und B sind Gründungsgesellschafter, D hat zum 1.1.14 den Anteil des dritten Gründungsgesellschafters C entgeltlich erworben.

Zum Betriebsvermögen gehört ein unbebautes Grundstück, das die OHG am 30.6.09 für 120.000 € mit dem Ziel erworben hat, dort ggf. Baustoffe zu lagern. Diese Pläne verwirklichten sich jedoch zunächst nicht, das Grundstück lag brach und es waren keine nennenswerten Wertsteigerungen zu verzeichnen. Nachdem es im Jahr 15 zu Bauland erklärt und im Jahr 16 als Teil eines neuen Gewerbegebiets erschlossen wurde, ergibt sich für die OHG eine attraktive Verkaufsmöglichkeit. Zum 31.12.16 verkauft sie das Grundstück für 300.000 €.

Der Gewinn soll zum Erwerb eines anderen Grundstücks in unmittelbarer Nachbarschaft des Stammsitzes der OHG verwendet werden. Alle Gesellschafter wollen daher möglichst auf eine Aufdeckung der stillen Reserven verzichten und diese – soweit zulässig – auf das neue Grundstück, das voraussichtlich im Jahr 18 oder 19 erworben werden soll, übertragen. Welche steuerlichen Rechtsfolgen ergeben sich in Bezug auf das Grundstück zum 31.12.16?

Lösung Fall 77: In der Gesamthandsbilanz führt die Veräußerung zur Aufdeckung der stillen Reserven. Es ergibt sich ein Gewinn in Höhe von 180.000 €.

Grundsätzlich ist dieser Gewinn nach § 6b Abs. 1 S. 1 EStG begünstigungsfähig (Veräußerung von Grund und Boden), sodass nach § 6b Abs. 3 EStG eine gewinnmindernde Rücklage gebildet werden könnte. Dies gilt allerdings nur insoweit auch die Voraussetzungen von § 6b Abs. 4 EStG in der Person des einzelnen Mitunternehmers erfüllt sind. Die Voraussetzung, dass das veräußerte Grundstück für mindestens sechs Jahre ununterbrochen zu einem inländischen Betriebsvermögen des Steuerpflichtigen gehört haben muss (§ 6b Abs. 4 S. 1 Nr. 2 EStG), ist indes nur für A und B erfüllt, die auch schon bei Erwerb des Grundstücks an der OHG beteiligt waren. Nur A und B können daher eine anteilige Rücklage nach § 6b Abs. 3 EStG bilden und damit die stillen Reserven auf das zukünftig erworbene Grundstück übertragen. D hingegen muss die stillen Reserven versteuern.

Um die Rücklagen für A und B zu bilden, wird zum 31.12.16 jeweils eine Ergänzungsbilanz aufgestellt:

Aktiva	Passiva
Rücklage § 6b Abs. 3 EStG 60.000 €	Minderwert Grund und Boden 60.000 €

Die gewinnmindernde Bildung der Rücklage gleicht für A und B die Aufdeckung der stillen Reserven in der Gesamthandsbilanz aus, sodass A und B im Ergebnis aus dem Geschäftsvorgang keinen Gewinn versteuern müssen.

Ergänzungsbilanzen vervollständigen die Gewinnermittlung auf Ebene der Gesellschaft noch in einer weiteren Hinsicht: Wenn eine spezialgesetzliche Steuernorm spezifische persönliche Anforderungen aufstellt, werden diese trotz einheitlicher Gewinnermittlung auf Ebene der Gesellschaft für jeden Gesellschafter mit Hilfe einer Ergänzungsbilanz separat beantwortet. Die Einheit der Gesellschaft auf Gesamthandsebene kennt damit auch Grenzen.

524 **Fall 78:** A ist mit einem Anteil von 1/3 an einer GmbH & Co. KG beteiligt. Zum Betriebsvermögen gehört ein zu Wohnzwecken vermietetes bebautes Grundstück. Anschaffungs- bzw. Herstellungskosten waren 150.000 € für Grund und Boden und 300.000 € für das Gebäude. Hierfür nimmt die KG gemäß § 7 Abs. 5 S. 1 Nr. 3 b) EStG eine Sonder-AfA in Höhe von 5 % seit 02 in Anspruch. Was passiert, wenn A seinen Anteil an B zum 1.1.04 zum Buchwert veräußert?

Lösung Fall 78:

	AK/HK	Anteiliger (1/3) Buchwert zum 31.12.03
Grund und Boden	150.000 €	50.000 €
Gebäude	300.000 € (Buchwert: abzgl. 2 x 15.000 € AfA = 270.000 €)	90.000 €

A. Gewinnermittlung auf Ebene der Gesellschaft

Die Abschreibung auf Ebene der Gesellschaft bleibt unverändert. Auch im dritten Jahr 04 wird eine 5 %ige Abschreibung in Höhe von 15.000 € auf das Gebäude vorgenommen, das dann einen Buchwert von 255.000 € aufweist (plus 150.000 € für Grund und Boden = 405.000 €).

B. Gewinnermittlung bei B

Die Sonderabschreibungen werden nur den Herstellern eines Gebäudes gewährt. Ein später eintretender Gesellschafter hat das Gebäude aber nicht hergestellt, sondern wird so behandelt, als hätte er es anteilig erworben. Auch die Abschreibung der auf ihn entfallenden anteiligen Anschaffungskosten ist ausgehend von dieser Perspektive vorzunehmen.[165] B hat das Gebäude zum Buchwert in Höhe von 90.000 € übernommen. Er kann nur die lineare Abschreibung nach § 7 Abs. 4 S. 1 Nr. 2 a) EStG in Höhe von 2 % in Anspruch nehmen, also jährlich 1.800 €. Damit ist das Gebäude dem B mit einem höheren Wert zuzurechnen, als es in der Gesamthandsbilanz ausgewiesen wird. Die Differenz zum Anteil der Sonderabschreibung, die auf B entfällt, ist als Mehrwert des Grundstücks in seiner Ergänzungsbilanz auszuweisen.

Ergänzungsbilanz des B zum 1.1.04

Aktiva		Passiva	
Mehrwert Gebäude	0 €	Mehrkapital	0 €

Die Ergänzungsbilanz wird entsprechend fortentwickelt. Im Jahr 04 führt die Sonderabschreibung von 5 % zu einem Aufwand von 5.000 €. B kann aber nur 2 % * 90.000 € = 1.800 € geltend machen. Die Differenz von 3.200 € wird in seiner Ergänzungsbilanz als Minderabschreibung und damit als Ertrag erfasst:

Ergänzungsbilanz des B zum 31.12.04

Aktiva		Passiva	
Mehrwert Gebäude	3.200 €	Mehrkapital	3.200 €

---

165 BFH, Urteil v. 20.11.2014 – IV R 1/11 –, BFHE 248, 28, BStBl II 2017, 34 Rn. 19 m.w.N.

> Bei der Ermittlung des Gewinnanteils des B ist die Veränderung seiner Ergänzungsbilanz miteinzubeziehen. Hier entsteht im Jahr 04 ein Ertrag in Höhe von 3.200 €, der zu dem Gewinnanteil des B hinzuaddiert werden muss. Dies führt (konsequent) dazu, dass für B nicht die Sonderabschreibung von 5.000 €, sondern nur die lineare Abschreibung von 1.800 € gilt.

2. Gesamthandsbereich

a) Gewinnermittlungsart

Die Gewinnermittlung erfolgt zunächst auf der Ebene der Gesellschaft (kollektive Gewinnermittlung) durch Betriebsvermögensvergleich (§§ 4, 5 EStG) oder Einnahmen-Überschuss-Rechnung (§ 4 Abs. 3 EStG) und in einem zweiten Schritt auf der Ebene der Gesellschafter (individuelle Gewinnermittlung). Die Gewinnermittlung auf der ersten Stufe erfolgt auf der Grundlage der Handelsbilanz durch Modifizierung zur Steuerbilanz nach § 5 Abs. 1 EStG oder durch Einnahmen-Überschuss-Rechnung bei nicht buchführungspflichtigen Kleinunternehmern oder Freiberuflern nach § 4 Abs. 3 EStG. Die Behandlung einzelner Geschäftsvorfälle unterscheidet sich dabei grundsätzlich nicht von derjenigen bei einer natürlichen Person (Rn. 196 ff.).

b) Gewinnverteilung

Der Gewinn aus der Steuerbilanz wird gemäß der **gesellschaftsrechtlichen Abrede** unter den Gesellschaftern auf diese auch mit steuerrechtlicher Wirkung verteilt. Folgende Besonderheiten sind jedoch zu beachten:

In der Praxis wird der Gewinn oder Verlust meist nach Kapitalanteilen verteilt. Diese bemessen sich regelmäßig nach dem Stand des zumeist **festen Kapitalkontos I**. Darunter versteht man das feste Kapital, das für jeden Gesellschafter (abgesehen von Nachschüssen) fest nach der Höhe der Einlage vereinbart wird.

Daneben gibt es häufig noch das **variable Kapitalkonto II**, das den Anteil des Gesellschafters an den jährlichen Ergebnissen abzüglich seiner Entnahmen und zuzüglich seiner Einlagen festhält.

Wird vereinbart, dass nicht alle Gewinne entnommen werden können, wird in dem Kapitalkonto II meist der nicht entnahmefähige Gewinn gebucht. Der entnahmefähige Gewinn wird in diesen Fällen in dem ebenfalls **variablen Kapitalkonto III (Verrechnungskonto)** festgehalten.

Schließlich gibt es noch die Möglichkeit, dass Gesellschafter der Gesellschaft ein Darlehen gewähren; diese Forderungen werden dann oft in dem **Kapitalkonto IV** gebucht. Soweit die Gesellschaft in ihrer Bilanz die Bezeichnungen aus § 266 Abs. 3 HGB wählt, sollten diese Bezeichnungen mit denen im Gesellschaftsvertrag übereinstimmen.

Für die steuerrechtliche Zuordnung entscheidend ist aber allein die **tatsächliche Verteilung** des Jahresergebnisses auf die Gesellschafter. Auf welche Konten der Gewinn gebucht wird, wie die Konten bezeichnet werden, ob eine Entnahme zulässig ist oder nicht und ob die Gewinnverteilung nach den gesellschaftsvertraglichen Bestimmungen richtig war, ist steuerlich unerheblich. Das ergibt sich aus dem Grundsatz der wirtschaftlichen Betrachtungsweise, der in den §§ 39 ff. AO einen Ausdruck gefunden hat, sowie aus dem Grundsatz der transparenten Besteuerung: Anders als bei den dem Trennungsprinzip unterliegenden Kapitalgesellschaften wird der Gewinn bei dem Gesellschafter einer Personengesellschaft bereits dann versteuert, wenn er angefallen ist, nicht erst wenn er diesem ausgeschüttet worden ist (zur Möglichkeit einer ermäßigten Besteuerung thesaurierter Gewinne nach § 34a EStG unter Rn. 785 ff.).

532 Der Gesellschaftsvertrag der Personengesellschaft sollte daher auch Bestimmungen darüber enthalten, wie die Gesellschafter die Mittel erhalten, um die bei ihnen persönlich entstehende Einkommensteuerbelastung zu bezahlen. Regelmäßig wird insoweit vereinbart, dass der Gesellschafter wenigstens ein Entnahmerecht in Höhe seiner zu zahlenden Steuern hat. Aber auch andere Konflikte sollten schon im Gesellschaftsvertrag adressiert werden: Stellt sich nachträglich bei einer Betriebsprüfung heraus, dass Rechtsbeziehungen zwischen Gesellschaft und Gesellschafter falsch eingeschätzt worden sind, wird eine sogenannte Mehr- und Weniger-Rechnung vorgenommen, die die Änderungen berücksichtigt. Es stellt sich dann häufig die Frage, wie zu verfahren ist, wenn anlässlich einer Außenprüfung ein Posten aufgedeckt worden ist, der zu Sonderbetriebseinnahmen führt, und die Gesellschafter der Meinung sind, die dadurch ausgelöste Gewerbesteuer sollte der betreffende Gesellschafter allein tragen. Kann die gesellschaftsvertragliche Gewinnverteilung dann noch geändert werden? Dies ist allein eine Frage der Vereinbarung im Gesellschaftsvertrag sowie der Auslegung des Gesellschaftsvertrags.[166]

533 **Fall 79:** A, B und C gründen zum 1.1.14 die X-OHG. Nach dem Gesellschaftsvertrag ist A zu einer Bareinlage von 100.000 € verpflichtet, B und C zu einer Bareinlage von jeweils 50.000 €. Die Gewinnverteilung soll sich nach den – auf einem festen Kapitalkonto I zu buchenden – Einlagen der Gesellschafter bei Gründung richten. Laufende Gewinne und Verluste sowie weitere Einlagen der Gesellschafter werden auf einem variablen Kapitalkonto II erfasst. Den Gesellschaftern steht jährlich mindestens ein Entnahmerecht in Höhe von 6 % ihres Kapitalkontos I zu. Erzielt die Gesellschaft einen höheren Gewinn, muss mit diesem zunächst ein bestehendes negatives Kapitalkonto II ausgeglichen werden. Darüber hinaus verbleibende Beträge sind entnahmefähig. Entnahmefähige Gewinne werden auf einem Kapitalkonto III gebucht. Schließlich erfasst die Gesellschaft Gesellschafterdarlehen auf einem Kapitalkonto IV.

Die X-OHG erzielt im Jahr 14 einen Steuerbilanzgewinn in Höhe von 20.000 €. Entnahmen und Einlagen werden von den Gesellschaftern im Jahr 14 nicht getätigt.

Um ihre privaten Einkommensteuern auf den anteiligen Gewinn aus dem Jahr 14 zahlen zu können, entnehmen A, B und C im Februar 15 Beträge in Höhe von 5.000 € (A), 3.000 € (B) bzw. 2.000 € (C). Im Laufe des Jahres 15 gerät die X-OHG unerwartet in eine tiefe Kri-

---

166 BGH, Urteil v. 29.3.1996 – II ZR 263/94, BGHZ 132, 263, juris Rn. 31 m.w.N.; BGH, Beschluss v. 26.4.2010 – II ZR 69/09, NZG 2010, 783, juris Rn. 5; eine Steuerentnahme liegt auch vor, wenn auf Ebene der Gesellschaft Kapitalertragsteuern einbehalten werden, die auf die Einkommensteuerschuld der Gesellschafter angerechnet werden können; befindet sich die Gesellschaft in Insolvenz, müssen die Gesellschafter solche Beträge an die Gesellschaft erstatten; vgl. BGH, Urteil v. 5.4.2016 – II ZR 62/15, NZG 2016, 837, juris Rn. 12 m.w.N.; im Überblick dazu *Kruth*, DStR 2013, 2224, 2224 ff. und *Kruth*, DStR 2016, 1871, 1871 ff.

se und erwirtschaftet insgesamt einen Verlust von 30.000 €. Um die Liquidität der Gesellschaft aufrecht zu erhalten, gewähren B und C der OHG im September jeweils ein (auf 6 Monate befristetes, unverzinsliches) Gesellschafterdarlehen in Höhe von 10.000 €. A, der nach übereinstimmender Ansicht von A, B und C als Mehrheitsgesellschafter in einer besonderen Verantwortung steht, leistet im Oktober eine zusätzliche Einlage von 20.000 €.

Im Jahr 16 hat sich die Gesellschaft erholt. Sie tilgt die Gesellschafterdarlehen und erzielt einen Gewinn in Höhe von 20.000 €. Die Gesellschafter entnehmen keine Beträge.

Wie entwickeln sich die Kapitalkonten I-IV der Gesellschafter A, B und C in den Jahren 14-16?

Wie hoch sind die Einkünfte der Gesellschafter aus § 15 Abs. 1 S. 1 Nr. 2 S. 1 Hs. 1 EStG?

Lösung Fall 79:

Kapitalkonto I	A	B	C
1.1.14	100.000 €	50.000 €	50.000 €
31.12.14	100.000 €	50.000 €	50.000 €
31.12.15	100.000 €	50.000 €	50.000 €
31.12.16	100.000 €	50.000 €	50.000 €

Kapitalkonto II	A	B	C
1.1.14	0 €	0 €	0 €
Anteiliger Gewinn 14	+ 10.000 €	+ 5.000 €	+ 5.000 €
Abzüglich entnahmefähiger Gewinn (Mindestverzinsung)	- 6.000 €	- 3.000 €	- 3.000 €
Abzüglich entnahmefähiger Gewinn (soweit Kapitalkonto II nicht negativ)	- 4.000 €	- 2.000 €	- 2.000 €
31.12.14	0 €	0 €	0 €
Anteiliger Verlust 15	- 15.000 €	- 7.500 €	- 7.500 €
Abzüglich entnahmefähiger Gewinn (Mindestverzinsung)	- 6.000 €	- 3.000 €	- 3.000 €
Einlagen	+ 20.000 €		
31.12.15	- 1.000 €	- 10.500 €	- 10.500 €
Anteiliger Gewinn 16	+ 10.000 €	+ 5.000 €	+ 5.000 €
Abzüglich entnahmefähiger Gewinn (Mindestverzinsung)	- 6.000 €	- 3.000 €	- 3.000 €

Kapitalkonto II	A	B	C
Abzüglich entnahmefähiger Gewinn (soweit Kapitalkonto II nicht negativ)	- 3.000 €		
31.12.16	0 €	- 8.500 €	- 8.500 €

Kapitalkonto III	A	B	C
1.1.14	0 €	0 €	0 €
Entnahmefähiger Gewinn 14 (vgl. Kapitalkonto II)	+ 10.000 €	+ 5.000 €	+ 5.000 €
31.12.14	10.000 €	5.000 €	5.000 €
Entnahmen 15	- 5.000 €	- 3.000 €	- 2.000 €
Entnahmefähiger Gewinn 15 (vgl. Kapitalkonto II)	+ 6.000 €	+ 3.000 €	+ 3.000 €
31.12.15	11.000 €	5.000 €	6.000 €
Entnahmefähiger Gewinn 16 (vgl. Kapitalkonto II)	+ 9.000 €	+ 3.000 €	+ 3.000 €
31.12.16	20.000 €	8.000 €	9.000 €

Kapitalkonto IV	A	B	C
1.1.14	0 €	0 €	0 €
31.12.14	0 €	0 €	0 €
Darlehensgewährung	0 €	+ 10.000 €	+ 10.000 €
31.12.15	0 €	10.000 €	10.000 €
Darlehenstilgung	0 €	- 10.000 €	-10.000 €
31.12.16	0 €	0 €	0 €

Einkünfte nach § 15 Abs. 1 S. 1 Nr. 2 S. 1 Hs. 1 EStG	A	B	C
14	10.000 €	5.000 €	5.000 €
15	- 15.000 €	- 7.500 €	- 7.500 €
16	10.000 €	5.000 €	5.000 €

c) Umfang des Betriebsvermögens

Nach Auffassung von Rechtsprechung und Finanzverwaltung gibt es im Gesamthandsvermögen der Personengesellschaft **kein gewillkürtes Betriebsvermögen**. Dies folgt aus dem Vollständigkeitsgebot des § 246 Abs. 1 HGB i.V.m. dem Maßgeblichkeitsgebot des § 5 Abs. 1 S. 1 EStG:[167] Die Tätigkeit einer Mitunternehmerschaft stellt stets im gesamten Umfang einen gewerblichen, freiberuflichen oder land- und forstwirtschaftlichen Betrieb dar; dies folgt jedenfalls aus den Fiktionstatbeständen des § 15 Abs. 3 Nr. 1 S. 1 Var. 1 und 2 und Nr. 2 EStG. Alle zu diesem Betrieb gehörenden Wirtschaftsgüter sind handelsrechtlich zu bilanzieren (§ 246 Abs. 1 HGB) und das damit gebildete Betriebsvermögen ist auch für steuerliche Zwecke zugrunde zu legen (§ 5 Abs. 1 EStG). Anders als bei einer natürlichen Person, die ein Einzelunternehmen betreibt, besteht keine weitere private Vermögenssphäre der Personengesellschaft (wohl aber eine außerbetriebliche Sphäre bei sogenannter Liebhaberei), sodass schon die für gewillkürtes Betriebsvermögen notwendige Zuordnungsalternative fehlt.

534

Neben dem notwendigen Betriebsvermögen kann es aber natürlich **notwendiges Privatvermögen** der Gesellschafter („die Rolexuhr des Gesellschafter-Geschäftsführers") geben,[168] auch wenn die Gegenstände in der Handelsbilanz der Gesellschaft gebucht sind. Beispiele: Erkennbar verlustbringende Gegenstände[169] oder Wirtschaftsgüter, die erkennbar eigenen Wohnzwecken des Gesellschafters dienen.[170] Forderungen der Gesellschaft aus Darlehen, die Gesellschaftern gewährt wurden, gehören zum Betriebsvermögen, wenn sie betrieblich veranlasst sind. Hierfür stellt der Fremdvergleich, ob das Darlehen auch einem fremden Dritten gewährt worden wäre, ein **Indiz** dar.[171] Handelt es sich um notwendiges Privatvermögen, sind die mit diesem Wirtschaftsgut zusammenhängenden Kosten keine Betriebsausgaben der Gesellschaft, sondern Entnahmen des Gesellschafters. Sie werden daher gem. § 4 Abs. 1 S. 1 EStG neutralisiert.[172]

535

d) Vermögenstransfer zwischen Gesellschafter und Gesellschaft

Besonderheiten ergeben sich bei der steuerlichen Gewinnermittlung auf Ebene der Gesellschaft insbesondere bei Vermögenstransfers zwischen Gesellschafter und Gesellschaft. Im Leben einer Personengesellschaft gibt es Geschäftsvorfälle – Gründung, Umwandlung, Realteilung, Gesellschafterwechsel, erbrechtliche Gesellschafternachfolge etc. –, bei denen ganze *Sachgesamtheiten* (Betriebe, Teilbetriebe, Mitunternehmeranteile) übertragen werden. Aber auch *Einzelwirtschaftsgüter* können innerhalb der Gesellschafter der Personengesellschaft oder zwischen der Gesellschaft und dem Gesellschafter übertragen werden. Im Grundsatz erfolgt sowohl bei entgeltlichen Veräußerungen (Bewertung mit dem tatsächlich gezahlten Verkehrswert) als auch bei Entnahmen (Bewertung nach § 6 Abs. 1 Nr. 4 S. 1 EStG) die Aufdeckung

536

---

167 BFH, Urteil v. 30.6.1987 – VIII R 353/82, BFHE 151, 360 = BStBl II 1988, 418, juris Rn. 23 m.w.N.
168 BFH, Urteil v. 11.5.1989 – IV R 56/87, BFHE 157, 152 = BStBl II 1989, 657, juris Rn. 10.
169 BFH, Urteil v. 22.5.1975 – IV R 193/71, BFHE 116, 328 = BStBl II 1975, 804, juris Rn. 27.
170 BFH, Urteil v. 30.6.1987 – VIII R 353/82, BFHE 151, 360 = BStBl II 1988, 418, juris Rn. 22.
171 BFH, Urteil v. 16.10.2014 – IV R 15/11, BFHE 247, 410 = BStBl II 2015, 267, juris Rn. 25 (Darlehen); BFH, Urteil v. 29.7.2015 – IV R 16/12, BFH/NV 2015, 1572 (Provisionszahlungen).
172 BFH, Urteil v. 16.10.2014 – IV R 15/11, BFHE 247, 410 = BStBl II 2015, 267, juris Rn. 23.

stiller Reserven in der Bilanz, die sich aus dem Prinzip der vorsichtigen Bewertung in der HGB-Bilanz maximal mit den Anschaffungs- oder Herstellungskosten (§ 253 HGB) ergeben. Die aufgedeckten stillen Reserven führen zu einem Veräußerungs- oder Entnahmegewinn und sind mit Einkommensteuer und Solidaritätszuschlag sowie in der Regel auch mit Gewerbesteuer (§ 7 S. 1 GewStG) belastet.

537 Soweit es sich um die Übertragung von **Sachgesamtheiten** handelt, die häufig der betriebswirtschaftlich notwendigen Umstrukturierung von Betrieben oder der Nachfolge in das Unternehmen dient, besteht eine Reihe von Sondervorschriften. Diese erlauben es regelmäßig, die Aufdeckung und Versteuerung der stillen Reserven zu vermeiden und stattdessen die bisherigen Buchwerte fortzuführen, weil man davon ausgeht, dass die steuerliche Erfassung der stillen Reserven weiterhin gesichert ist. Diese werden nämlich spätestens bei einer Veräußerung als Einzelwirtschaftsgut oder bei einer Betriebsveräußerung oder -aufgabe erfasst. Unterschiede können sich nur dadurch ergeben, dass ein späterer Betriebsaufgabe- und Veräußerungsgewinn nach den besonderen Vorschriften der §§ 16, 34 EStG begünstigt ist und nicht der Gewerbesteuer unterliegt (siehe dazu unter Rn. 317 ff., 699 ff.). Mit den besonderen Begünstigungsnormen für die Übertragung von Wirtschaftsgütern wird also in der Regel nicht endgültig auf eine Besteuerung verzichtet, sondern diese nur auf einen späteren Zeitpunkt verlagert.

538 Auch für bestimmte Übertragungsfälle von **Einzelwirtschaftsgütern**, die unentgeltlich oder gegen Gewährung von Gesellschafterrechten erfolgen, bestehen Sondervorschriften, um insbesondere Übertragungen von Einzelwirtschaftsgütern zwischen Gesellschafter und Gesellschaft zu erleichtern, soweit diese weiterhin betrieblich genutzt werden. Auch hier ist die spätere Versteuerung der stillen Reserven gewährleistet (siehe dazu unter Rn. 560 ff.).

aa) Entgeltlicher Vermögenstransfer.

539 **(1) Entgeltlicher Vermögenstransfer zwischen Privatvermögen und Gesamthandsvermögen.** Überträgt ein Mitunternehmer ein Einzelwirtschaftsgut an die Personengesellschaft oder umgekehrt, so ist dies nach heute h.M. selbst bei der GbR (wenn sie Außengesellschaft ist) zivilrechtlich möglich, da die Gesellschaft selbst rechtsfähig ist und Eigentum erwerben und wieder veräußern kann (§ 124 HGB).[173]

540 **Beachte:** Selbst auf der Grundlage der traditionellen individualistischen Gesamthandslehre waren derartige Übertragungen zivilrechtlich wirksam, da nach dieser Vorstellung die Gesellschafter in ihrer gesamthänderischen Verbundenheit Vermögensgegenstände an einen einzelnen Gesellschafter übertragen oder umgekehrt dieser Vermögensgegenstände an alle Gesellschafter überträgt.

541 Das Steuerrecht hatte auf der Grundlage der traditionellen Gesamthandslehre die **Bilanzbündeltheorie** entwickelt, nach der die Gewinnermittlung der Personengesellschaft nichts anderes war als die Addition der Einzelbilanzen aller Gesellschafter (siehe bereits unter Rn. 503 f.). Nach dieser Vorstellung konnten Übertragungen von Wirtschaftsgütern zwischen der Gesellschaft und den Gesellschaftern nur Einlagen und Entnahmen sein. Umsatzgeschäfte wie einen Kauf oder Tausch sah das Modell

---

[173] Für die GbR vgl. BGH, Urteil v. 29.1.2001 – II ZR 331/00 (ARGE Weißes Ross), BGHZ 146, 341, juris Rn. 5.

nicht vor. Deshalb wurde die Differenz aus der Übertragung von Wirtschaftsgütern (bei Verkauf *an* die Gesellschaft: Kaufpreis abzüglich fortgeführter AK/HK des Gesellschafters; bei Verkauf *von* der Gesellschaft: Kaufpreis abzüglich fortgeführter AK/HK des Gesellschafters) ähnlich wie bei den in § 15 Abs. 1 S. 1 Nr. 2 S. 1 EStG ausdrücklich genannten Geschäften zwischen der Gesellschaft und einem Gesellschafter (Miete, Pacht, Darlehen und Dienstverhältnis) nur bei dem betroffenen Gesellschafter als Einlage oder Entnahme berücksichtigt und erhöhte oder verminderte nur bei ihm den Gewinn.

Nach heutiger Auffassung werden Übertragungsgeschäfte zwischen Mitunternehmerschaft und Mitunternehmer – wenn sie zu **fremdüblichen Bedingungen** erfolgen – wie zwischen fremden Dritten nicht als Entnahme oder Einlage beurteilt, sondern als Kauf- oder Tauschvertrag zwischen der Gesellschaft und dem Gesellschafter, da die Gesellschaft rechtsfähig ist und eine Zuschreibung anders als für die in § 15 Abs. 1 S. 1 Nr. 2 S. 1 Hs. 2 EStG genannten Leistungsvergütungen nicht vorgeschrieben ist. Insoweit setzt sich die Verselbständigung der Gesellschaft im Rahmen der Einkünfteermittlung konsequent fort. 542

Beispiel: Die X-OHG verkauft an ihren Gesellschafter A ein Grundstück, auf dem A ein Eigenheim für sich und seine Familie errichten möchte. 543

Erfolgt die Übertragung zum Verkehrswert, ergibt sich ein Veräußerungsgewinn in Höhe der Differenz zwischen dem Verkaufspreis und dem Buchwert, der Teil des auf Ebene der Personengesellschaft einkommen- und gewerbesteuerpflichtigen Gewinns ist. Ob und in welcher Höhe dem betreffenden Gesellschafter dieser Gewinn steuerlich zugerechnet wird, beurteilt sich allein nach der gesellschaftsinternen Gewinnverteilung.

Zahlt der Gesellschafter einen gegenüber dem fremdüblichen Wert zu hohen Preis, liegt eine Einlage des Gesellschafters vor, insoweit der objektive Verkehrswert überschritten wird.

Wird die Übertragung nur teilentgeltlich, also zu einem Preis unter dem objektiven Verkehrswert, durchgeführt, handelt es sich um eine teilweise vorgenommene Entnahme. Das Geschäft wird also in einen entgeltlichen und einen unentgeltlichen Teil getrennt. Da die Entnahme nach § 6 Abs. 1 Nr. 4 S. 1 EStG mit dem Teilwert bewertet wird, führt auch diese Übertragung zu einer Aufdeckung der stillen Reserven bei der Gesellschaft, die aufgrund der gesellschaftsvertraglichen Gewinnverteilung in der Regel dem betreffenden Gesellschafter allein zugerechnet wird, § 4 Abs. 1 S. 1 EStG. Dies ist auch interessengerecht, weil er allein einen Vorteil aus dem günstigen Geschäft erlangt hat.

Veräußert umgekehrt der Gesellschafter das Grundstück aus seinem Privatvermögen an die Gesellschaft, ist ein daraus resultierender Veräußerungsgewinn nach dem Dualismus der Einkunftsarten außerhalb des Tatbestands der §§ 22 Nr. 2, 23 Abs. 1 S. 1 Nr. 1 EStG nicht steuerbar. Erfolgt auch hier die Übertragung teilentgeltlich, so liegt teilweise eine Einlage des Gesellschafters in die Gesellschaft vor. Für den entgeltlichen Teil ist bei ihm dann § 23 EStG zu prüfen. Die Einlage kann u.U. nach § 23 Abs. 1 S. 5 Nr. 1 EStG steuerbar sein.

Achtung: Entgelt kann beispielsweise auch die Schuldübernahme (§§ 414, 415 BGB) einer bestehenden Belastung des Grundstücks sein. 544

Schließlich liegt auch in der Einlage gegen Erhöhung der Beteiligungsquote ein entgeltlicher, nämlich ein *tauschähnlicher Vorgang*,[174] sodass die obigen Grundsätze 545

---

[174] BMF-Schreiben v. 29.3.2000, BStBl I 2000, 462 ff.

wie bei einer entgeltlichen Veräußerung anzusetzen sind. Der Ansatz des Gegenstandes im Betriebsvermögen erfolgt in Höhe des gemeinen Wertes (§ 9 BewG) der hingegebenen Beteiligungsrechte gemäß § 6 Abs. 6 S. 1 EStG, also des objektiven Verkehrswertes als AK/HK. Soweit die Voraussetzungen der §§ 17, 20 Abs. 2, 22, 23 EStG bei dem tauschenden Gesellschafter vorliegen, bildet der gemeine Wert der erhaltenen Anteile auch den Veräußerungspreis für die Ermittlung des Veräußerungsgewinns.

(2) Entgeltlicher Vermögenstransfer zwischen Betriebsvermögen und Gesamthandsvermögen

546 *(a) Transfer von Einzelwirtschaftsgütern*

Diese Grundsätze gelten auch, wenn der **Veräußerungsvorgang** zwischen einem anderweitigen **Betriebsvermögen des Gesellschafters oder seinem Sonderbetriebsvermögen** auf der einen Seite und dem **Gesellschaftsvermögen** der Mitunternehmerschaft auf der anderen Seite erfolgt. In diesem Fall ändert sich bei Veräußerungen durch die Gesellschaft an dem obigen Ergebnis nichts, außer dass der Gesellschafter den Gegenstand mit den von ihm gezahlten Anschaffungskosten im Betriebsvermögen seines Einzelunternehmens oder in seiner Sonderbilanz erfasst. Bei einer Veräußerung eines bisher im Betriebsvermögen gehaltenen Gegenstandes durch den Gesellschafter hingegen würde in seinem Einzel- oder Sonderbetriebsvermögen ein einkommen- und gewerbesteuerlicher Veräußerungsgewinn anfallen.

547 **Fall 80:**[175] A ist als Kfz-Mechaniker tätig. Vor einigen Jahren hat er ein Grundstück in der Nähe seiner Werkstatt für einen Kaufpreis in Höhe von 50.000 € erworben. A hatte ursprünglich geplant seinen Betrieb ggfs. an diesen Standort zu verlegen, hat diesen Plan aber nach einiger Zeit aufgegeben und das Grundstück in den letzten Jahren als Lagerplatz für Waren, Maschinen und Fahrzeuge aus seinem Betrieb genutzt.

Neben seiner Tätigkeit als Einzelunternehmer hat A sich als Kommanditist an der X-KG beteiligt. Die X-KG betreibt einen schwungvollen Online-Handel mit gebrauchten Pkw-Zubehör und -Teilen und ist dringend auf der Suche nach zusätzlichen Lagerflächen. A veräußert daraufhin das bisher in seinem Einzelunternehmen genutzte Lagergrundstück, dessen Wert im Rahmen der allgemein steigenden Grundstückspreise mittlerweile erheblich gestiegen ist, zu einem fremdüblichen Preis von 100.000 € an die KG.

Welche steuerlichen Folgen ergeben sich für A und für die KG?

Lösung Fall 80: Der Vorgang ist für A ein (normales) Veräußerungsgeschäft, da das Grundstück bisher zu seinem notwendigen Betriebsvermögen gehörte. Die Veräußerung führt zur Aufdeckung der stillen Reserven in Höhe von 50.000 € als Gewinn aus Gewerbebetrieb (§ 15 Abs. 1 S. 1 Nr. 1 EStG).

Für die KG liegt ein (normales) Anschaffungsgeschäft vor. Das Grundstück wird mit den Anschaffungskosten in Höhe von 100.000 € als notwendiges Betriebsvermögen in der Gesamthandsbilanz der KG bilanziert.

---
[175] Angelehnt an BFH, Urteil v. 28.1.1976 – I R 84/74, BFHE 119, 234 = BStBl II 1976, 744, juris Rn. 23.

Etwas anderes gilt nur für den Sonderfall einer Übertragung eines Einzelwirtschaftsguts aus dem Betriebsvermögen des Mitunternehmers in das Gesamthandsvermögen der Mitunternehmerschaft (oder umgekehrt) gegen Gewährung oder Minderung von Gesellschaftsrechten. Hier liegt zwar auch ein entgeltliches Geschäft, nämlich ein tauschähnlicher Vorgang, vor. Dieses wird in § 6 Abs. 5 S. 3 Nr. 1 EStG aber ausdrücklich einem unentgeltlichen Geschäft gleichgestellt. Die Übertragung erfolgt zwingend zum Buchwert (im Einzelnen unter Rn. 560 ff.).

(b) Transfer von Sachgesamtheiten

Denkbar ist auch, dass nicht nur einzelne Wirtschaftsgüter, sondern zusammenhängende betriebliche Einheiten entgeltlich zwischen Gesellschaft und Gesellschafter übertragen werden. In der Regel erfolgen solche Übertragungen im Zusammenhang mit dem Erwerb oder der Übertragung eines Mitunternehmeranteils, zwingend ist dies aber nicht.

Überträgt der Steuerpflichtige seinen gesamten Betrieb oder einen organisatorisch abgrenzbaren Teilbetrieb gegen Zahlung eines Entgelts, so liegt eine **Betriebsveräußerung** nach § 16 Abs. 1 S. 1 Nr. 1 EStG vor, die nach § 16 Abs. 4, § 34 EStG begünstigt ist (siehe bereits unter Rn. 108 ff., 317 ff.). Diese Privilegierungen greifen grundsätzlich auch bei Übertragungen zwischen Gesellschaft und Gesellschafter. Allerdings regelt § 16 Abs. 2 S. 3 EStG einschränkend, dass nicht begünstigte laufende Gewinne vorliegen, insoweit auf Seiten des Veräußerers und des Erwerbers dieselben Personen Unternehmer oder Mitunternehmer sind. Hier wirkt sich die Einflussmöglichkeit des Gesellschafters auf die Gesellschaft also negativ aus; die Privilegierungen für Veräußerungsgewinne greifen nur für Transaktionen zwischen fremden Dritten.

Fall 81: Die 56 Jahre alte A ist als Fahrradhändlerin tätig. Vor einigen Jahren hat sie eine zweite Filiale eröffnet, in der sie sich auf die Reparatur von Fahrrädern und E-Bikes spezialisiert hat. Aus dieser Tätigkeit hat sie ein besonderes Verfahren zur Reparatur der Akkus von E-Bikes entwickelt und sich patentieren lassen.

B, ein Geschäftspartner von A, hat ein Start-Up in Form einer GmbH & Co. KG gegründet und führt es als alleiniger Geschäftsführer. Er will mit seinem Unternehmen neue Mobilitätsformen fördern und vermarkten. Insbesondere will B ein gemeindeübergreifendes Bike-Sharing-Angebot in Niedersachsen aufbauen. A hat sich mit 10 % als Kommanditistin an dem Start-Up beteiligt und bringt ihren Fachverstand ein. Nachdem B Fördermittel der Europäischen Union und des Bundeslands Niedersachsen einwerben konnte, stehen der GmbH & Co. KG erhebliche finanzielle Mittel zur Verfügung. B nutzt diese Mittel, um Leihräder und Stationen anzuschaffen, möchte das Angebot aber auch noch um eine eigene Fahrradwerkstatt ergänzen und zeigt deshalb Interesse an der Filiale von A. Diese freut sich über das Angebot, weil sie sich ohnehin etwas aus dem Tagesgeschäft zurückziehen und auf die Einbringung ihrer Expertise in der KG konzentrieren möchte. Zudem sieht sie die Chance, einen guten Kaufpreis zu erzielen und damit eine erste Absicherung für ihren Ruhestand zu bilden.

A veräußert sämtliche Wirtschaftsgüter, die der Filiale zuzuordnen sind, zu einem Gesamtveräußerungspreis i.H.v. 400.000 € an die GmbH & Co. KG. Davon entfallen auf das Gebäude 210.000 € (Buchwert 170.000 €), auf das Patent 100.000 € (Buchwert 0 €, vgl. § 5 Abs. 2 EStG) auf die Werkstatteinrichtung 70.000 € (Buchwert 60.000 €) und auf Ersatzteile 20.000 € (Buchwert 20.000 €).
Welche steuerlichen Folgen ergeben sich für A und für die KG?

> **Lösung Fall 81:**
>
> **I. Behandlung bei A**
>
> Die Filiale stellt als geschlossene organisatorische Einheit im Einzelunternehmen der A einen Teilbetrieb dar. A überträgt den Teilbetrieb inklusive aller funktional-quantitativen Betriebsgrundlagen. Die Veräußerung führt mithin zu Einkünften aus § 16 Abs. 1 S. 1 Nr. 1 EStG. Veräußerungsgewinn ist die Differenz zwischen Veräußerungspreis und Buchwerten der übertragenen Wirtschaftsgüter (§ 16 Abs. 2 S. 1, 2); es ergibt sich grundsätzlich ein Gewinn i.H.v. 400.000 € – 250.000 € = 150.000 €. Insoweit A aber zugleich an der GmbH & Co. KG als Erwerberin beteiligt ist, also i.H.v. 10 % = 15.000 €, gilt der Gewinn als laufender Gewinn aus Gewerbebetrieb. A erzielt mithin einen Veräußerungsgewinn i.H.v. 135.000 €.
>
> Auf Antrag kann A diesen Gewinn um einen Freibetrag i.H.v. 45.000 € mindern. Der Gewinn unterliegt in jedem Fall einer ermäßigten Besteuerung nach § 34 Abs. 1, Abs. 2 Nr. 1 EStG. Auf Antrag kann A auch eine noch günstigere Besteuerung nach § 34 Abs. 3 EStG wählen.
>
> **II. Behandlung bei der GmbH & Co. KG**
>
> Die GmbH & Co. KG hat die Wirtschaftsgüter entgeltlich angeschafft. Aus ihrer Perspektive ist es unerheblich, inwieweit der Veräußerungsgewinn bei A privilegiert ist. Sie aktiviert das Gebäude mit 210.000 €, das Patent mit 100.000 €, die Werkstatteinrichtung mit 70.000 € und die Ersatzteile mit 20.000 €.

552 Ebenso wie bei der Übertragung durch einen Einzelunternehmer ist im Einzelnen umstritten, wann welche steuerlichen Privilegierungen bei einem gestreckten Übertragungsvorgang zur Anwendung kommen (siehe bereits unter Rn. 321 ff.).

bb) Unentgeltlicher Vermögenstransfer

(1) Unentgeltlicher Vermögenstransfer zwischen Privatvermögen und Gesamthandsvermögen

553 *(a) Einlage*

Häufig erfolgt die Übertragung von Wirtschaftsgütern zwischen dem Privatvermögen des Gesellschafters und der Gesellschaft nicht zu einem Fremdveräußerungspreis. Für steuerliche Zwecke ist dann entscheidend, ob der Gesellschafter eine Gegenleistung in Form von zusätzlichen Gesellschaftsrechten erhält oder nicht.

554 Erhält der Gesellschafter hierfür zusätzliche Gesellschaftsrechte, spricht man zwar zivilrechtlich auch von einer Einlage oder einem Beitrag (vgl. § 706 BGB). Die Einlage erhöht aber das Kapitalkonto des Gesellschafters und nach §§ 120 ff. HGB die Gewinnverteilung sowie gegebenenfalls nach dem Gesellschaftsvertrag (in Abänderung des § 119 HGB) die Stimmrechte. Aus steuerlicher Perspektive liegt in solchen Konstellationen ein **tauschähnlicher Umsatz** vor, da die Erhöhung der Gewinn- und Stimmrechte einen wirtschaftlichen Wert darstellt, der nach § 6 Abs. 6 S. 1 EStG zu gemeinen Werten zu bewerten ist (zu den praktisch relevanten Fällen des Eintritts in eine bestehende Gesellschaft und des Gesellschafterwechsels noch unter Rn. 723 ff.).

555 Unentgeltlich ist die Übertragung nur dann, wenn der Gesellschafter keine zusätzlichen Gesellschafterrechte (also keine Gutschrift auf einem Kapitalkonto) erhält. Dies

kann in der Bilanz dadurch abgebildet werden, dass die Einlage vollständig[176] in eine gemeinsame gesamthänderisch gebundene Rücklage aller Gesellschafter gebucht wird. Diese unentgeltliche Einbringung ist als Einlage nach § 6 Abs. 1 Nr. 5 S. 1 Hs. 1 EStG grundsätzlich mit dem Teilwert zu bewerten (vgl. zur Bewertung von Einlagen bereits im Detail unter Rn. 264 ff.).

Fall 82: A und B sind Gesellschafterinnen der Bücherwurm-OHG, die in Hamburg eine Buchhandlung betreibt. Beide sind zu gleichen Teilen an Gewinn und Verlust der OHG beteiligt und sind jeweils allein zur Geschäftsführung und Vertretung berechtigt.

A erwirbt am 1.4.10 ein bebautes Grundstück in Pinneberg für 300.000 € (Anteil Grund und Boden 100.000 €). Sie vermietet das darauf befindliche Gebäude zu Wohnzwecken. Im März 14 beschließen A und B, in Pinneberg eine weitere Filiale der Bücherwurm-OHG zu eröffnen. A will hierfür (nach ordnungsgemäßer Kündigung der Mietverträge zum 31.3.14) das bislang zu Wohnzwecken vermietete Gebäude zur Verfügung stellen. Sie überträgt es mit Wirkung zum 1.4.14 unentgeltlich auf die OHG, die OHG wird als Eigentümerin im Grundbuch eingetragen. Der Teilwert des Grundstücks beträgt am 1.4.14 400.000 € (Anteil Grund und Boden 200.000 €).

Die Filiale in Pinneberg ist nicht so rentabel wie erhofft. Da die Grundstückspreise im Hamburger Umland aber weiterhin kräftig steigen, entscheiden sich A und B im Sommer 17, das Grundstück zu veräußern und den Veräußerungserlös in die Modernisierung der Hamburger Filiale und den Aufbau eines Online-Handels zu investieren. Die Bücherwurm OHG veräußert das Grundstück zum 30.9.17 für einen Preis in Höhe von 500.000 €, der noch im Jahr 17 auf das Konto der OHG überwiesen wird.

Welche Einkünfte erzielt A? Welche Einkünfte ergeben sich auf Ebene der Bücherwurm-OHG?

Was würde sich ändern, wenn A das Grundstück im April 14 nicht unentgeltlich übertragen, sondern im Gegenzug weitere Gesellschaftsanteile an der Bücherwurm-OHG im Wert von 400.000 € erhalten würde?

Lösung Fall 82:
I. Einkünfte von A

A könnte Einkünfte aus einem privaten Veräußerungsgeschäft erzielen (§ 22 Nr. 2 EStG i.V.m. § 23 Abs. 1 S. 1 Nr. 1 und Abs. 1 S. 5 Nr. 1 EStG).

1. Einkünftequalifikation

Mit der unentgeltlichen Übertragung auf die OHG liegt eine Einlage des Grundstücks in das Gesamthandsvermögen der OHG vor (§ 4 Abs. 1 S. 8 EStG). Da das Grundstück noch innerhalb von zehn Jahren seit der Anschaffung (1.4.10) aus dem Betriebsvermögen der OHG veräußert wird (30.9.17), gilt die Einlage des Grundstücks für A als Veräußerung im Sinne des § 23 Abs. 1 S. 1 Nr. 1 EStG. A erzielt mithin Einkünfte aus einem privaten Veräußerungsgeschäft.

---

[176] Nach herrschender Meinung liegt auch bei einer teilweisen Verbuchung auf einem Kapitalkonto bereits ein voll entgeltlicher Vorgang vor, weil in diesen Konstellationen auch die zusätzliche Verbuchung in der gesamthänderischen Rücklage als Teil des Entgelts gesehen werden muss. Eine Aufteilung des Vorgangs in einen entgeltlichen und einen unentgeltlichen Teilvorgang ist in diesen Fällen nicht möglich; vgl. BMF-Schreiben v. 11.7.2011, BStBl I 2011, 713, II 2 a) mit Verweis auf die Rechtsprechung des BFH.

2. Ermittlung der Einkünfte

Gewinn aus einem privaten Veräußerungsgeschäft ist der Unterschied zwischen dem Veräußerungspreis einerseits und den Anschaffungs- und Herstellungskosten und den Werbungskosten andererseits (§ 23 Abs. 3 S. 1 EStG). An die Stelle des Veräußerungspreises tritt in den Fällen des § 23 Abs. 1 S. 5 Nr. 1 EStG der Einlagewert, hier der Teilwert in Höhe von 400.000 € (§ 6 Abs. 1 Nr. 5 S. 1 Hs. 1 EStG). Die Begrenzung auf die (fortgeführten) Anschaffungskosten nach § 6 Abs. 1 Nr. 5 S. 1 Hs. 2 und S. 2 EStG greift nicht, weil das Grundstück mehr als drei Jahre vor der Einlage angeschafft worden ist. Allerdings sind die Anschaffungskosten der A für die Ermittlung des Veräußerungsgewinns nach § 23 Abs. 3 S. 4 EStG um die Abschreibungen zu kürzen, die A vor der Einlage bereits als Werbungskosten bei den Einkünften aus Vermietung und Verpachtung geltend machen konnte. Andernfalls würden sich die Anschaffungskosten insoweit zweimal steuermindernd auswirken. A konnte für insgesamt 4 Jahre (1.4.10 – 31.3.14) Abschreibungen als Werbungskosten geltend machen. Bemessungsgrundlage sind die ursprünglichen Anschaffungskosten, soweit sie nicht auf Grund und Boden entfallen, also 200.000 €. Der AfA-Satz beträgt gemäß § 7 Abs. 4 S. 1 Nr. 2 a) EStG 2 % pro Jahr. Es ergeben sich Abschreibungen in Höhe von insgesamt 4 * 2 % * 200.000 € = 16.000 €. Damit ergibt sich ein Veräußerungsgewinn in Höhe von 400.000 € – (300.000 € – 16.000 €) = 116.000 €. A muss diesen Gewinn in dem Zeitpunkt versteuern, in dem der Veräußerungspreis für die Veräußerung aus dem Betriebsvermögen zufließt, also im Veranlagungszeitraum 17 (§ 23 Abs. 3 S. 6 EStG).

II. Einkünfte der Bücherwurm-OHG

Die Bücherwurm-OHG ist eine gewerbliche Mitunternehmerschaft (§ 15 Abs. 1 S. 1 Nr. 2 EStG). Das Grundstück bildet notwendiges Betriebsvermögen der OHG. Die Abschreibungen auf das Gebäude können als Betriebsausgaben abgezogen werden. Bemessungsgrundlage ist insoweit der Einlagewert (200.000 €), gekürzt um die bereits bei den Einkünften aus Vermietung und Verpachtung in Anspruch genommenen Abschreibungen (§ 7 Abs. 1 S. 5 EStG), also 184.000 €. Der AfA-Satz beträgt 3 % (§ 7 Abs. 4 S. 1 Nr. 1 EStG), sodass sich jährliche Betriebsausgaben in Höhe von 5.520 € ergeben.

Die Veräußerung des Grundstücks führt zu einem betrieblichen Gewinn in Höhe der Differenz zwischen dem Veräußerungspreis und den Buchwerten von Grund und Boden und Gebäude. Beim Grund und Boden entspricht der Buchwert dem Einlagewert in Höhe von 200.000 €. Beim Gebäude ergibt sich nach 3,5 Jahren (1.4.14 – 30.9.17) Abschreibung ein fortgeführter Einlagewert in Höhe von 200.000 € – 3,5 * 5.520 € = 180.680 €. Mithin ergibt sich aus der Veräußerung ein betrieblicher Gewinn in Höhe von 500.000 € – (200.000 € + 180.680 €) = 119.320 €.

III. Abweichungen bei einer Übertragung gegen Gesellschaftsrechte

Erfolgt die Übertragung am 1.4.14 gegen Gewährung von Gesellschaftsrechten, so liegt ein tauschähnlicher Umsatz und mithin ein entgeltliches Geschäft vor (§ 6 Abs. 6 S. 1 EStG).[177] A erzielt mithin Einkünfte aus § 23 Abs. 1 S. 1 Nr. 1 EStG, die unabhängig davon sind, ob die OHG das Grundstück innerhalb von zehn Jahren nach Anschaffung veräußert oder nicht.[178] Sie muss auch in dieser Konstellation für die Ermittlung des Veräußerungsgewinns ihre Anschaffungskosten um die bereits in Anspruch genommenen Abschreibungen kürzen und erzielt mithin wiederum einen Veräußerungsgewinn in Höhe von 116.000 €, den sie allerdings bereits mit Zufluss des Veräußerungspreises also mit dinglichem Erwerb der zusätzlichen Gesellschafterrechte im Veranlagungszeitraum 14 versteuern muss (§ 11 Abs. 1 S. 1 EStG).

---

177 BFH, Urteil v. 19.10.1998 – VIII R 69/95, BFHE 187, 434 = BStBL II 2000, 230, juris Rn. 20.
178 So auch BMF-Schreiben v. 5.10.2000, BStBl I 2000, 1383 ff.

Bei der OHG ergibt sich insoweit ein Unterschied, als sie für die Bestimmung der AfA-Bemessungsgrundlage ihre Anschaffungskosten für das Gebäude nicht um die von A in Anspruch genommenen Abschreibungen kürzen muss. Sie hat also jährliche Betriebsausgaben in Höhe von 3 % * 200.000 € = 6.000 €. Durch die höheren Abschreibungen ist der Buchwert im Zeitpunkt der Veräußerung geringer (200.000 € − 3,5 * 6.000 € = 179.000 €), sodass sich ein höherer Veräußerungsgewinn in Höhe von 500.000 € − (200.000 € + 179.000 €) = 121.000 € ergibt.

(b) Entnahme

Erfolgt die unentgeltliche Übertragung umgekehrt von dem Gesamthandsvermögen der Gesellschaft oder von dem Sonderbetriebsvermögen des Gesellschafters in dessen Privatvermögen ohne Entgelt und ohne Minderung seiner Gesellschaftsrechte, liegt eine gewinnrealisierende Entnahme nach § 6 Abs. 1 Nr. 4 EStG vor, die zum Teilwert angesetzt wird. Die Überführung ins Privatvermögen gilt zugleich als Anschaffung für Zwecke eines privaten Veräußerungsgeschäfts (§ 23 Abs. 1 S. 2 EStG).

(c) Exkurs: Schenkungsteuerliche Aspekte

Erfolgt die Einlage oder Entnahme disquotal, also nicht im Verhältnis zu den Kapitalanteilen am Gesellschaftsvermögen, kann dies schenkungsteuerliche Fragen aufwerfen.

Beispiel:[179] Vater V und Kinder K1 und K2 gründen die V K GmbH & Co. KG. V ist mit 50 %, K1 und K2 mit jeweils 25 % beteiligt. V erbringt eine Bareinlage in Höhe von 100.000 €, K1 und K2 in Höhe von jeweils 25.000 €.

V wendet K1 und K2 durch die Erhöhung des Gesamthandsvermögens und daher mittelbar ihrer Anteile insgesamt 50.000 € bzw. jeweils 25.000 € zu. Der Vorgang ist schenkungsteuerpflichtig, zumindest wenn für die disquotale Einlage keine betriebliche Veranlassung bestand. Denn dann ist V auch klar, dass die ihm gewährte Gegenleistung (Erhöhung des Wertes seines Kapitalkontos) unausgewogen ist. Damit ist der subjektive Tatbestand des § 7 Abs. 1 Nr. 1 ErbStG erfüllt.

(2) Unentgeltlicher Vermögenstransfer zwischen Betriebsvermögen und Gesamthandsvermögen. Besondere steuerliche Vorschriften für einen Vermögenstransfer zwischen Gesellschaft und Gesellschafter bestehen, wenn die Übertragung von Wirtschaftsgütern gegen **Gewährung von Gesellschaftsrechten oder unentgeltlich zwischen verschiedenen Betriebsvermögen** erfolgt. Auch in diesem Fall kommt es zu einem Rechtsträgerwechsel, der grundsätzlich eine Aufdeckung der stillen Reserven nach sich zieht: Eine unentgeltliche Übertragung in das Betriebsvermögen eines anderen Steuerpflichtigen erfolgt nach § 6 Abs. 4 EStG zum gemeinen Wert. Bei einer Übertragung im Wege eines Tausches bemessen sich die Anschaffungskosten nach dem gemeinen Wert des hingegebenen Wirtschaftsguts (§ 6 Abs. 6 S. 1 EStG). Allenfalls bei unentgeltlichen Übertragungen innerhalb derselben Mitunternehmerschaft (zum Beispiel vom Gesamthandsvermögen in das Sonderbetriebsvermögen eines Mitunternehmers) kann man daran zweifeln, ob ein Realisationstatbestand erfüllt ist,

---

179 Nach *Geck*, KÖSDI 2013, 18290, 18293; vgl. auch BFH, Urteil v. 5.2.2020 – II R 9/17, BFHE 267, 511 = BStBl II 2020, 658, Verfassungsbeschwerde eingelegt, 1 BvR 2072/20. 2020, 1721.

da sich das Wirtschaftsgut weiterhin im Betriebsvermögen der Mitunternehmerschaft befindet. Letztlich kommt es darauf aber nicht an, weil das Gesetz verschiedene Spezialregelungen enthält, die bei derartigen Übertragungen zwingend eine Fortführung des Buchwerts anordnen.

561 Mithilfe dieser Tatbestände sollen insbesondere Umstrukturierungen bei Personenunternehmen erleichtert werden. Der Gesetzgeber verzichtet auf die Aufdeckung und Versteuerung der stillen Reserven, weil der Vermögensgegenstand weiterhin in einem Betriebsvermögen enthalten ist und spätestens bei einem Einzelverkauf, einer Einzelentnahme, einer Betriebsveräußerung oder einer Betriebsaufgabe die Versteuerung der stillen Reserven sichergestellt ist. Außerdem fehlt es bei der unentgeltlichen Übertragung oder der gegen Gewährung von Gesellschaftsmitteln an liquiden Mitteln für die Begleichung der Steuerschuld, sodass auch mit Blick auf eine an der wirtschaftlichen Leistungsfähigkeit orientierte Besteuerung ein sachlicher Grund für einen Besteuerungsaufschub gegeben ist.

562 Für die Übertragung von Einzelwirtschaftsgütern ist § 6 Abs. 5 EStG die zentrale Vorschrift (dazu unter Rn. 273, 563 ff., 679 ff.). Sachgesamtheiten (Betriebe, Teilbetriebe oder Mitunternehmeranteile) können nach § 6 Abs. 3 EStG (dazu unter Rn. 327 ff., 585 f.) oder § 24 UmwStG (dazu unter Rn. 339 ff., 587 ff.) zu Buchwerten übertragen werden. Die Sonderregelungen für die Realteilung (§ 16 Abs. 3 S. 2 ff., dazu unter Rn. 708 ff.) erfassen schließlich sowohl Einzelwirtschaftsgüter als auch Sachgesamtheiten.

563 *(a) Transfer von Einzelwirtschaftsgütern*

(aa) Begünstigte Übertragung eines Einzelwirtschaftsguts

Ursprünglich herrschte auf der Grundlage der Bilanzbündeltheorie noch die Vorstellung vor, es finde bei Übertragungen von Einzelwirtschaftsgütern innerhalb einer Mitunternehmerschaft gar kein Rechtsträgerwechsel statt. Diese Auffassung hatte die Rechtsprechung und darauf aufbauend die Finanzverwaltung in dem sogenannten **Mitunternehmererlass** vertreten.[180] Im Jahr 1999 hatte der Gesetzgeber mit dem Steuerentlastungsgesetz 1999/2000/2001 diese steuerneutralen Übertragungsmöglichkeiten stark eingeschränkt, während er ab dem 1.1.2001 mit dem SteuersenkG die Rechtslage des Mitunternehmererlasses wiederherstellte. Übertragungen im Betriebsvermögen sind gegenüber Übertragungen aus dem bzw. in das Privatvermögen privilegiert, um betriebswirtschaftlich sinnvolle Umgestaltungen zu ermöglichen.

564 Nach § 6 Abs. 5 S. 1 EStG wird die Fortführung des bisherigen Buchwerts in allen Fällen zwingend vorgeschrieben, in denen ein Wirtschaftsgut von einem Einzelbetriebsvermögen in ein anderes Einzelbetriebsvermögen desselben Steuerpflichtigen übertragen wird. Die stillen Reserven werden also nicht aufgedeckt, sondern von einem Betriebsvermögen in das andere übertragen. Nach § 6 Abs. 5 S. 2 EStG gilt dies auch für eine Übertragung zwischen dem Einzelbetriebsvermögen des Steuerpflichtigen und seinem Sonderbetriebsvermögen bei einer Mitunternehmerschaft sowie umgekehrt und zwischen den Sonderbetriebsvermögen eines Steuerpflichtigen

---

[180] BMF-Schreiben v. 20.12.1977, BStBl I 1977, 8 ff.

bei verschiedenen Mitunternehmerschaften (zu Übertragungen in das bzw. aus dem Sonderbetriebsvermögen noch unter Rn. 679 ff.). In all diesen Fällen findet auch zivilrechtlich kein Rechtsträgerwechsel statt, da Eigentümer immer die identische natürliche Person bleibt. Die stillen Reserven werden durch die Übertragung zwar einem anderen Betriebsvermögen, aber nicht einem anderen Steuersubjekt zugeordnet.

§ 6 Abs. 5 S. 3 EStG sieht dieselbe Rechtsfolge nun für Übertragungen zwischen unterschiedlichen Rechtspersonen (Gesellschaft/Gesellschafter) vor, wenn sie **unentgeltlich** oder **gegen Gewährung oder Minderung von Gesellschaftsrechten** zwischen 565

1. Nr. 1: Einzelbetriebs- und Gesamthandsvermögen oder
2. Nr. 2: Sonderbetriebs- und Gesamthandsvermögen derselben oder einer anderen Mitunternehmerschaft des Gesellschafters,

sowie wenn die Übertragung **unentgeltlich** zwischen
3. Nr. 3: verschiedenen Sonderbetriebsvermögen der beteiligten Gesellschafter einer Mitunternehmerschaft erfolgt.

Die steuerneutrale Übertragungsmöglichkeit nach § 6 Abs. 5 S. 3 EStG kann dazu führen, dass stille Reserven nach einer Übertragung bei einem anderen Steuerpflichtigen verhaftet sind. 566

Fall 83: A ist gemeinsam mit B und C zu gleichen Teilen Gesellschafter der gewerblich tätigen X-OHG. Daneben ist er als Einzelunternehmer tätig. Er ist Eigentümer mehrerer Grundstücke, die er teilweise im Betriebsvermögen seines Einzelunternehmens hält und teilweise im Privatvermögen. 567

Für eine Betriebserweiterung benötigt die X-OHG ein weiteres Grundstück. A erklärt sich bereit, gegen Gewährung zusätzlicher Gesellschaftsrechte im Wert von 200.000 € ein unbebautes Grundstück an die X-OHG zu übertragen, das er vor fünf Jahren für Anschaffungskosten in Höhe von 100.000 € erworben hat. Der Gesellschaftsanteil des A erhöht sich durch diese Übertragung auf 50 %, B und C sind noch zu jeweils 25 % an der X-OHG beteiligt.

Welche steuerlichen Konsequenzen ergeben sich bei A und bei der X-OHG, wenn

I. das Grundstück bisher zum Privatvermögen des A gehört hat?

II. das Grundstück bisher zum Betriebsvermögen des A bei seinem Einzelunternehmen gehört hat?

Lösung Fall 83:
I. Übertragung aus dem Privatvermögen
Es liegt ein tauschähnlicher Umsatz vor, der bei A zu einem privaten Veräußerungsgeschäft nach §§ 22 Nr. 2, 23 Abs. 1 S. 1 Nr. 1 EStG führt. A muss den entstehenden Veräußerungsgewinn in Höhe von 100.000 € versteuern. Die X-OHG aktiviert das Grundstück mit den Anschaffungskosten in Höhe von 200.000 €.

II. Übertragung aus dem Betriebsvermögen
Zwar liegt auch hier ein tauschähnlicher Umsatz vor, das Gesetz ordnet aber vorrangig (§ 6 Abs. 6 S. 4 EStG) an, dass die X-OHG den Buchwert des Grundstücks weiterführen muss.

Im Betriebsvermögen des A entsteht damit kein Gewinn aus der Übertragung des Grundstücks und die X-OHG aktiviert das Grundstück mit einem Wert von 100.000 €. Im Ergebnis sind damit die stillen Reserven, die bislang ausschließlich A zugeordnet waren, nunmehr auch B und C entsprechend ihrer Beteiligung am Gesamthandsvermögen der OHG (also zu jeweils 25 %) zugeordnet.

568 Bei einer Übertragung aus einem Einzel- oder Sonderbetriebsvermögen eines Mitunternehmers in das Gesamthandsvermögen einer Mitunternehmerschaft kann die Buchwertverknüpfung auch dadurch sichergestellt werden, dass für den übertragenden Gesellschafter eine negative Ergänzungsbilanz erstellt wird (arg e § 6 Abs. 5 S. 4 Hs. 1 a.E. EStG). Dadurch bleiben die bis zum Übertragungsstichtag entstandenen stillen Reserven auch nach der Übertragung allein bei ihm steuerverhaftet.

569 **Fall 84:** A ist gemeinsam mit B und C zu gleichen Teilen Gesellschafterin der gewerblich tätigen X-OHG. Daneben ist sie als Einzelunternehmerin tätig. Sie hält in ihrem Einzelbetriebsvermögen ein selbst entwickeltes Patent (Teilwert 1 Mio. €, Buchwert 0 €; vgl. § 5 Abs. 2 EStG). A möchte das Patent zum 1.1.14 gegen Gewährung zusätzlicher Gesellschaftsrechte auf die OHG übertragen, sodass sie dann zu 50 % und B und C zu jeweils 25 % an der OHG beteiligt sind. B und C sind dazu nur bereit, wenn sie im Falle einer Veräußerung nicht anteilig die bisher entstandenen stillen Reserven versteuern müssen.

Zum 30.9.18 überträgt die OHG das Patent gegen Zahlung von 2,5 Mio. € auf einen Konkurrenten.

Wie kann die Übertragung von A auf die OHG entsprechend den Wünschen der Gesellschafterinnen gestaltet werden? Welche Rechtsfolgen ergeben sich dann im Zeitpunkt der entgeltlichen Übertragung des Patents durch die OHG?

Lösung Fall 84: Die Übertragung aus dem Einzelbetriebsvermögen der Mitunternehmerin A in das Gesamthandsvermögen der X-OHG erfolgt zwingend zum Buchwert. Wird in der Gesamthandsbilanz der Buchwert von 0 € angesetzt, sind automatisch auch B und C zu jeweils 25 % an den bisher entstandenen stillen Reserven beteiligt. Um dies zu verhindern, kann in der Gesamthandsbilanz der Teilwert i.H.v. 1 Mio. € angesetzt werden und in einer negativen Ergänzungsbilanz für C ein entsprechender Minderwert passiviert werden.

Ergänzungsbilanz der A zum 1.1.14

Aktiva		Passiva	
Minderkapital	1 Mio. €	Minderwert Patent	1 Mio. €

Im Zeitpunkt der Veräußerung wird auf Gesamthandsebene ein Gewinn in Höhe von 1,5 Mio. € realisiert, der entsprechend der Gewinnbeteiligung bei allen Mitunternehmern zu Einkünften aus Gewerbebetrieb führt (§ 15 Abs. 1 S. 1 Nr. 2 S. 1 Hs. 1 EStG). Zugleich ist der Korrekturposten in der Ergänzungsbilanz der A aufzulösen, wodurch A einen weiteren Gewinn i.H.v. 1 Mio. € erzielt. Damit versteuert sie die schon während der Zugehörigkeit des Patents zum Einzelbetriebsvermögen entstandenen stillen Reserven allein.

570 Eine Übertragung zu Buchwerten ist nur dann zulässig, wenn auch beim Empfänger die Besteuerung der stillen Reserven sichergestellt ist (vgl. § 6 Abs. 5 S. 1 Hs. 1 a.E. EStG). Verliert Deutschland durch eine Übertragung in einem grenzüberschreitenden Fall (teilweise) das Besteuerungsrecht an den stillen Reserven – beispielsweise, weil ein Wirtschaftsgut aus einem inländischen Einzelbetriebsvermögen in das Gesamthandsvermögen einer Personengesellschaft mit Sitz im Ausland übertragen wird – so scheidet insoweit eine Übertragung zum Buchwert aus.

Aus ähnlichen Gründen scheidet eine Übertragung zum Buchwert auch aus, soweit durch die Übertragung unmittelbar oder mittelbar stille Reserven auf eine Körperschaft übergehen (§ 6 Abs. 5 S. 5 EStG). Zwar unterliegen die stillen Reserven bei einer Körperschaft auch der deutschen Besteuerung, allerdings unter grundlegend anderen Bedingungen. Insbesondere ist der Körperschaftsteuersatz von 15 % deutlich niedriger als der progressive Einkommensteuersatz und die Anteile an einer Körperschaft können steuerbegünstigt veräußert werden (Abgeltungsteuer nach § 32d Abs. 1 EStG, Teileinkünfteverfahren nach § 3 Nr. 40 EStG oder weitgehende Freistellung der Gewinne nach § 8b Abs. 2 und 3 KStG). Um missbräuchliche Gestaltungen auszuschließen, muss im Zeitpunkt der Übertragung daher insoweit zwingend der Teilwert angesetzt und werden damit die stillen Reserven aufgedeckt, wenn und soweit sich der ideelle Anteil einer Körperschaft an dem übertragenen Wirtschaftsgut erhöht.

Fall 85: Gesellschafter der gewerblich tätigen X-GmbH & Co. KG sind die A-GmbH als Komplementärin und die beiden Schwestern A und B als Kommanditistinnen. A und B sind zugleich zu gleichen Teilen die Gesellschafter der A-GmbH. Die A-GmbH ist an Gewinn und Verlust sowie am Vermögen der KG zu 10 % beteiligt, A und B zu jeweils 45 %.

Die KG hält in ihrem Betriebsvermögen ein Patent, das sie vor einigen Jahren von einem Konkurrenten für 100.000 € erworben hat. Das Patent hat mittlerweile einen Teilwert von 500.000 € und soll zum Marktwert veräußert werden. Um Steuern zu sparen, fassen die Gesellschafter dazu folgenden Plan. In einem ersten Schritt soll das Patent unentgeltlich aus dem Gesamthandsvermögen in das Betriebsvermögen der A-GmbH übertragen werden. Sodann wollen A und B ihre Anteile an der GmbH (und damit mittelbar auch das Patent) auf den Käufer übertragen und von der teilweisen Steuerfreistellung nach § 3 Nr. 40 S. 1 c) EStG profitieren.

Funktioniert der Plan von A und B?

Lösung Fall 85: Die unentgeltliche Übertragung aus dem Gesamthandsvermögen in das Betriebsvermögen der X-GmbH als Mitunternehmerin ist zwar grundsätzlich nach § 6 Abs. 5 S. 3 Nr. 1 EStG privilegiert. Allerdings erhöht sich durch die Übertragung der ideelle Anteil der X-GmbH an dem Patent: Die GmbH ist am Vermögen der KG und damit auch an dem Patent bzw. an den insoweit bestehenden stillen Reserven nur zu 10 % beteiligt, nach der Übertragung ist das Patent ausschließlich der X-GmbH zuzuordnen. Der Anteil erhöht sich mithin durch die Übertragung um 90 %; insoweit ist nach § 6 Abs. 5 S. 5 EStG zwingend der Teilwert anzusetzen, also in Höhe von 450.000 €. In Höhe von 10 % bleibt es beim Ansatz des Buchwerts (10.000 €). Insgesamt erfolgt die Übertragung also zu einem Wert von 460.000 €, der entstehende Gewinn in Höhe von 360.000 € ist von den Gesellschaftern entsprechend ihrem Gewinnanteil zu versteuern (§ 15 Abs. 1 S. 1 Nr. 2 S. 1 Hs. 1 EStG).

Fall 86: Gesellschafter der X-OHG sind die Y-KG und die natürliche Person A zu jeweils 50 %. An der Y-KG sind wiederum zu je 50 % die B-GmbH und die natürliche Person B beteiligt.

> Welcher Wert ist anzusetzen, wenn ein Wirtschaftsgut (Buchwert 200.000 €, Teilwert 500.000 €) aus dem Gesamthandsvermögen der X-OHG in das Gesamthandsvermögen der Y-KG übertragen wird?

> **Lösung Fall 86:** Grundsätzlich ist die Übertragung nach § 6 Abs. 5 S. 3 Nr. 1 EStG privilegiert. Allerdings wird durch die Übertragung mittelbar ein Anteil der B-GmbH an dem Wirtschaftsgut in Höhe von 25 % begründet. Insoweit, also in Höhe von 25 % * 500.000 € = 125.000 € ist nach § 6 Abs. 5 S. 5 EStG zwingend der Teilwert anzusetzen. Ansonsten, also in Höhe von 75 % * 200.000 € = 150.000 € bleibt es beim Ansatz des Buchwerts. Die Übertragung erfolgt mithin zu einem Wert von 275.000 €.

574 *(bb) Übertragungen zwischen Schwesterpersonengesellschaften*

Ob im Rahmen der Übertragung eines Wirtschaftsguts zwischen **Schwesterpersonengesellschaften** (= personenidentische Personengesellschaften) § 6 Abs. 5 S. 3 (Nr. 2) EStG anwendbar ist, ist momentan sogar innerhalb des BFH heillos umstritten.[181] Die Tatbestände des § 6 Abs. 5 EStG sind vom Wortlaut her nicht anwendbar, daher besteht nach der engen Auffassung keine gesetzliche Grundlage für eine Privilegierung. Nach der weiten Auslegung ist § 6 Abs. 5 EStG analog anwendbar, da es sich auch bei einer Übertragung unter Schwesterpersonengesellschaften um eine betriebswirtschaftlich sinnvolle Gestaltung handeln kann, die auch nicht in größerem Umfang missbrauchsanfällig ist als die in § 6 Abs. 5 S. 3 EStG erfassten Übertragungen. Gegen eine Analogie spricht, dass die einzelnen in Betracht kommenden Übertragungstatbestände präzise benannt sind und im Gesetzgebungsverfahren eine Begünstigung von Schwesterpersonengesellschaften diskutiert, aber dann nicht in die endgültige Fassung der Norm aufgenommen wurde. Für eine weite Auslegung spricht demgegenüber die Möglichkeit, durch eine mehrstufige Übertragung über die Sonderbetriebsvermögen der Gesellschafter letztlich auch innerhalb der gesetzlich normierten Tatbestände des § 6 Abs. 5 S. 3 EStG eine Übertragung von einer Schwesterpersonengesellschaft zur anderen erreichen zu können. Ein solches Vorgehen lässt sich andererseits vom Standpunkt der engen Auffassung gegebenenfalls als Gestaltungsmissbrauch i.S.v. § 42 AO begreifen.

575 Mittlerweile hat der Erste Senat des BFH seine enge Auffassung erneut bestätigt und dem Bundesverfassungsgericht die Frage vorgelegt, ob die (seiner Ansicht nach) fehlende Übertragungsmöglichkeit bei Schwesterpersonengesellschaften das verfassungsrechtliche Folgerichtigkeitsgebot verletzt.[182] Der Vierte Senat wollte mit seiner weiten Auslegung eben diese Verfassungswidrigkeit vermeiden; für eine entsprechende verfassungskonforme Auslegung sah der Erste Senat aber angesichts der (seiner Ansicht nach) klaren gesetzgeberischen Entscheidung keinen Spielraum.

576 **Beispiel:** A und B sind sowohl an der A OHG als auch an der B OHG zu jeweils 50 % beteiligt. Überträgt die A OHG ein Betriebsgrundstück auf die B OHG, ist fraglich, ob eine Übertragung zu Buchwerten möglich ist oder ob die A OHG die stillen Reserven aufzudecken hat.

---

181 Dagegen BFH, Urteil v. 25.11.2009 – I R 72/08, BFHE 227, 445 = BStBl II 2010, 471, juris Rn. 29; dafür BFH, Beschluss v. 15.4.2010 – IV B 105/09, BFHE 229, 199 = BStBl II 2010, 971, juris Rn. 20; instruktiv *Fischer/Petersen*, DStR 2019, 2169 ff.
182 BFH, Vorlagebeschluss v. 10.4.2013 – I R 80/12, BFHE 241, 483 = BStBl II 2013, 1004.

Zivilrechtlich handelt es sich um eine Übereignung von einem Gesamthandsvermögen auf das andere, beide OHGs sind nach § 124 HGB rechtsfähig. Wenn man die Vorgänge gedanklich[183] oder tatsächlich[184] in eine Übertragung in das Sonderbetriebsvermögen von A und B und von dort in das Gesamthandsvermögen der aufnehmenden Gesellschaft aufspaltet, könnte man § 6 Abs. 5 S. 3 Nr. 2 EStG analog oder direkt anwenden. Zur Begründung von Sonderbetriebsvermögen müsste allerdings ein Überlassungsvertrag begründet werden und dieser Umweg könnte wiederum als Umgehung nach § 42 AO gewertet werden.[185] Auch kann die tatsächliche Übertragung vom Gesamthandsvermögen auf das Sonderbetriebsvermögen des Gesellschafters und dann auf die Schwesterpersonengesellschaft zur Insolvenz- bzw. Gläubigeranfechtung führen.

(cc) Rückwirkender Ansatz des Teilwerts

577

Die Buchwertfortführung nach § 6 Abs. 5 S. 3 EStG steht grundsätzlich unter Vorbehalt: Wird das Wirtschaftsgut vom Empfänger innerhalb einer **dreijährigen Sperrfrist** veräußert oder entnommen, so ist rückwirkend bei der Übertragung der Teilwert anstelle des Buchwerts anzusetzen, d.h. es kommt zu einer rückwirkenden Aufdeckung der stillen Reserven. Dadurch wird abgesichert, dass die Buchwertprivilegierung nicht dazu genutzt wird, Unterschiede in der steuerlichen Progression zwischen verschiedenen Mitunternehmern oder steuerliche Verlustvorträge bei einem anderen Mitunternehmer gestalterisch auszunutzen.

Fristbeginn ist der konkrete Tag der Abgabe der Steuererklärung (Einkommensteueroder Feststellungserklärung nach § 181 AO) des Übertragenden für den jeweiligen Veranlagungszeitraum. *Verfahrensmäßig* sind nach § 175 Abs. 1 S. 1 Nr. 2 AO die Bescheide des Veranlagungszeitraums der Übertragung zu korrigieren. Der Übertragende muss die stillen Reserven aufdecken. Der Erwerber nimmt eine Korrektur auf die dann höheren AK/HK vor und kann rückwirkend höhere AfA ansetzen. Zudem muss er bei der späteren, die Sperrfristverletzung auslösenden Veräußerung geringere stille Reserven versteuern.

578

Fall 87: A ist gemeinsam mit B und C zu gleichen Teilen Gesellschafter der gewerblich tätigen X-OHG. Er überträgt zum 1.1.15 eine in seinem Einzelunternehmen genutzte Maschine (angeschafft vor 3 Jahren, betriebsgewöhnliche Nutzungsdauer 6 Jahre, Anschaffungskosten 120.000 €, Buchwert 60.000 €, Teilwert 90.000 €) auf die OHG. Im Gegenzug erhält er zusätzliche Gesellschaftsrechte, sodass er in der Folge zu 40 %, B und C hingegen nur noch zu 30 % an der X-OHG beteiligt sind. A gibt am 31.5.16 seine Einkommensteuererklärung für den Veranlagungszeitraum 15 ab.

579

Nachdem die Maschine mit zunehmender Betriebsdauer immer häufiger gewartet werden musste, entscheidet sich die OHG im Frühjahr 17, die alte Maschine gegen ein neueres Modell auszutauschen. Die neue Maschine wird mit Wirkung zum 30.3.17 angeschafft, die alte Maschine wird dabei für immerhin noch 40.000 € in Zahlung genommen.

Welche steuerlichen Folgen ergeben sich für A und für die X-OHG?

Lösung Fall 87: Grundsätzlich ist die Übertragung gegen Gewährung von Gesellschaftsrechten in das Gesamthandsvermögen der Mitunternehmerschaft nach § 6 Abs. 5 S. 3 Nr. 1

---

183 So *Ley/Brandenberg*, Ubg 2010, 767, 776 ff.
184 Hierzu und zu weiteren Gestaltungen nach § 6b EStG, § 24 UmwStG und durch Realteilung vgl. *Fischer/Petersen*, DStR 2019, 2169, 2170 ff.
185 Vgl. *Fischer/Petersen*, DStR 2019, 2169, 2176 f.

> EStG privilegiert. A muss keinen Veräußerungsgewinn im Rahmen seines Einzelunternehmens erfassen, die OHG führt den Buchwert fort und berücksichtigt in den Folgejahren Abschreibungen in Höhe von 20.000 €. Zum Zeitpunkt der Veräußerung würde sich dann ein fortgeführter Buchwert von 15.000 € und mithin ein Veräußerungsgewinn i.H.v. 25.000 € ergeben.
>
> Allerdings führt die Veräußerung durch die OHG innerhalb der dreijährigen Sperrfrist nach § 6 Abs. 5 S. 4 EStG rückwirkend zum Ansatz des Teilwerts i.H.v. 90.000 € zum Zeitpunkt der Übertragung. A erzielt mithin einen Veräußerungsgewinn in seinem Einzelunternehmen i.H.v. 30.000 €. Die OHG hat Anschaffungskosten in gleicher Höhe, die sie verteilt auf die Restnutzungsdauer von 3 Jahren abschreibt. Es ergeben sich jährliche Abschreibungen von 30.000 €, ein Buchwert zum Veräußerungszeitpunkt i.H.v. 22.500 € und dementsprechend ein Veräußerungsgewinn i.H.v. 17.500 €.

580 Wurden bei einer Übertragung eines Wirtschaftsguts aus dem Einzel- oder Sonderbetriebsvermögen eines Mitunternehmers in das Gesamthandsvermögen einer Mitunternehmerschaft die stillen Reserven dem übertragenden Gesellschafter durch eine negative Ergänzungsbilanz zugeordnet, ist der rückwirkende Ansatz des Teilwerts nach § 6 Abs. 5 S. 4 Hs. 1 EStG nicht erforderlich. Die bis zur Übertragung entstandenen stillen Reserven werden dann ausschließlich in der Ergänzungsbilanz des Übertragenden aufgedeckt.[186] Ebenso wenig erforderlich ist der rückwirkende Ansatz des Teilwerts, wenn durch die Übertragung keine stillen Reserven auf eine andere Person übergegangen sind. Dies ist der Fall, wenn der Veräußerungs- oder Entnahmegewinn ausschließlich dem ursprünglich Übertragenden zugerechnet wird, beispielsweise weil er an der Mitunternehmerschaft schon bei der Übertragung des Wirtschaftsguts und bis zu dessen Entnahme bzw. Veräußerung zu 100 % beteiligt ist. In einem solchen Fall ist § 6 Abs. 5 S. 4 EStG teleologisch zu reduzieren.[187]

581 Der Teilwert ist auch dann rückwirkend anzusetzen, soweit innerhalb von **sieben Jahren** nach einer Übertragung im Sinne von § 6 Abs. 5 S. 3 EStG der unmittelbare oder mittelbare Anteil einer Körperschaft an dem Wirtschaftsgut begründet wird oder sich erhöht. Dies kann beispielsweise der Fall sein, weil eine Körperschaft als zusätzliche Gesellschafterin in eine Mitunternehmerschaft eintritt und damit auch an den stillen Reserven eines Wirtschaftsguts beteiligt wird, das zu Buchwerten aus dem Einzelbetriebsvermögen eines Gesellschafters auf die Mitunternehmerschaft übertragen worden war. Auch der Formwechsel einer Personengesellschaft in eine Kapitalgesellschaft ist erfasst, weil im Anschluss daran die Wirtschaftsgüter in der Kapitalgesellschaft anderen Besteuerungsgrundsätzen unterliegen.[188] Bei dieser zweiten Sperrfrist besteht keine Möglichkeit, über negative Ergänzungsbilanzen den rückwirkenden Ansatz des Teilwerts zu verhindern.

582 *(dd) Exkurs: Schenkungsteuerliche Aspekte*

Auch bei einer Übertragung nach § 6 Abs. 5 S. 3 EStG kann es zu schenkungsteuerlichen Implikationen kommen.

---

186 Für einen Überblick über die verschiedenen Behaltefristen des EStG und des UmwStG *Lienicke*, Die ertragsteuerlichen Behaltefristen bei Unternehmensumstrukturierungen, 2017, 22 ff.
187 BFH, Urteil v. 31.7.2013 – I R 44/12, BFHE 242, 240 = BStBl II 2015, 450, juris Rn. 9 ff. m.w.N.
188 Nds. FG, Beschluss v. 26.10.2018 – 3 K 173/16, EFG 2019, 421, Rev. BFH IV R 36/18.

Beispiel:[189] A und B sind vermögensmäßig zu gleichen Teilen alleinige Gesellschafter der X GmbH & Co KG. A überlässt dieser ein Betriebsgrundstück mit einem Buchwert von 200.000 € und einem Verkehrswert von 500.000 € zur Nutzung. A überträgt das Grundstück gegen Gewährung von Gesellschaftsrechten im Umfang von 200.000 € auf die Gesellschaft.

Die Beteiligung des B gewinnt an Wert, da er nunmehr an den stillen Reserven zur Hälfte beteiligt ist. Der Vorgang ist daher in gleicher Weise zu behandeln wie bei der disquotalen Einlage (Rn. 558 f.), soweit keine betrieblichen Gründe im Vordergrund stehen. Bemessungsgrundlage für die Schenkungsteuer ist die Werterhöhung des Anteils des B, hier 150.000 €.

(b) Transfer von Sachgesamtheiten

Auch die Übertragung von Betrieben oder Teilbetrieben führt nicht zwingend zur Aufdeckung stiller Reserven. Anders als bei Einzelwirtschaftsgütern mit § 6 Abs. 5 S. 3 Nr. 1 und 2 EStG finden insoweit allerdings unterschiedliche Vorschriften Anwendung, abhängig davon, ob die Übertragung unentgeltlich oder gegen Gewährung von Gesellschaftsrechten erfolgt.

(aa) Unentgeltliche Übertragung eines (Teil-)Betriebs

Unentgeltliche Übertragungen betrieblicher Sachgesamtheiten sind nach § 6 Abs. 3 S. 1, 3 EStG ohne Aufdeckung stiller Reserven möglich: Wird ein Betrieb oder ein Teilbetrieb unentgeltlich übertragen, ist zwingend der Buchwert anzusetzen. Es gelten die auch bei Einzelunternehmern greifenden Grundsätze (siehe bereits unter Rn. 327 ff.).

Fall 88:[190] A ist als Kommanditist zu 50 % an Gewinn und Verlust der X-GmbH & Co. KG beteiligt. Zu gleichem Umfang ist auch seine Tochter B als weitere Kommanditistin beteiligt. Komplementärin ist die X-GmbH, die eine pauschale Vergütung für ihre Haftungsübernahme erhält, am Vermögen der KG aber nicht beteiligt ist. Die KG betreibt mehrere Supermärkte in Hamburg.

Bevor A gemeinsam mit seiner Tochter in den Lebensmittelhandel eingestiegen ist, hat er als Einzelunternehmer einen kleinen Speditions- und Kurierbetrieb aufgebaut. Neben mehreren Fahrzeugen befinden sich im Betriebsvermögen der Spedition insbesondere zwei Grundstücke, auf denen sich eine Lagerhalle bzw. mehrere Garagen befinden. Da die Gewinnmargen im Speditionsgewerbe immer geringer werden, möchte A die Spedition nicht mehr als eigenen Betrieb fortführen. Gleichzeitig besteht bei den Kunden der Supermärkte eine immer größere Nachfrage nach Lieferangeboten. A entschließt sich daher, seinen Speditionsbetrieb auf die KG zu übertragen und Mitarbeiter und Fahrzeuge zukünftig dazu zu nutzen, Lebensmittel auszuliefern. Da die Spedition ohnehin einmal an seine Tochter übertragen werden sollte, verlangt A von der KG keine Gegenleistung und auch die Gesellschaftsverhältnisse innerhalb der KG sollen sich durch die Übertragung nicht ändern.

Allerdings wird das Garagengrundstück der Spedition von der KG nicht benötigt. A veräußert es daher zu einem marktüblichen Preis an den Eigentümer des Nachbargrundstücks und erfasst den entstehenden Gewinn als Teil seiner Einkünfte aus dem Speditionsbetrieb. Einen Tag später überträgt er die verbliebenen Wirtschaftsgüter des Speditionsbetriebs (insbesondere das Lagergrundstück und die Fahrzeuge) an die KG.

---

189 *Geck*, KÖSDI 2013, 18290, 18295.
190 Ähnlich BFH, Urteil v. 10.9.2020 – IV R 14/18, BFHE 270, 363, BStBl. II 2021, 367.

> Welcher Wert ist bei der Übertragung der Wirtschaftsgüter aus dem Speditionsbetrieb anzusetzen?
>
> **Lösung Fall 88:** Die Übertragung erfolgt zu Buchwerten, wenn A auf die KG einen (vollständigen) Betrieb übertragen hat (§ 6 Abs. 3 S. 1 Hs. 1 Var. 1 EStG). A hat alle am Übertragungsstichtag noch vorhandenen Wirtschaftsgüter übertragen, die mit Betriebsgrundstück und Fahrzeugen auch immer noch eine funktionsfähige betriebliche Einheit bilden.
>
> Gleichwohl könnte man daran zweifeln, dass der Speditionsbetrieb vollständig übertragen wurde, weil mit dem Garagengrundstück eine wesentliche Betriebsgrundlage des ursprünglichen Betriebs nicht mit übertragen, sondern vorab veräußert wird. Da zwischen dieser Veräußerung und der späteren Übertragung ein enger wirtschaftlicher und zeitlicher Zusammenhang besteht, könnte man nach den Grundsätzen der Gesamtplan-Rechtsprechung beide Vorgänge einheitlich betrachten. Dann wäre zwar die Übertragung der Wirtschaftsgüter des Speditionsbetriebs immer noch nach § 6 Abs. 5 S. 3 Nr. 1 EStG zu Buchwerten möglich, es würde allerdings eine Sperrfrist ausgelöst. Sollte die KG auch Verbindlichkeiten des Speditionsbetriebs übernehmen, könnte sich zudem ein teilentgeltliches Geschäft und damit eine teilweise Aufdeckung stiller Reserven ergeben (zur unterschiedlichen Behandlung teilentgeltlicher Geschäfte bei der Übertragung von Einzelwirtschaftsgütern und Sachgesamtheiten noch unter Rn. 601 ff.).
>
> Allerdings ergeben sich weder aus dem Wortlaut noch aus Sinn und Zweck von § 6 Abs. 3 S. 1, 3 EStG Anhaltspunkte für eine solche zusammenfassende Betrachtung. Die Buchwertverknüpfung soll die Übertragung betrieblicher Einheiten erleichtern, eine ebensolche Einheit überträgt A hier. Es besteht auch nicht die Gefahr, dass dabei stille Reserven unversteuert bleiben – vielmehr wurden diese durch die Vorabveräußerung sogar teilweise bereits aufgedeckt.

587 *(bb) Einbringung eines Betriebs oder Teilbetriebs in eine Mitunternehmerschaft gegen Gewährung von Gesellschaftsrechten*

Wenn der bisherige Betriebsinhaber im Gegenzug für die Übertragung der betrieblichen Einheit Gesellschaftsrechte erhält, liegt keine unentgeltliche Übertragung, sondern ein tauschähnlicher Umsatz vor (§ 6 Abs. 6 S. 1 EStG). Die Buchwertverknüpfung nach § 6 Abs. 3 S. 1, 3 EStG ist auf diese Fälle nicht anwendbar, allerdings greift § 24 UmwStG (siehe bereits unter Rn. 339 ff.)

588 **Beispiel:** A betreibt seit Jahren ein gewerbliches Einzelunternehmen. Zwar laufen die Geschäfte bislang gut, zur weiteren Expansion wird aber frisches Kapital benötigt. Außerdem möchte A frühzeitig einen Nachfolger einbeziehen. Er entscheidet sich daher, B zum 1.1.15 als gleichberechtigten Partner „in sein Geschäft aufzunehmen". A und B gründen die A&B OHG, die in Zukunft das Einzelunternehmen betreiben soll.

Die A&B OHG ist steuerrechtlich eine Mitunternehmerschaft im Sinne von § 15 Abs. 1 S. 1 Nr. 2 EStG mit A und B als Mitunternehmern. Der bisher von A allein geführte Betrieb (sämtliche materiellen und immateriellen Wirtschaftsgüter des Betriebsvermögens) ist nach der Fortführung nicht mehr A, sondern der OHG zuzurechnen.

589 Grundsätzlich führt die Einbringung eines Betriebs oder Teilbetriebs in eine Personengesellschaft, bei der der Einbringende Mitunternehmer wird, zur Aufdeckung der in der Vergangenheit gebildeten stillen Reserven: Die Personengesellschaft muss das eingebrachte Betriebsvermögen zum gemeinen Wert bilanzieren (§ 24 Abs. 2 S. 1

UmwStG) und für den bisherigen Einzelunternehmer gilt dieser Wert als erzielter Veräußerungspreis (§ 24 Abs. 3 S. 1 UmwStG). Aus Sicht des Einbringenden liegt damit eine Veräußerung im Sinne von § 16 Abs. 1 S. 1 Nr. 1 EStG vor; aus Sicht der Personengesellschaft ein entgeltliches Anschaffungsgeschäft.

Beispiel (Fortsetzung Rn. 588): A hat für sein Einzelunternehmen zum 31.12.14 folgende Bilanz erstellt: 590

Bilanz des Einzelunternehmens A

Aktiva		Passiva	
Grundstück	150.000 €	Kapital	80.000 €
sonst Aktiva	50.000 €	Verbindlichkeiten	120.000 €
Firmenwert	0 €		
Summe	200.000 €	Summe	200.000 €

Die entsprechenden gemeinen Werte zum 31.12.14 betragen:

Aktiva		Passiva	
Grundstück	350.000 €	Kapital	400.000 €
sonst Aktiva	100.000 €	Verbindlichkeiten	120.000 €
Firmenwert	70.000 €		
Summe	520.000 €	Summe	520.000 €

Im Gesellschaftsvertrag der A&B OHG wird vereinbart, dass A sein Einzelunternehmen mit einem gemeinen Wert in Höhe von 400.000 € (s.o.) einbringt und B eine Bareinlage in Höhe von 400.000 € leistet.

Die Einbringung des Betriebs in die A&B OHG erfolgt gemäß § 24 Abs. 1, 2 S. 1 UmwStG grundsätzlich zu gemeinen Werten, d.h. die eingebrachten Wirtschaftsgüter würden (saldiert) mit einem Wert von 400.000 € bilanziert. Es ergibt sich folgende Eröffnungsbilanz der OHG:

Gesamthandsbilanz der OHG zu gemeinen Werten

Aktiva		Passiva	
Grundstück	350.000 €	Kapital A	400.000 €
Bank	400.000 €	Kapital B	400.000 €
sonst Aktiva	100.000 €	Verbindlichkeiten	120.000 €
Firmenwert	70.000 €		
Summe	920.000 €	Summe	920.000 €

Da der von der OHG angesetzte Wert als von A erzielter Veräußerungspreis gilt (§ 24 Abs. 3 S. 1 UmwStG), würde A bei Bilanzierung zu gemeinen Werten einen Veräußerungsgewinn (§ 16 Abs. 1 S. 1 Nr. 1 EStG) in Höhe von 400.000 € – 80.000 € = 320.000 € erzielen.

Das Gesetz sieht ein Wahlrecht für die Personengesellschaft vor, die eingebrachten Wirtschaftsgüter nicht mit dem gemeinen Wert, sondern mit dem Buchwert oder einem zwischen Buchwert und gemeinem Wert liegenden Zwischenwert zu bilanzie- 591 ren (§ 24 Abs. 2 S. 2 UmwStG). Wird eine Bilanzierung zum Buchwert gewählt, unterbleibt beim bisherigen Einzelunternehmer eine Aufdeckung der stillen Reserven vollständig. Wird ein Zwischenwert angesetzt, ergibt sich ein niedrigerer (allerdings gemäß § 24 Abs. 3 S. 2 UmwStG nicht nach § 16 Abs. 4 EStG begünstigungsfähiger) Veräußerungsgewinn.

592 Um eine Bilanzierung zu Buchwerten zu erreichen, bestehen grundsätzlich zwei Möglichkeiten:[191] Naheliegend erscheint es zunächst, die Gesamthandsbilanz der Gesellschaft unter Fortführung der Buchwerte des bisherigen Einzelunternehmens aufzustellen. In der Regel werden sodann die Kapitalkonten der Gesellschafter angepasst, um die Beteiligungsverhältnisse adäquat wiederzugeben (sog. **Nettomethode**).

593 **Beispiel (Fortsetzung Rn. 590):** A und B wollen eine Aufdeckung der stillen Reserven möglichst vermeiden und entscheiden sich daher, ihr Wahlrecht nach § 24 Abs. 2 S. 2 UmwStG zugunsten einer Fortführung der bisherigen Buchwerte auszuüben. Wird diese Buchwertfortführung in der Gesamthandsbilanz abgebildet, ergibt sich zunächst folgendes Bild:

Gesamthandsbilanz der OHG zu Buchwerten

Aktiva		Passiva	
Grundstück	150.000 €	Kapital A	80.000 €
Bank	400.000 €	Kapital B	400.000 €
sonst Aktiva	50.000 €	Verbindlichkeiten	120.000 €
Firmenwert	0 €		
Summe	600.000 €	Summe	600.000 €

Um die jeweils hälftige Beteiligung von A und B auch in der Bilanz abzubilden, passen A und B die Kapitalkonten entsprechend an:

Gesamthandsbilanz der OHG zu Buchwerten mit angepassten Kapitalkonten

Aktiva		Passiva	
Grundstück	150.000 €	Kapital A	240.000 €
Bank	400.000 €	Kapital B	240.000 €
sonst Aktiva	50.000 €	Verbindlichkeiten	120.000 €
Firmenwert	0 €		
Summe	600.000 €	Summe	600.000 €

594 Die ausschließliche Umsetzung auf Ebene der Gesamthandsbilanz hat aber einen gravierenden Mangel: Die stillen Reserven sind in der Folge nicht mehr allein dem bisherigen Einzelunternehmer, sondern allen Gesellschaftern entsprechend ihrer Beteiligungsquote zugeordnet. Dies ist in der Regel für diejenigen Gesellschafter unbillig, die eine Bareinlage geleistet haben. Bei einer Veräußerung eines Wirtschaftsguts oder ihres Mitunternehmeranteils wirkt sich die von ihnen geleistete Einlage nicht in vol-

---

191 *Krumm*, in: Kirchhof/Seer, EStG, § 15 Rn. 255 m.w.N.

lem Umfang steuermindernd aus. Vielmehr profitiert einseitig der bisherige Betriebsinhaber, der die stillen Reserven nicht mehr vollständig, sondern nur anteilig versteuern muss.

Beispiel (Fortsetzung Rn. 590, 593): Bei einer Bilanzierung zu Buchwerten in der Gesamthandsbilanz sind die stillen Reserven nunmehr nicht mehr nur A, sondern A und B zu gleichen Teilen zugeordnet.

Ohne Anpassung der Kapitalkonten bezieht sich das nur auf die in den einzelnen Wirtschaftsgütern vorhandenen stillen Reserven. Wird beispielsweise das Grundstück zum gemeinen Wert von 350.000 € veräußert, ist der entstehende Veräußerungsgewinn in Höhe von 200.000 € A und B aufgrund ihrer gesellschaftsvertraglichen Gewinnverteilungsabrede zu jeweils 50 %, also in Höhe von 100.000 € zuzurechnen. Dies ist aus der Perspektive des B in der Regel unbillig, weil seine anteiligen Anschaffungskosten für das Grundstück höher waren, er dies aber nicht steuermindernd geltend machen kann. Nur wenn B den Anteil an der OHG veräußert, wirkt sich sein höheres Kapitalkonto und der damit höhere Wert seines Anteils am Betriebsvermögen steuermindernd aus (vgl. § 16 Abs. 1 S. 1 Nr. 2, Abs. 2 S. 1, 2 EStG). Bei Anpassung der Kapitalkonten ist der nachteilige Effekt für B sogar noch gravierender, da er selbst bei Veräußerung seines Anteils an der OHG nur noch einen Betrag von 240.000 € steuermindernd geltend machen kann.

In der Regel entspricht eine interpersonale Übertragung von stillen Reserven nicht dem Interesse der Parteien. Sie werden daher eine bilanzielle Darstellung wählen, die dem bisherigen Inhaber sämtliche stillen Reserven zuordnet und für denjenigen, der eine Bareinlage erbringt, eine vollständige Abbildung seiner Anschaffungskosten ermöglicht. Dies geschieht durch die Erstellung positiver und/oder negativer Ergänzungsbilanzen für die Gesellschafter. Wurde in der Gesamthandsbilanz nach der Nettomethode verfahren, sind sowohl negative Ergänzungsbilanzen (für Gesellschafter, die einen Betrieb eingebracht haben) als auch positive Ergänzungsbilanzen (für Gesellschafter, die eine Bareinlage geleistet haben) zu erstellen.[192]

Beispiel (Fortsetzung Rn. 590, 593): Um eine Aufdeckung der stillen Reserven zu vermeiden, bilanziert die A&B OHG zwar nach der Nettomethode, bildet aber Ergänzungsbilanzen für die Gesellschafter. A muss demnach insgesamt wieder ein Kapital von 80.000 € zugewiesen werden (Fortführung der bisherigen Buchwerte und Zuordnung der stillen Reserven). B muss ein Gesamtkapital von 400.000 € (von ihm geleistete Bareinlage) zugewiesen werden. Die Mehr- bzw. Minderkapitalbeträge verteilen sich entsprechend der stillen Reserven auf die einzelnen Wirtschaftsgüter.

Gesamthandsbilanz der OHG zu Buchwerten mit angepassten Kapitalkonten

Aktiva		Passiva	
Grundstück	150.000 €	Kapital A	240.000 €
Bank	400.000 €	Kapital B	240.000 €
sonst Aktiva	50.000 €	Verbindlichkeiten	120.000 €
Firmenwert	0 €		
Summe	600.000 €	Summe	600.000 €

---

192 *Krumm*, in: Kirchhof/Seer, EStG, § 15 Rn. 255 m.w.N.

(negative) Ergänzungsbilanz A

Aktiva		Passiva	
Minderkapital	160.000 €	Minderwert Grundstück	100.000 €
		Minderwert sonst. Aktiva	25.000 €
		Minderwert Firmenwert	35.000 €
Summe	160.000 €	Summe	160.000 €

(positive) Ergänzungsbilanz B

Aktiva		Passiva	
Mehrwert Grundstück	100.000 €	Mehrkapital Kapital	160.000 €
Mehrwert sonst Aktiva	25.000 €		
Mehrwert Firmenwert	35.000 €		
Summe	160.000 €	Summe	160.000 €

Wird nun beispielsweise das Grundstück zum gemeinen Wert von 350.000 € veräußert, ergibt sich zwar in der Gesamthandsbilanz ein Gewinn von 200.000 €, der gleichermaßen auf A und B zu verteilen ist. Zugleich ergeben sich aber durch die Auflösung der Korrekturposten in den Ergänzungsbilanzen ein zusätzlicher Ertrag für A und ein zusätzlicher Aufwand für B. Damit muss A insgesamt 100.000 € + 100.000 € = 200.000 € und B 100.000 € – 100.000 € = 0 € versteuern. Über die Ergänzungsbilanzen sind A sämtliche in der Vergangenheit gebildeten stillen Reserven zugeordnet; B kann seine Anschaffungskosten voll steuermindernd geltend machen.

598 Alternativ kann auch in der Gesamthandsbilanz mit den gemeinen Werten bilanziert werden, sodass eine Anpassung der Kapitalkonten zum Ausdruck der Beteiligungsverhältnisse nicht erforderlich ist.[193] Die Buchwertfortführung wird durch eine negative Ergänzungsbilanz für den Gesellschafter sichergestellt, der einen Betrieb eingebracht hat (sog. **Bruttomethode**). In dieser Bilanz sind ihm sämtliche stillen Reserven zuzuordnen.

599 **Beispiel (Fortsetzung Rn. 590, 593):** Die A&B OHG bilanziert im Gesamthandsbereich nach gemeinen Werten, bildet aber eine Ergänzungsbilanz für A, um ihm weiterhin nur ein Kapital von 80.000 € zuzuweisen und somit die Buchwerte fortzuführen.

Gesamthandsbilanz der OHG zu gemeinen Werten

Aktiva		Passiva	
Grundstück	350.000 €	Kapital A	400.000 €
Bank	400.000 €	Kapital B	400.000 €
sonst Aktiva	100.000 €	Verbindlichkeiten	120.000 €
Firmenwert	70.000 €		
Summe	920.000 €	Summe	920.000 €

---

193 Ausführlich *Schmitt/Keuthen*, DStR 2013, 1565, 1567.

(negative) Ergänzungsbilanz A

Aktiva		Passiva	
Minderkapital	320.000 €	Minderwert Grundstück	200.000 €
		Minderwert sonst. Aktiva	50.000 €
		Minderwert Firmenwert	70.000 €
Summe	320.000 €	Summe	320.000 €

Wird nun beispielsweise das Grundstück zum gemeinen Wert von 350.000 € veräußert, ergibt sich zwar in der Gesamthandsbilanz kein Gewinn. In der Ergänzungsbilanz des A entsteht aber durch die Auflösung des Korrekturpostens ein Ertrag in Höhe von 200.000 €, sodass A insgesamt sämtliche stillen Reserven versteuert.

Hinsichtlich des Wertansatzes und der bilanziellen Umsetzung besteht ein grundsätzlich **freies Wahlrecht der Personengesellschaft**. 600

cc) Teilentgeltlicher Vermögenstransfer. Schwierigkeiten treten auf, wenn für die Übertragung von Einzelwirtschaftsgütern oder Sachgesamtheiten zwischen Gesellschaft und Gesellschafter zwar ein Entgelt gezahlt wird, dieses Entgelt aber keine marktübliche Vergütung darstellt, sondern das Wirtschaftsgut nach dem Willen der Beteiligten gerade auch unentgeltlich übergehen soll. Unter fremden Dritten wird ein solcher Wille regelmäßig fehlen, hier spricht eine Vermutung dafür, dass ein gezahltes Entgelt auch dem tatsächlichen Wert des Wirtschaftsguts entspricht. Bewusst niedrigere Vergütungen finden sich aber insbesondere bei Umstrukturierungen innerhalb eines Konzerns oder bei Übertragungen von Vermögen im Rahmen einer vorweggenommenen Erbfolge. Zivilrechtlich kann entweder eine gemischte Schenkung oder eine Schenkung unter Auflage vorliegen. Unabhängig von der zivilrechtlichen Gestaltung liegt bei der steuerrechtlich gebotenen wirtschaftlichen Betrachtung weder ein unentgeltliches noch ein (voll) entgeltliches Geschäft vor, sondern ein teilentgeltlicher Vermögenstransfer. 601

Dogmatisch bestehen zwei grundlegende Möglichkeiten, mit solchen teilentgeltlichen Vermögenstransfers umzugehen: Entweder man behandelt sie einheitlich als entgeltlich oder unentgeltlich (sog. **Einheitstheorie**) oder man trennt sie in einen entgeltlichen und einen unentgeltlichen Teil auf (sog. **Trennungstheorie**). Abhängig davon, ob Sachgesamtheiten oder Einzelwirtschaftsgüter übertragen werden, ist entweder die eine oder die andere Theorie herrschend, im Einzelnen ist insbesondere die genaue Anwendung der Trennungstheorie sehr umstritten. 602

(1) Teilentgeltliche Übertragung einer Sachgesamtheit. Nach ganz herrschender Meinung[194] findet bei der Übertragung von betrieblichen Sachgesamtheiten die Ein- 603

---

[194] Vgl. nur BFH, Beschluss v. 19.3.2014 – X R 28/12, BFHE 245, 164 = BStBl II 2014, 629, juris Rn. 69 ff. m.w.N.; BFH, Urteil v. 24.3.1999 – I R 114/97, BFHE 188, 315 = BStBl II 2000, 399, juris Rn. 38; BFH, Urteil v. 16.12.1992 – XI R 34/92, BFHE 170, 183 = BStBl II 1993, 436, juris Rn. 12; BFH, Urteil v. 10.7.1986 – IV R 12/81, BFHE 147, 63 = BStBl II 1986, 811, juris Rn. 18; BMF-Schreiben v. 13.1.1993, BStBl I 1993, 80, Rn. 35; *Wacker*, in: Schmidt, EStG, § 16 Rn. 66 m.w.N.

heitstheorie Anwendung (dazu auch schon unter Rn. 335 ff.). Es liegt entweder eine unentgeltliche Übertragung vor, die nach § 6 Abs. 3 S. 1, 3 EStG zwingend zur Buchwertfortführung führt, oder eine entgeltliche Veräußerung, die nach § 16 Abs. 1 S. 1, Abs. 2 EStG einen steuerpflichtigen Veräußerungsgewinn auslöst. Entscheidendes Abgrenzungsmerkmal ist, ob das an den Übertragenden gezahlte Entgelt den Buchwert des übertragenen Betriebsvermögens, also das Kapitalkonto des ausscheidenden Gesellschafters, übersteigt oder nicht. Ist das Entgelt höher als der Buchwert, liegt ein voll entgeltliches Geschäft vor. Ist das Entgelt niedriger, handelt es sich um eine unentgeltliche Übertragung.

604 Auch bei der Einbringung einer Sachgesamtheit in eine Personengesellschaft, bei der der Einbringende Mitunternehmer wird, findet die Einheitstheorie im Rahmen von § 24 Abs. 2 UmwStG grundsätzlich Anwendung.[195] Der Gesetzgeber hat aber in § 24 Abs. 2 S. 2 Hs. 2, S. 4 UmwStG einschränkende Voraussetzungen aufgestellt (dazu auch schon unter Rn. 344 f.).

605 **Fall 89:** Die beiden Schwestern A und B sind die einzigen Gesellschafterinnen der A-B-Reitsport OHG, die einen Reitsportfachhandel mit einem Ladengeschäft und einem florierenden Onlineshop betreibt. Um ihren Kunden einen noch umfassenderen Service bieten zu können, beschließen sie, eine Kooperation mit C einzugehen, der als Einzelunternehmer Zäune für Weidekoppeln und Ställe produziert, verkauft und aufbaut. A, B und C einigen sich dazu wie folgt:

C bringt sein Einzelunternehmen (gemeiner Wert 1 Mio. €, Buchwert des Betriebsvermögens 700.000 €) in die A-B-Reitsport OHG ein und erhält im Gegenzug Gesellschaftsrechte im Wert von 700.000 € und eine Barzahlung in Höhe von 300.000 € aus dem Vermögen der A-B-Reitsport OHG.

I. Die OHG würde eine Aufdeckung stiller Reserven gern vermeiden und das übernommene Vermögen mit dem Buchwert ansetzen. Ist das möglich?

II. Ist ein Buchwertansatz möglich, wenn C Gesellschaftsrechte i.H.v. 200.000 € und eine Barzahlung i.H.v. 800.000 € erhält?

Lösung Fall 89:

I. Einbringung mit Zuzahlung i.H.v. 300.000 €

A bringt einen Betrieb in eine Mitunternehmerschaft ein und wird im Gegenzug Mitunternehmer der Gesellschaft, sodass der Anwendungsbereich von § 24 UmwStG grundsätzlich eröffnet ist. Ein Buchwertansatz ist auf Antrag möglich, wenn die sonstigen Gegenleistungen die Grenzen des § 24 Abs. 2 S. 2 UmwStG nicht überschreiten. Die an C gezahlte Gegenleistung i.H.v. 300.000 € überschreitet zwar 25 % des Buchwerts des übertragenen Vermögens (175.000 €; relative Höchstgrenze, § 24 Abs. 2 S. 2 Nr. 2 a) UmwStG), nicht aber die absolute Höchstgrenze, die im vorliegenden Fall 500.000 € beträgt (§ 24 Abs. 2 S. 2 Nr. 2 a) UmwStG). Damit bleibt ein Buchwertansatz möglich. Da der Buchwert des eingebrachten Betriebsvermögens (700.000 €) auch den gemeinen Wert der sonstigen Gegenleistung (300.000 €) überschreitet, zwingt auch § 24 Abs. 2 S. 4 UmwStG nicht zur anteiligen Aufdeckung der stillen Reserven. Die OHG kann mithin die Buchwerte fortführen, für C ergibt sich kein Veräußerungsgewinn.

---

195 Vgl. BFH, Urteil v. 18.9.2013 – X R 42/10, BFHE 242, 489 = BStBl II 2016, 639, juris Rn. 27.

II. Einbringung mit Zuzahlung i.H.v. 800.000 €

Die Zuzahlung überschreitet sowohl die relative Grenze (175.000 €) als auch die absolute Grenze (500.000 €). Ein Ansatz zum Buchwert ist damit in Höhe der Differenz zwischen der sonstigen Gegenleistung (800.000 €) und dem höheren der beiden Grenzwerte (hier 500.000 €), also i.H.v. 300.000 € nicht möglich. In Bezug auf diesen Anteil an der Gesamtübertragung (300.000 €/1 Mio. € = 30 %) muss die Gesellschaft den gemeinen Wert ansetzen, in Bezug auf die verbleibenden 70 % kann der Buchwert grundsätzlich fortgeführt werden. Es ergibt sich folgender Wertansatz:

Anteiliger Buchwert	70 % * 700.000 € = 490.000 €
Sonstige Gegenleistung, soweit sie die Grenzwerte übersteigt	800.000 € – 500.000 € = 300.000 €
Wertansatz nach § 24 Abs. 2 S. 2 UmwStG	790.000 €

Da der ermittelte Wert unterhalb des gemeinen Werts der geleisteten Zuzahlung liegt (800.000 €), ist nach § 24 Abs. 2 S. 4 UmwStG der höhere gemeine Wert der Zuzahlung maßgeblich. Die Gesellschaft muss das übernommene Vermögen mithin mit einem Wert von 800.000 € ansetzen. Dieser Wert gilt für C zugleich als Veräußerungspreis (§ 24 Abs. 3 S. 1 UmwStG). Der sich ergebende Veräußerungsgewinn i.H.v. 800.000 € -700.000 € = 100.000 € ist kraft ausdrücklicher Anordnung in § 24 Abs. 3 S. 2 UmwStG nicht nach § 16 Abs. 4 EStG begünstigungsfähig.

Abgrenzung: Erhält der Einbringende Zuzahlungen von anderen Gesellschaftern in sein Privat- oder Betriebsvermögen, liegt keine Einbringung im Sinne von § 24 UmwStG, sondern eine teilweise Veräußerung der betrieblichen Einheit vor, die für den Veräußernden zu laufenden Einkünften aus Gewerbebetrieb führt (vgl. § 16 Abs. 1 S. 2 EStG). § 24 UmwStG ist insoweit nicht anwendbar; die stillen Reserven müssen aufgedeckt werden. Nur in Bezug auf den nicht veräußerten Teil des Betriebs kann (gleichzeitig) § 24 UmwStG in Anspruch genommen werden.[196]

(2) Teilentgeltliche Übertragung eines Einzelwirtschaftsgut. Bei der Übertragung von Einzelwirtschaftsgütern findet die Einheitstheorie hingegen nach herrschender Meinung keine Anwendung. Für Übertragungen zwischen dem Privatvermögen eines Mitunternehmers und dem Gesamthandsvermögen seiner Mitunternehmerschaft gibt es schon keine Vorschrift, die eine Buchwertfortführung anordnet: Auch eine unentgeltliche Übertragung führt als Entnahme oder Einlage (i.d.R.) zum Ansatz des Teilwerts. Sowohl bei einer entgeltlichen als auch bei einer unentgeltlichen Übertragung kommt es damit grundsätzlich zu einer Aufdeckung der stillen Reserven. Dann besteht aber – anders als bei der Übertragung von betrieblichen Sachgesamtheiten, für die der Gesetzgeber in § 6 Abs. 3 S. 1, 3 EStG ausdrücklich eine Buchwertverknüpfung anordnet – auch kein Grund, einen Vorgang einheitlich nur einem der beiden Regulierungsregime zuzuordnen. Für Übertragungen zwischen dem Betriebsvermögen eines Mitunternehmers und dem Gesamthandsvermögen seiner Mitunternehmerschaft sehen § 6 Abs. 5 S. 3 Nr. 1 und 2 EStG zwar eine Buchwertverknüpfung vor, diese greift aber nach dem eindeutigen Wortlaut nur „soweit" die Übertragung unentgelt-

---

[196] Vgl. BFH, Beschluss v. 18.10.1999 – GrS 2/98, BFHE 189, 465 = BStBl II 2000, 123, juris Rn. 26; UmwStAE Tz. 24.08-24.11.

lich erfolgt. Die Anwendung der Einheitstheorie würde diesen Wortlaut in ein „wenn" umdeuten und damit die vom Gesetzgeber ausdrücklich vorgesehene Fallgruppe teilentgeltlicher Geschäfte negieren.[197] Eine Übertragung eines Einzelwirtschaftsgut zu einem Entgelt, das den Teilwert des Wirtschaftsguts nicht erreicht, wird daher nicht einheitlich als entgeltliches oder unentgeltliches Geschäft begriffen, sondern in einen entgeltlichen und einen unentgeltlichen Teil aufgeteilt (**Trennungstheorie**).[198] Im Einzelnen umstritten ist allerdings, nach welchem Maßstab diese Aufteilung erfolgt.

608 *(a) Teilentgeltlicher Vermögenstransfer zwischen Privatvermögen und Gesamthandsvermögen*

Bei Übertragungen aus dem Privatvermögen bestand bisher weitgehende Einigkeit darüber, dass die Aufteilung zwischen entgeltlichem und unentgeltlichem Geschäft sich streng nach dem Verhältnis von Kaufpreis und Teilwert des Wirtschaftsguts richtet (sog. **strenge Trennungstheorie**).[199] Entgeltliches und unentgeltliches Geschäft werden nach den jeweils anwendbaren Vorschriften behandelt. Entsprechend der Entgeltlichkeitsquote werden die Anschaffungskosten des Wirtschaftsguts anteilig den beiden Teilgeschäften zugeordnet.

609 **Fall 90:** A ist als Gesellschafter an der A & B OHG beteiligt. Er überträgt auf die OHG ein brachliegendes Grundstück, das er vor acht Jahren zum Preis von 100.000 € erworben hat und das nun einen Teilwert von 500.000 € hat. Als Kaufpreis wird ein Betrag von 250.000 € vereinbart. A ist mit diesem geringeren Kaufpreis einverstanden, weil die OHG eine Veräußerung zum Teilwert nicht finanzieren könnte. Die Gesellschaftsrechte des A sollen sich durch die Übertragung nicht verändern.

Lösung Fall 90: Es liegt in Höhe von 50 % (250.000 €/500.000 €) eine entgeltliche Übertragung vor. Insoweit liegt für A ein steuerbares privates Veräußerungsgeschäft vor (§ 22 Nr. 2, 23 Abs. 1 S. 1 Nr. 1 EStG), aus dem sich ein Veräußerungsgewinn in Höhe von 200.000 € ergibt (250.000 € − 50 % * 100.000 €). Soweit die Übertragung unentgeltlich erfolgt, liegt eine Einlage im Sinne von § 6 Abs. 1 Nr. 5 EStG vor, die für A nur dann zu einem steuerbaren Veräußerungsgeschäft führt, wenn das Grundstück innerhalb der Zehnjahresfrist durch die Gesellschaft veräußert wird (§ 23 Abs. 1 S. 5 Nr. 1 EStG). Bis auf Weiteres ist die unentgeltliche Übertragung für ihn steuerlich neutral.

Die Personengesellschaft aktiviert das Grundstück, soweit es entgeltlich erworben wurde, mit den Anschaffungskosten, also mit dem gezahlten Kaufpreis in Höhe von 250.000 €. Soweit das Grundstück unentgeltlich erworben wurde, ist das Grundstück gemäß § 6 Abs. 1 Nr. 5 S. 1 EStG mit dem (anteiligen) Teilwert in Höhe von 250.000 € zu bewerten (50 % * 500.000 €). Insgesamt ergibt sich damit ein Bilanzansatz in Höhe von 500.000 €.

---

197 Vgl. auch *Heuermann*, jM 2014, 117, 122.
198 Vgl. BFH, Beschluss v. 27.10.2015 − X R 28/12, BFHE 251, 349 = BStBl II 2016, 81, juris Rn. 43 So auch BFH, Beschluss v. 19.3.2014 − X R 28/12, BFHE 245, 164 = BStBl II 2014, 629, juris Rn. 70; BFH, Beschluss v. 27.10.2015 − X R 28/12, BFHE 251, 349 = BStBl II 2016, 81, juris Rn. 43; a.A. *Demuth*, EStB 2012, 457, 459; *Demuth/Eisgruber*, DStR-Beihefter 2012, 135, 147; *Geck/Messner*, ZEV 2012, 633, 636; *Stahl*, BESt 2013, 3, 4, die aber überwiegend irrtümlich davon ausgehen, dass auch der vierte Senat des BFH bei der teilentgeltlichen Übertragung zwischen Betriebsvermögen und Gesamthandsvermögen nunmehr der Einheitstheorie folgen würde.
199 Vgl. nur BMF-Schreiben v. 11.7.2011, BStBl I 2011, 713, II 2 d)

Diese bislang recht klare Rechtslage wird nunmehr angezweifelt, weil für teilentgeltliche Übertragungen zwischen dem *Betriebsvermögen* eines Gesellschafters und dem Gesamthandsvermögen der Gesellschaft zum Teil abweichende Theorien vertreten werden. Für Übertragungen nach § 6 Abs. 5 S. 3 Nr. 1 und Nr. 2 EStG zwischen dem Betriebsvermögen eines Gesellschafters und dem Gesamthandsvermögen der Gesellschaft werden neben der strengen Trennungstheorie auch **modifizierte Trennungstheorien** vertreten (dazu sogleich unter Rn. 611 ff.). Vereinzelt wird dafür plädiert, diese Theorien auch bei Übertragungen in das und aus dem Privatvermögen eines Gesellschafters anzuwenden.[200] Die modifizierten Trennungstheorien sind aber schon in ihrem unmittelbaren Anwendungsbereich – selbst zwischen den Senaten des BFH – umstritten und insoweit bleibt die weitere Rechtsentwicklung abzuwarten.

610

(b)   Teilentgeltlicher Vermögenstransfer zwischen Betriebsvermögen und Gesamthandsvermögen

611

Zwischen der Finanzverwaltung, der Literatur und mittlerweile auch innerhalb des Bundesfinanzhofs umstritten ist der Umgang mit teilentgeltlichen Übertragungen im Anwendungsbereich von § 6 Abs. 5 S. 3 Nr. 1 und Nr. 2 EStG.[201] Zum besseren Verständnis der vertretenen Auffassungen ist es hilfreich, bei den teilentgeltlichen Geschäften noch weiter zu differenzieren. Denkbar sind zwei Konstellationen:

- Das gezahlte Entgelt überschreitet zwar den Buchwert, erreicht aber nicht den Teilwert des übertragenen Wirtschaftsguts.

612

Fall 91:   A überträgt ein Grundstück (Buchwert 100.000 €, Teilwert 300.000 €) aus dem Betriebsvermögen seines Einzelunternehmens in das Gesamthandsvermögen einer KG, an der er als Mitunternehmer beteiligt ist. Er erhält ein Entgelt von 150.000 €.

613

- Das gezahlte Entgelt erreicht noch nicht einmal den Buchwert des übertragenen Wirtschaftsguts.

614

Fall 92:   Wie **Fall 91**; das von der KG gezahlte Entgelt beträgt aber nur 75.000 €.

615

(aa)   Strenge Trennungstheorie

616

Die Finanzverwaltung[202] und ihr folgend der zehnte Senat des BFH[203] sowie ein Teil der Literatur[204] vertreten die **strenge Trennungstheorie** (auch reine Trennungstheorie oder Trennungstheorie mit Aufteilung des Buchwerts). Diese besagt, dass eine Entgeltzahlung in jedem Fall zu einer Aufteilung in ein entgeltliches und ein unentgeltliches Geschäft führt und jedem Geschäft ein Teil des bisherigen Buchwerts zugeordnet werden muss. Die Aufteilung erfolgt nach dem Verhältnis zwischen gezahltem

---

200   Dafür z.B. *Demuth*, EStB 2012, 457, 459; *Demuth/Eisgruber*, DStR-Beihefter 2012, 135, 146 f.; a.A.: *Stahl*, BESt 2013, 3, 4.
201   Zu den vertretenen Ansichten im Überblick und mit weiteren Nachweisen *Kulosa*, in: Schmidt, EStG, § 6 Rn. 790 ff.; instruktiv *Becker*, DB 2019, 326 ff.
202   BMF-Schreiben v. 8.12.2011, BStBl I 2011, 1279 ff.
203   BFH, Beschluss v. 19.3.2014 – X R 28/12, BFHE 245, 164 = BStBl II 2014, 629, juris Rn. 111 ff.; BFH, Beschluss v. 27.10.2015 – X R 28/12, BFHE 251, 349 = BStBl II 2016, 81, juris Rn. 46 ff.
204   Z.B.; *Dornheim*, FR 2014, 869, 876; *Heuermann*, jM 2014, 117; *Schütz*, SteuK 2014, 419, 422; *Heuermann*, DB 2013, 1328, 1329 f.

Entgelt und Teilwert des übertragenen Wirtschaftsguts. Die strenge Trennungstheorie entspricht der Behandlung bei Übertragungen von Wirtschaftsgütern aus dem oder in das Privatvermögen eines Gesellschafters. Sie hat zur Konsequenz, dass jede Entgeltzahlung zu einer teilweisen Aufdeckung stiller Reserven führt.

617 In **Fall 91** würde die strenge Trennungstheorie von einer Entgeltlichkeitsquote von 50 % ausgehen (150.000 €/300.000 €). Auf den entgeltlichen Teil des Geschäfts entfallen also 50 % des Buchwerts, mithin 50.000 €. Daraus ergibt sich ein Veräußerungsgewinn in Höhe von 150.000 € – 50.000 € = 100.000 €. Soweit die Übertragung unentgeltlich erfolgt (50 %), wird der anteilige Buchwert (50.000 €) fortgeführt. Die Anschaffungskosten der KG betragen damit insgesamt 150.000 € + 50.000 € = 200.000 €.

In **Fall 92** würde die strenge Trennungstheorie von einer Entgeltlichkeitsquote von 25 % ausgehen (75.000 €/300.000 €). Auf den entgeltlichen Teil des Geschäfts entfallen also 25 % des Buchwerts, mithin 25.000 €. Daraus ergibt sich ein Veräußerungsgewinn in Höhe von 75.000 € – 25.000 € = 50.000 €. Soweit die Übertragung unentgeltlich erfolgt (75 %), wird der anteilige Buchwert (75.000 €) fortgeführt. Die Anschaffungskosten der KG betragen damit insgesamt 75.000 € + 75.000 € = 150.000 €.

618 *(bb) Modifizierte Trennungstheorien*

Der vierte Senat des BFH[205] und Teile der Literatur[206] vertreten demgegenüber **modifizierte Trennungstheorien** (auch „Trennungstheorien mit vorrangiger Zuordnung des Buchwerts zum entgeltlichen Teil"). Diese Theorien nähern sich dem Problem der teilweise entgeltlichen Übertragung, indem sie zunächst Definition und Funktion der Entnahmen herausstellen und dann nach dem Verhältnis zu § 6 Abs. 5 S. 3 EStG fragen:[207]

619 Nach § 4 Abs. 1 S. 1 Hs. 2 EStG ist bei der Ermittlung des Gewinns durch Betriebsvermögensvergleich das Endbetriebsvermögen um etwaige Entnahmen zu erhöhen. Eine Entnahme behandelt ein unentgeltliches Geschäft – das Wirtschaftsgut verlässt das Betriebsvermögen, es liegt aber mangels Gegenleistung keine Veräußerung vor – und fingiert insoweit einen Gewinn. Die Entnahme gleicht zunächst einmal die Minderung des Betriebsvermögens aus, die dadurch entsteht, dass der Buchwert des Wirtschaftsguts nicht mehr bilanziert werden kann. Zudem kann sie zur Aufdeckung stiller Reserven führen (wenn die Hinzurechnung den abgegangenen Buchwert übersteigt). Ob dies der Fall ist, hängt von der Bewertung der Entnahme ab. Grundsätzlich ordnet § 6 Abs. 1 Nr. 4 S. 1 Hs. 1 EStG die Bewertung mit dem Teilwert an, d.h. stille Reserven zwischen Buchwert und Teilwert sind aufzudecken.

620 Auch die Übertragungen im Anwendungsbereich des § 6 Abs. 5 S. 3 EStG stellen nach Ansicht der modifizierten Trennungstheorie grundsätzlich Entnahmen dar, weil

---

205 Insbesondere BFH, Urteil v. 21.6.2012 – IV R 1/08, BFHE 237, 503, juris Rn. 23 ff.; BFH, Urteil v. 19.9.2012 – IV R 11/12, BFHE 239, 76, juris Rn. 14 ff.
206 Vgl. z.B. *Demuth*, EStB 2014, 373, 375; *Strahl*, FR 2014, 763; *Graw*, FR 2015, 260; *Förster*, DB 2013, 2047, 2047 ff.; *Wacker*, in: Drüen (Hrsg.), Aktuelle steuerrechtliche Beiträge, Referate und Diskussionen der 64. Steuerrechtlichen Jahresarbeitstagung, Wiesbaden, vom 6. bis 8. Mai 2013, 2013, S. 733, 738.
207 Vgl. auch die Stellungnahme des vierten Senats zur Divergenzanfrage des zehnten Senats; wiedergegeben in BFH, Beschluss v. 27.10.2015 – X R 28/12, BFHE 251, 349 = BStBl II 2016, 81, juris Rn. 22 ff.

es an einem (angemessenen) Entgelt für die Übertragung des Wirtschaftsguts fehlt. Bei einer Übertragung innerhalb derselben Mitunternehmerschaft – z.B. vom Gesamthandsvermögen in das Sonderbetriebsvermögen eines Gesellschafters – geht der vierte Senat des BFH sogar davon aus, dass noch nicht einmal eine Entnahme vorliegt, weil das Wirtschaftsgut das Betriebsvermögen der Mitunternehmerschaft nicht verlässt. Damit fehle es generell an einem Tatbestand, der zu einer Gewinnrealisierung führen könnte. Der Tatbestand des § 6 Abs. 5 S. 3 Nr. 2 EStG sei insoweit nur deklaratorisch und nur für die Gleichstellung einer (entgeltlichen) Übertragung gegen Minderung oder Erhöhung von Gesellschaftsrechten konstitutiv.[208]

621 Die Vorschrift des § 6 Abs. 5 S. 3 EStG ordnet nach dem Verständnis der modifizierten Trennungstheorien nur eine privilegierte Bewertung des Geschäfts – der Entnahme bzw. des tauschähnlichen Umsatzes – mit dem Buchwert an. Bei einem voll unentgeltlichen Geschäft wird das Betriebsvermögen also zunächst in Höhe des Buchwerts des übertragenen Wirtschaftsguts gemindert, diese Minderung wird aber durch eine nach § 4 Abs. 1 S. 1 Hs. 2 EStG hinzuzurechnende Entnahme in gleicher Höhe wieder ausgeglichen. Ein Gewinn ergibt sich nicht. Eine Gewinnrealisation wollte der Gesetzgeber mit § 6 Abs. 5 S. 3 EStG gerade vermeiden; die in dieser Vorschrift aufgeführten Fälle begreifen die modifizierten Trennungstheorien also als privilegierte Entnahmen bzw. privilegierte tauschähnliche Umsätze.

622 Bei einer teilentgeltlichen Übertragung liegt zunächst ein Veräußerungsgeschäft vor (entgeltlicher Teil). Nach allgemeinen Grundsätzen ermitteln sich die Gewinnauswirkungen dieses Geschäfts durch Gegenüberstellung von gezahltem Entgelt und (gesamtem) Buchwert des Wirtschaftsguts. Überschreitet das gezahlte Entgelt den Buchwert, ergibt sich ein Gewinn. Im Unterschied zur strengen Trennungstheorie wird der Buchwert des Wirtschaftsguts nach der modifizierten Trennungstheorie nicht (nach einer Entgeltlichkeitsquote) aufgeteilt, sondern insgesamt bei der Berechnung des Gewinns aus dem entgeltlichen Teil des Geschäfts abgezogen.

623 In **Fall 91** würden die modifizierten Trennungstheorien einen Veräußerungsgewinn aus dem entgeltlichen (Teil-)Geschäft in Höhe von 150.000 € – 100.000 € = 50.000 € ermitteln.

624 Da das Wirtschaftsgut aber teilweise auch ohne Gegenleistung übertragen wurde, liegt zugleich eine Entnahme vor (unentgeltlicher Teil des Geschäfts) bzw. bei einer Übertragung gegen Gewährung oder Minderung von Gesellschaftsrechten ein tauschähnlicher Umsatz. Die Entnahme wäre grundsätzlich mit dem Teilwert zu bewerten. Der tauschähnliche Umsatz mit dem gemeinen Wert des hingegebenen Wirtschaftsguts (vgl. § 6 Abs. 6 S. 1 EStG). Da das Geschäft teilweise gegen Entgelt erfolgt, müsste dieser Wert dabei um das gezahlte Entgelt gemindert werden.

625 In **Fall 91** führt die teilweise unentgeltliche Übertragung zu einer Entnahme, die grundsätzlich mit dem Teilwert (300.000 €) abzüglich des gezahlten Entgelts (150.000 €) zu bewerten wäre. Dadurch würde sich grundsätzlich ein weiterer Gewinn in Höhe von 150.000 € ergeben.

---

208 BFH, Urteil v. 19.9.2012 – IV R 11/12, BFHE 239, 76, juris Rn. 14 ff.; a.A. *Riedel*, StuW 2019, 225, 237 m.w.N. auf *Riedel*, Das Umwandlungssteuerrecht der Mitunternehmerschaft, 2018.

626 Diese Bewertung des unentgeltlichen bzw. gegen Gewährung oder Minderung von Gesellschaftsrechten ausgeführten Teils des Geschäfts stünde allerdings im Widerspruch zu der angeordneten Bewertung mit dem Buchwert in § 6 Abs. 5 S. 3 EStG. Der Gesetzgeber wollte insoweit gerade vermeiden, dass ein Gewinn realisiert werden muss. Eine Bewertung des gesamten Geschäfts mit dem Buchwert ist allerdings nicht möglich, weil die teilweise Veräußerung (entgeltlicher Teil) auf jeden Fall zu einer Gewinnrealisation führen muss. Die modifizierten Trennungstheorien lösen diesen Widerspruch mit Blick auf den Sinn und Zweck von § 6 Abs. 5 S. 3 EStG (Gewinnrealisierungen sollen verhindert werden) dahingehend, dass aus dem unentgeltlichen Teil des Geschäfts kein *weiterer* Gewinn aufgedeckt werden darf. Der Vorgang ist also insgesamt (nur) mit dem gezahlten Entgelt zu bewerten.

627 In **Fall 91** würden die modifizierten Trennungstheorien den eigentlich aus der Entnahme entstehenden Gewinn in Höhe von 150.000 € nicht realisieren. Rechnerisch lässt sich das so begründen, dass das Geschäft insgesamt mit dem gezahlten Entgelt bewertet wird und die Anordnung in § 6 Abs. 5 S. 3 EStG (nur) dazu führt, dass die gleichzeitig vorliegende Entnahme nicht zu einer weiteren Gewinnrealisation führt. Für A ergibt sich mithin nur ein Gewinn (aus dem entgeltlichen Teil) in Höhe von 50.000 €.

Die KG hat Anschaffungskosten für das Grundstück in Höhe des Entgelts von 150.000 €. Soweit das Grundstück darüber hinaus unentgeltlich in das Betriebsvermögen eingelegt wurde, liegt nach den modifizierten Trennungstheorien zwar eine Einlage im Sinne von § 6 Abs. 1 Nr. 5 EStG vor, diese führt aber wegen der vorrangigen Regelung in § 6 Abs. 5 S. 3 Nr. 1 EStG ausnahmsweise nicht zu einer höheren Bewertung des Wirtschaftsguts mit dem Teilwert.

628 Innerhalb der modifizierten Trennungstheorien ist allerdings umstritten, wie mit Fällen umzugehen ist, in denen das Entgelt noch unterhalb des Buchwerts liegt. Alle Vertreter stimmen insoweit überein, dass die Geschäfte insgesamt nicht zu einem Gewinn oder Verlust führen, die Begründung ist aber unterschiedlich:

629 Ein Teil der Literatur[209] geht davon aus, dass auch in diesen Fällen der Buchwert vollumfänglich dem entgeltlichen Teil des Geschäfts zugeordnet werden muss. Liegt das Entgelt unterhalb des Buchwerts, ergibt sich aus dem entgeltlichen Geschäft ein Verlust. Dieser Auslegung (**modifizierte Trennungstheorie mit Verlustbeitrag**) folgt auch der vierte Senat des BFH in seiner Stellungnahme zum Vorlagebeschluss des zehnten Senats.[210]

630 In **Fall 92** würde die modifizierte Trennungstheorie mit Verlustbeitrag aus dem entgeltlichen Geschäft einen Verlust in Höhe von 75.000 € – 100.000 € = – 25.000 € ermitteln.

631 Dieser Verlust wird allerdings durch einen Entnahmegewinn aus dem unentgeltlichen Teil des Geschäfts ausgeglichen: Die Norm des § 6 Abs. 5 S. 3 EStG ordnet ausdrücklich die Bewertung der Entnahme mit dem Buchwert an. Nur insoweit dieser Gewinn bereits über die entgeltliche Übertragung realisiert wurde, darf eine Hinzurechnung durch eine Entnahme nicht berücksichtigt werden.

---

209 Vgl. z.B. *Wittwer*, HLBS-Report 2014, 124, 125.
210 Vgl. BFH, Beschluss v. 27.10.2015 – X R 28/12, BFHE 251, 349 = BStBl II 2016, 81, juris Rn. 40.

632 In **Fall 92** nimmt die modifizierte Trennungstheorie mit Verlustbeitrag einen Entnahmegewinn an: Die Entnahme ist wegen der Privilegierung des § 6 Abs. 5 S. 3 Nr. 1 EStG zwar nicht mit dem Teilwert, wohl aber mit dem Buchwert zu bewerten. Durch die Bewertung mit 100.000 € ergibt sich ein Entnahmegewinn in Höhe der Differenz zum Entgelt, also in Höhe von 25.000 €. Für A ist der Vorgang damit insgesamt steuerneutral, weil der Entnahmegewinn den Verlust aus dem entgeltlichen Teil des Geschäfts ausgleicht.

Die KG bilanziert das Grundstück mit insgesamt 100.000 €. Zwar wurden nur Anschaffungskosten in Höhe von 75.000 € aufgewendet, die unentgeltliche Übertragung führt aber zu einer – nach § 6 Abs. 5 S. 3 Nr. 1 EStG ausnahmsweise mit dem Buchwert zu bewertenden Einlage in Höhe von weiteren 25.000 €.

633 Der überwiegende Teil der Literatur,[211] die einer modifizierten Trennungstheorie folgt,[212] löst sich in dieser Konstellation von der vollständigen Zuordnung des Buchwerts zum entgeltlichen Teil des Geschäfts. Da das geleistete Entgelt den Buchwert nicht übersteigt, kann sich aus dem entgeltlichen Teil des Geschäfts kein Gewinn ergeben. Die Buchwertanordnung in § 6 Abs. 5 S. 3 EStG steht zudem einem Gewinn aus dem unentgeltlichen Teil des Geschäfts entgegen – eine solche Gewinnrealisation wollte der Gesetzgeber ja gerade vermeiden. Diese Zusammenhänge lassen sich nur verwirklichen, wenn der Buchwert bis zur Höhe des Entgelts dem entgeltlichen Geschäft, darüber hinaus aber dem unentgeltlichen Geschäft zugeordnet wird (**modifizierte Trennungstheorie mit anteiliger Buchwertzuordnung**).

634 In **Fall 92** würde die modifizierte Trennungstheorie mit anteiliger Buchwertzuordnung wie folgt argumentieren: Da das Entgelt (75.000 €) den Buchwert (100.000 €) nicht überschreitet, kann es nach allgemeinen Grundsätzen für entgeltliche Geschäfte nicht zu einer Gewinnrealisation durch das Geschäft kommen. Soweit das Geschäft unentgeltlich erfolgt, schließt § 6 Abs. 5 S. 3 EStG eine Gewinnrealisation ebenfalls aus. Als Konsequenz muss der Buchwert in Höhe des Entgelts (75.000 €) dem entgeltlichen Teil des Geschäfts zugeordnet werden. Aus diesem Teil ergibt sich sodann kein Gewinn (75.000 € – 75.000 € = 0 €). Die angesichts der teilweisen Unentgeltlichkeit zugleich vorliegende Entnahme ist mit der Differenz zwischen Buchwert und Entgelt zu bewerten (100.000 € – 75.000 € = 25.000 €). Diesem Wert ist der nicht dem entgeltlichen Geschäft zugeordnete Buchwert (25.000 €) gegenüberzustellen, sodass sich auch insoweit kein Gewinn ergibt (25.000 € – 25.000 € = 0 €).

Aus Perspektive der erwerbenden KG kommt die modifizierte Trennungstheorie mit anteiliger Buchwertfortführung zu demselben Ergebnis wie die modifizierte Trennungstheorie mit Verlustbeitrag: Für das Wirtschaftsgut wurden Anschaffungskosten in Höhe von 75.000 € aufgewendet. Zusätzlich liegt eine nach § 6 Abs. 5 S. 3 Nr. 1 EStG mit 25.000 € zu bewertende Einlage vor, sodass sich insgesamt ein Bilanzansatz von 100.000 € ergibt.

---

211 Nach der Analyse des zehnten Senats des BFH soll diese Variante der modifizierten Trennungstheorie auch der bisherigen Rechtsprechung des vierten Senats zugrunde liegen; vgl. BFH, Beschluss v. 27.10.2015 – X R 28/12, BFHE 251, 349 = BStBl II 2016, 81, juris Rn. 39. Der vierte Senat selbst geht in seiner Stellungnahme zum Vorlagebeschluss des zehnten Senats aber von der oben dargestellten modifizierten Trennungstheorie mit Verlustbeitrag aus.

212 *Graw*, FR 2015, 260, 266; *Förster*, DB 2013, 2047, 2051; *Wacker*, in: Drüen (Hrsg.), Aktuelle steuerrechtliche Beiträge, Referate und Diskussionen der 64. Steuerrechtlichen Jahresarbeitstagung, Wiesbaden, vom 6. bis 8. Mai 2013, 2013, S. 733, 738.

635 *(cc) Stellungnahme*

Für die modifizierten Trennungstheorien spricht zunächst, dass sie betrieblich notwendige und vom Gesetzgeber ausdrücklich begünstigte Übertragungen in größerem Umfang als die strenge Trennungstheorie ermöglichen. Nicht jede Entgeltzahlung führt zur Aufdeckung stiller Reserven. Es werden hierdurch auch keine Gestaltungsmöglichkeiten geschaffen, die der Gesetzgeber nicht selbst vorgesehen hat. Dass die Begünstigung nach § 6 Abs. 5 S. 3 EStG auch Übertragungen gegen Gewährung von Gesellschaftsrechten erfasst, lässt sich vielmehr als Indiz auffassen, dass der Gesetzgeber auch entgeltliche Übertragungen zumindest unter bestimmten Voraussetzungen für privilegierungswürdig hält. Die Berechnung nach der modifizierten Trennungstheorie wird von ihren Vertretern zudem als einfacher und einem steuerlichen Laien leichter begreifbar dargestellt.

636 Inwieweit eine streng anteilige Berechnung nach der strengen Trennungstheorie tatsächlich komplizierter und weniger verständlich ist als die nach der modifizierten Trennungstheorie mit Verlustbeitrag erforderliche Kompensation eines Veräußerungsverlustes durch einen Entnahmegewinn, erscheint indes fraglich. Es ist auch wenig einleuchtend, dass gerade aus dem unentgeltlichen Teil des Geschäfts in bestimmten Konstellationen ein Gewinn entstehen soll, obwohl § 6 Abs. 5 S. 3 EStG für diesen Teil die Fortführung des Buchwerts zwingend vorschreibt und damit gerade keine Aufdeckung stiller Reserven anordnet.[213] Der gesetzliche Wortlaut („soweit") enthält zudem zwar keine Anhaltspunkte dafür, wie das Geschäft in einen entgeltlichen und einen unentgeltlichen Teil aufgeteilt werden soll.[214] Er liefert aber auch keinen Hinweis darauf, dass der Buchwert einseitig nur einem Teil des Geschäfts zugeteilt werden muss, wie dies die modifizierte Trennungstheorie mit Verlustbeitrag vorsieht.

637 Vielmehr erscheint eine anteilige Zurechnung des Buchwerts bei einer grundsätzlichen Aufteilung des Geschäfts nur konsequent. Die Zuordnung der Anschaffungskosten zu den einzelnen Teilen des Geschäfts folgt dann dem Veranlassungsgrundsatz.[215] Dem lässt sich auch nicht entgegenhalten, dass damit das Wirtschaftsgut als kleinste Zuordnungseinheit des Bilanzsteuerrechts aufgeteilt würde.[216] Das Wirtschaftsgut wird weiterhin einheitlich einem Steuerpflichtigen zugeordnet, es ist lediglich fraglich, mit welchem Wert der Übertragungsvorgang berücksichtigt werden muss. Aufgeteilt wird nicht das Wirtschaftsgut, sondern das Rechtsgeschäft – und das wird von § 6 Abs. 5 S. 3 EStG zwingend angeordnet.[217] Erkennt man eine grundsätzliche Aufteilung des Buchwerts als notwendige Folge einer teilentgeltlichen Übertragung an, ist dann aber auch nicht einzusehen, warum diese nur in den Fällen erfolgen soll, in denen aus dem entgeltlichen Teil ein Verlust erzielt wird, wie dies die modifizierte Trennungstheorie mit anteiliger Buchwertzuordnung vorsieht.

---

213 Ähnlich BFH, Beschluss v. 27.10.2015 – X R 28/12, BFHE 251, 349 = BStBl II 2016, 81, juris Rn. 44.
214 BFH, Beschluss v. 27.10.2015 – X R 28/12, BFHE 251, 349 = BStBl II 2016, 81, juris Rn. 49 f.
215 Vgl. *Heuermann*, jM 2014, 117, 122 f.; *Schütz*, SteuK 2014, 419, 422; *Heuermann*, DB 2013, 1328, 1329 f.
216 So *Wendt*, DB 2013, 834, 838; *Ley*, in: Herzig (Hrsg.), Steuerberater-Jahrbuch 2003/2004, 2004, S. 135, 152; *Wendt*, in: Herzig (Hrsg.), Steuerberater-Jahrbuch 2003/2004, 2004, S. 29, 42 f.
217 BFH, Beschluss v. 27.10.2015 – X R 28/12, BFHE 251, 349 = BStBl II 2016, 81, juris Rn. 55.

Konsequent erscheint es vielmehr – wie auch bei der Übertragung von Wirtschaftsgütern aus dem Betriebsvermögen (einer Personengesellschaft oder eines Einzelunternehmers) ins Privatvermögen und bei teilentgeltlichen Geschäften im Anwendungsbereich der Überschusseinkunftsarten (beispielsweise einer teilentgeltlichen Übertragung eines Wirtschaftsguts innerhalb der Fristen des §§ 22 Nr. 2, 23 EStG) – der strengen Trennungstheorie zu folgen. Eine Differenzierung bei der Behandlung teilentgeltlicher Geschäfte danach, ob ein Übergang ins Betriebs- oder ins Privatvermögen vorliegt, lässt sich dem Gesetz nicht entnehmen und würde auch die bisher einheitlich vorgenommene Auslegung des Anschaffungskostenbegriffs im Privat- und Betriebsvermögen infrage stellen.[218] **638**

Die weitere Rechtsentwicklung bleibt abzuwarten: Zwar hat der zehnte Senat die Frage dem großen Senat vorgelegt,[219] das Ausgangsverfahren des zehnten Senats sowie das beim großen Senat anhängige Verfahren mussten allerdings mittlerweile eingestellt werden, weil das Finanzamt in dem konkreten Fall, der den Verfahren zu Grunde lag, zugunsten des Steuerpflichtigen nicht mehr auf der Anwendung der strengen Trennungstheorie bestanden hat, sondern – wie vom Steuerpflichtigen beantragt – die modifizierte Trennungstheorie mit Verlustbeitrag angewendet hat.[220] Eine Entscheidung des Großen Senats in der Sache kann damit zumindest vorerst nicht ergehen.[221] Dieses Vorgehen der Finanzverwaltung könnte darauf hin deuten, dass der große Senat in einer verfahrensinternen Stellungnahme zu einer Anwendung einer modifizierten Trennungstheorie tendiert hat und die Finanzverwaltung eine Grundsatzentscheidung vermeiden wollte.[222] Es bleibt abzuwarten, ob die Finanzverwaltung in der Zukunft weiterhin die strenge Trennungstheorie anwendet (was zu erneuten Verfahren vor dem BFH führen würde), zu einer modifizierten Trennungstheorie übergeht oder eine gesetzliche Regelung der Frage anstoßen wird. **639**

3. Sonderbereich

Ist der Gewinn auf Ebene der Gesamthand (ggf. unter Berücksichtigung von Ergänzungsbilanzen) ermittelt und den einzelnen Gesellschaftern entsprechend der Gewinnverteilungsabrede zugerechnet worden, ist im zweiten Schritt der additiven Gewinnermittlung der Sonderbereich der Gesellschafter zu betrachten. **640**

a) Gewinnermittlungsart

Erzielt der Gesellschafter Einkünfte aus Gewerbebetrieb, so sind diese grundsätzlich nach den allgemeinen Gewinnermittlungsvorschriften zu ermitteln (§ 2 Abs. 2 S. 1 Nr. 1 EStG, §§ 4 ff. EStG). Da eine handelsrechtliche Pflicht zur Buchführung im Sonderbereich nicht besteht (der Gesellschafter betreibt kein zusätzliches Handelsge- **641**

---

218 Ähnlich BFH, Beschluss v. 27.10.2015 – X R 28/12, BFHE 251, 349 = BStBl II 2016, 81, juris Rn. 57 ff.
219 BFH, Beschluss v. 27.10.2015 – X R 28/12, BFHE 251, 349 = BStBl II 2016, 81.
220 BFH, Beschluss v. 30.10.2018, BFH/NV 2019, 39, juris Rn. 1 f.; BFH, Beschluss v. 30.10.2018 – GrS 1/16, BFHE 262, 434 = BStBl II 2019, 70, juris Rn. 1.
221 *Dräger/Dorn*, NWB 2019, 17, 17 sprechen – zurecht und im Ton noch ausgesprochen zurückhaltend – von einem „unglücklichen Ergebnis".
222 Dies vermuten *Dräger/Dorn*, NWB 2019, 17, 19.

werbe neben der Gesellschaft), kommt bei konsequenter Prüfung nach dem Wortlaut des Gesetzes sowohl eine Gewinnermittlung durch Betriebsvermögensvergleich (§ 4 Abs. 1 EStG) als auch durch Einnahmen-Überschuss-Rechnung (§ 4 Abs. 3 EStG) in Betracht. Nur eine originär steuerrechtliche Buchführungspflicht (§ 141 AO), die insbesondere eine Aufforderung durch die Finanzbehörden voraussetzt, würde zwingend zu einer Gewinnermittlung nach § 4 Abs. 1 EStG führen. Der Wortlaut des § 15 Abs. 1 S. 1 Nr. 2 S. 1 Hs. 2 EStG „bezogen hat" scheint auf den ersten Blick sogar für eine Gewinnermittlung nach § 4 Abs. 3 EStG unter Anwendung des Zuflussprinzips (§ 11 EStG) zu sprechen.

642 Die herrschende Meinung nimmt allerdings keine freie Wahlmöglichkeit des Gesellschafters hinsichtlich der Ermittlung seines Gewinns im Sonderbereich an. Begründet wird dies mit Sinn und Zweck der Regelung des § 15 Abs. 1 S. 1 Nr. 2 S. 1 Hs. 2 EStG: Wenn die Hinzurechnung der Sondervergütungen zum Gesamthandsgewinn die Gleichstellung mit einem Einzelunternehmer bezweckt und vermeiden soll, dass der gewerbesteuerliche Gewinn durch die Zahlung von Tätigkeits- und Überlassungsvergütungen zwischen Gesellschaft und Gesellschafter beeinflusst werden kann, kann dieses Ziel nur vollständig erreicht werden, wenn bei der Gewinnermittlung ein Gleichlauf zwischen Gesamthands- und Sonderbereich vorliegt. Andernfalls könnte es zu zeitlichen Verschiebungen bei der Erfassung des Aufwands auf Ebene der Gesellschaft und des Ertrags auf Ebene des Gesellschafters kommen, die den Gesamtgewinn der Mitunternehmerschaft verändern.

643 **Beispiel:** A ist Gesellschafter und Geschäftsführer der A&B OHG. Die OHG hat für das Jahr 14 durch Betriebsvermögensvergleich einen Gewinn von 100.000 € ermittelt. Dabei hat sie zutreffend auch das Dezembergehalt für A durch Erfassung einer Verbindlichkeit bereits als Betriebsausgaben berücksichtigt, das versehentlich erst Ende Januar 15 an A überwiesen wurde. A wurde nicht durch die Finanzbehörden zur Buchführung aufgefordert.

Lässt man zu, dass A im Sonderbereich mangels handelsrechtlicher und steuerrechtlicher Buchführungspflicht den Gewinn durch Einnahmen-Überschuss-Rechnung ermittelt, so erfasst er die Einnahmen erst bei Zufluss (§ 11 Abs. 1 S. 1 EStG) im Januar 15; eine abweichende Zurechnung gemäß § 11 Abs. 1 S. 2 EStG bereits im Jahr 14 ist nicht möglich, weil der Zufluss mehr als zehn Tage und damit nicht mehr innerhalb kurzer Zeit nach Beendigung des Kalenderjahres erfolgte. Der Gesamtgewinn der Mitunternehmerschaft im Jahr 14 wird dann durch die Gehaltszahlung gemindert. Ebendies soll aber durch die Regelung des § 15 Abs. 1 S. 1 Nr. 2 S. 1 Hs. 2 EStG vermieden werden. A muss daher seinen Gewinn im Sonderbereich ebenfalls durch Betriebsvermögensvergleich ermitteln und für das Dezembergehalt bereits im Jahr 14 gewinnwirksam eine Forderung aktivieren. Damit stehen den Betriebsausgaben auf Ebene der Gesamthand Betriebseinnahmen im Sonderbereich in gleicher Höhe gegenüber; der Gesamtgewinn der Mitunternehmerschaft wird durch die Leistungsbeziehung zwischen A und der OHG nicht beeinflusst.

644 In den meisten Fällen kommt es für den Sonderbereich jedes Gesellschafters daher auch zur Aufstellung einer (rein steuerrechtlichen) Bilanz, der sog. **Sonderbilanz**. Wird der Gewinn auf Ebene der Mitunternehmerschaft durch Einnahmen-Überschuss-Rechnung nach § 4 Abs. 3 EStG ermittelt (insbesondere bei selbständigen Mitunternehmerschaften), erfolgt auch die Gewinnermittlung im Sonderbereich nach § 4 Abs. 3 EStG; für jeden Gesellschafter wird dann eine **Sonder-Einnahmen-Überschuss-Rechnung** erstellt.

Abgrenzung: Beachte nochmals den Unterschied zwischen Ergänzungsbilanzen und Sonderbilanzen. Ergänzungsbilanzen modifizieren die Gesamthandsbilanz, wenn einem Gesellschafter höhere oder niedrigere (fortgeführte) Anschaffungskosten für einzelne der Gesellschaft zurechenbare Wirtschaftsgüter zuzuordnen sind. Sonderbilanzen ergeben sich (primär) aus Leistungsbeziehungen zwischen Gesellschaft und Gesellschafter (zu gewillkürtem Sonderbetriebsvermögen siehe sogleich unter Rn. 649 f.). In einer Sonderbilanz können nur Wirtschaftsgüter erfasst werden, die dem Gesellschafter persönlich zuzurechnen sind (vgl. § 39 AO).

645

b) Umfang des Sonderbetriebsvermögens

Wie beim Betriebsvermögen eines Einzelkaufmanns ist sowohl notwendiges als auch gewillkürtes Sonderbetriebsvermögen denkbar:

646

aa) Notwendiges Sonderbetriebsvermögen. Dient ein Wirtschaftsgut ausschließlich oder zu weit überwiegendem Teil der Erzielung von Einkünften als Mitunternehmer, so stellt es notwendiges Sonderbetriebsvermögen dar. Dies gilt stets bei Wirtschaftsgütern des Sonderbetriebsvermögens I, also bei Wirtschaftsgütern, die an die Gesellschaft überlassen werden. Aber auch Wirtschaftsgüter des Sonderbetriebsvermögens II können notwendiges Sonderbetriebsvermögen sein. Dies gilt insbesondere für Beteiligungen an Kapitalgesellschaften, wenn deren Betrieb eine enge wirtschaftliche Verflechtung zum Betrieb der Personengesellschaft hat und sie über keinen weiteren eigenständigen Geschäftsbereich verfügen.[223]

647

Fall 93: Die A-GmbH (Komplementärin, nicht am Gewinn und Verlust beteiligt) und die natürlichen Personen B und C (Kommanditisten, zu jeweils 50 % am Gewinn und Verlust beteiligt) sind die einzigen Gesellschafter der gewerblich tätigen X-GmbH & Co. KG. Gesellschafter der A-GmbH (Stammkapital 25.000 €) sind wiederum B und C zu jeweils 50 %. Die A-GmbH erhält für die Übernahme der Geschäftsführung eine Vergütung in Höhe von 20.000 € pro Jahr. Eine weitere Geschäftstätigkeit übt die A-GmbH nicht aus. Im Dezember 14 beschließt sie eine Gewinnausschüttung an ihre Gesellschafter in Höhe von insgesamt 10.000 €.

648

B überlässt der KG ein unbebautes Grundstück für eine jährliche Miete von 30.000 €; die Aufwendungen im Zusammenhang mit dem Grundstück belaufen sich im Jahr 14 auf insgesamt 15.000 €.

C hat der KG ein Darlehen in Höhe von 100.000 € gewährt, für das im Jahr 14 Zinsen in Höhe von 10.000 € anfallen.

Die X-GmbH & Co. KG hat in ihrer Gesamthandsbilanz einen Gewinn in Höhe von 50.000 € ermittelt und dabei die Zahlungen an ihre Gesellschafter als Aufwand erfasst. Welche Einkünfte erzielen die A-GmbH, B und C im Jahr 14 aus ihrer Beteiligung an der X-GmbH & Co. KG?

Lösung Fall 93:
I. Ebene der Gesellschaft
Die X-GmbH & Co. KG ist als gewerblich tätige Kommanditgesellschaft Mitunternehmerschaft im Sinne von § 15 Abs. 1 S. 1 Nr. 2 EStG und erzielt mithin Einkünfte aus Gewerbebetrieb. Diese ermitteln sich für die buchführungspflichtige KG (§ 140 AO, § 238 Abs. 1

---
[223] BFH, Urteil v. 23.2.2012 – IV R 13/08, BFH/NV 2012, 1112, juris Rn. 67.

S. 1 HGB i.V.m. §§ 1 Abs. 1, 6 Abs. 1, 161 Abs. 1 HGB) gemäß § 2 Abs. 2 S. 1 Nr. 1 EStG als der Gewinn im Sinne von §§ 4 Abs. 1, 5 Abs. 1 EStG. Die betrieblich veranlassten Zahlungen an die Gesellschafter stellen dabei auf Ebene der Gesellschaft abzugsfähige Betriebsausgaben dar (§ 4 Abs. 4 EStG). Der von der Gesellschaft ermittelte Gewinn in Höhe von 50.000 € wurde mithin steuerlich zutreffend ermittelt.

II. Ebene der Gesellschafter

Der Gewinn der Gesellschaft ist B und C nach der gesellschaftsvertraglichen Gewinnverteilungsabrede zu jeweils 50 %, also in Höhe von jeweils 25.000 €, als Einkünfte aus § 15 Abs. 1 S. 1 Nr. 2 S. 1 Hs. 1 EStG zurechenbar.

Die Gesellschafter könnten daneben durch ihre Leistungsbeziehungen zur X-GmbH & Co. KG weitere gewerbliche Einkünfte erzielen:

1. Einkünfte der A-GmbH

Als Geschäftsführerin wird die A-GmbH für die X-GmbH & Co. KG tätig und erhält hierfür eine Vergütung in Höhe von 20.000 €. Damit erzielt die A-GmbH Sondereinkünfte im Sinne von § 15 Abs. 1 S. 1 Nr. 2 S. 1 Hs. 2 Var. 1 EStG. Diese ermitteln sich – um eine zeitlich unterschiedliche Zuordnung zu vermeiden und eine weitgehende Gleichstellung mit einem Einzelunternehmer zu gewährleisten – ebenso wie die Einnahmen auf Ebene der Gesellschaft durch Betriebsvermögensvergleich (§ 4 Abs. 1 EStG). Die A-GmbH erzielt mithin Sondereinkünfte in Höhe von 20.000 €.

2. Einkünfte des B

Auch die Miete, die B für die Überlassung des Grundstücks von der X-GmbH & Co. KG erhält, stellt als Vergütung für die Überlassung eines Wirtschaftsguts Sondereinkünfte im Sinne von § 15 Abs. 1 S. 1 Nr. 2 S. 1 Hs. 2 Var. 3 EStG dar. Das überlassene Grundstück ist in der von B zur Ermittlung der Sondereinkünfte durch Betriebsvermögensvergleich aufzustellende Sonderbilanz als notwendiges Betriebsvermögen (Sonderbetriebsvermögen I) zu aktivieren. Die Aufwendungen, die im Zusammenhang mit dem Grundstück stehen, sind als Sonderbetriebsausgaben abziehbar (vgl. § 4 Abs. 4 EStG). B erzielt aus der Überlassung also Sondereinkünfte in Höhe von 30.000 € – 15.000 € = 15.000 €.

Daneben könnte der Beschluss über die Gewinnausschüttung bei der A-GmbH für B zu weiteren Sonderbetriebseinnahmen führen. Dies ist dann der Fall, wenn die Beteiligung des B an der A-GmbH Sonderbetriebsvermögen des B darstellt, weil dann auch die im Zeitpunkt des Ausschüttungsbeschlusses entstehende Forderung des B zum Sonderbetriebsvermögen zählt. In Betracht kommt nur eine Zugehörigkeit des GmbH-Anteils zum Sonderbetriebsvermögen II, wenn die Beteiligung des B der Stärkung seiner Mitunternehmerstellung in der X-GmbH & Co. KG dient. Durch die Beteiligung an der geschäftsführenden Komplementärgesellschaft erhält B einen verstärkten Einfluss auf die unternehmerische Leitung der X-GmbH & Co. KG (Verstärkung der Mitunternehmerinitiative des B). Da die A-GmbH keinen weiteren Geschäftsbetrieb hat, ist auch davon auszugehen, dass B die Beteiligung nicht als Kapitalanlage, sondern zu eben diesem Zweck der verstärkten Einflussnahme hält. Der Anteil des B an der A-GmbH und mithin auch die Forderung aufgrund der Gewinnausschüttung stellen mithin Sonderbetriebsvermögen II des B dar. Der durch die Aktivierung der anteiligen Forderung (50 % * 10.000 € = 5.000 €) entstehende Ertrag ist außerbilanziell gemäß § 3 Nr. 40 S. 1 d) Var. 1 EStG um 40 % zu reduzieren (Teileinkünfteverfahren). B erzielt insoweit also weitere Sondereinkünfte in Höhe von 3.000 €.

3. Einkünfte des C

Mit der Überlassung des Darlehens an die X-GmbH & Co. KG erzielt C Sonderbetriebseinnahmen im Sinne von § 15 Abs. 1 S. 1 Nr. 2 S. 1 Hs. 2 Var. 2 EStG in Höhe von 10.000 €.

Zudem muss auch C die sich aus dem Gewinnausschüttungsbeschluss der A-GmbH ergebende Forderung in Höhe von 5.000 € in seiner Sonderbilanz aktivieren, was nach außerbilanzieller Korrektur im Teileinkünfteverfahren (§ 3 Nr. 40 S. 1 d) Var. 1 EStG) zu weiteren steuerpflichtigen Sonderbetriebseinnahmen in Höhe von 3.000 € führt.

bb) Gewillkürtes Sonderbetriebsvermögen. Ebenso wie ein Einzelunternehmer kann auch ein Mitunternehmer im Rahmen seines Sonderbetriebsvermögens gewillkürtes Betriebsvermögen bilden.[224] Voraussetzung ist,[225] dass das Wirtschaftsgut

649

1. dem Mitunternehmer persönlich zurechenbar ist,
2. weder notwendiges Sonderbetriebsvermögen noch notwendiges Privatvermögen des Gesellschafters darstellt,
3. objektiv geeignet ist, den Betrieb der Personengesellschaft oder die Beteiligung des Mitunternehmers an der Personengesellschaft zu fördern. Dies wird zum Beispiel bejaht bei Grundstücken, die einer Erweiterung des Betriebs der Mitunternehmerschaft[226] oder der Sicherung von Gesellschaftsschulden dienen können.[227] Zur Förderung des Betriebs und des Mitunternehmeranteils objektiv ungeeignet sind Wirtschaftsgüter, die erkennbar nur Verluste einbringen.[228]
4. und subjektiv dazu bestimmt ist, dem Betrieb der Personengesellschaft oder der Beteiligung des Mitunternehmers zu dienen. Diese Bestimmung muss klar und eindeutig zum Ausdruck gebracht werden.[229] In der Regel erfolgt dies durch Bilanzierung der Wirtschaftsgüter in der Sonderbilanz bzw. durch Aufnahme in den Anlagespiegel.

Fall 94: A, B und C sind Gesellschafter einer gewerblichen Mitunternehmerschaft, der ABC-OHG. A überlässt dieser sein Grundstück. Dort errichtet die Gesellschaft einen Parkplatz. B erwirbt ein weiteres, in der Nähe des ersten Grundstücks belegenes Grundstück in der Absicht, es einige Zeit später an die OHG zu vermieten. C wiederum vermietet an die OHG eine dritte Immobilie. Auf diesem Grundstück soll die OHG für ihn ein Gebäude errichten, indem er dann wohnen möchte. Die OHG möchte die Grundstücke, wenn möglich, als Betriebsvermögen erfassen und nimmt sie dementsprechend in Sonderbilanzen für die drei Gesellschafter auf.

650

Lösung Fall 94:

A. Immobilie des A

Bei der Immobilie von A liegt notwendiges Sonderbetriebsvermögen I vor. Das Grundstück wird unmittelbar für die Gesellschaft betrieblich genutzt.

---

224 St. Rspr., vgl. z.B. BFH, Urteil v. 1.3.1994 – VIII R 35/92, BFHE 175, 231 = BStBl II 1995, 241, juris Rn. 57 m.w.N.
225 Vgl. zu den Voraussetzungen z.B. BFH, Urteil v. 25.11.1997 – VIII R 4/94, BFHE 184, 225 = BStBl II 1998, 461, juris Rn. 15 m.w.N.
226 BFH, Urteil v. 19.3.1981 – IV R 39/78, BFHE 133, 513, juris Rn. 13.
227 BFH, Urteil v. 17.5.1990 – IV R 27/89, FR 1991, 111; BFH, Urteil v. 7.4.1992 – VIII R 86/87, BFHE 168, 572, juris Rn. 35.
228 BFH, Urteil v. 17.11.2011 – IV R 51/08, BFH/NV 2012, 723, juris Rn. 38 m.w.N.
229 BFH, Urteil v. 7.4.1992 – VIII R 86/87, BFHE 168, 572, juris Rn. 34 m.w.N.

> **B. Immobilie des B**
> Bei der Immobilie von B handelt es sich um gewillkürtes Sonderbetriebsvermögen aufgrund der zukünftigen betrieblichen Nutzung. Das Grundstück ist objektiv zu einer Erweiterung des Betriebs der OHG geeignet und subjektiv dazu bestimmt. Die subjektive Bestimmung ist durch die Verbuchung in der Sonderbilanz klar und eindeutig dokumentiert.
>
> **C. Immobilie des C**
> Das Grundstück des C ist notwendiges Privatvermögen, da eine betriebliche Nutzung nicht vorliegt oder geplant ist.

651 **cc) Bilanzierungskonkurrenzen.** Da jeder Mitunternehmer neben seiner Beteiligung an der Mitunternehmerschaft auch noch beliebig viele weitere Betriebe als Einzelunternehmer unterhalten kann, können sich hinsichtlich einzelner Wirtschaftsgüter Zuordnungskonflikte ergeben: Wenn der Gesellschafter ein Wirtschaftsgut aus dem Betriebsvermögen seines Einzelgewerbes einer Mitunternehmerschaft überlässt, an der er selbst beteiligt ist, ließe sich sowohl eine Bilanzierung im Einzelunternehmen als auch eine Bilanzierung in seiner Sonderbilanz bei der Mitunternehmerschaft begründen. Entsprechend ließen sich die erzielten Einnahmen sowohl als Betriebseinnahmen im Einzelbetrieb (§ 15 Abs. 1 S. 1 Nr. 1 EStG) oder als Sonderbetriebseinnahmen (§ 15 Abs. 1 S. 1 Nr. 2 S. 1 Hs. 2 Var. 3 EStG) erfassen.

652 **Beispiel:** B betreibt als Einzelunternehmer eine Bäckerei mit angeschlossenem Cateringservice. Zusätzlich ist er als Kommanditist an einer Vertriebs-KG beteiligt, die in verschiedenen Filialen die Backerzeugnisse mehrerer Bäcker verkauft. B schließt mit der KG einen Jahresmietvertrag über einen Kleinlaster, mit dem die Waren in den Filialen verteilt werden sollen. B hatte den Wagen zuvor selbst in seiner Bäckerei eingesetzt und möchte ihn nach Abschluss der Mietzeit auch wieder betrieblich nutzen.

653 Auch wenn in beiden Fällen Betriebsvermögen vorliegt und jedenfalls gewerbliche Einkünfte erzielt werden, ergeben sich materiell-rechtliche Unterschiede: So stellen Einzelbetrieb und Mitunternehmerschaft zwei eigenständige Gewerbesteuersubjekte dar und der Umfang des Sonderbetriebsvermögens kann für die Frage entscheidend sein, ob eine privilegiert zu besteuernde Veräußerung eines gesamten Mitunternehmeranteils (§ 16 Abs. 1 S. 1 Nr. 2 EStG) vorliegt (siehe dazu unter Rn. 724 ff.).

654 Die herrschende Meinung löst den Qualifikationskonflikt wie folgt auf:[230] Grundsätzlich geht eine Zuordnung zum Sonderbetriebsvermögen einer Zuordnung zum Betriebsvermögen eines anderen Einzelunternehmens vor. Die besondere Norm des § 15 Abs. 1 S. 1 Nr. 2 S. 1 Hs. 2 EStG wird nicht nur als Grundlage für eine Umqualifikation von Überschusseinkünften in Gewinneinkünfte angesehen, sondern begründet nach der herrschenden Meinung auch eine speziellere **Zuordnungsregel** innerhalb der Einkünfte aus Gewerbebetrieb. Etwas anderes gilt nur dann, wenn die Leistungsbeziehung mit der Mitunternehmerschaft Teil des normalen laufenden Geschäftsverkehrs eines Einzelunternehmens ist und zu fremdüblichen Konditionen erfolgt. Wenn also Leistungen erbracht werden, die auch einer Vielzahl von anderen Personen angeboten werden, geht die Zuordnung zum Betriebsvermögen des Einzelunternehmens vor.

---

230 Vgl. *Wacker*, in: Schmidt, EStG, § 15 Rn. 534 m.w.N.

Fall 95: Ergänzung des Beispiels: B hat den Kleinlaster am 1.1.14 zum Preis von 20.000 € angeschafft, die betriebsgewöhnliche Nutzungsdauer beträgt 5 Jahre. Zum 1.1.15 schließt er den auf 2 Jahre befristeten Mietvertrag mit der KG. Von diesem Zeitpunkt an wird das Fahrzeug im gesamten Jahr 15 nur noch durch die KG benutzt. Der Teilwert des Fahrzeugs beträgt am 1.1.15 noch 18.000 €.

Für ein Betriebsfest der Vertriebs-KG übernimmt B das Catering und erhält hierfür eine fremdübliche Vergütung.

Welche einkommensteuerlichen Folgen ergeben sich aus dem Sachverhalt?

Lösung Fall 95:

A. Gewinnermittlung auf Ebene der Personengesellschaft

Mangels Übereignung ist das Fahrzeug nicht Teil des Gesamthandsvermögens und daher kein notwendiges Betriebsvermögen der Personengesellschaft geworden. Die Aufwendungen für das Catering sind Betriebsausgaben.

B. Gewinnermittlung auf Ebene des Gesellschafters B

Das Fahrzeug könnte im Sonderbetriebsvermögen des Gesellschafters (§ 15 Abs. 1 S. 1 Nr. 2 S. 1 EStG) oder in seinem sonstigen Betriebsvermögen stehen. Nach heute herrschender Meinung hat die Vorschrift des § 15 Abs. 1 S. 1 Nr. 2 S. 1 Hs. 2 EStG nicht nur die Funktion, nicht gewerbliche Einkünfte in gewerbliche Einkünfte umzuqualifizieren, sondern dient auch der **Zuordnung von Wirtschaftsgütern**, die im Zweifel der Mitunternehmerschaft zuzurechnen sind.[231] Das Wirtschaftsgut scheidet daher aus der Bilanz der Bäckerei aus und wird zukünftig in der Sonderbilanz des B bei der Vertriebs-KG bilanziert. Die Übertragung erfolgt nach § 6 Abs. 5 S. 2 EStG zum Buchwert, sodass die geänderte Nutzung des Fahrzeugs keine Versteuerung stiller Reserven auslöst. AfA und Mieterträge sind als Sonderbetriebsausgaben und Sonderbetriebseinnahmen des B zu erfassen.

Die Einnahmen aus dem Catering sind hingegen dem Einzelunternehmen des B zuzuordnen.

Abgrenzung: Kommt es zu Nutzungsüberlassungen zwischen gewerblich tätigen Schwesterpersonengesellschaften, sind die Wirtschaftsgüter und die Betriebseinnahmen primär dem jeweiligen Gesamthandsvermögen der Personengesellschaft und nicht anteilig den Sonderbetriebsvermögen der Gesellschafter zuzuordnen. Eine Erfassung als Sonderbetriebsvermögen kommt hier schon deshalb nicht in Betracht, weil die Wirtschaftsgüter vorrangig der Mitunternehmerschaft und nicht anteilig den Mitunternehmern zuzurechnen sind (zur eingeschränkten Reichweite des Transparenzprinzips bei Mitunternehmerschaften, vgl. schon unter Rn. 353 ff.).

Beispiel: A, B und C sind die einzigen Gesellschafter der jeweils gewerblich tätigen X-KG und Y-OHG. Die X-KG ist Eigentümerin eines Grundstücks, das sie an die Y-OHG vermietet.

Das Grundstück und die Mieteinnahmen sind nicht anteilig im Sonderbetriebsvermögen von A, B und C bei der Y-OHG zu erfassen, sondern im Gesamthandsvermögen der X-KG.

Erschöpft sich die Tätigkeit einer Schwesterpersonengesellschaft in der Überlassung von Wirtschaftsgütern, ist sie also nur vermögensverwaltend und nicht originär gewerblich tätig, liegt ein Fall der **mitunternehmerischen Betriebsaufspaltung** vor, deren Behandlung umstritten ist: Nach Ansicht der Rechtsprechung gehen die Grundsätze der Betriebsaufspaltung vor, sodass die Besitzgesellschaft gewerblich tätig ist

---

231 BFH, Urteil v. 24.3.1999 – I R 114/97, BFHE 188, 315 = BStBl II 2000, 399, juris Rn. 38.

und die überlassenen Wirtschaftsgüter in ihrem Gesamthandsvermögen zu erfassen sind. Nimmt man demgegenüber einen Vorrang von § 15 Abs. 1 S. 1 Nr. 2 S. 1 Hs. 2 EStG an, so sind die Wirtschaftsgüter anteilig den einzelnen Gesellschaftern zuzurechnen und stellen Sonderbetriebsvermögen zu ihrem Anteil an der Betriebsgesellschaft dar (siehe bereits unter Rn. 426 ff.).

659 **dd) Grundsatz der korrespondierenden Bilanzierung.** Durch die Aufstellung von Sonderbilanzen werden die Leistungsbeziehungen zwischen Gesellschaft und Gesellschafter auch bilanziell doppelt abgebildet: Eine Gehaltsforderung des Gesellschafter-Geschäftsführers ist gleichzeitiges aktives Vermögen in der Sonderbilanz und passives Vermögen (Verbindlichkeit) in der Gesamthandsbilanz der Gesellschaft. Folgt man den handelsrechtlichen und steuerrechtlichen Bewertungsvorschriften in beiden Bilanzen, kann sich oftmals ein unterschiedlicher Wertansatz ergeben.

660 **Beispiel:** Gesellschafter A vermietet der A-OHG ein Grundstück. Die A-OHG ist in erheblichen, nicht nur vorübergehenden wirtschaftlichen Schwierigkeiten und kann wegen akuter Liquiditätsprobleme ihre Verbindlichkeiten nicht mehr vollumfänglich bedienen. A hat noch Mietforderungen in Höhe von 20.000 €. Er wendet sich an eine Factoring-Gesellschaft, die wegen des erhöhten Insolvenzrisikos der A-OHG aber nur noch bereit wäre, A für die Forderung einen Betrag von 15.000 € abzüglich der Factoring-Provision zu bezahlen. A entscheidet sich daraufhin, die Forderung nicht abzutreten.

Auf Ebene der A-OHG ist die Verbindlichkeit gegenüber A nach den einschlägigen handelsrechtlichen und steuerrechtlichen Bewertungsvorschriften mit dem Erfüllungsbetrag in Höhe von 20.000 € auszuweisen (§ 253 Abs. 1 S. 2 HGB, § 6 Abs. 1 Nr. 3 S. 1, 2 EStG). A muss die korrespondierende Forderung in seiner Sonderbilanz hingegen grundsätzlich mit dem voraussichtlich dauerhaft niedrigeren Teilwert in Höhe von 15.000 € ansetzen (§ 6 Abs. 1 S. 1 Nr. 2 S. 1, 2 EStG), was zu einer gewinnwirksamen Teilwertabschreibung führen würde.

661 Eine unterschiedliche Bewertung würde durch die damit verbundenen Gewinnauswirkungen wiederum der Gleichbehandlungsfunktion der Hinzurechnung nach § 15 Abs. 1 S. 1 Nr. 2 S. 1 Hs. 2 EStG widersprechen. In einem Einzelunternehmen würden entsprechende Leistungsbeziehungen zwischen dem Betrieb und dem Einzelunternehmer nämlich nicht zur Bilanzierung von Forderungen oder Verbindlichkeiten führen und den Gewinn damit nicht beeinflussen.

662 **Beispiel:** A betreibt in einem ihm gehörenden Gebäude einen Einzelhandel. Als „Miete" überweist er sich monatlich 2.000 €. Da der Betrieb schlecht läuft, stellt er die Zahlungen bis auf Weiteres ein. Am Jahresende besteht ein „Mietrückstand" in Höhe von 20.000 €.

Die monatlichen „Mietzahlungen" stellen bilanziell Entnahmen dar. Diese werden nur erfasst, wenn sie auch tatsächlich durchgeführt werden. Der Verzicht auf die Entnahmen führt nicht zur Passivierung einer Verbindlichkeit und wirkt sich mithin auf den betrieblichen Gewinn nicht aus.

663 Die Rechtsprechung löst die Bewertungswidersprüche daher nach dem sog. **Grundsatz der korrespondierenden Bilanzierung** auf:[232] Danach werden Forderungen und Verbindlichkeiten, die aus den Sondereinkünften des Gesellschafters resultieren,

---

[232] Die Gewinnermittlung bei Mitunternehmerschaften wird auch insgesamt als **additive Gewinnermittlung mit korrespondierender Bilanzierung** bezeichnet.

zeit- und betragsgleich mit den korrespondierenden Forderungen und Verbindlichkeiten auf Gesellschaftsebene bilanziert. Das Imparitätsprinzip des § 252 Abs. 1 Nr. 4 HGB, nach dem Verluste bereits mit Entstehung eines vorhersehbaren Risikos, Gewinne aber erst bei Realisation zu bilanzieren sind, wird insoweit steuerrechtlich durchbrochen. Gedanklich wird diese Abweichung von den handelsrechtlichen Grundsätzen auch damit begründet, dass beim Blick auf eine (tatsächlich nicht aufzustellende) Gesamtbilanz der Mitunternehmerschaft Gesellschafterforderungen letztlich Eigen- und nicht Fremdkapital darstellen. Ein handelsrechtlich zu berücksichtigender Verlust darf deshalb steuerrechtlich – wie der Verlust einer Einlage in das Gesellschaftsvermögen – erst im Zeitpunkt der Beendigung der Gesellschafterstellung berücksichtigt werden.

Der Grundsatz der korrespondierenden Bilanzierung orientiert sich dabei stets an der Gesamthandsbilanz der Gesellschaft. In dieser werden die Wirtschaftsgüter nach allgemeinen Grundsätzen bilanziert; in der Sonderbilanz werden die Gewinnauswirkungen durch entsprechende wert- und zeitgleiche Bilanzierung korrespondierender Posten ausgeglichen. **664**

Fall 96: A ist zu 50 % an der A und B OHG beteiligt. A überlässt der OHG zum 10.4.16 einen Geldbetrag von 100.000 $ (damaliger Kurs 1 € = 1,25 $, also 100.000 $ = 80.000 €). Die OHG soll den Betrag in zwei Jahren zum Nennbetrag in Dollar zurückzahlen. Die OHG soll außerdem 5 % Zinsen bezahlen. Zum 31.12.16 ist der Eurokurs auf 1 $ gefallen, sodass sich der Kurswert des Darlehens auf 100.000 € erhöht hat. Mit welchem Wert ist das Darlehen steuerbilanziell zu erfassen? **665**

Lösung Fall 96:
A. Gewinnermittlung auf Ebene der OHG
Zum 31.12.16 ist die Schuld der OHG gegenüber dem A als Verbindlichkeit zu passivieren. Die Bewertung erfolgt wegen des gesunkenen Dollar-Kurses mit dem erhöhten Rückzahlungswert in Euro (Vorsichtsprinzip) gemäß §§ 252 Abs. 1 Nr. 4, 253 Abs. 1 S. 2 HGB. In der Steuerbilanz ist dies nach § 6 Abs. 1 Nr. 3 S. 1 EStG i.V.m. § 6 Abs. 1 Nr. 2 S. 2 EStG ebenfalls erforderlich. Nach § 6 Abs. 1 Nr. 2 S. 2 EStG ist in seiner entsprechenden Anwendung auf Passiva eine *dauernde* Werterhöhung erforderlich. Dies hängt maßgeblich von der Laufzeit der Verbindlichkeit ab. Bei langfristigen Währungsdarlehen geht man davon aus, dass sich Schwankungen ausgleichen, so dass für eine Werterhöhung kein Raum ist.[233] Bei kurzfristigen Darlehen wie hier wird verbreitet auf die Höhe der Wertschwankungen abgestellt. Bei rund 20 % wie hier kann von einer dauernden Werterhöhung des Rückzahlungsbetrags ausgegangen werden.[234] In der Gewinn- und Verlustrechnung erfolgt die Buchung der Differenz in Höhe von 20.000 € als sonstiger Aufwand oder sonstiger Zinsaufwand.

B. Gewinnermittlung auf Ebene des Gesellschafters A
Zum Sonderbetriebsvermögen I gehört bei A die Darlehensforderung gegenüber der OHG, da das Kapital der Gesellschaft für betriebliche Zwecke zur Verfügung gestellt wird. Der Zinsertrag gehört zu den Sonderbetriebseinnahmen des A. Die Erhöhung der Darlehensschuld ist bei A hingegen grundsätzlich nicht zu aktivieren und als außerordentlicher Ertrag

---
[233] BFH, Urteil v. 23.4.2009 – IV R 62/06, BFHE 224, 564 = BStBl II 2009, 778, juris Rn. 26.
[234] FG Baden-Württemberg Urteil v. 16.5.2018 – 2 K 3880/16, EFG 2018, 1982: bejaht wegen fester Einführung des Wechselkurses von 1,20 CHF zu 1 Euro, Rev. BFH IV R 18/18.

> zu buchen, weil wegen des Imparitätsprinzip nicht realisierte Gewinne anders als Wertminderungen nicht zu verbuchen sind (§ 253 Abs. 1 S. 1 HGB).
>
> Verbliebe es bei diesem Ergebnis, würde sich das Betriebsvermögen der Mitunternehmerschaft im Saldo verringern. Um eine Gleichbehandlung mit einem Einzelunternehmer herzustellen, geht die herrschende Meinung von einem Zwang zur korrespondierenden Bilanzierung aus.[235] Danach muss auch bei A ein außerordentlicher Ertrag erfasst und die Darlehensforderung mit ihrem höheren Betrag aktiviert werden.

666 Ein besonders praxisrelevanter Anwendungsbereich der dargestellten Grundsätze ist die Bilanzierung von Pensionsverpflichtungen zugunsten von Gesellschaftern.

667 **Beispiel:** Die A-OHG sagt ihrem Gesellschafter-Geschäftsführer A im Rahmen seines Arbeitsvertrags eine Pension in fremdüblicher Höhe zu. Mit Eintritt des gesetzlichen Rentenalters soll A monatliche Zahlungen in einer festgelegten Höhe erhalten. Diese Vereinbarung ist unabhängig davon, ob A weiter Gesellschafter der OHG bleibt.

668 Auf Ebene der Gesellschaft führt eine Pensionszusage zur Bildung einer Rückstellung, die jährlich nach § 249 Abs. 1 S. 1 HGB, § 6a EStG zu bewerten ist. Im Ergebnis wird damit die zukünftige Zahlungsverpflichtung abgezinst auf den Bilanzstichtag gewinnwirksam passiviert.

669 Aus Sicht des Pensionsberechtigten stellen die Pensionszahlungen Vergütungen für seine Tätigkeit für die Gesellschaft dar, die ihm erst nach Beendigung seiner Tätigkeit zufließen. Auch diese nachträglichen Einkünfte (§ 24 Nr. 2 EStG) führen zu Sonderbetriebseinnahmen (§ 15 Abs. 1 S. 1 Nr. 2 S. 1 Hs. 2 EStG i.V.m. § 15 Abs. 1 S. 2 EStG). Wegen des Grundsatzes der korrespondierenden Bilanzierung ist allerdings der auf Gesellschaftsebene entstehende Aufwand nicht erst im Zeitpunkt der Auszahlung durch entsprechenden Ertrag auf Ebene des Gesellschafters auszugleichen, sondern bereits im Zeitpunkt der Rückstellungsbildung. Der Pensionsberechtigte muss daher in seiner Sonderbilanz einen Aktivposten bilden, der immer der Höhe nach exakt der Rückstellung auf Gesamthandsebene entspricht.[236] Die Zuführungen zu diesem Aktivposten versteuert er als Sonderbetriebseinnahmen. In der Auszahlungsphase mindern sich Rückstellung und Ausgleichsposten wieder und führen entsprechend zu Ertrag auf Gesellschaftsebene und Aufwand auf Gesellschafterebene. An diesem Vorgehen ist selbst dann festzuhalten, wenn der Pensionsberechtigte zwischenzeitlich aus der Gesellschaft ausscheidet.[237]

670 Problematisch an dieser Lösung ist, dass der Aufwand über die Gesamthandsbilanz allen Gesellschaftern zugeordnet wird, während die Erträge nur bei dem Pensionsberechtigten anfallen. Vor der Auszahlungsphase muss der Pensionsberechtigte damit Einnahmen versteuern, ohne dass ein tatsächlicher Liquidationszufluss vorliegt. Die Mitgesellschafter profitieren demgegenüber vom Aufwand, ohne dass eine tatsächliche (Liquiditäts-)Belastung vorliegt. Abhilfe kann insoweit u.U. eine gesellschafts-

---

235 BFH, Urteil v. 28.3.2000 – VIII R 13/99, BFHE 191, 517 = BStBl II 2000, 612, juris Rn. 17.
236 St. Rspr.; vgl. zuletzt BFH, Urteil v. 6.3.2014 – IV R 14/11, BFHE 245, 153 = BStBl II 2014, 624, juris Rn. 23 f. m.w.N.
237 Ausdrücklich BFH, Urteil v. 6.3.2014 – IV R 14/11, BFHE 245, 153 = BStBl II 2014, 624, juris Rn. 26 ff.

vertragliche Abrede schaffen, nach der der Aufwand der Rückstellungsbildung nur dem Pensionsberechtigten zugeordnet wird.[238]

Fall 97:[239] A ist als selbständiger Steuerberater in eigener Praxis tätig und zugleich Gesellschafter der gewerblich tätigen ABC-OHG. Im Gesellschaftsvertrag der OHG ist geregelt, dass die Erstellung des Jahresabschlusses und die steuerliche Beratung der Gesellschaft durch A erfolgt und die Auswahl eines anderen Steuerberaters nur mit Zustimmung des A zulässig ist.

671

Zum 31.12.14 stellt die OHG eine zutreffende Handels- und Steuerbilanz auf. In dieser weist sie Verbindlichkeiten gegenüber A in Höhe von 7.000 € aus, weil sie dessen Rechnung für den im Mai 14 aufgestellten Jahresabschluss und die im November 14 erstellte Feststellungs- und Gewerbesteuererklärung für das Jahr 13 bisher nur zum Teil gezahlt hat. Gleichzeitig weist die OHG eine Rückstellung in Höhe von 12.000 € für die voraussichtlichen Kosten, den Jahresabschluss 14 aufzustellen, aus. Absprachegemäß soll A mit den für den Jahresabschluss erforderlichen Arbeiten im Januar 15 beginnen.

Die OHG hat keine Sonderbilanz für A aufgestellt. A hat alle Zahlungen der OHG für seine Steuerberatungsleistungen im Rahmen seiner (zulässigen) Gewinnermittlung nach § 4 Abs. 3 EStG bei seinen Einkünften aus freiberuflicher Tätigkeit erfasst. Es handele sich schließlich um Leistungen, die er in dieser Form auch an fremde Dritte erbringe und für die er ein fremdübliches Entgelt abrechne (was zutrifft). Im Jahr 14 hat A nur die Teilzahlungen auf die Rechnungen für seine Arbeiten im Zusammenhang mit dem Jahresabschluss und den Steuererklärungen für das Jahr 13 als Einnahmen erfasst.

Erzielt A weitere einkommensteuerbare Einnahmen aus dem dargestellten Sachverhalt?

Lösung Fall 97: Wenn die von A vorgenommene Zuordnung der Einnahmen zu seiner freiberuflichen Tätigkeit als Steuerberater (§ 18 Abs. 1 Nr. 1 S. 1, 2 EStG) zutreffend ist, ergeben sich aus dem dargestellten Sachverhalt keine weiteren Einnahmen: Sowohl hinsichtlich der offenen Forderungen als auch hinsichtlich der von der Gesellschaft zurückgestellten Beträge fehlt es bei A an dem bei der Gewinnermittlung nach § 4 Abs. 3 EStG erforderlichen Zufluss (§ 11 Abs. 1 S. 1 EStG).

Die Einnahmen aus den Steuerberatungsleistungen könnten jedoch auch zu Sonderbetriebseinnahmen nach § 15 Abs. 1 S. 1 Nr. 2 S. 1 Hs. 2 EStG führen. A ist insoweit im Dienst der Gesellschaft tätig, sodass der Wortlaut der Vorschrift erfüllt scheint. Etwas anderes könnte sich nur daraus ergeben, dass A die erbrachten Leistungen in entsprechender Form auch am Markt anbietet. Leistungen, die fremdüblich im laufenden Geschäftsbetrieb eines gewerblichen Einzelunternehmens erbracht werden, werden diesem Einzelunternehmen zugeordnet, auch wenn sie an eine Gesellschaft erbracht werden, an der der Einzelunternehmer beteiligt ist.[240] Eine Veranlassung durch das Gesellschaftsverhältnis liegt in einer solchen Konstellation nicht vor. Dieser Vorrang des gewerblichen Einzelbetriebs vor dem Sonderbereich stellt allerdings eine eng umgrenzte Ausnahme dar, die sich nicht auf die hier vorliegende Vergütung übertragen lässt: Zum einen folgt aus der nicht fremdüblichen gesellschaftsvertraglichen Regelung bereits eine Veranlassung der Leistung durch das Gesellschaftsverhältnis. Zum anderen normiert § 15 Abs. 1 S. 1 Nr. 2 S. 1 Hs. 2 EStG auch abstrakt einen generellen Vorrang der gewerblichen Sondervergütungen vor freiberuflichen Einkünften. A erzielt mit seinen Steuerberatungsleistungen also Sondereinnahmen aus seiner Gesellschafter-

---

238 Vgl. BFH, Urteil v. 16.10.2008 – IV R 82/06, BFH/NV 2009, 581, juris Rn. 32 m.w.N.
239 Angelehnt an BFH, Urteil v. 21.12.2017 – IV R 44/14, BFH/NV 2018, 407.
240 Vgl. BFH, Urteil v. 22.11.1994 – VIII R 63/93, BFHE 177, 28 = BStBl II 1996, 93, Rn. 28 m.w.N.

stellung bei der ABC-OHG, die als gewerblicher Gewinn (§ 2 Abs. 2 S. 1 Nr. 1 EStG) korrespondierend mit der Ermittlung auf Ebene der Gesamthand durch Betriebsvermögensvergleich ermittelt (§ 4 Abs. 1 EStG) werden.

Die noch offenen Forderungen müssen in einer Sonderbilanz des A aktiviert werden, wodurch A zusätzliche Sonderbetriebseinnahmen in Höhe von 7.000 € versteuern muss.

Auch die Vergütung, die A für die Erstellung des Jahresabschlusses 14 erhalten wird, stellt für ihn eine Sondereinnahme dar. Allerdings ist A insoweit noch gar nicht tätig geworden. Eine Forderung gegenüber der OHG besteht also noch nicht. Eine Erfassung von Sonderbetriebseinnahmen könnte sich nur unter dem Gesichtspunkt der korrespondierenden Bilanzierung bereits zu dem Zeitpunkt ergeben, in dem die OHG eine Rückstellung für die Kosten des Jahresabschlusses gebildet hat. Die Finanzverwaltung nimmt an, dass – wie bei einer Pensionszusage zugunsten eines Gesellschafters – in Höhe des Rückstellungsbetrags ein aktiver Ausgleichsposten in der Sonderbilanz des A zu bilden ist. Dem hat sich nunmehr auch der Bundesfinanzhof angeschlossen. Unerheblich sei, dass die Rückstellung für die Kosten des Jahresabschlusses auf einen anderen – öffentlich-rechtlichen – Rechtsgrund zurückgehen als die Kosten einer auf einer privatrechtlichen Abrede beruhenden Pensionsverpflichtung. Entscheidend sei vielmehr, dass A durch eine gewinnmindernde Rückstellungsbildung letztlich die Möglichkeit eingeräumt würde, die eigene künftige Arbeitsleistung steuermindernd geltend zu machen. Diese Möglichkeit hat ein Einzelunternehmer nicht. Um die von § 15 Abs. 1 S. 1 Nr. 2 EStG angestrebte Gleichbehandlung zu gewährleisten, muss daher in der Sonderbilanz des A ein aktiver Ausgleichsposten gebildet werden.

672 Die Grundsätze korrespondierender Bilanzierung greifen jeweils bezogen auf den einzelnen Gesellschafter und nur solange wie die Gesellschafterstellung besteht. Veräußert ein Gesellschafter eine gegen die Gesellschaft bestehende Forderung an einen anderen Gesellschafter, so ist die Forderung beim Erwerber zwar ebenfalls Sonderbetriebsvermögen und unterliegt prinzipiell den Grundsätzen korrespondierender Bilanzierung. Es bleibt aber dabei, dass die Forderung maximal mit den vom Erwerber tatsächlich aufgewendeten Anschaffungskosten aktiviert werden kann (§ 6 Abs. 1 Nr. 2 EStG).

673 **Fall 98:**[241] A und B sind zwei Gesellschafter der ABC-OHG. A hat der OHG vor einigen Jahren ein verzinsliches Darlehen in Höhe von 100.000 € gewährt. Die OHG befindet sich in finanziellen Schwierigkeiten und A möchte seinen Gesellschaftsanteil gern loswerden. B glaubt an eine langfristige Besserung der finanziellen Lage und ist grundsätzlich bereit, den Gesellschaftsanteil zu übernehmen. Er ist allerdings der Meinung, dass A dann auch nicht mehr über seine Darlehensforderung von einer zukünftigen Verbesserung der wirtschaftlichen Lage der OHG profitieren soll.

A und B einigen sich daher darauf, dass A sowohl seinen Gesellschaftsanteil als auch seine Darlehensforderung auf B überträgt. Das Kapitalkonto des A in der ABC-OHG beträgt zum Übertragungsstichtag 50.000 €. Die Darlehensforderung ist mit 100.000 € in der Sonderbilanz des A aktiviert, obwohl ihr Teilwert wegen der Zahlungsschwierigkeiten der OHG voraussichtlich dauerhaft nur 30.000 € beträgt. B zahlt an A insgesamt 60.000 €, wobei sich beide einig sind, dass der Kaufpreis jeweils zur Hälfte auf den Gesellschaftsanteil und die Forderung entfällt.

Welche Rechtsfolgen ergeben sich für A und B?

---

241 Angelehnt an BFH, Urteil v. 16.3.2017 – IV R 1/15, BFHE 257, 304 = BStBl II 2017, 943.

Lösung Fall 98: A erzielt mit der Veräußerung seines Gesellschaftsanteils Einkünfte nach § 16 Abs. 1 S. 1 Nr. 2 EStG. Dazu zählen auch die Gewinne aus der Veräußerung von Sonderbetriebsvermögen. Gewinn ist nach § 16 Abs. 2 S. 1 EStG der Betrag um den der Veräußerungsgewinn nach Abzug von Veräußerungskosten den nach § 4 Abs. 1 EStG und § 5 EStG ermittelten Wert des Anteils am Betriebsvermögen überschreitet. A erhält einen Veräußerungspreis in Höhe von 60.000 €. Demgegenüber steht seine im Kapitalkonto in der Gesamthandsbilanz ausgedrückte Beteiligung an den Wirtschaftsgütern des Gesamthandsvermögens in Höhe von 50.000 € sowie sein Kapitalkonto in der Sonderbilanz, das dem Wert der Forderung entspricht. Diese ist nach den Grundsätzen der korrespondierenden Bilanzierung trotz ihrer voraussichtlich dauerhaften Wertminderung mit 100.000 € zu bewerten. Der nach § 4 Abs. 1 EStG und § 5 EStG ermittelte Wert des Anteils des Betriebsvermögens beträgt mithin 150.000 €. A erzielt einen Veräußerungsverlust in Höhe von 90.000 €.

In der Gesamthandsbilanz der OHG übernimmt B das Kapitalkonto des A. Dass B für den Gesellschaftsanteil nur 30.000 € gezahlt hat, wird über eine negative Ergänzungsbilanz mit einem Minderkapital von 20.000 € abgebildet. Auch für B stellt die Forderung gegen die OHG Sonderbetriebsvermögen dar. Er muss sie mit den anteiligen Anschaffungskosten in Höhe von 30.000 € aktivieren. Eine Aktivierung mit dem Betrag, mit dem die Verbindlichkeit in der Gesamthandsbilanz passiviert wird (100.000 €), kommt nicht in Betracht. Der Grundsatz der korrespondierenden Bilanzierung führt allerdings dazu, dass die Forderung bei einem weiteren Absinken des Teilwerts nicht abgeschrieben werden darf, sondern sich Wertveränderungen auch für B erst bei einer Veräußerung des Wirtschaftsguts oder des Gesellschaftsanteils auswirken.

c) Vermögenstransfer in das oder aus dem Sonderbetriebsvermögen

Neben den Grundsätzen der korrespondierenden Bilanzierung ist bei der Ermittlung des Gewinns im Sonderbereich ein verstärktes Augenmerk auf Vermögenstransfers in das oder aus dem Sonderbetriebsvermögen zu legen. **674**

aa) Vermögenstransfer aus dem oder in das sonstige Vermögen des Gesellschafters.

Ist dem Mitunternehmer ein Wirtschaftsgut als zivilrechtlicher Eigentümer (§ 39 Abs. 1 AO) oder aufgrund abweichender wirtschaftlicher Betrachtung (§ 39 Abs. 2 AO) steuerlich zuzurechnen, ist damit nur eine erste Zuordnungsentscheidung getroffen. Beim Mitunternehmer kann das Wirtschaftsgut – abhängig von seiner Verwendung – zu verschiedenen Vermögenssphären gehören: Wird das Wirtschaftsgut privat genutzt, zählt es zum steuerlich nur ausnahmsweise (§§ 17, 23 EStG) steuerverstrickten Privatvermögen. Nutzt der Mitunternehmer das Wirtschaftsgut im Rahmen eines Einzelbetriebs, ist es Betriebsvermögen; dient es vor allem seiner mitunternehmerischen Beteiligung, ist es Sonderbetriebsvermögen (zu Details siehe oben unter Rn. 651 ff.). Ändert sich die Nutzung, kann sich auch die Zuordnung innerhalb der Vermögenssphären ändern, was die Frage nach den steuerlichen Konsequenzen eines solchen Transfers aufwirft. **675**

Anders als bei einem Vermögenstransfer zwischen dem Vermögen der Gesellschaft und dem Vermögen des Gesellschafters liegt keinesfalls ein entgeltliches Geschäft vor. Entsprechende Kaufverträge „mit sich selbst" sind schon zivilrechtlich unwirksam und entfalten auch steuerrechtlich keine Wirkungen. Es handelt sich mithin immer um unentgeltliche Übertragungsvorgänge. Da durch die Übertragungen keine andere Person begünstigt wird, liegen keine schenkungsteuerbaren Vorgänge vor. **676**

677 **(1) Transfer in das/aus dem Privatvermögen (Entnahme/Einlage).** Der Transfer eines Wirtschaftsguts vom Sonderbetriebsvermögen eines Gesellschafters in das Privatvermögen oder umgekehrt führt zu Entnahmen (§ 4 Abs. 1 S. 2 EStG) bzw. Einlagen (§ 4 Abs. 1 S. 8 Hs. 1 EStG). Insoweit gelten im Grundsatz die Ausführungen zu Entnahmen und Einlagen in das Gesamthandsvermögen (vgl. Rn. 553 ff.) entsprechend: **Entnahmen** führen wegen ihrer Bewertung zum Teilwert (§ 6 Abs. 1 Nr. 4 S. 1 Hs. 1 EStG) zur Realisation der stillen Reserven im Betriebsvermögen und stehen für Zwecke der privaten Veräußerungsbesteuerung einer Anschaffung gleich (vgl. §§ 20 Abs. 4 S. 3, 23 Abs. 1 S. 2 EStG).[242] **Einlagen** erfolgen grundsätzlich ebenfalls zum Teilwert (§ 6 Abs. 1 Nr. 5 S. 1 Hs. 1 EStG; beachte aber für kürzlich angeschaffte Wirtschaftsgüter und Anteile an Kapitalgesellschaften die Sonderregelung des § 6 Abs. 1 Nr. 5 S. 1 Hs. 2 a)-c) EStG) und stehen bei der privaten Veräußerungsbesteuerung u.U. einer Veräußerung gleich (§ 23 Abs. 1 S. 5 Nr. 1 EStG).

678 **Fall 99:** A ist Gesellschafter der X-OHG, die einen Baustoffhandel betreibt.

Er überlässt der OHG seit mehreren Jahren ein unbebautes Grundstück, auf dem die OHG Materialien lagert. Er hat das Grundstück zu diesem Zweck erworben und mit den Anschaffungskosten in Höhe von 100.000 € in seiner Sonderbilanz bilanziert. Zum 30.6.14 verlagert die OHG ihren Standort und beendet in diesem Zusammenhang auch fristgemäß den Mietvertrag mit A, da das neue Betriebsgelände ausreichenden Lagerplatz bietet. A entschließt sich, auf dem Grundstück (Teilwert zum 30.6.14: 200.000 €) nunmehr ein Wohngebäude für seinen Sohn zu errichten.

A hat vor einigen Jahren einen 10 %igen Anteil an der Y-GmbH, einem Hersteller von Metallwerkzeugen, zum Preis von 250.000 € erworben. A sah den Anteil zunächst als Teil seiner privaten Vermögensanlage. Anfang November 2014 beschließt die X-OHG ihr Sortiment zu erweitern und zukünftig auch Werkzeuge anzubieten. A entschließt sich, seinen Einfluss als Gesellschafter der Y-GmbH geltend zu machen, um für die X-OHG günstige Einkaufspreise zu erreichen. Er bilanziert seinen Anteil an der Y-GmbH (Teilwert mittlerweile 300.000 €) ab diesem Zeitpunkt in seiner Sonderbilanz. Im Dezember 2014 beschließt die Y-GmbH eine Gewinnausschüttung. Der auf A entfallende Anteil beträgt 2.000 €.

Welche einkommensteuerlichen Folgen ergeben sich aus den dargestellten Sachverhalten?

Lösung Fall 99: Als persönlich haftender (§ 128 S. 1 HGB) und zur Geschäftsführung und Vertretung berechtigter Gesellschafter (§§ 115 Abs. 1, 125 Abs. 1 HGB) der X-OHG erzielt A Einkünfte aus einer gewerblichen Mitunternehmerschaft im Sinne von § 15 Abs. 1 S. 1 Nr. 2 EStG. Zu diesen Einkünften zählt auch der durch Betriebsvermögensvergleich (§ 4 Abs. 1 EStG) zu ermittelnde Gewinn (§ 2 Abs. 2 S. 1 Nr. 1 EStG) aus Leistungsbeziehungen zwischen ihm und der Gesellschaft (vgl. § 15 Abs. 1 S. 1 Nr. 2 S. 1 Hs. 2 EStG).

Mit der Überlassung des Grundstücks an die OHG erzielt A Sonderbetriebseinnahmen (§ 15 Abs. 1 S. 1 Nr. 2 S. 1 Hs. 2 Var. 3 EStG), weshalb das Grundstück bei ihm notwendiges Sonderbetriebsvermögen I darstellt. Die Nutzungsänderung hin zu einer rein privaten Nutzung im Zusammenhang mit der Betriebsverlegung führt zu einer Entnahme des Grundstücks, die gemäß § 6 Abs. 1 Nr. 4 S. 1 EStG mit dem Teilwert zu bewerten ist. Die Diffe-

---

[242] Im Rahmen der Veräußerungsgewinnbesteuerung gem. § 17 EStG erreicht der BFH das gleiche Ergebnis durch eine teleologische Reduktion; vgl. BFH, Urteil v. 13.4.2010 – IX R 22/09, BFHE 229, 189 = BStBl II 2010, 790, juris Rn. 15 ff. m.w.N.

renz zum Buchwert (200.000 € – 100.000 € = 100.000 €) ist als Einkünfte aus Gewerbebetrieb zu versteuern.

Der Anteil an der Y-GmbH wird zwar nicht an die OHG überlassen und zählt mithin nicht zum Sonderbetriebsvermögen I. Wegen der engen Beziehung zum Geschäftsfeld der OHG ist der Anteil aber geeignet, dem Betrieb der OHG zu dienen, und wird von A mit der Bilanzierung in der Sonderbilanz auch subjektiv dazu bestimmt. Es handelt sich insoweit um Sonderbetriebsvermögen II. Die Überführung des Anteils vom Privat- in das Betriebsvermögen ist als Einlage mit dem Teilwert, jedoch maximal mit den Anschaffungskosten zu bewerten (§ 6 Abs. 1 Nr. 5 S. 1 Hs. 2 b) EStG), also mit 250.000 €. Die Einlage in eine Personengesellschaft stellt für Zwecke des § 17 EStG keine Veräußerung dar (arg. e contrario § 17 Abs. 1 S. 2 EStG; durch die Bewertung der Einlage mit den ursprünglichen Anschaffungskosten bleiben die stillen Reserven steuerverstrickt).

Da der Anteil Betriebsvermögen darstellt, zählt auch die aus dem Gewinnausschüttungsbeschluss herrührende Forderung in Höhe von 2.000 € zum Betriebsvermögen. Der durch die Aktivierung entstehende Ertrag ist außerbilanziell gemäß § 3 Nr. 40 S. 1 d) EStG um 40 % zu mindern. Es verbleibt ein steuerpflichtiger Gewinn in Höhe von 1.200 €.

(2) Transfer in ein/aus einem anderen (Sonder-)Betriebsvermögen (§ 6 Abs. 5 S. 2 EStG). Erfolgt der Transfer zwischen dem Sonderbetriebsvermögen und einem anderen (Sonder) Betriebsvermögen, ordnet § 6 Abs. 5 S. 2 EStG zwingend einen Transfer zum Buchwert an. Die stillen Reserven bleiben in vollem Umfang steuerlich verstrickt.

679

Fall 100: A ist Gesellschafter und einer der Geschäftsführer der X-GmbH & Co. KG (X-KG), die Spielwaren produziert und vertreibt. A ist für den Einkauf zuständig und fährt in diesem Zusammenhang regelmäßig zu Herstellern, um sich neue Modelle anzusehen. Zu diesem Zweck hat er im Januar 13 einen Pkw erworben, den er ausschließlich für diese Zwecke nutzt (Anschaffungskosten 20.000 €, betriebsgewöhnliche Nutzungsdauer 5 Jahre) und den er in seiner Sonderbilanz bei der KG aktiviert und abgeschrieben hat. Im Jahr 14 entscheidet sich A, in der X-KG kürzer zu treten. Er bleibt zwar Gesellschafter und Angestellter, wechselt aber zum 1.7.14 von der Geschäftsführung in die Buchführungsabteilung.

680

Zugleich gründet er zum 1.7.14 gemeinsam mit seiner Frau eine OHG (Y-OHG), in der er einen kleinen antiquarischen Spielwarenhandel betreiben will. Im Rahmen der OHG will A seine bei der X-KG gewonnene Marktkenntnis in diesem Geschäftsbereich nutzen, indem er auf Flohmärkten Sammlerstücke an- und verkauft. Für die dafür notwendigen Fahrten nutzt er ab dem 1.7.14 ausschließlich den bisher für seine Tätigkeit als Geschäftsführer genutzten Pkw, den er somit in einer Sonderbilanz bei der Y-OHG aktiviert.

Am 30.11.14 hat A auf dem Weg zu einem Flohmarkt einen Unfall, bei dem der Wagen einen wirtschaftlichen Totalschaden erleidet. A erhält von der Versicherung des Unfallgegners eine Erstattung in Höhe des Teilwerts von 13.000 €. Er beschließt, den An- und Verkauf zukünftig lieber über Ebay zu organisieren und verwendet die Versicherungserstattung für private Zwecke.

Welche bilanziellen Konsequenzen ergeben sich in Bezug auf den Pkw im Verlauf des Jahres 14?

Lösung Fall 100: Der Pkw dient A bis zum 30.6.14 für seine Tätigkeit für die X-KG und wurde von ihm zulässigerweise als Sonderbetriebsvermögen I behandelt. Die entsprechenden Abschreibungen mindern seinen Gewinn aus der Beteiligung an der X-KG (§ 15 Abs. 1 S. 1 Nr. 2 S. 1 Hs. 2 EStG). Für das Jahr 14 ergeben sich Abschreibungen in Höhe von 6/12*1/5*20.000 € = 2.000 €.

Sobald A seine Einkaufstätigkeit bei der X-KG beendet und den Pkw nicht mehr für diese Tätigkeit nutzt, scheidet dieser aus dem Sonderbetriebsvermögen bei der X-KG aus. Da er nunmehr ausschließlich der Tätigkeit des A bei der Y-OHG dient, zählt der Pkw zu deren Betriebsvermögen. Eine Bilanzierung im Gesamthandsvermögen ist nicht möglich, weil der Gegenstand nicht der OHG, sondern dem Gesellschafter A zuzurechnen ist. Aufgrund der ausschließlichen betrieblichen Nutzung und der eindeutigen Widmung durch A stellt der PKW aber gewillkürtes Sonderbetriebsvermögen I des A dar. Der Übergang von dem Sonderbetriebsvermögen des A bei der X-KG zu dem Sonderbetriebsvermögen des A bei der Y-OHG erfolgt gemäß § 6 Abs. 5 S. 2 EStG zwingend zum Buchwert, führt also nicht zur Aufdeckung der stillen Reserven.

Die Abschreibungen bis zum 30.11.14 (5/12 *1/5 * 20.000 € = 1.667 €) sowie die Totalabschreibung des verbleibenden Buchwerts (20.000 € – 23/12 * 1/5 * 20.000 € = 12.333 €) infolge der Zerstörung durch den Unfall (§ 7 Abs. 1 S. 7 EStG) mindern den Gewinn des A aus seiner Beteiligung an der Y-OHG um insgesamt 14.000 €. A muss allerdings die Erstattung der Versicherung als Sonderbetriebseinnahme versteuern, da sie in einem Veranlassungszusammenhang mit dem PKW als Wirtschaftsgut des Sonderbetriebsvermögens steht.

681 bb) Vermögenstransfer aus dem oder in das Vermögen Dritter. Vermögensübertragungen aus dem Sonderbetriebsvermögen in das Vermögen anderer Personen (oder umgekehrt) folgen ähnlichen Grundsätzen wie Übertragungen aus dem oder in das Gesamthandsvermögen der Gesellschaft.

682 (1) Entgeltlicher Transfer. Entgeltliche Übertragungen stellen Anschaffungs- oder Veräußerungsgeschäfte dar, die nach den allgemeinen Grundsätzen zu behandeln sind. Das gilt auch für entgeltliche Geschäfte zwischen Gesellschafter und Gesellschaft, soweit der Veräußerungspreis fremdüblich ist (vgl. bereits unter Rn. 539 ff.).

683 Veräußert der Mitunternehmer ein Wirtschaftsgut des Sonderbetriebsvermögens, realisiert er in der Differenz zwischen Buchwert und Veräußerungspreis die gebildeten stillen Reserven. Schafft der Mitunternehmer ein Wirtschaftsgut entgeltlich für sein Sonderbetriebsvermögen an, aktiviert er sie mit dem Kaufpreis als Anschaffungskosten.

684 (2) Unentgeltlicher Transfer/Transfer gegen Gewährung von Gesellschaftsrechten. Sonderregelungen bestehen nach § 6 Abs. 5 S. 3 Nr. 2 und Nr. 3 EStG abermals für bestimmte unentgeltliche Übertragungen bzw. Übertragungen gegen Gewährung oder Minderung von Gesellschaftsrechten.

685 *(a) Transfer in das/aus dem Gesamthandsvermögen der Gesellschaft (§ 6 Abs. 5 S. 3 Nr. 2 EStG)*

Die Norm des § 6 Abs. 5 S. 3 Nr. 2 EStG überträgt den bereits oben dargestellten Grundsatz der Buchwertfortführung bei Übertragungen zwischen Gesamthandsvermögen der Gesellschaft und Einzelbetriebsvermögen des Gesellschafters (§ 6 Abs. 5 S. 3 Nr. 1 EStG), siehe Rn. 560 ff., auch auf Übertragungen zwischen Gesamthandsvermögen und Sonderbetriebsvermögen. Erfasst sind sowohl Übertragungen innerhalb einer Mitunternehmerschaft als auch Übertragungen zwischen dem Sonderbetriebsvermögen eines Gesellschafters bei einer Mitunternehmerschaft und dem Gesamthandsvermögen einer anderen Mitunternehmerschaft, an der der Gesellschafter ebenfalls beteiligt ist. Die in § 6 Abs. 5 S. 4 bis 6 EStG normierte Sperrfrist findet gleichermaßen Anwendung.

Nicht vollständig geklärt ist, in welchem Umfang der Verzicht eines Gesellschafters auf eine Forderung gegen die Gesellschaft in den Anwendungsbereich von § 6 Abs. 5 S. 3 Nr. 2 EStG fällt. Zu einem solchen wird es häufig kommen, wenn die wirtschaftliche Situation der Personengesellschaft kritisch ist. **686**

Beispiel: A vermietet ein Gebäude an die gewerblich tätige X-KG, an der er als nicht geschäftsführungsberechtigter Kommanditist beteiligt ist. Die KG befindet sich in erheblichen wirtschaftlichen Schwierigkeiten und kann ihre Schulden nicht mehr vollumfänglich bedienen. Auch A hat noch eine Mietforderung gegen die KG in Höhe von 10.000 €. Bei realistischer Einschätzung kann er allenfalls noch mit einer Befriedigung in Höhe von 7.000 € rechnen. Um die Situation der KG zu verbessern und die Einleitung eines Insolvenzverfahrens abzuwenden, verzichtet A auf seine Mietforderung. **687**

Die Grundsätze korrespondierender Bilanzierung verhindern, dass eine Forderung des Sonderbetriebsvermögens wegen verschlechterter Bonität der Gesellschaft auf den dauerhaft niedrigeren Teilwert abgeschrieben wird (siehe bereits unter Rn. 659 ff.). Wenn der Mitunternehmer aber dauerhaft auf seine Forderung verzichtet, ist diese aus dem Sonderbetriebsvermögen auszubuchen und die entsprechende Verbindlichkeit der Gesellschaft entfällt. **688**

Soweit der **Verzicht aus gesellschaftlichen Gründen** erfolgt, besteht Einigkeit dahingehend, dass der Vorgang insgesamt erfolgsneutral zu behandeln ist.[243] Dies lässt sich auch aus § 6 Abs. 5 S. 3 Nr. 2 EStG ableiten: Alternativ zum Verzicht auf die Forderung könnte der Gesellschafter die Forderung auch unentgeltlich oder gegen Gewährung von Gesellschaftsrechten auf die Gesellschaft übertragen, in deren Hand sie dann durch Konfusion (Vereinigung von Gläubiger und Schuldner in derselben Person) erlöschen würde. Auf die Übertragung der Forderung findet § 6 Abs. 5 S. 3 Nr. 2 EStG Anwendung, der durch den zwingenden Buchwertansatz eine Gewinnrealisation sowohl auf Ebene des Mitunternehmers als auch auf Ebene der Gesellschaft verhindert: In der Sonderbilanz ist die Forderung erfolgsneutral auszubuchen; in der Gesamthandsbilanz wird sie in einem gedanklichen ersten Schritt erfolgsneutral (gegen Erhöhung der Gesellschaftsrechte des A) zum Buchwert aktiviert und sodann wegen der eintretenden Konfusion gegen die in gleicher Höhe bestehende Verbindlichkeit (ebenfalls erfolgsneutral) ausgebucht. Der wirtschaftlich äquivalente Vorgang des unmittelbaren Forderungsverzichts kann für steuerliche Zwecke nicht anders behandelt werden und fällt damit auch unter (den Rechtsgedanken des) § 6 Abs. 5 S. 3 Nr. 2 EStG.[244] **689**

Umstritten ist demgegenüber, ob auch ein **eigenbetrieblich motivierter (Teil-)Verzicht** auf eine Forderung erfolgsneutral erfolgt oder ob er zu Aufwand auf Ebene des Gesellschafters und Ertrag auf Ebene der Gesellschaft führt: **690**

---

[243] *Erhardt/Zeller*, DStR 2012, 1636, 1637; *Wacker*, in: Schmidt, EStG, § 15 Rn. 550.
[244] *Wacker*, in: Schmidt, EStG, § 15 Rn. 550 m.w.N.

691 Beispiel (Abwandlung): Der Geschäftsführer der X-KG teilt A mit, dass das Mietverhältnis für die Zukunft nur beibehalten wird, wenn A auf die noch ausstehenden Forderungen verzichtet. Andernfalls werde die Gesellschaft sich nach alternativen Räumlichkeiten umsehen und den Mietvertrag schnellstmöglich kündigen. A möchte die Geschäftsbeziehung zur X-KG unbedingt erhalten, da das Gebäude speziell an deren Bedürfnisse angepasst wurde und vor einer Neuvermietung an einen anderen Mieter aufwendige Umbauten erforderlich wären, für deren Durchführung A die Liquidität fehlt. Er stimmt daher dem Verzicht zu.

692 Ein Teil der Literatur sieht auch diesen Vorgang als insgesamt erfolgsneutral an.[245] Hierfür spricht, dass § 6 Abs. 5 S. 3 Nr. 2 EStG nicht hinsichtlich der Motivation der Übertragung differenziert. Ein anderer Teil der Literatur[246] will die Grundsätze anwenden, die die Rechtsprechung für den Verzicht eines Kapitalgesellschafters auf eine Forderung gegen die Kapitalgesellschaft aufgestellt hat:[247] Danach liegt nur in Höhe des werthaltigen Teils der Forderung ein erfolgsneutraler Vermögenstransfer vor, während der Ausfall des nicht werthaltigen Teils zu Aufwand auf Ebene des verzichtenden Gesellschafters und betrieblichem Ertrag auf Ebene der Gesellschaft führt. Eine Differenzierung nach der Motivation für den Verzicht ist konsequent, wenn man die Rechtfertigung für die Sonderbehandlung von Beziehungen zwischen Mitunternehmer und Mitunternehmerschaft (§§ 6 Abs. 5 S. 3 Nr. 2, 15 Abs. 1 S. 1 Nr. 2 S. 1 Hs. 2 EStG) in einer vermuteten Veranlassung des Leistungsaustausches durch das Gesellschaftsverhältnis sieht.

693 *(b) Transfer in das/aus dem Sonderbetriebsvermögen eines Mitgesellschafters (§ 6 Abs. 5 S. 3 Nr. 3 EStG)*

Eine zwingende Buchwertverknüpfung wird schließlich nach § 6 Abs. 5 S. 3 Nr. 3 EStG für unentgeltliche Übertragungen zwischen den Sonderbetriebsvermögen verschiedener Mitunternehmer einer Mitunternehmerschaft angeordnet.

694 Fall 101: Familie A betreibt seit mehreren Generationen ein Landhotel, das sich auf einem Grundstück im Eigentum der Mutter M befindet. Neben dem Hotelgebäude steht auf diesem Grundstück ein privates Wohnhaus, das von M und ihrem Ehemann V bewohnt wird, die das Hotel in den letzten Jahren leiteten. Um einerseits das auch privat genutzte Grundstück haftungsrechtlich abzuschirmen und andererseits die damals noch minderjährigen Kinder S und T bereits am erheblichen Betriebsvermögen zu beteiligen, setzten M und V bereits vor einigen Jahren die folgende Struktur auf:

M, V, S und T gründeten zunächst eine GmbH (A-GmbH) und sodann gemeinsam mit dieser GmbH eine Kommanditgesellschaft (A-GmbH & Co. KG), bei der die GmbH als einzige Komplementärin auftritt. In diese Gesellschaft brachten M und V den Hotelbetrieb ein, wobei das Grundstück, auf dem sich Hotelgebäude und Wohnhaus befinden, weiterhin im Eigentum der M verblieb. Das Hotelgebäude wird nunmehr von M für eine marktübliche Miete an die A-GmbH & Co. KG überlassen. Die Umstrukturierung des Betriebs wurde ertrag- und erbschaftsteuerlich zutreffend behandelt.

Im Jahr 14 möchte M das Grundstück nunmehr zivilrechtlich teilen und den mit dem Hotelgebäude bebauten Anteil auf ihre Kinder S und T übertragen, die das Grundstück zu unver-

---
245 *Erhardt/Zeller*, DStR 2012, 1636, 1637; *Kulosa*, in: Schmidt, EStG, § 6 Rn. 799.
246 *Wacker*, in: Schmidt, EStG, § 15 Rn. 550; *Pyszka*, BB 1998, 1557, 1559.
247 BFH, Beschluss v. 9.6.1997 – GrS 1/94, BFHE 183, 187 = BStBl II 1998, 307.

änderten Konditionen an die A-GmbH & Co. KG überlassen werden. Ist dies ohne Aufdeckung der erheblichen stillen Reserven möglich?

Lösung Fall 101: Der betrieblich genutzte Teil des Grundstücks war bisher Sonderbetriebsvermögen I der M bei der A-GmbH & Co. KG (Überlassung eines Wirtschaftsguts an die Mitunternehmerschaft; vgl. § 15 Abs. 1 S. 1 Nr. 2 S. 1 Hs. 2 Var. 3 EStG). Für die steuerrechtlich erforderliche wirtschaftliche Betrachtung ist unerheblich, dass es sich zivilrechtlich um ein einheitliches, gemischt-genutztes Grundstück handelt.

Nach einer Übertragung auf S und T würde der betrieblich genutzte Grundstücksteil bei ihnen Sonderbetriebsvermögen I darstellen. Eine zivilrechtliche Übereignung von M an S und T führt steuerrechtlich also zu einer Übertragung aus dem Sonderbetriebsvermögen eines Mitunternehmers (M) in das Sonderbetriebsvermögen eines anderen Mitunternehmers (S und T) bei derselben Mitunternehmerschaft (A-GmbH & Co. KG). Erfolgt die Übertragung unentgeltlich, ist zwingend der Buchwert anzusetzen (§ 6 Abs. 5 S. 3 Nr. 3 EStG), sodass eine Aufdeckung stiller Reserven unterbleibt.

(3) Teilentgeltliche Übertragungen. Soweit § 6 Abs. 5 S. 3 Nr. 2 und Nr. 3 EStG die **695** Möglichkeit vorsehen, durch unentgeltliche Transfers stille Reserven anderen Steuerpflichtigen zuzuordnen, stellt sich abermals die Frage, ob und in welchem Umfang diese Privilegierungen bei teilentgeltlichen Transfers greifen. Die dogmatische Ausgangslage entspricht insoweit derjenigen zu Übertragungen zwischen dem Gesamthandsvermögen der Gesellschaft und einem (Einzel)Betriebsvermögen des Gesellschafters (Siehe dazu bereits unter Rn. 611 ff.): Der Wortlaut von § 6 Abs. 5 S. 3 EStG spricht entscheidend gegen die Anwendung der Einheitstheorie; das teilentgeltliche Geschäft ist also in einen entgeltlichen und einen unentgeltlichen Teil zu trennen. In welchem Umfang dabei der Buchwert dem entgeltlichen und dem unentgeltlichen Teilgeschäft zuzuordnen ist, ist zwischen strenger und modifizierter Trennungstheorie umstritten.

Fall 102: X und ihre Tochter Y sind Gesellschafterinnen der X&Y-OHG, die eine Mode- **696** boutique in Hamburg Eppendorf betreibt. Die OHG betreibt ihr Geschäft in Räumen, die sie von X gemietet hat. X hat das entsprechende Teileigentum an dem Gebäude in ihrer Sonderbilanz aktiviert (Buchwert zum 31.12.17: 250.000 €, gemeiner Wert: 500.000 €). Als Passivposten hat X ein Darlehen in ihrer Sonderbilanz erfasst, mit dem sie den Erwerb der Immobilie teilweise finanziert hat (Stand zum 31.12.17: 150.000 €).

Im Vorgriff auf ihr späteres Erbe überträgt X mit Wirkung zum 1.1.18 das Grundstück auf Y, die es weiterhin an die OHG überlässt. X und Y vereinbaren, dass Y im Gegenzug auch das Darlehen übernimmt.

Welche Rechtsfolgen ergeben sich?

Lösung Fall 102: Soweit das Gebäude unentgeltlich aus dem Sonderbetriebsvermögen von X in das Sonderbetriebsvermögen von Y übertragen wird, ist zwingend der Buchwert anzusetzen. Da Y das Darlehen übernimmt, liegt allerdings kein voll unentgeltlicher, sondern ein teilentgeltlicher Vorgang vor, der in ein unentgeltliches und ein entgeltliches Teilgeschäft aufzuteilen ist.

Nach der strengen Trennungstheorie ergibt sich eine Entgeltlichkeitsquote von 30 % (150.000 €/500.000 €), sodass sich für X ein Veräußerungsgewinn i.H.v. 150.000 € –

> (30 % * 250.000 €) = 75.000 € ergibt. Y aktiviert das Gebäude mit Anschaffungskosten i.H.v. 70 % * 250.000 € + 150.000 € = 325.000 €.
>
> Die modifizierten Trennungstheorien kommen demgegenüber nicht zu einer Gewinnauswirkung, weil das gezahlte Entgelt den Buchwert unterschreitet. Entweder man nimmt einen Verlust aus dem entgeltlichen und einen Gewinn in gleicher Höhe aus dem unentgeltlichen Geschäft an (modifizierte Trennungstheorie mit Verlustbeitrag) oder man ordnet ausnahmsweise den Buchwert doch teilweise auch dem unentgeltlichen Teil des Geschäfts zu (modifizierte Trennungstheorie mit anteiliger Buchwertzuordnung).

III. Einkünfte aus der Beendigung der wirtschaftlichen Tätigkeit

697 Ebenso wie bei einem Einzelunternehmer führt auch die (teilweise) Beendigung der wirtschaftlichen Tätigkeit einer Mitunternehmerschaft durch die Übertragung einer Sachgesamtheit zu Einkünften, die von den laufenden Einkünften abgegrenzt werden müssen, weil sie besonderen (günstigeren) Regelungen unterliegen (vgl. schon unter Rn. 319 ff.). Allerdings muss bei einer Mitunternehmerschaft differenziert werden: Zum einen kann die wirtschaftliche Tätigkeit dadurch enden, dass die Mitunternehmerschaft insgesamt ihren Betrieb oder einen Teilbetrieb überträgt, einbringt oder aufgibt (dazu unter Rn. 698 ff., 723 ff.). Zum anderen kann der einzelne Mitunternehmer seine wirtschaftliche Tätigkeit beenden, indem er seinen Mitunternehmeranteil überträgt (dazu unter Rn. 723 ff.).

1. Ende der wirtschaftlichen Tätigkeit der Gesellschaft

698 Die wirtschaftliche Tätigkeit der Mitunternehmerschaft endet (teilweise) in dem Moment, in dem der gesamte Betrieb oder ein Teilbetrieb durch die Mitunternehmerschaft unentgeltlich übertragen, veräußert oder aufgegeben wird. Es gelten insoweit prinzipiell die gleichen Grundsätze wie beim Einzelunternehmer (sogleich unter a)). Das Gesetz enthält allerdings gesonderte Vorschriften für den Fall, dass die Gesellschaft ihre bisherige wirtschaftliche Tätigkeit aufgibt und das Betriebsvermögen unter den Gesellschaftern verteilt (**Realteilung**, dazu unter Rn. 708 ff.).

a) Beendigung durch Übertragung, Einbringung oder Aufgabe eines (Teil-)Betriebs der Mitunternehmerschaft

699 Auch für eine Mitunternehmerschaft als Einkünfteermittlungssubjekt greifen die besonderen Regelungen zur unentgeltlichen Übertragung (§ 6 Abs. 3 S. 1, 3 EStG), Einbringung (§§ 20 ff. UmwStG), Veräußerung (§ 16 Abs. 1 S. 1 Nr. 1) und Aufgabe von (Teil-)Betrieben (§ 16 Abs. 3 S. 1 EStG). Insoweit kann prinzipiell auf die Regelungen zur Einkünftequalifikation (Rn. 52 ff.) und -ermittlung (Rn. 136 ff.) beim Einzelunternehmer verwiesen werden.

700 Zu beachten ist allerdings, dass zu den **wesentlichen Betriebsgrundlagen** eines (Teil-)Betriebs der Mitunternehmerschaft auch Wirtschaftsgüter des Sonderbetriebsvermögens eines Gesellschafters zählen können. Dies kann nach der qualitativen Betrachtungsweise zunächst Wirtschaftsgüter des Sonderbetriebsvermögens I betreffen

Ende der wirtschaftlichen Tätigkeit der Gesellschaft § 3 B III 1

(z.B. ein Grundstück, das ein Gesellschafter an die Mitunternehmerschaft vermietet hat, und das von dieser als Produktionsstandort genutzt wird), aber nach der quantitativen Betrachtungsweise auch solche des Sonderbetriebsvermögens II, in denen erhebliche stille Reserven liegen. Auch hier gilt wiederum, dass es für die Bestimmung der wesentlichen Betriebsgrundlagen allein auf den Zeitpunkt der Übertragung ankommt. Vorabübertragungen sind also unschädlich (auch wenn diese zum Buchwert erfolgen), solange danach noch ein funktionsfähiger (Teil-)Betrieb verbleibt, der übertragen werden kann.

Fall 103: Die X-KG ist als Automobilzulieferin tätig. Sie produziert in einem Werk elektronische Komponenten und in einem anderen – räumlich und organisatorisch getrennten Werk – Karosserieteile. Neben der nicht am Vermögen der Gesellschaft beteiligten Komplementär-GmbH ist einziger Gesellschafter X-KG der Kommanditist A. Er ist zugleich Gesellschafter der Z-GmbH, dem Hauptkunden des Karosserie-Betriebs. Nur durch die Beteiligung des A an der Z-GmbH konnte die Geschäftsbeziehung zur Z-GmbH über die vergangenen Jahre aufrechterhalten werden. Die Beteiligung an der Z-GmbH hat X in seiner Sonderbilanz bei der X-KG aktiviert. In ihr ruhen erhebliche stille Reserven.

Um die Unternehmensnachfolge vorzubereiten, möchte A den Karosseriebetrieb (Buchwert der im Gesamthandsvermögen gehaltenen Wirtschaftsgüter des Betriebs: 5 Mio. €, Teilwert 10 Mio. €) zum 31.12.20 24:00 Uhr unentgeltlich auf seine Tochter T übertragen. Die Beteiligung an der Z-GmbH (Buchwert 50.000 €, Teilwert 5 Mio. €) möchte er aber selbst behalten. Er überträgt sie mit Wirkung zum 31.12.20 12:00 Uhr unentgeltlich in das Gesamthandsvermögen der A Vermögensverwaltung GmbH und Co. KG, einer gewerblich geprägten Kommanditgesellschaft, an dessen Vermögen er allein als Kommanditist beteiligt ist und unter deren Dach er verschiedene Vermögensgegenstände hält und verwaltet.

Wie ist die Übertragung der Beteiligung und des Karosserie-Betriebs zu bewerten?

701

Lösung Fall 103: Soweit die Beteiligung aus dem Sonderbetriebsvermögen des A bei der X-KG unentgeltlich in das Gesamthandsvermögen der A Vermögensverwaltung GmbH und Co. KG, an der A ebenfalls beteiligt ist, übertragen hat, ist zwingend der Buchwert anzusetzen (§ 6 Abs. 5 S. 3 Nr. 2 Var. 2 EStG).

Die unentgeltliche Übertragung des Karosserie-Betriebs erfolgt nur dann zu Buchwerten, wenn es sich bei den übertragenen Wirtschaftsgütern um einen Teilbetrieb handelt (§ 6 Abs. 3 S. 1 Var. 2 EStG). Die Beteiligung an der Z-GmbH zählte ursprünglich sowohl bei qualitativer als auch bei quantitativer Betrachtung zu den wesentlichen Betriebsgrundlagen des Betriebs des Karosseriebetriebs. Nach herrschender Meinung kommt es aber nur noch auf den Zustand des Betriebs im konkreten Übertragungszeitpunkt, also am 31.12.20 um 24:00 Uhr an. Sämtliche zu diesem Zeitpunkt noch vorhandenen Wirtschaftsgüter, die mit dem Karosserie-Betrieb zusammenhängen, wurde unentgeltlich übertragen, sodass die Vorschrift des § 6 Abs. 3 S. 1 EStG Anwendung findet und die Übertragung zum Buchwert zu bewerten ist.

Der begünstigte Veräußerungsgewinn aus der Übertragung einer Sachgesamtheit ist durch Gegenüberstellung des Veräußerungspreises und der Buchwerte des übertragenen Betriebsvermögens sowie der Veräußerungskosten zu ermitteln (§ 16 Abs. 2 S. 1 EStG). Insoweit auf Seiten des Veräußerers und des Erwerbers dieselben Personen (Mit-)Unternehmer sind, liegt nach § 16 Abs. 2 S. 3 EStG kein begünstigter Gewinn vor (siehe bereits unter Rn. 550 f.). Der Veräußerungsgewinn wird den einzelnen Mitunternehmern grundsätzlich entsprechend der gesellschaftsvertraglich festgeleg-

702

ten Gewinnverteilung zugerechnet. Insoweit Gewinne im Sonderbereich eines Gesellschafters entstehen (weil dort wesentliche Betriebsgrundlagen gehalten wurden, die mitübertragen werden), ist dieser Gewinn allein dem Gesellschafter zuzurechnen. Über die Anwendung des Freibetrags nach § 16 Abs. 4 EStG sowie des besonders günstigen Steuersatzes nach § 34 Abs. 3 EStG kann jeder Mitunternehmer eigenständig entscheiden.

703 **Fall 104:** An der ABC-KG sind die drei Geschwister A, B und C zu jeweils 1/3 beteiligt. Unter dem Dach der KG wird ein gewerbliches Familienunternehmen betragen. Die KG hält zudem Immobilienvermögen. Das Grundstück, auf dem der Betrieb seinen Standort hat, steht im Eigentum des A, der es entgeltlich an die KG überlässt.

Die Geschwister wollen die gewerbliche Tätigkeit und die Immobilienverwaltung trennen. A will aus dem Familienunternehmen ausscheiden. Um diese Ziele umzusetzen, gründen B und C die BC KG, an der sie jeweils zu ½ beteiligt sind, und statten diese mit Eigenkapital aus. Sodann veräußert die ABC-KG sämtliche Wirtschaftsgüter des Betriebs an die BC KG (Buchwert 3 Mio. €; Kaufpreis 12 Mio. €). A veräußert zeitgleich das Betriebsgrundstück an die BC KG (Buchwert 1 Mio. €, Kaufpreis 3 Mio. €).

Welche steuerlichen Folgen ergeben sich?

Lösung Fall 104: Durch die Veräußerung sämtlicher zu dem Betrieb gehörender Wirtschaftsgüter des Gesamthandsvermögens und der wesentlichen Betriebsgrundlage, die zum Sonderbetriebsvermögen des Gesellschafters A gehört, liegt eine Veräußerung des Betriebs der ABC-KG vor (§ 16 Abs. 1 S. 1 Nr. 1 Var. 1 EStG). Auf Ebene der Mitunternehmerschaft ermittelt sich der Veräußerungsgewinn grundsätzlich nach § 16 Abs. 2 S. 1 EStG als Differenz zwischen Veräußerungspreis (12 Mio. €) und Buchwert (3 Mio. €), also in Höhe von 9 Mio. €. Allerdings ist der Gewinn laufender Gewinn insoweit an der ABC KG und der BC KG dieselben Gesellschafter beteiligt sind, also in Höhe von 2/3 = 6 Mio. € (§ 16 Abs. 2 S. 3 EStG).

Soweit der Gewinn auf A entfällt (3 Mio. €) und soweit A mit der Veräußerung des Grundstücks im Sonderbetriebsvermögen einen Gewinn erzielt (2 Mio. €) erzielt A einen privilegierten Veräußerungsgewinn, der einem ermäßigten Steuersatz unterliegt (§ 34 Abs. 1 S. 1, Abs. 2 Nr. 1 EStG).

704 Da die Aufgabe eines (Teil-)Betriebs nach § 16 Abs. 3 S. 1 EStG einer Betriebsveräußerung gleichsteht, gelten die vorstehenden Ausführungen grundsätzlich entsprechend, wenn eine Mitunternehmerschaft ihren Gesamtbetrieb oder einen Teilbetrieb nicht veräußert, sondern sich entschließt, die entsprechende Tätigkeit endgültig einzustellen. Das ist insbesondere der Fall, wenn die Gesellschaft zivilrechtlich nach § 131 Abs. 1, 2 HGB aufgelöst wird. Eine Betriebsaufgabe kann aber über die zivilrechtliche Auflösung der Gesellschaft hinaus auch vorliegen, wenn die Gesellschaft eine Tätigkeit vollständig aufgibt und stattdessen eine andere Tätigkeit aufnimmt. Insbesondere liegt eine steuerrechtliche Aufgabe des Betriebs einer Mitunternehmerschaft auch dann vor, wenn die Gesellschaft zwar weiterhin besteht, aber keine gewerblichen (bzw. selbständigen) Einkünfte mehr erzielt.

705 **Fall 105:** Die AB-GmbH und Co KG vermietet umfangreichen Immobilienbesitz. Einzige Komplementärin ist die A-GmbH, einziger Kommanditist ist B. Einzelvertretungsberechtigte Geschäftsführer der KG sind die A-GmbH und C. Um die Bindung des langjährigen Geschäftsführers C zum Unternehmen der KG durch eine Beteiligung an den stillen Reserven zu stärken, wird C zum 1.1. als Kommanditist zu 0,5 % am Gesellschaftsvermögen beteiligt. Die Geschäftsführungsregelungen bleiben unverändert. Welche steuerlichen Folgen ergeben sich?

Lösung Fall 105: Ursprünglich war die AB-GmbH und Co. KG eine gewerbliche Mitunternehmerschaft. Sie war zwar nur vermögensverwaltend und damit nicht originär gewerblich tätig. Gleichwohl galt ihre Tätigkeit insgesamt als gewerblich, weil ausschließlich die A-GmbH persönlich haftende Gesellschafterin war und nur die GmbH und C, der nicht Gesellschafter war, zur Geschäftsführung befugt waren (gewerblich geprägte Personengesellschaft, § 15 Abs. 3 Nr. 2 EStG). Indem C zum 1.1. neben seiner Stellung als Geschäftsführer auch Gesellschafter der GmbH & Co. KG wurde, entfielen die Voraussetzungen einer gewerblichen Prägung. Die KG ist mithin weder originär noch fiktiv gewerblich tätig. Mit Wegfall der gewerblichen Tätigkeit liegt eine Betriebsaufgabe auf Ebene der Gesellschaft vor (§ 16 Abs. 3 S. 1 EStG), die zur Aufdeckung der stillen Reserven zwischen gemeinem Wert und Buchwerten der Wirtschaftsgüter führt.

Für die Ermittlung des Aufgabegewinns werden die Veräußerungspreise der Wirtschaftsgüter, die im Rahmen der Aufgabe veräußert werden (§ 16 Abs. 3 S. 6 EStG) und die gemeinen Werte der Wirtschaftsgüter, die in das Privatvermögen der Gesellschafter überführt werden (§ 16 Abs. 3 S. 7 EStG), addiert und den Buchwerten sowie den Veräußerungskosten gegenübergestellt (§ 16 Abs. 2 S. 1 EStG). Für die Verteilung des Aufgabegewinns bei einer Mitunternehmerschaft sieht § 16 Abs. 3 S. 8 EStG eine Sonderregelung vor: Für jeden Mitunternehmer sind nur die gemeinen Werte der Wirtschaftsgüter anzusetzen, die er tatsächlich erhält. Nur wenn im Rahmen der Betriebsaufgabe keine Wirtschaftsgüter von den Gesellschaftern übernommen werden, ist der Aufgabegewinn nach dem allgemeinen Gewinnverteilungsschlüssel zu verteilen.

706

Fall 106: Die AB-Anwaltssozietät, an der A und B je zur Hälfte am Vermögen und Gewinn beteiligt sind, gibt ihren Betrieb auf. In der Aufgabebilanz (§ 6 Abs. 2 EStDV) der Gesellschaft betragen die Kapitalanteile für A 40.000 €. Sämtliche Wirtschaftsgüter des Gesamthandsvermögens werden für 300.000 € veräußert und der Veräußerungserlös zwischen A und B hälftig aufgeteilt. Außerdem hatte A die Kanzleiräume an die Sozietät vermietet – Sonderbetriebsvermögen A (Buchwert 400.000 €, gemeiner Wert 500.000 €). Diese werden von A zukünftig für private Zwecke genutzt.
Welche Einkünfte erzielt A?

707

Lösung Fall 106: A erzielt aus der Aufgabe des Betriebs der AB-Anwaltssozietät Einkünfte aus selbständiger Arbeit (§§ 18 Abs. 3 S. 1, 16 Abs. 3 S. 1, Abs. 1 S. 1 Nr. 1 EStG). Der Aufgabegewinn ermittelt sich ausgehend von den Wirtschaftsgütern, die A bei der Betriebsaufgabe erhalten hat (§ 16 Abs. 3 S. 8 EStG), hier den Wirtschaftsgütern des Sonderbetriebsvermögens. Der anzusetzende gemeine Werte ist um den fortgeführten Buchwert zu mindern (500.000 € – 400.000 € = 100.000 €). Zusätzlich ist dem hälftig vereinnahmten Veräußerungserlös das Kapitalkonto des A in der Gesamthandsbilanz gegenüberzustellen 150.000 € – 40.000 € = 110.000 €). Es ergibt sich mithin ein Aufgabegewinn in Höhe von insgesamt 210.000 €.

b) Beendigung durch Realteilung (§ 16 Abs. 3 S. 2 bis 4 EStG)

708 Einen Sonderfall der Betriebsaufgabe stellt die **Realteilung einer Mitunternehmerschaft** dar (§ 16 Abs. 3 S. 2-4 EStG).

709 **aa) Grundsätze und Abgrenzung zu anderen Rechtsinstituten.** Der Begriff der Realteilung ist nicht legaldefiniert. Er knüpft nicht an eine bestimmte zivilrechtliche Gestaltung an, sondern ist steuerrechtlich autonom auszulegen. Realteilung meint die Beendigung des bisherigen Betriebs der Mitunternehmerschaft bei gleichzeitiger Verteilung des Betriebsvermögens unter den Mitunternehmern. Eine Realteilung liegt zum einen vor, wenn die Personengesellschaft aufgelöst wird (sog. **echte Realteilung**). Nach nunmehr gefestigter Rechtsprechung kann eine Realteilung auch dadurch erfolgen, dass ein Mitunternehmer gegen Übertragung von Wirtschaftsgütern des Gesamthandsvermögens aus der Gesellschaft ausscheidet und die verbliebenen Mitunternehmer den Betrieb fortsetzen (sog. **unechte Realteilung**).[248] Es handelt sich dann allerdings nicht um eine Aufgabe des gesamten Betriebs der Mitunternehmerschaft, sondern um einen Sonderfall der Aufgabe eines Mitunternehmeranteils (dazu sogleich unter Rn. 727 ff.).

710 Insoweit im Rahmen einer Realteilung Teilbetriebe, Mitunternehmeranteile oder einzelne Wirtschaftsgüter in das Betriebsvermögen der einzelnen Mitunternehmer übergehen, erfolgt diese Übertragung zu Buchwerten (§ 16 Abs. 3 S. 2 EStG). Rückwirkend ist für den jeweiligen Übertragungsvorgang der gemeine Wert anzusetzen, wenn zum Buchwert übertragener Grund und Boden, Gebäude oder andere wesentliche Betriebsgrundlagen innerhalb einer dreijährigen **Sperrfrist** nach der Übertragung entnommen oder veräußert werden (§ 16 Abs. 3 S. 3 EStG).

711 Bei Übertragungen auf **Körperschaften** gelten Besonderheiten: Die Übertragung einzelner Wirtschaftsgüter ist nur zum gemeinen Wert möglich (§ 16 Abs. 3 S. 4 EStG). Soweit im Rahmen einer Teilbetriebsübertragung Anteile an einer Körperschaft erstmals unmittelbar oder mittelbar auf eine Körperschaft übertragen werden, greift eine siebenjährige Sperrfrist (§ 16 Abs. 5 EStG).

712 Die Regelungen zur Realteilung beziehen sich nur auf die **Übertragung** von Wirtschaftsgütern zwischen den Gesellschaftern. Wirtschaftsgüter des Sonderbetriebsvermögens sind daher nur erfasst, wenn sie im Rahmen der Realteilung auf einen anderen Gesellschafter übergehen. Dann gehen die Regelungen in § 16 Abs. 3 S. 2 ff. EStG denjenigen in § 6 Abs. 5 S. 3 EStG vor. Die **Überführung** eines Wirtschaftsguts aus dem Sonderbetriebsvermögen eines Mitunternehmers in ein anderes (Sonder-)Betriebsvermögen *desselben* Mitunternehmers unterliegt hingegen nicht § 16 Abs. 3 S. 2 ff. EStG, sondern § 6 Abs. 5 S. 2 EStG.

713 Ebenfalls keine Anwendung finden die Regelungen der Realteilung, insoweit neben Wirtschaftsgütern oder (Teil-)Betrieben auch noch Ausgleichsleistungen aus dem Privatvermögen der Mitunternehmer geleistet werden (sog. **Realteilung mit Spitzenausgleich**). Im Umfang des geleisteten Spitzenausgleichs müssen stille Reserven

---

248 BFH, Urteil v. 30.3.2017 – IV R 11/15, BFHE 257, 324 = BStBl II 2019, 29, juris Rn. 35; BFH, Urteil v. 17.9.2015 – III R 49/13, BFHE 252, 17 = BStBl II 2017, 37, juris Rn. 34 ff.; BMF-Schreiben v. 19.12.2018, BStBl I 2019, 6, Rn. 2.

aufgedeckt und zusätzliche Anschaffungskosten aktiviert werden. Es liegen dabei regelmäßig nicht begünstigte laufende Gewinne vor.

Fall 107: A und B sind die einzigen Kommanditisten einer KG und zu jeweils 50 % an deren Vermögen beteiligt. Das Betriebsvermögen der KG besteht aus zwei Teilbetrieben, von denen Teilbetrieb 1 einen gemeinen Wert von 800.000 € (Buchwert: 80.000 €) und Teilbetrieb 2 einen gemeinen Wert von 1.200.000 € (Buchwert 120.000 €) hat. Sie entschließen sich, die KG aufzulösen und jeweils eigenständig einen der Teilbetriebe fortzusetzen. A übernimmt Teilbetrieb 1; B übernimmt Teilbetrieb 2. Um die gleichmäßige Beteiligung am bisherigen Vermögen der KG abzubilden, zahlt B zusätzlich aus seinem Privatvermögen 200.000 € an A.

Welche Rechtsfolgen ergeben sich für A und B?

714

Lösung Fall 107: Die Auflösung der KG unter Aufteilung des Vermögens unter den Gesellschaftern ist eine echte Realteilung. Für die übernommenen Teilbetriebe sind daher grundsätzlich die Buchwerte fortzuführen (§ 16 Abs. 3 S. 2 EStG). Allerdings hat B den Teilbetrieb 2 nicht ausschließlich aufgrund der Realteilung erhalten, sondern im Umfang von 1/6 (200.000 €/1.200.000 €) aufgrund seiner Ausgleichszahlung an A. Hierin liegt eine *teilweise Veräußerung* des Mitunternehmeranteils des A an B, die für A zu einem nicht begünstigten laufenden Gewinn (§ 16 Abs. 1 S. 2 EStG) führt, insoweit die Ausgleichszahlung den anteiligen Buchwert des Teilbetriebs 1 übersteigt und für B zur Aktivierung zusätzlicher Anschaffungskosten in gleicher Höhe (jeweils 200.000 € – 1/6 * 120.000 € = 180.000 €).[249]

Schließlich erfassen die Sonderregelungen für die Realteilung nur die Übertragung von einzelnen Wirtschaftsgütern in das Betriebsvermögen der bisherigen Mitunternehmer. Insoweit Wirtschaftsgüter im Rahmen einer echten Realteilung aus dem Gesamthandsvermögen der Mitunternehmerschaft in das **Privatvermögen** eines Mitunternehmers übertragen werden, sind jedenfalls die in den Wirtschaftsgütern ruhenden stillen Reserven aufzudecken. Umstritten ist, ob der entstehende Gewinn – sofern keine gesonderten gesellschaftsvertraglichen Regelungen bestehen – als Entnahmegewinn anteilig von allen Mitunternehmern entsprechend ihrer allgemeinen Gewinnbeteiligung versteuert werden muss[250] oder nur von demjenigen, der das Wirtschaftsgut erhält. Für die letztgenannte Ansicht spricht, dass es sich bei der echten Realteilung um einen Sonderfall der Betriebsaufgabe durch die Mitunternehmerschaft handelt, sodass Übertragungen ins Privatvermögen zwar gemäß § 16 Abs. 3 S. 7 EStG nur zum gemeinen Wert möglich sind, der gemeine Wert aber nach § 16 Abs. 3 S. 8 EStG nur bei dem Gesellschafter zu berücksichtigen ist, der das Wirtschaftsgut erhält.[251]

715

Fall 108: A und B sind die zu jeweils 50 % als Gesellschafter an einer OHG beteiligt. Sie entscheiden sich, die OHG aufzulösen und in Zukunft getrennt voneinander unternehmerisch tätig zu sein. Im Rahmen der Realteilung übernimmt A Wirtschaftsgüter im gemeinen

716

---

249 Vgl. BMF-Schreiben v. 19.12.2018, BStBl I 2019, 6 Rn. 17 ff.; *Stenert*, DStR 2019, 245, 250; a.A. BFH, Urteil v. 2.10.2018 – IV R 24/15, BFH/NV 2019, 498, juris Rn. 58 m.w.N.: Ausgleichszahlung in voller Höhe laufender Gewinn; offengelassen von BFH, Urteil v. 17.9.2015 – III R 49/13, BStBl II 2017, 37 Rn. 62 ff.
250 BMF-Schreiben v. 19.12.2018, BStBl I 2019, 6, Rn. 10.
251 *Stenert*, DStR 2019, 245, 252 m.w.N.

Wert von 2.000.000 € in das Betriebsvermögen seines Einzelunternehmens. B übernimmt Wirtschaftsgüter im Wert von 1.500.000 € in sein Sonderbetriebsvermögen bei einer anderen Mitunternehmerschaft. Außerdem übernimmt er ein Grundstück (Teilwert = gemeiner Wert = 500.000 €; Buchwert 100.000 €) in sein Privatvermögen.
Welche Rechtsfolgen ergeben sich für A und B?

Lösung Fall 108: Die Auflösung der Gesellschaft bei gleichzeitiger Verteilung des Betriebsvermögens unter den Gesellschaftern stellt eine echte Realteilung dar. Insoweit in deren Rahmen Wirtschaftsgüter in das Betriebsvermögen der Mitunternehmer übertragen werden, erfolgt diese Übertragung zum Buchwert (§ 16 Abs. 3 S. 2 EStG). Dies gilt sowohl hinsichtlich der Übertragung in das Einzelbetriebsvermögen des A als auch hinsichtlich der Übertragung in das Sonderbetriebsvermögen des B. § 16 Abs. 3 S 2 EStG geht als lex specialis § 6 Abs. 5 S. 3 Nr. 2 EStG vor.

Insoweit das Grundstück aus dem Gesamthandsvermögen der Mitunternehmerschaft in das Privatvermögen des B übergeht, kommt eine Buchwertfortführung nicht in Betracht. Da die Überführung aber im Rahmen der Realteilung der Mitunternehmerschaft als Sonderfall der Betriebsaufgabe erfolgt, erscheint es systematisch naheliegend, die Überführung nicht als von allen Gesellschaftern anteilig zu versteuernde Entnahme (§ 6 Abs. 1 Nr. 4 ESG) zu betrachten, sondern vielmehr den entstehenden Aufgabegewinn in Höhe der Differenz zwischen gemeinem Wert (§ 16 Abs. 3 S. 7 EStG) und Buchwert (500.000 € – 100.000 € = 400.000 €) allein B zuzuweisen (§ 16 Abs. 3 S. 8 EStG).

717 **bb) Realteilung als Gestaltungsinstrument.** Die weitgehenden Rechtsfolgen, die eine Buchwertverknüpfung sowohl bei einzelnen Wirtschaftsgütern als auch bei Sachgesamtheiten (Teilbetriebe, Mitunternehmeranteile) ermöglichen, machen die Realteilung auch zu einem attraktiven Instrument zur Umgestaltung von Personengesellschaften als Alternative und Ergänzung zu den bereits dargestellten § 6 Abs. 5 S. 3 EStG, § 6 Abs. 3 EStG und § 24 UmwStG. Dies gilt umso mehr, als die jüngere Rechtsprechung einige lange umstrittene Fragekomplexe bei der Auslegung des Realteilungsbegriffs geklärt und den Anwendungsbereich der Regelungen damit deutlich erweitert hat:[252]

718 Der Bundesfinanzhof hat zum einen klargestellt, dass es unschädlich ist, wenn einer der Gesellschafter nach der Auflösung der Gesellschaft das bisherige Unternehmen der Mitunternehmerschaft als Einzelunternehmer fortführt.[253] Die Vorschriften über die Realteilung gehen gerade davon aus, dass Sachgesamtheiten und Einzelwirtschaftsgüter in das Betriebsvermögen der bisherigen Mitunternehmer übertragen werden und damit von den bisherigen Mitunternehmern weiterhin unternehmerisch genutzt werden. Mit der Auflösung der Gesellschaft endet jedenfalls auch die *gemeinsame* betriebliche Tätigkeit der Mitunternehmer. Die stillen Reserven bleiben zudem vollumfänglich steuerlich verstrickt, sodass kein Anlass besteht, wirtschaftlich sinnvolle Umstrukturierungsprozesse einzuschränken.

---

[252] Vgl. zum Überblick *Levedag*, DStR 2017, 1233, 1240 ff; *Stenert*, DStR 2017, 1785, 1786f; *Geissler*, jM 2017, 72; BMF-Schreiben v. 19.12.2018, BStBl I 2019, 6.
[253] BFH, Urteil v. 16.3.2017 – IV R 31/14, BFHE 257, 292 = BStBl II 2019, 24, juris Rn. 37; zustimmend nunmehr auch BMF-Schreiben v. 19.12.2018, BStBl I 2019, 6, Rn. 1.

Ende der wirtschaftlichen Tätigkeit der Gesellschaft **§ 3 B III 1**

Fall 109: Die beiden Brüder A und B betreiben als alleinige Gesellschafter die A-B-Glücksspiel-OHG, die Spielautomaten aufstellt und vertreibt. Nachdem die Brüder immer wieder in Streit geraten sind, entscheiden sie, ihre gemeinsame unternehmerische Tätigkeit zu beenden. A will weiterhin Glücksspielautomaten aufstellen und vertreiben, B will hingegen einen allgemeinen Maschinenhandel aufbauen. A und B vereinbaren, dass die OHG aufgelöst wird. B erhält ein Grundstück, das die OHG bisher als Lagerfläche genutzt hat, sowie zwei Fahrzeuge aus dem Fuhrpark der OHG. Die restlichen Wirtschaftsgüter inklusive des Kundenstamms der OHG übernimmt A. A führt sodann das Geschäft der OHG im Wesentlichen unverändert fort und vertreibt die Automaten nunmehr im eigenen Namen. B richtet auf dem bisherigen Lagergrundstück eine Werkstatt und einen Verkaufsraum ein.

Müssen bei der Auseinandersetzung der OHG die stillen Reserven in den Wirtschaftsgütern des Betriebsvermögens aufgedeckt werden?

719

Lösung Fall 109: A und B beenden ihre Tätigkeit, lösen die Mitunternehmerschaft auf und verteilen das betriebliche Vermögen unter sich – damit liegt eine (echte) Realteilung vor. Dass A in der Folge dieselbe unternehmerische Tätigkeit ausübt, die vorher die OHG ausgeübt hat, steht dem nicht entgegen. Eine Realteilung setzt nur voraus, dass die gemeinsame Tätigkeit der Mitunternehmer endet – dies ist zweifelsohne der Fall. Der Wortlaut von § 16 Abs. 3 S. 2 ff. EStG setzt hingegen nicht voraus, dass die wesentlichen Betriebsgrundlagen des bisherigen Betriebs auf unterschiedliche Mitunternehmer übertragen werden oder dass sich die spätere Tätigkeit der bisherigen Mitunternehmer von der Tätigkeit der Mitunternehmerschaft unterscheidet. Das übertragene Betriebsvermögen dient in jedem Fall einem neuen Zweck, nämlich der einzelunternehmerischen Tätigkeit der bisherigen Mitunternehmer. Die in das Betriebsvermögen von A und B übertragenen Wirtschaftsgüter sind mithin nach § 16 Abs. 3 S. 2 EStG mit den Buchwerten anzusetzen. Es kommt nicht zu einer Aufdeckung stiller Reserven.

Der Bundesfinanzhof hat weiterhin entschieden, dass eine echte Realteilung auch Teil von mehraktigen Gestaltungsmaßnahmen sein kann, ohne dass ein Missbrauch von rechtlichen Gestaltungsmöglichkeiten vorliegt. Auch eine teleologische Reduktion für Fälle eines (vermeintlichen) „Gesamtplans" hat der Bundesfinanzhof bislang abgelehnt.

720

Fall 110:[254] Die W-KG vermietet mehrere bebaute Grundstücke mit einem gemeinen Wert in Höhe von 10 Mio. € (Buchwert 5 Mio. €). Alleinige Komplementärin und Geschäftsführerin der W-KG ist die X-GmbH, die am Gewinn und an den stillen Reserven nicht beteiligt ist. Sie erhält lediglich eine Vorabvergütung für ihre unbeschränkte Haftung. Kommanditisten sind A und B. Beide sind jeweils zu 50 % am Gewinn und an den stillen Reserven beteiligt.

A und B entscheiden sich, das Geschäft ab dem 1.1.18 lieber getrennt voneinander fortzuführen und entsprechend die Grundstücke untereinander aufzuteilen. A und B gründen dazu jeweils eine gewerblich geprägte KG (A-KG und B-KG), deren alleinige Kommanditisten mit 100 %iger Beteiligung an Gewinn und stillen Reserven sie jeweils sind. Die Stellung als geschäftsführende Komplementärin ohne Gewinnbeteiligung übernimmt jeweils eine GmbH (A-GmbH bzw. B-GmbH). A und B übertragen ihre jeweiligen Anteile an der W-

721

---

[254] Vgl. BFH, Urteil v. 16.12.2015 – IV R 8/12, BFHE 252, 141 = BStBl II 2017, 766; BFH, Urteil v. 30.3.2017 – IV R 11/15, BFHE 257, 324 = BStBl II 2019, 29.

KG zum 31.12.17 12:00 Uhr auf die A-KG bzw. die B-KG. Zum 31.12.17 13:00 Uhr werden sodann die Grundstücke aus der W-KG auf die A-KG und die B-KG in der Weise übertragen, dass in jeder KG wertmäßig hinterher 50 % des bisherigen Gesamthandsvermögens der W-KG gehalten wird.

A und B wollen in ihren jeweiligen KGs die Buchwerte der Grundstücke fortführen. Die Finanzverwaltung meint demgegenüber, durch die Einschaltung der neu gegründeten gewerblich geprägten KGs sei eine gewinnwirksame Betriebsaufgabe umgangen worden. Angesichts des engen zeitlichen Zusammenhangs liege ein „Gesamtplan" vor, der eine steuerneutrale Realteilung ausschließe.

Liegen die Voraussetzungen einer Buchwertfortführung nach § 16 Abs. 3 S. 2 EStG vor?

Lösung Fall 110: Der Wortlaut von § 16 Abs. 3 S. 2 EStG ist erfüllt: Der Betrieb der (gewerblich geprägten, § 15 Abs. 3 Nr. 2 EStG) W-KG wird real geteilt und die Wirtschaftsgüter werden in das Betriebsvermögen der A-KG und der B-KG überführt, die zu diesem Zeitpunkt die am Vermögen der W-KG beteiligten Mitunternehmer waren. Die Besteuerung der stillen Reserven ist weiterhin sichergestellt, da auch die A-KG und die B-KG wiederum gewerblich geprägte Personengesellschaften sind, deren Betriebsvermögen mangels anderer Angaben in Deutschland steuerlich verstrickt ist.

Ein anderes Ergebnis könnte methodisch nur auf zwei Wegen begründet werden: Entweder es liegt ein Missbrauch von steuerlichen Gestaltungsmöglichkeiten (§ 42 AO) vor oder der gesetzliche Tatbestand des § 16 Abs. 3 S. 2 EStG ist teleologisch zu reduzieren. Eine weitere Einschränkung im Sinne eines „Gesamtplan"-Vorbehalts ist dem deutschen Steuerrecht fremd.

Gegen eine missbräuchliche Gestaltung im Sinne von § 42 AO spricht, dass die Gesellschafter mit dem Wunsch, ihre Geschäfte zukünftig getrennt voneinander ausüben zu wollen, einen beachtlichen außersteuerrechtlichen Grund für die Teilung der W-KG vorbringen können. Dass die Geschäfte im Rahmen von neu gegründeten Kommanditgesellschaften geführt werden, ist aus haftungsrechtlichen Gesichtspunkten ebenfalls nachvollziehbar.

Auch für eine teleologische Reduktion bestehen hier keine durchgreifenden Argumente: Die gewählte Gestaltung führt nicht dazu, dass im Ergebnis andere Personen als die bisherigen Mitunternehmer an den stillen Reserven in den Wirtschaftsgütern beteiligt sind. A und B führen die betriebliche Tätigkeit in anderer Form fort. Genau für diese Fälle will § 16 Abs. 3 S. 2 EStG eine Aufdeckung stiller Reserven verhindern. Da weder die Voraussetzungen von § 42 AO vorliegen, noch eine teleologische Reduktion geboten ist, sind die Buchwerte fortzuführen.

722 Ausdrücklich offen gelassen hat der Bundesfinanzhof[255] bisher, ob mithilfe einer echten Realteilung auch im Rahmen von sog. „Einlagelösungen" eine Aufdeckung von stillen Reserven vermieden werden kann.[256]

Beispiel: In As Teilbetrieb, den er an B veräußern möchte, ruhen erhebliche stille Reserven in den Buchwerten. Zur Verhinderung einer Gewinnverwirklichung bei der Veräußerung eines Teilbetriebs (§ 16 Abs. 1 S. 1 Nr. 1 EStG) bringt A seinen gesamten Betrieb in eine KG mit B ein, der eine Geldeinlage leistet. Die Einbringung erfolgt nach § 24 UmwStG zu Buchwerten. Nur kurze Zeit später erhält B dann im Wege der echten Realteilung der KG den von vornherein gewünschten Teilbetrieb des A. A behält den Restbetrieb und die von B geleistete Geldein-

---

255 BFH, Urteil v. 17.9.2015 – III R 49/13, BFHE 252, 17 = BStBl II 2017, 37, juris Rn. 45.
256 Vgl. zu diesen Gestaltungen *Rogall/Belz*, Ubg 2017 79, 81 ff. m.w.N.

lage. Die Finanzverwaltung hält eine Buchwertverknüpfung hier nicht für möglich und will die stillen Reserven aus dem übertragenen Teilbetrieb aufdecken.[257]

2. Ende der wirtschaftlichen Tätigkeit des einzelnen Mitunternehmers

Mit Blick auf den einzelnen Gesellschafter liegt ein Ende seiner wirtschaftlichen Tätigkeit vor, wenn er seinen Mitunternehmeranteil unentgeltlich überträgt (§ 6 Abs. 3 S. 1 ff. EStG), veräußert (§ 16 Abs. 1 S. 1 Nr. 2 EStG), einbringt (§§ 20 ff. UmwStG) oder aufgibt (§ 16 Abs. 3 S. 1 EStG). Die Mitunternehmerschaft besteht in diesen Fällen zwar weiter, aber die Zusammensetzung der Mitunternehmer ändert sich. Vielfach finden dieselben Normen Anwendung, wie bei der Beendigung der wirtschaftlichen Tätigkeit der Gesellschaft, zum Teil bestehen aber Besonderheiten (dazu sogleich unter a)). Zu einer Beendigung der wirtschaftlichen Tätigkeit einzelner Mitunternehmer kommt es insbesondere bei Änderungen im zivilrechtlichen Gesellschafterbestand 723

a) Anwendbare Normkomplexe und Besonderheiten

aa) Veräußerung eines Mitunternehmeranteils. Eine **entgeltliche** Übertragung eines Mitunternehmeranteils kann als Veräußerungsgewinn nach § 16 Abs. 1 S. 1 Nr. 2 EStG steuerbar sein. Veräußerungsgewinne im Sinne von § 16 Abs. 1 S. 1 Nr. 2 EStG liegen aber nur vor, wenn der gesamte Mitunternehmeranteil übertragen wird, d.h. sämtliche bei **funktional-quantitativer Betrachtung** wesentlichen Betriebsgrundlagen. Dazu zählen insbesondere auch solche Wirtschaftsgüter, die sich im Sonderbetriebsvermögen des Gesellschafters befinden.[258] Wird nur ein Teil des Mitunternehmeranteils veräußert – insbesondere, weil Wirtschaftsgüter des Sonderbetriebsvermögens, die wesentliche Betriebsgrundlagen der Gesellschaft sind, nicht übertragen werden – liegen keine begünstigten Veräußerungsgewinne, sondern laufende Einkünfte aus Gewerbebetrieb vor (§ 16 Abs. 1 S. 2 EStG). Werden solche Wirtschaftsgüter vorab entnommen, veräußert oder zu Buchwerten in ein anderes Betriebsvermögen übertragen (sog. **„Vorabausgliederung"**), stellt sich abermals die Frage, inwieweit dies einerseits der Anwendung des ermäßigten Steuersatzes nach § 34 Abs. 1, Abs. 2 Nr. 1 EStG und andererseits den auf Antrag zu gewährenden Begünstigungen nach § 16 Abs. 4 EStG und nach § 34 Abs. 3 EStG entgegensteht. 724

Unproblematisch ist eine Vorabausgliederung, wenn beide Teilschritte jeweils für sich nach § 16 Abs. 1 S. 1 Nr. 1-3 EStG begünstigt sind.[259] Wird eine wesentliche Betriebsgrundlage vorab entnommen oder veräußert, sodass die stillen Reserven aufgedeckt wurden, hängt die Anwendung der Tarifbegünstigung nach § 34 Abs. 1, Abs. 2 Nr. 1 EStG auf den Gewinn aus dieser Vorabausgliederung davon ab, dass noch ein enger zeitlicher und wirtschaftlicher Zusammenhang mit der Übertragung des Mitunternehmeranteils besteht.[260] Wird eine wesentliche Betriebsgrundlage zu Buchwerten 725

---
257 Vgl. zur Auseinandersetzung einer Miterben-Mitunternehmerschaft BMF-Schreiben v. 11.1.2006, BStBl I 2006, 253, Rn. 25.
258 Vgl. BFH, Urteil v. 12.4.2000 – XI R 35/99, BFHE 192, 419 = BStBl II 2001, 26, juris Rn. 19.
259 BFH, Urteil v. 28.5.2015 – IV R 26/12, BFHE 249, 536 = BStBl II 2015, 797, juris Rn. 26.
260 BFH, Urteil v. 24.8.1989 – IV R 67/86, BFHE 158, 329 = BStBl II 1990, 132, juris Rn. 13; BFH, Beschluss v. 22.11.2013 – III B 35/12, BFH/NV 2014, 531, juris Rn. 6; BFH, Urteil v. 30.8.2012 – IV R 44/10, BFH/NV 2013, 376, juris Rn. 36; BFH, Urteil v. 30.8.2012 – IV R 44/10, BFH/NV 2013, 376, juris Rn. 39.

vorab übertragen, scheidet eine Tarifbegünstigung nach § 34 Abs. 1, Abs. 2 Nr. 1 EStG jedenfalls aus, weil die Vorschrift voraussetzt, dass „zusammengeballte" Einkünfte die Progression erhöhen. Nach herrschender Meinung ist diese Gesamtplan-Rechtsprechung aber nicht auf die Begünstigungen nach § 16 Abs. 4 EStG und § 34 Abs. 3 EStG zu übertragen.[261]

726 **Beispiel:** A besitzt einen 50 %igen Anteil an der AB-OHG. Diesen veräußert er an C für 300.000 €. As Kapitalkonto beträgt 200.000 €. Außerdem hat A zwei Grundstücke in seinem Sonderbetriebsvermögen bilanziert: Grundstück Nr. 1 (Buchwert 60.000 €, gemeiner Wert 100.000 €) dient der unmittelbaren betrieblichen Nutzung, Grundstück Nr. 2 (Buchwert und gemeiner Wert 50.000 €) liegt hingegen brach. Das Grundstück grenzt unmittelbar an das Betriebsgrundstück der AB-OHG und A möchte es im Falle einer (in der Zukunft sicher geplanten) Betriebserweiterung der OHG überlassen. Auf die genaue Art und Weise der Betriebserweiterung kann A als Grundstückseigentümer erhöhten Einfluss nehmen. A fragt sich, ob er auch die beiden Grundstücke veräußern muss, damit insgesamt eine begünstigte Veräußerung eines Mitunternehmeranteils vorliegt.

Eine begünstigte Veräußerung oder Aufgabe des Mitunternehmeranteils liegt nur vor, wenn der gesamte Anteil übertragen wird (§ 16 Abs. 1 S. 1 Nr. 2 EStG). Wenn die Grundstücke im Übertragungszeitpunkt wesentliche Betriebsgrundlagen des Betriebs der Mitunternehmerschaft darstellen, müssen sie ebenfalls übertragen oder ins Privatvermögen überführt werden. Nach funktional-qualitativer Betrachtung ist allerdings nur Grundstück Nr. 1 eine wesentliche Betriebsgrundlage, weil es unmittelbar der betrieblichen Nutzung dient. Grundstück Nr. 2 liegt hingegen brach und zählt nur als gewillkürtes SBV II zum Betriebsvermögen der Mitunternehmerschaft. Da es auch keine stillen Reserven birgt, zählt es nicht zu den funktional-qualitativ wesentlichen Betriebsgrundlagen. A kann dieses Grundstück also zurückbehalten oder zu Buchwerten in ein anderes Betriebsvermögen überführen, ohne die Privilegien einer begünstigten Besteuerung nach den §§ 16, 34 EStG zu verlieren.

Wenn A das Grundstück Nr. 1 vor der Übertragung des Gesellschaftsanteils veräußert oder ins Privatvermögen entnimmt und damit die stillen Reserven realisiert, bestehen ebenfalls keine Bedenken, für den Gewinn aus der Veräußerung des Anteils sämtliche Privilegien der §§ 16, 34 EStG zur Anwendung zu bringen. Erfolgt die Vorabausgliederung in einem engen und sachlichen Zusammenhang mit der späteren Veräußerung des Anteils, ist auch der Gewinn aus der Entnahme bzw. Veräußerung des Grundstücks nach § 34 EStG Abs. 1, Abs. 2 Nr. 1 EStG begünstigt.

Wenn A das Grundstück Nr. 1 vor der Übertragung zu Buchwerten in ein anderes Betriebsvermögen überführt (beispielsweise, indem er es unentgeltlich an seinen Mitgesellschafter B überträgt; vgl. § 6 Abs. 5 S. 3 Nr. 3 EStG), überträgt er nach herrschender Meinung in der Folge ebenfalls seinen gesamten Gesellschaftsanteil, sodass die Begünstigungen nach §§ 16 Abs. 4, 34 Abs. 3 EStG Anwendung finden. Eine Begünstigung nach § 34 Abs. 1, Abs. 2 Nr. 1 EStG scheidet hingegen aus, weil nicht sämtliche stillen Reserven innerhalb kurzer Zeit aufgedeckt wurden.

727 **bb) Aufgabe eines Mitunternehmeranteils.** Wird ein Mitunternehmeranteil nicht insgesamt veräußert, kann gleichwohl ein nach § 16, § 34 EStG begünstigter Gewinn vorliegen, wenn der *gesamte Mitunternehmeranteil aufgegeben* wird. Dies ist beispielsweise der Fall, wenn wesentliche Betriebsgrundlagen aus dem Sonderbetriebsvermögen zwar nicht mitübertragen, aber in das Privatvermögen des Gesellschafters

---
261 BFH, Urteil v. 9.12.2014 – IV R 36/13, BFHE 248, 75 = BStBl II 2015, 529.

übernommen werden. Eine Aufgabe liegt aber auch dann vor, wenn die Mitunternehmerstellung des Gesellschafters aus anderen Gründen als einer vollständigen Veräußerung endet, beispielsweise weil er nach einer Anpassung des Gesellschaftsvertrags nicht mehr über ausreichende Mitunternehmerinitiative verfügt. Der Aufgabegewinn ermittelt sich durch Gegenüberstellung der Summe aus den erzielten Verkaufspreisen sowie den gemeinen Werten der ins Privatvermögen überführten Wirtschaftsgütern (§ 16 Abs. 3 S. 7 EStG) und den jeweils in den Kapitalkonten in der Gesamthands- und Sonderbilanz abgebildeten (anteiligen) Buchwerten (§ 16 Abs. 2 S. 1 EStG).

Ein Sonderfall der Aufgabe eines Mitunternehmeranteils ist die **unechte Realteilung**, bei der ein Gesellschafter aus einer Mitunternehmerschaft ausscheidet und hierfür (zumindest auch) Wirtschaftsgüter der Gesellschaft übertragen bekommt, die verbleibenden Mitunternehmer aber den Betrieb fortführen. Die unechte Realteilung führt zur sperrfristbehafteten Fortführung der Buchwerte beim Ausscheidenden, wenn dieser die Wirtschaftsgüter in ein anderes Betriebsvermögen überführt (§ 16 Abs. 3 S. 2 ff. EStG). Eine Buchwertfortführung kommt sowohl dann in Betracht, wenn der ausscheidende Gesellschafter einen Teilbetrieb übernimmt,[262] als auch wenn ihm einzelne Wirtschaftsgüter übertragen werden.[263]

728

Fall 111:[264] Die A-OHG betreibt ihre Tätigkeit in zwei Niederlassungen in Hamburg und München. Mitunternehmer sind B, C, D, E sowie F. Als F nun ausscheidet, wird vereinbart, dass F als Abfindung die Niederlassung in Hamburg (inklusive der dieser Niederlassung zuzuordnenden Forderungen und Verbindlichkeiten) erhält, während die Niederlassung München in der A-OHG verbleibt und dort von den anderen Gesellschaftern fortgeführt wird.
Kann F ohne Aufdeckung stiller Reserven aus der OHG ausscheiden?

729

Lösung Fall 111: Nach früherer Ansicht der Finanzverwaltung[265] fanden die Realteilungsgrundsätze hier keine Anwendung, da die OHG ihre Tätigkeit nicht eingestellt hat. Eine Übertragung zu Buchwerten war ohne Aufgabe des bisherigen Betriebs nach Ansicht der Finanzverwaltung nur nach § 6 Abs. 5 S. 3 EStG möglich. Da im vorliegenden Fall auch Verbindlichkeiten im Zusammenhang mit der Niederlassung in Hamburg übernommen wurden und die Finanzverwaltung die strenge Trennungstheorie zur Anwendung brachte, kam sie hier zu einer teilweisen Aufdeckung stiller Reserven.

Für eine Anwendung des § 16 Abs. 3 S. 2 ff. EStG spricht hingegen, dass im Falle einer zweigliedrigen Personengesellschaft – d.h. bei lediglich zwei Gesellschaftern – die Voraussetzungen einer Realteilung erfüllt wären. Durch das Ausscheiden eines Gesellschafters wäre nämlich die Mitunternehmerschaft beendet worden, sodass der Betrieb auf Ebene der Personengesellschaft eingestellt würde. Jedoch würde auch hier das unternehmerische Engagement fortgeführt. Weshalb allein aufgrund einer höheren Gesellschafterzahl etwas anderes gelten soll, ist kaum einzusehen. Insbesondere ist die spätere Besteuerung der stillen Reserven in beiden Fällen sichergestellt. Im Wege der Auslegung gelangt der BFH zu dem Ergeb-

---

262 BFH, Urteil v. 17.9.2015 – III R 49/13, BFHE 252, 17 = BStBl II 2017, 37, juris Rn. 34 ff.; *Siegel*, DB 2016, 2245, 2256; Zum Ganzen *Wiese/Lukas*, DStR 2016, 1078, 1078 f.; *Wollweber/Stenert*, DStR 2016, 2144, 2145 ff.; *Steiner/Ullmann*, DStR 2017, 912, 914 ff.; BMF-Schreiben v. 19.12.2018, BStBl I 2019, 6, Rn. 2.
263 BFH, Urteil v. 30.3.2017 – IV R 11/15, BFHE 257, 324 = BStBl II 2019, 29, juris Rn. 35.
264 Nach BFH, Urteil v. 17.9.2015 – III R 49/13, BFHE 252, 17 = BStBl II 2017, 37, juris Rn. 34 ff.
265 Jetzt aber BMF, Schreiben v. 19.12.2018, BStBl I 2019, 6, Rn. 2.

> nis, dass schon der Wortlaut der Vorschrift „der Gewinn der Mitunternehmerschaft" vom Fortbestand der Mitunternehmerschaft ausgeht und dies auch dem Sinn und Zweck der Norm, Umstrukturierungen zu erleichtern, sowie der Gesetzesbegründung nicht entgegensteht.

730 cc) **Unentgeltliche Übertragung eines (Teil-)Mitunternehmeranteils.** Unentgeltliche Übertragungen eines Mitunternehmeranteils können nach § 6 Abs. 3 S. 1 ff. EStG in vielen Fällen zu Buchwerten. Begünstigt sind die Übertragung eines gesamten Mitunternehmeranteils (§ 6 Abs. 3 S. 1 Hs. 1 EStG), die Begründung eines neuen Mitunternehmeranteils durch die unentgeltliche Aufnahme einer natürlichen Person in ein Einzelunternehmen (§ 6 Abs. 3 S. 1 Hs. 2 Var. 1 EStG) sowie die Übertragung eines Teils eines Mitunternehmeranteils an eine natürliche Person (§ 6 Abs. 3 S. 1 Hs. 2 Var. 2 EStG).

731 Für die Frage, ob eine unentgeltliche Übertragung vorliegt, gilt wie bei der Übertragung eines (Teil-)Betriebs die Einheitstheorie (siehe bereits ausführlich unter Rn. 335 ff.): Die mit dem Anteilserwerb eintretende anteilige Haftung für betriebliche Verbindlichkeiten stellt kein Entgelt dar. Ebenso wenig steht die Übernahme eines negativen Kapitalkontos einer unentgeltlichen Übertragung entgegen.[266] Gegenleistungen an den Altgesellschafter sind unbeachtlich, solange sie nicht den Buchwert des übertragenen Anteils überschreiten.

732 Eine Übertragung eines gesamten Mitunternehmeranteils (§ 6 Abs. 3 S. 1 Hs. 1 EStG) liegt grundsätzlich nur dann vor, wenn alle **funktionalen wesentlichen Betriebsgrundlagen** mit übertragen werden, d.h. insbesondere auch solche wesentlichen Betriebsgrundlagen, die der Altgesellschafter in seinem Sonderbetriebsvermögen hält. Werden diese Wirtschaftsgüter mitübertragen, greift für sie dann ebenfalls die zwingende Buchwertfortführung.

733 Wird nur ein Teil eines Mitunternehmeranteils übertragen (§ 6 Abs. 3 S. 1 Hs. 2 Var. 2 EStG), trifft § 6 Abs. 3 S. 2 EStG eine vereinfachende Regelung für funktional wesentliches Sonderbetriebsvermögen: Es ist für die Anwendung von § 6 Abs. 3 S. 1 EStG unschädlich, wenn wesentliche Betriebsgrundlagen im Sonderbetriebsvermögen vom Altgesellschafter nicht übertragen werden, solange diese Wirtschaftsgüter weiterhin Betriebsvermögen der Mitunternehmerschaft bleiben und der Neugesellschafter den übernommenen Mitunternehmeranteil für mindestens fünf Jahre behält. Ob und wie lange der Altgesellschafter das zurückbehaltene Wirtschaftsgut noch hält, ist demgegenüber unerheblich.[267] Das Gesetz enthält also nur eine Sperrfrist für den Neu- nicht aber für den Altgesellschafter. Von § 6 Abs. 3 S. 2 EStG erfasst wird nur die **unterquotale Mitübertragung von Sonderbetriebsvermögen**. Überquotale Übertragungen unterfallen ohne Weiteres § 6 Abs. 3 S. 1 Hs. 2 Var. 2 EStG, d.h. die Buchwerte der Wirtschaftsgüter im Sonderbetriebsvermögen werden fortgeführt, ohne dass eine Sperrfrist für den Neugesellschafter greift.

---

266 BFH, Urteil v. 1.3.2018 – IV R 16/15, BFHE 261, 101 = BStBl II 2018, 527, juris Rn. 26 m.w.N.
267 BFH, Urteil v. 12.5.2016 – IV R 12/15, BFHE 253, 556 = BStBl II 2019, 726, juris Rn. 26.

Fall 112: A hat einen Anteil an der B-OHG mit einem Buchwert von 200.000 € (Teilwert 500.000 €). Diesen überträgt er unentgeltlich auf seine Tochter T. Zu den wesentlichen Betriebsgrundlagen gehört noch ein Grundstück (Buchwert 50.000 €, Teilwert 150.000 €), das er bisher an die OHG vermietet hat und das er nun ebenfalls unentgeltlich auf T überträgt. Dieses hat er zutreffend in seiner Sonderbilanz als notwendiges Sonderbetriebsvermögen aktiviert. Zudem findet sich in dieser Sonderbilanz ein PKW, der nicht zu den wesentlichen Betriebsgrundlagen gehört und mit 10.000 € aktiviert ist (Teilwert 20.000 €). Diesen überträgt A nicht, sondern nutzt ihn zukünftig nur noch für private Fahrten.
Welche steuerlichen Konsequenzen ergeben sich?

734

Lösung Fall 112: Da der PKW nicht zu den wesentlichen Betriebsgrundlagen gehört, überträgt A trotz dessen Zurückbehaltung seinen gesamten Mitunternehmeranteil auf T. Dies geschieht gewinnneutral mit dem Buchwert (§ 6 Abs. 3 S. 1 EStG). T ist gemäß § 6 Abs. 3 S. 3 EStG an die Buchwerte gebunden. Sie führt in ihrer Sonderbilanz daher das Grundstück mit 50.000 € fort. Es entsteht kein Gewinn. Die Zurückbehaltung des PKW ist eine Entnahme des A, die mit dem Teilwert zu bewerten ist (§ 6 Abs. 1 Nr. 4 EStG). Die dabei aufgedeckten stillen Reserven in Höhe von 10.000 € sind laufender (und daher auch gewerbesteuerpflichtiger) Gewinn des A.

Fall 113: Ausgangskonstellation wie in **Fall 112:**, aber A überträgt nur 50 % seines Mitunternehmeranteils. Zudem bleibt er Eigentümer des Grundstücks, das er weiterhin an die OHG vermietet.
Welche steuerlichen Konsequenzen ergeben sich?

735

Lösung Fall 113: Auch die Übertragung eines Teils eines Mitunternehmeranteils erfolgt nach § 6 Abs. 3 S. 1 Hs. 2 Var. 2 EStG zu Buchwerten. Dass A das Grundstück nicht mit überträgt, ist nach § 6 Abs. 3 S. 2 EStG unschädlich, solange T den erworbenen Mitunternehmeranteil für die nächsten fünf Jahre nicht veräußert oder aufgibt.

Durch die Möglichkeit zum Zurückbehalt einzelner Wirtschaftsgüter in § 6 Abs. 3 S. 2 EStG ohne eine Sperrfristverhaftung, lassen sich vielfach Mitunternehmeranteile auch unter Vorabausgliederung einzelner Wirtschaftsgüter steuerneutral übertragen.

736

Fall 114: Ausgangskonstellation wie in **Fall 113:**. Einen Tag nach der Übertragung des anteiligen Mitunternehmeranteils an T veräußert A das Grundstück an einen fremden Dritten (alternativ: überträgt es in ein anderes Betriebsvermögen).
Welche steuerlichen Konsequenzen ergeben sich?

737

Lösung Fall 114: Da die Übertragung des anteiligen Mitunternehmeranteils für A keine Sperrfrist auslöst, bleibt die nachfolgende Grundstücksübertragung ohne Auswirkung für die Buchwertverknüpfung. Wenn A das Grundstück veräußert, muss er die aufgedeckten stillen Reserven versteuern, überträgt er es in ein anderes Betriebsvermögen, ist dies nach § 6 Abs. 5 S. 2 EStG zu Buchwerten möglich.

Gleichwohl sind Konstellationen denkbar, in denen – wie auch bei allen anderen Übertragungen von Sachgesamtheiten – fraglich ist, ob eine vorab erfolgte Entnahme oder Veräußerung eines einzelnen Wirtschaftsguts oder dessen Übertragung zu Buch-

738

werten, die Anwendung der Buchwertverknüpfung in Frage stellt.[268] Die Finanzverwaltung will auch insoweit zumindest bei zeit- bzw. tagggleichen Entnahmen oder Veräußerungen auf die Grundsätze der Gesamtplan-Rechtsprechung zurückgreifen, um Vorabausgliederung und folgende Anteilsübertragung gemeinsam zu bewerten. Der vierte Senat des Bundesfinanzhofs lehnt dies ausdrücklich ab und stellt ausschließlich auf den Umfang der Sachgesamtheit im Übertragungszeitpunkt ab.[269]

739

Fall 115:[270] F ist einziger Kommanditist sowie alleiniger Gesellschafter-Geschäftsführer der Komplementär-GmbH der A-GmbH & Co. KG. Darüber hinaus ist er Alleineigentümer des an die A-GmbH & Co. KG verpachteten Betriebsgrundstücks. Zum 5.3.12 überträgt F nun seinen Kommandit- und Komplementäranteil auf seine Tochter Z. Das Grundstück hingegen
a) überträgt er unentgeltlich auf die I-KG, deren Kommanditist er ist und welche das Pachtverhältnis fortführt.
b) Veräußert er an einen fremden Dritten.
Müssen die stillen Reserven aufgedeckt werden oder ist eine Buchwertfortführung möglich?

Lösung Fall 115: Nach Auffassung des Finanzamts ist zwar eine Kumulation der Steuervergünstigungen in § 6 Abs. 3 und 5 EStG möglich, sodass eine taggleiche unentgeltliche Übertragung des Grundstücks und des Mitunternehmeranteils insgesamt zu Buchwerten möglich ist (Fall a)).
Damit hat sich die Finanzverwaltung insoweit der Rechtsprechung des Bundesfinanzhofs angeschlossen, nach der die Begünstigungen von § 6 Abs. 3 und Abs. 5 EStG gleichberechtigt nebeneinanderstehen. Die stillen Reserven des Grundstücks wären auch dann nicht aufzudecken gewesen, wenn dieses zusammen mit dem Mitunternehmeranteil übergegangen wäre. Außerdem bleiben die stillen Reserven insgesamt steuerverhaftet. Eine Ausnahme von der Buchwertfortführung kann nur in Fällen gelten, in denen die Ausgliederung des wesentlichen Wirtschaftsguts wirtschaftlich zu einer Zerschlagung des Betriebs führt.
Wird das Grundstück hingegen unter Aufdeckung der stillen Reserven veräußert oder entnommen (Fall b)) lehnt die Finanzverwaltung eine Anwendung von § 6 Abs. 3 EStG ab, weil nicht der gesamte Mitunternehmeranteil unentgeltlich übertragen worden sei.
Diese Einschränkung lässt sich allerdings dem Wortlaut des § 6 Abs. 3 EStG schwerlich entnehmen. Vielmehr folgt letztlich schon aus dem „Zeitpunktbezug" des Tatbestandsmerkmals „Übertragung des Betriebs", dass es nicht darauf ankommen kann, ob die Vorabausgliederung zu Buchwerten oder unter Aufdeckung der stillen Reserven erfolgt. So lange nach der Ausgliederung eines Wirtschaftsguts noch ein funktionsfähiger Betrieb existiert, der vollständig übertragen wird, sind die Voraussetzungen des § 6 Abs. 3 EStG erfüllt. Dafür spielt es keine Rolle, ob die Vorabausgliederung „taggleich" erfolgt und ob die Veräußerung des Grundstücks nach § 6 Abs. 5 EStG privilegiert ist. Konsequenterweise hat der BFH seine Rechtsprechung mittlerweile auch auf eine Konstellation übertragen, in der eine einzelne wesentliche Betriebsgrundlage aus dem Sonderbetriebsvermögen veräußert und nicht unentgeltlich mitübertragen wurde.[271]

---

268 Vgl. zum Ganzen *Herlinghaus*, FR 2014, 441, 447 ff.
269 BFH, Urteil v. 9.12.2014 – IV R 29/14, BFHE 247, 449 = BStBl II 2019, 723, juris Rn. 24; BFH, Urteil v. 2.8.2012 – IV R 41/11, BFHE 238, 135 = BStBl II 2019, 715, juris Rn. 19.
270 BFH, Urteil v. 2.8.2012 – IV R 41/11, BFHE 238, 135 = BStBl II 2019, 715; gegen BMF-Schreiben v. 3.3.2005, 458, Rn. 7; vgl. auch *Stein/Stein*, FR 2013, 156, 158 f.
271 BFH, Urteil v. 9.12.2014 – IV R 29/14, BFHE 247, 449 = BStBl II 2019, 723, juris Rn. 18 ff.

dd) Einbringung eines Mitunternehmeranteils. Ein Mitunternehmeranteil ist auch ein tauglicher Einbringungsgegenstand für Zwecke der §§ 20 ff. UmwStG, sodass der tauschähnliche Umsatz, der mit der Übertragung gegen Gewährung von Gesellschaftsrechten an einer anderen Gesellschaft verbunden ist, nicht zwingend als entgeltliche Veräußerung behandelt werden muss, sondern auch eine Buchwertfortführung in Betracht kommt (siehe bereits unter Rn. 339 ff., 699).

b) Wechsel im Gesellschafterbestand als Ende der wirtschaftlichen Tätigkeit einzelner Mitunternehmer

aa) Eintritt eines weiteren Gesellschafters. Tritt ein neuer Gesellschafter in eine bestehende Personengesellschaft ein (oder gründen mehrere Personen gemeinsam eine neue Gesellschaft) liegt aus der Perspektive der neu eintretenden Gesellschafter der Erwerb eines Mitunternehmeranteils vor. Dieser löst für den Eintretenden nur ausnahmsweise steuerliche Folgen aus, nämlich wenn er keine Bareinlage leistet, sondern seine Einlageverpflichtung durch eine Sacheinlage erfüllt. Überträgt der Gesellschafter, um die Gesellschaftsrechte zu erhalten, ein Wirtschaftsgut auf die Gesellschaft, liegt ein **tauschähnlicher Vorgang** vor (vgl. § 6 Abs. 6 S. 1 EStG). Dies kann bei der Einbringung bestimmter Wirtschaftsgüter des Privatvermögens einer steuerbaren Veräußerung gleichstehen (§§ 17, 20 Abs. 2, 22 Nr. 2, 23 EStG). Bei der Übertragung von Einzelwirtschaftsgütern aus einem Betriebsvermögen des Gesellschafters kann nach § 6 Abs. 5 S. 3 Nr. 1 oder Nr. 2 EStG der Buchwert fortzuführen sein (dazu bereits im Detail unter Rn. 560 ff.). Bei der Einbringung eines (Teil-)Betriebs kann § 24 UmwStG anwendbar sein.

Die Altgesellschafter erzielen beim Eintritt grundsätzlich steuerbare Einkünfte. Man könnte den Vorgang so begreifen, dass sie einen Teil ihrer Mitunternehmeranteile an den Eintretenden veräußern. Das würde für sie nach § 16 Abs. 1 S. 2 EStG zu laufenden Einkünften aus Gewerbebetrieb führen. Indessen beurteilt die herrschende Meinung den Vorgang anders: In einem ersten Schritt gründen die Altgesellschafter mit dem Eintretenden eine neue Personengesellschaft, auf die sie sodann in einem zweiten Schritt ihre Mitunternehmeranteile an der bisherigen Gesellschaft gegen Gewährung von Gesellschaftsrechten übertragen. Damit liegt ein tauschähnlicher Vorgang vor, dieser kann aber insgesamt über § 24 UmwStG ohne Aufdeckung der stillen Reserven erfolgen.[272]

Fall 116: A und B sind an der X-OHG je zur Hälfte beteiligt. Ihr Kapital beträgt jeweils 60.000 €. Einziges Aktivvermögen der X-OHG ist ein Grundstück mit Buchwert 120.000 €, welches tatsächlich 200.000 € wert ist. C möchte in die X-OHG eintreten und dazu eine Bareinlage leisten, wobei danach A, B und C je zu einem Drittel an der X-OHG beteiligt sein sollen. In welcher Höhe muss C eine Bareinlage leisten? Wie ist bilanziell zu verfahren und welche steuerlichen Konsequenzen ergeben sich?

Lösung Fall 116: A und B verfügen jeweils über einen Kapitalanteil von 60.000 € zzgl. stiller Reserven in Höhe von jeweils (200.000 € − 120.000 €)/2 = 40.000 €. Damit muss C eine Bareinlage von 60.000 € + 40.000 € = 100.000 € leisten.

---

272 BMF-Schreiben v. 25.3.1998, BStBl I 1998, 268 ff.; BMF-Schreiben v. 25.3.1998, BStBl I vom 21.8.2001, S. 543 ff.

Die Kapitalkonten von A und B (je 60.000 €) und das Kapitalkonto des C (100.000 €) spiegeln allerdings nicht das gewünschte Verhältnis wider. Um dies zu korrigieren, können nach § 24 UmwStG die gemeinen Werte angesetzt werden, sodass die stillen Reserven aufgedeckt werden. Es ergibt sich dann folgende Bilanz:

Gesamthandsbilanz der X-OHG

Aktiva		Passiva	
Grundstück	200.000 €	Kapital A	100.000 €
Bank	100.000 €	Kapital B	100.000 €
		Kapital C	100.000 €
Summe	300.000 €		300.000 €

Für A und B hätte diese Aufdeckung der stillen Reserven einen steuerpflichtigen Gewinn zur Folge. Um dies zu verhindern, können A und B negative Ergänzungsbilanzen aufstellen, in denen die auf sie entfallenden stillen Reserven ausgewiesen werden:

Negative Ergänzungsbilanz von A (= von B)

Aktiva		Passiva	
Minderkapital	40.000 €	Grundstück	40.000 €
Summe	40.000 €		40.000 €

A und B müssen somit die Differenz zwischen Buchwerten und gemeinen Werten nicht zum gegenwärtigen Zeitpunkt, sondern erst bei einer späteren Veräußerung ihrer Beteiligung versteuern. Gleichzeitig versteuern durch diese Abbildung nur sie, nicht aber der C die durch die Altgesellschafter geschaffenen stillen Reserven.

744 **bb) Austritt eines Gesellschafters.** Tritt ein Gesellschafter aus der Gesellschaft aus und setzen die anderen Gesellschafter die Gesellschaft fort, so wächst der Anteil des Ausscheidenden gemäß § 738 Abs. 1 S. 1 BGB den verbleibenden Gesellschaftern zu. Der Ausscheidende hat grundsätzlich einen Abfindungsanspruch bemessen am gemeinen Wert des Gesellschaftsanteils (§ 738 Abs. 1 S. 2 BGB).

745 Wenn der Ausscheidende aufgrund einer gesellschaftsvertraglichen Regelung keine Gegenleistung erhält (bzw. die erhaltene Abfindung unterhalb seines Kapitalkontos liegt) kann steuerrechtlich eine nach § 6 Abs. 3 S. 1, 3 EStG zwingend zum Buchwert erfolgende **unentgeltliche Übertragung** vorliegen. Dies setzt allerdings voraus, dass der ausscheidende Gesellschafter die in der Gesellschaft verbleibenden Mitgesellschafter begünstigen möchte (Bereicherungsabsicht i.S.v. § 516 BGB).[273] Dafür spricht bei Vermögensübertragungen **zwischen Angehörigen** eine widerlegbare Vermutung.[274] Erhalten die Mitgesellschafter den Anteil aus familiären Gründen ohne

---

[273] Vgl. BFH, Urteil v. 10.3.1998 – VIII R 76/96, BFHE 186, 50 = BStBl II1999, 269; BFH, Urteil v. 21.4.1994 – IV R 70/92, BFHE 174, 413 = BStBl II 1994, 745.
[274] St. Rspr., vgl. nur BFH, Beschluss v. 5.7.1990 – GrS 4-6/89, BFHE 161, 317 = BStBl II 1990, 847; BFH, Urteil v. 29.1.1992 – X R 193/87, BFHE 167, 95 = BStBl II 1992, 465BFH, Urteil v. 21.1.1986 – VIII R 238/81, BFH/NV 1986, 597; Urteil v. 26.3.1987 – IV R 58/85, BFH/NV 1987, 770; jew. m.w.N.

Abfindungspflicht – was häufig innerhalb von Familienpersonengesellschaften der Fall sein kann – liegt daher regelmäßig eine unentgeltliche Übertragung vor, die nach § 6 Abs. 3 EStG zwingend zum Buchwertansatz führt. Dasselbe gilt, wenn der Abfindungsanspruch den Buchwert nicht erreicht, weil teilentgeltliche Übertragungen von Sachgesamtheiten nach der Einheitstheorie insgesamt als unentgeltlich eingestuft werden (siehe insgesamt schon oben unter Rn. 335 ff.).

Unter **fremden Personen** besteht „im Allgemeinen keine Veranlassung zu einer unentgeltlichen Zuwendung. Bei Verträgen zwischen fremden Personen spricht daher eine tatsächliche, jedoch in Ausnahmefällen widerlegbare, Vermutung für das Vorliegen eines entgeltlichen Geschäfts, wenn die Werte der den Parteien nach dem Vertrag zukommenden Vorteile (Leistungen) nicht in einem Missverhältnis zueinanderstehen"[275] (siehe auch schon Rn. 328). Dementsprechend führt die häufig in Gesellschaftsverträgen von Freiberufler- und Beratungsgesellschaften aufgenommene Klausel, dass aus Altersgründen ausscheidende Partner ihre Geschäfts- oder Gesellschaftsanteile zum Nennwert abzugeben haben, regelmäßig zu einem entgeltlichen Geschäft – jedenfalls dann, wenn die Klausel für alle Partner gleichermaßen greift und keine familiären Verbindungen zwischen den Beteiligten bestehen.[276]

746

Ein entgeltliches Geschäft liegt in jedem Fall vor, wenn der Ausscheidende gemäß § 738 Abs. 1 S. 2 BGB eine Barabfindung erhält, die über dem steuerlichen Buchwert liegt. Aus Sicht des austretenden Gesellschafters stellt ein entgeltlicher Vorgang steuerrechtlich eine **Veräußerung** des Mitunternehmeranteils dar. Aus Sicht der verbleibenden Gesellschafter erwerben diese den Mitunternehmeranteil (anteilig) hinzu. In der Steuerbilanz wird der Vorgang dadurch abgebildet, dass die Gesellschaft die Abfindungsverpflichtung gegenüber dem Gesellschafter passiviert. Als Ausgleich wird das Kapitalkonto des ausscheidenden Gesellschafters gemindert.

747

Soweit die Abfindungsverpflichtung das Kapitalkonto übersteigt, werden die stillen Reserven in den Wirtschaftsgütern der Gesellschaft anteilig aktiviert. Dies folgt dem Gedanken, dass die anderen Gesellschafter (auf die angesichts des Transparenzprinzips letztlich abzustellen ist) durch die Abfindungszahlung an den ausgeschiedenen Gesellschafter anteilig auch die jeweiligen Wirtschaftsgüter erworben haben und mithin entsprechende Anschaffungskosten ausweisen müssen.[277] Die Lösung folgt damit spiegelbildlich der Behandlung beim Eintritt eines zusätzlichen Gesellschafters.

748

---

275 Vgl. nur BFH v. 31.5.1972 – I R 49/69, BStBl II 1972, 696; FG Düsseldorf v. 10.1.2010 – 13 K 4281/07 F, EFG 2010, 803, rkr.; BMF-Schreiben v. 11.3.2010 – IV C 3 – S 2221/09/10004, BStBl I 2010, 227, Rn. 5.

276 *Wacker*, in: Schmidt, EStG, § 16 Rn. 663 m.w.N.; BFH, Urteil v. 6.5.2020 – II R 34/17, BFHE 269, 419 = BStBl II 2020, 744 verneint Schenkungssteuerpflicht bei verbleibenden Gesellschaftern.

277 Eine abweichende Auffassung nimmt an, dass es auf die Perspektive der Gesellschaft ankomme und diese keine zusätzlichen stillen Reserven vom Gesellschafter erworben habe, weil alle Wirtschaftsgüter unverändert der Gesellschaft zuzuordnen sind. Diese Ansicht würde die Abfindungsverpflichtung dadurch ausgleichen, dass eine Differenz zwischen Abfindungsverpflichtung und Kapitalkonto des ausgeschiedenen Gesellschafters von den Kapitalkonten der verbleibenden Gesellschafter abgezogen werden. Diese Lösung orientiert sich nicht primär am steuerrechtlichen Transparenzprinzip, sondern an der zivilrechtlichen Eigenständigkeit der Personengesellschaft; vgl. hierzu zuletzt *Schulze-Osterloh*, NZG 2016, 161 mit Nachweisen zu beiden Auffassungen.

749 **Fall 117:** A, B und C sind an der X-OHG zu je einem Drittel beteiligt. Ihr Kapitalkonto beträgt jeweils 70.000 €. Einziges Aktivvermögen der X ist ein Grundstück mit Buchwert 110.000 €, welches tatsächlich 200.000 € wert ist, sowie Barvermögen in Höhe von 100.000 €. C scheidet zum 31.12.01 aus der Gesellschaft aus und erhält eine Abfindung in Höhe von 100.000 € (Kapitalkonto zzgl. einem Drittel der stillen Reserven aus dem Grundstück). Wie ist der Vorgang bilanziell abzubilden? Welche steuerlichen Folgen hat der Austritt für C?

Lösung Fall 117: Der Austritt führt aus Perspektive von C zu einer Veräußerung seines Mitunternehmeranteils. Er erzielt nach § 16 Abs. 1 S. 1 Nr. 2 EStG Einkünfte aus Gewerbebetrieb, soweit die Abfindungszahlung den Buchwert seines Anteils überschreitet (§ 16 Abs. 2 S. 2 EStG), also in Höhe von 100.000 € – 70.000 = 30.000 €. Der Veräußerungsgewinn unterliegt gemäß § 34 Abs. 1, Abs. 2 Nr. 1 EStG einem ermäßigten Steuersatz. Wenn C bereits das 55. Lebensjahr vollendet hat, kann er einmalig einen Freibetrag (§ 16 Abs. 4 EStG) sowie eine noch günstigere ermäßigte Besteuerung (§ 34 Abs. 3 EStG) in Anspruch nehmen.

A und B haben umgekehrt den Anteil von C durch die Anwachsung jeweils zur Hälfte erworben (§ 738 Abs. 1 S. 1 BGB). Bilanziell wird dies dadurch abgebildet, dass die Abfindungsverpflichtung gegenüber C passiviert und das Kapitalkonto des C dafür abgeschrieben wird. Soweit die Abfindungsverpflichtung das Kapitalkonto überschreitet (30.000 €), sind die anteiligen, auf C entfallenden stillen Reserven zu aktivieren.

Gesamthandsbilanz der X-OHG vor dem Ausscheiden des C

Aktiva		Passiva	
Grundstück	110.000 €	Kapital A	70.000 €
Bank	100.000 €	Kapital B	70.000 €
		Kapital C	70.000 €
Summe	210.000 €		210.000 €

Aktiva		Passiva	
Grundstück	140.000 €	Kapital A	70.000 €
Bank	100.000 €	Kapital B	70.000 €
		Abfindungsverpflichtung	100.000 €
Summe	240.000 €		240.000 €

750 Erhält der ausscheidende Gesellschafter keine Abfindung in Geld, sondern werden ihm stattdessen Wirtschaftsgüter übertragen, ist zu differenzieren: Stammen die Wirtschaftsgüter aus dem Privatvermögen der anderen Mitunternehmer, liegt ebenfalls eine Veräußerung des Mitunternehmeranteils vor: Der Anteil des ausscheidenden Gesellschafters wächst den übrigen Gesellschaftern zu und der Ausscheidende erhält Anspruch auf eine Abfindung. Sodann wird diese Abfindungsverpflichtung durch Übertragung der Wirtschaftsgüter abgelöst.

751 Erhält der Ausscheidende Wirtschaftsgüter des Gesamthandsvermögens oder aus dem Sonderbetriebsvermögen eines anderen Mitunternehmers, liegt eine Aufgabe des Mitunternehmeranteils in Form einer **unechten Realteilung** vor. Hier ist nach § 16

Abs. 3 S. 2 ff. EStG eine sperrfristbehaftete Buchwertfortführung möglich, insoweit der Ausscheidende die Wirtschaftsgüter in ein anderes Betriebsvermögen überführt. Überführt der Übernehmende Wirtschaftsgüter in sein Privatvermögen, ist insoweit hingegen der gemeine Wert anzusetzen (§ 16 Abs. 3 S. 7 EStG). Die besondere Zuweisungsregelung des § 16 Abs. 3 S. 8 EStG greift nicht, weil nicht der Betrieb der Mitunternehmerschaft, sondern nur der einzelne Mitunternehmeranteil aufgegeben wird. Die in dem übertragenen Wirtschaftsgut liegenden stillen Reserven müssen dann also anteilig als laufende Gewinne versteuert werden.

Fall 118: Die X-OHG betreibt mehrere Autohäuser. Mitunternehmer sind A, B und C zu jeweils 1/3. Als A ausscheidet wird vereinbart, dass er aus dem Vermögen der OHG ein Autohaus mit sämtlichen Wirtschaftsgütern, Forderungen und Verbindlichkeiten übernimmt, um es als Einzelbetrieb fortzuführen. Zusätzlich übernimmt A noch ein brachliegendes Grundstück (Buchwert 120.000 €; gemeiner Wert 360.000 €) unmittelbar neben diesem Autohaus, auf dem er ein privates Wohnhaus errichten will.
Welche Rechtsfolgen ergeben sich für A und für die verbleibenden Gesellschafter?

Lösung Fall 118: A scheidet im Rahmen einer unechten Realteilung aus der X-OHG aus, sodass eine Aufgabe seines Mitunternehmeranteils vorliegt. Insoweit er den Teilbetrieb des Autohauses in ein Einzelunternehmen übernimmt, führt er die Buchwerte fort. Weder muss A insoweit einen Aufgabegewinn versteuern, noch aktivieren die anderen Gesellschafter zusätzliche Anschaffungskosten. Insoweit A das Grundstück in sein Privatvermögen übernimmt, müssen die stillen Reserven zwischen dem Buchwert und dem gemeinen Wert aufgedeckt werden (§ 16 Abs. 3 S. 7 EStG). Es ergibt sich dadurch ein laufender Gewinn auf Ebene der Gesellschaft in Höhe von 240.000 €, der nach dem allgemeinen Gewinnverteilungsschlüssel von jedem Gesellschafter zu einem Drittel (80.000 €) versteuert werden muss. A versteuert daneben einen Aufgabegewinn (§ 16 Abs. 3 S. 1, Abs. 2 EStG) in Höhe der Differenz zwischen dem gemeinen Wert des ihm zukünftig allein zurechenbaren Grundstücks in Höhe von 360.000 € und dem auf ihn entfallenden Buchwert (nach Aufdeckung der stillen Reserven) in Höhe von 120.000 € = 240.000 €.

cc) **Gesellschafterwechsel unter Lebenden.** Ein Wechsel in der Gesellschafterstellung erfolgt unter Lebenden zivilrechtlich durch Übertragung eines Mitunternehmeranteils (Gesellschaftsanteil/Mitgliedschaft) nach §§ 398, 413 BGB oder durch Anwachsung des Anteils auf die übrigen Mitgesellschafter nach § 738 Abs. 1 S. 1 BGB.[278] Steuerrechtlich ist nicht entscheidend, welche zivilrechtliche Konstruktion gewählt wird. Der steuerrechtlich maßgebliche Zeitpunkt der Übertragung eines Mitunternehmeranteils kann auch schon vor der zivilrechtlichen Übertragung des Gesellschaftsanteils liegen, wenn der Erwerber bereits als wirtschaftlicher Eigentümer des Anteils anzusehen (§ 39 Abs. 2 Nr. 1 AO) ist. Dies setzt voraus, dass er aufgrund einer zivilrechtlichen Vereinbarung bereits die Mitunternehmerinitiative ausüben kann und das Mitunternehmerrisiko trägt und ihm diese Position nicht mehr gegen seinen Willen entzogen werden kann.[279]

---

278 Die Eintragung im Handelsregister ist in jedem Fall nur deklaratorisch und damit weder zivilrechtlich noch steuerrechtlich maßgeblich für den Zeitpunkt der Übertragung.
279 BFH, Urteil v. 22.6.2017 – IV R 42/13, BFHE 259, 258, juris Rn. 34 f.; BFH, Urteil v. 1.3.2018 – IV R 15/15, BFHE 261, 231 = BStBl II 2018, 539, juris Rn. 31 ff.

754 Die steuerrechtliche Behandlung hängt abermals davon ab, ob der ausscheidende Gesellschafter eine Gegenleistung oberhalb seines Kapitalkontos von dem oder den Erwerbern erhält[280] und falls nicht, ob der Erwerber durch die Übertragung begünstigt werden soll. Wird der Mitunternehmeranteil nach Maßgabe der Einheitstheorie und mit der Absicht, den Empfänger zu bereichern **unentgeltlich** übertragen – was insbesondere bei Wechseln im Gesellschafterbestand von Familienpersonengesellschaften oder im Rahmen der vorweggenommenen Erbfolge vorkommt –, ordnet § 6 Abs. 3 S. 1 Hs. 1, 3 EStG eine Buchwertfortführung an. Eine solche kommt auch dann in Betracht, wenn der Gesellschafter nur teilweise ausscheidet (Übertragung eines Teils eines Mitunternehmeranteils, § 6 Abs. 3 S. 1 Hs. 2 EStG). Werden wesentliche Betriebsgrundlagen aus dem Sonderbetriebsvermögen nur unterquotal übertragen, kann nach § 6 Abs. 3 S. 2 EStG gleichwohl eine Buchwertfortführung in Betracht kommen, solange diese Wirtschaftsgüter weiterhin Sonderbetriebsvermögen bleiben.

755 Wird der Mitunternehmeranteil **entgeltlich** übertragen, liegt eine Veräußerung des Mitunternehmeranteils vor, die nach § 16 Abs. 1 S. 1 Nr. 2 EStG beim Übertragenden zu einem begünstigten Gewinn führt – vorausgesetzt, es wird nicht nur ein Teil des Mitunternehmeranteils übertragen, § 16 Abs. 1 S. 2 EStG – und bei dem oder den Übernehmenden zu einem entgeltlichen Erwerb des Mitunternehmeranteils. Die zusätzlichen Anschaffungskosten der Neugesellschafter werden dabei wie beim Eintritt eines weiteren Gesellschafters über Ergänzungsbilanzen dargestellt.

756 Erfolgt der Gesellschafterwechsel dadurch, dass der Mitunternehmeranteil in eine andere Kapital- oder Personengesellschaft **eingebracht** wird – und damit diese Gesellschaft neue Mitunternehmerin wird – richtet sich die Behandlung des Vorgangs nach den Regelungen der §§ 20 ff. UmwStG. Auch hier wird auf Ergänzungsbilanzen zurückgegriffen, wenn eine Buchwertfortführung nicht möglich ist oder nicht gewählt wird.

757 **dd) Tod eines Gesellschafters.** Scheidet ein Gesellschafter durch Tod aus der Gesellschaft aus, behandelt das Steuerrecht diesen Vorgang grundsätzlich parallel zu Übertragungen unter Lebenden. Damit entscheidet über die Rechtsfolge, insbesondere die Möglichkeit der Buchwertanknüpfung, die **Entgeltlichkeit** (§ 16 Abs. 1 S. 1 Nr. 2 EStG) oder **Unentgeltlichkeit** (§ 6 Abs. 3 S. 1 EStG) der Übertragung auf einen oder mehrere Nachfolger. Dies hängt maßgeblich von der erbrechtlichen und gesellschaftsvertraglichen Gestaltung ab. Mit der Vertragspraxis ist zwischen Fortsetzungsklauseln, einfachen und qualifizierten Nachfolgeklauseln sowie Eintrittsklauseln zu unterscheiden.

758 **(1) Fortsetzungsklausel.** Durch eine Fortsetzungsklausel bei einer GbR bzw. nach § 131 Abs. 3 Nr. 1 HGB kraft gesetzlicher Anordnung bei der OHG und den Komplementären der KG wird die Gesellschaft nur unter den verbleibenden Gesellschaftern fortgesetzt. Die Erben des Gesellschafters haben in der Regel einen Ausgleichsan-

---

280 Bei Übertragungen im Rahmen vorweggenommener Erbfolge werden darüber hinaus vom Erwerber an den Übertragenden geleistete Versorgungsleistungen (z.B. die Einräumung eines Wohnrechts) nicht als Entgelt berücksichtigt; vgl. BFH, Beschluss v. 5.7.1990 – GrS 4-6/89, BFHE 161, 317 = BStBl II 1990, 847, juris Rn. 68; BFH, Urteil v. 9.12.2014 – IV R 29/14, BFHE 247, 449 = BStBl II 2019, 723, juris Rn. 28.

spruch gegen die verbleibenden Gesellschafter. Nach der gesetzlichen Grundregel des § 738 Abs. 1 S. 2 BGB ist der Ausgleichsanspruch nach dem gemeinen Wert des Mitunternehmeranteils zu bemessen.

Einkommensteuerrechtlich hat der Verstorbene im Gesellschaftsvertrag seinen Anteil auf den Todesfall an die Mitgesellschafter veräußert (§ 16 Abs. 1 S. 1 Nr. 2 EStG), sodass noch in seiner Person der Veräußerungsgewinn (Differenz zwischen dem tatsächlichen Verkehrswert des Abfindungsanspruchs und dem Buchwert seines Kapitalanteils) entsteht.[281] Der oder die Erwerber haben insoweit Anschaffungskosten auf die Wirtschaftsgüter der Gesellschaft. 759

Beispiel für eine Fortsetzungsklausel:[282] A ist Mitunternehmer der ABC-OHG. Weitere Mitunternehmer sind B und C. Der Gesellschaftsvertrag enthält folgende Klausel: 760

„Durch den Tod eines Gesellschafters wird die Gesellschaft nicht aufgelöst. Der betroffene Gesellschafter scheidet vielmehr aus der Gesellschaft aus und die übrigen Gesellschafter setzen sodann die Gesellschaft mit dem vorhandenen Gesellschaftsvermögen und dem Recht der Fortführung der Bezeichnung der Gesellschaft fort. Die Erben des verstorbenen Gesellschafters erwerben mit dessen Tod einen Ausgleichsanspruch gegen die verbliebenen Gesellschafter. Dieser bemisst sich nach dem Verkehrswert des Gesellschaftsanteils."

Der Buchwert des Mitunternehmeranteils des A beträgt 50, der Verkehrswert 100. Verstirbt A, zählt der „Veräußerungsgewinn" in Höhe von 50 gemäß § 16 Abs. 1 S. 1 Nr. 2 EStG zu seinen Einkünften aus Gewerbebetrieb im Jahr des Todes. B und C stocken die Anschaffungskosten an den Wirtschaftsgütern der OHG um insgesamt 50 auf. Dies kann (da alle Gesellschafter gleichmäßig zusätzliche Anschaffungskosten haben) in der Gesamthandsbilanz erfolgen. Die Aufstellung von Ergänzungsbilanzen ist nicht erforderlich.

Gesellschaftsverträge sehen häufig aber vor, dass nur ein Ausgleich in Höhe des **Buchwerts** gezahlt wird. Ist ein Abfindungsanspruch gesellschaftsvertraglich ausgeschlossen oder erreicht der Wert des Abfindungsanspruchs nicht den Buchwert des Mitunternehmeranteils, ist genauso zu differenzieren wie bei einer Übertragung unter Lebenden (siehe auch schon Rn. 335 ff.):[283] 761

Eine unentgeltliche Übertragung des Anteils liegt vor, wenn sich die Beteiligten darüber einig sind, das er aufgrund einer Schenkung übergehen sollte, der Erwerber also durch das geringe oder ganz fehlende Entgelt bereichert werden sollte. Bei einer Übertragung zwischen Angehörigen besteht für eine entsprechende Absicht eine widerlegbare Vermutung, bei Übertragungen zwischen fremden Personen wird umgekehrt vermutet, dass keine Absicht zu einer Begünstigung des Empfängers besteht. Erhalten die Mitgesellschafter den Anteil aus familiären Gründen ohne Abfindungspflicht oder erreicht die Abfindung nicht die Höhe des Kapitalkontos des Gesellschafters – was häufig innerhalb von Familienpersonengesellschaften der Fall sein kann – liegt daher regelmäßig eine unentgeltliche Übertragung vor, die nach § 6 Abs. 3 EStG zwingend zum Buchwertansatz führt. 762

---

281 BFH, Urteil v. 13.11.1997 – IV R 18/97, BFHE 184, 518 = BStBl II 1998, 290, juris Rn. 13.
282 Dieses und die weiteren Beispiele (teilweise leicht abgewandelt) aus *Breithaupt/Ottersbach*, Kompendium Gesellschaftsrecht, 2010, § 2 Rn. 192 ff.
283 Vgl. *Kulosa*, in Schmidt, EStG, § 6 Rn. 718; *Wacker*, in: Schmidt, EStG, § 16 Rn. 663 jew. m.w.N.

763 Umgekehrt führt die häufig in Gesellschaftsverträgen von Freiberufler- und Beratungsgesellschaften aufgenommene Klausel, dass beim Versterben eines Partners eine Abfindung nur in Höhe des Buchwerts gezahlt wird, regelmäßig zu einem entgeltlichen Geschäft – jedenfalls dann, wenn die Klausel für alle Partner gleichermaßen greift und keine familiären Verbindungen zwischen den Beteiligten bestehen.[284] Der verstorbene Gesellschafter realisiert dann einen Veräußerungsverlust. Die übernehmenden Gesellschafter müssen die Anschaffungskosten der Aktiva in der Gesamthandsbilanz entsprechend mindern, soweit diese anteilig auf den verstorbenen Gesellschafter entfallen. Soweit dies nicht möglich ist (z.B. bei Barvermögen, unentgeltlich erworbenen Wirtschaftsgütern oder wenn die Anschaffungskosten in der Gesamthandsbilanz bereits vollständig abgeschrieben wurden), stocken die Mitgesellschafter ihre Kapitalkonten auf und realisieren einen nicht begünstigten laufenden Gewinn.

764 **Fall 119:** A, B und C sind kinderlose Informatiker und gleichberechtigte Gesellschafter der ABC-GbR, die sich auf die Entwicklung und den Vertrieb von Industriesoftware spezialisiert hat. Die GbR betreibt ihr Unternehmen in möbliert gemieteten Räumen. Einziges abnutzbares Anlagevermögen der GbR sind die von den Mitarbeitern genutzten PC-Systeme. Die GbR hat bereits mehrere am Markt nachgefragte Programme selbst entwickelt und lizensiert. Dadurch hat sie sich zugleich am Markt „einen Namen gemacht", was sich in einem nicht unerheblichen Firmenwert ausdrückt.

Da die wesentlichen Vermögensgegenstände der GbR also illiquide sind, müsste der Kapitalbedarf bei einer Abfindung eines Gesellschafters zu gemeinen Werten aus externen Quellen gedeckt werden. A, B und C wollen aber eine zwangsweise Veräußerung ihrer selbst geschaffenen Programme bzw. die zwangsweise Aufnahme eines fremden Gesellschafters zur Kapitalbeschaffung unbedingt verhindern und treffen daher in ihrem Gesellschaftsvertrag folgende Regelung:

„Durch den Tod eines Gesellschafters wird die Gesellschaft nicht aufgelöst, sondern mit den verbleibenden Gesellschaftern fortgesetzt. Die Erben des verstorbenen Gesellschafters erhalten in diesem Fall keine Abfindung."

Am 3.12.14 verstirbt C. Die Gesellschaft stellt auf diesen Stichtag die folgende (zutreffende) Bilanz auf. Die jeweiligen gemeinen Werte ergeben sich aus den Klammerzusätzen:

Gesamthandsbilanz der ABC-GbR

Aktiva			Passiva		
PC-Systeme	60.000 €	(60.000 €)	Kapital A	40.000 €	(270.000 €)
Bank	120.000 €	(120.000 €)	Kapital B	40.000 €	(270.000 €)
Lizenzen	0 €	(450.000 €)	Kapital C	40.000 €	(270.000 €)
Firmenwert	0 €	(300.000 €)	Verbindl.	60.000 €	(60.000 €)
Summe	180.000 €	(870.000 €)	Summe	180.000 €	(870.000 €)

Wie sieht die Bilanz aus, die für die fortgeführte GbR erstellt werden muss? Welche einkommensteuerrechtlichen Folgen ergeben sich für A, B und C?

---

[284] *Wacker*, in: Schmidt, EStG, § 16 Rn. 663 m.w.N.; BFH, Urteil v. 6.5.2020 – II R 34/17, BFHE 269, 419 = BStBl II 2020, 744 verneint Schenkungssteuerpflicht bei verbleibenden Gesellschaftern.

Lösung Fall 119: C scheidet durch seinen Tod aus der GbR aus, sein Kapitalanteil wächst den Gesellschaftern A und B an. Diese zivilrechtliche Veränderung muss auch steuerrechtlich nachvollzogen werden, sodass die Gesamthandsbilanz zukünftig nur noch Kapitalanteile für A und B ausweisen darf. Der Tod des C führt also zur Übertragung des gesamten Mitunternehmeranteils des C auf A und B.

A und B dürfen allerdings nicht die auf C entfallenden anteiligen Buchwerte gemäß § 6 Abs. 3 EStG fortführen, weil keine unentgeltliche Übertragung im Sinne dieser Vorschrift vorliegt. Zwar müssen A und B keine Abfindung an die Erben des C zahlen, dies erfolgt jedoch nicht zur Zuwendung eines wirtschaftlichen Vorteils an A und B, sondern aus betrieblichen Gründen (Liquiditätsschonung, Erhaltung des ursprünglichen Gesellschafterbestands).

In der Gesamthandsbilanz ist vielmehr wie folgt vorzugehen: Soweit wie möglich, sind die auf C entfallenden Anschaffungskosten erfolgsneutral gegen dessen Kapitalkonto auszubuchen. Im Beispiel ist dies hinsichtlich der anteiligen Anschaffungskosten der PC-Systeme in Höhe von 20.000 € möglich. Dadurch entstehen für die verbliebenen Gesellschafter B und C stille Reserven in gleicher Höhe.

Eine weitere erfolgsneutrale Minderung von Aktiva ist hingegen nicht möglich: Die Barmittel müssen zwingend zu ihrem tatsächlichen Nennwert bilanziert werden und Lizenzen und Firmenwert sind ohnehin nicht mit positiven Aktivwerten ausgewiesen. Das Kapitalkonto des C ist in seiner verbliebenen Höhe (20.000 €) daher auf die Kapitalkonten von A und B gleichmäßig umzubuchen.

Gesamthandsbilanz der AB-GbR

Aktiva		Passiva	
PC-Systeme	40.000 €	Kapital A	50.000 €
Bank	120.000 €	Kapital B	50.000 €
Lizenzen	0 €	Verbindlichkeiten	60.000 €
Firmenwert	0 €		
Summe	160.000 €		160.000 €

C erzielt einen Veräußerungsverlust in Höhe seines Kapitalkontos von 40.000 €. Soweit A und B ihr Kapitalkonto aufgestockt haben (jeweils 10.000 €), erzielen sie einen nicht begünstigten Gewinn.

(2) Einfache Nachfolgeklausel. Die einfache Nachfolgeklausel stellt die Beteiligung vererblich, d.h. der Mitunternehmeranteil fällt in den Nachlass und wird von einem Erben übernommen oder an mehrere Erben verteilt. Eine solche vertragliche Lösung entspricht dem gesetzlichen Modell für die Erbfolge in eine Kommanditbeteiligung gemäß § 177 HGB. Wird der Gesellschafter einer werbenden Personengesellschaft durch mehrere Personen beerbt, entsteht ein **Konflikt zwischen Gesellschafts- und Erbrecht**. Die Erbengemeinschaft als Gesamthandsgemeinschaft widerspricht mit ihren Regelungen in den §§ 2032 ff. BGB der Organisations- und Haftungsstruktur der Personengesellschaft. Nach herrschendem Verständnis kann eine Erbengemeinschaft als Gesamthandsgesellschaft daher nicht Gesellschafterin einer *werbenden* Personengesellschaft (egal ob GbR, OHG oder KG; egal ob Komplementär oder Kommanditist) sein.²⁸⁵ Die damit nicht personen-, sondern bloß vermögensrechtliche, auf Auflösung zielende Struktur der Erbengemeinschaft ist mit der Beteiligung an einer Personengesellschaft nicht vereinbar. Hinzu kommen praktische Probleme, die aus der fehlenden Rechtsfähigkeit der Erbengemeinschaft resultieren.²⁸⁶ Dieser Konflikt wird nach ganz h.M. in der Weise aufgelöst, dass die einzelnen Erben – und nicht die Erbengemeinschaft – „im Wege der **Sondererbfolge**" die Mitgliedschaft des Verstorbenen unmittelbar als Einzelgesellschafter erwerben. Das Gesetz ordnet in § 139 HGB an, dass jeder Erbe als *einzelner* Mitglied der Gesellschaft wird.²⁸⁷ Die Mitgliedschaft wird automatisch unter den Erben entsprechend ihrer Erbquote aufgeteilt. Im Hinblick auf die Mitgliedschaft als Gegenstand des Nachlasses findet mithin eine sich kraft Gesetzes vollziehende Teil-Auseinandersetzung der Erbengemeinschaft statt. Eine Auseinandersetzung gemäß § 2042 BGB ist insofern nicht erforderlich (**erbrechtliche Lösung**).

766 Einkommensteuerlich liegt bei einer Vererbung des Anteils in Kombination mit einer einfachen Nachfolgeklausel regelmäßig eine unentgeltliche Übertragung im Sinne von § 6 Abs. 3 S. 1 EStG vor: Der Mitunternehmeranteil geht ohne Gegenleistung an die Erben über, die der Erblasser aus privaten Gründen begünstigen wollte. Sonderbetriebsvermögen fällt in die Erbengemeinschaft, wird den einzelnen Erben nach § 39 Abs. 2 Nr. 2 AO anteilig zugerechnet und von den Erben somit ebenfalls in Sonderbilanzen aktiviert. In der Person des Erblassers ergibt sich kein Veräußerungsgewinn oder -verlust. In der Gesamthandsbilanz der Mitunternehmerschaft und den Sonderbilanzen der eintretenden Erben werden die Buchwerte fortgeführt. Das Kapitalkonto des Erblassers in der Gesamthandsbilanz wird auf die Erben entsprechend der Erbquote verteilt.

767 **Beispiel für eine einfache Nachfolgeklausel:** „Beim Tode eines Gesellschafters wird die Gesellschaft mit dessen Erben fortgesetzt."

Hier kommt es zu keinerlei Abfindungszahlungen und daher zu keinem Veräußerungsgewinn. Die Erben führen den Anteil gemäß § 6 Abs. 3 S. 1 EStG zu Buchwerten weiter.

768 Einigen sich die Erben in der Folge dahingehend, dass nur ein Erbe weiterhin Mitunternehmer bleiben soll und die anderen Erben als Ausgleich andere Wirtschaftsgüter des Nachlasses oder Ausgleichszahlungen des eintretenden Erben erhalten, so liegen wiederum entgeltliche Übertragungen der Mitunternehmeranteile der anderen Erben vor. Die weichenden Erben realisieren Veräußerungsgewinne, der in der Gesellschaft verbleibende Erbe hat Anschaffungskosten.²⁸⁸

769 **(3) Qualifizierte Nachfolgeklausel.** Bei der qualifizierten Nachfolgeklausel sind nach dem Gesellschaftsvertrag nur bestimmte Personen nachfolgeberechtigt: Die Qualifizierten übernehmen zivilrechtlich im Rahmen der Sondernachfolge die Beteiligung des Erblassers. Steuerrechtlich liegt eine Übertragung nur an diese Erben vor mit zwingender Buchwertfortführung nach § 6 Abs. 3 S. 1 EStG. Die „ausgesperrten" Erben werden nach dem Gesellschaftsrecht nicht Gesellschafter und steuerrechtlich nicht Mitunternehmer. Selbst wenn sie also einen Wertausgleich durch die Nachfol-

---

285 Vgl. zum Nachweis nur *Heydn*, Die erbrechtliche Nachfolge in Anteile an Partnerschaftsgesellschaften, 1999, S. 80-82
286 *Oetker*, in: Oetker, HGB, § 177 Rn. 6.
287 *K. Schmidt*, Gesellschaftsrecht, S. 1340.
288 BFH, Urteil v. 13.12.1990 – IV R 107/89, BFHE 163, 186 = BStBl II 1992, 510, juris Rn. 17.

ger erhalten, handelt es sich insofern nicht um betriebliche Veräußerungsgewinne für die Übertragung eines Mitunternehmeranteils im Sinne von § 16 Abs. 1 S. 1 Nr. 2 EStG. Die Nachfolger haben insoweit keine Anschaffungskosten.[289] Die ausgeschlossenen Erben müssen auf ihre Ausgleichsansprüche allerdings selbstverständlich – ebenso wie die Nachfolger – Erbschaftsteuer zahlen.

Beispiel für eine qualifizierte Nachfolgeklausel: „Beim Tode eines Gesellschafters wird die Gesellschaft mit dessen ehelichen Abkömmlingen, die dessen Erben werden, fortgesetzt. Auf diese gehen alle Rechte und Pflichten des verstorbenen Gesellschafters über. Dies gilt nicht für solche Rechte und Pflichten, die ihm aufgrund seiner persönlichen Eigenschaften übertragen waren."   770

D und E sind Erben des A, allerdings ist nur D als Kind des A „qualifizierter Fortsetzer". Hat E aufgrund dieser Tatsache einen Ausgleichsanspruch, so sind in dessen Erfüllung keine gewerblichen Einkünfte nach § 16 Abs. 1 S. 1 Nr. 2 EStG zu sehen. Der Ausgleich geschieht im Rahmen der Erbauseinandersetzung zwischen D und E.

(4) (Qualifizierte) Eintrittsklausel. Durch eine Eintrittsklausel erhalten die Erben (oder bestimmte Erben; dann liegt eine qualifizierte Eintrittsklausel vor) des ausscheidenden Erblassers lediglich die Option, Gesellschafter zu werden. Somit wächst die Beteiligung des Verstorbenen zunächst den Mitgesellschaftern zu. Wird die Option ausgeübt, wächst die Beteiligung den Alt-Gesellschaftern wieder ab und den Eintretenden zu, § 738 BGB.   771

Wenn die Erben Abfindungsansprüche erwerben, liegt steuerrechtlich grundsätzlich zunächst eine entgeltliche Übertragung des Anteils vom Erblasser an die Mitgesellschafter vor. In der Person des Erblassers entsteht ein Veräußerungsgewinn in Höhe der Differenz zwischen dem tatsächlichen Verkehrswert des Abfindungsanspruchs und dem Buchwert des Kapitalanteils des verstorbenen Gesellschafters (siehe schon unter Rn. 759). Die Ausübung der Option führt sodann zu einem entgeltlichen Beitritt der eintretenden Erben in die bestehende Mitunternehmerschaft. Das Entgelt liegt in dem Verzicht auf die Ausgleichsansprüche (siehe zur Behandlung dieses Eintritts schon unter Rn. 741 ff.).   772

Da es damit in jedem Fall zu einer Aufdeckung der stillen Reserven kommt, wählt die Praxis regelmäßig eine andere, die sog. **Treuhänderlösung**:[290] Hier wird der Anteil für den Eintrittsberechtigten treuhänderisch von den übrigen Gesellschaftern gehalten. Abfindungsansprüche der Erben werden ausgeschlossen. Der Ausschluss der Abfindung ist jedoch durch die Nichtausübung des Eintrittsrechts auflösend bedingt.[291] Wird die Option zum Eintritt ausgeübt, ist der eintretende Erbe im Ergebnis ohne Erbringung einer Gegenleistung Gesellschafter geworden, sodass steuerrechtlich eine unentgeltliche Übertragung im Sinne von § 6 Abs. 3 S. 1 EStG vorliegt.[292] Die Aus-   773

---

289 BFH, Urteil v. 27.7.1993 – VIII R 72/90, BFHE 173, 515 = BStBl II 1994, 625, juris Rn. 11 f.
290 S. dazu ausführlich *Hübner*, ErbStB 2006, 17.
291 *Kamanabrou*, in: Oetker, HGB, § 139 Rn. 38 ff.
292 Vgl. dazu BFH, Urteil v. 27. Juli 1993 – VIII R 72/90 –, BFHE 173, 515, BStBl II 1994, 625, juris Rn. 13 m.w.N. sowie BMF-Schreiben v. 11.1.2006, BStBl I 2006, 253, Rn. 70, wonach bei einer qualifizierten Eintrittsklausel unabhängig von der zivilrechtlichen Gestaltung die Rechtsfolgen der Treuhänderlösung angewendet werden, wenn das Eintrittsrecht innerhalb von sechs Monaten nach dem Erbfall ausgeübt wird.

führungen zur Nachfolgeklausel bzw. (beim Eintritt nur eines von mehreren berechtigten Erben) zur qualifizierten Nachfolgeklausel gelten entsprechend.

774 **Beispiel für eine Eintrittsklausel:** „Im Falle des Todes des Gesellschafters A steht dem X das Recht zu, in die Gesellschaft entsprechend der Beteiligung des verstorbenen Gesellschafters A einzutreten. X muss innerhalb von sechs Wochen nach dem Tode des Gesellschafters A gegenüber allen übrigen Gesellschaftern seinen Eintritt erklären. Wird der Eintritt nicht innerhalb dieser Frist erklärt, wird die Gesellschaft durch die übrigen Gesellschafter fortgesetzt. Den Erben des Gesellschafters A steht in diesem Fall ein Abfindungsanspruch zu. Übt X sein Eintrittsrecht aus, sind die verbleibenden Gesellschafter verpflichtet, ihm durch Abschluss eines Aufnahmevertrages einen Anteil an der Gesellschaft im Umfang der Beteiligung des Gesellschafters A unentgeltlich zu übertragen. Den Erben des A steht in diesem Fall kein Abfindungsanspruch gegen die Gesellschaft oder die übrigen Gesellschafter zu."

IV. Verlustabzugsbeschränkungen

1. Verluste bei beschränkter Haftung (§ 15a EStG)

775 Die Vorschrift des § 15a EStG verbietet in bestimmten Fällen, Verluste aus einer Beteiligung als Kommanditist mit anderen positiven Einkünften zu verrechnen.

776 Zweck der Regelung ist es, nur solche Verluste steuermindernd zu berücksichtigen, die den Gesellschafter auch wirtschaftlich belasten. Dadurch soll die zivilrechtliche Stellung des Kommanditisten angemessen berücksichtigt werden. Der Kommanditist haftet bei eingezahlter und nicht wieder zurückgezahlter Einlage gemäß §§ 171 Abs. 1, 172 Abs. 4 HGB nicht nach außen für die Verbindlichkeiten der KG. Auch intern trifft ihn nach § 167 Abs. 3 HGB keine Ausgleichspflicht, sodass er selbst im Fall einer Insolvenz der Gesellschaft maximal sein eingesetztes Kapital verliert. Werden dem Kommanditisten Verluste zugewiesen und wird dadurch sein Kapitalkonto negativ, führen diese Verluste folglich allenfalls in späteren Jahren zu einer wirtschaftlichen Belastung: Fallen wieder Gewinne an, wird zunächst das negative Kapitalkonto „aufgefüllt", bevor Beträge an den Kommanditisten ausgeschüttet werden. Dieser Umstand wurde im Rahmen von „Verlustzuweisungsgesellschaften" als Steuersparmodell ausgenutzt. Darauf reagierte der Gesetzgeber mit der Schaffung des § 15a EStG.

777 Für eine allein rechnerische Zurechnung der Verluste soll der Kommanditist keine steuerlichen Vorteile genießen. § 15a Abs. 1 S. 1 EStG bestimmt daher, dass Verlustanteile nicht mit anderen Einkünften oder anderen Einkunftsarten verrechnet werden dürfen, soweit ein negatives Kapitalkonto entsteht oder sich erhöht. Auch ein Verlustabzug nach § 10d EStG (Verlustrücktrag oder -vortrag in andere Veranlagungszeiträume) ist nach Hs. 2 der Vorschrift ausgeschlossen. Verrechnet werden kann ein solcher Verlust nur mit späteren Gewinnen aus dieser Beteiligung (§ 15a Abs. 2 S. 1 EStG).

778 **Beispiel:** K ist Kommanditist bei der X-KG und hat seine Einlage vollständig erbracht. Sein Kapitalkonto weist einen Stand von 20.000 € aus. Aufgrund der schlechten wirtschaftlichen Situation der X wird ihm im Jahr 13 ein Verlustanteil von 50.000 € zugewiesen. Dadurch beträgt der Stand seines Kapitalkontos nun – 30.000 €. Wirtschaftlich ist K aber aktuell nur dadurch belastet, dass das ihm vorher gutgeschriebene Kapital von 20.000 € nicht mehr existiert – für die weiteren 30.000 € muss er ja keine Nachzahlung leisten. Deswegen kann K den zugewiesenen Verlust gemäß § 15a Abs. 1 S. 1 EStG auch nur in Höhe von 20.000 € mit anderen Einkünften verrechnen. In Höhe von 30.000 € wird ein verrechenbarer Verlust festgestellt (§ 15a Abs. 4 S. 1 EStG), den er (nur) zum Ausgleich von späteren Gewinnen aus seiner Beteiligung an der X-KG nutzen kann (§ 15a Abs. 2 S. 1 EStG).

Geht es der X im nächsten Jahr besser, sodass K dann ein Gewinn von 30.000 € zugewiesen wird, führt dies dazu, dass K auch durch den „restlichen" Vorjahresverlust von 30.000 € wirtschaftlich belastet ist: K erhält durch den Gewinn kein positives Kapital von 30.000 €, sondern muss erst sein negatives Kapitalkonto ausgleichen, bevor ihm Gewinne zur Verfügung stehen. Somit stellt der Fehlbetrag auf seinem Kapitalkonto eine wirtschaftliche Belastung dar. Dies greift § 15a Abs. 2 S. 1 EStG auf und erlaubt dem K, den im Vorjahr nicht abziehbaren Verlust von 30.000 € mit dem Gewinn von 30.000 € zu verrechnen.

Scheidet der Kommanditist entgeltlich aus der KG aus, ist ein negatives Kapitalkonto vollständig in die Ermittlung des Veräußerungsgewinns miteinzubeziehen.[293] Wird ein Mitunternehmeranteil unentgeltlich übertragen und übernimmt der Erwerber (wie üblich) auch das Gewinnbezugsrecht aus dem Anteil, kann der Erwerber die in der Vergangenheit entstandenen Verluste verrechnen.[294] Da sich der Veräußerungsgewinn aus der Differenz zwischen Veräußerungspreis und Kapitalkonto errechnet, erhöht ein negatives Kapitalkonto rechnerisch diesen Gewinn.

779

Für die Anwendung des § 15a EStG ist es unerheblich, wie das „Kapitalkonto" des Kommanditisten, von dem die Norm spricht, intern bezeichnet wird. Sonst könnte durch eine bloße Umbenennung in „Privatkonto" oder „Darlehenskonto" die Vorschrift allzu leicht umgangen werden.

780

Beispiel:[295] Eine Gesellschaft führt für ihre Kommanditisten mehrere Kapitalkonten. Auf dem Kapitalkonto I wird die Gesellschaftereinlage gebucht. Auf dem Kapitalkonto II, das intern auch als „Darlehenskonto" bezeichnet wird, werden entnahmefähige Gewinne, Verluste, Einlagen und Entnahmen gebucht. Auf dem Kapitalkonto III werden nicht entnahmefähige Gewinne gebucht. Das Kapitalkonto I hat einen Stand von 25.000 € Das Kapitalkonto II weist einen Betrag von 100.000 € aus, nachdem der Gesellschafter der Gesellschaft im Januar einen entsprechenden Betrag zur Verfügung gestellt hat. Das Kapitalkonto III weist einen Wert von 0 € aus. Dem Kommanditisten wird nunmehr ein anteilsmäßiger Verlust von 50.000 € zugerechnet. Führt dies dazu, dass ein negatives Kapitalkonto entsteht?

781

Entscheidend ist, ob es sich bei dem intern als „Darlehenskonto" bezeichneten Konto um ein Kapitalkonto handelt. Ein Kapitalkonto liegt vor, wenn dort auch Verluste gebucht werden oder das Konto im Fall der Liquidation der Gesellschaft oder des Ausscheidens des Gesellschafters mit einem etwa bestehenden negativen Kapitalkonto zu verrechnen wäre. Der Grund dafür ist, dass diese Rechtsfolge nach § 167 Abs. 3 HGB nur bei einem echten Kapitalkonto eintritt, nicht aber bei einem Darlehen (§ 488 BGB). Da im Ausgangsfall auf dem Konto auch Verluste verrechnet werden, liegt unabhängig von der Bezeichnung ein Kapitalkonto vor.

Die konkrete Ausgestaltung der Vorschrift – insbesondere der neu eingefügte Abs. 1a – ist aus verfassungsrechtlicher Sicht bedenklich und führt zu erheblichen Folgeproblemen, mit denen sich auch der BFH regelmäßig auseinandersetzen muss.[296] Um-

782

---

293 BFH, Urteil v. 9.7.2015 – IV R 19/12, BFHE 249, 555 = BStBl II 2015, 954, juris Rn. 19.
294 BFH, Urteil v. 1.3.2018 – IV R 16/15, BFHE 261, 101 = BStBl II 2018, 527, juris Rn. 27 ff. m.w.N.
295 Nach BFH, Urteil v. 15.5.2008 – IV R 46/05, BFHE 221, 162 = BStBl II 2008, 812.
296 Vgl. dazu *Sahrmann*, DStR 2012, 1109.

stritten ist etwa, wie Situationen zu behandeln sind, in denen ein Kommanditist in die Stellung eines Komplementärs wechselt oder umgekehrt.[297]

2. Verluste im Zusammenhang mit Steuerstundungsmodellen (§ 15b EStG)

783 Eine weitere Missbrauchsbekämpfungsregel stellt § 15b EStG auf. § 15b EStG verhindert die Verlustzuweisung im Zusammenhang mit sog. Steuerstundungsmodellen. Verluste im Zusammenhang mit einem Steuerstundungsmodell dürfen weder mit Einkünften aus Gewerbebetrieb noch mit Einkünften aus anderen Einkunftsarten ausgeglichen werden; sie dürfen auch nicht nach § 10d EStG abgezogen werden. Die Verluste mindern jedoch die Einkünfte, die der Steuerpflichtige in den folgenden Wirtschaftsjahren aus derselben Einkunftsquelle erzielt. § 15a EStG ist insoweit nicht anzuwenden. Im Vergleich zu § 15a EStG, der zumindest einen Verlustausgleich bis zur Höhe des Kapitalkontos zulässt, untersagt § 15b EStG bei Steuerstundungsmodellen generell den horizontalen und vertikalen Verlustausgleich. Dies kann insbesondere zu Steuerbelastungen führen, wenn die Gesellschaft infolge von Insolvenz endgültig aufgelöst wird. Der Eintritt von derartigen Definitiveffekten ist nicht verfassungswidrig, weil der Gesetzgeber einen weiten Spielraum bei Regelungen zur Vermeidung von Steuersparmodellen hat.[298]

784 Den Anlass zu dieser Norm lieferte die Tatsache, dass viele Steuerpflichtige durch Medienfonds, New Energy Fonds und Wertpapierhandelsfonds ihre Steuerlast reduzierten.[299] Häufig wurden Modelle angeboten, bei denen die Steuerpflichtigen in den ersten Jahren erhebliche Anfangsverluste zum Ausgleich von anderen Einkünften nutzen konnten. Erst in späteren Jahren sollten Gewinne anfallen, sodass die Anleger einen Steuerstundungseffekt erzielen konnten. Diese Gestaltungen wollte der Gesetzgeber durch die Norm des § 15b EStG verhindern. Die Norm erfasst nur vorgefertigte Modelle, die von einem Anbieter mehreren Steuerpflichtigen angeboten werden.[300]

V. Begünstigte Besteuerung von thesaurierten Gewinnen (§ 34a EStG)

785 Die derzeitige Besteuerung von Personengesellschaften und Einzelunternehmern sieht der Gesetzgeber im Vergleich zur Besteuerung von Kapitalgesellschaften als wettbewerbsfähig an. Dies gilt insbesondere aufgrund der im Jahr 1999 vorgenommenen Tarifsenkung und der Erhöhung des Grundfreibetrags bei der Einkommensteuer sowie aufgrund der Anrechnung der Gewerbesteuer auf die Einkommensteuer nach § 35 EStG.

786 Die Regelung des § 34a EStG soll Anreize für eine bessere Ausstattung von Personengesellschaften mit Eigenkapital schaffen, indem nicht entnommene Gewinne mit einem **ermäßigten Thesaurierungssteuersatz** von insgesamt 28,25 % gegenüber

---

297 *Sahrmann*, DStR 2012, 1109, 1113 m.w.N.
298 FG Hamburg, Urteil v. 20.2.2020 – 2 K 293/15, DStRE 2020, 961, rkr.
299 Vgl. BT-Drs. 16/107, S. 1, 4.
300 Vgl. BFH, Urteil v. 17.1.2017 – VIII R 7/13 –, BFHE 256, 492, BStBl II 2017, 700.

dem derzeitigen max. Steuersatz von 47,48 % besteuert werden können. Man sieht hieran deutlich das Bestreben, die Besteuerung von thesaurierten Gewinnen bei Kapitalgesellschaften und Personengesellschaften anzugleichen.

Ebenso wie bei einer Kapitalgesellschaft werden ausgeschüttete Beträge nochmals mit einem Steuersatz von 25 % versteuert (§ 34a Abs. 4 S. 2 EStG). 787

Gesamtbelastung bei Ausschüttung des Restes nach Thesaurierung von 100:

Kapitalgesellschaften		Personengesellschaften	
Körperschaftsteuer	15 %	ermäßigte Thesaurierungsbelastung (§ 34 a EStG)	28,25 %
Soli hierauf 5,5 %	0,83 %	Soli hierauf 5,5 %	1,55 %
GewSt (3,5 % x 400 %)	14 %	keine GewSt (§ 35 EStG)	0 %
Thesaurierungssatz gesamt	29,83 %	Thesaurierungssatz gesamt	29,80 %
Thesaurierungssatz	29,83 %	Thesaurierungssatz	29,80 %
25 % Abgeltungssteuer auf restl. Gewinn (100 – 29,83)	17,54 %	25 % Nachversteuerungssatz auf 70,20 % (100 – 29,8)	17,55 %
Soli	0,96 %	Soli	0,96 %
Gesamtbelastung	**48,43 %**	**Gesamtbelastung**	**48,31 %**

Für die Steuerermäßigung besteht ein Wahlrecht. Voraussetzung ist, dass die Gesellschaft bilanziert. Auf den ersten Blick erscheint die Wahl des Thesaurierungssatzes für Personengesellschaften günstig. Zu beachten ist aber, dass jedenfalls ein Betrag in Höhe der zu zahlenden Steuern sowie ein Betrag für die persönliche Lebensführung ausgeschüttet werden muss, falls man beides nicht aus anderen Einkünften finanziert. Daher können selten 100 % thesauriert und der günstige Steuersatz kaum ganz erreicht werden.[301] Eine mit einem Kapitalgesellschaftskonzern vergleichbare Gesamtbelastung wird zudem nur dann erreicht, wenn die Gesellschafter einem hohen persönlichen Einkommensteuersatz unterliegen. Je niedriger der persönliche Einkommensteuersatz ist, desto länger müssen die Thesaurierungszeiten sein, um einen vergleichbaren Spareffekt zu erreichen. Die Vorschrift wird daher in weiten Teilen des Schrifttums kritisiert[302] und in der Praxis nur von wenigen Unternehmen genutzt. 788

C. Vermögensverwaltende Personengesellschaften

Aus der Prüfung der Voraussetzungen einer gewerblichen, selbständigen oder land- und forstwirtschaftlichen Mitunternehmerschaft ergibt sich inzident bereits die Abgrenzung zu einer nur vermögensverwaltenden Personengesellschaft. Immer (und nur), wenn die Gesellschafter mit ihrer gemeinsamen Tätigkeit nicht die Vorausset- 789

---

301 Siehe die Berechnungen von *Kleineidam/Liebchen*, DB 2007, 409, 410.
302 Vgl. *Wacker*, in: Schmidt, EStG, § 34a Rn. 5, 7 m.w.N.; *Hey*, Belastung thesaurierender Personenunternehmen. Reformbedarf bei Sondertarifierung (§ 34a EStG) und Gewerbesteueranrechnung (§ 35 EStG), 2020.

zungen einer Gewinneinkunftsart erfüllen und auch keiner der Fiktionstatbestände in § 15 Abs. 3 Nr. 1 oder Nr. 2 EStG greift, erzielen die Gesellschafter gemeinsam Einkünfte aus Vermögensverwaltung, also Einkünfte aus Kapitalvermögen (§ 20 EStG), Einkünfte aus Vermietung und Verpachtung (§ 21 EStG) oder sonstige Einkünfte (§ 22 EStG).

790 Häufig muss beispielsweise abgegrenzt werden zwischen einer rein vermögensverwaltenden, etwa Mietgrundstücke langfristig vermietenden und gelegentlich verkaufenden Gesellschaft, die Einkünfte aus § 21 EStG erzielt, und einem gewerblichen Grundstückshandel nach § 15 EStG, bei dem die Gesellschaft nach der sogenannten Drei-Objekte-Grenze mehr als drei Objekte innerhalb von fünf Jahren veräußert (dazu im Detail unter Rn. 93 ff., 811 ff.). Ebenso stellt sich diese Frage beim Handel mit Wertpapieren. Hier wird davon ausgegangen, dass auch umfangreicher Handel erst bei Hinzutreten weiterer Umstände (z.B. Mitarbeiter, erhebliche Fremdfinanzierung, Büroräume usw.) den Rahmen der privaten Vermögensverwaltung verlässt (zur Abgrenzung zwischen Vermögensverwaltung und Gewerbebetrieb bereits unter Rn. 86 ff.).[303]

I. Einkünftequalifikation

1. Herrschende Meinung: Partielle Steuerrechtsfähigkeit der Gesellschaft

791 Für die gemeinschaftliche Erzielung von Überschusseinkünften fehlen ertragsteuerrechtliche Spezialregelungen weitgehend. Insbesondere gibt es keine Vorschrift, die dem § 15 Abs. 1 S. 1 Nr. 2 EStG vergleichbar ist. Die herrschende Meinung geht trotzdem davon aus, dass auch eine vermögensverwaltende Personengesellschaft partiell steuerrechtsfähig ist und mithin die Gesellschafter in ihrer Verbundenheit gemeinsam auch Überschusseinkünfte erzielen können.[304]

792 Hierfür spricht zunächst – unter dem Gedanken der Vorherigkeit des Zivilrechts – die zivilrechtliche Eigenständigkeit der Gesellschaft. Auch wenn für steuerrechtliche Zwecke nicht zwingend an die zivilrechtlichen Zurechnungen angeknüpft wird (§ 39 Abs. 1 und 2 AO), nimmt das Steuerrecht grundsätzlich die vorgefundene zivilrechtliche Rechtslage auf und modifiziert sie nur dort, wo dies unter wirtschaftlichen Gesichtspunkten erforderlich erscheint. Von diesem Regel-Ausnahme-Verhältnis geht gerade auch die Formulierung in § 39 Abs. 2 Nr. 2 AO aus. Auch wenn sich im Recht der Überschusseinkünfte keine zentrale Norm findet, die die steuerrechtliche Eigenständigkeit der Personengesellschaft betont, muss dies noch nicht bedeuten, dass für steuerrechtliche Zwecke stets eine Bruchteilsbetrachtung „erforderlich" ist. Vielmehr lassen sich umgekehrt auch mehrere Normen aus diesem Regelungsbereich finden, die gerade eine gewisse steuerrechtliche Eigenständigkeit der Gesellschaft voraussetzen. So erklären § 20 Abs. 1 Nr. 4 S. 2 EStG und § 21 Abs. 1 S. 2 EStG die Verlust-

---

303 *Birk/Desens/Tappe*, Steuerrecht, Rn. 715.
304 Vgl. BFH, Urteil v. 25.6.1984 – GrS 4/82, BFHE 141, 405, BStBl II 1984, 751, unter C.III.3.a; BFH, Urteil v. 18.5.2004 – IX R 42/01, BFH/NV 2005, 168; BFH, Urteil v. 29.10.2019 – IX R 38/17 –, BFHE 267, 18 Rn. 27; *Kemcke/Schäffer*, in: Haase/Dorn, Teil 3 Rn. 41 m.w.N.

abzugsbeschränkung des § 15a EStG bei Überschusseinkünften für entsprechend anwendbar. Die Norm des § 15a EStG knüpft aber gerade an die Entwicklung eines Kapitalkontos auf Gesellschaftsebene an. Ebenso enthalten die § 20 Abs. 2 S. 3 EStG und § 23 Abs. 1 S. 4 EStG Regelungen für die Veräußerung eines Anteils an einer vermögensverwaltenden Personengesellschaft – auch dies setzt gedanklich voraus, dass diese Gesellschaft nicht ohnehin wegen einer strengen Bruchteilsbetrachtung steuerrechtlich inexistent ist.

Gleichzeitig können vermögensverwaltende Personengesellschaften auch nach der herrschenden Meinung nicht mit Mitunternehmerschaften gleichgesetzt werden. Eine analoge Anwendung von § 15 Abs. 1 S. 1 Nr. 2 EStG scheidet wegen der kategorischen Unterschiede zwischen Gewinn- und Überschusseinkunftsarten nach allgemeiner Ansicht aus. Die herrschende Meinung sieht die Stellung der vermögensverwaltenden Personengesellschaft danach wie folgt: Zwar können die Gesellschafter in ihrer Verbundenheit **Überschusseinkünfte** erzielen, wenn auf Ebene der Gesellschaft alle Voraussetzungen für eine Einkunftsart erfüllt sind. Da keine Gewinneinkünfte erzielt werden, ist die vermögensverwaltende Personengesellschaft zwar nach §§ 6 Abs. 1, 238 HGB zwingend buchführungspflichtig und erstellt eine **Handelsbilanz**, wenn sie durch Eintragung in das Handelsregister nach §§ 105 Abs. 2, 161 Abs. 2 HGB von der GbR zur OHG oder – häufiger – KG geworden ist. Jedoch besteht keine steuerliche Buchführungspflicht, da die §§ 4 Abs. 1, 5 Abs. 1 EStG i.V.m. §§ 140, 141 AO mangels Gewerblichkeit nicht eingreifen.

Diese Einkünfte werden dann nach den gesellschaftsvertraglichen Regelungen den einzelnen Gesellschaftern als Steuersubjekten zugerechnet. Auf Ebene des Gesellschafters können aber zusätzliche Umstände hinzutreten, die zu einer Umqualifikation der Einkünfte oder einer Modifizierung der Einkunftshöhe führen können. So können persönliche Lebensumstände und Beziehungen des jeweiligen Gesellschafters die Besteuerung von laufenden Einkünften (z.B. bei § 32d Abs. 2 Nr. 1 a), Nr. 3 EStG) oder Veräußerungsgeschäften (z.B. bei § 23 Abs. 1 S. 1 Nr. 1 S. 3 EStG) beeinflussen. Auch Wechsel im Gesellschafterbestand, die nach § 20 Abs. 2 S. 3 EStG und § 23 Abs. 1 S. 4 EStG einer Anschaffung bzw. Veräußerung der Wirtschaftsgüter der Gesellschaft gleichstehen, können erst auf Ebene des einzelnen Gesellschafters berücksichtigt werden.[305]

Bei **Leistungsbeziehungen zwischen Gesellschaft und Gesellschafter** differenziert die herrschende Meinung. Zwar werden diese prinzipiell anerkannt, soweit sie klar von der gesellschaftsrechtlichen Einlageverpflichtung und einem dafür gezahlten Gewinnvorab abgegrenzt werden können (insbesondere, wenn zusätzliche und fremdübliche schuldrechtliche Verträge zwischen Gesellschaft und Gesellschafter geschlossen werden). Tätigkeitsvergütungen an einen Gesellschafter führen auf Ebene der Gesellschaft zu Werbungskosten und auf Ebene des Gesellschafters zu Einnahmen aus selbständiger oder nichtselbständiger Arbeit – die Regelung des § 15 Abs. 1 S. 1 Nr. 2 S. 1 Hs. 2 EStG greift weder unmittelbar noch analog.[306] Demgegenüber soll

---
305 Vgl. im Einzelnen OFD Frankfurt a.M., Verfügung v. 2.9.2015, DStR 2015, 2554, Rn. 2, 16.
306 BFH v. 18.11.1980 – VIII R 194/78, BFHE 132, 522, BStBl II 1981, 510, Rn. 20 ff.; FG Düsseldorf v. 17.7.2018 – 15 K 3568/16 E, Rn. 26 ff.

ein Miet- oder Darlehensverhältnis steuerlich insoweit nicht anzuerkennen sein, als der Gesellschafter an der Gesellschaft beteiligt ist. Hier setzt sich die Bruchteilsbetrachtung aus § 39 Abs. 2 Nr. 2 AO durch: Der Gesellschafter kann Grundstücke oder Kapital nicht – auch nicht anteilig – „an sich selbst" überlassen oder „von sich selbst" überlassen bekommen, sodass die schuldrechtlich gezahlten Vergütungen insoweit steuerrechtlich nicht als Einnahmen oder Aufwendungen, sondern als steuerlich unbeachtlich Zahlungen auf der privaten Vermögensebene behandelt werden.[307]

2. Strenge Bruchteilsbetrachtung nach § 39 Abs. 2 Nr. 2 AO

796 Die Lösung der herrschenden Meinung führt allerdings zu einer Vielzahl von Zweifelsfragen. Insbesondere lässt sich bei Einkünften aus Veräußerungsgeschäften (§§ 17, 20 Abs. 2, 23 EStG) kaum konsequent differenzieren, wann Einkünfte auf Gesellschafts- und wann auf Gesellschafterebene erzielt werden:

797 So kann sich eine wesentliche Beteiligung im Sinne von § 17 EStG nach dem Wortlaut des Gesetzes auch durch eine „mittelbare" Beteiligung ergeben. Um die maßgebliche Beteiligungshöhe zu ermitteln, müssen also Gesellschaften – auch vermögensverwaltende Personengesellschaften – auf Ebene des Gesellschafters vollständig transparent behandelt werden. Erst dadurch kann für die Person des Gesellschafters ermittelt werden, zu welchem Prozentsatz er insgesamt – unmittelbar und mittelbar – an einer Kapitalgesellschaft beteiligt ist.[308] Die herrschende Meinung folgert daraus, dass eine gemeinschaftliche Verwirklichung von Einkünften aus § 17 EStG auf Ebene der Gesellschaft generell nicht möglich ist.[309] Einkünfte aus § 20 Abs. 2 EStG (oder solche aus § 23 EStG) sollen hingegen auf Ebene der Gesellschaft erzielt werden können, wenn die Gesellschaft die entsprechenden Wirtschaftsgüter sowohl angeschafft als auch (bei § 23 EStG innerhalb der entsprechenden Frist) veräußert hat.[310] Dies erscheint schon deshalb wenig überzeugend, weil der einzige materiell-rechtliche Unterschied zwischen Einkünften aus § 17 EStG und solchen aus § 20 Abs. 2 S. 1 Nr. 1 EStG darin besteht, in welcher Höhe der Veräußerer an der Kapitalgesellschaft beteiligt ist. Diese gemeinsame Struktur spricht dafür, auch einheitlich darüber zu entscheiden, ob eine gemeinschaftliche Einkünfteerzielung möglich ist oder nicht.

798 In Fällen eines Gesellschafterwechsels ist auch dann, wenn eine Einkünfteerzielung auf Gesellschaftsebene nach der herrschenden Meinung möglich ist, eine zusätzliche Modifikation auf Gesellschafterebene erforderlich. So ordnet das Gesetz in § 20

---

307 Für die Vermietung eines Grundstücks von der Gesellschaft an den Gesellschafter ausdrücklich BFH v.18.5.2004 – IX R 83/00, BFHE 206, 162, BStBl II 2004, 898, Rn. 21, 25; BFH v. 22.8.2007 – III R 3/06, BFH/NV 2008, 345, Rn. 16; diese Grundsätze werden von der h.M. auch auf die Überlassung von Kapital übertragen; vgl. z.B. FG Düsseldorf v. 8.10.2019 – 13 K 1695/19 F, EFG 2020, 93, Rn. 17 ff., rkr.; OFD NRW v. 7.1.2016, DStR 2016, 755; *Kemcke/Schäffer*, in: Haase/Dorn, Teil 3 Rn. 87 f., jew. m.w.N.
308 Mit anderen Worten: Es wird mit Blick auf den einzelnen Gesellschafter seine Beteiligungsquote „durchgerechnet".
309 BFH, Urteil v. 9.5.2000 – VIII R 41/99, BFHE 192, 273 = BStBl II 2000, 686, juris Rn. 23; OFD Frankfurt a.M., Verfügung v. 2.9.2015, DStR 2015, 2554, Rn. 18; H 17.2 „Gesamthandsvermögen" EStH 2012.
310 OFD Frankfurt a.M. v. 2.9.2015, DStR 2015, 2554, Rn. 2, 16.

Abs. 2 S. 3 EStG und § 23 Abs. 1 S. 4 EStG ausdrücklich an, dass der Erwerb oder die Veräußerung eines Anteils an einer vermögensverwaltenden Personengesellschaft auf Ebene des Gesellschafters der Anschaffung und Veräußerung der einzelnen, von der Gesellschaft gehaltenen Wirtschaftsgüter, gleichstehen. Die Einheitsbetrachtung der Gesellschaft weicht insoweit einer Bruchteilsbetrachtung. Dies ist erforderlich, um dem einzelnen Gesellschafter seine Anschaffungskosten individuell zuzuordnen, die er insbesondere bei vermieteten Grundstücken im Rahmen von Absetzungen für Abnutzungen steuerlich geltend machen kann. Die herrschende Meinung überträgt insoweit die Grundsätze der Ergänzungsbilanzen bzw. Ergänzungsrechnungen, um die individuellen Anschaffungskosten im Rahmen einer Einkünfteermittlung fortzuführen (siehe bereits unter 866 ff.).[311] Auch wenn ein Besteuerungstatbestand vollständig auf Gesellschaftsebene verwirklich wird, ist in diesen Fällen stets eine Korrektur auf Gesellschafterebene erforderlich.[312]

Beispiel: Die vermögensverwaltende Personengesellschaft X-GbR erwirbt am 1.1.03 ein Grundstück und veräußert es am 31.12.07. Zum 31.12.05 hat der Gesellschafter A seinen Gesellschaftsanteil an der X-GbR an den Neugesellschafter B veräußert. Der Grundstückswert ist bis zum 31.12.05 stark gestiegen, danach aber wieder leicht gesunken.

Zwar liegen auf Ebene der Gesellschaft alle Voraussetzungen eines Veräußerungsgeschäfts nach § 23 Abs. 1 S. 1 Nr. 1 EStG am 31.12.07 vor. Die herrschende Meinung müsste konsequenterweise annehmen, dass die Gesellschaft hier Einkünfte erzielt. A verwirklicht aber auch schon mit der Veräußerung seines Anteils nach § 23 Abs. 1 S. 4 EStG den Tatbestand eines privaten Veräußerungsgeschäfts. Er realisiert die bis zu diesem Zeitpunkt eingetretenen Wertsteigerungen des Grundstücks.

Nach derselben Norm gilt zudem die Anschaffung des Anteils für B als (anteilige) Anschaffung des Grundstücks, sodass für ihn eine eigene Spekulationsfrist und eigene Anschaffungskosten begründet werden. Es wäre wirtschaftlich nicht angemessen, wenn man auch mit Wirkung für B den Wert des Grundstücks am 31.12.07 mit demjenigen bei Anschaffung durch die Gesellschaft am 31.12.03 vergleicht. Nur wenn man – wie vom Gesetzgeber mit § 23 Abs. 1 S. 4 EStG auch vorgegeben – konsequent auf die Gesellschafter A und B blickt und die GbR als volltransparent behandelt, können die stillen Reserven den einzelnen Personen wirtschaftlich angemessen zugeordnet werden.

Fraglich ist zudem, wie nach der herrschenden Meinung etwa Fälle zu behandeln sind, in denen ein Gesellschafter ein Grundstück anschafft und dann unentgeltlich in die Gesellschaft einbringt, die das Grundstück schließlich veräußert. Liegt in der Einbringung eine Anschaffung durch die Gesellschaft? Und wenn ja, wie wäre der Gewinn zu ermitteln? Im betrieblichen Bereich hat der BFH angenommen, es liege keine Veräußerung von Betriebsvermögen bei Verkauf eines Wirtschaftsgutes des gewerblichen Gesellschafters an „seine" vermögensverwaltende (Zebra-Gesellschaft), soweit er an der Gesellschaft betrieblich beteiligt ist, weil sich die Bruchteils-Beteiligung an dem Wirtschaftsgut insofern nicht ändert.[313]

Auch jenseits der Veräußerungsgeschäfte wirft eine Einkünfteerzielung auf Ebene der vermögensverwaltenden Gesellschaft schwierige Abgrenzungsfragen auf, die von der

---
311 BFH, Urteil v. 29.10.2019 – IX R 38/17, BFHE 267, 18, juris Rn. 28 ff.
312 Kritisch daher auch *Kemcke/Schäffer*, in Haase/Dorn, Teil 3 Rn. 187 ff.
313 BFH, Urteil v. 26.4.2012 – IV R 44/09, BFHE 237, 453 = BStBl 2013, 142 juris Rn. 25 ff.

herrschenden Meinung bisher nicht beantwortet werden: Bei der Ermittlung der Einkünfte aus Kapitalvermögen wird grundsätzlich nur ein Sparerpauschbetrag berücksichtigt, tatsächliche Werbungskosten sind nicht abzugsfähig (§ 20 Abs. 9 S. 1 EStG). Soll bei einer gemeinschaftlichen Einkünfteerzielung dieser Pauschbetrag nur einmal – auf Ebene der Gesellschaft – berücksichtigt werden? Dies würde die Gesellschafter schlechter stellen, als wenn sie jeweils einen Bruchteil der Kapitaleinnahmen allein erzielen würden. Das erscheint zweifelhaft, weil der Pauschbetrag und das Abzugsverbot für die tatsächlichen Werbungskosten in systematischem Zusammenhang mit dem niedrigeren Abgeltungssteuersatz (§ 32d Abs. 1 EStG) stehen (vgl. auch § 32d Abs. 2 Nr. 1 S. 2 EStG). Ob dieser abgeltende Steuersatz oder der tarifliche Einkommensteuersatz Anwendung finden soll, kann aber ohnehin erst auf Ebene des Gesellschafters entschieden werden (vgl. insbesondere die persönlichen Antragsrechte in § 32d Abs. 2 Nr. 3 EStG und § 32d Abs. 6 EStG).[314]

802 Die behandelten Zweifelsfragen werden von der herrschenden Meinung so gelöst, dass sich die Bruchteilsbetrachtung aus § 39 Abs. 2 Nr. 2 AO im Ergebnis durchsetzt: Die Gesellschafter werden in einem zweiten Schritt so besteuert, als wenn man von vornherein eine anteilige Zurechnung der Wirtschaftsgüter der Gesellschaft zu den einzelnen Gesellschaftern nach § 39 Abs. 2 Nr. 2 AO vorgenommen hätte. Auch bei der Überlassung von körperlichen Sachen oder Kapital kommt die herrschende Meinung durch die teilweise Nichtanerkennung des Miet- oder Darlehensvertrags im Ergebnis zu einer Bruchteilsbetrachtung.[315] Die Einkünfteermittlung auf Ebene der Gesellschaft ist damit in den meisten Fällen nur vorläufig bzw. unvollständig.

803 Damit erscheint das Vorgehen der herrschenden Meinung kompliziert und – mangels spezieller gesetzlicher Vorgaben – auch nicht erforderlich. Zunächst eine Einkünfteerzielung auf Gesellschaftsebene zu prüfen und die dort getroffenen Qualifikations- und -ermittlungsentscheidungen sodann auf Ebene der Gesellschafter in jedem Fall noch einmal zu hinterfragen, schafft zusätzliche Abgrenzungsfragen und Wertungskonflikte. Überzeugender ist es, von vornherein nur auf den jeweiligen Gesellschafter abzustellen und vermögensverwaltende Personengesellschaften im Sinne einer strengen Bruchteilsbetrachtung als vollständig transparent zu behandeln. Nur die Gesellschafter sind Steuersubjekte und können Einkünfte erzielen, sämtliche Handlungen der Gesellschaft sind anteilig den einzelnen Gesellschaftern zuzurechnen. Da es keine (jedenfalls keine umfassenden) spezialgesetzlichen Regelungen zur Behandlung vermögensverwaltender Personengesellschaften gibt, ist für Zwecke der Besteuerung eine anteilige Zurechnung der Wirtschaftsgüter zum Gesellschafter in jedem Fall erforderlich (vgl. § 39 Abs. 2 Nr. 2 AO).[316] Die zivilrechtliche Eigenständigkeit der vermögensverwaltenden Gesellschaft wird damit aus steuerrechtlicher Sicht negiert. Die §§ 20 Abs. 2 S. 3 EStG und 23 Abs. 1 S. 4 EStG haben von diesem gedanklichen

---

314 Vgl. auch BMF-Schreiben v. 18.1.2016, BStBl I. 2016, 85, Rn. 72: insoweit keine Bindungswirkung eines Feststellungsbescheids.
315 BFH v.18.5.2004 – IX R 83/00, BFHE 206, 162, BStBl II 2004, 898, Rn. 21, 25; BFH v. 22.8.2007 – III R 3/06, BFH/NV 2008, 345, Rn. 16; FG Düsseldorf v. 8.10.2019 – 13 K 1695/19 F, EFG 2020, 93, Rn. 17 ff., rkr.; OFD NRW v. 7.1.2016, DStR 2016, 755; *Kemcke/Schäffer*, in: Haase/Dorn, Teil 3 Rn. 87 f., jew. m.w.N.
316 Vgl. auch BFH, Urteil v. 19.9.2019 – IV R 32/16, BFHE 266, 209 = BStBl II 2020, 199, juris Rn. 20: Bruchteilbetrachtung bei Beteiligung einer KG an vermögensverwaltender Zebra-Gesellschaft.

Ausgangspunkt aus nur noch deklaratorische Bedeutung. Auf dieser Grundlage lassen sich die Fallkonstellationen ohne weitere Schwierigkeiten konsequent lösen:

Fall 120: Die Geschwister A, B und C sind Gesellschafter einer Gesellschaft bürgerlichen Rechts. A ist zu 50 %, B und C zu jeweils 25 % beteiligt. Sie haben über einen Zeitraum mehrerer Jahre ein Aktienportfolio aufgebaut. Dieses ist auf die Erzielung von hohen Dividendenzahlungen ausgerichtet. Nur wenn sich durch markante Kurssteigerungen eine gute Gelegenheit zum Verkauf ergibt, schichten die Gesellschafter das Portfolio um. Im Jahr 14 sind auf dem Konto der GbR, auf das alle drei Gesellschafter Zugriff haben, Dividenden in Höhe von 15.000 € zugeflossen. Außerdem erwarb die GbR im Januar 2 % der Aktien an der D-AG, die zu diesem Zeitpunkt aufgrund vorübergehender Liquiditätsschwierigkeiten an der Börse erheblich unterbewertet wurde, zu einem Preis von 300.000 €. Nachdem sich der Kurs der D-AG rasant erholte, veräußerte die GbR die Aktien im Oktober zu einem Preis von 500.000 €.

Welche Einkünfte erzielen A, B und C im Veranlagungszeitraum 14?

Lösung Fall 120:

A. Einkünfte von A

I. Einkünfte aus Gewerbebetrieb (§ 15 Abs. 1 S. 1 Nr. 2 EStG)

A erzielt aus seiner Beteiligung an der GbR nur dann gewerbliche Einkünfte im Sinne von § 15 Abs. 1 S. 1 Nr. 2 EStG, wenn es sich bei der GbR um eine gewerbliche Mitunternehmerschaft handelt. Dies setzt voraus, dass die Gesellschaft eine gewerbliche Tätigkeit ausübt (vgl. auch „des Betriebs" in § 15 Abs. 1 S. 1 Nr. 2 S. 1 EStG). Das bloße Halten von Aktien mit gelegentlichen An- und Verkäufen stellt allerdings noch keine werbende Tätigkeit am Markt dar. Vielmehr ist die GbR nur vermögensverwaltend tätig. Da auch keine der Fiktionen in § 15 Abs. 3 Nr. 1 oder Nr. 2 EStG greift, unterhält die GbR keinen Gewerbebetrieb. A erzielt mithin keine Einkünfte aus einer gewerblichen Mitunternehmerschaft.

II. Einkünfte aus Gewerbebetrieb (§ 17 Abs. 1 S. 1 EStG)

A könnte aber mit der Veräußerung der Anteile an der D-AG Einkünfte aus Gewerbebetrieb im Sinne von § 17 Abs. 1 S. 1 EStG erzielen.

Dann müsste A als innerhalb der letzten 5 Jahre wesentlich (also zu mindestens 1 %) beteiligter Gesellschafter Anteile an einer Kapitalgesellschaft veräußert haben. Zwar war A nie zivilrechtlicher Inhaber der Anteile an der D-AG (vgl. § 39 Abs. 1 AO), ihm sind aber nach § 39 Abs. 2 Nr. 2 AO 50 % der von der Gesellschaft gehaltenen Anteile zurechenbar. A war also für steuerliche Zwecke unmittelbar vor Veräußerung zu 1 % an der D-AG beteiligt (vgl. auch § 17 Abs. 1 S. 1 EStG, der ausdrücklich auch mittelbare Beteiligungen erfasst). Anschaffung und Verkauf der Anteile durch die Gesellschaft sind steuerlich so zu behandeln, als ob A selbst die Anteile (soweit sie ihm zurechenbar sind) erworben und veräußert hat. Eine Veräußerung durch einen wesentlich beteiligten Gesellschafter liegt mithin vor.

Einkünfte sind nach § 2 Abs. 2 S. 1 Nr. 1 EStG der nach § 17 Abs. 2 EStG zu ermittelnde Veräußerungsgewinn. Wegen des anwendbaren Teileinkünfteverfahrens (§ 3 Nr. 40 S. 1 c), § 3c Abs. 2 EStG) sind Einnahmen nur zu 60 % steuerpflichtig; Anschaffungskosten können aber auch nur in Höhe von 60 % abgezogen werden. Es ergibt sich ein Gewinn in Höhe von 60 % * (50 % * 500.000 €) – 60 % * (50 % * 300.000 €) = 75.000 €. Der Freibetrag nach § 17 Abs. 3 S. 1 EStG in Höhe von grundsätzlich 1 % * 9.060 € = 90,60 € wird nach § 17 Abs. 3 S. 2 EStG um 75.000 € – 1 % * 36.100 € = 74.639 €, also vollständig abgeschmolzen.

A erzielt mithin Einkünfte aus Gewerbebetrieb in Höhe von 75.000 €.

III. Einkünfte aus Kapitalvermögen (§ 20 Abs. 1 Nr. 1 EStG)

Soweit A an der GbR beteiligt ist, sind ihm nach § 39 Abs. 2 Nr. 2 AO auch die sonstigen von der GbR gehaltenen Anteile anteilig zurechenbar. Er erzielt mithin mit den Dividenden als Anteilseigner (§ 20 Abs. 5 S. 1 EStG) Einkünfte aus § 20 Abs. 1 Nr. 1 S. 1 EStG.

Diese sind nach § 2 Abs. 2 S. 1 Nr. 2, S. 2 EStG der Überschuss der Einnahmen über den Sparerpauschbetrag (§ 20 Abs. 9 S. 1 EStG). Mit Eingang auf dem Konto der GbR sind A Einnahmen in Höhe von 50 % * 15.000 € = 7.500 € zugeflossen (§ 11 Abs. 1 S. 1 EStG). Er erzielt mithin Einkünfte in Höhe von 7.500 € − 801 € = 6.699 €. Diese unterliegen einer pauschalen Abgeltungsteuer von 25 % (§§ 32d Abs. 1 S. 1, 43 Abs. 5 S. 1 Hs. 1 EStG).

C. Einkünfte von B und C
I. Einkünfte aus Gewerbebetrieb

Da B und C nach § 39 Abs. 2 Nr. 2 AO jeweils nur 25 % * 2 % = 0,5 % der Anteile zuzurechnen sind, kommen mangels wesentlicher Beteiligung keine Einkünfte aus Gewerbebetrieb im Sinne von § 17 Abs. 1 S. 1 EStG in Betracht.

II. Einnahmen aus Kapitalvermögen (§ 20 Abs. 1 Nr. 1 EStG)

Auch B und C erzielen, soweit sie an der vermögensverwaltenden GbR beteiligt und ihnen nach § 39 Abs. 2 Nr. 2 AO die von der GbR gehaltenen Anteile zuzurechnen sind, mit den zugeflossenen Dividenden Einkünfte aus Kapitalvermögen. Insoweit kann vollumfänglich auf die Ausführungen zu den Einkünften des A verwiesen werden. Für B und C ergeben sich Einnahmen aus § 20 Abs. 1 Nr. 1 EStG in Höhe von 25 % * 15.000 € = 3.750 €.

II. Einnahmen aus Kapitalvermögen (§ 20 Abs. 2 S. 1 Nr. 1 EStG)

Auch aus der Veräußerung der Anteile an der D-AG erzielen B und C Einkünfte aus Kapitalvermögen (§ 20 Abs. 2 S. 1 Nr. 1 EStG). Der nach § 20 Abs. 4 EStG zu ermittelnde Veräußerungsgewinn beträgt für B und C jeweils 25 % * 500.000 € − 25 % * 300.000 € = 50.000 €.

III. Gesamteinkünfte aus Kapitalvermögen

Die Gesamteinnahmen in Höhe von 53.750 € mindern sich jeweils um den Sparerpauschbetrag in Höhe von 801 € (§ 20 Abs. 9 S. 1 EStG), sodass sich für B und C jeweils pauschal zu besteuernde (§§ 32d Abs. 1 S. 1, 43 Abs. 5 S. 1 Hs. 1 EStG) Kapitaleinkünfte in Höhe von 52.949 € ergeben.

805 Die vollständige Transparenz der Gesellschaft führt dazu, dass eine Veräußerung der Gesellschaftsbeteiligung steuerrechtlich eine Veräußerung der (anteiligen) Wirtschaftsgüter darstellt: Der Anteil des Gesellschafters an der vermögensverwaltenden Gesellschaft ist kein selbständiges Wirtschaftsgut, sondern aufgrund der wirtschaftlichen Betrachtung des § 39 Abs. 2 Nr. 2 AO „durch die Gesellschaft" nur die Zusammenfassung der anteiligen Wirtschaftsgüter des Gesellschafters. Mit dem Ende der Gesellschaftsbeteiligung endet auch die anteilige Zurechnung der Wirtschaftsgüter, d.h. aus steuerrechtlicher Sicht liegt ein Rechtsträgerwechsel, also eine potenziell steuerbare Veräußerung dieser Wirtschaftsgüter (insbesondere nach §§ 17, 20 Abs. 2, 23 EStG) vor. Umgekehrt führt der Eintritt in eine vermögensverwaltende Gesellschaft zur anteiligen Anschaffung der Wirtschaftsgüter. Diese Grundsätze sind für Veräußerungseinkünfte aus Kapitalvermögen (§ 20 Abs. 2 S. 3 EStG) sowie für private Veräußerungsgeschäfte (§ 23 Abs. 1 S. 4 EStG) auch spezialgesetzlich normiert. Für Einkünfte aus § 17 EStG entsprechen sie der ständigen Rechtsprechung.[317]

---

[317] BFH, Urteil v. 13.7.1999 – VIII R 72/98, BFHE 190, 87 = BStBl II 1999, 820 m.w.N.

Fall 121: Familie X hält ein vermietetes unbebautes Grundstück in einer KG. Komplementär und mit 40 % am Gewinn und Verlust der KG beteiligt ist der Vater V. Seine drei Kinder A, B und C sind als Kommanditisten jeweils zu 20 % am Gewinn und Verlust beteiligt. Im Januar 14 veräußert die KG das Grundstück (Grundstück 1), das sie vor fünf Jahren für 1 Mio. € erworben hat, zu einem Preis von 1,4 Mio. €. Die liquiden Mittel nutzt die GbR, um im Februar ein weiteres unbebautes Grundstück (Grundstück 2) zum Preis von 1,5 Mio. € zu erwerben, welches wiederum vermietet wird. In den letzten fünf Jahren haben weder die KG noch ihre Gesellschafter weitere Grundstücksveräußerungen getätigt. Im Jahr 14 hat die KG Einnahmen aus Vermietung und Verpachtung von insgesamt 80.000 € erzielt, denen Aufwendungen in Höhe von 70.000 € gegenüberstanden.

Am Jahresende gerät C in wirtschaftliche Schwierigkeiten. Um eine Privatinsolvenz zu vermeiden, trifft er mit seinem Bruder B am 31.12.14 folgende, sofort vollzogene Abmachung: C veräußert seinen Gesellschaftsanteil an B. Dieser zahlt dafür einen Kaufpreis in Höhe von 400.000 €. Der Kaufpreis spiegelt den aktuellen anteiligen Verkehrswert des Grundvermögens und der Forderungen der KG wider. Auf das Grundstück 2 entfallen 350.000 €.
Welche Einkünfte erzielen A, B, und C im Veranlagungszeitraum 14?

Lösung Fall 121:

A. Einkünfte des A

I. Einkünfte aus Gewerbebetrieb (§ 15 Abs. 1 S. 1 Nr. 2 EStG)

A erzielt aus seiner Beteiligung an der KG nur dann gewerbliche Einkünfte im Sinne von § 15 Abs. 1 S. 1 Nr. 2 EStG, wenn es sich bei der KG um eine gewerbliche Mitunternehmerschaft handelt. Dies setzt voraus, dass die Gesellschaft eine gewerbliche Tätigkeit ausübt (vgl. auch „des Betriebs" in § 15 Abs. 1 S. 1 Nr. 2 S. 1 EStG). Das bloße Halten von Immobilien mit gelegentlichen An- und Verkäufen stellt allerdings noch keine werbende Tätigkeit am Markt dar. An- und Verkäufe von Grundstücken führen in der Regel nur dann zu gewerblichen Einkünften (sog. gewerblicher Grundstückshandel), wenn innerhalb von fünf Jahren mehr als drei Objekte veräußert werden. Die KG hat in den letzten Jahren aber nur das Grundstück 1 veräußert und ist daher nur vermögensverwaltend tätig. Da auch keine der Fiktionen in § 15 Abs. 3 Nr. 1 oder Nr. 2 EStG greift, unterhält die KG keinen Gewerbebetrieb. A erzielt mithin keine Einkünfte aus einer gewerblichen Mitunternehmerschaft.

II. Einkünfte aus Vermietung und Verpachtung (§ 21 Abs. 1 S. 1 Nr. 1 EStG)

Mit der Vermietung der Grundstücke erzielt A, soweit ihm diese nach § 39 Abs. 2 Nr. 2 AO anteilig zurechenbar sind, Einkünfte aus Vermietung und Verpachtung (§ 21 Abs. 1 S. 1 Nr. 1 EStG), die sich nach § 2 Abs. 2 S. 1 Nr. 2 EStG als Überschuss der zugeflossenen (§ 11 Abs. 1 S. 1 EStG) Einnahmen über die abgeflossenen (§ 11 Abs. 2 S. 1 EStG) Werbungskosten ermitteln. A erzielt mithin Einkünfte in Höhe von 20 % * 80.000 € – 20 % * 70.000 € = 2.000 €.

III. Sonstige Einkünfte (§§ 22 Nr. 2, 23 Abs. 1 S. 1 Nr. 1 EStG)

Mit der Veräußerung des Grundstücks 1, das A seit fünf Jahren anteilig zurechenbar war, erzielt A daneben Einkünfte aus einem privaten Veräußerungsgeschäft (§§ 22 Nr. 2, 23 Abs. 1 S. 1 Nr. 1 EStG). Der nach §§ 2 Abs. 2 S. 1 Nr. 2, 23 Abs. 3 S. 1 EStG zu ermittelnde und mit Zufluss des Kaufpreises auf dem Konto der KG auch dem A zugeflossenen Veräußerungsgewinn beträgt – bezogen auf den A zurechenbaren Teil des Grundstücks – 20 % * 1.400.000 € – 20 % * 1.000.000 € = 80.000 €.

B. Einkünfte des B

Auch B erzielt aus der Vermietung der ihm anteilig zurechenbaren Grundstücke Einkünfte aus Vermietung und Verpachtung und mit der Veräußerung des Grundstücks 1 durch die

KG Einkünfte aus einem privaten Veräußerungsgeschäft. Da er im Jahr 14 in gleichem Umfang an der KG beteiligt war wie A, kann insoweit auf die Ausführungen zu den Einkünften des A verwiesen werden. B erzielte also Einkünfte aus § 21 Abs. 1 S. 1 Nr. 1 EStG in Höhe von 2.000 € und aus §§ 22 Nr. 2, 23 Abs. 1 S. 1 Nr. 1 EStG in Höhe von 80.000 €.

Dass B zum 31.12.14 auch noch die Beteiligung des C an der GbR erwarb, wirkt sich erst in den Folgejahren aus. Insoweit sind ihm nicht nur die Grundstücke zu einem höheren Anteil zuzurechnen (§ 39 Abs. 2 Nr. 2 AO), der an C gezahlte Kaufpreis stellt für ihn auch Anschaffungskosten für die von der GbR gehaltenen Grundstücke dar. B kann diese Anschaffungskosten bei einer Veräußerung des Grundstücks geltend machen.

C. Einkünfte des C

I. Einkünfte aus Gewerbebetrieb (§ 15 Abs. 1 S. 1 Nr. 1 EStG)

Selbst wenn man auf Ebene des C die Veräußerung von Grundstück 1 durch die KG (die für C ebenso wie für A und B eine Veräußerung seines Grundstücksteils darstellt) und die Veräußerung des Kommanditanteils an B (die für C eine Veräußerung seines Anteils an dem Grundstück 2 darstellt) zusammen betrachtet, hat C nicht mehr als drei Objekte in den letzten fünf Jahren veräußert. Ein gewerblicher Grundstückshandel liegt mithin auch für ihn nicht vor, sodass gewerbliche Einkünfte des C ausscheiden (zur Drei-Objekte-Grenze bei der Veräußerung von Anteilen an einer vermögensverwaltenden Gesellschaft noch im Detail unter Rn. 813 f.).

II. Einkünfte aus Vermietung und Verpachtung (§ 21 Abs. 1 S. 1 Nr. 1 EStG)

Auch C erzielt im Jahr 14 aus der Vermietung der ihm anteilig zurechenbaren Grundstücke Einkünfte aus Vermietung und Verpachtung in gleicher Höhe wie A und B, also in Höhe von 2.000 €.

II. Sonstige Einkünfte (§§ 22 Nr. 2, 23 Abs. 1 S. 1 Nr. 1 EStG)

Aus der Veräußerung des Grundstücks 1 durch die KG erzielt C – ebenso wie A und B – Einkünfte aus §§ 22 Nr. 2, 23 Abs. 1 S. 1 Nr. 1 EStG in Höhe von 80.000 €.

Durch die Veräußerung seines GbR-Anteils an B erzielt C darüber hinaus Einkünfte aus einem weiteren privaten Veräußerungsgeschäft. Da C nach der Veräußerung das Grundstück 2 nicht mehr zugerechnet wird, steht die Veräußerung des Anteils an der GbR steuerlich der Veräußerung des Grundstücks gleich. C war das Grundstück weniger als zehn Jahre zuzurechnen, sodass ein privates Veräußerungsgeschäft im Sinne von § 23 Abs. 1 S. 1 Nr. 1 EStG vorliegt. Der bei der Veräußerungsgewinnermittlung zu berücksichtigende Kaufpreis ermittelt sich aus dem Teil des Kaufpreises für den KG-Anteil, der auf das Grundstück 2 entfiel. Es ergeben sich weitere sonstige Einkünfte in Höhe von 350.000 € – 20 % * 1.500.000 € = 50.000 €.

807 Schließlich wirkt sich die Bruchteilsbetrachtung nach § 39 Abs. 2 Nr. 2 AO auf die Beurteilung von Transaktionen zwischen Gesellschaft und Gesellschafter aus. Nur insoweit sich durch einen Vermögenstransfer die Zurechnung verändert, kann steuerrechtlich eine Anschaffung bzw. Veräußerung vorliegen: Soweit der Gesellschafter an der Gesellschaft beteiligt ist, ist das Wirtschaftsgut trotz veränderter zivilrechtlicher Zurechnung steuerlich weiterhin der gleichen Person zuzurechnen,[318] sodass keine stillen Reserven realisiert werden, Fristen nicht unterbrochen werden usw. Werden – z.B. im Rahmen der Gesellschaftsgründung – von mehreren Gesellschaftern Wirtschaftsgüter in die Gesellschaft eingebracht, so sind die Gegenleistung für die (antei-

---

318 *Weber-Grellet*, in: Schmidt, EStG, § 17 Rn. 83; *Gosch*, in: Kirchhof/Seer, EStG, § 17 Rn. 49.

lige) Übertragung des eigenen Wirtschaftsguts und die Anschaffungskosten für die nach der Einbringung neu zurechenbaren Wirtschaftsgüter nach Tauschgrundsätzen zu ermitteln (vgl. § 6 Abs. 6 S. 1 EStG).[319]

Fall 122: Die beiden Brüder A und B halten seit mehreren Jahren ein von ihrem Vater geerbtes Mehrfamilienhaus in der A & B GbR, an der beide zu jeweils 50 % beteiligt sind. Die Immobilie ist langfristig vermietet.

A hat am 23.1.04 ein weiteres unbebautes Grundstück zu Anschaffungskosten in Höhe von 500.000 € erworben und es seitdem ebenfalls langfristig vermietet. Um die Verwaltung zu vereinfachen, beschließen A und B, dass A zum 1.3.13 auch dieses zweite Grundstück in die GbR einbringen soll. B zahlt ihm zum Ausgleich einen Betrag in Höhe von 300.000 €.

Im August 14 veräußert die A & B GbR das unbebaute Grundstück an den Investor C, der dort einen Supermarkt errichten will. C zahlt an die GbR 700.000 €.

Welche Einkünfte erzielt A in den Veranlagungszeiträumen 13 und 14?

Welche Einkünfte erzielt B im Veranlagungszeitraum 14?

Lösung Fall 122:

A. Einkünfte des A im Veranlagungszeitraum 13

Insoweit es durch die Übertragung des Grundstücks an die GbR steuerlich zu einem Rechtsträgerwechsel kommt, erzielt A Einkünfte aus einem privaten Veräußerungsgeschäft (§§ 22 Nr. 2, 23 Abs. 1 S. 1 Nr. 1 EStG), da er ein Grundstück innerhalb von zehn Jahren nach Anschaffung entgeltlich überträgt. Nach der Übertragung an die GbR ist das Grundstück A weiterhin zu 50 % zuzurechnen (§ 39 Abs. 2 Nr. 2 AO), d.h. insoweit liegt keine Veräußerung vor.

Der nach § 2 Abs. 2 S. 1 Nr. 2, 23 Abs. 3 EStG zu ermittelnde Veräußerungsgewinn beträgt mithin 300.000 € – 50 % * 500.000 € = 50.000 €. Dieser ist mit Zufluss (§ 11 Abs. 1 S. 1 EStG) der Ausgleichszahlung als Einkünfte zu erfassen.

B. Einkünfte des A im Veranlagungszeitraum 14

Die Veräußerung des Grundstücks durch die GbR stellt steuerrechtlich eine Veräußerung der jeweiligen Anteile durch A und B dar. Für A könnte diese Veräußerung wiederum nur als privates Veräußerungsgeschäft (§§ 22 Nr. 2, 23 Abs. 1 S. 1 Nr. 1 EStG) steuerbar sein. Soweit ihm das Grundstück auch nach Übertragung auf die GbR weiterhin zugerechnet wird, hält er es allerdings ununterbrochen seit Anschaffung im Januar 04 und damit im Veräußerungszeitpunkt bereits mehr als zehn Jahre. A erzielt also im Veranlagungszeitraum 14 keine steuerbaren Einkünfte.

C. Einkünfte des B im Veranlagungszeitraum 14

B erzielt hingegen bei der Veräußerung durch die GbR Einkünfte aus einem privaten Veräußerungsgeschäft (§§ 22 Nr. 2, 23 Abs. 1 S. 1 Nr. 1 EStG), soweit ihm das Grundstück nach § 39 Abs. 2 Nr. 2 AO zuzurechnen war. Anschaffungskosten stellt für ihn der gezahlte Ausgleichsbetrag zum Erwerb des Grundstücks dar. B erzielt mithin einen im Zeitpunkt des Zu-

---

[319] Anderes könnte man allenfalls dann vertreten, wenn mehrere Gesellschafter zum gleichen Zeitpunkt (z.B. bei Gründung der Gesellschaft) Anteile an einer Kapitalgesellschaft im Verhältnis ihrer Beteiligung einbringen. Hier lässt sich vertreten, dass wirtschaftlich auch nach der Einbringung jeder Gesellschafter im selben Umfang an der Kapitalgesellschaft beteiligt ist. Streng genommen handelt es sich aber auch hier um einen Tausch verschiedener Wirtschaftsgüter; vgl. hierzu *Milatz/Sax*, DStR 2017, 141, 144 f.

flusses (§ 11 Abs. 1 S. 1 EStG) des Kaufpreises auf dem Konto der GbR zu erfassenden Veräußerungsgewinn im Sinne von §§ 2 Abs. 2 S. 1 Nr. 2, 23 Abs. 3 EStG in Höhe von 50 % * 700.000 € – 300.000 € = 50.000 €.

809 **Fall 123:** Die Ausgangskonstellation entspricht derjenigen in Fall 122:

Allerdings zahlt B im Gegenzug für die Einbringung des unbebauten Grundstücks keinen Ausgleich an A, sondern bringt seinerseits ein Aktienportfolio in die GbR ein. Es handelt sich ausschließlich um Streubesitzbeteiligungen an DAX-Unternehmen (zu keinem Zeitpunkt innerhalb der letzten fünf Jahre erreichte eine der Beteiligungen 1 % des jeweiligen Stammkapitals). B hat das Portfolio in den Jahren 10 bis 12 aufgebaut und dafür insgesamt 400.000 € investiert. Zum Zeitpunkt der Einbringung von unbebautem Grundstück und Aktienportfolio im März 13 hatte das Grundstück einen gemeinen Wert von 600.000 €, das Aktienportfolio hatte einen gemeinen Wert von 700.000 €.

Im August 14 wird nicht nur das unbebaute Grundstück für 700.000 € veräußert, sondern auch das Aktienportfolio für 800.000 €.

Welche Einkünfte erzielen A und B in den Veranlagungszeiträumen 13 und 14?

Lösung Fall 123:
A. Einkünfte des A im Veranlagungszeitraum 13

Insoweit es durch die Übertragung des Grundstücks an die GbR steuerlich zu einem Rechtsträgerwechsel kommt, erzielt A Einkünfte aus einem privaten Veräußerungsgeschäft (§§ 22 Nr. 2, 23 Abs. 1 S. 1 Nr. 1 EStG), da er ein Grundstück innerhalb von zehn Jahren nach Anschaffung entgeltlich überträgt. Nach der Übertragung an die GbR ist das Grundstück A weiterhin zu 50 % zuzurechnen (§ 39 Abs. 2 Nr. 2 AO), d.h. insoweit liegt keine Veräußerung vor. Der einzige Unterschied zum Ausgangsfall besteht darin, dass Gegenleistung für die Übertragung des anteiligen Grundstücks nicht eine Geldzahlung, sondern die Übertragung des anteiligen wirtschaftlichen Eigentums an dem Aktienportfolio ist. Auch dieses ist A nach der Einbringung in die GbR gemäß § 39 Abs. 2 Nr. 2 AO zu 50 % zurechenbar. Es liegt damit ein Tausch vor. A erhält als Veräußerungspreis für die Hingabe seines anteiligen unbebauten Grundstücks ein anteiliges Aktiendepot im Wert von 350.000 €.

Der nach § 2 Abs. 2 S.1 Nr. 2, 23 Abs. 3 EStG zu ermittelnde Veräußerungsgewinn beträgt mithin 350.000 € – 50 % * 500.000 € = 100.000 €. Dieser ist mit Zufluss (§ 11 Abs. 1 S. 1 EStG), also Übertragung des Aktiendepots, als Einkünfte zu erfassen.

B. Einkünfte des A im Veranlagungszeitraum 14

A erzielt mit der Veräußerung der Aktien durch die GbR Einkünfte aus Kapitalvermögen (§ 20 Abs. 2 S. 1 Nr. 1 EStG), da ihm diese im Veräußerungszeitpunkt nach § 39 Abs. 2 Nr. 2 AO zu 50 % zuzurechnen waren. Für den nach § 20 Abs. 4 EStG zu ermittelnden Veräußerungsgewinn sind die Anschaffungskosten der Aktien zu bestimmen: Zwar ist § 6 Abs. 6 S. 1 EStG nicht anwendbar, da es sich um Wirtschaftsgüter des Privatvermögens handelt. Gleichwohl bemessen sind Anschaffungskosten des A alles, was er hingegeben hat, um die Anteile zu erwerben. A hat für die Aktien sein anteiliges Grundstück im gemeinen Wert von 300.000 € hingegeben, sodass Anschaffungskosten in dieser Höhe vorliegen. Es ergibt sich ein Veräußerungsgewinn in Höhe von 50 % * 800.000 € – 300.000 € = 100.000 €.

Mit Zufluss des Kaufpreises (§ 11 Abs. 1 S. 1 EStG) erzielt A mithin nach Abzug des Sparerpauschbetrags (§ 20 Abs. 9 EStG) Überschusseinkünfte (§ 2 Abs. 2 S. 1 Nr. 2, S. 2 EStG) in Höhe von 100.000 € – 801 € = 99.199 €. Diese unterliegen einer pauschalen abgeltenden Besteuerung in Höhe von 25 % (§§ 32d Abs. 1 S. 1, 43 Abs. 5 S. 1 Hs. 1 EStG).

Auch die Veräußerung des Grundstücks durch die GbR stellt steuerrechtlich eine Veräußerung der jeweiligen Anteile durch A und B dar. Für A könnte diese Veräußerung wiederum nur als privates Veräußerungsgeschäft (§§ 22 Nr. 2, 23 Abs. 1 S. 1 Nr. 1 EStG) steuerbar sein. Soweit ihm das Grundstück auch nach Übertragung auf die GbR weiterhin zugerechnet wird, hält er es allerdings ununterbrochen seit Anschaffung im Januar 04 und damit im Veräußerungszeitpunkt bereits mehr als zehn Jahre. A erzielt insoweit also keine steuerbaren Einkünfte.

C. Einkünfte des B im Veranlagungszeitraum 13

Mit Einbringung der Aktien in die GbR überträgt B für steuerliche Zwecke 50 % des Portfolios entgeltlich auf A (§ 39 Abs. 2 Nr. 2 AO) und erzielt damit Einkünfte aus Kapitalvermögen (§ 20 Abs. 2 S. 1 Nr. 1 EStG). Als Gegenleistung erhält er im Tauschwege einen Anteil an dem unbebauten Grundstück mit einem gemeinen Wert von 300.000 €. Hieraus ergibt sich ein Veräußerungsgewinn (§ 20 Abs. 4 EStG) in Höhe von 300.000 € − 50 % * 400.000 € = 100.000 €.

Mit Einbringung des Grundstücks in die GbR und damit vorliegendem Zufluss des vermögenswerten Vorteils bei B (§ 11 Abs. 1 S. 1 EStG) erzielt B mithin nach Abzug des Sparerpauschbetrags (§ 20 Abs. 9 EStG) Überschusseinkünfte (§ 2 Abs. 2 S. 1 Nr. 2, S. 2 EStG) in Höhe von 100.000 € − 801 € = 99.199 €. Diese unterliegen einer pauschalen abgeltenden Besteuerung in Höhe von 25 % (§§ 32d Abs. 1 S. 1, 43 Abs. 5 S. 1 Hs. 1 EStG).

D. Einkünfte des B im Veranlagungszeitraum 14

Wie A erzielt auch B mit der Veräußerung der Aktien durch die GbR Einkünfte aus Kapitalvermögen (§ 20 Abs. 2 S. 1 Nr. 1 EStG), da ihm die Aktien im Veräußerungszeitpunkt nach § 39 Abs. 2 Nr. 2 AO noch zu 50 % zuzurechnen waren. Es ergibt sich ein Veräußerungsgewinn nach § 20 Abs. 4 EStG in Höhe von 50 % * 800.000 € − 50 % * 400.000 € = 200.000 €.

Mit Zufluss des Kaufpreises (§ 11 Abs. 1 S. 1 EStG) erzielt B mithin nach Abzug des Sparerpauschbetrags (§ 20 Abs. 9 EStG) Überschusseinkünfte (§ 2 Abs. 2 S. 1 Nr. 2, S. 2 EStG) in Höhe von 200.000 € − 801 € = 199.199 €. Diese unterliegen einer pauschalen abgeltenden Besteuerung in Höhe von 25 % (§§ 32d Abs. 1 S. 1, 43 Abs. 5 S. 1 Hs. 1 EStG).

B erzielt zudem bei der Veräußerung des Grundstücks durch die GbR Einkünfte aus einem privaten Veräußerungsgeschäft (§§ 22 Nr. 2, 23 Abs. 1 S. 1 Nr. 1 EStG), soweit ihm das Grundstück nach § 39 Abs. 2 Nr. 2 AO zuzurechnen war. Anschaffungskosten ergeben sich für ihn in Höhe des gemeinen Wertes des zum Erwerb des anteiligen Grundstücks hingegebenen Aktienportfolios, also in Höhe von 50 % * 700.000 € = 350.000 €.

B erzielt mithin einen im Zeitpunkt des Zuflusses (§ 11 Abs. 1 S. 1 EStG) des Kaufpreises auf dem Konto der GbR zu erfassenden Veräußerungsgewinn im Sinne von §§ 2 Abs. 2 S. 1 Nr. 2, 23 Abs. 3 EStG in Höhe von 50 % * 700.000 € − 350.000 € = 0 €.

Die Bruchteilsbetrachtung bestätigt schließlich die Behandlung von Miet- und Darlehensverträgen durch die herrschende Meinung (Anerkennung nur insoweit der Gesellschafter nicht an der Gesellschaft beteiligt ist).[320] Konsequenterweise müssten dann aber auch Tätigkeitsvergütungen nur anteilig steuerlich anerkannt werden.

---

[320] Vgl. nur BFH v.18.5.2004 – IX R 83/00, BFHE 206, 162, BStBl II 2004, 898, Rn. 21, 25; BFH v. 22.8.2007 – III R 3/06, BFH/NV 2008, 345, Rn. 16; FG Düsseldorf v. 8.10.2019 – 13 K 1695/19 F, EFG 2020, 93, Rn. 17 ff., rkr.; OFD NRW v. 7.1.2016, DStR 2016, 755; *Kemcke/Schäffer*, in: Haase/Dorn, Teil 3 Rn. 87 f., jew. m.w.N.

3. Besonderheiten beim gewerblichen Grundstückshandel

811 Die aus § 39 Abs. 2 Nr. 2 AO folgende Bruchteilsbetrachtung bei vermögensverwaltenden Gesellschaften wirkt sich insbesondere dann aus, wenn für die Abgrenzung zwischen Vermögensverwaltung und gewerblichem Grundstückshandel die Drei-Objekte-Grenze geprüft wird:

812 Zunächst kann auf Ebene der Personengesellschaft ein gewerblicher Grundstückshandel vorliegen, wenn die Gesellschaft die Drei-Objekte-Grenze mit von ihr erworbenen und veräußerten Grundstücken überschreitet.[321] Veräußerungen der Gesellschafter oder einer Schwesterpersonengesellschaft sind der Gesellschaft nicht zuzurechnen.[322] Liegt ein gewerblicher Grundstückshandel vor, ist die Gesellschaft eine gewerbliche Mitunternehmerschaft; alle Gesellschafter erzielen gewerbliche Einkünfte.[323]

813 Auf Ebene des jeweiligen Gesellschafters kann unabhängig von der Einstufung auf Ebene der Gesellschaft ein (weiterer) gewerblicher Grundstückshandel vorliegen: Für die Drei-Objekte-Grenze zählen dabei nicht nur die vom Gesellschafter selbst vorgenommenen Veräußerungen, sondern auch solche, die von einer (oder mehreren)[324] Personengesellschaft vorgenommen wurden, an der er beteiligt ist.[325] Außerdem führt die Veräußerung des Anteils an einer Personengesellschaft nach herrschender Meinung im Grundsatz zu so vielen Veräußerungen, wie die Gesellschaft Objekte hält.[326] Beide Zurechnungen gelten nach herrschender Meinung unabhängig davon, ob die Gesellschaft gewerblich oder vermögensverwaltend tätig ist.[327] Konsequent ist die Zurechnung eigentlich nur dort, wo die Bruchteilsbetrachtung nach § 39 Abs. 2 Nr. 2 AO tatsächlich Anwendung findet, also nur bei vermögensverwaltenden Gesellschaften.[328] Die herrschende Meinung begründet ihre strengere Auffassung damit, dass der gesamte Grundstückshandel, an dem der Gesellschafter beteiligt ist, in seiner Person zusammenfassend beurteilen werden müsse, um zu sachgerechten Ergebnissen zu gelangen.[329]

814 Diese sehr weitgehende Zurechnung und Zusammenfassung von Grundstücksgeschäften führt in einer Vielzahl von Fällen zur Annahme eines (zusätzlichen) gewerblichen Grundstückshandels beim Gesellschafter. Dies erscheint gerade mit Blick auf die Beteiligung an geschlossenen Immobilienfonds, die häufig eine Vielzahl von Ob-

---

321 BMF-Schreiben v. 26.3.2004, BStBl I 2004, 434, Rn. 14.
322 BFH, Urteil v. 17.12.2008 – IV R 72/07, BFHE 224, 96 = BStBl II 2009, 529, juris Rn. 23 f.
323 BMF-Schreiben v. 26.3.2004, BStBl I 2004, 434, Rn. 14.
324 Damit kann ein gewerblicher Grundstückshandel selbst dann vorliegen, wenn der Steuerpflichtige in eigener Person kein einziges Grundstück veräußert hat; vgl. BFH, Urteil v. 22.8.2012 – X R 24/11, BFHE 238, 180 = BStBl II 2012, 865.
325 BFH, Beschluss v. 3.7.1995 – GrS 1/93, BFHE 178, 86; BFH, Urteil v. 28.11.2002 – III R 1/01, BFHE 201, 133; BFH, Urteil v. 17.12.2008 – IV R 72/07, BFHE 224, 96 = BStBl II 2009, 529; BFH, Urteil v. 22.4.2015 – X R 25/13, BFHE 250, 55 = BStBl II 2015, 897, juris Rn. 19; BMF-Schreiben v. 26.3.2004, BStBl I 2004, 434, Rn. 17.
326 BFH, Urteil v. 18.4.2012 – X R 34/10, BFHE 237, 135 = BStBl II 2012, 647, juris Rn. 32 f.; BFH, Urteil v. 28.11.2002 – III R 1/01, BFHE 201, 133; BMF-Schreiben v. 26.3.2004, BStBl I 2004, 434, Rn. 18.
327 BFH, Urteil v. 28.11.2002 – III R 1/01, BFHE 201, 133, juris Rn. 54; BFH, Beschluss v. 3.7.1995 – GrS 1/93, BFHE 178, 86, juris Rn. 46 ff.; BMF-Schreiben v. 26.3.2004, BStBl I 2004, 434, Rn. 14.
328 Kritisch auch *Küspert*, DStR 2007, 746, 748; *Söffing*, FR 2006, 485, 490.
329 BFH, Urteil v. 18.4.2012 – X R 34/10, BFHE 237, 135 = BStBl II 2012, 647, juris Rn. 25; BFH, Urteil v. 28.11.2002 – III R 1/01, BFHE 201, 133, juris Rn. 54; BFH, Beschluss v. 3.7.1995 – GrS 1/93, BFHE 178, 86, juris Rn. 46 ff.

jekten halten, bedenklich. Auch die Finanzverwaltung hat diese Problematik erkannt und rechnet die Veräußerungen einer Gesellschaft bzw. die sich bei der Veräußerung des Gesellschaftsanteils ergebenden Veräußerungen nur dann auch auf Ebene des Gesellschafters zu, wenn eine Erheblichkeitsschwelle überschritten ist: Für eine Zurechnung muss der Gesellschafter alternativ zu mindestens 10 % an der Gesellschaft beteiligt sein oder der Verkehrswert des Gesellschaftsanteils 250.000 € überschreiten oder der Verkehrswert des Anteils an dem veräußerten Objekt 250.000 € überschreiten.[330] In der Literatur werden alternative Einschränkungen vertreten, indem beispielsweise für eine Zurechnung ein noch weitergehender Einfluss auf die Gesellschaft verlangt wird[331] oder die Veräußerung eines Gesellschaftsanteils (unabhängig von der Anzahl der Objekte der Gesellschaft) nur als *eine* Veräußerung im Sinne der Drei-Objekte-Grenze gezählt wird.[332]

Fall 124: Unterstellt, dass jede der dargestellten Veräußerungen in den Anwendungsbereich der Drei-Objekte-Grenze fällt und die jeweiligen Gesellschaften neben den Veräußerungen ausschließlich Vermietungseinkünfte erzielen: Liegt in den folgenden Konstellationen ein gewerblicher Grundstückshandel vor

1. auf Ebene der Gesellschaft(en)?
2. auf Ebene des Gesellschafters?
    a) A ist zu 20 % an einer GbR beteiligt, die drei Objekte veräußert. Er selbst veräußert privat ein weiteres Objekt.
    b) A ist zu 20 % an einer GbR beteiligt, die vier Objekte veräußert. Er selbst veräußert privat ein weiteres Objekt.
    c) A ist zu 20 % an einer GbR beteiligt, die drei Objekte hält. Er veräußert diese Beteiligung und veräußert privat ein weiteres Objekt.
    d) A ist zu 20 % an einer GbR beteiligt, die drei Objekte veräußert und zu 20 % an einer GbR, die ein weiteres Objekt veräußert.
    e) A ist zu 20 % an einer GbR beteiligt, die drei Objekte veräußert und zu 20 % an einer GmbH, die ein weiteres Objekt veräußert.

815

Lösung Fall 124:

Fall-gestaltungen	Gewerblicher Grundstückshandel auf Ebene der Gesellschaft(en)	Gewerblicher Grundstückshandel auf Ebene des Gesellschafters
a)	(-) (3 Objekte, vermögensverwaltende GbR)	(+) (zusammengefasst 4 Objekte)
b)	(+) (4 Objekte)	Nach h.M.: (+) (zusammengefasst 5 Objekte); a.A. gut vertretbar, weil die GbR als Mitunternehmerschaft eigenständiges Einkünfteerzielungssubjekt ist
c)	(-) (keine Veräußerungen, vermögensverwaltende GbR)	Nach h.M. (+); a.A. vertretbar, wenn man Veräußerung des Anteils nur als 1 Objekt betrachtet

---

330 BMF-Schreiben v. 26.3.2004, BStBl I 2004, 434, Rn. 14.
331 *Buge*, in: in: Herrmann/Heuer/Raupach, § 15 EStG Rn. 1152 m.w.N.
332 *Hofer*, DStR 2000, 1635, 1637.

Fall-gestaltungen	Gewerblicher Grundstückshandel auf Ebene der Gesellschaft(en)	Gewerblicher Grundstückshandel auf Ebene des Gesellschafters
d)	Jeweils (-) (3 bzw. 1 Objekt, vermögensverwaltende GbR)	(+) (zusammengefasst 4 Objekte)
e)	(-) bei der GbR; die GmbH ist jedenfalls gewerblich tätig (§ 8 Abs. 2 KStG)	(-) (keine Zurechnung von Veräußerungen der GmbH; Trennungsprinzip)

4. Zebragesellschaft

816 Aus der dargestellten voll transparenten Besteuerung vermögensverwaltender Gesellschaften – bzw. der aus der Transparenz folgenden ausschließlichen Besteuerung ihrer Gesellschafter – ergibt sich auch das Phänomen der sog. Zebragesellschaften: Mit dieser Terminologie werden vermögensverwaltende Gesellschaften bezeichnet, bei denen die Gesellschafter mit den ihnen anteilig zuzurechnenden Wirtschaftsgütern Einkünfte unterschiedlicher Art erzielen. Typischerweise erzielt ein Gesellschafter gewerbliche Einkünfte, während ein anderer nur vermögensverwaltend tätig ist. Mit Blick auf die gesamte Gesellschaft fehlt eine einheitliche Zuordnung: Die Gesellschaft ist nicht schwarz oder weiß, sie ist ein „Zebra".

817 Die besondere Terminologie darf aber nicht darüber hinwegtäuschen, dass die Zebragesellschaft eine vermögensverwaltende Gesellschaft wie jede andere ist. Gerade weil sie kein eigenständiges Einkünfteerzielungssubjekt ist – es „die Gesellschaft" wegen ihrer vollständigen Transparenz für steuerliche Zwecke also gar nicht gibt – ist eine unterschiedliche Zuordnung der Wirtschaftsgüter zu verschiedenen Einkunftsarten überhaupt möglich. Die anteilige Zurechnung zu den Gesellschaftern nach § 39 Abs. 2 Nr. 2 AO sagt nämlich noch nichts darüber aus, wie die Wirtschaftsgüter von den Gesellschaftern verwendet werden können. Insoweit gelten vielmehr allgemeine Grundsätze: Werden die Wirtschaftsgüter im Rahmen eines Gewerbebetriebs verwendet, zählen sie zum Betriebsvermögen dieses Gewerbebetriebs und mit ihnen werden gewerbliche Einkünfte erzielt.[333] Werden die anteiligen Wirtschaftsgüter hingegen im Privatvermögen des Gesellschafters gehalten, erzielt dieser mit ihnen nur Einkünfte aus privater Vermögensverwaltung. Aus einer bestimmten Nutzung durch einen Gesellschafter ergeben sich keine Konsequenzen für die anderen Gesellschafter. Mangels gesetzlicher Anordnung findet – anders als nach § 15 Abs. 3 Nr. 1 EStG – keine Infektion statt.

818 **Fall 125:** Die X-GbR ist Eigentümerin eines unbebauten Grundstücks. Gesellschafter der GbR sind zu jeweils 50 % die beiden Brüder A und B. Sie haben das Grundstück vor 15 Jahren von ihrem Vater geerbt, der es zu einem Preis von 50.000 € erworben hatte. A betreibt als Einzelunternehmer einen Baustoffhandel. B ist Angestellter bei den Stadtwerken.

Das Grundstück wird seit Jahren als Abstell- und Lagerfläche für Geräte und Materialien aus dem Betrieb des A genutzt. B hat sich mit dieser Nutzung einverstanden erklärt, weil A ihm hierfür von seinem betrieblichen Konto eine monatliche Miete von 500 € zahlt.

---

333 BFH, Urteil v. 11.7.1996 – IV R 103/94, BFHE 181, 45 = BStBl II 1997, 39, juris Rn. 12.

Im August 18 wird der Bebauungsplan, der das Grundstück umfasst, geändert und das Grundstück wird zu Bauland erklärt. Die X-GbR erhält sodann ein lukratives Angebot von dem Investor I und veräußert das Grundstück für 200.000 €.

Welche Einkünfte erzielen A und B aus der Veräußerung des Grundstücks?

Welche Einkünfte erzielt B mit den Mieteinnahmen?

Lösung Fall 125:

A. Einkünfte des A

Zunächst ließe sich daran denken, dass die X-GbR eine gewerbliche Mitunternehmerschaft darstellt und A mit seiner Beteiligung an der X-GbR Einkünfte nach § 15 Abs. 1 S. 1 Nr. 2 EStG erzielt. Allerdings ist nur A mit seinem Baustoffhandel gewerblich tätig. An diesem ist B aber nicht als Mitunternehmer beteiligt: Weder hat er einen Einfluss auf die Geschäftsführung noch trägt er auch nur anteilig das Risiko des Geschäfts mit. Das bloße Halten des Grundstücks stellt keine gewerbliche Tätigkeit dar, sondern erschöpft sich in bloßer Vermögensverwaltung. Eine gewerbliche Mitunternehmerschaft liegt nicht vor.

A setzt den ihm aufgrund der Bruchteilsbetrachtung nach § 39 Abs. 2 Nr. 2 AO zurechenbaren Anteil an dem Grundstück allerdings für Zwecke seines Gewerbebetriebs ein: Die Nutzung als Lagerfläche dient ausschließlich dem Baustoffhandel. Der ihm zuzurechnende Anteil an dem Grundstück stellt daher Betriebsvermögen im Baustoffhandelsbetrieb des A dar. Bei Veräußerung des Grundstücks erzielt A mithin einen gewerblichen Gewinn (§ 15 Abs. 1 S. 1 Nr. 1 EStG) in Höhe von 50 % * 200.000 € – 50 % * 50.000 € = 75.000 €.

B. Einkünfte des B

B hält das Grundstück, soweit es ihm anteilig zuzurechnen ist, demgegenüber im Privatvermögen. Die Veräußerung durch die GbR könnte für ihn nur als privates Veräußerungsgeschäft steuerbar sein (§§ 22 Nr. 2, 23 Abs. 1 S. 1 Nr. 1 EStG). Da er das Grundstück aber bereits seit mehr als zehn Jahren hält, liegen insoweit keine steuerbaren Einkünfte vor.

Mit der entgeltlichen Überlassung seines Anteils an dem Grundstück an A erzielt er Einkünfte aus Vermietung und Verpachtung (§ 21 Abs. 1 S. 1 Nr. 1 EStG).

819 Typischerweise entstehen Zebragesellschaften bei der gleichzeitigen Beteiligung einer inländischen Kapitalgesellschaft und einer natürlichen Person an einer vermögensverwaltenden Personengesellschaft. Zunächst sind in einer solchen Konstellation immer die Fiktionstatbestände der § 15 Abs. 3 Nr. 1 und Nr. 2 EStG zu prüfen (dazu ausführlich bereits unter Rn. 430 ff.). Liegt danach nicht bereits auf Ebene der Gesellschaft eine (fiktive) gewerbliche Tätigkeit vor, erfolgt die Qualifikation nach den Grundsätzen des § 39 Abs. 2 Nr. 2 AO auf Ebene der Gesellschafter. Eine inländische Kapitalgesellschaft erzielt dabei nach § 8 Abs. 2 KStG stets gewerbliche Einkünfte (siehe Rn. 960).

820 **Fall 126:** Die X-GmbH & Co. KG verwaltet das umfangreiche Aktienvermögen der Familie X. Komplementäre sind die A-GmbH und Vater V. Kommanditisten sind die Kinder A, B und C. Zur Geschäftsführung und Vertretung ist nur die A-GmbH berechtigt. Die A-GmbH ist am Gewinn und Verlust mit 10 %, V mit 15 % und A, B und C mit jeweils 25 % beteiligt.

Im Veranlagungszeitraum 14 erzielt die Gesellschaft Dividenden in Höhe von insgesamt 500.000 €.

Welche Einkünfte erzielt die A-GmbH?
Welche Einkünfte erzielen V, A, B und C?

Lösung Fall 126:
A. Einkünfte der A-GmbH
Zunächst könnte die A-GmbH Einkünfte aus einer gewerblichen Mitunternehmerschaft erzielen, wenn auf Ebene der X-GmbH & Co. KG eine gewerbliche Tätigkeit ausgeübt wird. Das bloße Halten von Aktien ist als reine Vermögensverwaltung nicht gewerblich. Da die KG auch keine andere gewerbliche Tätigkeit ausübt und nicht an einer gewerblichen Mitunternehmerschaft beteiligt ist, scheidet auch eine fiktive gewerbliche Tätigkeit nach § 15 Abs. 3 Nr. 1 EStG aus. Bei der KG handelt es sich schließlich auch nicht um eine gewerblich geprägte Personengesellschaft im Sinne von § 15 Abs. 3 Nr. 2 EStG, weil neben der A-GmbH auch die natürliche Person V als Komplementär unbeschränkt haftet. Die KG ist mithin nur vermögensverwaltend tätig und die A-GmbH erzielt keine Einkünfte aus einer gewerblichen Mitunternehmerschaft.

Die A-GmbH erzielt als im Inland ansässige und damit unbeschränkt körperschaftsteuerpflichtige Kapitalgesellschaft (§ 1 Abs. 1 Nr. 1 KStG) aber kraft gesetzlicher Fiktion ausschließlich gewerbliche Einkünfte (§ 8 Abs. 2 KStG). Die ihr nach § 39 Abs. 2 Nr. 2 AO anteilig zurechenbaren Aktien sind mithin Teil ihres Betriebsvermögens und die darauf entfallenden Dividenden in Höhe von 50.000 € betriebliche Einnahmen (§ 15 Abs. 1 S. 1 Nr. 1 EStG).

B. Einkünfte von V, A, B und C
Komplementär V und die Kommanditisten erzielen mit den Dividenden – da keine gewerbliche Mitunternehmerschaft besteht und keine Anzeichen dafür vorliegen, dass die Aktien einem Betriebsvermögen zuzuordnen sind – Einkünfte aus Kapitalvermögen (§ 20 Abs. 1 Nr. 1 EStG). Die anteiligen Dividendeneinnahmen in Höhe von 75.000 € (V) bzw. 125.000 € (jeweils A, B und C) sind jeweils noch um den Sparerpauschbetrag in Höhe von 801 € (§ 20 Abs. 9 S. 1 EStG) zu mindern (§§ 2 Abs. 2 S. 1 Nr. 2, S. 2 EStG).

Fall 127: Die Ausgangskonstellation entspricht derjenigen in Fall 43.

Nachdem die gemeinsame Silvesterparty der Familie X im Streit endete, verstirbt V am Morgen des 1.1.14 an einem Herzinfarkt. Der Gesellschaftsvertrag sieht vor, dass die Gesellschaft mit der A-GmbH als einziger Komplementärin fortgesetzt wird und A, B und C zukünftig mit jeweils 30 % am Gewinn und Verlust beteiligt sind. Welche Einkünfte erzielen die – wieder versöhnten – Geschwister und die A-GmbH mit den im Jahr 14 auf den Konten der KG zugeflossenen Dividenden in Höhe von 500.000 €?

Lösung Fall 127: Anders als in Fall 43 ist die A-GmbH einzige persönlich haftende und zur Geschäftsführung berechtigte Gesellschafterin, sodass es sich bei der KG um eine gewerblich geprägte Personengesellschaft (§ 15 Abs. 3 Nr. 2 EStG) und mithin um eine gewerbliche Mitunternehmerschaft handelt. Alle Gesellschafter erzielen damit Einkünfte nach § 15 Abs. 1 S. 1 Nr. 2 EStG. Eine Zebragesellschaft liegt **nicht** vor. Auf die gesetzliche Fiktion für die Einkünfte der GmbH (§ 8 Abs. 2 KStG) kommt es nicht an.

Fall 128: A ist selbständiger Rechtsanwalt. Um seine Kanzlei vergrößern zu können, bittet er den B, sich finanziell zu beteiligen. B willigt ein und entwirft gemeinsam mit A folgende, zum 1.1.14 umgesetzte Struktur:

A bringt seine Kanzlei im gemeinen Wert von 250.000 € in eine neu gegründete A und B OHG ein. B gründet die B Investment GmbH und versorgt diese mit einem Stammkapital von 250.000 €. Mit diesem Kapital beteiligt sich die B Investment GmbH an der A und B OHG. Gesellschafter sind also A und die B Investment GmbH zu jeweils 50 %. A führt die Kanzlei unter dem Dach der A und B OHG unverändert fort. Er leitet und überwacht die gesamte Tätigkeit.

Welche Einkünfte erzielen A und die B Investment GmbH im Veranlagungszeitraum 14?

Lösung Fall 128: Die Beteiligung der zwingend gewerblich tätigen B Investment GmbH (§ 8 Abs. 2 KStG) führt nach herrschender Meinung dazu, dass auch die Tätigkeit der A und B OHG unter Rückgriff auf § 15 Abs. 3 Nr. 1 EStG insgesamt Gewerbebetrieb ist (sog. Durchsäuerungsthese, siehe oben unter Rn. 462 ff.). Die Beteiligung einer gewerblich tätigen Kapitalgesellschaft ist mit den Eigenheiten der freien Berufe nicht vereinbar. Auch in dieser Konstellation liegt also **keine** Zebragesellschaft vor.

Ein anderes typisches Beispiel für Zebragesellschaften sind grundstücksverwaltende und im Rahmen dessen auch grundstücksveräußernde Personengesellschaften, bei denen nur ein Gesellschafter einen gewerblichen Grundstückshandel unterhält:

Fall 129: A und B waren bis zum Jahr 13 glücklich verheiratete Eheleute. Als gemeinsame Altersvorsorge erwarben sie im Jahr 11 ein Mehrfamilienhaus, das sie als GbR vermieteten. Nach der Scheidung im Oktober 13 veräußern sie das Grundstück im Januar 14. A hat darüber hinaus noch nie in seinem Leben Grundbesitz erworben oder veräußert. B ist Immobilienmaklerin und veräußert im Jahr 14 noch vier weitere Grundstücke.

Welche Einkünfte erzielen A und B?

Lösung Fall 129: Auf Ebene der von A und B gebildeten GbR liegt angesichts der bloßen Veräußerung eines einzelnen Grundstücks kein gewerblicher Grundstückshandel, sondern nur eine bloße Vermögensverwaltung vor.

Auf Ebene des Gesellschafters A ergibt sich nichts anderes, da die Veräußerung auf Ebene der GbR das einzige von ihm vorgenommene Veräußerungsgeschäft ist. A erzielt mit der Veräußerung seines Grundstücksanteils nur Einkünfte aus einem privaten Veräußerungsgeschäft (§§ 22 Nr. 2, 23 Abs. 1 S. 1 Nr. 1 EStG).

B hingegen überschreitet bereits mit den von ihr privat getätigten Grundstücksveräußerungen die Drei-Objekte-Grenze und kann deren Indizwirkung angesichts ihrer beruflichen Verbindung zum Grundstücksmarkt auch nicht entkräften. Die Veräußerung ihres Grundstücksanteils erfolgt mithin im Rahmen ihres gewerblichen Grundstückshandels und führt zu laufenden gewerblichen Einnahmen (§ 15 Abs. 1 S. 1 Nr. 1 EStG).

Die unterschiedliche Zuordnung der anteiligen Wirtschaftsgüter im Privat- und Betriebsvermögen ist nicht nur bei der Einkünftequalifikation, sondern auch im Rahmen der Einkünfteermittlung zu beachten. Unterschiede können sich unter anderem bei der zeitlichen Zuordnung von Einnahmen und Ausgaben, bei der Berücksichtigung von Wertsteigerungen oder -verlusten oder bei der Anwendung bestimmter AfA-Sätze ergeben. Es ist auf Ebene jedes Gesellschafters zu prüfen, welche besonderen Normen Anwendung finden.

826 **Fall 130:** An der A Grundstücksverwaltungs-GbR (GbR) sind A und die A Grundstücksverwaltungs-GmbH (GmbH) zu jeweils 50 % beteiligt. Der Gesellschaftsvertrag enthält keine von den gesetzlichen Regelungen abweichenden Bestimmungen. Die GbR ist Eigentümerin einer fremdvermieteten Gewerbeimmobilie.

Das Grundstück wurde von der GbR am 1.1.12 erworben. Auf das Gebäude entfielen Anschaffungskosten in Höhe von 1 Mio. €. Die monatlichen Mieten betragen 8.000 €. Im Jahr 14 fielen Aufwendungen (ohne AfA) in Höhe von 40.000 € an. Die Dezembermiete ging wegen einer Unachtsamkeit des Mieters erst am 20. Januar 15 auf dem Konto der GbR ein.

Im Dezember 14 wird bekannt, dass in direkter Nachbarschaft des Gewerbegebiets, in dem das Grundstück liegt, ein Naturschutzgebiet eingerichtet werden soll. In dem Gewerbegebiet werden dann nur noch bestimmte gewerbliche Tätigkeiten zulässig sein. Wegen der dauerhaft schlechteren Verwendungsmöglichkeiten liegt der Teilwert des Gebäudes am 31.12.14 deshalb bei nur noch 800.000 €.

Welche Einkünfte erzielen die A GmbH und A im Veranlagungszeitraum 14?

Lösung Fall 130:
A. Einkünfte der A GmbH

Die A GmbH erzielt keine Einkünfte aus einer gewerblichen Mitunternehmerschaft (§ 15 Abs. 1 S. 1 Nr. 2 EStG), da die bloße Vermietung des Gebäudes nicht über eine Vermögensverwaltung hinausgeht und die GbR auch nicht kraft Fiktion (§ 15 Abs. 3 Nr. 1 oder Nr. 2 EStG) gewerblich tätig ist.

Die A GmbH ist aber als Kapitalgesellschaft mit Sitz im Inland unbeschränkt körperschaftsteuerpflichtig (§ 1 Abs. 1 Nr. 1 KStG) und erzielt damit ausschließlich Einkünfte aus Gewerbebetrieb (§ 8 Abs. 2 KStG). Diese ermitteln sich gemäß §§ 8 Abs. 1 KStG, 2 Abs. 2 S. 1 Nr. 1 EStG als Gewinn, der für die GmbH als buchführungspflichtigem Formkaufmann (§§ 140 AO, 6 Abs. 1, 238 Abs. 1 S. 1 HGB, 13 Abs. 3 GmbHG) durch Betriebsvermögensvergleich (§§ 4 Abs. 1, 5 Abs. 1 EStG) zu ermitteln ist.

Betriebseinnahmen sind die Mieteinnahmen, soweit sie der GmbH nach § 39 Abs. 2 Nr. 2 AO anteilig zuzurechnen sind. Dies gilt auch für die anteilige Dezembermiete, da die GmbH insoweit zum 31.12.14 bereits eine Forderung bilanzieren muss. Die GmbH erzielt mithin Betriebseinnahmen in Höhe von 50 % 12 * 8.000 € = 48.000 €.

Betriebsausgaben sind neben den anteiligen Aufwendungen in Höhe von 50 % * 40.000 € = 20.000 € (§ 4 Abs. 4 EStG) auch die AfA auf das Gebäude, soweit es der GmbH zuzurechnen und deshalb in ihrem Betriebsvermögen zu erfassen ist. Bemessungsgrundlage sind die anteiligen Anschaffungskosten in Höhe von 50 % * 1.000.000 € = 500.000 €. Der AfA-Satz beträgt nach § 7 Abs. 4 S. 1 Nr. 1 EStG 3 %, sodass sich eine zu berücksichtigende AfA in Höhe von 15.000 € ergibt.

Schließlich ist das Gebäude in der Bilanz der A GmbH zum 31.12.14 nach § 6 Abs. 1 Nr. 1 S. 2 EStG nur mit dem Teilwert zu bewerten, wenn dieser aufgrund einer voraussichtlich dauerhaften Wertminderung unter den fortgeführten Anschaffungskosten liegt. Die Einschränkung der Verwendungsmöglichkeiten durch behördliche Auflagen führt zu einer voraussichtlich dauerhaften Wertminderung. Der Anteil der A GmbH hat nur noch einen Teilwert von 50 % * 800.000 € = 400.000 €. Die fortgeführten Anschaffungskosten belaufen sich zum 31.12.14 nach insgesamt 3 Jahren regulärer Abschreibung (1.1.12 – 31.12.14) auf 500.000 € – 3 * 15.000 € = 455.000 €. Die Wertdifferenz in Höhe von 55.000 € ist als zusätzliche Betriebsausgabe (Teilwertabschreibung) zu berücksichtigen.

Die A GmbH erzielt mithin gewerbliche Einkünfte in Höhe von 48.000 € – 20.000 € – 15.000 € – 55.000 € = – 42.000 €.

B. Einkünfte des A

A erzielt, soweit ihm das Gebäude nach § 39 Abs. 2 Nr. 2 AO zurechenbar ist, Einkünfte aus Vermietung und Verpachtung (§ 21 Abs. 1 S. 1 Nr. 1 EStG). Diese ermitteln sich gemäß § 2 Abs. 2 S. 1 Nr. 2 EStG als Überschuss der Einnahmen (§ 8 EStG) über die Werbungskosten (§ 9 EStG). Für die zeitliche Zuordnung gilt das Zufluss- (§ 11 Abs. 1 EStG) bzw. Abflussprinzip (§ 11 Abs. 2 EStG).

Die Mieteinnahmen stellen, soweit sie A anteilig nach § 39 Abs. 2 Nr. 2 AO zurechenbar sind, Einnahmen aus der Vermietung dar, allerdings ist die Dezembermiete nicht mehr im Jahr 14 zugeflossen (§ 11 Abs. 1 S. 1 EStG). Die Miete ist zwar eine regelmäßig wiederkehrende Einnahme, ist aber nicht innerhalb von zehn Tagen nach Ende des Jahres und mithin nicht innerhalb kurzer Zeit zugeflossen, sodass sich auch aus der Sonderregel des § 11 Abs. 1 S. 2 EStG nichts Anderes ergibt. A erzielt mithin Einnahmen in Höhe von 50 % * 11 * 8.000 € = 44.000 €.

Werbungskosten sind neben den anteiligen Aufwendungen in Höhe von 20.000 € (§ 9 Abs. 1 S. 1 EStG) auch die Abschreibungen (§§ 9 Abs. 1 S. 3 Nr. 7 S. 1, 7 EStG) auf das Gebäude. Bemessungsgrundlage sind die anteiligen Anschaffungskosten. Der AfA-Satz ergibt sich für den im Privatvermögen gehaltenen Anteil des A aus § 7 Abs. 4 S. 1 Nr. 2 a) EStG mit 2 %. Im Jahr 14 sind mithin Abschreibungen in Höhe von 500.000 € * 2 % = 10.000 € zu berücksichtigen.

Eine Teilwertabschreibung nach § 6 Abs. 1 Nr. 1 S. 2 EStG kommt im Privatvermögen mangels Bewertung nicht in Betracht. Der bloße Wertverlust wegen geringerer Nutzungsmöglichkeiten stellt mangels Beeinträchtigung der Gebäudesubstanz auch keine außergewöhnliche technische oder wirtschaftliche Abnutzung dar, sodass auch eine – im Privatvermögen grundsätzlich zulässige – Abschreibung nach § 7 Abs. 1 S. 7 Hs. 1 EStG ausscheidet. Der Wertverlust zum Jahresende wirkt sich mithin für A steuerlich nicht aus.

A erzielt nach allem Einkünfte aus Vermietung und Verpachtung in Höhe von 44.000 € – 20.000 € – 10.000 € = 14.000 €.

II. Verlustabzugsbeschränkungen

Erzielt ein Steuerpflichtiger über seine Beteiligung an einer vermögensverwaltenden Personengesellschaft negative Einkünfte, kann sowohl der horizontale Verlustausgleich innerhalb derselben Einkunftsart als auch der vertikale Verlustausgleich mit anderen Einkunftsarten eingeschränkt sein.

1. Einkünfte aus Kapitalvermögen und Verluste aus privaten Veräußerungsgeschäften

Für Einkünfte aus Kapitalvermögen und Verluste aus privaten Veräußerungsgeschäften entspricht die Rechtslage insoweit derjenigen, wenn der Gesellschafter als Einzelperson entsprechende Einkünfte erzielt:

Einkünfte aus Kapitalvermögen unterliegen grundsätzlich einem gesonderten Steuersatz § 32d Abs. 1 EStG und werden bei der Ermittlung des zu versteuernden Einkommens eines Steuerpflichtigen nicht einbezogen (§ 2 Abs. 5b EStG). Positive Einkünfte aus Kapitalvermögen können danach grundsätzlich nicht mit negativen Einkünften aus einer anderen Einkunftsart verrechnet werden. Entsprechend schließt § 20 Abs. 6 S. 1 EStG auch den vertikalen Verlustausgleich von negativen Einkünften aus Kapitalvermögen mit positiven Einkünften aus anderen Einkunftsarten ausdrücklich aus. Nach § 20 Abs. 6 S. 4 ff. EStG ist darüber hinaus der horizontale Verlustausgleich innerhalb der Einkünfte aus Kapitalvermögen für bestimmte Verluste aus Einkünften im Sinne von § 20 Abs. 2 EStG beschränkt. Allerdings finden diese Beschränkungen des vertikalen und horizontalen Verlustausgleichs keine Anwendung, insoweit die Einkünfte aus Kapitalvermögen zwingend (§ 32d Abs. 2 Nr. 1 S. 2, Nr. 2 S. 2 EStG) oder auf Antrag des Steuerpflichtigen (§ 32d Abs. 2 Nr. 3 S. 2 EStG) nicht mit dem Abgeltungssteuersatz nach § 32d Abs. 1 EStG, sondern mit dem persönlichen Steuersatz des Steuerpflichtigen besteuert werden.

830 **Verluste aus privaten Veräußerungsgeschäften** dürfen nur (horizontal) mit Gewinnen aus anderen privaten Veräußerungsgeschäften ausgeglichen werden; ein vertikaler Verlustausgleich mit positiven Einkünften aus anderen Einkunftsarten findet nicht statt (§ 23 Abs. 3 S. 7 f. EStG).

2. Verluste aus Vermietung und Verpachtung

831 Besonderheiten ergeben sich für Verluste aus Vermietung und Verpachtung, die über eine vermögensverwaltende Personengesellschaft erzielt werden. Nach § 21 Abs. 1 S. 2 EStG finden die §§ 15a und 15b EStG sinngemäße Anwendung, d.h. ein Verlust kann unter Umständen nicht abzugsfähig sein, weil der Steuerpflichtige für diesen Verlust zivilrechtlich nur beschränkt haftet (§ 15a EStG) oder weil der Verlust im Zusammenhang mit einem Steuerstundungsmodell steht (§ 15b EStG). Ein Ausgleich ist dann nur mit positiven Einkünften aus derselben Einkunftsquelle möglich (§ 15a Abs. 2 S. 1, § 15b Abs. 1 S. 2 EStG). Auch diese gesetzgeberische Regelung führt nicht dazu, dass die Gesellschaft selbst Einkünfteerzielungssubjekt wird, sie macht aber eine gesonderte Betrachtung von Vorgängen im Zusammenhang mit der Beteiligung an der Gesellschaft erforderlich:

832 Für die sinngemäße Anwendung von § 15b EStG muss geprüft werden, ob gerade die Beteiligung an der vermögensverwaltenden Gesellschaft und die damit einhergehende Teilhabe an Verlusten aus Vermietung und Verpachtung eine modellhafte Gestaltung in Form eines vorgefertigten Konzepts darstellt und damit als Steuerstundungsmodell im Sinne von § 15b Abs. 2 S. 1 EStG qualifiziert werden kann.

833 Die sinngemäße Anwendung von § 15a EStG beschränkt den Ausgleich von Verlusten aus Vermietung und Verpachtung dann, wenn der Gesellschafter zivilrechtlich nur beschränkt haftet (insbesondere als Kommanditist einer KG) und durch den Verlust ein negatives Kapitalkonto entsteht oder sich erhöht. Es ist mithin für Zwecke des Verlustausgleichs erforderlich, für den jeweiligen Gesellschafter ein **Kapitalkonto** zu führen. Aus steuerlicher Perspektive handelt es sich dabei – da kein Betrieb und mithin auch kein Betriebsvermögen vorliegen – nur um ein fiktives Konto, das sich aus sämtlichen Vermögenszu- und -abflüssen speist, die im Zusammenhang mit der Beteiligung an der Gesellschaft stehen. Erfasst werden sowohl Einlagen und Entnahmen als auch sämtliche steuerbaren Vermögensmehrungen, soweit sie gesellschafts-

vertraglich dem einzelnen Gesellschafter zuzurechnen sind.³³⁴ Es werden nicht nur positive und negative Einkünfte aus Vermietung und Verpachtung nachvollzogen, sondern in die Ermittlung des Kapitalkontos fließen auch positive oder negative Einkünfte aus Kapitalvermögen (inklusive derjenigen, die einer abgeltenden Besteuerung nach § 32d Abs. 1 EStG unterliegen) und privaten Veräußerungsgeschäften ein Die Zuordnung zu einzelnen Veranlagungszeiträumen erfolgt dabei nach Zu- bzw. Abfluss (§ 11 EStG).³³⁵

Umstritten ist, ob auch **nicht steuerbare Vermögensmehrungen** oder -minderungen (beispielsweise Gewinne oder Verluste aus der Veräußerung eines Wirtschaftsguts nach Ablauf der Veräußerungsfristen des § 23 Abs. 1 S. 1 EStG) bei der Ermittlung des Kapitalkontos einzubeziehen sind.³³⁶ Für eine Einbeziehung spricht, dass derartige Vermögensmehrungen zivilrechtlich dem Kapitalkonto des Gesellschafters zugeordnet werden können und sich mithin auf seine Haftung auswirken können. Die steuerliche Regelung des § 15a EStG knüpft an die zivilrechtlichen Haftungsbeschränkungen an, was für einen Gleichlauf der Wertungen spricht.³³⁷ Gegen eine Einbeziehung spricht, dass damit Vorgänge, die der Gesetzgeber explizit aus dem steuerbaren Bereich ausgesondert hat, indirekt doch die Höhe der steuerbaren Einkünfte beeinflussen würden.³³⁸

834

Greift die Verlustausgleichsbeschränkung des § 15a EStG – also soweit durch den Verlust das fiktive Kapitalkonto negativ wird oder sich ein negatives Kapitalkonto erhöht – so sind die Verluste nur in folgenden Veranlagungszeiträumen mit anderen positiven Einkünften „aus der Beteiligung" verrechenbar (§ 15a Abs. 2 S. 1 EStG). Anders als im unmittelbaren Anwendungsbereich von § 15a EStG können die Verluste aber nicht nur mit Gewinnen aus derselben Einkunftsart verrechnet werden, sondern auch positive Einkünfte aus Kapitalvermögen oder aus privaten Veräußerungsgeschäften mindern, die dem Steuerpflichtigen aufgrund seiner Beteiligung an der vermögensverwaltenden Personengesellschaft zugerechnet werden.

835

> **Fall 131:** A ist seit dem 1.1.19 als Kommanditistin an der Grundbesitz-KG, einer nicht gewerblich geprägten ausschließlich vermögensverwaltend tätigen Kommanditgesellschaft, beteiligt. Nach dem Gesellschaftsvertrag ist sie sowohl am Gewinn als auch (beschränkt auf ihre Kommanditeinlage in Höhe von 10.000 €) am Verlust der Gesellschaft und den stillen Reserven beteiligt.
>
> A hat am 1.1.19 ihre Kommanditeinlage durch Barzahlung an die Gesellschaft geleistet und seitdem weder Auszahlungen erhalten noch weitere Einlagen geleistet. Die Gesellschaft hat

836

---

334 BFH, Urteil v. 2.9.2014 – IX R 52/13 –, BFHE 247, 209, BStBl II 2015, 263 Rn. 12 ff.; BFH, Urteil v. 8.3.2017 – IX R 16/16 –, BFH/NV 2017, 1306 Rn. 15; Finanzgericht Rheinland-Pfalz, Urteil v. 30.10.2019 – 1 K 1540/18 –, EFG 2020, 1309, Rn. 15 (rkr.); BMF-Schreiben v. 15.9.2020 – IV C 1 – S 2253/08/10006:033, DStR 2020, 2127, Rn. 3 ff.; instruktiv *Middendorf/Rickermann*, BB 2021, 539 ff.
335 BFH, Urteil v. 2.9.2014 – IX R 52/13 –, BFHE 247, 209, BStBl II 2015, 263 Rn. 13; BMF-Schreiben v. 15.9.2020 – IV C 1 – S 2253/08/10006:033, DStR 2020, 2127, Rn. 3.
336 Dafür BMF-Schreiben v. 15.9.2020 – IV C 1 – S 2253/08/10006:033, DStR 2020, 2127, Rn. 4; *Holste genannt Göcke*, DStR 2016, 1246, 1248; a.A.: Finanzgericht Rheinland-Pfalz, Urteil v. 30.10.2019 – 1 K 1540/18 –, EFG 2020, 1309, Rn. 17 f. (rkr.).
337 So *Holste genannt Göcke*, DStR 2016, 1246, 1248.
338 So Finanzgericht Rheinland-Pfalz, Urteil v. 30.10.2019 – 1 K 1540/18 –, EFG 2020, 1309, Rn. 18 (rkr.).

im Jahr 19 mehrere Grundstücke vermietet, ein Grundstück veräußert und Einkünfte aus Kapitalvermögen erzielt. Auf A entfallen unstreitig folgende anteilige Einkünfte:

§ 20 EStG: 5.000 € (unterliegen bei A der Abgeltungsteuer)

§ 21 Abs. 1 S. 1 Nr. 1 EStG: – 20.000 €

§ 22 Nr. 2, § 23 Abs. 1 S. 1 Nr. 1 EStG: – 3.000 €

A erzielt daneben im Jahr 19 Einkünfte aus nichtselbständiger Arbeit in Höhe von 50.000 €.

Im Jahr 20 entfallen auf A aus ihrer Beteiligung an der Grundbesitz-KG unstreitig folgende Einkünfte

§ 20 EStG: 3.000 € (unterliegen bei A der Abgeltungsteuer)

§ 21 Abs. 1 S. 1 Nr. 1 EStG: -4.000 €

§ 22 Nr. 2, § 23 Abs. 1 S. 1 Nr. 1 EStG: 16.000 €

Abermals erzielt A zusätzliche Einkünfte aus nichtselbständiger Arbeit in Höhe von 50.000 €.

Wie hoch ist die Summe der Einkünfte von A in den Jahren 19 und 20?

Lösung Fall 131:

A. Summe der Einkünfte im Jahr 19

Entscheidend für die Summe der Einkünfte ist, in welchem Umfang A jeweils positive und negative Einkünfte miteinander verrechnen kann. Die Einkünfte aus Kapitalvermögen sind dabei, da sie der abgeltenden Besteuerung nach § 32d Abs. 1 EStG unterliegen, jeweils nicht einzubeziehen (§ 2 Abs. 5b EStG).

Im Jahr 19 kann der Verlust aus privaten Veräußerungsgeschäften in Höhe von 3.000 € nicht mit anderen Einkünften verrechnet werden (§ 23 Abs. 3 S. 7 EStG). Dieser Verlust wird gesondert festgestellt und in die Zukunft vorgetragen (§ 23 Abs. 3 S. 8, § 10d Abs. 4 EStG). Die negativen Einkünfte aus Vermietung und Verpachtung dürfen nach § 21 Abs. 1 S. 2, § 15a Abs. 1 S. 1 EStG nur insoweit mit den positiven Einkünften aus nichtselbständiger Arbeit ausgeglichen werden, als sich nicht für A ein negatives Kapitalkonto bildet oder erhöht. Das Kapitalkonto ermittelt sich für das Jahr 19 wie folgt:

Ursprüngliche Einlage	10.000 €
Einkünfte aus Kapitalvermögen	+ 5.000 €
Einkünfte aus Vermietung und Verpachtung	- 20.000 €
Einkünfte aus privaten Veräußerungsgeschäften	- 3.000 €
Stand 31.12.19	- 8.000 €

In Höhe von 8.000 € kann A damit die Verluste aus Vermietung und Verpachtung nicht mit anderen Einkünften ausgleichen. In dieser Höhe wird ein verrechenbarer Verlust gesondert festgestellt § 21 Abs. 1 S. 2, § 15a Abs. 4 EStG. In Höhe von 12.000 € kann A die Verluste aus Vermietung und Verpachtung mit den positiven Einkünften aus nichtselbständiger Arbeit verrechnen. Die Summe der Einkünfte der A im Jahr 19 beträgt mithin 50.000 € – 12.000 € = 38.000 €.

B. Summe der Einkünfte im Jahr 20

Im Jahr 20 ist abermals zu prüfen, ob für die Verluste aus Vermietung und Verpachtung das Verlustausgleichsverbot aus § 21 Abs. 1 S. 2, § 15a Abs. 1 S. 1 EStG greift. Das Kapitalkonto von A entwickelt sich wie folgt:

Stand 31.12.19	- 8.000 €
Einkünfte aus Kapitalvermögen	+ 3.000 €
Einkünfte aus Vermietung und Verpachtung	- 4.000 €
Einkünfte aus privaten Veräußerungsgeschäften	+ 16.000 €
Stand 31.12.20	7.000 €

Da das Kapitalkonto nicht negativ geworden ist und sich auch kein negatives Kapitalkonto erhöht hat, greift die Verlustausgleichsbeschränkung aus § 21 Abs. 1 S. 2, § 15a Abs. 1 S. 1 EStG nicht. Die Verluste aus Vermietung und Verpachtung in Höhe von -4.000 € können unbeschränkt mit anderen Einkünften verrechnet werden. Im Jahr 20 erzielt A zudem nach Saldierung aller Einkunftsarten positive Einkünfte aus der Beteiligung an der Grundbesitz-KG, sodass nach § 15a Abs. 2 S. 1 EStG eine Verrechnung mit dem zum 31.12.19 festgestellten vortragsfähigen Verlust möglich ist. Die positiven Einkünfte aus Kapitalvermögen können dabei allerdings wegen ihrer abgeltenden Besteuerung nicht gemindert werden (§ 2 Abs. 5b EStG). Die Einkünfte aus privaten Veräußerungsgeschäften werden nach § 21 Abs. 1 S. 2, § 15a Abs. 2 S. 1 EStG um den verrechenbaren Verlust in Höhe von 8.000 € sowie nach § 23 Abs. 3 S. 8 EStG um den vortragsfähigen Verlust aus privaten Veräußerungsgeschäften in Höhe von 3.000 € gemindert. Es verbleiben Einkünfte aus § 22 Nr. 2, § 23 Abs. 1 S. 1 Nr. 1 EStG in Höhe von 5.000 €. Insgesamt ergibt sich eine Summe der Einkünfte in Höhe von 50.000 € − 4.000 € + 5.000 € = 51.000 €.

D. Besteuerungsverfahren

Auch für das formelle Besteuerungsverfahren ist eine Personengesellschaft in gewissem Umfang verselbständigt. Entscheidend für den Grad der Verselbständigung ist insoweit, ob materiell-rechtlich die Gesellschaft selbst oder die Gesellschafter Steuerschuldner sind.

837

Ist die Gesellschaft selbst Steuersubjekt, treffen sie die verfahrensrechtlichen Rechte und Pflichten selbst. So ist die Gesellschaft selbst zur Abgabe einer Steuererklärung für die Gewerbe-, Umsatz- und Grundsteuer verpflichtet und entsprechende Steuerbescheide sind der Gesellschaft nach § 122 Abs. 1 AO bekannt zu geben. Die verfahrensrechtlichen Pflichten der Gesellschaft müssen nach § 34 Abs. 1 S. 1 AO durch die gesetzlichen Vertreter erfüllt werden. Zuständig für die Besteuerung ist das Betriebsfinanzamt (§ 22 Abs. 1 AO i.V.m. § 18 Abs. 1 Nr. 2 AO) für die Gewerbesteuer und die Umsatzsteuer (§ 21 AO) sowie das Lagefinanzamt nach § 22 Abs. 1 i.V.m. § 18 Abs. 1 AO für die Grundsteuer.

838

Für die Einkommen- und Körperschaftsteuer ist die Personengesellschaft selbst nicht Steuersubjekt (Transparenzprinzip, siehe schon unter Rn. 6 f., 353 ff.). Verselbständigt ist sie nur als Einkünfteermittlungssubjekt, wenn eine Mitunternehmerschaft vorliegt (siehe bereits ausführlich unter Rn. 355 ff.) oder – jedenfalls nach der herrschenden Meinung – wenn auf Gesellschaftsebene sämtliche Merkmale einer Überschusseinkunftsart verwirklicht werden (siehe unter Rn. 791 ff. auch mit Nachweisen zur hier vertretenen abweichenden Auffassung einer volltransparenten Behandlung). In diesen Fällen wird auf der Ebene der Gesellschaft ein Gewinn bzw. Überschuss er-

839

mittelt, der dann anteilig durch die einzelnen Gesellschafter versteuert werden muss. Für die Besteuerung der einzelnen Gesellschafter sind allerdings in der Regel verschiedene (Wohnsitz-)Finanzämter örtlich zuständig (vgl. § 19 Abs. 1 S. 1 AO). Wenn jedes dieser Finanzämter nun (als notwendige Vorfrage für die Besteuerung des Gesellschafters, vgl. § 157 Abs. 2 AO) die Einkünfte auf Ebene der Gesellschaft ermittelte, würden widersprüchliche Festsetzungen drohen.

840 Um diesem Problem zu begegnen, sieht die Abgabenordnung ein besonderes Verfahren für die Ermittlung der Einkünfte, die über eine Personengesellschaft erzielt werden, vor: Nach § 180 Abs. 1 S. 1 Nr. 2 a) AO werden Einkünfte, an denen mehrere Personen beteiligt sind und die von diesen Personen zu versteuern sind, mit einem gesonderten Bescheid und einheitlich für alle beteiligten Personen festgestellt; man spricht von einer **einheitlichen und gesonderten Feststellung**. Unabhängig davon, ob die Personengesellschaft materiell-rechtlich eine Mitunternehmerschaft oder nur vermögensverwaltend tätig ist, werden die erzielten Einkünfte zentral ermittelt und auf die einzelnen Gesellschafter verteilt. Die einheitliche und gesonderte Feststellung erstreckt sich bei Mitunternehmerschaften auch auf die Ergebnisse aus dem jeweiligen Sonderbereich des Gesellschafters.

I. Gesonderte und einheitliche Feststellung

841 Für die gesonderte Feststellung gelten die Vorschriften über den Erlass und die Änderung eines Steuerbescheids grundsätzlich entsprechend (§ 181 Abs. 1 S. 1 AO). Insbesondere muss auch für Zwecke der einheitlichen und gesonderten Feststellung eine Erklärung abgegeben werden (§ 181 Abs. 1 S. 2 AO). Nach § 181 Abs. 2 AO ist jeder Gesellschafter erklärungspflichtig (§ 181 Abs. 2 S. 1 Nr. 1 AO) sowie der Geschäftsführer (§ 181 Abs. 2 S. 1 Nr. 4 AO); insgesamt muss aber nur eine Erklärung abgegeben werden (§ 181 Abs. 2 S. 3 AO).

842 Zuständig für die Bearbeitung der Erklärung ist das Finanzamt, in dessen Zuständigkeitsbereich die entsprechende Einkunftsquelle fällt (vgl. § 18 Abs. 1 AO). Es erlässt einen einheitlichen Feststellungsbescheid (§ 179 Abs. 1, Abs. 2 S. 2 AO), der für alle Gesellschafter bindend ist (vgl. § 182 Abs. 1 S. 1 AO). Bei mehrstöckigen Personengesellschaften wird für jede Gesellschaftsebene ein gesondertes Feststellungsverfahren durchgeführt. Der Feststellungsbescheid der Untergesellschaft entfaltet dann Bindungswirkung für das Feststellungsverfahren der Obergesellschaft.[339]

843 Um die Bekanntgabe und damit die Wirksamkeit (vgl. §§ 122, 124 AO) des Feststellungsverwaltungsakts zu erleichtern (z.B. bei Gesellschafterwechseln oder Publikumspersonengesellschaften mit Hunderten von Kommanditgesellschaftern), wird der einheitliche Feststellungsbescheid gemäß § 183 Abs. 1 S. 1 AO an einen Empfangsbevollmächtigten der Gesellschaft versandt. Einigen sich die Gesellschafter nicht auf einen solchen, gilt jede vertretungsberechtigte Person der Gesellschaft als empfangsberechtigt (§ 183 Abs. 1 S. 2 AO). Wenn die Finanzbehörde Kenntnis davon hat, dass die Gesellschaft nicht mehr besteht, ein Beteiligter ausgeschieden ist

---

339 Vgl. z.B. BFH, Urteil v. 9.10.2008 – IX R 72/07, BFHE 223, 199 = BStBl II 2009, 231, juris Rn. 10.

oder dass zwischen den Beteiligten ernstliche Meinungsverschiedenheiten bestehen, ist Einzelbekanntgabe erforderlich (§ 183 Abs. 2 S. 1 AO).

Das jeweilige Wohnsitzfinanzamt wird durch eine interne Mitteilung über die festgestellten Besteuerungsgrundlagen informiert und berücksichtigt diese (im Grundsatz ohne weitere Prüfung, vgl. § 182 Abs. 1 S. 1 AO) bei der Festsetzung der Einkommen- oder Körperschaftsteuer des Gesellschafters. Will ein Gesellschafter sich gegen die Höhe der festgestellten Einkünfte wenden, muss er ein Einspruchsverfahren gegen den Feststellungsbescheid und nicht gegen seinen Einkommensteuerbescheid anstrengen. In vollem Umfang einspruchsbefugt gegen den Feststellungsbescheid ist der zur Vertretung berufene Geschäftsführer der Gesellschaft (§ 352 Abs. 1 Nr. 1 AO) oder wenn ein solcher nicht vorliegt der gemeinsame Empfangsbevollmächtigte (§ 352 Abs. 2 AO). Die subsidiäre Einspruchsbefugnis für jeden Gesellschafter (§ 352 Abs. 1 Nr. 2 AO) greift regelmäßig nicht. Zusätzlich sind mittlerweile ausgeschiedene Gesellschafter, die von dem Feststellungsbescheid noch betroffen sind, in vollem Umfang einspruchsbefugt. Schließlich kann sich jeder Gesellschafter insoweit gegen den Feststellungsbescheid wenden, als seine Beteiligung an den festgestellten Einkünften (§ 352 Abs. 1 Nr. 4 AO) oder eine ihn persönlich betreffende Frage umstritten ist (§ 352 Abs. 1 Nr. 5 AO).

844

Fall 132: Gesellschafter der X-GbR sind die Ingenieure A, B, C und D. Sie betreiben im Rahmen der GbR gemeinsam ein Ingenieursbüro. Alle Gesellschafter sind zu gleichen Teilen an Gewinn, Verlust und Vermögen der GbR beteiligt. Alleiniger vertretungsberechtigter Geschäftsführer ist A. Zum 30.6.14 scheidet D aus der Gesellschaft aus.

845

Die X-GbR ermittelt für den Veranlagungszeitraum 14 durch Einnahmenüberschussrechnung Einkünfte aus selbständiger Arbeit in Höhe von 140.000 €. Irrtümlich werden abzugsfähige Betriebsausgaben in Höhe von 20.000 € nicht berücksichtigt. Als Betriebsausgaben berücksichtigt die GbR aber in Höhe von 10.000 € Mietzahlungen an C, der der Gesellschaft im Jahr 14 einen ihm gehörenden Pkw für betriebliche Zwecke überließ. Alle Einnahmen und Ausgaben entfielen gleichmäßig auf die Monate Januar bis Dezember.

Ein Angestellter der GbR bereitet im Februar 15 die Feststellungserklärung für die X-GbR für das Jahr 14 vor. Dabei erfasst sie die Mietzahlungen an C zwar zutreffend als Sonderbetriebseinnahmen, vergisst allerdings, die entsprechende AfA (4.000 €) als Sonderbetriebsausgaben abzuziehen. Außerdem vergisst sie, das Ausscheiden des D in der Erklärung zu vermerken.

Das Finanzamt veranlagt erklärungsgemäß, rechnet also A, B, C und D jeweils Einkünfte in Höhe von 35.000 € aus dem Gesamthandsbereich und C zusätzlich Sonderbetriebseinnahmen in Höhe von 10.000 € zu. Der Feststellungsbescheid wird A mit dem Hinweis bekanntgegeben, dass die Bekanntgabe mit Wirkung für und gegen A, B, C und D erfolgt.

Bei der Prüfung des Bescheids fallen A die fehlerhaften Festsetzungen auf. Er fragt sich, ob der Feststellungsbescheid überhaupt wirksam gegenüber allen Beteiligten bekanntgegeben wurde und wer hinsichtlich der einzelnen Fehler Einspruch einlegen darf. Wie ist die Rechtslage?

Lösung Fall 132:
I. Wirksame Bekanntgabe des Bescheids
Zwar hat die X-GbR keinen gemeinsamen Empfangsbevollmächtigten im Sinne von § 183 Abs. 1 S. 1 AO bestellt, gemäß § 183 Abs. 1 S. 2 AO gilt jedoch der vertretungsberechtigte

A als Empfangsbevollmächtigter. Die Bekanntgabe erfolgte damit gegenüber A grundsätzlich auch mit Wirkung für und gegen alle anderen Gesellschafter (vgl. §§ 179 Abs. 2 S. 2, 180 Abs. 1 S. 1 Nr. 2 a), 183 Abs. 1 S. 5 AO). Etwas anderes ergibt sich auch nicht hinsichtlich des ausgeschiedenen Gesellschafters D: Insoweit sieht zwar § 183 Abs. 2 S. 1 AO ausnahmsweise eine Einzelbekanntgabe gegenüber dem ausgeschiedenen Gesellschafter vor; dies setzt aber positive Kenntnis der Finanzverwaltung von diesem Umstand voraus. Da ein entsprechender Hinweis auf der Feststellungserklärung fehlte und auch ansonsten nicht ersichtlich ist, dass die Finanzverwaltung Kenntnis erlangt haben könnte (insbesondere wird das Ausscheiden eines Gesellschafters bei der GbR auch in kein öffentliches Register eingetragen), bestand keine Pflicht zur Einzelbekanntgabe gegenüber C. Der Bescheid wurde wirksam gegenüber allen Gesellschaftern bekanntgegeben.

II. Einspruchsbefugnis

Unbeschränkt einspruchsbefugt ist nach § 352 Abs. 1 Nr. 1 Var. 1 AO der vertretungsberechtigte Geschäftsführer A. Er kann sämtliche Fehler der Festsetzung geltend machen.

Gleiches gilt gemäß § 352 Abs. 1 Nr. 3 AO auch für den mittlerweile ausgeschiedenen Gesellschafter D, soweit er durch den Feststellungsbescheid beschwert ist. Er kann mithin sämtliche Fehler geltend machen, soweit sie sich auf die Zeit bis zum 30.6.14 erstrecken.

A, B, C, und D sind zusätzlich einspruchsbefugt, soweit ihnen zu geringe bzw. zu hohe Gewinnanteile zugerechnet wurden, weil das Ausscheiden des D zum 30.6.14 bisher nicht berücksichtigt wurde (§ 352 Abs. 1 Nr. 4 AO).

Schließlich ist C hinsichtlich der nicht berücksichtigten Sonderbetriebsausgaben einspruchsbefugt, weil diese Frage ihn persönlich betrifft (§ 352 Abs. 1 Nr. 5 AO).

846 Ändert sich der Feststellungsbescheid, z.B. nach einer Betriebsprüfung, kann nach § 175 Abs. 1 S. 1 Nr. 1 AO auch der Einkommensteuerbescheid eines Gesellschafters nachträglich geändert werden. Die Festsetzungsfrist für den Einkommensteuerbescheid ist insoweit für zwei Jahre ab dem Erlass des Feststellungsbescheids gehemmt (§ 171 Abs. 10 S. 1 AO).

847 Auch die gesonderte und einheitliche Feststellung ist nur in zeitlichen Grenzen möglich, nämlich innerhalb der Feststellungsfrist, die in entsprechender Anwendung der Vorschriften zur Festsetzungsfrist für Steuererklärungen zu ermitteln ist (§§ 181 Abs. 1 S. 1 AO, 169 ff. AO). Nach § 171 Abs. 5 S. 1 AO kann eine gesonderte Feststellung aber ausnahmsweise und partiell auch noch nach Ablauf der Feststellungsfrist insoweit erfolgen, als sie für eine Steuerfestsetzung von Bedeutung ist, für die die Festsetzungsfrist noch nicht abgelaufen ist.[340] Es handelt sich bei § 171 Abs. 5 S. 1 AO nicht um eine Ablaufhemmung, sondern um eine ausnahmsweise Durchbrechung der Feststellungsfrist.[341] Auch hier gilt, dass in mehrstöckigen Gesellschaftsstrukturen an die Stelle einer Steuerfestsetzung auch eine andere Feststellung treten kann: Eine Änderung ist bei einer doppelstöckigen Personengesellschaft auf Ebene der Obergesellschaft auch noch möglich, wenn zwar die Feststellungsfrist für die

---

[340] Dies gilt nach allgemeiner Meinung sowohl für die erstmalige gesonderte Feststellung als auch für die Änderung eines Feststellungsbescheids, vgl. nur BFH, Urteil v. 10.12.1992 – IV R 118/90, BFHE 170, 336 = BStBl II 1994, 381, juris Rn. 30; BFH, Urteil v. 31.10.2000 – VIII R 14/00, BFHE 193,392 = BStBl II 2001, 156, juris Rn. 17.

[341] Vgl. nur BFH, Urteil v. 31.10.2000 – VIII R 14/00, BFHE 193,392 = BStBl II 2001, 156, juris Rn. 17; BFH, Urteil v. 19.8.2008 – IX R 89/07, BFH/NV 2009, 762, juris Rn. 12.

Obergesellschaft abgelaufen ist, aber die Feststellungsfrist bei der Untergesellschaft noch läuft.[342] In all diesen Fällen gilt, dass § 171 Abs. 5 AO selbst keine Änderungsvorschrift darstellt. Es müssen also jeweils noch die Voraussetzungen einer der Änderungsvorschriften der §§ 172 ff. AO vorliegen, wobei § 175 Abs. 1 S. 1 Nr. 1 AO diese Konstellation nicht erfasst und eine Änderung nach § 164 Abs. 2 AO regelmäßig ausscheidet, weil ein Vorbehalt der Nachprüfung mit Ablauf der Feststellungsfrist entfällt (§ 164 Abs. 4 S. 1 AO).

II. Besonderheiten bei vermögensverwaltenden Personengesellschaften

Bei vermögensverwaltenden Personengesellschaft ist materiellrechtlich eine endgültige Einkünftequalifikation und -ermittlung häufig nur möglich, indem neben der Ebene der Gesellschaft auch die Ebene des einzelnen Gesellschafters betrachtet wird. Dies gilt nach der herrschenden Meinung subsidiär, wenn nicht schon alle Merkmale eines Einkünftetatbestands durch die Gesellschaft verwirklicht sind (siehe oben Rn. 794). Geht man materiellrechtlich von einer Volltransparenz vermögensverwaltender Personengesellschaften aus (§ 39 Abs. 2 Nr. 2 AO; siehe oben Rn. 796 ff.) kommt es materiellrechtlich ohnehin ausschließlich zu einer Einkünftequalifikation auf Gesellschafterebene. 848

Verfahrensrechtlich ergibt sich in jedem Fall die Frage, inwieweit sich eine Einkünftequalifikation und -ermittlung auf Gesellschafterebene damit vereinen lässt, dass gemäß § 182 Abs. 1 S. 1 AO die im Rahmen des Feststellungsbescheids auf Ebene der Gesellschaft ermittelten Einkünfte für die Veranlagung des Gesellschafters bindend sind. Dieses Problem stellt sich insbesondere bei sog. **Zebragesellschaften**, also dann, wenn zumindest ein Gesellschafter mit seiner Beteiligung an der Personengesellschaft gewerbliche Einkünfte erzielt (siehe schon unter Rn. 816 ff.). Eine solche Situation kann sich beispielsweise ergeben, wenn die Beteiligung zur Stärkung eines Einzelbetriebs des Gesellschafters dient, oder wenn der Gesellschafter erst bei Zusammenschau von Gesellschafts- und Gesellschafterebene einen gewerblichen Grundstückshandel betreibt (siehe bereits unter Rn. 813 f.). 849

Im Feststellungsverfahren für die Gesellschaft lassen sich die Einkünfte in diesen Fällen regelmäßig nicht bereits korrekt qualifizieren und der Höhe nach ermitteln. Zwar wäre es theoretisch denkbar, für unterschiedliche Gesellschafter Einkünfte aus unterschiedlichen Einkunftsarten festzustellen und dabei teilweise (insoweit Gesellschafter gewerbliche Einkünfte erzielen) den Gewinn nach §§ 4 ff. EStG und für die übrigen Gesellschafter den Überschuss der Einnahmen über die Werbungskosten (§§ 8 ff.) zu ermitteln. In der Praxis scheitert dieser Ansatz aber daran, dass der Gesellschaft (und dem für deren Feststellungsverfahren zuständigen Finanzamt) regelmäßig die Informationen darüber fehlen, ob ein Gesellschafter seinen Gesellschaftsanteil für betriebliche Zwecke hält oder weitere Tätigkeiten ausübt, die gemeinsam mit seiner Beteiligung qualifiziert werden müssen. Dass eine Zebragesellschaft vorliegt und verschie- 850

---

342 BFH, Urteil v. 6.7.2005 – XI R 27/04, BFH/NV 2006, 16, juris Rn. 11; BFH, Beschluss v. 31.5.2010 – X B 162/09, BFH/NV 2010, 2011, juris Rn. 26; jew. m.w.N.

dene Grundsätze der Einkünfteermittlung greifen, ist häufig (allenfalls) den Gesellschaftern bekannt. In besonderem Maße gilt dies für Publikumspersonengesellschaften mit einer Vielzahl von Gesellschaftern. Gesellschaftsrechtlich hat die Gesellschaft gegen die einzelnen Gesellschafter keinen Anspruch auf Information über ihre persönlichen steuerlichen Verhältnisse. Auch die für die Veranlagung der Gesellschafter zuständigen Finanzämter dürfen entsprechende Informationen nicht an die Gesellschaft weiterleiten – dies verbietet das Steuergeheimnis (§ 30 AO). Eine abschließende Entscheidung allein durch das Feststellungsfinanzamt ist also nicht möglich.

851 Die Einkünftequalifikation und -ermittlung kann nur durch ein Zusammenwirken von Betriebsfinanzamt der Gesellschaft und Wohnsitzfinanzamt des einzelnen Gesellschafters durchgeführt werden. Der dritte Senat des Bundesfinanzhofs[343] hatte sich dazu für die sog. **„Ping Pong-Lösung"** ausgesprochen: Auf der Ebene der Gesellschaft sollten durch das Betriebsfinanzamt zunächst alle Einkünfte als Einkünfte aus Vermögensverwaltung vorläufig und unverbindlich im Rahmen eines Feststellungsbescheids festgestellt werden. Sodann sollte – abhängig von den persönlichen Verhältnissen des Gesellschafters – durch das Wohnsitzfinanzamt des Gesellschafters im Rahmen des persönlichen Einkommensteuer- oder Körperschaftsteuerbescheids über eine etwaige Umqualifikation der Einkünfte in gewerbliche Einkünfte entschieden werden. Insoweit keine Umqualifikation stattfindet, bleibt es bei den bereits durch das Betriebsfinanzamt der Gesellschaft ermittelten Einkünften. Insoweit das Wohnsitzfinanzamt feststellt, dass ein Gesellschafter betriebliche Einkünfte erzielt, sollte es dementsprechend veranlagen und das Betriebsfinanzamt informieren. Das Betriebsfinanzamt sollte dann wiederum die Höhe der Einkünfte für den betroffenen Gesellschafter durch Einnahmenüberschussrechnung oder Betriebsvermögensvergleich neu ermitteln und einen geänderten Feststellungsbescheid erlassen, woraufhin das Wohnsitzfinanzamt den Einkommen- oder Körperschaftsteuerbescheid des Gesellschafters nach § 175 Abs. 1 S. 1 Nr. 1 AO ändern könnte. Der große Senat des Bundesfinanzhof[344] hat diesen Ansatz indes – zurecht – verworfen, weil sie keine Stütze im Gesetz findet. Die „Ping Pong-Lösung" setzt voraus, dass die Entscheidung des Wohnsitzfinanzamts über die Qualifikation der Einkünfte Bindungswirkung für die Feststellung der Einkünfte durch das Betriebsfinanzamt entfaltet. Im Gesetz ist eine Bindungswirkung aber nur genau umgekehrt angeordnet: Die Feststellungen durch das Betriebsfinanzamt der Gesellschaft sind bindend für die Veranlagung des Gesellschafters (§ 182 Abs. 1 S. 1 AO).

852 Allerdings – so der große Senat – schließt diese Bindungswirkung nicht aus, dass das Wohnsitzfinanzamt des Gesellschafters die festgestellten Einkünfte sowohl einer anderen Einkunftsart zuordnet, als auch deren Höhe korrigiert: Nach § 180 Abs. 1 S. 1 Nr. 2 a) AO erfolgt eine gesonderte Feststellung nur für „einkommensteuerpflichtige und körperschaftsteuerpflichtige Einkünfte, an denen mehrere Personen beteiligt sind und [wenn] die Einkünfte diesen Personen steuerlich zuzurechnen sind". Diese Formulierung setzt lediglich voraus, dass mehrere Personen gemeinschaftlich Einkünfte erzielen. Wenn also das Betriebsfinanzamt zu dem Ergebnis kommt, dass auf Ebene der Gesellschaft ein Einkünftetatbestand verwirklicht wird, entfaltet dieses Ergebnis Bindungswirkung für die Wohnsitzfinanzämter. Die Bindungswirkung erstreckt sich

---

343 BFH, Urteil v. 11.12.1997 – III R 14/96, BFHE 185, 177 = BStBl II 1999, 401, juris Rn. 19.
344 BFH, Beschluss v. 11.4.2005 – GrS 2/02, BFHE 209, 399 = BStBl II 2005, 679, juris Rn. 33 ff.

aber nach dem Wortlaut und dem Sinn und Zweck von § 180 Abs. 2 S. 1 Nr. 2 a) AO nur darauf, *dass* Einkünfte erzielt werden, nicht aber zu welcher Einkunftsart diese Einkünfte beim einzelnen Gesellschafter gehören. Der Feststellungsbescheid kann und soll – auch um das Steuergeheimnis des einzelnen Gesellschafters zu wahren (siehe bereits Rn. 850) – keine Aussagen darüber enthalten, ob der einzelne Gesellschafter noch weitere Merkmale eines Einkünftetatbestands verwirklicht hat. Dann steht die Bindungswirkung des Feststellungsbescheids einer Berücksichtigung dieser Umstände durch das Wohnsitzfinanzamt aber auch nicht entgegen. Weil die Einkünftequalifikation unmittelbar auch die Art der Einkünfteermittlung bestimmt (§ 2 Abs. 2 EStG), muss es dem Wohnsitzfinanzamt schließlich auch möglich sein, bei der Verwirklichung weiterer Einkünftemerkmale in der Person des Gesellschafters von der Höhe der festgestellten Einkünfte abzuweichen (beispielsweise weiterer veräußerter Objekte im Sinne der Drei-Objekte-Grenze, siehe Rn. 813 f.).

Die Einkünfteermittlung bei Zebragesellschaften erfolgt auf Basis der Entscheidung des Großen Senats damit in der Praxis wie folgt: Auf Ebene der Gesellschaft werden die Einkünfte zunächst als Überschusseinkünfte ermittelt und gesondert und einheitlich festgestellt. Auf Ebene des Gesellschafters werden die Einkünfte sodann durch das Wohnsitzfinanzamt des Gesellschafters ggfs. umqualifiziert *und* endgültig auch der Höhe nach ermittelt. Es kommt – anders als bei der „Ping Pong-Lösung" – nicht zu geänderten Feststellungs- und/oder Einkommensteuer- bzw. Körperschaftsteuerbescheiden. Kritisiert wird an dieser Lösung, dass das Finanzamt des Gesellschafters für die endgültige Ermittlung der Einkünfte des Gesellschafters weit reichende Informationen über die auf Gesellschaftsebene verwirklichten Einkünftemerkmale benötigt. Beispielsweise muss das Wohnsitzfinanzamt umfassenden Einblick in die Einkünfteermittlung der Gesellschaft nehmen, wenn der Anteil eines Gesellschafters an den gemeinschaftlichen Einkünften nicht mehr als Überschuss der Einnahmen über die Werbungskosten, sondern durch Betriebsvermögensvergleich ermittelt werden soll. Diese Informationen werden in der Praxis nachrichtlich vom Betriebsfinanzamt an das Wohnsitzfinanzamt weitergegeben. Eine ausdrückliche Ermächtigungsgrundlage für die Weitergabe dieser Informationen findet sich in der Abgabenordnung aber nicht.

853

Fall 133: Die vermögensverwaltenden Anlagegesellschaft P KG ist Eigentümerin mehrerer vermieteter Immobilien. Für 20 steht noch Miete in Höhe von 100.000 € aus.

Geschäftsführende Komplementäre der P-KG sind eine GmbH sowie die natürlichen Personen A und B. Außerdem ist noch eine Vielzahl von Anlegern als Kommanditisten beteiligt. A, B und die GmbH erhalten nach dem Gesellschaftsvertrag jeweils einen Anteil von 2 % von dem laufenden Gewinn der Gesellschaft.

Welche Einkünfte erzielen die P-KG, A, B und die GmbH im Hinblick auf die ausstehenden Mieten?

Welches Finanzamt entscheidet dabei über welche Fragen?

854

Lösung Fall 133:

A. Einkünftequalifikation (und -ermittlung) auf der Ebene der P-KG

Die P KG ist nur vermögensverwaltend tätig. Die Vermietung von Immobilien führt grundsätzlich zu Einkünften aus Vermietung und Verpachtung nach § 21 Abs. 1 Nr. 1 EStG.

Dieser Einkünftequalifikation steht nicht entgegen, dass an der KG eine GmbH als persönlich haftende Gesellschaft beteiligt ist. Die Vorschrift des § 15 Abs. 3 Nr. 2 EStG greift nicht ein, weil die GmbH nicht die alleinige persönlich haftende Gesellschafterin ist. Auch eine teilweise gewerbliche Tätigkeit im Sinne von § 15 Abs. 3 Nr. 1 Var. 1 EStG liegt nicht vor. Zwar erzielt die GmbH nach § 8 Abs. 2 KStG i.V.m. § 1 Abs. 1 Nr. 1 KStG ausschließlich Einkünfte aus Gewerbebetrieb. Anders als beim Zusammenschluss von Freiberuflern führt dies aber nicht zu einer „Durchsäuerung" der Tätigkeit der Gesellschaft, sondern ist erst auf Ebene der Gesellschafterin zu berücksichtigen.[345] Die Gesellschaft ist eine sogenannte **Zebragesellschaft**.

Selbst wenn man eine Einkünfteverwirklichung auf Ebene der Gesellschaft auch bei vermögensverwaltenden Gesellschaften für möglich hält (so die h.M.) liegen hier im Jahr 20 im Hinblick auf die ausstehenden Mieten mangels Zuflusses (§ 11 EStG) keine steuerbaren Einnahmen vor.

B. Einkünftequalifikation und -ermittlung auf der Ebene der Gesellschafter
I. Einkünfte von A und B

A und B erzielen Einkünfte aus §§ 20, 21 EStG. Hierfür ist der Überschuss der Einnahmen über die Werbungskosten anzusetzen. Es gilt nach § 11 EStG das Zu- und Abflussprinzip. Die ausstehende Miete führt damit für 20 noch nicht zu steuerbaren Einkünften.

II. Einkünfte der GmbH

Die Einkünfte der GmbH sind solche aus Gewerbebetrieb (§ 8 Abs. 2 KStG). Diese sind durch einen Betriebsvermögensvergleich nach §§ 4 Abs. 1, 5 Abs. 1 EStG zu ermitteln. Die ausstehenden Mieten sind nach §§ 246 Abs. 1, 266 Abs. 2 HGB als Forderungen zu aktivieren.

C. Verfahrensweise
I. Die Ping-Pong-Lösung

Der BFH hat ursprünglich eine sogenannte Ping-Pong-Lösung vorgesehen.[346] Auf Ebene der Gesellschaft werden alle Einkünfte vorläufig und unverbindlich festgestellt. Das zuständige Finanzamt entscheidet im jeweiligen ESt- und KSt-Bescheid über die Zuordnung der Einkünfte. Diese Bescheide sollen dem Betriebsfinanzamt der KG zur verbindlichen Umrechnung der Einkünfte der betrieblich beteiligten Gesellschafter, also der GmbH, in Gewinneinkünfte nach dem Betriebsvermögensvergleich dienen. Zuletzt ändert dann das Finanzamt den KSt-Folgebescheid der GmbH.

II. Großer Senat des BFH

Der Große Senat des BFH ist dieser Meinung nicht gefolgt.[347] Vielmehr werden durch das Betriebsfinanzamt der KG nach § 180 Abs. 1 S. 1 Nr. 2 a) AO die Einkünfte der KG als Überschuss der Einnahmen über die Werbungskosten ermittelt und festgestellt. Auf Ebene der beteiligten Gesellschafter werden vom Wohnsitzfinanzamt der Gesellschafter oder Betriebsfinanzamt der GmbH die anteiligen Einkünfte in die Einkommensteuer- bzw. Körperschaftsteuerbescheide übernommen. Die der GmbH zuzurechnenden Einkünfte werden dabei als gewerbliche Einkünfte umqualifiziert. Grundlage ist die Bilanz der GmbH, in der die (anteilige) Mietforderung der KG gewinnwirksam aktiviert wird.

D. Ergebnis

Die noch ausstehenden Mieten führen im Jahr 20 nur bei der GmbH zu steuerbaren Einkünften aus Gewerbebetrieb in Höhe von 2.000 €. Diese sind nicht durch das Betriebsfinanzamt

---

345 BFH, Beschluss v. 11.4.2005 – GrS 2/02, BFHE 209, 399 = BStBl II 2005, 679, juris Rn. 33.
346 BFH, Urteil v. 11.12.1997 – III R 14/96, BFHE 185, 177 = BStBl II 1999, 401, juris Rn. 19.
347 BFH, Beschluss v. 11.4.2005 – GrS 2/02, BFHE 209, 399 = BStBl II 2005, 679, juris Rn. 33.

der KG, sondern unmittelbar bei der Körperschaftsteuerveranlagung der GmbH zu ermitteln.

§ 4 Besteuerung von Körperschaften

A. Überblick

I. Körperschaftsteuer als Ertragsteuer der Körperschaften

1. Aufbau der Körperschaftsteuer

Im ersten Abschnitt des KStG werden in den §§ 1 bis 6 KStG die subjektive Steuerpflicht und persönliche Steuerbefreiungen bestimmt. Der zweite Abschnitt regelt die Ermittlung des steuerpflichtigen Einkommens, §§ 7 bis 13 KStG. Da in § 7 KStG hierfür weitgehend auf die Regelungen des EStG insbesondere mit dem Bilanzsteuerrecht der §§ 4 ff. EStG verwiesen wird, kommt das KStG mit vergleichsweise wenigen Paragraphen aus. Die §§ 14 bis 19 KStG enthalten Sondervorschriften zur Ermittlung des Einkommens für die Organschaft und für besondere Unternehmen (Versicherungsunternehmen, Pensionsfonds, Bausparkassen und Genossenschaften, §§ 20 bis 22 KStG).

855

Der dritte Abschnitt enthält Vorschriften zum Körperschaftsteuertarif (§ 23 KStG), zu Freibeträgen für bestimmte Körperschaften, die nicht Kapitalgesellschaften sind (§ 24 KStG), sowie Maßnahmen zur Vermeidung einer internationalen Doppelbesteuerung (§§ 25 bis 26 KStG).

856

Der vierte Abschnitt widmet sich der Behandlung von gesellschaftlich veranlassten Einlagen, die nicht in das gesellschaftsrechtliche Nennkapital der Gesellschaft geleistet werden (§ 27 KStG) und enthält verfahrensrechtliche Vorgaben (§§ 28 bis 32a KStG).

857

2. Dualismus von Einkommen- und Körperschaftsteuer

a) Trennungs- versus Transparenzprinzip

Im geltenden Recht unterscheidet sich die Ertragsbesteuerung der Einzelunternehmer und Personengesellschaften von derjenigen der Körperschaftsteuersubjekte. Die in einer Personengesellschaft tätigen Mitunternehmer sollen im Ergebnis steuerlich dem Einzelunternehmer weitgehend gleichgestellt werden. Die Personengesellschaft selbst ist weder Subjekt der Einkommensteuer noch Subjekt der Körperschaftsteuer. § 15 Abs. 1 S. 1 Nr. 2 S. 1 EStG ordnet vielmehr an, dass der Gewinnanteil des Gesellschafters an der Personengesellschaft dem Gesellschafter steuerlich zuzurechnen ist. Es kommt nicht darauf an, ob der Gesellschafter den Gewinnanteil entnimmt oder ob er dazu befugt ist. Dieser direkte steuerliche Zugriff auf die Ebene der Gesellschafter wird als **Transparenzprinzip** bezeichnet. Der auf den Gesellschafter entfallende Gewinnanteil wird genauso wie seine sonstigen Einkünfte seinem persönlichen progressiven Steuersatz unterworfen (s. oben Rn. 5 ff., 353 ff.).

858

859 Seit dem KStG 1920 werden juristische Personen demgegenüber einer eigenständigen Gewinnbesteuerung unterworfen. Vorher wurden nur die ausgeschütteten Gewinne besteuert und bei den Unternehmen wurde Gewerbesteuer erhoben. Die gesonderte steuerliche Erfassung der Gewinne der Körperschaften wird unterschiedlich **gerechtfertigt**. Äquivalenztheoretisch wird die Steuer als Äquivalent für die Benutzung der staatlich finanzierten Infrastruktur betrachtet. Nach der Separationstheorie folgt aus der rechtlichen Selbständigkeit einer Körperschaft eine eigene, von den Anteilseignern unabhängige Leistungsfähigkeit. Dies rechtfertige eine eigene Besteuerung. Die Integrationstheorie betont, dass dann, wenn lediglich eine Besteuerung der Anteilseigner erfolgen würde, die thesaurierten Gewinnen nicht besteuert werden würden. Hierdurch entstünde ein Stundungseffekt, der unter dem Gesichtspunkt der Wettbewerbsneutralität nicht zulässig sei. Daher sei eine Besteuerung der Körperschaften geboten.[1]

860 Im Gegensatz zu der Besteuerung der Personenunternehmen wird daher bei den dem Körperschaftsteuergesetz unterfallenden Steuersubjekten, insbesondere den Kapitalgesellschaften (§ 1 Abs. 1 Nr. 1 KStG), die Vermögensmehrung der Körperschaft selbst zugerechnet und dort mit einem proportionalen Steuersatz in Höhe von heute 15 % definitiv versteuert. Bis zu einer Ausschüttung der Gewinne an den Anteilseigner entfaltet die Körperschaft hinsichtlich der thesaurierten Gewinne ebenso wie im Hinblick auf eingetretene Verluste eine **Abschirmwirkung**. Körperschaft und Anteilseigner stehen wie fremde Dritte zueinander. Darauf beruht das **Trennungsprinzip** der Körperschaftsteuer.[2]

861 Da **subjektive Nettoprinzip**, durch welches das Existenzminimum von der Steuer freigestellt wird, hat aufgrund des Trennungsprinzips für Körperschaften keine Bedeutung. Das heißt, dass die Körperschaft keine außergewöhnlichen Belastungen geltend machen oder Sonderausgabenabzüge vornehmen kann.[3]

862 Wenn eine Körperschaft **Leistungsvergütungen** an Gesellschafter zahlt, etwa in Form eines Gehalts oder Darlehens- und Mietzinsen, werden diese in Folge des Trennungsprinzips als abzugsfähige Betriebsausgaben anerkannt, sofern sie wie zwischen fremden Dritten vereinbart worden sind. Ist das nicht der Fall, wird die Differenz als verdeckte Einlage oder als verdeckte Gewinnausschüttung nach § 8 Abs. 3 KStG neutralisiert (s. Rn. 1032 ff., 1081 ff.). Beim Gesellschafter liegen je nachdem Einkünfte aus nichtselbständiger Arbeit nach § 19 EStG, Kapitalerträge nach § 20 EStG oder Einkünfte aus Vermietung und Verpachtung nach § 21 EStG vor. So kann etwa bei Erteilung einer Pensionszusage an einen Gesellschafter eine steuerwirksame Pensionsrückstellung gebildet werden, die bilanzsteuerlich zu sofort wirksamem Aufwand führt. Beim Gesellschafter wird ein korrespondierender Arbeitslohn nach § 11 Abs. 1 EStG erst bei Zufluss besteuert. Bei Personengesellschaften bewirkt die Hinzurechnung nach § 15 Abs. 1 S. 1 Nr. 2 S. 1 EStG demgegenüber, dass im Ergebnis kein gewinnmindernder Abzug möglich ist. Die Betriebsausgabe auf Seiten der Gesellschaft

---

[1] *Hey*, in: Tipke/Lang, Rn. 11.1, 11.6.
[2] *Hey*, in: Tipke/Lang, Rn. 11.2, 11.45; *Krumm*, in: Kirchhof/Seer, EStG, § 15 Rn. 162 f.; *Lampert*, in: Gosch, KStG, § 1 Rn. 20.
[3] BFH, Urteil v. 4.12.1996 – I R 54/95, BFHE 182, 123; BFH, Urteil v. 6.12.2016 – I R 50/16, BFHE 256, 122 = BStBl II 2017, 324.

wird durch eine Sonderbetriebseinnahme, eine Rückstellung hierfür durch eine Forderung auf Seiten des Gesellschafters in seiner Sonderbilanz neutralisiert (dazu oben Rn. 659 ff.).

Auch eine Verrechnung von **Verlusten** der Gesellschaft mit Gewinnen des Gesellschafters ist bei Körperschaften grundsätzlich nicht möglich, da zwei getrennte Vermögenssphären bestehen. Als gewisser „Ersatz" besteht die Möglichkeit der körperschaftsteuerlichen Organschaft (dazu unten Rn. 1135 ff.). Aufgrund der transparenten Besteuerung beim Gesellschafter einer Personengesellschaft kann dieser hingegen Einkünfte aus der Gesellschaft im Grundsatz mit allen anderen Einkünften (vorbehaltlich spezieller Verlustausgleichsverbote wie § 15a EStG, dazu Rn. 775 ff.) verrechnen. Das ist insbesondere bei Anfangsverlusten etwa von Start-ups von Bedeutung.

b) Vermeidung von Mehrfachbelastungen als Grundproblem der Körperschaftsteuer

Ein Grundproblem der eigenständigen steuerlichen Erfassung des Ertrags von Körperschaften besteht darin, dass eine mehrfache steuerliche Belastung des Ertrags auf der Ebene der Körperschaft sowie auf der Ebene des Anteilseigners droht. Dies gilt zum einen, wenn der bereits durch die Körperschaft versteuerte Gewinn ausgeschüttet und dann beim Anteilseigner erneut besteuert werden muss. Insbesondere bei Ausschüttungen durch mehrere Konzernebenen (also beispielsweise zunächst von einer Enkel- an die Tochter- und von dort an die Muttergesellschaft) wird derselbe wirtschaftliche Ertrag mehrfach besteuert. Ebenso liegt eine Mehrfachbelastung vor, wenn der Gewinn durch die Gesellschaft nicht ausgeschüttet, sondern thesauriert und versteuert wird, und auf Ebene des Gesellschafters der Gewinn aus einer Veräußerung des Gesellschaftsanteils in vollem Umfang besteuert wird.

Derartige Mehrfachbelastungen können durch Maßnahmen auf Ebene der Körperschaft oder auf Ebene der Anteilseigner vermieden oder abgemildert werden. Dazu werden unterschiedliche Modelle diskutiert, die in der Vergangenheit und international in unterschiedlichen Varianten verwirklicht wurden und werden.

Methoden auf Ebene der Körperschaft sind:
- Ein **gespaltener Steuersatz**, wonach die ausgeschütteten Gewinne niedriger besteuert werden als die thesaurierten Gewinne. Dazu müssen die Gewinne aus früheren Gewinnermittlungszeiträumen bei einer späteren Ausschüttung auf den niedrigeren Steuersatz herabgeschleust werden. Dieses Verfahren galt in Deutschland bis 1976.
- Ein **Dividendenabzugsverfahren**, bei dem die steuerliche Entlastung dadurch erreicht wird, dass die ausgezahlten Dividenden als Betriebsausgabe der ausschüttenden Körperschaft anerkannt werden.
- Die **Teilhabersteuer**, bei der das Einkommen der Körperschaft unmittelbar den jeweiligen Teilhabern zugewiesen wird, bei denen es dann versteuert wird, so wie dies bei Personengesellschaften der Fall ist.
- Die alleinige Besteuerung der ausgeschütteten Dividenden beim Anteilseigner unter **Verzicht auf die selbständige Besteuerung der Kapitalgesellschaften**.[4]

---

4 Vgl. *Vodrazka*, StuW 1971, 235 (236); *Hey*, in: Hermann/Heuer/Raupach, Einführung KStG Rn. 16 ff.

867 Methoden auf Ebene der Anteilseigner (Shareholder-Relief-System) sind:

- Ein **Anrechnungsverfahren**, wonach die von der Körperschaft entrichtete Steuer auf die Steuerlast des Anteilseigners individuell angerechnet wird. Das Anrechnungsverfahren galt in Deutschland von 1977 bis zum Veranlagungszeitraum 2000. Gegen das Anrechnungsverfahren sprachen insbesondere europarechtliche Einwände, weil nur Steuerinländer eine Anrechnung beantragen und damit eine Steuererstattung erhalten konnten. Eine Rechtfertigung für die damit einhergehende Beschränkung der Niederlassungs- und Kapitalverkehrsfreiheit war nicht erkennbar.[5]
- Ein **Halb- oder Teileinkünfteverfahren**,[6] wonach die ausgeschütteten Dividenden beim Anteilseigner nur zum Teil als steuerpflichtiges Einkommen versteuert werden. Die Entlastung erfolgt durch die Reduzierung der Bemessungsgrundlage. Dieses System greift aktuell für im Betriebsvermögen gehaltene Beteiligungen.
- Eine komplette Steuerbefreiung von Ausschüttungen der Körperschaft beim Anteilseigner. Ein solches **Freistellungssystem** (zu 95 %) findet sich bei der Ausschüttung an Körperschaften als Anteilseigner nach § 8b KStG.
- Ein gesonderter Tarif auf erhaltende Dividendenausschüttungen, die mit einem niedrigeren Steuersatz besteuert werden, was zu einem **dualen System** der Besteuerung der Dividendenerträge und der sonstigen Einkünfte für den Anteilseigner führt. Dieses System (Abgeltungsteuer) greift aktuell für im Privatvermögen gehaltene Beteiligungen.

II. Geltendes System: Klassisches Körperschaftsteuersystem mit Teileinkünfteverfahren und Abgeltungssteuer

1. Überblick

868 In Auseinandersetzung mit den diskutierten Modellen wurde mit der Unternehmensteuerreform 2008[7] das geltende Körperschaftsteuersystem entwickelt. Seit dem Veranlagungszeitraum 2008 erfolgt die Besteuerung des Gewinns auf Ebene der Körperschaft einheitlich mit einem niedrigen Steuertarif von 15 %, unabhängig davon, ob die Gewinne ausgeschüttet oder in der Gesellschaft thesauriert werden. Dies entspricht dem klassischen Körperschaftsteuersystem.

869 Unabhängig von der Belastung beim Anteilseigner wird bei der ausschüttenden Körperschaft nach § 43 Abs. 1 S. 1 Nr. 1, 1a EStG auf die volle Dividende Kapitalertragsteuer in Höhe von 25 % an der Quelle einbehalten, um den Steuerertrag sicherzustellen (§ 43a Abs. 1 S. 1 Nr. 1 EStG). Die weitere Besteuerung hängt davon ab, wer Anteilseigner und damit Empfänger der Dividendenzahlung ist:

870 Bei Kapitalgesellschaften sind Dividenden und Veräußerungsgewinne weitgehend steuerfrei (siehe im Einzelnen unter Rn. 872 f.). Die einbehaltene Kapitalertragsteuer

---

5 Vgl. EuGH, Urteil v. 7.9.2004 – Rs. C-319/02, IStR 2004, 680 (Manninen); EuGH, Urteil v. 6.3.2007 – Rs. C-292/04, DStR 2007, 485 (Meilicke).
6 Ausführlich *Desens*, Das Halbeinkünfteverfahren, 2004.
7 Unternehmensteuerreformgesetz 2008 v. 14.8.2007, BGBl. I 2007, 1912.

wird auf die festzusetzende Körperschaftsteuer angerechnet und ggfs. erstattet (§ 31 Abs. 1 S. 1 KStG i.V.m. § 36 Abs. 2 Nr. 2, Abs. 4 EStG). Bei natürlichen Personen differenziert die Behandlung danach, ob die Anteile im Privat- oder im Betriebsvermögen gehalten werden. Werden die Anteile im Privatvermögen gehalten, unterliegen Dividenden und Veräußerungsgewinne grundsätzlich einem ermäßigten Steuersatz von 25 % (im Einzelnen unter Rn. 874 ff.). Die einbehaltene Kapitalertragsteuer hat abgeltende Wirkung (§ 43 Abs. 5 EStG). Werden die Anteile im Betriebsvermögen gehalten, profitieren Dividenden und Veräußerungsgewinne von einer teilweisen Steuerfreistellung, werden aber dem individuellen Steuersatz unterworfen (im Einzelnen unter Rn. 884 ff.). Ebenso werden Gewinne aus der Veräußerung wesentlicher Beteiligungen i.S.v. § 17 EStG behandelt. Die einbehaltene Kapitalertragsteuer kann auch hier angerechnet und ggfs. erstattet werden (36 Abs. 2 Nr. 2, Abs. 4 EStG).

Zur Gleichbehandlung der Besteuerung von Körperschaften und ihren Anteilseignern gegenüber Personengesellschaften dient bei diesen die Gewerbesteueranrechnung nach § 35 EStG sowie die Thesaurierungsbegünstigung nach § 34a EStG (dazu Rn. 785 ff.). 871

2. Kapitalgesellschaften als Anteilseigner

Sofern eine Kapitalgesellschaft als Anteilseignerin an einer anderen Kapitalgesellschaft beteiligt ist, sind nach § 8b Abs. 1, 5 KStG Dividendeneinnahmen mit Ausnahme von Streubesitzdividenden gemäß § 8b Abs. 4 KStG zu 100 % steuerfrei. Auch Gewinne aus der Veräußerung der Anteile sind steuerbefreit (§ 8b Abs. 2 S. 1 KStG). Allerdings ist zu beachten, dass von den Bezügen bzw. Veräußerungspreisen insgesamt 5 % als Ausgaben gelten, die nicht als Betriebsausgaben abgezogen werden dürfen, § 8b Abs. 3 S. 1, Abs. 5 S. 1 KStG. Dadurch liegt im Ergebnis lediglich eine **Steuerbefreiung in Höhe von 95 % der Ausschüttungen** vor (zur Begünstigung von Beteiligungserträgen nach § 8b KStG noch im Einzelnen unter Rn. 1007 ff.). 872

Die **Fiktion der nichtabziehbaren Betriebsausgaben** in Höhe von 5 % beruht auf dem Gedanken, dass die Kapitalgesellschaft nach § 3c EStG die Aufwendungen (etwa Beratungsleistungen), die mit ihren steuerfreien Beteiligungserträgen zusammenhängen, nicht abziehen darf. Der Grund für die umfangreiche Steuerbefreiung liegt in der Vermeidung von steuerlichen Doppel- bzw. Mehrfachbelastungen bei Konzernstrukturen. Die einbehaltene Kapitalertragsteuer wird bei einer unbeschränkt steuerpflichtigen Kapitalgesellschaft in voller Höhe auf die festzusetzende Körperschaftsteuer angerechnet und ggfs. erstattet, § 31 Abs. 1 S. 1 KStG i.V.m. § 36 Abs. 2 Nr. 2, Abs. 4 EStG. 873

3. Beteiligung im Privatvermögen natürlicher Personen

a) Laufende Ausschüttungen

Gewinne, die von einer Kapitalgesellschaft an natürliche Personen als Anteilseigner ausgeschüttet werden, die die Aktien oder Geschäftsanteile im Privatvermögen halten, werden bei den Anteilseignern im Zeitpunkt des Zuflusses (§ 11 Abs. 1 EStG) als Einkünfte aus Kapitalvermögen nach § 20 Abs. 1 Nr. 1 EStG besteuert. Dies gilt für 874 die laufenden Ausschüttungen unabhängig davon, ob es sich um Anteile i.S.d. § 17 EStG handelt.

875 Das Prinzip der **Besteuerung nach Zu- und Abfluss** greift ein, weil es sich um Überschusseinkünfte handelt. Zufluss liegt vor, wenn der Steuerpflichtige die wirtschaftliche Verfügungsmacht über die Einnahmen hat, was in der Regel bei Erhalt von Bar- oder Buchgeld der Fall ist.[8] Da der **beherrschende Gesellschafter** einer Kapitalgesellschaft jederzeit Zugriff auf die Gesellschaft hat, sind ihm Gewinne bereits mit Fälligkeit zugeflossen, sofern die Gesellschaft zahlungsfähig ist. Fällig wird die Gewinnausschüttung mit dem Beschluss über die Feststellung des Jahresabschlusses und die Gewinnverwendung.[9]

876 Werden die Anteile an der Kapitalgesellschaft im Privatvermögen der natürlichen Person gehalten, gilt nach § 32d Abs. 1 S. 1 EStG ein gesonderter Steuertarif von 25 % auf den Gesamtbetrag der Ausschüttung (bzw. des Veräußerungsgewinns). Die ausschüttende Körperschaft oder die Depotbank hat nach § 43 Abs. 1 S. 1 Nr. 1, Nr. 1a, § 43a Abs. 1 S. 1 Nr. 1 EStG die Kapitalertragsteuer einzubehalten und an das Finanzamt abzuführen. Gemäß § 43 Abs. 5 S. 1 EStG hat die Kapitalertragsteuer abgeltende Wirkung für die Einkommensteuer nach § 20 Abs. 1 S. 1 EStG (daher auch die Bezeichnung **Abgeltungsteuer**). Hinzu kommt nach § 3 Abs. 1 Nr. 5 SolZG der Solidaritätszuschlag in Höhe von 5,5 % auf die Kapitalertragsteuer.

877 Ausnahmen von der Abgeltungsteuer bestehen, wenn der Steuerpflichtige unter den Voraussetzungen des § 32d Abs. 4 EStG die **Veranlagung beantragt** oder von seinem **Wahlrecht** zur Besteuerung nach allgemeinem Tarif gemäß § 32d Abs. 6 EStG Gebrauch macht. Das Antragswahlrecht nach § 32d Abs. 4 EStG ermöglicht es dem Steuerpflichtigen, beim Kapitalertragsteuerabzug bisher nicht berücksichtigte Umstände zu erfassen (beispielsweise einen Verlustvortrag nach § 20 Abs. 6 EStG).[10] Insoweit bleibt es aber bei der Anwendung des gesonderten Tarifs. Macht der Steuerpflichtige von seinem Wahlrecht nach § 32d Abs. 6 EStG Gebrauch, erfolgt eine **Günstigerprüfung** zwischen dem pauschalen Steuersatz der Abgeltungsteuer und dem persönlichen tariflichen Einkommensteuersatz, beispielsweise wenn dieser weniger als 25 % beträgt.

878 Da es sich bei der Abgeltungsteuer um eine pauschalierte Besteuerung handelt, ist der Abzug von Werbungskosten gemäß § 20 Abs. 9 S. 1 EStG nicht möglich. Stattdessen wird bei der Ermittlung der Einkünfte aus Kapitalvermögen ein **Sparer-Pauschbetrag** in Höhe von 801 € bzw. 1.602 € bei Ehegatten abgezogen. Dieser Sparer-Pauschbetrag gilt auch dann, wenn der Steuerpflichtige zur Veranlagung optiert oder die Günstigerprüfung verlangt.

879 **Vollständige Ausnahmen von der Anwendung der Abgeltungsteuer** finden sich in § 32d Abs. 2 EStG: Danach werden bestimmte Einkünfte aus Kapitalvermögen mit dem allgemeinen Einkommensteuertarif besteuert. Dies gilt nach § 32d Abs. 2 Nr. 3 EStG auf Antrag auch für laufende Gewinnausschüttungen im Sinne des § 20 Abs. 1

---

8 *Seiler* in: Kirchhof/Seer, EStG, § 11 Rn. 10 m.w.N.
9 BFH, Urteil v. 2.12.2014 – VIII R 2/12, BFHE 248, 45 = BStBl II 2015, 333, juris Rn. 14; *Seiler* in: Kirchhof/Seer, EStG, § 11 Rn. 30; jew. m.w.N.
10 BMF-Schreiben v. 18.1.2016, IV C 1 – S 2252/08/10004:017, BStBl I 2016, 85 Tz 145.

Nr. 1 und Nr. 2 EStG aus einer Beteiligung an einer Kapitalgesellschaft. Der Steuerpflichtige muss unmittelbar oder mittelbar zu mindestens 25 % an der Kapitalgesellschaft beteiligt sein oder zu mindestens 1 % an der Kapitalgesellschaft beteiligt, beruflich für diese tätig sein und dabei *maßgeblichen unternehmerischen Einfluss* ausüben können.[11] Statt der Abgeltungsteuer greift dann das Teileinkünfteverfahren (§ 3 Nr. 40 S. 1 d), § 3c Abs. 2 EStG) und auch die § 20 Abs. 6 und 9 EStG finden keine Anwendung (§ 32d Abs. 2 Nr. 3 S. 2 EStG). Daher sind anstatt des pauschalierten Werbungskostenabzugs die tatsächlichen Aufwendungen als Werbungskosten abziehbar und es wird eine Verlustverrechnung ermöglicht. Sinnvoll ist eine Antragstellung daher beispielsweise, wenn der Gesellschafter den Beteiligungserwerb fremdfinanziert und hohe Zinsbelastungen abziehen kann.[12] Für Einkünfte aus einer **Veräußerung** einer solchen Beteiligung ist kein Antragsrecht vorgesehen, weil diese nicht § 20 Abs. 2 Nr. 1 EStG und damit auch nicht der Abgeltungsteuer, sondern dem besonderen Steuerregime des § 17 EStG unterfallen (dazu sogleich Rn. 880 ff.).

b) Veräußerung der Beteiligung oder von Anteilen

Neben Gewinnausschüttungen unterliegen auch **Gewinne aus der Veräußerung von Anteilen** an einer Kapitalgesellschaft der Besteuerung. Wirtschaftlich betrachtet handelt es sich um eine Totalausschüttung.[13] Seit dem Jahr 2009 sind diese Gewinne als Einkünfte aus Kapitalvermögen gemäß § 20 Abs. 2 Nr. 1 EStG erfasst. Die Gewinne aus Anteilsveräußerungen führen mithin, obwohl es sich um Überschusseinkünfte handelt, zu steuerbaren und steuerpflichtigen Veräußerungsgewinnen und unterliegen der Abgeltungsteuer. 880

Dies war bis zum Jahr 2008 nur der Fall, wenn der Anteilseigner die Voraussetzungen des § 17 oder § 23 EStG erfüllt hat. Nach § 23 Abs. 1 Nr. 2 EStG a.F. waren die Gewinne aus der Veräußerung von Anteilen an einer Kapitalgesellschaft nur bei sogenannten **Spekulationsgeschäften** steuerpflichtig. Diese lagen grundsätzlich vor, wenn zwischen Erwerb und Veräußerung der Anteile weniger als ein Jahr lag. § 23 Abs. 1 Nr. 2 EStG gilt aber seit dem 1.1.2009 nicht mehr für die Veräußerung von Wertpapieren. 881

Seit dem 1. Januar 2009 erfolgt im Rahmen des § 20 Abs. 2 EStG also auch bei im Privatvermögen gehaltenen Anteilen eine Besteuerung der Substanzwertsteigerung. Dies stellt im Ergebnis einen Systembruch dar, da die Einkünfte aus Kapitalvermögen zu den Überschusseinkünften gehören. Bei den Überschusseinkunftsarten werden aber regelmäßig lediglich die laufenden Bezüge als Fruchtziehung steuerlich erfasst, im Gegensatz zu Vermögensänderungen, die ihre Grundlage in der Substanz der Anteile haben. Gerade bei „innovativen Finanzprodukten" fiel es aber aufgrund der geschickten Gestaltungspraxis immer schwerer, laufende Erträge von Substanzgewinnen zu unterscheiden, so dass diese Unterscheidung letztlich aufgegeben wurde. Zudem dient die Erfassung von Veräußerungsgewinnen zur Gegenfinanzierung der Senkung der Körperschaftsteuersätze von 25 % auf 15 %.[14] 882

---
11 BFH, Urteil v. 25.8.2015 – VIII R 3/14, BFHE 250, 423 = BStBl II 2015, 892.
12 Vgl. hierzu *Pfirrmann* in: Kirchhof/Seer, EStG, § 32d Rn. 15 f.
13 *Desens*, Das Halbeinkünfteverfahren, 2004, S. 133 ff.
14 Vgl. Begr. zum Gesetzentwurf, BT-Drs. 16/4841, S. 56.

883 Soweit der Anteilseigner innerhalb der letzten fünf Jahre am Kapital der Gesellschaft unmittelbar oder mittelbar zu mindestens 1 % beteiligt war, gelten die **Gewinne aus der Veräußerung der Anteile** nach § 17 Abs. 1 S. 1 EStG als Einkünfte aus Gewerbebetrieb. Nach § 20 Abs. 8 EStG ist die Anwendung von § 17 EStG gegenüber § 20 Abs. 2 Nr. 1 EStG vorrangig. Für solche Veräußerungsgewinne gilt mithin nicht die Abgeltungsteuer (Rn. 876 ff.). Vielmehr ist auf Einkünfte im Sinne des § 17 EStG das Teileinkünfteverfahren (Rn. 885 ff.) nach § 3 Nr. 40 lit. c EStG anzuwenden. Für die laufenden Zinseinkünfte aus solchen Beteiligungen bleibt es aber bei § 20 Abs. 1 Nr. 1 EStG und der Geltung der Abgeltungsteuer.

4. Beteiligung im Betriebsvermögen natürlicher Personen

884 Gehören die Anteile an der Kapitalgesellschaft zum Betriebsvermögen eines land- oder forstwirtschaftlichen, gewerblichen oder freiberuflichen Betriebs oder zum Sonderbetriebsvermögen einer Mitunternehmerschaft, gehören die Einkünfte nach der Subsidiaritätsklausel des § 20 Abs. 8 EStG zu diesen jeweiligen Einkunftsarten.

885 Statt des abgeltenden Steuersatzes nach § 32d EStG gilt für Gewinnbezüge im Sinne des § 20 Abs. 1 Nr. 1 EStG und für den Gewinn aus der Veräußerung der Beteiligung nach § 20 Abs. 2 Nr. 1 EStG das **Teileinkünfteverfahren**. Gemäß § 3 Nr. 40 lit. a und b EStG sind 40 % der Betriebsvermögensmehrungen durch laufende Gewinnausschüttungen oder Einnahmen aus der Veräußerung von Anteilen an Kapitalgesellschaften steuerfrei. Entsprechendes gilt nach § 20 Abs. 1 Nr. 9 EStG (insbesondere Gewinnausschüttungen ausländischer Körperschaften) gemäß § 3 Nr. 40 lit. d EStG.

886 Damit verbunden ist aber ein partieller Ausschluss damit zusammenhängender Betriebsausgaben. Nach § 3c Abs. 2 EStG dürfen Betriebsausgaben, die mit den in § 3 Nr. 40 EStG genannten Einnahmen und Vermögensmehrungen im wirtschaftlichen Zusammenhang stehen, bei der Ermittlung der Einkünfte nur zu 60 % abgezogen werden (**Teilabzugsverbot**). Die Regelung knüpft an § 3c Abs. 1 EStG an, nach der Ausgaben, die mit steuerfreien Einnahmen im Zusammenhang stehen, steuerlich nicht abgezogen werden dürfen. Da § 3 Nr. 40 EStG eine Steuerbefreiung in Höhe von 40 % ermöglicht, dürfen dementsprechend auch 40 % der mit diesen Einnahmen im Zusammenhang stehenden Aufwendungen nicht abgezogen werden. Unberücksichtigt bleibt, dass die Gewinnausschüttungen bereits mit Körperschaftsteuer vorbelastet waren, während die Aufwendungen in voller Höhe vom Anteilseigner zu tragen waren.[15]

887 Der **wirtschaftliche Zusammenhang** im Sinne des § 3c Abs. 2 EStG besteht mit den nach § 3 Nr. 40 EStG steuerfreien Einnahmen bereits dann, wenn die Aufwendungen durch die Einnahmen und Vermögensmehrungen kausal veranlasst sind, unabhängig davon, ob der Zusammenhang unmittelbar oder mittelbar ist und in welchem Veranlagungszeitraum die Einnahmen und Vermögensmehrungen angefallen sind.[16]

888 Beteiligungseinkünfte, die im Gesamthandsvermögen einer zwischengeschalteten **Mitunternehmerschaft** gehalten werden, werden gem. § 8b Abs. 6 S. 1 KStG nach dem Transparenzprinzip (s.o. Rn. 6, 353 ff.) entsprechend der Beteiligungsquote und

---

15 Vgl. *Desens*, in: Hermann/Heuer/Raupach, § 3c EStG Anm. 10.
16 *Von Beckerath* in: Kirchhof/Seer, EStG, § 3c Rn. 19 f.

dem allgemeinen Gewinnverteilungsschlüssel von den einzelnen Gesellschaftern nach den für sie jeweils geltenden Regelungen besteuert (Teileinkünfteverfahren für natürliche Personen als Gesellschafter oder § 8b KStG für Körperschaften als Anteilseigner). Zählt die Beteiligung zum Sonderbetriebsvermögen, werden die Beteiligungseinkünfte in voller Höhe dem betreffenden Gesellschafter zugerechnet (siehe auch schon Rn. 647 ff.).[17]

Bei **vermögensverwaltenden Personengesellschaften** werden die Anteile den Gesellschaftern nach Maßgabe des § 39 Abs. 2 Nr. 2 AO i.R.d. sog. Bruchteilsbetrachtung zugerechnet (s.o. Rn. 791 ff.). Deshalb ist § 8b KStG hier unmittelbar anzuwenden.[18]

B. Subjektive (persönliche) Körperschaftsteuerpflicht

I. Steuersubjekte

Bestimmte „Körperschaften, Personenvereinigungen und Vermögensmassen" unterliegen gemäß § 1 Abs. 1 und § 2 KStG der Körperschaftsteuer. Pars pro toto werden die drei Begriffe unter dem Oberbegriff „Körperschaften" zusammengefasst. Für die subjektive Körperschaftsteuerpflicht knüpft der Gesetzgeber somit rein formal an die zivilrechtliche Rechtsform der Gesellschaft an.

1. Erfasste Körperschaften

Für die unbeschränkte Steuerpflicht (zur unbeschränkten/beschränkten Steuerpflicht im Einzelnen s. Rn. 935 ff.) enthält der Katalog in § 1 Abs. 1 Nr. 1–6 KStG eine grundsätzlich abschließende Aufzählung von Körperschaften.

Neben den Kapitalgesellschaften in § 1 Abs. 1 Nr. 1 KStG und den Genossenschaften in Nr. 2 KStG (etwa Volksbanken, Raiffeisenbanken oder die DATEV) werden noch weitere **juristische Personen** der unbeschränkten Körperschaftsteuerpflicht unterworfen wie die Versicherungs- und Pensionsfondsvereine auf Gegenseitigkeit nach Nr. 3 und sonstige juristische Personen des privaten Rechts nach Nr. 4. Zu letzteren gehören etwa die eingetragenen Idealvereine (§ 21 BGB) und die rechtsfähigen Stiftungen des BGB (§ 80 BGB).

Nach Nr. 5 werden auch **nichtrechtfähige Vereine, Anstalten, Stiftungen** und andere Zweckvermögen des privaten Rechts der Körperschaftsteuer unterworfen, obwohl sie keine juristischen Personen sind. Sie gelten jedoch als körperschaftsähnlich und sollen daher nicht zu einer transparenten Besteuerung ihrer Mitglieder oder Destinatäre führen, zumal Anstalten oder Stiftungen auch gar keine Mitglieder aufweisen. Neben dem nichtrechtsfähigen Verein (§ 54 BGB, traditionell etwa die Einzelgewerkschaften oder der Deutsche Gewerkschaftsbund) gehört dazu auch die nichtrechtsfähige Stiftung, die auf der Grundlage eines Auftragsverhältnisses oder einer Auflagen-

---

17 *Herlinghaus* in Rödder/Herlinghaus/Neumann, KStG, Rn. 496.
18 BMF-Schreiben v. 28.4.2003, BStBl I 2003, 292 Rn. 56.

schenkung zivilrechtlich eine rechtsfähige Stiftung nachbildet und daher wie diese besteuert wird.[19]

894 Die nichtrechtsfähigen Körperschaften unterliegen gemäß § 3 Abs. 1 KStG aber nur dann der Körperschaftsteuer, wenn ihr Einkommen weder nach dem Körperschaftsteuergesetz noch nach dem Einkommensteuergesetz unmittelbar bei einem anderen Steuerpflichtigen zu versteuern ist. Das ist beispielsweise bei nicht rechtsfähige Stiftungen der Fall, wenn sie so eigenständig organisiert sind und geführt werden, dass ihr Einkommen nicht dem zivilrechtlichen Eigentümer des Stiftungsvermögens, dem Stiftungsträger, zuzurechnen ist.[20] Damit kann etwa ein Verein als Stiftungsträger wie der Stifterverband für die Deutsche Wissenschaft für eine Vielzahl von unselbständigen Stiftungen fungieren, die jeweils selbständige Steuersubjekte darstellen (und ggf. aufgrund ihrer Gemeinnützigkeit nach § 5 Abs. 1 Nr. 9 KStG dann steuerbefreit sind).

895 Nach § 1 Abs. 1 Nr. 6 KStG werden schließlich aus Gründen der Wettbewerbsgleichheit mit privaten Unternehmen die **Betriebe gewerblicher Art** von juristischen Personen des öffentlichen Rechts, etwa Eigenbetriebe zur Energieversorgung, ebenfalls der Körperschaftsteuer unterworfen. Der Begriff und Umfang des Betriebs gewerblicher Art wird in § 4 KStG näher bestimmt. Die Steuerpflicht hat den Zweck, Wettbewerbsverzerrungen zu vermeiden, die eintreten würden, wenn die öffentliche Hand mit Privatbetrieben in Konkurrenz treten würde, ohne dabei selbst einer vergleichbaren steuerlichen Belastung wie die privaten Betriebe zu unterliegen.[21] Körperschaften des öffentlichen Rechts sind neben Gebietskörperschaften z.B. auch Universitäten und Studentenwerke. Sie unterliegen aus Gründen der Wettbewerbsneutralität der Besteuerung, soweit sie sich privatwirtschaftlich betätigen.

896 Soweit der Staat als Hoheitsträger Geld einnimmt, etwa in Form von Gebühren für die Ausgabe eines Reisepasses, ist er nicht der Körperschaftsteuer unterworfen. Es handelt sich um **„Hoheitsbetriebe"** i.S.d. § 4 Abs. 5 KStG. Denn dies würde zu zirkulären Geldströmen führen und ist aus Gründen der Wettbewerbsgleichheit (ein Privater kann keine Reisepässe ausstellen oder eine Baugenehmigung erteilen) nicht notwendig. Schwierig ist die Abgrenzung, weil die Vorschrift nur verlangt, dass es sich um Hoheitsbetriebe handelt, die „überwiegend der Ausübung der öffentlichen Gewalt dienen". So wurde ein von einer Kommune betriebener Kindergarten unbeschadet des inzwischen bestehenden Rechtsanspruchs von Kindern ab dem vollendeten dritten Lebensjahr auf Förderung in Tageseinrichtungen nach § 24 SGB VIII als Betrieb gewerblicher Art eingestuft. Die Regelungen des Gemeinnützigkeitsrechts zur Steuerbefreiung bei der Verfolgung bestimmter der Allgemeinheit dienender Zwecke nach den §§ 51 ff. AO sind auf solche Betriebe gewerblicher Art aber ebenfalls anzuwenden.[22] Tatsächliche und fiktive Ausschüttungen der Betriebe gewerblicher Art an ihre Trägerkörperschaften unterliegen einer abgeltenden Kapitalertragsteuer in Höhe von 15 % (§ 2 Nr. 2 KStG, § 20 Abs. 1 Nr. 10, § 43 Abs. 1 Nr. 7b, 7c, § 43a Abs. 1 Nr. 1, § 44a Abs. 8 Nr. 2 EStG).

---

[19] BFH, Urteil v. 15.9.2010 – X R 11/08, DB 2011, 1198.
[20] *Herzog/Hüttemann*, DB 2004, 1001 ff.
[21] Vgl. zu dieser historisch und verfassungsrechtlich umfassenden Debatte vgl. jüngst nur *Droege*, Zur Besteuerung der öffentlichen Hand, 2018, S. 81 ff.; *Frotscher*, Körperschaftsteuer, Rn. 65; grundlegend *Hüttemann*, Besteuerung der öffentlichen Hand, 2002, S. 6.
[22] BFH, Urteil v. 12.7.2012 – I R 106/10, BFHE 238, 98 = BStBl II 2012, 837.

Soweit sich der Staat und seine Untergliederungen im Rahmen der Formenfreiheit der Gesellschaftsformen des Zivilrechts bedient, etwa einer GmbH, ist diese Kapitalgesellschaft bereits nach § 1 Abs. 1 Nr. 1 KStG körperschaftsteuerpflichtig. Sie kann aber ebenso wie diese als gemeinnützige GmbH gem. § 5 Abs. 1 Nr. 9 KStG steuerbefreit sein.[23]

897

Unter bestimmten engen Voraussetzungen des § 4 Abs. 6 KStG können sich gewinn- und verlustbringende Betriebe gewerblicher Art ähnlich wie im Rahmen der Organschaft nach § 14 ff. KStG mit steuerlicher Wirkung zu einem Verlustausgleich gem. § 8 Abs. 8 KStG zusammenfassen. Dieser regelmäßig bei kommunalen Gewinn- (etwa Stadtwerke) und Verlustbetrieben (etwas Schwimmbetriebe, öffentlicher Personennahverkehr) praktizierte **kommunale Querverbund** steht in der Kritik, eine steuerliche Besserstellung gegenüber privaten Unternehmen darzustellen, weil bei diesen (möglicherweise) unter gleichen Bedingungen der Ausgleich von Dauerverlusten aus Gründen der Trägerkörperschaft als verdeckte Gewinnausschüttung nach § 8 Abs. 3 S. 2 KStG neutralisiert worden wäre. Dessen Rechtsfolgen werden durch § 8 Abs. 7 und 8 KStG ausdrücklich ausgenommen.[24] Der BFH hatte die Frage, ob die gesetzliche Sonderregelung für den kommunalen Querverbund eine verbotene steuerliche Neubeihilfe nach Art. 107 AEUV darstellt, dem EuGH zur Vorabentscheidung vorgelegt.[25]

898

2. Insbesondere: Kapitalgesellschaften nach § 1 Abs. 1 Nr. 1 KStG

a) Inländische Kapitalgesellschaften

Der Körperschaftsteuer unterliegen im Einzelnen die in § 1 Abs. 1 Nr. 1 KStG aufgeführten Kapitalgesellschaften. Zu diesen zählen neben der AG, der GmbH und der KGaA auch die Europäische Gesellschaft (SE). Ebenfalls unter § 1 Abs. 1 Nr. 1 KStG fällt die in § 5a GmbHG geregelte Unternehmergesellschaft (UG) als Sonderform der GmbH.

899

b) Ausländische Kapitalgesellschaften im Allgemeinen

Auch Körperschaften, Personenvereinigungen und Vermögensmassen, die ihren statuarischen Sitz im Ausland haben, unterliegen der unbeschränkten Körperschaftsteuerpflicht, wenn sich ihre Geschäftsleitung im Inland befindet, § 1 Abs. 1 KStG. Die Geschäftsleitung ist nach § 10 AO der Mittelpunkt der geschäftlichen Oberleitung. Der Sitz wird nach § 11 AO durch die formalen Kriterien wie Satzung, Gesellschaftsvertrag oder Gesetz bestimmt. Zieht eine satzungsmäßig ausländische Gesellschaft etwa durch die Verlegung ihrer Geschäftsleitung nach Deutschland, wird sie als **doppelansässig** bezeichnet.[26]

900

---

23 BFH, Urteil v. 27.11.2013 – I R 17/12, BFHE 244, 194 = BStBl II 2016, 68.
24 Vgl. zur Neuregelung durch das Jahressteuergesetz 2009 *Weitemeyer*, FR 2009, 1 ff.
25 BFH, EuGH-Vorlage v. 13.3.2019 – I R 18/19, BFHE 265, 23. Das Verfahren hat sich durch Rücknahme der Revision mit Zustimmung des Finanzamts erledigt, vgl. BFH, Beschluss v. 29.1.2020 – I R 4/20, juris.
26 Für die Zuordnung der Besteuerungsrechte nach DBA auf den Sitzstaat und den Staat der tatsächlichen Geschäftsleitung gilt nach Art. 4 Abs. 3 OECD-MA die Gesellschaft im Staat der Geschäftsleitung als ansässig.

901 Ob in einem solchen Fall die Voraussetzungen für die unbeschränkte Körperschaftsteuerpflicht gegeben sind oder deren Gesellschafter und Mitglieder der Einkommensteuer unterliegen, ist seit der sog. Venezuela-Entscheidung des RFH nach dem deutschen (internationalen) Steuerrecht auf der Grundlage eines Typenvergleichs zu entscheiden.[27] Hiernach ist es nicht maßgeblich, wie die Rechtsform im ausländischen Staat besteuert wird. Vielmehr muss die Gesellschaft hinsichtlich ihrer Struktur und ihrem wirtschaftlichen Gehalt mit einer inländischen Kapitalgesellschaft vergleichbar sein, d.h. die typischen Elemente einer Körperschaft aufweisen.[28] Ob ein Rechtsgebilde danach eine „Körperschaft" im Sinne des § 1 Abs. 1 KStG ist, richtet sich nach seiner Struktur, die ihm durch das Zivilrecht oder das öffentliche Recht beigemessen wird.[29] Der Begriff „Körperschaft" stellt einen Typusbegriff dar, der durch die folgenden Merkmale gekennzeichnet ist:

- Eine Körperschaft unterscheidet sich als solche von ihren Mitgliedern und auch von der Gesamtheit ihrer Mitglieder unabhängig von Tod, Insolvenz oder Kündigung der Gesellschafter; die Gesellschafter haften persönlich nicht;
- sie ist in ihrem Bestand von dem Wechsel der Mitglieder unabhängig; die Mitgliedschaft ist frei übertragbar; es bestehen formale Gründungsvoraussetzungen und die Pflicht zur Kapitalaufbringung;
- sie verfügt über eine eigene, von ihren Mitgliedern unabhängige Vermögenssphäre; die Mitglieder partizipieren am Gewinn und Verlust bzw. am Vermögen der Körperschaft nur über Ausschüttungen bzw. Liquidationsauskehrungen; es besteht die Notwendigkeit eines Ausschüttungsbeschlusses;
- sie erlangt ihre Handlungsfähigkeit durch Organe, nicht durch die Gesamtheit der Gesellschafter, wobei diese nicht mit den Gesellschaftern bzw. Mitgliedern identisch sein müssen (sogenannte „Fremdorganschaft").[30]

902 Da eine eigenständige Einordnung der ausländischen Rechtsformen vorzunehmen ist und die im deutschen Körperschaftsteuerrecht genannten Rechtsformen nur den Vergleichsmaßstab bilden, ist das Vorliegen von Rechtsfähigkeit oder die steuerliche Einordnung im Ausland unbeachtlich.[31] So können ausländische nichtrechtsfähige Vereine und Vermögensmassen wie Trusts ebenfalls unbeschränkt oder beschränkt körperschaftsteuerpflichtig sein.[32] Auf der anderen Seite sind beispielsweise ausländische Rechtsgebilde, die Kommanditgesellschaften ähneln, auch wenn diese im Aus-

---

[27] RFH, Urteil v. 12.2.1930, RFHE 27, 73 = RStBl. 1930, 444; dem folgend die frühere Rspr. des BFH, Urteil v. 17.7.1968 – I 121/64, BFHE 93, 1 = BStBl II 1968, 695; BFH, Urteil v. 3.2.1988 – I R 134/84, BFHE 153, 14 = BStBl II 1988, 588.
[28] Das Bundesministerium für Finanzen hat zum Typenvergleich die Tabellen 1: Rechtsform internationaler Unternehmen (außer Osteuropa) und Tabelle 2: Rechtsform osteuropäischer Unternehmen als Anlagen zum sogenannten „Betriebsstättenerlass" (BMF-Schreiben v. 24.12.1999, IV B 4-S 1300-111/99, BStBl I 1999, 1076) beigefügt. Diesen können für die Praxis die entsprechend vergleichbaren deutschen Rechtsformen entnommen werden.
[29] *Frotscher*, Körperschaftsteuer, Rn. 50.
[30] BFH, Urteil v. 20.8.2008 – I R 34/08, BFHE 222, 521 = BStBl II 2009, 263 m.w.N.; vgl. speziell für nach dem Recht der Bundesstaaten der USA gegründete Limited Liability Companies (LLCs) BMF-Schreiben v. 19.3.2004, IV B 4-S 1301 USA-22/04, BStBl I 2004, 411 Rn. IV; s. auch *Philipp*, IStR 2010, 204.
[31] *Witt* in: Hermann/Heuer/Raupach, § 2 KStG Rn. 46.
[32] *Witt* in: Hermann/Heuer/Raupach, § 2 KStG Rn. 46. m.w.N.

land intransparent besteuert werden, in Deutschland nach § 15 Abs. 1 S. 1 Nr. 2 EStG transparent zu behandeln.[33]

c) **Ausländische Kapitalgesellschaften unter der Geltung der Gründungs- und der Sitztheorie**

aa) **Gründungstheorie.** Nach ausländischem Recht gegründete **EU/EWR-Gesellschaften**, die ihre Geschäftsleitung in das Inland verlegt haben, können auf der Grundlage der Rechtsprechung des EuGH zu grenzüberschreitenden Kapitalgesellschaften als doppelansässige Gesellschaften nach § 1 Abs. 1 Nr. 1 KStG unbeschränkt körperschaftsteuerpflichtig sein. Hintergrund ist es, dass eine in einem Mitgliedstaat der EU/EWR wirksam gegründete Gesellschaft, die nach dem Recht des Gründungsstaates Rechtsfähigkeit erlangt hat und ihren Sitz in das Inland verlegt, insbesondere nach den EuGH-Entscheidungen in den Sachen Centros (1999), Überseering (2003) und Inspire Art (2003), auch in dem Zuzugs-Mitgliedstaat als rechtsfähig anzuerkennen ist.[34] Der BGH ist dieser **europäischen Gründungstheorie** gefolgt.[35] Die als früher abschließend angesehene ausdrückliche Aufzählung bestimmter Rechtsformen in § 1 Abs. 1 KStG wurde durch diese Rechtsprechung quasi erweitert. Die Ergänzung der Regelung durch das SEStEG v. 7.12.2006[36] hat die Entwicklung aufgegriffen. So wurde in § 1 Abs. 1 Nr. 1 KStG die Aufzählung von Kapitalgesellschaften ergänzt um „insbesondere Europäische Gesellschaften". Damit soll klargestellt werden, dass es sich nicht um eine abschließende Aufzählung von Gesellschaftsformen handelt.[37] Auch § 1 Abs. 1 Nr. 2 KStG wurde ergänzt um Europäischen Genossenschaften, da auch diese unbeschränkt körperschaftsteuerpflichtig sind, wenn sie ihren Sitz oder ihre Geschäftsleitung in Deutschland haben.[38] Damit ist der Tatbestand der § 1 Abs. 1 Nr. 1 bis 4 KStG erfüllt, wenn die Körperschaft auch in Deutschland als rechtsfähig anerkannt wird und sie nach ihrem Typus einem der dort genannten Körperschaftsteuersubjekte entspricht.[39].

903

Dies hatte der BFH in seiner **Liechtenstein-Entscheidung** noch abgelehnt und nur für die Eingruppierung unter § 1 Abs. 1 Nr. 1-4 KStG maßgeblich darauf abgestellt, ob die Gesellschaft zivilrechtlich die Voraussetzungen einer der dort genannten Rechtsformen erfüllt, also eine Kapitalgesellschaft nach deutschem Zivilrecht ist. Der BFH hatte dies verneint, aber für die nach Deutschland zugezogene AG aus dem EWR-Staat Liechtenstein eine unbeschränkte Körperschaftsteuerpflicht nach § 1

904

---
33 *Witt* in: Hermann/Heuer/Raupach, § 2 KStG Rn. 46 m.w.N.
34 EuGH, Urteil v. 9.3.1999 – C-212/97, Slg 1999, I-1459 (Centros); EuGH, Urteil v. 5.11.2002 – C-208/00, Slg 2002, I-9919 (Überseering); EuGH, Urteil v. 30.9.2003 – C-167/01, Slg 2003, I-10155 (Inspire Art).
35 Vgl. für eine niederländische Gesellschaft BGH, Urteil v. 13.3.2003 – VII ZR 370/98, BGHZ 154, 185; für eine englische Limited BGH, Urteil v. 12.7.2011 – II ZR 28/10, BGHZ 190, 242, Rn. 16; für eine US-amerikanische Gesellschaft auf der Grundlage des deutsch-amerikanischen Freundschaftsvertrags BGH, Urteil v. 29.1.2003 – VIII ZR 155/02, BGHZ 153, 353.
36 Gesetz über steuerliche Begleitmaßnahmen zur Einführung der Europäischen Gesellschaft und zur Änderung weiterer steuerrechtlicher Vorschriften (SEStEG) v. 7.12.2006, BGBl. I 2006, 2782.
37 BT-Drs. 16/2710, S. 30.
38 BT-Drs. 16/2710, S. 30.
39 *Schnitger*, IStR 2002, 818; *Meilicke*, GmbHR 2003, 793; *Wagner*, GmbHR 2003, 684; *Birk*, IStR 2003, 474

Abs. 1 Nr. 5 KStG auf Basis eines Typenvergleichs nach Maßgabe des ausländischen Rechts angenommen,[40] allerdings mit der Konsequenz, dass § 8 Abs. 2 KStG nicht anwendbar ist. Mittlerweile spricht für EU/EWR-Gesellschaften der geänderte Wortlaut des Klammerzusatzes in § 1 Abs. 1 Nr. 1 KStG durch das SEStEG („insbesondere") dafür, dass diese Rechtsprechung überholt ist.

905 **bb) Sitztheorie.** Bei **Drittstaatengesellschaften** mit tatsächlichem Verwaltungssitz in Deutschland führen die Grundsätze des **deutschen Internationalen Privatrechts** zu einer anderen Einordnung. So geht der BGH bei aus Nicht-EU-/EWR-Staaten zuziehenden Gesellschaften, die nicht durch die Niederlassungsfreiheit geschützt sind, weiterhin von der Anwendung der **Sitztheorie** aus. Dies führt bei der Verlegung des tatsächlichen Verwaltungssitzes nach Deutschland mangels Eintragung in ein deutsches Register regelmäßig zum Verlust der Rechtsfähigkeit und zur Anwendung des deutschen Personengesellschaftsrechts.[41]

906 Wenn die herrschende Meinung bei solchen zugezogenen Gesellschaften die Einordnung als Körperschaft nach § 1 Abs. 1 Nr. 1 bis 4 KStG allein mittels des **Typenvergleichs mit dem ausländischen Gesellschaftsrecht** vornimmt,[42] wird verkannt, dass sich deren Gesellschaftsstatut aufgrund der Sitztheorie nach deutschem Recht richtet und damit etwa eine zugezogene AG als sogenannte **Scheinauslandsgesellschaft** in Deutschland wie eine OHG behandelt wird. Der BFH hat demgegenüber sogar eine zuziehende Schweizer AG weiterhin als Körperschaft behandelt, bei der es nur einen einzigen Aktionär gab, die also nach deutschem Zivilrecht noch nicht einmal als OHG anerkannt werden könnte.[43]

907 In der Gesetzesfassung seit dem SEStEG werden zwar ausländische Gesellschaften mit *Geschäftsleitung* und damit regelmäßig mit ihrem tatsächlichen Verwaltungssitz im Inland ausdrücklich als Kapitalgesellschaften genannt. In der Gesetzesbegründung[44] heißt es dazu: „Unbeschränkt körperschaftsteuerpflichtig können danach auch solche Gesellschaften sein, die zwar nicht nach deutschem oder europäischem Recht gegründet worden sind, die aber nach ihrem Gründungsstatut einer Kapitalgesellschaft entsprechen (Typenvergleich)." Dies ist jedoch nur unter der Geltung der Gründungstheorie (Rn. 903 f.) für nach ausländischem Recht gegründete Gesellschaften unproblematisch. Die herrschende Meinung gründet sich darauf, dass die Frage, ob eine Körperschaft im Sinne des KStG vorliegt, nach rein steuerrechtlichen Maßstäben zu entscheiden ist, für die nicht die zivilrechtliche Behandlung der Gesellschaft in Deutschland entscheidend ist, sondern das in den gesellschaftsvertraglichen

---

40 BFH, Urteil v. 23.6.1992 – IX R 182/87, BFHE 168, 285 = BStBl II 1992, 972, Rn. 13 ff. allerdings zu einer Aktiengesellschaft aus Liechtenstein, das EWR-Staat ist, so dass inzwischen schon die zivilrechtliche Einordnung zur vollen Anerkennung als rechtsfähige Aktiengesellschaft in Deutschland führen würde.
41 Vgl. zur Schweizer Aktiengesellschaft: BGH, Urteil v. 27.10.2008 – II ZR 158/06, BGHZ 178, 192 (Trabrennbahn); zum Schweizer Verein: BGH, Urteil v. 15.3.2010 – II ZR 27/09, NZG 2010, 712; zur britischen Limited nach dem Brexit OLG München, Urteil v. 5.8.2021 – 29 U 2411/21 Kart, juris.
42 *Lampert*, in: Gosch, KStG, § 1 Rn. 108, 109 m.w.N.; BFH, Urteil v. 23.6.1992 – IX R 182/87, BFHE 168, 285 = BStBl II 1992, 972, Rn. 13 ff.; w.Nw. zum Meinungsstand bei *Martini* IStR 2021, 37, 40 f.
43 BFH, Urteil v. 8.9.2010 – I R 6/09, BFHE 231, 75 = BStBl II 2013, 186; ebenso *Lampert* in Gosch, KStG, § 1 Rn. 61 ff., 107 ff. m.w.N.
44 BT-Drs. 16/2710, S. 30.

Regelungen und den gesetzlichen Regelungen des Gründungsstaates zum Ausdruck kommende wirtschaftliche Verhältnis zwischen Gesellschaft und Gesellschafter. Ausländische und inländische Rechtsgebilde sollen anhand ihrer wirtschaftlichen Verhältnisse gleichbehandelt werden.[45] Allerdings fehlt es gerade an einer wirtschaftlichen Gleichbehandlung, wenn die zugezogene und in Deutschland tätige Drittstaatengesellschaft zivilrechtlich im vollen Umfang als Personengesellschaft behandelt wird.

Folgt man der zivilrechtlichen Einordnung als Personengesellschaft, verbleibt allein die Möglichkeit, die Regelungen des ausländischen Rechts, dem sich die Gesellschafter freiwillig unterworfen haben, insoweit zu berücksichtigen, als deutsche gesellschaftsrechtliche Regelungen dispositiv sind. Danach scheidet eine Einstufung als Kapitalgesellschaft im Sinne von § 1 Abs. 1 Nr. 1 KStG aus, weil nach deutschem Recht gerade keine der genannten Kapitalgesellschaften vorliegt und das deutsche Gesellschaftsrecht keine anderen Kapitalgesellschaftsformen kennt. Hieran ändert auch der mit dem SEStEG eingeführte „insbesondere"-Zusatz nichts, weil die Norm durch den Zusatz nur für ausländische Gesellschaftsformen geöffnet wird – das ausländische Gesellschaftsrecht ist für die zugezogene Gesellschaft aber gerade nicht maßgeblich. Nach deutschem Zivilrecht ist die Personengesellschaft mangels Rechtsfähigkeit auch keinesfalls juristische Person im Sinne von § 1 Abs. 1 Nr. 4 KStG. Einer Einordnung als nichtrechtsfähiger Verein (§ 1 Abs. 1 Nr. 5 KStG) steht in vielen Fällen entgegen, dass die zugezogene Gesellschaft wirtschaftlich tätig ist. Dann verbleibt es bei einer steuerrechtlichen Qualifikation der Scheinauslandsgesellschaft als Personengesellschaft.

908

Die hier vertretene Ansicht hat zur Konsequenz, dass die Besteuerung einer aus dem Drittstaat (ohne völkervertragliche Anerkennung) zuziehenden Gesellschaft vom Trennungs- zum Transparenzprinzip wechseln kann; ggfs. mit der Folge einer Aufdeckung stiller Reserven.[46]

909

3. Nicht erfasste Rechtsformen

Aus der katalogartigen Aufzählung in § 1 KStG und der Sonderregelung des § 3 Abs. 1 KStG folgt zugleich, dass Personengesellschaften wie beispielsweise die GbR einschließlich der Handelsgesellschaften OHG und KG keine steuerpflichtigen Körperschaften im Sinne des § 3 Abs. 1 KStG darstellen. Ihr Einkommen wird nach § 1 Abs. 1, § 15 Abs. 1 S. 1 Nr. 2 i.V.m. § 18 Abs. 4 S. 2 EStG unmittelbar bei den Gesellschaftern besteuert. Diese Abgrenzung allein nach der zivilrechtlichen Rechtsform dient der **Rechtssicherheit**. Sie gibt dem Kaufmann die Möglichkeit, die zivilrechtliche Rechtsform frei zu wählen und hierauf aufbauend seine steuerliche Belastung zuverlässig vorauszuberechnen.[47] Die Vorschriften sind daher einer erweiternden Auslegung oder einer Analogie nicht zugänglich.[48] Auch eine in der Binnenstruktur körperschaftlich strukturierte Publikumspersonengesellschaft mit einer Vielzahl von Anlegern unterfällt daher der transparenten Besteuerung.

910

---

45 *Lampert*, in: Gosch, KStG, § 1 Rn. 61, 107.
46 *Martini* IStR 2021, 37, 40 f.; a.A. *Schrade*, DStR 2018, 1898, 1899 m.w.N.
47 BFH, Beschluss v. 25.6.1984 – GrS 4/82, BFHE 141, 405 = BStBl II 1984, 751.
48 Vgl. *Lampert*, in: Gosch, KStG, § 1 Rn. 70.

4. Personengesellschaften nach Option zur Körperschaftsteuer

911 Für Wirtschaftsjahre, die nach dem 31.12.2021 beginnen, wird im deutschen Recht erstmalig Personengesellschaften in § 1a KStG eine Option zur Besteuerung nach dem Körperschaftsteuergesetz eingeräumt, um die Rechtsformneutralität der Unternehmensbesteuerung zu verbessern.[49]

a) Persönlicher Anwendungsbereich

912 Optieren können **Personenhandelsgesellschaften** (OHG, KG) und **Partnerschaftsgesellschaften**. GbR oder Gemeinschaften wie den Erbengemeinschaften wird kein Optionsrecht eingeräumt, weil man ihnen angesichts der voraussichtlich seltenen Wahrnehmung des Optionsrechts hohen Beratungsaufwand ersparen wollte. Diese Gesellschaften können aber über den Formwechsel in eine der genannten Rechtsformen die persönlichen Voraussetzungen für die Option schaffen.[50] Soweit das geplante Gesetz zur Modernisierung des Personengesellschaftsrechts (MoPeG) GbR die Eintragung in ein Register ermöglicht und sie im Umwandlungsgesetz gleichstellt, soll die Erweiterung des § 1a KStG erneut geprüft werden.[51]

913 Da das Gesetz auf die handelsrechtliche Rechtsform abstellt, können auch **vermögensverwaltende KG** zur Körperschaft optieren, unabhängig davon, ob sie nach § 15 Abs. 3 Nr. 2 EStG gewerblich geprägt sind oder nicht.

914 Gem. § 1a Abs. 1 S. 6 KStG sind ausgenommen Investmentfonds, die einem eigenständigen Besteuerungsregime nach dem Investmentsteuergesetz unterliegen, und **ausländische Gesellschaften**, die im Ausland keiner Körperschaftsteuer unterliegen. Damit soll die künstliche Schaffung ausländischer hybrider Gesellschaften vermieden werden, die die unterschiedliche Einordnung in zwei Staaten zur Gewinnverkürzung und Gewinnverlagerung nutzen könnten.[52] Die Gesellschaft soll also nicht in Deutschland als Körperschaft behandelt werden, während ihre Gesellschafter im Ausland transparent besteuert werden. Im Übrigen sind die entsprechend dem Typenvergleich (Rn. 901 f.) vergleichbaren ausländischen, im Inland unbeschränkt steuerpflichtigen Gesellschaften aufgrund der Aufnahme in § 1 Abs. 1 Nr. 1 KStG ebenfalls optionsberechtigt.[53]

915 Gem. § 1a Abs. 1 S. 1 KStG wird die Option durch einen unwiderruflichen **Antrag** ausgeübt, wobei nach Abs. 4 später eine Rückoption (Rn. 923) zulässig ist. § 1a Abs. 1 S. 2 KStG ordnet an, dass der Antrag bei dem nach § 180 Abs. 1 S. 1 Nr. 2 a) AO zuständigen Finanzamt (hierzu Rn. 842) vor Beginn des Wirtschaftsjahres gestellt wird, für das die Option gelten soll. S. 1 2. HS sieht vor, dass gem. § 217 Abs. 1 UmwG die Gesellschafter einstimmig oder satzungsgemäß auch mehrheitlich der Option zustimmen müssen, jedenfalls ist aber eine Mehrheit von drei Vierteln der abgegebenen Stimmen erforderlich. Denn die Rechtsfolgen der Option, der Übergang von

---

49 Vgl. den RegE eines Gesetzes zur Modernisierung des Körperschaftsteuerrechts, BT-Drs. 19/28656, S. 14; zur ersten Diskussion *Wacker*, DStR 2019, 585, 587 ff.; *Karrenbrock*, DStR 2020, 1, 3 f.
50 Begr. zum RegE, BT-Drs. 19/28656, S. 21.
51 Begr. zum RegE, BT-Drs. 19/28656, S. 21.
52 Begr. zum RegE, BT-Drs. 19/28656, S. 22.
53 Begr. zum RegE, BT-Drs. 19/28656, S. 21.

der transparenten Besteuerung zum Trennungsprinzip, wirkt sich unmittelbar auf die Besteuerung der Anteilseigner aus.[54] Ohne wirksamen Beschluss dürfte der Antrag unwirksam sein. Überstimmte Minderheitsgesellschafter haben allenfalls gesellschaftsrechtliche Ansprüche wegen Verletzung der Treuepflicht, wenn sich die Entscheidung unter Abwägung der Vorteile im Übrigen negativ auf sie auswirkt.

b) Übergang zur Körperschaftsteuer

Gem. § 1a Abs. 2 KStG gilt der Übergang zur Körperschaftsbesteuerung als Formwechsel im Sinne des § 1 Abs. 3 Nr. 3 UmwG. Die entsprechende Anwendung der § 1 und § 25 UmwStG wird angeordnet. Damit ist auch eine Übertragung zu Buchwerten nach § 20 Abs. 2 S. 2 UmwStG möglich. Die „Umwandlung" kann auch die Haltefristen des § 6 Abs. 5 S. 4 und 6 EStG (hierzu Rn. 577 ff.) auslösen und nach § 34a Abs. 6 S. 1 Nr. 2 EStG wie beim Formwechsel als fiktive Ausschüttung zur Nachversteuerung führen (vgl. Rn. 787). Die optierende Personengesellschaft verfügt nicht über ein Nennkapital. Daher wird nach § 1a Abs. 2 S. 3 KStG das in der Steuerbilanz auszuweisende Eigenkapital insgesamt auf dem steuerlichen Einlagekonto erfasst.[55] Wie Fremdkapital zu behandelnde Beträge auf Privat-, Darlehens- und Kontokorrentkonten gehören nicht zum Eigenkapital und erhöhen daher auch nicht das steuerliche Einlagekonto.[56] Man wird die Abgrenzung wie bei § 15a Abs. 1 EStG vornehmen können (Rn. 780 f.).

916

c) Besteuerung nach Körperschaftsgrundsätzen

§ 1a Abs. 1 S. 1 KStG ordnet als Rechtsfolge der Option an, dass die optierende Gesellschaft **wie eine Kapitalgesellschaft** und ihre Gesellschafter wie die nicht persönlich haftenden **Gesellschafter einer Kapitalgesellschaft** zu behandeln sind.[57] Zivilrechtlich bleibt die optierende Gesellschaft Personengesellschaft. Dies folgt schon aus der Formulierung, dass sie „wie" eine Kapitalgesellschaft zu behandeln ist. Abs. 3 ordnet konkret an, dass die Gesellschaftergesellschaftlich veranlasste Einkünfte aus der Gesellschaft als Einkünfte aus § 20 Abs. 1 Nr. 1 EStG beziehen. Dazu gehört der anteilige Gewinn ebenso wie verdeckte Gewinnausschüttungen,[58] die nach § 8 Abs. 3 KStG (dazu Rn. 1032 ff.) und nicht mehr als Entnahmen (dazu Rn. 542 f., 557) zu behandeln sind. Einnahmen aus Gehältern führen zu Einkünften aus nichtselbständiger Arbeit im Sinne des § 19 EStG, aus der Hingabe von Darlehen zu solchen nach § 20 Abs. 1 Nr. 7 oder Abs. 2 S. 1 Nr. 7 EStG und aus der Überlassung von Wirtschaftsgütern zu Einkünften aus § 21 und § 22 EStG. Es handelt sich nicht mehr um Sonderbetriebseinnahmen (Rn. 472 ff.). S. 4 stellt jedoch klar, dass die nur gilt, wenn vergleichbare Leistungen bei Kapitalgesellschaften ebenso behandelt werden. Daher sind Vermietungseinkünfte des Gesellschafters bei Vorliegen einer **Betriebsaufspaltung** weiterhin Einkünfte aus Gewerbebetrieb (Rn. 100 ff.).

917

---

54 Begr. zum RegE, BT-Drs. 19/28656, S. 21.
55 Begr. zum RegE, BT-Drs. 19/28656, S. 23.
56 Begr. zum RegE, BT-Drs. 19/28656, S. 23.
57 Infolge der Änderung des § 2 Abs. 2 S. 2 GewStG erstreckt sich dies auch auf die Gewerbesteuer.
58 Begr. zum RegE, BT-Drs. 19/28656, S. 24.

918 Die Anteile an einer optierenden Personengesellschaft werden nach § 17 Abs. 1 S. 3 EStG auch hinsichtlich einer **Anteilsveräußerung** einer Kapitalgesellschaftsbeteiligung gleichgestellt.

919 Ein wichtiges Motiv für die Option zur Körperschafteuer stellt die Möglichkeit dar, die **thesaurierten Gewinne** nicht wie bei der transparenten Besteuerung dem persönlichen Höchststeuersatz unterwerfen zu müssen. S. 5 sieht daher vor, dass sich aus der Handelsbilanz ergebene Gewinne, deren Ausschüttung nach Gesetz (vgl. § 169 Abs. 1, § 122 Abs. 1 Hs. 2 HGB) oder Gesellschaftsvertrag nicht verlangt werden kann, nicht aus ausgeschüttet gelten. Sie unterliegen nicht der Kapitalertragsteuer und sind auch nicht nach § 11 Abs. 1 EStG dem Gesellschafter zugeflossen.[59] Allerding gilt wie bei der „normalen" Kapitalgesellschaft der Gewinn beim herrschenden Gesellschafter als zugeflossen, sobald ein Gewinnverwendungsbeschluss getroffen wurde (vgl. Rn. 875).[60]

920 Nach S. 6 ist die Gewinnermittlung durch Einnahmeüberschussrechnung gemäß § 4 Abs. 3 EStG ausgeschlossen, wie es für Kapitalgesellschaften auch der Fall ist (Rn. 965).

921 Steuerlich finden alle entsprechenden materiell-rechtlichen und verfahrensrechtlichen Regelungen des KStG, des EStG, des Umwandlungssteuergesetzes usw. Anwendung, soweit diese auf Kapitalgesellschaften oder Körperschaften Bezug nehmen.[61] Ausgenommen sind Regelungen, die wie z.B. in § 9 Abs. 1 Nr. 1 KStG für die KGaA nur auf bestimmte, ausdrücklich genannte Körperschaften anwendbar sind.[62] Auch sind Regelungen wie z.B. § 28 KStG nicht anwendbar, weil Personengesellschaften nicht über ein festes Nennkapital im Sinne dieser Vorschrift verfügen.[63] Schließlich wird in einzelnen Vorschriften die Anwendung für optierende Gesellschaften ausgeschlossen.

922 Auch **verfahrensrechtlich** wird die optierende Gesellschaft als Körperschaft behandelt, sie ist selbst und nicht ihre Gesellschafter nach §§ 78 ff. AO Verfahrensbeteiligte.[64] § 1a Abs. 2 S. 5 KStG fingiert die vertretungsberechtigten Personen als gesetzliche Vertreter, die nach § 69 AO haften. Die zivilrechtliche Haftung der Gesellschafter, etwa nach §§ 128, 161 HGB, für die Steuerschulden der Gesellschaft, bleibt unberührt.[65]

d) Rückoption

923 Nach Abs. 4 ist ein „Exit" aus der Körperschaftsbesteuerung durch Rückoption auf Antrag zulässig. Ohne Antrag endet die Optionsbesteuerung, wenn die Voraussetzungen entfallen, etwa im Geschäftsleitungsstaat der optierenden Gesellschaft keine Körperschaftsteuerpflicht mehr besteht. Da die Reform die Option nur für Personenhandelsgesellschaften und Partnerschaftsgesellschaften vorsieht, entfällt die Besteuerung

---

59 Begr. zum RegE, BT-Drs. 19/28656, S. 24.
60 Begr. zum RegE, BT-Drs. 19/28656, S. 24.
61 Begr. zum RegE, BT-Drs. 19/28656, S. 21.
62 Begr. zum RegE, BT-Drs. 19/28656, S. 21.
63 Begr. zum RegE, BT-Drs. 19/28656, S. 21 f.
64 Begr. zum RegE, BT-Drs. 19/28656, S. 22.
65 Begr. zum RegE, BT-Drs. 19/28656, S. 22.

als Körperschaft auch, wenn der vorletzte von zwei Gesellschaftern wegfällt und der letzte Gesellschafter entsprechend § 140 HGB als Einzelunternehmer in die Rechte und Pflichten der Gesellschaft eintritt. Nach S. 5 gilt die Gesellschaft steuerlich als aufgelöst.[66]

5. Beginn und Ende der subjektiven Körperschaftsteuerpflicht

Der Beginn und das Ende der subjektiven Körperschaftsteuerpflicht bestimmt die Abgrenzung der steuerbaren Einnahmen und Ausgaben der Körperschaft von Vorgängen, die möglicherweise nur beim früheren Anteilseigner oder Mitglied Steuerfolgen auslösen, weil es die Körperschaft noch nicht oder nicht mehr als Steuersubjekt gibt. Der Beginn der Körperschaftsteuerpflicht richtet sich im Grundsatz nach der zivilrechtlichen Einordnung. 924

a) Beginn der Steuersubjekteigenschaft

aa) **Rechtsfähige Körperschaften.** Zivilrechtlich entsteht die Kapitalgesellschaft (SE, AG, GmbH, KGaA) mit der Eintragung im Handelsregister (vgl. § 11 GmbHG), die Genossenschaft mit der Eintragung in das Genossenschaftsregister (13 GenG). Der Idealverein wird in das Vereinsregister eingetragen (§ 21 BGB) und der wirtschaftliche Verein erhält seine Rechtsfähigkeit durch staatliche Verleihung (§ 22 BGB). Rechtsfähige Anstalten, Stiftungen und sonstige Vermögensmassen werden staatlich anerkannt (§ 80 BGB) oder erhalten durch Gesetz oder sonstige hoheitliche Rechtsakte ihre Rechtsfähigkeit verliehen. 925

Aufgrund der stufenweisen Gründung von Kapitalgesellschaften entsteht aber in der Regel schon vor der Eintragung ein Körperschaftsteuersubjekt. So sind folgende Gründungsphasen zu unterscheiden: 926

Die **Vorgründungsgesellschaft** (1. Stufe) entsteht durch eine formbedürftige (vgl. § 2 GmbHG) Vereinbarung der künftigen Gesellschafter, eine Kapitalgesellschaft gründen zu wollen. Sie ist eine GbR mit dem Zweck der Gründung einer Kapitalgesellschaft[67]. oder aufgrund des Rechtsformzwangs eine OHG, wenn sie vor Eintragung bereits gewerblich tätig wird (§§ 1, 105 HGB).[68] Die Vorgründungsgesellschaft wird auch steuerlich als Personengesellschaft behandelt und ist daher nicht körperschaftsteuerpflichtig. Da es sich in der Regel um eine Mitunternehmerschaft im Sinne des § 15 Abs. 1 Nr. 2 EStG („andere Gesellschaft") handelt,[69] werden die Verluste aus der Vorgründungsphase unmittelbar den Mitunternehmern zugerechnet und können nicht mit zukünftigen Gewinnen der Körperschaft verrechnet werden. 927

Die so genannte **Vorgesellschaft** (2. Stufe) entsteht durch Abschluss des förmlichen Gesellschaftsvertrages und besteht bis zur endgültigen Entstehung der juristischen Person durch die Eintragung in das Register, vgl. § 11 GmbHG. Die Vorgesellschaft wird zivilrechtlich ganz überwiegend als Gesellschaft sui generis aufgefasst. Nach 928

---

66 Begr. zum RegE, BT-Drs. 19/28656, S. 25.
67 BFH, Urteil v. 5.2.1998 – III R 48/91, BFHE 185, 337.
68 BGH, Urteil v. 9.3.1998 – II ZR 366/96, DStR 1998, 821.
69 BFH, Urteil v. 20.10.1982 – I R 118/78, BFHE 137, 265 = BStBl II 1983, 247.

Eintragung in das jeweilige Register wandelt sich die Vorgesellschaft automatisch in die rechtlich identische Kapitalgesellschaft um (Einheits- und Identitätstheorie). Daher wird die Vorgesellschaft auch steuerrechtlich bereits als Kapitalgesellschaft behandelt.[70]

929 Wenn es nicht zur Eintragung und damit dem **Entstehen der juristischen Person** (3. Stufe) kommt, spricht man von einer „unechten" Vorgesellschaft. Zivilrechtlich handelt es sich um eine GbR, OHG oder um einen Einzelunternehmer. Auch steuerlich wird sie als solche behandelt.[71] Scheitert hingegen die Eintragung einer ernsthaft betriebenen Gründung, ist es umstritten, ob die Körperschaftsteuer der Vorgesellschaft rückwirkend entfällt und die Gesellschafter mit Einkommensteuer belastet werden[72] oder, was insoweit konsequenter ist, sich in einer Liquidation dieses Körperschaftsteuersubjekts fortsetzt.[73]

930 bb) **Nichtrechtsfähige Körperschaften.** Bei nicht rechtsfähigen privatrechtlichen Körperschaften, beispielsweise nichtrechtsfähigen Vereinen (§ 54 BGB), und Vermögensmassen des privaten Rechts wie beispielsweise Treuhandstiftungen und bei Betrieben gewerblicher Art von juristischen Personen des öffentlichen Rechts (§ 4 KStG) richtet sich der Beginn ihrer Körperschaftsteuerpflicht nach dem Zeitpunkt, ab dem sie errichtet sind. Das ist der Zeitpunkt, wenn sie ihre Satzung aufgestellt, ihre wirtschaftliche Tätigkeit aufgenommen haben oder ihnen Vermögen zuzurechnen ist.[74]

b) **Ende der Steuersubjekteigenschaft**

931 Das Ende der Steuerpflicht knüpft ebenfalls zunächst an zivilrechtliche Grundsätze an. Die rechtliche Existenz der juristischen Personen endet bei Löschung aus dem Register nach Ablauf des Liquidationsverfahrens und des Sperrjahres (§ 73 Abs. 1 GmbHG, § 272 Abs. 1 AktG). Darüber hinaus ist für das Ende der persönlichen Steuerpflicht maßgeblich, ob die Gesellschaft ihre geschäftliche Tätigkeit tatsächlich eingestellt hat und kein Vermögen mehr in der Gesellschaft vorhanden ist. Die Körperschaft bleibt nämlich als Körperschaftsteuersubjekt bestehen, soweit und solange sie noch an steuerlichen Verfahren beteiligt ist, zum Beispiel bei einem noch nicht erledigten Rechtsbehelfsverfahren oder bei noch bekannt zu gebenden Steuerbescheiden.[75] Für verfahrensrechtliche Fragen etwa der Zustellung ist ein Nachtragsliquidator zu bestellen.[76]

---

70 BFH, Urteil v. 18.3.2010 – IV R 88/06, BFHE 228, 519 = BStBl II 2010, 991.
71 BFH, Urteil v. 18.3.2010 – IV R 88/06, BFHE 228, 519 = BStBl II 2010, 991.
72 BFH, Urteil v. 6.5.1952 – I 8/52 U, BFHE 56, 446 = BStBl III 1952, 172; *Lampert*, in: Gosch, KStG, § 1 Rn. 36 m.w.N.; a.A. *Martini*, DStR 2011, 337, 341 f.
73 *Knobbe-Keuk*, Unternehmensteuerrecht, S. 573; ähnlich *Wassermeyer*, DStR 1991, 734.
74 *Frotscher*, Körperschaftsteuer, Rn. 72.
75 R 2 Abs. 1 S. 2 KStR.
76 BFH, Urteil v. 6.5.1977 – III R 19/75, BFHE 122, 389 = BStBl II 1977, 783; BFH, Beschluss v. 28.1.2004 – I B 210/03, BFH/NV 2004, 670 für ausländische Kapitalgesellschaft.

II. Unbeschränkte und beschränkte Steuerpflicht

Für die Frage, welche Einkünfte der Körperschaft objektiv (sachlich) steuerpflichtig sind, ist zwischen unbeschränkter und beschränkt Steuerpflicht zu unterscheiden. **932**

Unbeschränkt körperschaftsteuerpflichtig sind gemäß § 1 Abs. 1 KStG Körperschaften, die ihre **Geschäftsleitung oder ihren Sitz im Inland** haben. Die unbeschränkte Körperschaftsteuerpflicht erstreckt sich gemäß § 1 Abs. 2 KStG nach dem **Welteinkommensprinzip (Universalitätsprinzip)** auf sämtliche Einkünfte, gegebenenfalls abgemildert durch unilaterale oder bilaterale (Doppelbesteuerungsabkommen – DBA) Regelungen zur Vermeidung von Doppelbesteuerung. **933**

Beschränkt steuerpflichtige Körperschaften werden nur mit ihren **inländischen Einkünften** besteuert (§ 2 KStG). Allein die hinreichend intensive Beziehung zum Inland rechtfertigt nach dem **Territorialitätsprinzip** die Besteuerung einer ausländischen Körperschaft mit solchen Einkünften.[77] **934**

1. Unbeschränkte Steuerpflicht

Gemäß § 1 Abs. 1 KStG sind Körperschaften unbeschränkt steuerpflichtig, die ihre Geschäftsleitung *oder* ihren Sitz im Inland haben. Der **Sitz** der Körperschaft bestimmt sich nach § 11 AO nach Gesetz, Gesellschaftsvertrag, Satzung, Stiftungsgeschäft oder dergleichen. Der Begriff der **Geschäftsleitung** ist nach § 10 AO der Mittelpunkt der geschäftlichen Oberleitung und knüpft an die tatsächlichen Verhältnisse der Gesellschaft an. Der Ort der Geschäftsleitung ist danach dort, wo der für die Geschäftsführung maßgebliche Wille tatsächlich gebildet wird und an dem die für das Unternehmen wichtigen kaufmännischen Entscheidungen getroffen werden.[78] Werden die maßgeblichen unternehmerischen Entscheidungen an verschiedenen Orten getroffen, beispielsweise weil die Geschäftsführer ihre Tätigkeit an verschiedenen Orten ausüben, so ist der Ort der Geschäftsleitung anhand einer Abwägung zu ermitteln. Nur wenn eine derartige Gewichtung nicht möglich oder ohne Ergebnis bleibt, können ausnahmsweise mehrere Orte der Geschäftsleitung bestehen.[79] **935**

2. Beschränkte Steuerpflicht

a) Steuerpflicht gem. § 2 Nr. 1 KStG

aa) Steuersubjekt. Nach § 2 Nr. 1 KStG sind Körperschaften, die weder ihre Geschäftsleitung noch ihren Sitz im Inland haben, beschränkt steuerpflichtig, wenn sie inländische Einkünfte erzielen. Es handelt sich beispielsweise um Einkünfte einer inländischen Betriebsstätte einer ausländischen Kapitalgesellschaft (§ 2 Nr. 1 KStG i.V.m. § 49 Abs. 1 Nr. 2a EStG), was im Handelsrecht als Zweigniederlassung (§§ 13, 13d HGB) bezeichnet wird. **936**

Eine Beschränkung auf die in § 1 Abs. 1 KStG genannten Rechtsgebilde bzw. vergleichbare Rechtsformen besteht insofern nicht, als auch ausländische juristische Per- **937**

---

[77] *Witt*, in: Hermann/Heuer/Raupach, EStG/KStG, Stand 4.2020, § 2 KStG Rn. 1.
[78] BFH, Urteil v. 7.12.1994 – I K 1/93, BFHE 176, 253 = BStBl II 1995, 175.
[79] BFH, Urteil v. 5.11.2014 – IV R 30/11, BFHE 248, 81 = BStBl II 2015, 601.

sonen des öffentlichen Rechts mit ihren inländischen Einkünften erfasst werden, unabhängig davon, ob es sich um einen Betrieb gewerblicher Art handelt (vgl. § 1 Abs. 1 Nr. 6 KStG). Voraussetzung für die beschränkte Körperschaftsteuerpflicht ist, dass die Rechtsform einem deutschen Körperschaftsteuersubjekt i.S.d. § 1 Abs. 1 Nr. 1 bis 5 und § 3 Abs. 1 KStG im Rahmen des Typenvergleichs entspricht (s.o. Rn. 901 f.).

938 **bb) Sachlicher Umfang der beschränkten Steuerpflicht nach § 2 Nr. 1 KStG.** Beschränkt steuerpflichtige Körperschaften sind nur mit ihren inländischen Einkünften i.S.d. § 49 EStG steuerpflichtig. Die Norm findet über die Verweisung in § 8 Abs. 1 S. 1 KStG entsprechende Anwendung. § 49 EStG enthält eine umfangreiche, aber abschließende Aufzählung aller inländischen Einkünfte, die eine hinreichend intensive Beziehung zum Inland aufweisen. Hierbei werden einzelne Einkunftsarten im Sinne der §§ 13 bis 23 EStG ergänzt um jeweils einen Bezug zum Inland. Klassische Fälle sind inländische Einkünfte, die im Inland in einer **Betriebsstätte** erzielt werden (§ 49 Abs. 1 Nr. 2a EStG) oder Einkünfte aus der Verwaltung von Vermögen, das in Deutschland belegen ist (§ 49 Abs. 1 Nr. 1, Nr. 6 EStG).

939 Bei beschränkt steuerpflichtigen Körperschaften ist § 8 Abs. 2 KStG, wonach alle Einkünfte einer Körperschaft als gewerbliche Einkünfte qualifiziert werden, nicht anzuwenden. Die Norm gilt ausdrücklich nur für unbeschränkt steuerpflichtige Körperschaften im Sinne des § 1 Abs. 1 Nr. 1-3 KStG. Daher ist die Qualifikation der Einkünfte konkret zu ermitteln. So erzielen etwa inländische Betriebsstätten gewerblicher Unternehmen in Deutschland steuerpflichtige Einkünfte aus Gewerbebetrieb, § 8 KStG i.V.m. § 49 Abs. 1 Nr. 2 lit. a EStG. Ausgeschlossen sind hingegen für Körperschaften aus der Natur der Sache Einkünfte aus selbständiger Arbeit, nichtselbständiger Arbeit oder Abgeordnetenbezüge (§ 49 Abs. 1 Nr. 3, 4 und 8a EStG).

940 Eine weitere Besonderheit stellt die so genannte „**isolierende Betrachtungsweise**" nach § 49 Abs. 2 EStG dar. Im Ausland gegebene Besteuerungsmerkmale sind bei der Einkünftequalifikation außer Betracht zu lassen, soweit bei ihrer Berücksichtigung inländische Einkünfte im Sinne des § 49 Abs. 1 EStG nicht angenommen werden könnten. Diese schwer verständliche Formulierung macht Umqualifizierungen im Ausland partiell wieder rückgängig. Im Fall etwa einer ausländischen Kapitalgesellschaft mit Sitz und Geschäftsleitung im Ausland, die gewerblich tätig und keine Betriebsstätte in Deutschland unterhält, wären nach der Subsidiaritätsklausel des § 20 Abs. 8 EStG erzielte Dividenden von einer deutschen Aktiengesellschaft Einkünfte aus Gewerbebetrieb. Denn im Ausland wird das Qualifikationsmerkmal „Ausübung einer gewerblichen Tätigkeit" verwirklicht. Da inländische gewerbliche Einkünfte gemäß § 49 Abs. 1 Nr. 2 lit. a EStG aber nur dann vorliegen, wenn eine inländische Betriebsstätte betrieben wird oder ein ständiger Vertreter im Inland bestellt ist, gäbe es in dem Beispiel keine körperschaftsteuerbaren inländischen Einkünfte. Deshalb bestimmt § 49 Abs. 2 EStG, dass die Zuordnung von Einkünften gemäß § 49 Abs. 1 EStG grundsätzlich nach den Verhältnissen im Inland zu beurteilen ist.[80] Also ist in dem Beispiel das ausländische Steuerqualifikationsmerkmal der „Gewerblichkeit" für

---

80 BFH, Urteil v. 4.3.1970 – I R 140/66, BFHE 98, 420 = BStBl II 1970, 428.

§ 49 EStG außer Acht zu lassen. Im Ergebnis erzielt die Kapitalgesellschaft vielmehr inländische Einkünfte aus Kapitalvermögen gemäß § 49 Abs. 1 Nr. 5 lit. a EStG.

b) Steuerpflicht nach § 2 Nr. 2 KStG

Beschränkt steuerpflichtig sind gemäß § 2 Nr. 2 KStG auch die sonstigen, nicht bereits von § 1 oder § 2 Nr. 1 KStG erfassten Körperschaften, Personenvereinigungen und Vermögensmassen, insoweit sie inländische Einkünfte erzielen, die dem Steuerabzug unterliegen. Die Steuerschuld ist mit dem Abzug der Kapitalertragsteuer abgegolten (§ 32 Abs. 1 Nr. 2 KStG). Es handelt sich dabei um inländische juristische Personen des öffentlichen Rechts mit Erträgen *außerhalb* ihrer Betriebe gewerblicher Art, da diese bereits nach § 1 Abs. Nr. 6 KStG der unbeschränkten Steuerpflicht unterfallen.

941

Wenn beispielsweise eine Gemeinde Kapitalerträge aus der Beteiligung an einer Tochter-Kapitalgesellschaft erzielt, ist die Gemeinde mit diesen kapitalertragsteuerpflichtigen (§ 43 EStG) Erträgen beschränkt steuerpflichtig (§ 20 Abs. 1 Nr. 1 EStG i.V.m. § 2 Nr. 2 KStG) Die Steuerschuld ist mit dem Einbehalt der Steuer abgegolten (§ 32 Abs. 1 Nr. 2 KStG).

942

3. Persönliche (subjektive) Steuerbefreiungen

Der Gesetzgeber sieht in § 5 KStG für eine Reihe von Körperschaften Steuerbefreiungen aus den unterschiedlichsten sozial- oder wirtschaftspolitischen Motiven vor.

943

a) Umfassende/partielle Steuerbefreiung

Zu unterscheiden sind umfassende und partielle Steuerbefreiungen. Im Fall einer **umfassenden Steuerbefreiung** ist das Körperschaftsteuersubjekt in vollem Umfang von der Körperschaftsteuer befreit. Ein Beispiel ist die Deutsche Bundesbank nach § 5 Abs. 1 Nr. 2 KStG, die gesetzlich nur bestimmte Tätigkeiten übernehmen darf und damit einen quasi-hoheitlichen Auftrag verfolgt.

944

Bei der **partiellen Steuerbefreiung** werden nur die Erträge aus bestimmten begünstigten Tätigkeiten steuerfrei gestellt. Das Gesetz ordnet die Steuerfreiheit für bestimmte Tätigkeiten beispielsweise nach § 5 Abs. 1 Nr. 5a KStG für Berufsverbände, Nr. 7 für politische Parteien, nach Nr. 9 für gemeinnützige Körperschaften i.S.d. §§ 51 ff. AO, nach Nr. 16 für Einlagensicherungssysteme der Banken, nach Nr. 19 für Gesamthafenbetriebe und nach Nr. 22 KStG für gemeinsame Einrichtungen der Tarifpartner an. Dabei ist die Steuerbefreiung jeweils ausgeschlossen, „soweit" die steuerbefreite Körperschaft einen wirtschaftlichen Geschäftsbetrieb i.S.d. § 14 AO unterhält und daher im Wettbewerb zu nicht steuerbefreiten Unternehmen Leistungen anbietet und Einnahmen erzielt.

945

b) Einschränkung für Kapitalerträge

§ 5 Abs. 2 Nr. 1 KStG nimmt darüber hinaus Einkünfte, die einem Steuerabzug unterliegen, von der Steuerbefreiung aus. Hauptanwendungsfall ist der Abzug von Kapitalertragsteuer schon durch den Schuldner der Erträge, etwa einer Aktiengesellschaft, für die Körperschaft im Sinne des § 43 EStG. Erzielt beispielsweise eine steuerbefrei-

946

te Körperschaft, etwa ein **Berufsverband** (§ 5 Abs. 1 Nr. 5 KStG) Einkünfte, die dem Kapitalertragsteuerabzug unterliegen, so ist sie hinsichtlich dieser Einkünfte steuerpflichtig. Zugleich ist die Körperschaftsteuer nach § 32 Abs. 1 Nr. 1 KStG durch den Steuerabzug abgegolten.

947 Steuerbefreite **gemeinnützige Körperschaften** i.S.d. § 5 Abs. 1 Nr. 9 KStG sind nach § 44a Abs. 7 EStG auch mit solchen Einkünften steuerfrei. Bei Ausschüttungen einer Kapitalgesellschaft oder bei Zinserträgen wird bereits keine Kapitalertragsteuer an der Quelle, also beim Schuldner der Erträge, erhoben. Bei Dividendenzahlungen von Aktiengesellschaften erfolgt eine Erstattung nach § 44b EStG. Bei Vorlage einer Nichtveranlagungsbescheinigung unterbleibt auch dies, §§ 44a Abs. 10 Nr. 1 EStG. Damit kann beispielsweise eine gemeinnützige Stiftung ihre Erträge aus Kapitalanlagen komplett steuerfrei vereinnahmen. Die Vereinnahmung der Gewinne stellt eine steuerbefreite **Vermögensverwaltung** dar. Sie begründet auf der Ebene der gemeinnützigen Körperschaft keinen wirtschaftlichen Geschäftsbetrieb im Sinne des § 14 AO, falls sich das Halten der Beteiligung auf die übliche Ausübung der Gesellschafterrechte beschränkt, selbst wenn die Tochtergesellschaft zu 100 % im Anteilsbesitz der Mutterträgerschaft ist.[81] In diesem Fall geht man davon aus, dass das bloße Halten einer Beteiligung nicht wettbewerbsrelevant ist. Ein wirtschaftlicher Geschäftsbetrieb wird daher aber angenommen, „wenn die Körperschaft über eine Zusammenfassung mehrerer Beteiligungen in einer Holding planmäßig Unternehmenspolitik betreibt oder in anderer Weise entscheidenden Einfluss auf die Geschäftsführung der Kapitalgesellschaft ausübt und damit durch sie unmittelbar selbst am allgemeinen wirtschaftlichen Verkehr teilnimmt".[82]

948 Allerdings ist aus Gründen der **Missbrauchsvermeidung** in § 36a EStG für sammelverwahrte Aktien eine Verschärfung eingeführt worden, weil gemeinnützige Stiftungen in Cum-ex-Gestaltungen einbezogen worden waren. Hier gilt oberhalb einer Bagatellgrenze von 20.000 € Jahreseinnahmen aus solchen Ausschüttungen eine Mindesthaltedauer von einem Jahr. Sonst sind nach § 33a Abs. 10 Nr. 3 EStG 15 % Kapitalertragsteuer einzubehalten, die sich die gemeinnützige Organisation nach § 44b Abs. 2 EStG erst im Nachhinein erstatten lassen kann.[83]

949 Dies alles gilt auch für gemeinnützige Körperschaften mit Sitz in der EU oder einem EWR-Staat, § 5 Abs. 2 Nr. 2 KStG. Damit entspricht das Gesetz der Feststellung des EuGH in der Rechtssache *Stauffer*,[84] wonach die früher bestehende Steuerpflicht ausländischer gemeinnütziger Körperschaften mit ihre inländischen Kapitalerträgen einen Verstoß gegen die Kapitalverkehrsfreiheit darstellt.

---

[81] BFH, Urteil v. 25.8.2010, I R 97/09, BFH/NV 2011, 312; BFH, Urteil v. 30.06.1971, I R 57/70, BFHE 103, 56 = BStBl II 1971, 753; BFH, Urteil v. 27.3.2001, I R 78/99, BFHE 195, 239 = BStBl II 2001, 449; BFH, Beschluss v. 19.8.2002, II B 122/01, BFH/NV 2003, 64; vgl. auch die Verwaltungsmeinung in R 16 Abs. 5 S. 3 KStH 2004 sowie die h.M. in der Literatur, etwa *Alvermann*, FR 2006, 262; *Mueller-Thuns/Jehke*, DStR 2010, 905; *Eggers*, DStR 2007, 461; *Engelsing/Muth*, DStR 2003, 917; *Meining*, DStR 2006, 352.
[82] BFH, Urteil v. 30.6.1971, I R 57/70, BFHE 103, 56 = BStBl II 1971, 753; ähnlich EuGH, Urteil v. 10.1.2006 – C-222/04, Slg. 2006, I-289 (Cassa di Risparmio di Firenze), Rn. 143; R 16 Abs. 5 S. 4 ff. KStH 2004.
[83] *Kraus*, npoR 2019, 257 ff.
[84] EuGH, Urteil v. 14.9.2006 – C-386/04, Slg. 2006, I-8203 (Centro di Musicologia Walter Stauffer).

c) Beginn und Erlöschen einer Steuerbefreiung

Bei **Beginn der Steuerfreiheit** hat die Körperschaft nach § 13 Abs. 1 KStG auf den Zeitpunkt des Beginns der Steuerbefreiung eine Schlussbilanz aufzustellen, in der sie ihre Wirtschaftsgüter gemäß § 13 Abs. 3 KStG mit dem Teilwert ansetzt und damit die stillen Reserven (Differenz zwischen Buchwert und Teilwert) aufdeckt und der letztmaligen Besteuerung vor Eintritt der Steuerbefreiung unterwirft.

950

Endet die Steuerbefreiung für eine Körperschaft, so hat sie nach § 13 Abs. 2 KStG auf den Zeitpunkt des Beginns der Steuerpflicht eine Anfangsbilanz aufzustellen, in der sie die Wirtschaftsgüter gemäß § 13 Abs. 3 KStG mit dem Teilwert ansetzt und damit die stillen Reserven aufdeckt, die aber aufgrund der Steuerbefreiung steuerlich nicht belastet werden. Dadurch wird sichergestellt, dass die stillen Reserven, die während des Zeitraums der Steuerbefreiung gebildet wurden, nicht nachträglich nach dem Eintritt in die Steuerpflicht besteuert werden.

951

Eine Sonderregelung gilt für die nach § 5 Abs. 1 Nr. 9 KStG wegen Gemeinnützigkeit steuerbefreiten Körperschaften. Dies können nach § 13 Abs. 4 KStG bei Beginn der Steuerbefreiung in der Schlussbilanz ihre Wirtschaftsgüter mit den **Buchwerten** ansetzen, so dass ein Anreiz gesetzt wird, dass ganze Körperschaften etwa im Wege der unentgeltlichen Übertragung auf eine Stiftung in die Gemeinnützigkeit überführt werden. Dafür müssen diese Wirtschaftsgüter jedoch bei Ende der Steuerbefreiung ebenfalls mit den fortgeführten Buchwerten angesetzt werden. Die darin liegenden stillen Reserven werden damit im Falle eines späteren Wegfalls der Gemeinnützigkeit aufgedeckt und versteuert.

952

C. Objektive (sachliche) Steuerpflicht

I. Überblick

Die **Bemessungsgrundlage** für die Körperschaftsteuer ist das zu versteuernde Einkommen, § 7 Abs. 1 KStG. Nach § 7 Abs. 2 KStG ist das zu versteuernde Einkommen das Einkommen im Sinne des § 8 Abs. 1 KStG, vermindert um die Freibeträge der §§ 24 und 25 KStG. Das KStG definiert den Einkommensbegriff nicht selbst, sondern verweist in § 8 Abs. 1 S. 1 KStG auf die Regelungen des EStG. Mangels einer privaten Leistungsfähigkeit bei einer Körperschaft greifen jedoch die einkommensteuerlichen Vorschriften zur Berücksichtigung der persönlichen Leistungsfähigkeit des Steuerpflichtigen (z.B. Abzug von Sonderausgaben und außergewöhnlichen Belastungen) nicht.

953

Auch bei der Ermittlung des körperschaftlichen Einkommens sind daher die Tätigkeiten der Körperschaft zunächst anhand der einzelnen Einkunftsarten zu qualifizieren. Dies gilt aber nicht bei unbeschränkt Steuerpflichtigen im Sinne von § 1 Abs. 1 Nr. 1 bis 3 KStG, bei denen alle Einkünfte solche aus Gewerbebetrieb sind (§ 8 Abs. 2 KStG). Sodann ist die Höhe der Einkünfte zu bestimmen.

954

Aus den Vorschriften des EStG ergibt sich, dass Kapitalgesellschaften ihren Gewinn grundsätzlich nach den §§ 4 ff., 5 ff. EStG ermitteln, da sie als Formkaufleute (§ 6 Abs. 2 HGB) gem. § 238 HGB buchführungspflichtige Gewerbetreibende (§ 140

955

AO) sind. Ausgangsgröße ist daher der Gewinn aus der **Handelsbilanz**. Dieser ist um einkommensteuerliche Bilanzierungs- und Bewertungsvorschriften zu korrigieren (Rn. 198 ff.).

956 Der hiernach ermittelte Gewinn stellt die Ausgangsgröße für die Bemessung des körperschaftsteuerpflichtigen Einkommens dar. Bei der Berechnung des körperschaftsteuerpflichtigen Einkommens sind die **Sondervorschriften** in den §§ 8 ff. KStG zu beachten. Hierzu zählen die Vorschriften für Beteiligungserträge und -aufwendungen (§ 8b KStG), die Einschränkungen des Verlustvortrags (§ 8c KStG), über die verdeckte Gewinnausschüttung (§ 8 Abs. 3 S. 1 KStG), über verdeckte Einlagen (§ 8 Abs. 3 S. 2, § 27 KStG), die Regelungen über die körperschaftsteuerliche Organschaft (§§ 14-19 KStG) und die §§ 20-22 KStG mit hier nicht weiter darzustellenden Sondervorschriften für Versicherungsunternehmen, Pensionsfonds und Bausparkassen.

957 Nach § 24 S. 1 KStG ist bei der steuerpflichtigen Körperschaft ein **Freibetrag** von 5.000 € vom Einkommen abzuziehen. Liegt das Einkommen der Körperschaft unterhalb von 5.000 €, so ist der Abzug auf die Höhe des Einkommens beschränkt.

958 Nach § 24 S. 2 Nr. 1 KStG greift der Freibetrag aber nicht für Körperschaften, die Ausschüttungen nach § 20 Abs. 1 Nr. 1 oder 2 EStG vornehmen, also Kapitalgesellschaften und Genossenschaften, da durch das Teileinkünfteverfahren bzw. den besonderen Steuertarif auf Ebene der Anteilsinhaber bereits eine Vorbelastung der Ausschüttung auf Ebene der Körperschaft berücksichtigt wird. In Betracht kommt der Freibetrag daher vor allem für Stiftungen und Vereine (wobei für bestimmte Vereine, die nur land- und forstwirtschaftlich tätig sind, nach § 24 S. 2 Nr. 2 i.V.m. § 25 KStG ein besonderer Freibetrag in Höhe von 15.000 € greift). Auch Investmentfonds und Spezialinvestmentfonds können den Freibetrag nach § 24 S. 2 Nr. 3 KStG nicht geltend machen.

959 Ab dem Veranlagungszeitraum 2008 beträgt der Steuertarif aufgrund der Umstellung des Körperschaftsteuersystems (s.o. Rn. 868 ff.) nach § 23 KStG 15 % des zu versteuernden Einkommens. Hinzu tritt der Solidaritätszuschlag in Höhe von 5,5 % der Körperschaftsteuer (§ 2 Nr. 3, § 3 Abs. 1 Nr. 1 SolZG). Die Gesamtbelastung der Körperschaft beträgt damit 15,825 % des zu versteuernden Einkommens. Zudem ist bei gewerblichen Einkünften die Belastung mit Gewerbesteuer zu beachten (s.o. Rn. 15).

II. Einkünftequalifikation

960 Alle Einkünfte von unbeschränkt Steuerpflichtigen im Sinne des § 1 Abs. 1 Nr. 1-3 KStG fingiert § 8 Abs. 2 KStG aus Gründen der Vereinfachung als Einkünfte aus Gewerbebetrieb. Diese Modifikation gilt auch dann, wenn die Körperschaft zusammen mit anderen Steuerpflichtigen, die keine Einkünfte aus Gewerbebetrieb erzielen, an einer Einkunftsquelle beteiligt ist, etwa als Gesellschafterin einer Personengesellschaft. In diesem Fall erzielen die Gesellschaften jeweils unterschiedliche einkommensteuerpflichtige oder körperschaftsteuerpflichtige Einkünfte (vgl. insbesondere zu sog. Zebragesellschaften unter Rn. 816 ff.).

Für andere Körperschaftsteuersubjekte, etwa Vereine und Stiftungen oder beschränkt steuerpflichtige Körperschaften, kommen grundsätzlich auch alle anderen Einkunftsarten in Betracht. Allerdings können Körperschaften mangels persönlicher Sphäre keine Einkünfte aus nichtselbständiger Arbeit (§ 19 EStG) und aus freiberuflicher Tätigkeit (§ 18 Abs. 1 Nr. 1 EStG) erzielen. Neben gewerblichen Einkünften können jedoch etwa Einkünfte aus Land- und Forstwirtschaft (§ 13 EStG), aus Vermietung und Verpachtung (§ 21 EStG) oder aus Kapitalvermögen (§ 20 EStG) erzielt werden. Erzielt eine Stiftung Zinserträge, so handelt es sich daher um Einkünfte aus Kapitalvermögen, § 20 EStG, während sie für eine GmbH Einkünfte aus Gewerbebetrieb darstellen.[85]

961

Nach der Rechtsprechung des BFH kann eine Körperschaft i.S.d. § 1 Abs. 1 Nr. 1 KStG zudem **keine Privatsphäre** haben.[86] Dies folgert der BFH unter anderem aus dem Vollständigkeitsgebot des § 246 HGB sowie der gewerbesteuerlichen Fiktion in § 2 Abs. 2 S. 1 GewStG („Als Gewerbebetrieb gilt stets und in vollem Umfang die Tätigkeit der Kapitalgesellschaften…"). Danach sind alle Wirtschaftsgüter, die der Körperschaft zurechenbar sind, Betriebsvermögen. Die Abgrenzung zwischen Privat- und Betriebsvermögen sowie die Differenzierung zwischen notwendigem und gewillkürtem Betriebsvermögen ist danach nicht möglich. Normen des EStG, die Ausdruck der Abgrenzung zwischen Privat- und Erwerbssphäre sind (z.B. § 12 Nr. 1 und Nr. 2 EStG), werden für die körperschaftsteuerliche Einkommensermittlung nicht benötigt. Alle Einnahmen und Ausgaben der Körperschaft sind Betriebseinnahmen bzw. Betriebsausgaben. Es erfolgt (mangels außerbetrieblicher Sphäre) keine Korrektur über Entnahmen und Einlagen. Eine Korrektur erfolgt allein über die spezifischen körperschaftsteuerlichen Korrekturnormen für verdeckte Gewinnausschüttungen und verdeckte Einlagen (dazu noch unter Rn. 1032 ff., 1081 ff.), beispielsweise, wenn ein Wirtschaftsgut der Körperschaft von den Gesellschaftern oder ihnen nahestehenden Personen ohne angemessene Gegenleistung für private Zwecke genutzt wird.[87]

962

Fall 134: Die Brüder A und B sind anteilige Gesellschafter der X-GmbH, die einen deutschlandweiten Getränkehandel betreibt. Auf Initiative des A, der leidenschaftlicher Pferdeliebhaber ist, unterhält die X-GmbH seit mehreren Jahren neben dem Fabrikgelände einen Pferdehof mit angrenzender Weide. Dieser Pferdehof dient der Zucht und Unterbringung von Hannoveranern, der Lieblingsrasse des A. Allerdings hat A weder ausreichende Fachkenntnisse für eine erfolgreiche Pferdezucht noch die Absicht, „seine Lieblinge an irgendwelche Gauner" zu verkaufen. Der Pferdehof ist deswegen dauerhaft defizitär. Für das laufende Jahr entsteht Verlust aus dem Betrieb des Pferdehofs von ca. 50.000 €.

B ist Allergiker und kann die Begeisterung seines Bruders für die Pferdezucht nicht recht nachvollziehen. Ihm sind die Dauerverluste aus betriebswirtschaftlicher Perspektive schon länger ein Dorn im Auge. Er tröstet sich allerdings damit, dass der Verlust i.H.v. 50.000 € zumindest bei der Ermittlung des Gesamtgewinns der X-GmbH abgezogen wird.

963

---

85 Vgl. zur Besteuerung eines nicht steuerbefreiten Vereins wie dem ADAC im Einzelnen *D. Fischer*, npoR 2018, 156.
86 BFH, Urteil v. 4.12.1996 – I R 54/95, BFHE 182, 123; BFH, Urteil v. 6.12.2016 – I R 50/16, BFHE 256, 122 = BStBl II 2017, 324.
87 Zu einer verdeckten Gewinnausschüttung bei nicht kostendeckender teilweiser Vermietung eines Einfamilienhauses an den Gesellschafter/Geschäftsführer BFH, Urteil v. 27.7.2016 – I R 8/15, BFHE 255, 32 = BStBl II 2017, 214.

Sind die Verluste aus dem Pferdehof bei der Ermittlung des Steuerbilanzgewinns der X-GmbH zu berücksichtigen?

Lösung Fall 134: Versteht man den Verweis in § 8 Abs. 1 KStG in Verbindung mit der Modifikation nach § 8 Abs. 2 KStG (Ermittlung des Einkommens nach den Regeln des EStG, aber ausschließlich Einkünfte aus Gewerbebetrieb) als Rechtsgrundverweisung, so kommt es darauf an, ob die GmbH bei der Pferdezucht mit Gewinnerzielungsabsicht handelt. Dies ist anhand einer Gesamtwürdigung aller objektiven Umstände zu bestimmen. Der Pferdehof wurde zu keiner Zeit mit Gewinnerzielungsabsicht betrieben. Mangels Fachkenntnisse des A wäre eine Totalgewinnprognose auch nicht zu erwarten gewesen. Nimmt man also eine Rechtsgrundverweisung an, liegt schon keine steuerbare Betätigung vor. Die Verluste der X-GmbH entständen in einer steuerrechtlich irrelevanten, außerbetrieblichen Sphäre.

Die herrschende Meinung geht demgegenüber davon aus, dass es eine solche außerbetriebliche Sphäre bei Kapitalgesellschaften nicht gibt. § 8 Abs. 2 KStG sei vielmehr als Rechtsfolgenverweisung zu verstehen, die (im Einklang mit § 2 Abs. 2 S. 1 GewStG) jedwede Tätigkeit der Gesellschaft dem gewerblichen Bereich zuordnet. Die Verluste aus der Rinderzucht hätten demnach den betrieblichen Gewinn (zunächst) zu Recht gemindert würden über den Ansatz einer verdeckten Gewinnausschüttung korrigiert, der auch einen angemessenen Gewinnaufschlag für Tätigkeiten im Interesse der Gesellschafter beinhaltet (Rn. 1068).

Für die herrschende Meinung spricht systematisch, dass sie einen Gleichlauf zwischen § 8 Abs. 2 KStG und § 2 Abs. 2 S. 1 GewStG herstellt. Auch fehlt im Körperschaftsteuerrecht eine § 12 Nr. 1 EStG vergleichbare Vorschrift. Das Vollständigkeitsgebot in § 246 HGB und die umfassende Qualifikation sämtlicher Einkünfte als solche aus Gewerbebetrieb (§ 8 Abs. 2 KStG) kann man systematisch als Indiz für eine gesetzgeberisch gewollte umfassende Erfassung von Vermögen und Erträgen von Körperschaften im betrieblichen Bereich werten.

Zwingend sind diese Argumente allerdings nicht. Ein Gleichlauf zwischen KStG und GewStG muss systematisch nicht notwendigerweise bestehen, vielmehr beruht die Gewerbesteuer als Objektsteuer ohnehin auf anderen grundlegenden Wertungen. Das bilanzielle Vollständigkeitsgebot des § 246 HGB erstreckt sich nur auf Wirtschaftsgüter des Betriebsvermögens und die Umqualifikation in § 8 Abs. 2 KStG setzt gedanklich schon voraus, dass überhaupt steuerbare Einkünfte vorliegen. Eine Regelung, die § 12 Nr. 1 EStG vergleichbar ist, ist im KStG nicht erforderlich, weil für „privat" veranlasste Aufwendungen bereits § 8 Abs. 3 S. 2 KStG ein eigenständiges Abzugsverbot enthält. Zudem ist die Regelung des § 12 Nr. 1 EStG ohnehin weitgehend deklaratorisch, sodass sie kaum zwingende systematische Rückschlüsse zulässt. Gegen die herrschende Meinung spricht, dass diese zu einer Ungleichbehandlung der Körperschaftsteuersubjekte führt, je nachdem ob für sie § 8 Abs. 2 KStG anwendbar ist oder nicht.

III. Einkünfteermittlung

964 Die Einkünfteermittlung lässt sich anhand des folgenden Schemas[88] veranschaulichen:

---

[88] Vgl. R 7.1-7.2 KStR; *Scheffler*, Besteuerung von Unternehmen I, Rn. 389.

Gewinn Handelsbilanz

+/./. Korrekturen aufgrund steuerrechtlicher Bilanzierungs- und Bewertungsvorschriften

= **Gewinn Steuerbilanz**

+/./. Korrekturen aufgrund bestimmter einkommensteuerlicher Vorschriften, z.B. nichtabziehbare Betriebsausgaben gemäß § 4 Abs. 5 EStG, § 3 c EStG

+/./. **Korrekturen aufgrund bestimmter körperschaftlicher Vorschriften**

    +/./. *Erfolgswirksame Vorgänge aus dem Gesellschafter-/Gesellschaftsverhältnis*

        1. Verdeckte Gewinnausschüttungen (R 8.5 KStR 2015)
        2. Verdeckte Gesellschafter-Einlagen (R 8.9 KStR 2015)

    + *Nichtabziehbare Aufwendungen*

        1. Nichtabziehbare Aufwendungen (§ 10 Nr. 1-4 KStG)
        2. Nichtabziehbarer Teil der Spenden (§ 9 Abs. 1 Nr. 2 KStG)

    ./. *Erträge aus nichtabziehbaren Aufwendungen (z.B. Steuererstattungen)*

    ./. *Gewinnanteile der persönlich haftenden Gesellschafter einer KGaA (§ 9 Abs. 1 Nr. 1 KStG)*

+/./. **Auswirkungen des Teileinkünfteverfahrens**

    ./. Dividendenerträge (§ 8b Abs. 1 KStG)

    +/./. Ergebnis der Veräußerung von Anteilen an Kapitalgesellschaften (§ 8b Abs. 2 KStG)

    +/./. Teilwertabschreibungen/Wertaufholung (§ 8b Abs. 3 KStG)

+ Pauschale Hinzurechnung von Aufwendungen in Zusammenhang mit steuerfreien Beteiligungserträgen (§ 8b Abs. 3, 5 KStG)

./. **Weitere steuerfreie Erträge (z.B. DBA)**

= **Gesamtbetrag der Einkünfte**

./. Verlustabzug (§ 10d EStG)
    % Freibetrag für bestimmte Körperschaften nach § 24 f. KStG

= **zu versteuerndes Einkommen**
x Körperschaftsteuersatz in Höhe von 15 % (§ 23 KStG)
= **Steuerbetrag nach Regelsatz**
    – Steuerermäßigungen, z.B. anrechenbare ausländische Steuern (§§ 26 KStG i.V.m. § 34c EStG)
= **Tarifbelastung**
= **festzusetzende Körperschaftsteuer**

1. Ermittlung des Steuerbilanzgewinns

a) Entsprechende Anwendung der Regelungen des EStG

Aus § 7 Abs. 1 und Abs. 2, § 8 Abs. 1 S. 1 KStG folgt, dass die Körperschaft ihr Einkommen zunächst nach den Regelungen des Einkommensteuerrechts ermittelt. Kapitalgesellschaften ermitteln ihren Gewinn daher grundsätzlich nach den §§ 4 ff., 5 ff. EStG. Sie sind als Formkaufleute (§ 6 Abs. 2 HGB) gem. § 238 HGB buchführungspflichtige Gewerbetreibende (§ 140 AO). Ausgangsgröße ist der Gewinn aus der

965

Handelsbilanz, der um einkommensteuerliche Bilanzierungs- und Bewertungsvorschriften nach den §§ 4 bis 7i EStG zu korrigieren ist. Dazu zählen etwa Einschränkungen und Durchbrechungen des Maßgeblichkeitsprinzips, steuerfreie Betriebseinnahmen (§ 13 InvZuLG 2010, Art. 7 OECD-MA) oder nicht abziehbare Betriebsausgaben (§ 4 Abs. 5, § 3c EStG, § 4h EStG i.V.m. § 8a KStG). Das Bilanzsteuerrecht entspricht daher, abgesehen von den im Folgenden darzustellenden körperschaftsteuerlichen Besonderheiten, dem wie beim Einzelunternehmer und dem Gesamthandsbereich der Personengesellschaft (Rn. 196 ff., 525).

b) Fiktive Veräußerungstatbestände bei Entstrickung

966 Um den Umfang der Körperschaftsteuerpflicht im Inland gegen Verlagerungen in das Ausland (so genannte „Entstrickung") abzusichern, enthält § 12 KStG fiktive Realisationstatbestände für den Fall, dass stille Reserven aus der unbeschränkten oder beschränkten Steuerpflicht ausscheiden.[89]

967 **Beispiel:** Die A-SE mit Sitz und Geschäftsleitung in Deutschland verlegt Sitz und Geschäftsleitung nach Frankreich und veräußert dort ihre zahlreichen selbstgeschaffenen Patente. Das führt zur Aufdeckung stiller Reserven, da nach § 248 HGB selbst geschaffene Patente bislang nicht aktiviert werden mussten. Vor der Sitzverlegung war die A-SE in Deutschland unbeschränkt körperschaftsteuerpflichtig. Somit wäre bei einer Veräußerung der Patente in Deutschland der Gewinn daraus steuerpflichtig gewesen. Aufgrund der Sitzverlegung besteht weder eine unbeschränkte noch eine beschränkte Steuerpflicht der A-SE, weshalb der Gewinn aus der Veräußerung der Patente in Deutschland nicht mehr erfasst ist.

Diese Gestaltung soll die Entstrickungsregel des § 12 KStG verhindern. Das Pendant der Entnahmeregel in § 4 Abs. 1 S. 3 EStG ist mangels einer Privatsphäre bei Körperschaften nicht anwendbar.[90]

968 § 12 Abs. 1 KStG soll die Beschränkung oder den Ausschluss des Besteuerungsrechts am Gewinn aus der Veräußerung oder der Nutzungsüberlassung eines Wirtschaftsguts verhindern. Dies setzt zunächst voraus, dass Deutschland ursprünglich ein Besteuerungsrecht hinsichtlich des Gewinns aus der Veräußerung oder der Nutzungsüberlassung des Wirtschaftsguts hatte. Dieses Besteuerungsrechts muss durch eine entsprechende Gestaltung ausgeschlossen oder beschränkt worden sein. Dies ist gegeben, wenn das Wirtschaftsgut selbst ins Ausland verlagert wird (beispielsweise aus einer inländischen in eine ausländische Betriebsstätte) oder aber die Körperschaft ihren Sitz ins Ausland verlagert.[91]

969 Als Rechtsfolge ordnet § 12 Abs. 1 KStG eine **fiktive Veräußerung bzw. fiktive Nutzungsüberlassung** zum gemeinen Wert i.S.d. § 9 Abs. 2 BewG des jeweiligen Wirtschaftsguts an, so dass die stillen Reserven in Form eines fiktiven Veräußerungsgewinns aufgedeckt werden und der Besteuerung noch in Deutschland unterliegen.

970 Die Vorschrift verweist auf § 4g EStG und damit auf die Möglichkeit, den fiktiven Veräußerungsgewinn durch Bildung eines **steuerbilanziellen Ausgleichspostens** auf fünf Jahre zu verteilen. Obwohl entsprechende rein inländische Gestaltungen keine

---

89 Vgl. *Frotscher*, Körperschaftsteuer, Rn. 103.
90 *Frotscher*, Körperschaftsteuer, Rn. 103.
91 Weitere Beispiele bei *Frotscher*, Körperschaftsteuer, Rn. 104.

fiktive Aufdeckung der stillen Reserven auslösen, wird der Regelung mit ihrem Eintritt der Steuerbarkeit jedenfalls nach fünf Jahren die Vereinbarkeit mit der Niederlassungsfreiheit (Art. 49 AEUV) bescheinigt.[92]

§ 12 Abs. 2 KStG enthält eine Regelung für **Verschmelzungen**, die dem Recht eines Drittstaates außerhalb der EU und des EWR unterliegen. Für Verschmelzungen innerhalb der EU/der EWR ist das Umwandlungssteuergesetz einschlägig. Nach § 12 Abs. 2 KStG ist als Ausnahme zu Abs. 1 der Ansatz der übergehenden Wirtschaftsgüter zu Buch- bzw. Zwischenwerten möglich, wenn sichergestellt ist, dass die übernommenen Wirtschaftsgüter bei der übernehmenden Körperschaft der Körperschaftsbesteuerung unterliegen, das Besteuerungsrecht Deutschlands hinsichtlich der Besteuerung der übertragenen Wirtschaftsgüter bei der übernehmenden Körperschaft nicht beschränkt wird und eine Gegenleistung nicht gewährt oder nur in Gesellschaftsrechten besteht. 971

2. Außerbilanzielle Modifikationen

Sodann sind nach KStG **abziehbare Aufwendungen** vorzunehmen, etwa nach § 9 Abs. 1 Nr. 2 KStG Spenden, oder diese sind zu addieren, wenn sie bereits in übersteigender Höhe in der Handelsbilanz geltend gemacht worden sind. Das Gleiche gilt für nicht abziehbare Aufwendungen nach den § 10 Nr. 1 bis 4 KStG. Es handelt sich um Zweckaufwendungen durch Stiftungen oder andere Körperschaften, die keine Spenden darstellen und durch Satzung vorgeschrieben sind; Steuern vom Einkommen oder sonstige Personensteuern und Vorsteuer bei bestehenden Abzugsverboten, Geldstrafen und ähnliche Sanktionen mit Strafcharakter sowie die Hälfte der Aufsichtsratsvergütungen. 972

Die Auswirkungen des geltenden Körperschaftsteuersystems (Rn. 872 f., 1007 ff.), wonach die Ausschüttungen von anderen Kapitalgesellschaften überwiegend steuerfrei bleiben, bestehen darin, dass die erhaltenden Dividendenerträge nach § 8b Abs. 1 KStG vom Gewinn wieder abgezogen werden. Sodann wird das Ergebnis der Veräußerung von Anteilen an Kapitalgesellschaften nach § 8b Abs. 2 KStG abgezogen (bei einem Veräußerungsgewinn) bzw. hinzuaddiert (bei einem Veräußerungsverlust). Nach § 8b Abs. 3 KStG sind unter bestimmten Voraussetzungen Teilwertabschreibungen bzw. nach einer solchen eine Wertaufholung auf Beteiligungen im Betriebsvermögen vorzunehmen. Schließlich gelten nach § 8b Abs. 3 und Abs. 5 KStG 5 % aller Aufwendungen der Körperschaft als Aufwendungen in Zusammenhang mit den steuerfreien Beteiligungserträgen und bewirken so eine gegenüber § 3c EStG nur sehr pauschale Nichtabziehbarkeit der damit im Zusammenhang stehenden Betriebsausgaben. 973

Gegebenenfalls werden weitere steuerfreie Erträge abgezogen, etwa nach § 12 InvZulG oder auf der Grundlage von Doppelbesteuerungsabkommen. 974

Das anschließende Ergebnis entspricht dem Gesamtbetrag der Einkünfte der Körperschaft, das um zulässige **Verlustvorträge** nach § 10d EStG korrigiert wird. Nach diesem Zwischenschritt gelangt man zum zu versteuernden Einkommen. 975

---

[92] Vgl. *Lampert*, in: Gosch, KStG, § 12 Rn. 77 m.w.N. sowie in Rn. 81 f. zur Vereinbarkeit mit der Anti-Tax-Avoidance-Direktive (ATAD), Richtlinie 2016/1164/EU v. 12.7.2016, ABl. EU Nr. L 193, S. 1.

a) Nicht abzugsfähige Betriebsausgaben

976 Da eine Kapitalgesellschaft keine Privatsphäre hat (Rn. 962 f.), sind grundsätzlich alle vorgenommenen Aufwendungen abzugsfähig. Darüber hinaus finden sich spezielle Regelungen zu abziehbaren und nicht abziehbaren Aufwendungen in den §§ 9 und 10 KStG. Handelt sich bei einer Ausgabe um eine nicht abziehbare Aufwendung, so bedeutet dies, dass das zu versteuernde Einkommen der Gesellschaft durch diese Aufwendung nicht gemindert werden darf. Daher sind Aufwendungen, für die ein Abzugsverbot besteht, zum Steuerbilanzgewinn hinzuzurechnen, wenn sie den Handelsgewinn gemindert haben.

977 Umgekehrt wird das zu versteuernde Einkommen auch nicht durch eventuelle Erträge aus nicht abziehbaren Aufwendungen erhöht. Dies ist beispielsweise der Fall, wenn die Gesellschaft eine Erstattung von Geldbußen oder einfach eine Steuererstattung erhält. Sind diese Erträge handelsrechtlich bei der Ermittlung des Einkommens berücksichtigt worden, müssen sie nun wieder außerbilanziell abgezogen werden, da die Erträge nicht zu dem zu versteuernden Einkommen gehören.

978 aa) **Einzelne Gruppen nicht abziehbarer Aufwendungen.** Die nicht abziehbaren Aufwendungen lassen sich in folgende Gruppen unterteilen: Zunächst gelten aufgrund der Verweisung in § 8 Abs. 1 KStG die Abzugsverbote aus dem Einkommensteuergesetz. Dabei handelt es sich insbesondere um die §§ 3c und 4 Abs. 5 EStG. Darüber hinaus ist vor allem das Verbot der Abziehbarkeit von Leistungen auf die fällige Gewerbesteuer nach § 4 Abs. 5b EStG zu beachten. Von der Verweisung des § 8 Abs. 1 KStG sind jedoch solche Abzugsverbote nicht umfasst, die nur für die Besteuerung der natürlichen Personen von Bedeutung sind, wie beispielsweise § 4 Abs. 5 Nr. 5 bis 6b EStG, also etwa ein häusliches Arbeitszimmer.

979 Weiterhin sind die Aufwendungen zu beachten, die dem speziellen körperschaftsteuerlichen Abzugsverbot nach § 10 KStG unterliegen. Diese Vorschriften entsprechen teilweise den Abzugsverboten des § 12 EStG. So stellen Aufwendungen zur Erfüllung von **Satzungszwecken** Einkommensverwendungen dar und dürfen daher das Einkommen nicht mindern. Ein Beispiel ist die Ausschüttung einer nicht steuerbefreiten Familienstiftung an ihre Destinatäre. Vergleichbar ist dies mit dem Abzugsverbot nach § 12 Nr. 1 und 2 EStG, wonach der Abzug privater Aufwendungen und freiwilliger Zuwendungen ausgeschlossen ist.

980 Nach § 10 Nr. 2 KStG sind die Aufwendungen für die dort genannten **Steuern** und **Nebenleistungen** nicht abzugsfähig. Nebenleistungen sind solche nach § 3 Abs. 4 AO wie zum Beispiel Verspätungs- oder Säumniszuschläge, wenn sie im Zusammenhang mit den nicht abzugsfähigen Steuern stehen. Die Bemessungsgrundlage der Körperschaftsteuer soll nicht durch diese – dem Bereich der Einkommensverwendung zugeordneten – Steuern und Nebenleistungen gemindert werden. Entstehen im Zusammenhang mit den nicht abzugsfähigen Steuern Beratungs- oder Prozesskosten, so werden diese allerdings nicht von § 10 Nr. 2 KStG erfasst. Die Vorschrift korrespondiert mit § 12 Nr. 3 EStG.

981 Nach § 10 Nr. 3 KStG sind in einem **Strafverfahren** festgesetzte Geldstrafen und sonstige Rechtsfolgen vermögensrechtlicher Art nicht abzugsfähig. Allerdings werden Geldstrafen nach dem bisherigen deutschen Recht nur gegen die Organe als natürliche Personen, nicht jedoch gegen die Körperschaft selbst verhängt, weshalb sich der Anwendungsbereich auf Geldstrafen, die von ausländischen Rechtsverfolgungsbehörden verhängt werden, beschränkt. Nach Einführung eines Verbandssanktionengesetzes[93] würden auch Unternehmensstrafen in Deutschland verhängt werden können.

Für **Geldbußen**, Ordnungs- und Verwarngelder ergibt sich ein Abzugsverbot aus § 8 Abs. 1 KStG in Verbindung mit § 4 Abs. 5 Nr. 8 EStG. Gerichts- und Anwaltskosten eines Strafverfahrens unterliegen jedoch nicht dem Abzugsverbot gemäß § 10 Nr. 3 KStG.[94]

982

Gemäß § 10 Nr. 4 KStG ist lediglich die Hälfte der Vergütungen für Mitglieder des **Aufsichtsrats** und anderer Überwachungsorgane der Geschäftsführung, wie etwa der Beirat einer GmbH, abzugsfähig. Der Gesetzgeber zielt mit dieser Regelung auf eine Beschränkung der Höhe der Vergütungen ab. Von dem Abzugsverbot ist nicht ein konkreter Kostenersatz zum Beispiel für Reisespesen umfasst. Der Vorschrift wird eine fehlgeleitete Anreizwirkung bescheinigt.[95]

983

bb) Insbesondere: Einschränkungen des Zinsabzugs (Zinsschranke). Grundsätzlich steht es dem Gesellschafter einer Kapitalgesellschaft frei, in welchem Umfang und in welcher Zusammensetzung er seine Gesellschaft mit Eigen- und Fremdkapital finanzieren möchte (Finanzierungsfreiheit). Die übermäßige Ausstattung mit Fremdkapital lässt sich daher bei angemessenen Zinssätzen nicht über die verdeckte Gewinnausschüttung (vGA) neutralisieren.[96] Während Vergütungen für Fremdkapital grundsätzlich als Betriebsausgaben abziehbar sind und somit die steuerliche Belastung der Gesellschaft mindern, sind Vergütungen für Eigenkapital grundsätzlich nicht abzugsfähig. Hieraus folgt eine erhebliche Anreizwirkung zur Finanzierung durch Gesellschafterfremdfinanzierung.[97]

984

Fall 135:[98] Die Y-Co. ist Gesellschafterin der deutschen X-GmbH. Sie ist ansässig in einem ausländischen Staat, der auf Zinseinnahmen nur eine Ertragsteuer von 10 % erhebt. Was sind die wesentlichen Unterschiede der kumulierten Steuerbelastung, wenn die Y-Co. die X-GmbH über ein Darlehen oder alternativ mit Eigenkapital finanziert?

985

---

93 Vgl. den Entwurf eines Gesetzes zur Stärkung der Integrität in der Wirtschaft, mit dem Hauptbestandteil eines „Gesetzes zur Sanktionierung von verbandsbezogenen Straftaten (Verbandssanktionengesetz – VerSanG), BT-Drs. 19/23568; eine politische Umsetzung innerhalb der 19. Legislaturperiode des Bundestags ist gescheitert, die weitere Rechtsentwicklung bleibt abzuwarten.
94 R 10.2 S. 5 KStR 2015.
95 Vgl. *Clemm/Clemm*, BB 2001, 1873; aber verfassungsgemäß BVerfG, Beschluss v. 7.11.1972 – 1 BvR 338/68, BVerfGE 34, 103; zur Regulierung der Vorstandsvergütung durch das Steuerrecht vgl. auch *Fleischer/Hupka*, DB 2010, 601 ff.
96 BFH, Urteil v. 7.12.1983 – I R 70/77, BFHE 140, 221 = BStBl II 1984, 384; BFH, Urteil v. 23.5.1984 – I R 294/81, BFHE 141, 266 = BStBl II 1984, 673.
97 Vgl. *Weitemeyer*, in: Bitter et al, Festschrift für Karsten Schmidt zum 70. Geburtstag, 2009, S. 1693 ff. mit dem Hinweis auf Steuersysteme mit einer fiktiven Eigenkapitalverzinsung und deren Abzug als Betriebsausgaben.
98 Nach *Frotscher*, Körperschaftsteuer, Rn. 452.

> **Lösung Fall 135:** Gewährt die ausländische Muttergesellschaft Y-Co. der X-GmbH ein Darlehen, sind die Zinsen als Betriebsausgaben auf Ebene der X-GmbH grundsätzlich abziehbar und mindern deren Einkommen. Für die Gewerbesteuer sind allerdings 25 % der Zinsen gemäß § 8 Nr. 1 GewStG wieder hinzuzurechnen. Im Falle einer positiven gewerbesteuerlichen Bemessungsgrundlage würde die Gewerbesteuer auf die Zinsen somit ca. 3 % bis 4 % betragen. Auf die Zinseinnahmen fällt im Ansässigkeitsstaat der Y-Co. eine Steuerbelastung von 10 % an. Folglich beträgt die Gesamtsteuerbelastung 13 % – 14 % der Zinsen.
>
> Finanziert die Y-Co. ihre Gesellschaft stattdessen mit Eigenkapital, würde sich auf Ebene der X-GmbH mangels Zinsaufwand eine entsprechend höhere Bemessungsgrundlage ergeben, die mit einem kumulierten Steuersatz von circa 32 % bestehend aus Körperschaft- und Gewerbesteuer sowie mit Solidaritätszuschlag besteuert würde. Darüber hinaus kann es möglicherweise zu einer Belastung durch Kapitalertragsteuer auf die Dividende der X-GmbH an die Y-Co. kommen und eventuell zu einer Dividendenbesteuerung der Y-Co. in deren Ansässigkeitsstaat. Die kumulierte Steuerbelastung wäre in diesem Fall also wesentlich höher.

986 Wie das obige Beispiel zeigt, kann die Gesamtsteuerbelastung insbesondere dann vermindert werden, wenn die Gesellschafter und Geldgeber im niedrig besteuernden Ausland sitzen. Um den Verlust von Besteuerungssubstrat in Deutschland durch den Abzug von Schuldzinsen als Betriebsausgaben zu beschränken, wurde durch das Unternehmensteuerreformgesetz 2008 die Regelung des § 4h EStG eingeführt (sog. **Zinsschranke**). Die Vorschrift gilt aufgrund ihrer Stellung im EStG nicht nur für Kapitalgesellschaften, sondern für alle Betriebe. Für Kapitalgesellschaften hat sie aber eine höhere Relevanz, da Betriebe außerhalb von Konzernen ausgenommen sind (Rn. 994) und es kommen die besonderen Vorschriften des § 8a KStG hinzu.

987 **(1) Grundregel des § 4h EStG.** Nach § 4h EStG sind Zinsaufwendungen eines Betriebes zunächst in Höhe des Zinsertrages desselben Wirtschaftsjahres abziehbar. Darüber hinaus sind Zinsaufwendungen nur bis zur Höhe von 30 % des um Abschreibungen (§§ 6 Abs. 2 S. 1, 6 Abs. 2a S. 2 und § 7 EStG) wie auch Zinsaufwendungen erhöhten, sowie Zinserträge verminderten maßgeblichen Gewinns („**EBITDA**" – earnings before interest, taxes, depreciation and amortisation) abziehbar. Übersteigt der Wert von 30 % des EBITDA die tatsächlichen Zinsaufwendungen, so ist der nicht genutzte Teil gemäß § 4h Abs. 1 S. 3 EStG in die folgenden fünf Wirtschaftsjahre vorzutragen („EBITDA"-Vortrag). Zinsaufwendungen, welche auch nach Verrechnung mit etwaigen EBITDA Vorträgen aus den Vorjahren nicht abgezogen werden dürfen, können nach § 4h Abs. 1 S. 5 EStG auf die folgenden Veranlagungszeiträume vorgetragen werden (Zinsvortrag).

988 **Zinsaufwendungen** sind nach der Definition des § 4h Abs. 3 S. 2 EStG Vergütungen für Fremdkapital, die den maßgeblichen Gewinn gemindert haben. Daher fallen nicht nur Zinsen im eigentlichen Sinne zum Beispiel für Darlehen unter die Zinsschranke, sondern auch andere Vergütungen für Fremdkapital wie etwa Gewinnanteile bei einer typisch stillen Gesellschaft. Die Zinsschranke gilt für alle Zinsaufwendungen eines „Betriebs". Für Kapitalgesellschaften ist die Bestimmung des Betriebs aufgrund der Vorschrift des § 8 Abs. 2 KStG unproblematisch, da sie unabhängig von der Art ihrer Tätigkeit nur einen gewerblichen Betrieb unterhalten.

Bemessungsgrundlage für den Zinsabzug ist nach § 4h Abs. 3 S. 1 EStG der maßgebliche Gewinn der Gesellschaft nach bestimmten Korrekturen im Sinne des § 4h Abs. 1 S. 1 EStG. Für Körperschaften tritt an die Stelle des so korrigierten maßgeblichen Gewinns nach § 8a Abs. 1 S. 1 KStG das maßgebliche korrigierte Einkommen. Letzteres ist das Einkommen, was nach den Vorschriften des EStG und des KStG ermittelt worden ist, wobei die Zinsschranke noch nicht angewendet wurde und Verlustvorträge und abziehbare Spenden das Einkommen noch nicht gemindert haben. Durch den Verweis auf das Einkommen als maßgeblichen Ausgangswert erhöhen nicht abziehbare Aufwendungen und vGA die Bemessungsgrundlage für den prozentualen Zinsabzug. Steuerfreie Einnahmen wie beispielsweise 95 % der Beteiligungserträge erhöhen dagegen nicht das Zinsausgleichsvolumen.

989

Darauf folgt die Berechnung des maßgeblichen Einkommens und des EBITDA:[99]

990

Einkommen laut EStG und KStG vor Zinsschranke

zzgl. abzugsfähige Spenden nach § 9 Abs. 1 Nr. 2 KStG

zzgl. Verlust nach § 10d EStG

= Maßgebliches Einkommen

zzgl. Zinsaufwendungen

abzgl. Zinserträge

zzgl. Sofortabschreibungen geringwertiger Wirtschaftsgüter nach § 6 Abs. 2 S. 1 EStG

zzgl. Aufwand aus Auflösung von Sammelposten nach § 6 Abs. 2a EStG

zzgl. Abschreibungen nach § 7 EStG

= Steuerliche EBITDA im Sinne des § 4 h Abs. 1 S. 1 EStG

Fall 136: Bank B1 gewährt der X-GmbH ein Darlehen. Von der Bank B2 erhält die X-GmbH Zinserträge für ihr Geschäftskonto. Die X-GmbH hat ein maßgebliches Einkommen von – 40 Mio. €. Bei der Ermittlung dieses Ergebnisses wurden 30 Mio. € an Abschreibungen berücksichtigt. Ebenso wurde der Zinsertrag in Höhe von 10 Mio. € aus der Verzinsung von Geschäftskontenguthaben sowie der Zinsaufwand aus einem Darlehen in Höhe von. 80 Mio. € berücksichtigt. Wie hoch ist der abziehbare Zinsaufwand?

991

Lösung Fall 136: Zunächst einmal ist ein Zinsaufwand in Höhe des Ertrags von 10 Mio. € abziehbar. Dann ist das EBITDA zu berechnen. Vom negativen Einkommen von -40 Mio. € sind die Zinsaufwendungen von 80 Mio. € hinzuzurechnen, sodann der Zinsertrag abzuziehen und die Abschreibungen von 30 Mio. € hinzuzurechnen. Das ergibt ein EBITDA von 60 Mio. Mithin sind 30 % hiervon, 18 Mio. € als weiterer Zinsaufwand abziehbar.

Der nicht abziehbare Zinsaufwand in Höhe von 52 Mio. € erhöht das Einkommen der X-GmbH von – 40 Mio. €, so dass sie einen Gewinn in Höhe von 12 Mio. € zu versteuern hat. Sofern EBITDA Vorträge aus den Vorjahren nicht vorhanden sind, hat die X-GmbH einen

---

99 Nach Darstellung bei *Förster*, in: Gosch, KStG, § 8a Rn. 67.

> Zinsvortrag in Höhe von 52 Mio. €. Die Zinsschranke kann somit dazu führen, dass Steuern zu zahlen sind, obwohl handelsrechtlich kein positives Ergebnis erzielt wird und damit möglicherweise auch keine Liquidität zur Finanzierung der Steuern vorhanden ist.

992 **(2) Ausnahmen nach § 4h Abs. 2 EStG.** In § 4h Abs. 2 EStG sind verschiedene Ausnahmen von der Zinsschranke vorgesehen.

993 *(a) 3-Millionen-Freigrenze*

Nach § 4h Abs. 2 S. 1 lit. a EStG findet die Zinsschranke keine Anwendung, wenn der Nettozinsaufwand die Freigrenze von 3 Millionen Euro nicht übersteigt. Durch diese Regelung soll sichergestellt werden, dass kleinere und mittlere Betriebe nicht von der Zinsschranke betroffen werden. Da es sich um eine **Freigrenze** handelt, unterliegen die Zinsen vollständig der Zinsschranke, wenn der Zinssaldo die Grenze nur um 1 Euro übersteigt (Fallbeilwirkung oder Alles-oder-nichts-Prinzip).

994 *(b) Konzernklausel*

Nach § 4h Abs. 2 S. 1 lit. b EStG greift die Zinsschranke nicht ein, wenn der Betrieb nicht oder nur anteilig zu einem Konzern gehört. Eine **Konzernzugehörigkeit** besteht nach § 4h Abs. 3 S. 5 und 6 EStG dann, wenn der Betrieb nach dem maßgeblichen Rechnungslegungsstandard mit einem oder mehreren Betrieben konsolidiert wird oder werden könnte oder wenn seine Finanz- oder Geschäftspolitik mit einem oder mehreren Betrieben einheitlich bestimmt werden kann.

995 *(c) Escape-Klausel*

Sofern der Betrieb zu einem Konzern gehört, findet die Zinsschranke nach § 4h Abs. 2 S. 1 lit. c EStG keine Anwendung, wenn seine Eigenkapitalquote im Einzelabschluss der **Konzerneigenkapitalquote** entspricht oder diese nicht um mehr als 2 % unterschreitet. Eigenkapitalquote ist das Verhältnis von Eigenkapital zur Bilanzsumme. Wie die Eigenkapitalquote berechnet wird, gibt § 4h Abs. 2 S. 2 bis 7 EStG vor. Da die Regelung vor allem vermeiden will, dass deutsche Gesellschaften vorwiegend mit Fremdkapital ausgestattet werden, während Gesellschaften in Staaten mit niedrigerer Steuerbelastung vorwiegend mit Eigenkapital finanziert werden, kann insoweit ein Gegenbeweis geführt werden.

996 **(3) Rückausnahmen gemäß § 8a KStG.** Für die Besteuerung von Körperschaften werden für die Konzern- und die Escape-Klausel bei Vorliegen sogenannter **schädlicher Gesellschafter-Fremdfinanzierung** nach § 8a Abs. 2 und 3 KStG Rückausnahmen vorgenommen.

997 *(a) Ausnahme von der Stand-Alone-Klausel (§ 8a Abs. 2 KStG)*

Nicht konzernzugehörige Betriebe sind nach § 4h Abs. 2 lit. b EStG von der Zinsschranke ausgenommen, da hier eine Gewinnverlagerung auf Mutter- oder Tochtergesellschaften kaum denkbar sind. Bei Kapitalgesellschaften werden die Voraussetzungen für das Eingreifen der Konzernklausel erschwert. Die Gesellschaft muss nachweisen, dass keine **schädliche Gesellschafter-Fremdfinanzierung** nach § 8a Abs. 2 KStG vorliegt. Eine schädliche Gesellschafter-Fremdfinanzierung liegt vor, wenn mehr als 10 % des gesamten Nettozinsaufwands der Gesellschaft auf eine Gesellschafter-Fremdfinanzierung entfällt. Es handelt sich um eine Gesellschafter-Fremdfinanzierung, wenn der Darlehensgeber ein Anteilseigner ist, der unmittelbar oder mittelbar zu mehr als 25 % am Grund- oder Stammkapital der Gesellschaft beteiligt ist (sogenannter wesentlich beteiligter Anteilseigner), eine einem solchen Anteilseigner nahestehende Person im Sinne des § 1 Abs. 2 AStG oder ein hinsichtlich dieser Personen rückgriffsberechtigter Dritter (zum Beispiel aufgrund Bürgschaft, Grundschuld oder Patronatserklärung).

Liegt hingegen eine schädliche Gesellschafter-Fremdfinanzierung vor, ist der Zinsabzug auf die Zinserträge zuzüglich 30 % des EBITDA begrenzt. Damit sollen auch Gewinnverlagerungen vom Gewinn der Körperschaft auf die Zinseinkünfte natürlicher Personen mit niedrigem Steuersatz sowie übermäßige Fremdfinanzierung überhaupt verhindert werden. **998**

(b) Ausnahme von der Escape-Klausel (§ 8a Abs. 3 KStG) **999**

In § 8a Abs. 3 S. 1 KStG findet sich eine Verschärfung der Escape-Klausel nach § 4h Abs. 2 lit. c EStG, wenn es sich bei dem Betrieb um eine Kapitalgesellschaft handelt. Auch die Escape-Klausel ist nur dann anwendbar, wenn keine **schädliche Gesellschafter-Fremdfinanzierung** vorliegt. Eine solche schädliche Finanzierung liegt vor, wenn mehr als 10 % des Schuldzinssaldos als Zinsen an wesentlich beteiligte Anteilseigner, diesen nahestehende Personen oder an rückgriffsberechtigte Dritte gewährt werden. Dabei erfolgt im Rahmen des § 8a Abs. 3 KStG eine konzernweite Betrachtung. Die Escape-Klausel ist also nur dann anwendbar, wenn weltweit keine konzernangehörige Gesellschaft mehr als 10 % ihres Zinssaldos an einen Gesellschafter, etc. leistet.[100]

Damit die Escape-Klausel anwendbar bleibt, muss zusätzlich nach § 8a Abs. 3 S. 2 KStG die entsprechende Darlehensverbindlichkeit im konsolidierten Konzernabschluss ausgewiesen sein. In einem konsolidierten Konzernabschluss werden Forderungen und Verbindlichkeiten, bei denen Gläubiger und Schuldner demselben Konzern angehören, konsolidiert und nicht gesondert ausgewiesen (§ 303 Abs. 1 HGB). Nicht in den Konsolidierungskreis einbezogen werden zum Beispiel Minderheitsgesellschafter oder Gesellschafter, die selbst nicht unternehmerisch tätig sind. Das hat zur Folge, dass nur Finanzierungen durch außenstehende Gesellschafter, die nicht in den Konsolidierungskreis einbezogen sind, die Rückausnahme auslösen können. **1000**

Übersteigen die an den außenstehenden Gesellschafter gezahlten Zinsaufwendungen 10 % des Zinssaldos der betroffenen Kapitalgesellschaft, ist auch für alle Konzerngesellschaften die Escape-Klausel nicht anwendbar. **1001**

(4) Vermeidungsstrategien. In der Praxis wird die Zinsschranke durch verschiedene Strategien vermieden. **1002**

(a) 3-Millionen-Freigrenze: „Atomisierung" **1003**

Aus § 4h Abs. 2 S. 1 lit. a EStG ergibt sich, dass die Zinsschranke nicht anzuwenden ist, wenn der Betrag der Zinsaufwendungen, soweit er den Betrag der Zinserträge

---

100 Vgl. *Frotscher*, Körperschaftsteuer, Rn. 474.

übersteigt, weniger als 3 Mio. € beträgt. Anstelle einer Kapitalgesellschaft könnten mehrere Gesellschaften gegründet werden, so dass jede Gesellschaft einzeln, bei einem angenommenen durchschnittlichen Zinssatz von 5 %, bis zu maximal 60 Mio. € an Fremdkapital aufnehmen kann.

1004 *(b) Fehlende Konzernzugehörigkeit*

Weiter wird die Bildung eines Konzerns vermieden, indem kein Gesellschafter Kapital- oder Stimmanteile von mehr als 50 % an der Kapitalgesellschaft erhält.

1005 *(c) Struktur mit Escape-Klausel*

Schließlich wird versucht, die Zinsschranke durch die Escape-Klausel des § 4h Abs. 2 S. 1 lit. c EStG zu vermeiden. Hierzu kann beispielsweise die Eigenkapitalquote der relevanten Gesellschaft durch die Einlage von Wirtschaftsgütern verbessert werden. Der Betrieb muss mindestens im gleichen Ausmaß mit Eigenkapital ausgestattet sein wie der gesamte Konzern.

1006 **cc) Verfassungsmäßigkeit der Zinsschranke.** Zweifel an der Verfassungsmäßigkeit der Zinsschranke werden wegen des Verstoßes gegen das objektive Nettoprinzip geäußert.[101] Eine Rechtfertigung scheide aus, weil es sich bei § 4h EStG nicht um eine Missbrauchsvorschrift, sondern um eine Fiskalnorm handelt.[102] Allerdings wird die Abzugsfähigkeit der Zinsen nicht absolut ausgeschlossen, sondern nur zeitlich verlagert.[103] Das Abzugsverbot kann aber definitiv werden, wenn die Gesellschaft liquidiert wird. Der BFH sieht in der Zinsschranke zudem einen Verstoß gegen Art. 3 Abs. 1 GG, da die Zinsabzugsbeschränkung das Gebot der folgerichtigen Gestaltung des Ertragsteuerrechts nach Maßgabe der finanziellen Leistungsfähigkeit des Steuerpflichtigen verletzt und hat die Frage dem Bundesverfassungsgericht vorgelegt.[104]

b) Beteiligungserträge und -aufwendungen (§ 8b KStG)

aa) Steuerfreiheit von Dividenden und anderen Gewinnausschüttungen, § 8b Abs. 1 KStG.

1007 **(1) Grundsatz.** Nach § 8b Abs. 1 KStG bleiben Bezüge im Sinne des § 20 Abs. 1 Nr. 1, 2, 9 und 10a EStG bei der Ermittlung des Einkommens der Körperschaft außer Ansatz. Durch diese **objektive Steuerbefreiung** soll eine Doppelbelastung von Gewinnausschüttungen, die eine Körperschaft von einer anderen Körperschaft bezieht, vermieden werden. Die ausgeschütteten Gewinne unterliegen typischerweise bereits bei der ausschüttenden Körperschaft der Körperschaftsteuer in Höhe von 15 %. Bei einer erneuten Besteuerung auf Ebene der empfangenden Körperschaft würde es zu einer Doppelbesteuerung kommen. Bei mehrstufigen Gesellschaftsstrukturen würden die ausgeschütteten Gewinne auf jeder Ebene mit 15 % Körperschaftsteuer belastet

---

101 Neben zahlreichen Stimmen im Schrifttum auch: BFH, Beschluss v. 18.12.2013 – I B 85/13, BFHE 244, 320 = BStBl II 2014, 947.
102 BFH, Vorlagebeschluss v. 14.10.2015 – I R 20/15, BFHE 252, 44 = BStBl II 2017, 1240; anh. beim BVerfG unter Az. 2 BvL 1/16.
103 *Frotscher*, Körperschaftsteuer, Rn. 477.
104 BFH, Vorlagebeschluss v. 14.10.2015 – I R 20/15, BFHE 252, 44 = BStBl II 2017, 1240; anh. beim BVerfG unter Az. 2 BvL 1/16; vgl. zur Diskussion *Schenke*, in: Kirchhof/Söhn/Mellinghoff, § 4h, Rn. A 161 ff.

werden. Dieser sogenannte **Kaskadeneffekt** würde zu einer erheblichen wirtschaftlichen Benachteiligung von Konzernstrukturen und damit zu einer Tendenz zum Einheitsunternehmen ohne Untergliederungen führen.[105]

Nach § 8b Abs. 1 S. 1 KStG sind aus diesem Grund Dividendenausschüttungen (von Aktiengesellschaften) und Gewinnausschüttungen (von GmbHs) von anderen in- wie ausländischen Körperschaften bei der empfangenden Körperschaft steuerfrei. Neben Dividenden und anderen Gewinnausschüttungen sind auch Bezüge, die steuerlich wie eine Gewinnausschüttung behandelt werden, bei der empfangenden Körperschaft steuerfrei. Hierzu zählen insbesondere verdeckte Gewinnausschüttungen, Ausschüttungen auf beteiligungsähnliche Genussrechte und Einnahmen aus der Veräußerung von Dividendenscheinen.

1008

Beispiel: Alleiniger Gesellschafter der X-GmbH ist X. Die X-GmbH ist zu 100 % an der Y-GmbH beteiligt, welche wiederum 100 % der Anteile an der Z-GmbH hält. Die Z-GmbH erzielt ein zu versteuerndes Einkommen vor Körperschaftsteuer von 100, welche über die einzelnen Stufen der Beteiligungskette ausgeschüttet werden soll. Der an X ausgeschüttete Betrag würde ohne die Steuerfreistellung nach § 8b KStG nur 61,40 betragen, weil auf jeder Stufe 15 % Körperschaftsteuer von dem jeweils nach Steuern übriggebliebenen Gewinns betragen (15 % von 100; 15 % von 85; 15 % von 72,25). Unter Berücksichtigung der mit § 8b Abs. 1 KStG angeordneten Steuerbefreiung verbleibt hingegen ein Ausschüttungsbetrag in Höhe von 85, der damit dem Betrag entspricht, den X bei einer unmittelbaren Beteiligung an der Z-GmbH erhalten würde.

1009

(2) Beschränkung des Betriebsausgabenabzugs. In diesem Beispiel noch nicht berücksichtigt ist die Regelung in § 8b Abs. 5 KStG. Nach § 8b Abs. 5 S. 1 gelten von den Bezügen im Sinne des Abs. 1, die bei der Ermittlung des Einkommens außer Ansatz bleiben, 5 % als nichtabzugsfähige Betriebsausgaben. S. 2 stellt klar, dass die Regelung § 3c Abs. 1 EStG vorgeht und dieser nicht anzuwenden ist. Die in Zusammenhang mit der Dividendenausschüttung tatsächlich entstandenen Ausgaben können damit im Gegensatz zu § 3c Abs. 1 EStG (anteilige Versagung des Betriebsausgabenabzug) in voller Höhe abgezogen werden. Hintergrund ist, dass die Steuerbefreiung des § 8b Abs. 1 KStG nur die doppelte steuerliche Belastung vermeiden soll und daher keine „echte" Steuerbefreiung des Gewinns darstellt. Für die Körperschaft ist die Regelung vorteilhaft, wenn tatsächlich Betriebsausgaben angefallen sind, die 5 % der steuerfreien Bezüge überschreiten. Sind hingegen keine oder geringere Betriebsaufwendungen angefallen, so ist die Regelung für die Körperschaft gegenüber der Anwendung von § 3c EStG nachteilig.

1010

Fall 137: Die X-GmbH hält Anteile an der Z-AG und erhält von dieser eine Dividende in Höhe von 1 Mio. €, wobei ihr im Zusammenhang mit der Beteiligung Refinanzierungskosten in Höhe von 100.000 € entstanden sind. Wie wirkt sich dies steuerlich aus?

1011

Lösung Fall 137: Die Dividende ist nach § 8b Abs. 1 KStG steuerfrei. Da § 3c Abs. 1 EStG nicht gilt, sind die Refinanzierungskosten in Höhe von 100.000 € steuerlich abzugsfähig. Gem. § 8b Abs. 5 KStG ist gleichzeitig das Einkommen um nicht abzugsfähige Be-

---

105 *Intemann*, BB 2013, 1239; *Gosch*, in: Gosch, KStG, § 8b Rn. 1.

triebsausgaben in Höhe von 50.000 € (5 % des Dividendenbetrags von 1 Mio. €) zu erhöhen. Damit verbleibt der X-AG von den tatsächlich entstandenen Betriebsausgaben in Höhe von 100.000 € ein Betriebsausgabenabzug in Höhe von 50.000 €.

1012 An der Vorschrift wird Kritik geäußert: Für mehrstufig aufgebaute Konzerne tritt ein **Kaskadeneffekt** ein, da bei jedem Dividendenempfänger und damit auf jeder Stufe jeweils 5 % des Beteiligungsertrags mit 15 % Körperschaftsteuer belegt werden. Das BVerfG hat indes die Regelung als typisierende Vereinfachungsnorm als verfassungsgemäß eingestuft.[106] Zudem wird ein Verstoß gegen Abkommensrecht geltend gemacht. Denn die 5 %-Regel gilt auch in den Fällen, in denen eine inländische Körperschaft von einer ausländischen Körperschaft Dividenden erhält. Wenn diese nach dem anzuwendenden DBA im ausländischen Staat zu besteuern und in Deutschland von der Besteuerung vollständig freizustellen sind, stellt sich im Ergebnis nur eine Freistellung zu 95 % ein. Es liegt ein so genanntes *treaty override* vor.[107]

1013 **(3) Kapitalertragsteuerabzug.** Trotz der Freistellung der Dividenden bei der Körperschaft als Empfängerin wird bei der ausschüttenden Körperschaft nach § 43 Abs. 1 S. 1 Nr. 1, 1a EStG auf die volle Dividende Kapitalertragsteuer an der Quelle einbehalten, um den Steuerertrag sicherzustellen. Die Höhe entspricht mit 25 % dem Steuersatz der Abgeltungsteuer (s.o. Rn. 876 ff.), § 43a Abs. 1 S. 1 Nr. 1 EStG. Die einbehaltene Kapitalertragsteuer wird bei einer unbeschränkt steuerpflichtigen Empfängerin in voller Höhe auf die Körperschaftsteuer angerechnet, § 31 Abs. 1 S. 1 KStG i.V.m. § 36 Abs. 2 Nr. 2 EStG. Dies führt infolge der 95 %tigen Steuerfreiheit der Dividendenausschüttung zu einem auszuzahlenden Steuerüberschuss zugunsten der Körperschaft (§ 36 Abs. 4 S. 2 EStG).

1014 Bei beschränkt steuerpflichtigen Dividendenempfängern hat der Kapitalertragsteuereinbehalt grundsätzlich abgeltende Wirkung (§ 32 Abs. 1 Nr. 2 KStG). Nur ausnahmsweise können beschränkt steuerpflichtige Körperschaften eine Erstattung der einbehaltenen Kapitalertragsteuer verlangen (§ 32 Abs. 5 KStG). Ist die Empfängerin eine beschränkt steuerpflichtige Gesellschaft mit Sitz in der EU/EWR im Sinne der Mutter-Tochter-Richtlinie,[108] kann alternativ nach § 43b EStG von der Erhebung der Kapitalertragsteuer abgesehen werden. Voraussetzung ist hierfür aber eine Beteiligung von mindestens 10 % an der ausschüttenden Gesellschaft.

1015 **(4) Steuerpflicht von Streubesitzdividenden.** Die Steuerbefreiung des § 8b Abs. 1 KStG gilt gemäß § 8b Abs. 4 KStG für in- wie für ausländische Dividendenempfänger nicht für sogenannte Streubesitzdividenden. Einnahmen aus Dividenden und ähnlichen Bezügen sind nicht steuerfrei, wenn die Beteiligung zu Beginn des Kalenderjahres unmittelbar weniger als 10 % des Grund- oder Stammkapitals betragen hat. Der Kapitalertragsteuerabzug entfaltet in diesen Fällen für beschränkt steuerpflichtige Körperschaften abgeltende Wirkung (§ 32 Abs. 1 Nr. 2 KStG), ohne dass es eine Er-

---

106 BVerfG, Beschluss v. 12.10.2010 – 1 BvL 12/07, BVerfGE 127, 224.
107 *Scheffler*, Besteuerung von Unternehmen I, Rn. 398.
108 Richtlinie des Rates 2011/96/EU v. 30.11.2011 über das gemeinsame Steuersystem der Mutter- und Tochtergesellschaften verschiedener Mitgliedstaaten (Neufassung), ABl. Nr. L 345 S. 8.

stattungsmöglichkeit gibt (§ 32 Abs. 5 S. 2 Nr. 2 KStG). Es kann auch nicht nach § 43b Abs. 2 S. 1 EStG von der Erhebung der Kapitalertragsteuer abgesehen werden.

Die Vorschrift des § 8b Abs. 4 KStG wurde durch Gesetz vom 21.3.2013[109] eingeführt, um inländische und EU-/EWR-Gläubiger von Streubesitzdividenden gleichzustellen. Der EuGH hatte in einem **Vertragsverletzungsverfahren** am 20.10.2011[110] festgestellt, dass Deutschland gegen die Kapitalverkehrsfreiheit (konkret Art. 40 des EWR-Abkommens) verstößt, wenn es auf alle Dividenden einen Abzug der Kapitalertragsteuer in Höhe von 25 % vornimmt und nur die Empfängerkörperschaften mit Sitz in Deutschland diese in voller Höhe auf ihre Körperschaftsteuerschuld anrechnen lassen konnten. Bei ausländischen Körperschaften wurde die Steuer auf Antrag nur dann nicht erhoben, wenn sie die in der Mutter-Tochter-Richtlinie bestimmte Mindestbeteiligung von 10 % erreichten. Um Steuerausfälle und Steuermissbrauch zu begrenzen, werden nunmehr auch die inländischen Streubesitzdividendenempfänger gleich (schlecht) gestellt wie die Ausländer. 1016

Aufgrund der Steuerpflicht von Streubesitzdividenden wird auch die Pauschalierung von 5 % der Dividenden als nicht abzugsfähige Betriebsausgaben im Sinne des § 8b Abs. 5 KStG durch § 8b Abs. 4 S. 7 KStG in diesen Fällen zurückgenommen. 1017

Da die Gewerbesteuer nach § 7 Abs. 1 GewStG an den Gewerbeertrag anknüpft, der nach den Vorschriften des KStG und des EStG ermittelt worden ist, sind in diesem Gewerbeertrag aufgrund der Regelung des § 8b KStG nur 5 % der Dividenden erfasst. § 8 Nr. 5 GewStG ordnet die Hinzurechnung des steuerfreien Teils der Dividenden an, sofern diese nicht unter das **gewerbesteuerliche Schachtelprivileg** im Sinne des § 9 Nr. 2a oder Nr. 7 GewStG fallen, das erst bei einer Beteiligungsschwelle in Höhe von 15 % eingreift.[111] 1018

bb) Steuerfreiheit von Veräußerungsgewinnen, § 8b Abs. 2 KStG.

(1) Grundsatz. Ebenso wie Dividendenausschüttungen nach § 8b Abs. 1 KStG bleiben nach § 8b Abs. 2 KStG auch Gewinne aus der Veräußerung eines Anteils an einer Körperschaft oder Personenvereinigung steuerfrei. **Veräußerungsgewinn** ist der Betrag, um den der Veräußerungspreis die Buchwerte im Zeitpunkt der Veräußerung und die Veräußerungskosten übersteigt, § 8b Abs. 2 S. 2 KStG. Gleichgestellt mit einer Veräußerung ist die verdeckte Einlage der Anteile in eine andere Körperschaft (§ 8b Abs. 2 S. 6 KStG). Hintergrund ist die Vorstellung, dass die Veräußerung einer Vollausschüttung von Gewinnen wirtschaftlich vergleichbar ist. Auch wenn in der veräußerten Kapitalgesellschaft enthaltene stille Reserven steuerlich noch nicht vorbelastet waren und dies auch nicht zwangsläufig in der Zukunft der Fall sein wird, ist die Regelung aufgrund der typisierenden und vereinfachenden Beseitigung der steuerlichen Doppelbelastung zulässig.[112] 1019

---

109 Gesetz zur Umsetzung des EuGH-Urteils v. 20.10.2011 in der Rechtssache C-284/09 v. 21.3.2013, BGBl. I 2013, 561.
110 EuGH, Urteil v. 20.10.2011 – C-284/09, Slg 2011, I-9879.
111 Näheres zum gewerbesteuerlichen Schachtelprivileg bei *Scheffler*, Besteuerung von Unternehmen I, Rn. 503 ff.
112 *Birk/Desens/Tappe*, Steuerrecht, Rn. 1262 ff.; vgl. umfassend *Gosch*, in: Gosch, KStG, § 8b Rn. 3 ff.; krit. *Spengel/Schaden*, DStR 2003, 2192 ff.

1020 Darüber hinaus greift die Steuerbefreiung nach § 8b Abs. 2 S. 3 KStG auch bei Gewinnen aus der Auflösung oder Herabsetzung von Nennkapital oder aus Werterhöhungen infolge rückgängig gemachter Teilwertabschreibungen gemäß § 6 Abs. 1 Nr. 2 S. 3 EStG. Diese Vorgänge stehen wirtschaftlich einer Anteilsveräußerung gleich.[113] Dies gilt richtigerweise nach Auffassung der Finanzverwaltung auch dann, wenn die Bezüge aus der Auflösung oder aus einer Kapitalherabsetzung nicht aus der Rückzahlung von Nennkapital bestehen und nicht aus dem steuerlichen Einlagekonto stammen.[114] Denn wirtschaftlich gesehen entspricht die Veräußerung der Anteile einer nach Abs. 1 steuerfreien Vollausschüttung, so dass auch echte Gewinne und nicht nur die Rückzahlung des Kapitals steuerfrei bleiben.[115]

1021 Die Steuerbefreiung für Veräußerungsgewinne ist anders als die nach Abs. 1 für Dividendenausschüttungen nicht von einer Mindesthöhe der Beteiligung und auch nicht von einer Mindesthaltedauer abhängig. Der Gesetzgeber hatte geplant, im Anschluss an die Regelung zu Streubesitzdividenden (s.o. Rn. 1015 ff.) auch Veräußerungsgewinne aus Beteiligungen von weniger als 10 % des Grund- oder Stammkapitals voll steuerpflichtig zu stellen. Denn Investoren mit einer Beteiligung von weniger als 10 % könnten statt durch die in voller Höhe in die Bemessungsgrundlage einzubeziehende Gewinnausschüttung auf die Veräußerung ihrer Beteiligungen ausweichen.[116] Auf der anderen Seite befürchtete man neue steuerliche Belastungen bei der Finanzierung von Start-up Unternehmen, bei denen regelmäßig nach der Start-up-Phase Anteile gewinnbringend verkauft werden. Auch drohen Steuerausfälle, wenn infolge der Erstreckung der Streubesitzregelung des § 8b Abs. 4 KStG auf Veräußerungen auch Veräußerungsverluste voll abzugsfähig wären.

1022 (2) **Beschränkung des Betriebsausgabenabzugs.** Für Gewinne aus Anteilsveräußerungen und gleichgestellten Vorgängen in den Fällen des § 8b Abs. 2 S. 3 und 6 KStG sieht § 8b Abs. 3 S. 1 und 2 KStG ein entsprechendes pauschalierendes Abzugsverbot vor. Danach gelten ebenso 5 % des jeweiligen Gewinns als nicht abziehbare Betriebsausgaben, wobei auch hier § 3c EStG nicht anzuwenden ist und somit tatsächlich entstandene Betriebsausgaben abzugsfähig sind.

1023 Dies gilt nicht für beschränkt steuerpflichtige Körperschaften, die über keine inländische Betriebsstätte verfügen. Die sogenannte „**Schachtelstrafe**" des § 8b Abs. 3 S. 1 KStG geht ins Leere, wenn die veräußernde Kapitalgesellschaft im Inland über keine Betriebsstätte und keinen ständigen Vertreter verfügt. Denn in diesem Fall liegen keine inländischen Einkünfte vor, von denen ein Betriebsausgabenabzug vorzunehmen wäre. Die Fiktion nicht abzugsfähiger Betriebsausgaben geht nicht so weit, dass sie sich auch auf den Besteuerungszugriff des deutschen Fiskus erstreckt.[117]

---

113 *Gosch*, in: Gosch, KStG, § 8b Rn. 151.
114 BMF-Schreiben v. 28.4.2003, IV A 2 – S 2750 a – 7/03, BStBl I 2003, 292, Rn. 17 i. V. m. Rn. 7.
115 Die Steuerfreiheit bleibt im Rahmen der Gewerbesteuer erhalten, da die Hinzurechnungsvorschrift des § 8 Nr. 5 GewStG Veräußerungsgewinne i.S.d. § 8b Abs. 2 KStG nicht erfasst.
116 So noch der Diskussionsentwurf des Bundesministeriums der Finanzen zum Entwurf eines Gesetzes zur Reform der Investmentbesteuerung v. 21.7.2015, S. 30; durch das Gesetz zur Reform der Investmentbesteuerung (Investmentsteuerreformgesetz – InvStRefG) v. 19.7.2016, BGBl. I, S. 1730 aber nicht umgesetzt.
117 BFH, Urteil v. 31.5.2017 – I R 37/15, BFHE 258, 484 = BStBl II 2018, 144, Rn. 14 m.w.N.

(3) Ausnahmen von der Steuerfreiheit aufgrund bereits zuvor erfolgter Gewinnminderungen. In bestimmten Ausnahmetatbeständen wird die Steuerbefreiung der Veräußerungsgewinne wieder zurückgenommen. So gilt nach § 8b Abs. 2 S. 4 KStG die Steuerfreiheit nicht, wenn der veräußerte Anteil in früheren Jahren steuerwirksam auf den niedrigeren Teilwert abgeschrieben und die Gewinnminderung nicht durch den Ansatz eines höheren Werts ausgeglichen worden ist. Weiter wird nach § 8b Abs. 2 S. 5 KStG keine Steuerbefreiung gewährt, soweit der Veräußerungsgewinn darauf beruht, dass der Buchwert der Anteile in Folge der Übertragung stiller Reserven nach § 6b EStG oder vergleichbarer Vorschriften gemindert war. In beiden Fällen wurde bereits ein steuerlicher Verlust der Beteiligung realisiert bzw. ein laufender Gewinn vermieden, so dass eine doppelte Entlastung nicht sachgerecht ist.

1024

(4) Nichtberücksichtigung von Substanzverlusten. Nach § 8b Abs. 3 S. 3-8 KStG können **Gewinnminderungen**, die im Zusammenhang mit den Gewinnen aus der Anteilsveräußerung entstanden sind, bei der Ermittlung des Einkommens nicht berücksichtigt werden. Hierzu zählen insbesondere die Substanzverluste aus der Vornahme einer Teilwertabschreibung, aus der Veräußerung der Anteile zu einem Preis unterhalb des Buchwertes, aus der Auflösung der Gesellschaft (wenn der Liquidationserlös geringer ist als der Buchwert der Anteile) sowie aus der Herabsetzung des Nennkapitals (wobei der Rückzahlungsbetrag den Buchwert der Anteile unterschreitet).

1025

Die Regelung ist systemgerecht, da Aufwendungen sich nur dann steuerlich auswirken können sollen, wenn korrespondierende Gewinnerhöhungen auch steuerlich erfasst würden.[118] Das ist aber nicht der Fall, da die Veräußerungsgewinne steuerfrei gestellt werden. Die Konsequenz kann allerdings sein, dass sich tatsächlich eingetretene Wertverluste überhaupt nicht steuerlich auswirken.

1026

Beispiel: Die X-GmbH hält einen Anteil an der Y-GmbH, den sie für 1 Mio. € erworben hat. Die Y-GmbH erzielt lediglich Verluste und wird daher liquidiert. Aufgrund der Liquidation der Y-GmbH können die Verluste auf Ebene der Y-GmbH weder durch einen Verlustvortrag noch durch Verlustrücktrag (§ 10d EStG) genutzt werden. Auf Ebene der X-GmbH bleibt die Gewinnminderung gemäß § 8b Abs. 3 KStG unberücksichtigt. Denn spiegelbildlich dazu konnten auch etwaige Gewinnausschüttungen oder Veräußerungsgewinne zu 95 % steuerfrei vereinnahmt werden.

1027

Noch durch das Halten der veräußerten Beteiligung veranlasste Kosten wie etwa Fremdfinanzierungsaufwendungen oder Kosten einer Due Diligence zur Vorbereitung auf den nachfolgenden Verkauf sind hingegen nach § 8b Abs. 3 S. 2 KStG vollständig abziehbar.[119]

1028

Erweitert wird das Abzugsverbot nach § 8b Abs. 3 S. 4 bis 8 KStG auf den **Ausfall von Gesellschafterdarlehen**, mit denen der Gesellschafter sonst die Regelung des S. 3 umgehen könnten, indem er die Kapitalgesellschaft statt mit Eigenkapital mit Fremdkapital ausstattet. Der Ausfall dieser Forderung ist nicht abziehbar, wenn der Darlehensgeber mit mindestens 25 % beteiligt ist und das Darlehen einem Fremdvergleich nicht standhält. Daher bleiben aber auch spätere Teilwertzuschreibungen nach

1029

---

118 *Gosch*, in: Gosch, KStG, § 8b Rn. 261.
119 BFH, Urteil v. 9.1.2013 – I R 72/11, BFHE 240, 111 = BStBl II 2013, 343.

§ 6 Abs. 1 Nr. 2 S. 3 EStG auf solche Darlehen nach § 8b Abs. 3 S. 8 KStG außer Betracht.

1030 **cc) Anwendung von § 8b Abs. 1 bis 5 KStG bei mittelbaren Beteiligungen.** Gemäß § 8b Abs. 6 KStG findet die Steuerfreistellung des § 8b KStG auch Anwendung, wenn die Beteiligung über eine Personengesellschaft gehalten wird. Da eine Personengesellschaft zwar ein Subjekt der Einkünfteerzielung und -ermittlung ist, sodann in einem zweiten Schritt aber den Gesellschaftern die Einkünfte anteilig zugerechnet und bei diesen versteuert werden, soll auch in dieser Konstellation § 8b KStG zur Anwendung kommen.

1031 **Beispiel:** Die X-GmbH und die Y-GmbH sind jeweils zu 50 % beteiligt an der A-KG. Die A-KG ist zu 100 % Anteilseignerin der Z-GmbH. Nach § 8b Abs. 6 S. 1 KStG findet im Falle einer Dividendenzahlung der Z-GmbH an die dazwischengeschaltete A-KG bezogen auf den Anteil, der jeweils aufgrund des Transparenzprinzips auf die X-GmbH und die Y-GmbH entfällt, § 8b Abs. 1 und 5 KStG Anwendung. Veräußert die A-KG ihre Beteiligung an der Z-GmbH, findet entsprechend § 8b Abs. 2, 3 KStG Anwendung. Sofern die X-GmbH oder die Y-GmbH ihren Mitunternehmeranteil veräußert, gelten ebenfalls die Regelungen der § 8b Abs. 1 bis 5 KStG, soweit das Ergebnis aus der Veräußerung oder Aufgabe des Mitunternehmeranteils auf die Anteile an der Z-GmbH zurückzuführen ist.

Handelt es sich bei der A-KG um eine vermögensverwaltende Personengesellschaft (s.o. Rn. 789 ff.), gelten die X-GmbH und die Y-GmbH nach der Bruchteilsbetrachtung des § 39 Abs. 2 Nr. 2 AO als zu je 50 % direkt an der Z-GmbH beteiligt. In diesem Fall findet § 8b Abs. 1 bis 5 KStG unmittelbare Anwendung.

c) Verdeckte Gewinnausschüttungen

1032 **aa) Trennung zwischen Einkommenserzielung und -verwendung.** Bei der Ermittlung des Einkommens als Bemessungsgrundlage für die Körperschaftsteuer ist – ebenso wie in der Einkommensteuer – zwischen der **Einkommenserzielung** und der **Einkommensverwendung** zu unterscheiden. § 8 Abs. 3 S. 1 KStG bestimmt, dass es für die Ermittlung des Einkommens der Körperschaft ohne Bedeutung ist, ob das Einkommen verteilt wird. Vorgänge in der Sphäre der Einkommensverwendung dürfen die Bemessungsgrundlage also nicht mindern. Hiervon sind insbesondere Einkommensverwendungen auf gesellschaftsrechtlicher Grundlage betroffen, vor allem Gewinnausschüttungen.

1033 Nach § 8 Abs. 3 S. 2 KStG gilt das Verbot des Abzugs der Einkommensverwendung nicht nur für offene Gewinnausschüttungen, sondern betrifft auch Gewinnverwendungen, die verdeckt vorgenommen wurden, mithin verdeckte Gewinnausschüttungen (vGA). Der Betrag, um den das Einkommen durch eine vGA gemindert wurde, wird dem Einkommen der Körperschaft **außerhalb der Bilanz** hinzugerechnet. Das Instrument der vGA dient der Verwirklichung des Trennungsprinzips, nach dem sich Körperschaft und Anteilseigner grundsätzlich wie zwei fremde Dritte gegenüberstehen.

1034 **Fall 138:** Gesellschafter X ist alleiniger Gesellschafter und Geschäftsführer der Y-GmbH und erhält von seiner Gesellschaft eine Vergütung in Höhe von 200.000 € für seine Tätigkeit als Geschäftsführer. Diese Vergütung ist in Höhe von 100.000 € angemessen. In Höhe von weiteren 100.000 € ist das Gehalt bei einem Vergleich mit marktüblichen Zahlungen jedoch unangemessen und daher als vGA zu bewerten. Auf Ebene der Y-GmbH wurde der gesamte Betrag von 200.000 € als Aufwand gebucht. X hält seinen Anteil an der Y-GmbH im Privatvermögen. Wie sind diese Vorgänge steuerlich zu behandeln? Wie wäre das Ergebnis, ohne Aufdeckung der vGA?

Lösung Fall 138: Auf Ebene der Y-GmbH ist der Betrag der vGA in Höhe von 100.000 € außerbilanziell hinzuzurechnen und unterliegt dort insgesamt einer Versteuerung von circa 30 % (Körperschaft- und Gewerbesteuer sowie Solidaritätszuschlag).

Auf Ebene des Gesellschafter-Geschäftsführers X handelt es sich um Einkünfte im Sinne des § 20 Abs. 1 Nr. 1 EStG. Da X seine Beteiligung im Privatvermögen hält, greift nach § 32d Abs. 1 EStG die Abgeltungsteuer ein und es erfolgt eine Besteuerung mit 25 % Einkommensteuer (zuzüglich Solidaritätszuschlag und gegebenenfalls Kirchensteuer, s.o. Rn. 876 ff.). Insgesamt unterliegt die vGA damit einer Steuerbelastung von ca. 55 %.

Wäre die Zahlung nicht als vGA bewertet worden, hätte sie auf Ebene der Gesellschaft zu keiner Steuerbelastung geführt, da sie als Betriebsausgabe steuermindernd geltend gemacht worden wäre. Auf Ebene des X wären diese Einkünfte in Höhe von 100.000 € nach § 19 EStG mit dem persönlichen Steuersatz zu besteuern gewesen. Bei Anwendung des Höchststeuersatzes wäre es insofern zu einer Einkommensteuerbelastung in Höhe von 45 % (plus Solidaritätszuschlag und gegebenenfalls Kirchensteuer) gekommen. Bei einer Einordnung als vGA ergibt sich daher eine um ca. 10 Prozentpunkte höhere Steuerbelastung. Sollte nicht der Höchststeuersatz zur Anwendung kommen, so ist die Differenz noch größer. Trotz der prinzipiellen Gleichstellung von verdeckter und offener Gewinnausschüttung werden durch die vGA höhere Steuern ausgelöst. Dies liegt daran, dass bei der vGA der wirtschaftliche Vorteil ohne Abzug von Kapitalertragsteuern von der Gesellschaft an den Gesellschafter zugewendet wird.

bb) Voraussetzungen der vGA. Weder das KStG noch das EStG enthalten eine gesetzliche Definition des Begriffs der vGA. Das Gesetz setzt den Begriff vielmehr voraus, so wie er in erster Linie in der Rechtsprechung des RFH und des BFH entwickelt worden ist. Aufgrund der richterrechtlichen Konkretisierung über Jahrzehnte bestehen jedoch keine Bedenken (mehr) an einer fehlenden Bestimmtheit des Tatbestandes.[120]

Hiernach ist eine vGA eine bei dem Körperschaftsteuersubjekt eintretende

- Vermögensminderung oder verhinderte Vermögensmehrung,
- die durch das Gesellschaftsverhältnis veranlasst ist,
- sich auf die Höhe des Unterschiedsbetrags gemäß § 4 Abs. 1 S. 1 EStG i.V.m. § 8 Abs. 1 KStG auswirkt,
- in keinem Zusammenhang mit einer offenen Ausschüttung steht und
- geeignet ist, beim Gesellschafter sonstige Bezüge i.S.d. § 20 Abs. 1 Nr. 1 S. 2 EStG auszulösen.[121]

---

120 BFH, Urteil v. 10.6.1987 – I R 149/83, BFHE 150, 524 = BStBl II 1988, 25; siehe bereits RFH v. 15.1.1930 – I A a 621/29, RStBl. 1930, 548.
121 *Gosch*, in: Gosch, KStG, § 8 Rn. 166 ff.; grundlegend BFH, Urteil v. 22.2.1989 – I R 9/85, BFHE 156, 428 = BStBl II 1989, 631; BFH, Urteil v. 26.4.1989 – I R 172/87, BFHE 157, 138 = BStBl II 1989, 673; BFH, Urteil v. 5.10.1994 – I R 50/94, BFHE 176, 523 = BStBl II 1995, 549; BFH, Urteil v. 30.7.1997 – I R 65/96, BFHE 184, 297 = BStBl II 1998, 402; in jüngerer Zeit BFH, Urteil v. 7.8.2002 – I R 2/02, BFHE 200, 197 = BStBl II 2004, 131; BFH, Urteil v. 27.7.2016 – I R 8/15, BFHE 255, 32 = BStBl II 2017, 214.

1037 Die vGA ist nicht allein auf Kapitalgesellschaften beschränkt. Sie setzt aber ein Gesellschafts- oder **Mitgliedschaftsverhältnis** voraus, da nur in diesen Fällen ein Gesellschafts- oder Mitgliedschaftsverhältnis und nicht betriebliche Gründe, beispielsweise für ein angemessen hohes Gehalt eines tüchtigen Geschäftsführers, ursächlich für die Vorteilsgewährung sein können. VGA sind daher auch bei Genossenschaften, Versicherungsvereinen a.G. und Vereinen denkbar.

1038 Eine Stiftung als mitgliederlose juristische Person kann daher zwar keine vGA an ihre Destinatäre vornehmen. Zuwendungen der Stiftung an ihre Destinatäre sind mit Gewinnausschüttungen vergleichbare Gewinnverwendungen und sind daher gem. § 10 Nr. 1 KStG vom Betriebsausgabenabzug ausgeschlossen. Bei gemeinnützigen Stiftungen liegt nach § 55 Abs. 1 Nr. 3 AO bei unangemessen hohen Zahlungen an Stifter, Vorstände, Mitglieder oder Dritte ein gemeinnützigkeitsschädlicher Verstoß gegen das Gebot der Selbstlosigkeit vor.

1039 Die Rechtsfolgen einer vGA werden aufgrund der Sondervorschrift des § 8 Abs. 7 KStG bei **Dauerverlusten von Betrieben gewerblicher Art** der juristischen Personen des öffentlichen Rechts (etwa kommunalen Nahverkehrsunternehmen, Rn. 898) außer Kraft gesetzt.[122]

1040 VGA von Organgesellschaften an den jeweiligen Organträger wirken sich nicht aus, da diese wie eine vorab erfolgte Gewinnabführung behandelt werden und daher keine nachteiligen Folgen haben (s.u. 1848).

1041 **(1) Vermögensminderung oder verhinderte Vermögensmehrung.** Unter einer Vermögensminderung ist jeder Vermögensabfluss auf Ebene der Gesellschaft zu verstehen, welcher zu einer Minderung des Bilanzgewinns beispielsweise durch Buchung von Betriebsausgaben führt. Häufigste Beispiele sind unangemessen hohe Geschäftsführergehälter, die Übernahme privater Aufwendungen des Gesellschafters ohne eine entsprechende Gegenleistung oder Darlehensrückzahlungsvereinbarung und unzulässig hohe Pensionsrückstellungen.

1042 **Beispiel:** Unangemessen hohe Gehaltszahlungen an einen Gesellschafter-Geschäftsführer sind häufig Gegenstand von vGA. Zu prüfen sind sämtliche festen und variablen Gehaltsbestandteile. Dabei kann der Vereinbarung bereits dem Grunde nach die Anerkennung zu versagen sein, etwa im Fall der Zahlung von Überstundenvergütungen, bei der Zusage von zeitlich unbefristeten Nur-Tantiemen oder bei Umsatztantiemen. Darüber hinaus muss die Höhe des Gehalts angemessen sein, wobei sämtliche Gehaltsbestandteile wie zum Beispiel auch Pensionszusagen, Sachleistungen und Tantiemen in die Beurteilung einzubeziehen sind (sogenannte **Gesamtausstattung**). Zu berücksichtigende Faktoren bei dieser Angemessenheitsprüfung sind die Art und der Umfang der Tätigkeit, die persönlichen Fähigkeiten und Kenntnisse sowie die Verantwortung und Erfahrung des Geschäftsführers, sowie die Betriebsgröße und die Branche der Körperschaft. Es handelt sich hierbei wie auch in den anderen Fällen der Feststellung der Unangemessenheit um eine Tatsachenfeststellung des Finanzgerichts, die nach § 118 FGO nur bedingt revisibel ist.

1043 Eine verhinderte Vermögensmehrung liegt vor, wenn die Gesellschaft für eine erbrachte Leistung keine oder im Vergleich zum Marktpreis eine zu niedrige Vergütung erhält. Somit entgeht der Gesellschaft ein Gewinn. Verkauft zum Beispiel die Gesell-

---
[122] *Weitemeyer*, FR 2009, 1 ff.

schaft einem Gesellschafter ein Grundstück gegen ein zu geringes Entgelt oder räumt sie ihm ein nicht verzinsliches oder niedrig verzinsliches Darlehen ein, ist darin eine verhinderte Vermögensmehrung zu sehen. Weitere Fälle liegen vor, wenn die Gesellschaft auf einen Anspruch gegenüber dem Gesellschafter verzichtet oder eine ihr zustehende, konkrete Geschäftschance zugunsten des Gesellschafters nicht nutzt.

Beispiel: Gewährt die Gesellschaft ihrem Gesellschafter ein (sogenanntes Upstream-)Darlehen, ist regelmäßig eine vGA anzunehmen, wenn es sich um ein ungesichertes Darlehen handelt, welches der Gesellschafter von einem Dritten mangels ausreichender Bonität nicht oder nur gegen angemessene Sicherheiten erhalten hätte. Wenn in diesem Fall bereits bei Darlehenshingabe absehbar ist, dass eine Rückzahlung nicht erfolgen kann, liegt eine vGA in Höhe der gesamten Darlehensvaluta vor. 1044

Wurde das Darlehen hingegen zu einem unangemessen niedrigen Zinssatz vergeben, besteht die vGA in der Differenz zum üblichen Marktzins.

Umgekehrt kann eine vGA auch bei einem sogenannten Downstream-Darlehen vorliegen, wenn der Gesellschafter der Gesellschaft ein Darlehen gewährt und sich dabei einen unangemessen hohen Zinssatz vergüten lässt. 1045

(2) Auswirkung auf den Unterschiedsbetrag nach § 4 Abs. 1 S. 1 EStG, § 8 Abs. 1 KStG. Die Vermögensminderung oder die verhinderte Vermögensmehrung müssen sich auf den Unterschiedsbetrag im Sinne des § 4 Abs. 1 EStG i.V.m. § 8 Abs. 1 KStG auswirken. In der Vergangenheit wurde seitens der Rechtsprechung lediglich auf eine Auswirkung auf das Einkommen abgestellt. Inzwischen verweist der BFH in ständiger Rechtsprechung auf den Unterschiedsbetrag im Sinne des § 4 Abs. 1 EStG i.V.m. § 8 Abs. 1 KStG und meint damit den Steuerbilanzgewinn.[123] Das Merkmal ist damit erweitert worden. Denn es kann nach nunmehr herrschender Meinung auch eine vGA vorliegen, wenn und insoweit sich die bei der Körperschaft eingetretene Vermögensminderung bzw. verhinderte Vermögensmehrung auf steuerfreie Einkünfte bezieht und sich daher auf das steuerliche Einkommen der Gesellschaft nicht auswirkt.[124] Der Betrag würde dann nämlich bei einem Gesellschafter, dessen Gewinnausschüttung nicht steuerbefreit ist, ebenfalls nicht erfasst werden. 1046

Beispiel:[125] Die M-AG verkauft Anteile an ihrer Tochtergesellschaft der T-GmbH im gemeinen Wert von 500.000 € (Buchwert 100.000 €) für 100.000 € an A, einen Gesellschafter der M-AG. Der Verkauf unter Marktwert führt zu einer verhinderten Vermögensmehrung in Höhe von 400.000 €. Da es sich dabei um einen Gewinn aus der Veräußerung eines Anteils an einer Körperschaft handelt, wäre dieser Gewinn nach § 8b Abs. 2 KStG steuerfrei gewesen, sodass sich der Unterwertverkauf im Ergebnis nicht auf das Einkommen ausgewirkt hat. Allenfalls könnte man vertreten, dass das Einkommen um die nach § 8b Abs. 3 S. 1 KStG fiktiv hinzuzurechnenden nicht abziehbaren Betriebsausgaben in Höhe von 5 % * 400.000 € = 20.000 € gemindert wurde. 1047

Nach nunmehr herrschender Meinung kommt es hingegen nicht auf die außerbilanziell vorzunehmende Steuerbefreiung und die Hinzurechnung der nicht abziehbaren Betriebsausgaben an. Vielmehr liegt eine vGA in vollem Umfang der verhinderten Vermögensmehrung vor, weil der

---

123 BFH, Urteil v. 7.8.2002 – I R 2/02, BFHE 200, 197 = BStBl II 2004, 131; BFH, Urteil v. 27.7.2016 – I R 8/15, BFHE 255, 32 = BStBl II 2017, 214.
124 *Gosch*, in: Gosch, KStG, § 8 Rn. 169.
125 Nach *Frotscher*, Körperschaftsteuer, Rn. 397.

unterlassene Veräußerungsgewinn den Unterschiedsbetrag im Umfang von 400.000 € gemindert hat. Das Einkommen ist also auf Ebene der Gesellschaft zunächst nach § 8 Abs. 3 S. 2 KStG um 400.000 € zu erhöhen. Allerdings ist dieser Gewinn steuerfrei (§ 8b Abs. 2 KStG) und das Einkommen erhöht sich damit im Ergebnis nur um die fiktiven nicht abziehbaren Betriebsausgaben (§ 8b Abs. 3 S. 1 KStG) in Höhe von 20.000 €. Der Gesellschafter A muss allerdings eine vGA in Höhe von 400.000 € versteuern.[126]

(3) Gesellschaftsrechtliche Veranlassung

1048 *(a) Maßstäbe*

Das entscheidende Tatbestandsmerkmal der vGA ist die gesellschaftsrechtliche Veranlassung der Vermögensminderung bzw. verhinderten Vermögensmehrung. Durch das Merkmal sollen rein schuldrechtliche, betrieblich veranlasste Vorgänge auf Ebene der Einkommenserzielung (beispielsweise die Vereinbarung eines angemessenen Gehalts für den Gesellschafter/Geschäftsführer) von gesellschaftsrechtlich veranlassten Vorgängen auf Ebene der Einkommensverwendung (beispielsweise ein weit überhöhtes Gehalt oder eine Pensionszusage, die fremden Dritten nie gewährt worden wäre) voneinander abgegrenzt werden.

1049 Die Feststellung der **gesellschaftsrechtlichen Veranlassung** ist in der Praxis mit Abgrenzungsschwierigkeiten verbunden und ist in einer Vielzahl von Entscheidungen des BFH in Fallgruppen präzisiert worden.

1050 *(b) Ordentlicher und gewissenhafter Geschäftsleiter*

Entsprechend den Sorgfaltsanforderungen an den Geschäftsleiter (Geschäftsführer, Vorstand) im Gesellschaftsrecht nach § 93 Abs. 1 S. 1 AktG, § 43 Abs. 1 GmbHG liegt eine Veranlassung durch das Gesellschaftsverhältnis vor, wenn ein **ordentlicher und gewissenhafter Geschäftsleiter** ein gleiches Geschäft mit einem unabhängigen Dritten nicht vorgenommen hätte.[127] Dieser **Fremdvergleich** verhindert eine willkürliche Gewinnverlagerung ohne sinnvolle betriebliche Gründe auf die Gesellschafter mit der Folge einer günstigeren Besteuerung. Hätte ein ordentlicher und gewissenhafter Geschäftsführer die Maßnahme dagegen auch gegenüber einem fremden Dritten vorgenommen oder akzeptiert, so spricht dies für die betriebliche Veranlassung der Vermögensminderung bzw. verhinderten Vermögensmehrung.

1051 Typische Beispiele sind eine zu hohe Vergütung einschließlich zu hoher oder nicht mehr erdienbarer Pensionsrückstellungen,[128] die Gewährung eines zinslosen oder ungesicherten Darlehens[129] oder der Kauf einer Immobilie von der Gesellschaft durch den Gesellschafter zu einem zu niedrigen Preis.

---

126 *Frotscher*, Körperschaftsteuer, Rn. 397.
127 Grundlegend BFH, Urteil v. 16.3.1967 – I 261/63, BFHE 89, 208 = BStBl III 1967, 626; aus jüngerer Zeit statt vieler BFH, Urteil v. 9.7.2003 – I R 100/02, BFHE 203, 77; BFH, Urteil v. 9.3.2010 – VIII R 32/07, BFH/NV 2010, 1330; BFH, Urteil v. 21.10.2014 – VIII R 32/12, FR 2015, 607.
128 Beispielsweise BFH, Urteil v. 25.6.2014 – I R 76/13, BFHE 246, 166 = BStBl II 2015, 665.
129 Auch in Konzernverhältnissen trotz der anzunehmenden Bedienbarkeit, BFH v. 27.2.2019 – I R 73/16, BFHE 263, 525 = BStBl II 2019, 394 unter Aufgabe der früheren Rspr.; aufgehoben wegen unterlassener Vorlage an den EuGH durch BVerfG, Beschluss v. 4.3.2021 – 2 BvR 1161/19, DStR 2021, 777; aus der kritischen Literatur zur Entscheidung des BFH vgl. nur *Gosch*, DStR 2019, 2441 ff.; *Nürnberg*, DStR 2019, 1901 ff.

Schließt die Gesellschaft vergleichbare Geschäfte auch mit fremden Dritten ab, kann ein **interner Fremdvergleich** durchgeführt werden. Ist dies nicht der Fall, ist ein **externer Fremdvergleich** in vergleichbaren Branchen durchzuführen. Wenn dies nicht weiterhilft, ist ein **hypothetischer Fremdvergleich** anzustellen, wie sich ein ordentlicher und gewissenhafter Geschäftsleiter verhalten hätte.[130] Grundsätzlich ist eine gewisse Bandbreite angemessener Bedingungen zu akzeptieren, etwa bei konzerninternen Verrechnungspreisen, wenn es den richtigen Preis nicht gibt.[131]

1052

Wenn die Beziehungen zwischen Gesellschaft und Gesellschafter zwar branchenüblich ausgestaltet ist, aber dazu führt, dass der Gesellschaft über längere Zeit lediglich ein geringer Gewinn verbleibt, liegt ebenfalls eine vGA vor (**Gewinnabsaugung**). Grund hierfür ist, dass ein ordentlicher und gewissenhafter Geschäftsleiter die Beziehungen der Gesellschaft so ausgestalten würde, dass sie das Gewinnpotenzial ihrer Tätigkeit ausschöpfen kann oder eine Tätigkeit, die kein ausreichendes Gewinnpotenzial bietet, einstellen würde.[132]

1053

Wenn ein Geschäftsführer im Namen der Gesellschaft unverhältnismäßig risikoreiche Spekulationsgeschäfte vornimmt oder andere verlustbringende Tätigkeiten durchführt, ist vom Vorliegen einer vGA auszugehen, wenn dies zur Befriedigung privater Interessen der Gesellschafter dient.[133] Da die Körperschaft nach Auffassung der Rechtsprechung nicht über eine außerbetriebliche Sphäre verfügt (s.o. Rn. 962 f.), liegt anders als bei Einzelunternehmern oder Personengesellschaft keine außerbetriebliche, nicht steuerbare Liebhaberei (s.o. Rn. 70 ff.) vor und sind daher im ersten Schritt alle Aufwendungen für die verlustbringende Tätigkeit Betriebsausgaben der Gesellschaft. Zur Befriedigung privater Interessen eines Gesellschafters entstandene Kosten sind aber zuzüglich eines angemessenen Gewinnaufschlags als vGA zu korrigieren. Beispiele sind das Unterhalten einer Segelyacht,[134] die Bereitstellung eines privaten Wohnhauses für den Geschäftsführer[135] oder die unentgeltliche Nutzung einer Ferienimmobilie.[136]

1054

Fall 139: Die Brüder A und B sind anteilige Gesellschafter der X-GmbH, die einen deutschlandweiten Getränkehandel betreibt. Auf Initiative des A, der leidenschaftlicher Pferdeliebhaber ist, unterhält die X-GmbH seit mehreren Jahren neben dem Fabrikgelände einen Pferdehof mit angrenzender Weide. Dieser Pferdehof dient der Zucht und Unterbringung von Hannoveranern, der Lieblingsrasse des A. Allerdings hat A weder ausreichende Fachkenntnisse für eine erfolgreiche Pferdezucht noch die Absicht, „seine Lieblinge an irgendwelche Gauner" zu verkaufen. Der Pferdehof ist deswegen dauerhaft defizitär. Für das laufende Jahr entsteht Verlust aus dem Betrieb des Pferdehofs von ca. 50.000 €.

1055

---

130 BFH, Urteil v. 27.2.2003 – I R 46/01, BFHE 202, 241 = BStBl II 2004, 132.
131 BFH, Urteil v. 17.10.2001 – I R 103/00, BFHE 197, 68 = BStBl II 2004, 171; hierzu werden bei multinationalen Konzernen auch internationale Vorabverständigungsverfahren durchgeführt, um für Rechtssicherheit zu sorgen, Advance Pricing Agreements.
132 Hessisches Finanzgericht, Urteil v. 15.1.2004 – 4 K 3169/02, EFG 2005, 479 rkr.
133 BFH, Urteil v. 8.8.2001 – I R 106/99, BFHE 196, 173 = BStBl II 2003, 487; BFH, Urteil v. 27.7.2016 – I R 8/15, BFHE 255, 32 = BStBl II 2017, 214.
134 BFH, Urteil v. 15.5.2002 – I R 92/00, BFHE 199, 217 BFH, Urteil v. 4.12.1996 – I R 54/95, BFHE 182, 123.
135 BFH, Urteil v. 27.7.2016 – I R 8/15, BFHE 255, 32 = BStBl II 2017, 214, dabei kann die Kostenmiete plus Gewinnaufschlag über der ortsüblichen Vergleichsmiete liegen.
136 BFH, Urteil v. 12.6.2013 – I R 109-111/10, BFHE 241, 549 = BStBl II 2013, 1024.

> B ist Allergiker und kann die Begeisterung seines Bruders für die Pferdezucht nicht recht nachvollziehen. Ihm sind die Dauerverluste aus betriebswirtschaftlicher Perspektive schon länger ein Dorn im Auge. Er tröstet sich allerdings damit, dass der Verlust i.H.v. 50.000 € zumindest bei der Ermittlung des Gesamtgewinns der X-GmbH abgezogen wird.
> Führt die Inkaufnahme der Verluste aus der Pferdezucht durch die X-GmbH zu einer verdeckten Gewinnausschüttung?

> **Lösung Fall 139:** Nimmt man mit der herrschenden Meinung an, dass Körperschaften keine außerbetriebliche Sphäre haben können, wirkt sich der Verlust aus der Pferdezucht bei der Ermittlung des Steuerbilanzgewinns der X-GmbH aus (siehe oben Fall 132), mindert also den Unterschiedsbetrag. Weil zudem kein ordentlicher und gewissenhafter Geschäftsführer Dauerverluste zur Befriedigung privater Interessen eines Gesellschafters hinnehmen würde, sind die entstandenen Verluste zuzüglich eines angemessenen Gewinnaufschlags (Opportunitätskosten) dem A als vGA und damit als Einkünfte aus Kapitalvermögen i.S.d. § 20 Abs. 1 Nr. 1 S. 2 EStG zuzurechnen.

1056 Eine gesellschaftliche Veranlassung ist nach der Rechtsprechung auch dann zumindest indiziert, wenn die Bedingungen des Rechtsgeschäfts insgesamt unüblich sind. Dies gilt selbst dann, wenn sie aus Sicht der Kapitalgesellschaft günstiger sind als eine fremdübliche Vereinbarung. Beispiele aus der Rechtsprechung sind eine Vergütung des Gesellschafter-Geschäftsführers in Form einer Nur-Pension,[137] einer Nur-Tantieme[138] oder einer Nur-Zulage für nach § 3b EStG steuerfreie Sonntags-, Feiertags- und Nacharbeit.[139] In diesen Fällen liegt eine verdeckte Gewinnausschüttung in Höhe des gesamten betrieblichen Aufwands vor (sog. **totale verdeckte Gewinnausschüttung**).[140]

1057 *(c) Beherrschender Gesellschafter*

Wird die Leistung gegenüber einem beherrschenden Gesellschafter erbracht, geht die Rechtsprechung davon aus, dass es an einem Interessengegensatz fehlt, er die Gesellschaft lenken kann und daher für ihn jederzeit vorteilhafte Bedingungen herbeiführen kann. Der Gesellschaft hat eine beherrschende Stellung, wenn er die Mehrheit der Stimmrechte an der Gesellschaft besitzt und deshalb in der Gesellschafterversammlung einen entscheidenden Einfluss ausüben kann.[141] Dabei kann unter besonderen Umständen auch eine Beteiligung von unter 50 % eine Beherrschung der Gesellschaft begründen, etwa wenn zwei Gesellschafter mit gleichgerichteten Interessen handeln.[142]

1058 Die Rechtsprechung vermutet bei einem beherrschenden Gesellschafter unwiderleglich eine gesellschaftsrechtliche Veranlassung, wenn keine im Voraus abgeschlossene, klare und eindeutige, rechtlich bindende Vereinbarung geschlossen wurde, die

---

137 BFH, Urteil v. 17.5.1995 – I R 147/93, BFHE 178, 203 = BStBl II 1996, 204.
138 BFH, Urteil v. 27.3.2001 – I R 27/99, BFHE 195, 228 = BStBl II 2002, 111.
139 BFH, Beschluss v. 8.10.2014 – I B 96/13, BFH/NV 2015, 237.
140 Vgl. *Gosch*, in: Gosch, KStG, § 8 Rn. 345 ff. m.w.N.
141 BFH, Urteil v. 9.4.1997 – I R 52/96, BFH/NV 1997, 808.
142 Vgl. zum Fall einer „Familien-GmbH" BFH, Urteil v. 28.1.2004 – I R 50/03, BFHE 205, 192 = BStBl II 2005, 524.

dann auch tatsächlich durchgeführt worden ist. Dies gilt selbst dann, wenn die Leistungsbeziehung einem Fremdvergleich standhält. Man spricht von einem **„formellen Fremdvergleich"**. Ein Verstoß gegen den formellen Fremdvergleich führt zu einer „totalen vgA", also einer Hinzurechnung sämtlicher Vermögensminderungen.[143]

Dabei erfordert eine klare und eindeutige Vereinbarung, dass die Leistungen ohne verbleibenden Spielraum feststellbar sind.[144] Im Voraus ist die Vereinbarung abgeschlossen, wenn sie vor der Leistung, die durch die Gesellschaft vergütet werden soll, geschlossen wurde. Rechtlich bindend ist die Vereinbarung dann, wenn sie zivilrechtlich wirksam ist. Die tatsächliche Durchführung setzt voraus, dass auch alle getroffenen Bestimmungen eingehalten werden. **1059**

(d) Vorteilszuwendung an Gesellschafter oder „nahestehende Personen" **1060**

Eine gesellschaftsrechtliche Veranlassung kann nur vorliegen, wenn einem **Gesellschafter** ein Vorteil durch die Gesellschaft zugewendet wird. Entscheidend ist die Gesellschafterstellung im Zeitpunkt der Vereinbarung. Der Vorteil kann dem Gesellschafter auch erst später zufließen, so z.B. bei einer erst nach dem Ausscheiden aus der Gesellschaft zu zahlenden, überhöhten Pension.

Erweitert wird die vGA aber auf Leistungen, die an **nahestehende Personen** eines (beherrschenden) Gesellschafters erbracht werden. Der Empfänger muss dem Gesellschafter nahestehen, nicht der Gesellschaft. Nahestehende Personen können natürliche Personen wie beispielsweise Angehörige, Personenhandelsgesellschaften oder Kapitalgesellschaften sein, an denen der Gesellschafter beteiligt ist. Darüber hinaus können auch schuldrechtliche Beziehungen, wie z.B. Kunden- oder Lieferantenverhältnisse, eine hinreichend enge Verbindung zwischen dem Gesellschafter und der anderen Person begründen. Entscheidend ist auch hier, ob der ordentliche und gewissenhafte Gesellschafter einer nicht nahestehenden Person diese Leistung nicht gewährt hätte.[145] **1061**

Steuerrechtlich wird die Leistung an die nahestehende Person dem Gesellschafter zugerechnet und nicht dem Dritten. **1062**

(4) Objektive Vorteilseignung. Nach ständiger Rechtsprechung muss die Vermögensminderung oder verhinderte Vermögensmehrung bei der Gesellschaft (objektiv) geeignet sein, beim begünstigten Gesellschafter einen **Vorteil** in Gestalt eines sonstigen Bezugs i.S.d. § 20 Abs. 1 Nr. 1 S. 2 EStG auszulösen.[146] Die Korrektur der vGA beim Gesellschafter setzt aber bei ihm einen **Zufluss** voraus,[147] wenigstens in Form eines geldwerten Nutzungsvorteils, beispielsweise bei der kostenlosen Nutzung eines Ferienhauses der Gesellschaft.[148] Ein tatsächlicher Vermögenszufluss beim Gesell- **1063**

---

143 *Gosch*, in: Gosch, KStG, § 8 Rn. 318 ff. m.w.N.
144 Vgl. zu einem unbestimmten Beratervertrag BFH, Beschluss v. 12.9.2018 – I R 77/16, BFH/NV 2019, 296.
145 BFH, Urteil v. 14.3.2017 – VIII R 32/14, BFH/NV 2017, 1174.
146 St. Rspr., vgl. etwa: BFH, Urteil v. 7.8.2002 – I R 2/02, BFHE 200, 197 = BStBl II 2004, 131; BFH, Beschluss v. 7.6.2016 – I B 6/15, BFH/NV 2016, 1496.
147 BFH, Urteil v. 25.5.2004 – VIII R 4/01, BFHE 207, 103.
148 Vgl. zu einer spanischen Ferienimmobilie in der Rechtsform einer Kapitalgesellschaft BFH, Urteil v. 12.6.2013 – I R 109-111/10, BFHE 241, 549 = BStBl II 2013, 1024.

schafter im *gleichen Zeitpunkt* der bilanziellen Auswirkung bei der Gesellschaft ist jedoch nicht erforderlich (vgl. auch Rn. 875).

1064 **Beispiel:** Bei einer Pensionszusage an einen Gesellschafter-Geschäftsführer werden häufig vGA beanstandet. Die Zusage muss nach Ansicht der Rechtsprechung ernsthaft, erdienbar, finanzierbar und angemessen sein. Erdienbarkeit erfordert in diesem Zusammenhang, dass der Dienstvertrag des Gesellschafter-Geschäftsführer ab dem Zeitpunkt der Zusage bis zum Eintritt der Pension so lange läuft, dass er sich die Pension in der verbleibenden Dienstzeit noch erarbeiten kann.[149] Da das Risiko einer vorzeitigen Inanspruchnahme der Gesellschaft besonders groß ist, liegt bei einer Pensionszusage nach dem 60. Lebensjahr regelmäßig eine vGA vor. Weiterhin darf die Pensionszusage nicht anstelle des Gehaltes gewährt werden, nicht zu einer Überversorgung des Gesellschafters führen und keine Überschuldung der Gesellschaft begründen. Eine Überversorgung liegt vor, wenn die insgesamt zugesagten Leistungen der betrieblichen Altersversorgung zusammen mit einer zu erwartenden Rente aus der gesetzlichen Rentenversicherung höher sind als 75 % des letzten Gehalts des Gesellschafter-Geschäftsführers.[150]

Eine vGA liegt vor, wenn eine Kapitalgesellschaft ihrem Gesellschafter-Geschäftsführer eine durch das Gesellschaftsverhältnis veranlasste Pensionszusage erteilt, auch wenn hieraus aufgrund des Todes des Berechtigten vor Eintritt des Versorgungsfalls keine Leistungen erbracht werden.[151] Auf der Ebene der Gesellschaft ist die Pensionsrückstellung bei Tod des Gesellschafters gewinnerhöhend aufzulösen. Um eine doppelte steuerliche Erfassung auf der Ebene der Gesellschaft zu vermeiden (als vGA und durch die Auflösung der Rückstellung), ist der Gewinn um die bereits erfassten und versteuerten vGA der Vorjahre im Wege einer Gegenkorrektur außerbilanziell wieder zu kürzen.[152] Die Korrektur der vGA beim Gesellschafter setzt aber einen Zufluss voraus, so dass eine Korrektur auf Gesellschafterebene hier mangels Zufluss nie erfolgt.

1065 **(5) Abgrenzung zur offenen Gewinnausschüttung.** Eine offene Gewinnausschüttung beruht auf einem Gewinnverwendungsbeschluss der Gesellschafter und ist daher eindeutig gesellschaftsrechtlich veranlasst. In diesem Fall kommt es nicht darauf an, ob die Leistung einem Fremdvergleich standhält oder die anderen Voraussetzungen der vGA vorliegen.[153]

cc) Rechtsfolgen der vGA.

1066 **(1) Auf Ebene der Gesellschaft.** Die vGA soll im Ergebnis wie eine offene Gewinnausschüttung besteuert werden. Daher muss der vermeintlich schuldrechtliche Vorgang sowohl auf Ebene des Gesellschafters als auch auf Ebene der Gesellschaft korrigiert werden.[154]

1067 Es wird unterstellt, dass das der vGA zugrunde liegende Rechtsgeschäft zwischen der Gesellschaft und dem Gesellschafter wie unter fremden Dritten abgewickelt worden

---

149 St. Rspr., z.B. BFH, Urteil v. 20.5.2015 – I R 17/14, BFHE 250, 82 = BStBl II 2015, 1022.
150 Vgl. zur Überversorgung *Briese*, DStR 2005, 272 m.w.N.
151 BFH, Urteil v. 26.6.2013 – I R 39/12, BFHE 242, 305 = BStBl II 2014, 174 m.w.N.
152 Ohne Entscheidung zwischen einer Analogie zu § 8 Abs. 3 S. 2 KStG und einer Billigkeitsentscheidung nach § 163 S. 1 AO BFH, Urteil v. 21.8.2007 – I R 74/06, BFHE 218, 487 = BStBl II 2008, 277, m.w.N.
153 Bei zu niedrig bewerteten Sachausschüttungen kann es zu Überschneidungen mit der vGA kommen, vgl. *Gosch*, in: Gosch, KStG, § 8 Rn. 147.
154 BFH, Beschluss v. 26.10.1987 – GrS 2/86, BFHE 151, 523 = BStBl II 1988, 348.

ist. Daher erfolgt eine Korrektur des zu versteuernden Einkommens der Kapitalgesellschaft in Höhe des fiktiven Mehrertrages bzw. des Minderaufwands (Differenz). Die Erhöhung des Einkommens erfolgt nach § 8 Abs. 3 S. 2 KStG außerhalb der Steuerbilanz der Gesellschaft (**außerbilanzielle Korrektur**).[155] Dabei ist zu unterscheiden, ob die vGA bereits dem Grunde nach gesellschaftsrechtlich veranlasst ist oder nur die konkrete Höhe der Vergütung unangemessen ist. Während im ersten Fall stets eine vGA in voller Höhe vorliegt, wird im zweiten Fall eine vGA regelmäßig nur anteilig in Höhe des unangemessenen Teils der Vergütung vorliegen. Der Betrag wird der tariflichen Körperschaftsteuer von 15 % unterworfen und fließt in den Gewerbeertrag nach § 7 Abs. 1 GewStG ein. Hinzu kommt der Solidaritätszuschlag in Höhe von 5,5 % der Körperschaftsteuer.

Im Gegensatz zu der Entnahme bei Einzelunternehmern und Personengesellschaften ist angemessen grundsätzlich auch ein **Gewinnaufschlag**, wie er zwischen fremden Dritten vereinbart worden wäre. Zu Selbstkosten wird ein ordentlicher und gewissenhafter Geschäftsleiter nicht tätig werden. Bei der Entnahme von Gegenständen oder Nutzungen in den privaten Bereich sind nach § 4 Abs. 1 S. 2 EStG dagegen nur die angefallenen Kosten zu neutralisieren, weil die Bewertung mit dem Teilwert erfolgt (§ 6 Abs. 1 Nr. 4 EStG). Dieser beruht nach § 6 Abs. 1 Nr. 1 S. 3 EStG auf Wiederbeschaffungskosten und Selbstkosten, also auf Einkaufspreisen und nicht auf Weiterverkaufspreisen.[156] Der Grund für diese Unterscheidung liegt darin, dass bei Personengesellschaften Vergütungen für die wichtigsten Leistungen der Gesellschafter über § 15 Abs. 1 S. 1 Nr. 2 S. 1 Hs. 2 EStG als Sonderbetriebseinnahmen dem gewerbesteuerlichen Gewinn wieder hinzugerechnet und somit neutralisiert werden (dazu s.o. Rn. 472 ff.). Der Unternehmerlohn ebenso wie Pensionszusagen mindern daher im Ergebnis nicht den Gewinn. Es herrscht nicht das Trennungsprinzip, sondern eine transparente Betrachtung. Der Gesellschafter steht der Personengesellschaft nur im Ausgangspunkt wie ein fremder Dritter gegenüber, wird aber letztlich einem Einzelunternehmer gleichgestellt, der sich selbst auch nicht steuerwirksam einen Unternehmerlohn auszahlen kann. Da der Gesellschafter einer Kapitalgesellschaft aber seinen Unternehmerlohn und andere Leistungen steuerlich wirksam bereits auf der Ebene der Gesellschaft steuerlich geltend machen kann, müssen alle diese Beziehungen dem Fremdvergleich standhalten. Die Annahme eines Gewinnaufschlag ist daher systematisch korrekt.[157]

(2) Auf Ebene des Gesellschafters. Der so ermittelte Differenzbetrag wird wie eine offene Gewinnausschüttung an den Gesellschafter behandelt (dazu ausführlich Rn. 874 ff., 1007 ff.). Der Gesellschafter erzielt entsprechende Beteiligungserträge aus § 20 Abs. 1 Nr. 1 S. 2 EStG. Folglich findet auf Ebene des Gesellschafters eine

1068

1069

---

155 Seit BFH, Urteil v. 29.6.1994 – I R 137/93, BFHE 175, 347 = BStBl II 2002, 366; BFH, Urteil v. 28.1.2004 – I R 21/03, BFHE 205, 186 = BStBl II 2005, 841.
156 *Frotscher*, Körperschaftsteuer, Rn. 430. Für die Bestimmung des Teilwerts gilt die Vermutung, dass der Teilwert eines Wirtschaftsguts im Zeitpunkt des Erwerbs den Anschaffungskosten entspricht und sich zu einem späteren Zeitpunkt mit den Wiederbeschaffungskosten deckt, vgl. BFH, Urteil v. 9.2.1977 – I R 130/74, BFHE 121, 436 = BStBl II 1977, 412; BFH, Urteil v. 8.9.1994 – IV R 16/94, BFHE 176, 340 = BStBl II 1995, 309.
157 *Frotscher*, Körperschaftsteuer, Rn. 430; a.A. *Fleischer*, DStR 1999, 1249, der dies (zu Unrecht) als Element einer Soll-Ertragsteuer kritisiert.

Umqualifizierung der bisher anders behandelten Einkünfte statt, z.B. als Einkünfte im Sinne des § 19 EStG.

1070 Handelt es sich bei dem Gesellschafter um eine natürliche Person, so erfolgt die Besteuerung nach § 32d Abs. 1 S. 1 EStG mit dem Sondertarif der Abgeltungsteuer in Höhe von 25 %. Unter bestimmten Voraussetzungen kann der Gesellschafter zu einer Besteuerung nach dem persönlichen Einkommensteuersatz optieren, vgl. § 32d Abs. 2 Nr. 3 EStG. Im Falle einer Leistung an eine nahestehende Person wird die Gewinnausschüttung *dem Gesellschafter* zugerechnet, so dass ebenfalls nur beim Gesellschafter Einnahmen im Sinne des § 20 Abs. 1 Nr. 1 EStG vorliegen. Da in diesen Fällen der Vorteil tatsächlich aber bei der nahestehenden Person vorliegt, bestimmen sich die weiteren steuerlichen Folgen nach dem Verhältnis zwischen dem Gesellschafter und der nahestehenden Person. Es kann sich beispielsweise um steuerlich neutrale Unterhaltszahlungen handeln oder es kommt Schenkungsteuer in Betracht.[158] Die Vorstellung der Ausschüttung an den Gesellschafter mit der anschließenden Weiterleitung wird teilweise als „Fiktionstheorie" bezeichnet, ist aber tatsächlich nur eine logische Konsequenz der Rechtsfolge der vGA.[159] Bei Dreiecksverhältnissen im Konzern kann die Weitergabe der erhaltenden vGA eine verdeckte Einlage sein (s.u. Rn. 1106 ff.).

1071 Gehört die Beteiligung zum Betriebsvermögen eines land- oder forstwirtschaftlichen, gewerblichen oder freiberuflichen Betriebs oder zum Sonderbetriebsvermögen einer Mitunternehmerschaft, greift das Teileinkünfteverfahren. Danach sind gemäß § 3 Nr. 40 lit. d i.V.m. § 20 Abs. 1 Nr. 1 S. 2 EStG 40 % der vGA steuerfrei (Rn. 885 ff.).

1072 Ist der Gesellschafter selbst wieder eine Körperschaft, so sind die Gewinnausschüttungen grundsätzlich nicht steuerpflichtig, § 8b Abs. 1 KStG. Es ist jedoch zu beachten, dass gemäß § 8b Abs. 5 KStG 5 % der Bezüge als Ausgaben, die nicht als Betriebsausgaben abgezogen werden dürfen, gelten (s.o. Rn. 1007 ff.).

1073 Schließlich werden *Folgewirkungen* berücksichtigt, die sich aus den Korrekturen ergeben. So werden Abschreibung auf ein von dem Gesellschafter überhöht erworbenes Wirtschaftsgut nur von dem angemessenen Kaufpreis als Anschaffungskosten vorgenommen.[160] Übernimmt es die Gesellschaft beispielsweise, private Versicherungsprämien des Gesellschafters zu zahlen, kann dieser sie als Sonderausgaben nach § 10 EStG steuerlich geltend machen.

1074 Beispiel: Die X-GmbH gewährt ihrem Gesellschafter Y ein unverzinsliches Darlehen über 100.000 €. Fremdüblich wäre ein Zins in Höhe von 5 %. Die Unverzinslichkeit des Darlehens ist also durch das Gesellschaftsverhältnis veranlasst. Eine vGA der X-GmbH an Y ist zu bejahen. Der steuerbilanzielle Gewinn der X-GmbH ist daher um den fiktiven Zins in Höhe von 5.000 € zu erhöhen, da eine vGA den Gewinn der Körperschaft nicht mindern darf, § 8 Abs. 3 S. 2 KStG. Gleichzeitig ist die vGA bei Y als Einkünfte aus Kapitalvermögen zu berücksichtigen, § 20 Abs. 1 Nr. 1 S. 2 EStG.

---

158 BFH, Urteil v. 13.9.2017 – II R 42/16, BFHE 260, 355 = BStBl II 2018, 299, Rn. 37 ff.; *Dorn*, NWB 2018, 385.
159 *Frotscher*, Körperschaftsteuer, Rn. 431 m.w.N.
160 BFH, Urteil v. 13.3.1985 – I R 9/81, BFH/NV 1986, 116, Rn. 19 f.; *Gosch*, in: Gosch, KStG, § 8 Rn. 485 m.w.N.

Nutzt Y das von der X-GmbH gewährte Darlehen zur Finanzierung eines Mietobjekts, kann Y Werbungskosten aus VuV in Höhe des fiktiven Darlehenszinses geltend machen. Die Einordnung des Darlehens als vGA führt zu einem fiktiven Zufluss des Darlehenszinses bei Y, den dieser sodann (ebenfalls fiktiv) zur Erzielung von Einkünften aus VuV verwendet.

(3) Korrespondenz auf Gesellschafter- bzw. Gesellschaftsebene. Eine vGA führt regelmäßig zu Rechtsfolgen auf Ebene der Gesellschaft und des Gesellschafters. Zeitlich ist dabei keine korrespondierende Behandlung erforderlich. Der Ansatz von vGA auf Seiten des Gesellschafters setzt bei diesem einen Zufluss voraus (s.o. Rn. 875). Dies zeigt sich insbesondere bei **nicht abgeflossenen vGA**, wenn beispielsweise die Gesellschaft aufgrund des Vorsichtsprinzips bereits zur Passivierung einer Verbindlichkeit verpflichtet ist, auf Seiten des begünstigten Gesellschafters jedoch mangels Zuflusses noch keine vGA nach § 20 Abs. 1 Nr. 1 EStG vorliegt. Dies ist z.B. der Fall, wenn einem Gesellschafter-Geschäftsführer von seiner Gesellschaft eine überhöhte Pensionszusage zugesagt wird. Diese wird bei der Gesellschaft bereits bei Zusage als Rückstellung (§ 249 HGB, § 6a EStG) berücksichtigt und ist gemäß § 8 Abs. 3 S. 2 KStG dem Einkommen der Körperschaft hinzuzurechnen. Dem Gesellschafter fließt sie jedoch erst im Pensionsalter tatsächlich zu. Die Rechtsfolgen der vGA treten dann zeitversetzt auf.

1075

Auch im Übrigen ist eine komplett korrespondierende Behandlung gesetzlich nicht vorgesehen. So ist es denkbar, dass für die Besteuerung der Gesellschaft und die Besteuerung des Gesellschafters zwei unterschiedliche Finanzämter zuständig sind. Diesen obliegt es jeweils selbständig, über das Vorliegen einer vGA zu entscheiden. Deshalb ist es zunächst nicht ausgeschlossen, dass dieselbe Maßnahme auf Ebene der Gesellschaft als vGA und auf Ebene des Gesellschafters als schuldrechtlicher Leistungsaustausch beurteilt wird.[161] In der Praxis wird eine vGA häufig erst im Rahmen einer Betriebsprüfung und damit Jahre später festgestellt. Eine dann doch korrespondierende Behandlung auf der Ebene des Gesellschafters durch eine nachträgliche Änderung seines Steuerbescheides wird durch den nachträglich durch das Jahressteuergesetz 2007[162] eingefügten § 32a KStG ermöglicht. Die Festsetzungsfrist endet insoweit nicht vor Ablauf eines Jahres nach Unanfechtbarkeit des Steuerbescheides der Körperschaft, § 32a Abs. 1 S. 2 KStG.

1076

Ergänzend sieht das Gesetz mit § 3 Nr. 40 lit. d S. 2, 3 EStG und § 8b Abs. 1 S. 2 bis 4 KStG **besondere Korrespondenz-Vorschriften** vor, die eine Einmalbesteuerung der vGA sicherstellen sollen. So ist die Steuerbefreiung gemäß § 8b Abs. 1 S. 2 KStG ausgeschlossen, wenn die ausgeschütteten Beträge bereits bei der ausschüttenden Gesellschaft als Betriebsausgaben abgezogen werden können. Hat sich danach die vGA bei der Gesellschaft gewinnmindernd ausgewirkt, weil zum Beispiel verfahrensrechtlich eine Änderung der entsprechenden Körperschaftsteuerveranlagung nicht mehr möglich ist, wären die Einkünfte nicht steuerlich vorbelastet, so dass die mit der objektiven Steuerbefreiung bezweckte Vermeidung der Doppelbelastung nicht passt. Deshalb kann der Gesellschafter auch keine entsprechende (teilweise) Steuerbefreiung der vGA nach diesen Vorschriften auf seiner Ebene geltend machen.

1077

---

161 Vgl. zu Prozesszinsen BFH, Urteil v. 18.9.2012 – VIII R 9/09, BFHE 238, 512 = BStBl II 2013, 149.
162 Jahressteuergesetz 2007 (JStG 2007) v. 13.12.2006, BGBl. I 2006, S. 2878.

1078 Beispiel: Die Y-GmbH hat eine vGA an ihren Gesellschafter Y geleistet, der die Beteiligung in seinem Betriebsvermögen hält. Außerdem hat sie den gleichen Betrag an eine weitere Gesellschafterin, die X-GmbH als vGA erbracht. Zwar sind die vGA nach § 8 Abs. 3 S. 2 KStG zu korrigieren. Dies ist aber nicht immer möglich, beispielsweise, wenn die ausschüttende Tochtergesellschaft Y-GmbH im Ausland sitzt und dort keine außerbilanzielle Hinzurechnung der verdeckten Gewinnausschüttung erfolgt (sogenannte Qualifikationskonflikt). Y und die X-GmbH können sich auf ihrer Ebene als Gesellschafter nun nicht darauf berufen, bei ihnen liege jeweils eine vGA vor, die zu 40 % bzw. zu 95 % steuerbefreit ist.

1079 Dieser Mechanismus soll nach § 8b Abs. 1 S. 3 KStG selbst dann gelten, wenn ein DBA die Freistellung der vGA anordnet. Es handelt sich hierbei um eine Regelung, die DBA-Vereinbarungen „überschreibt", ein sogenanntes *treaty override*. Durch das AmtshilfeRLUmsG[163] mit Wirkung seit dem Veranlagungszeitraum 2014 ist S. 2 auf alle Bezüge im Sinne des § 8b Abs. 1 S. 1 KStG ausgeweitet worden, etwa auch auf hybride Finanzierungen.

1080 (4) Rückgängigmachung der vGA. Wie gezeigt wurde, ergeben sich aus dem Vorliegen einer vGA oftmals erhebliche steuerliche Konsequenzen, die nach Einführung des Teileinkünfteverfahrens, der Abgeltungsteuer und § 8b KStG vor allem auf der gewerbesteuerlichen Erfassung auf Ebene der Gesellschaft beruhen. Es ließe sich daher daran denken, die vGA rückgängig zu machen, indem zum Beispiel der beherrschende Gesellschafter-Geschäftsführer, der ein Gehalt ohne eine im Voraus vereinbarte, klare Vereinbarung erhalten hat, bereit ist, das Gehalt an die Gesellschaft zurückzuzahlen. Nach der ständigen Rechtsprechung des BFH ist das nicht möglich, da die Steuerfolgen der vGA nach § 38 AO bereits mit Erfüllung des Tatbestands eingetreten sind. Eine solche Rückzahlung wird daher als nicht gewinnerhöhende Einlage des Gesellschafters eingeordnet. Auch auf Ebene des Gesellschafters ist eine solche Rückzahlung als Einlage in die Kapitalgesellschaft (und nicht etwa als Werbungskosten auf die Beteiligung) zu behandeln, und zwar selbst dann, wenn eine Verpflichtung zur Rückzahlung bestanden hat.[164]

d) Verdeckte Einlagen

(1) Begriff und Abgrenzung zur offenen Einlage

1081 *(a) Definition*

Die verdeckte Einlage (vE) stellt den spiegelbildlichen Vorgang zu einer vGA dar.[165] Die Merkmale und Rechtsfolgen unterscheiden sich aber wegen des besonderen Charakters als Einlage etwas. Eine vE liegt vor, soweit

- ein Gesellschafter oder eine nahestehende Person der Gesellschaft
- außerhalb der gesellschaftsrechtlichen Einlagen
- einen *einlagefähigen* Vermögensvorteil zuwendet
- und die Zuwendung durch das Gesellschaftsverhältnis veranlasst ist.[166]

---

163 Gesetz zur Umsetzung der Amtshilferichtlinie sowie zur Änderung steuerlicher Vorschriften (Amtshilferichtlinie-Umsetzungsgesetz – AmtshilfeRLUmsG) v. 26.6.2013, BGBl. I 2013, S. 1809.
164 BFH, Urteil v. 14.7.2009 – VIII R 10/07, BFH/NV 2009, 1815.
165 BFH, Urteil v. 15.10.1997 – I R 80/96, BFH/NV 1998, 624.
166 BFH, Urteil v. 14.11.1984 – I R 50/80, BFHE 142, 453 = BStBl II 1985, 227; BFH, Urteil v. 21.9.1989 – IV R 115/88, BFHE 158, 397 = BStBl II 1990, 86.

Eine Veranlassung durch das Gesellschaftsverhältnis ist regelmäßig anzunehmen, wenn ein Nichtgesellschafter der Gesellschaft diesen Vorteil nicht eingeräumt hätte. Insofern ist auch bei der vE ein Fremdvergleich durchzuführen. Es handelt sich beispielsweise um eine vE, wenn ein Gesellschafter der Gesellschaft ein Grundstück mit einem Verkehrswert von 100.000 € zum Preis von 50.000 € veräußert. Eine Veranlassung durch das Gesellschaftsverhältnis kann auch vorliegen, wenn eine dem Gesellschafter nahestehende Person die Zuwendung durchführt und dies im Interesse des Gesellschafters erfolgt.

1082

Zu beachten ist, dass es sich um einen **einlagefähigen Vermögensvorteil** handeln muss. Einlagefähig sind nach § 4 Abs. 1 S. 8 EStG alle Wirtschaftsgüter, die der Steuerpflichtige dem Betrieb im Laufe des Wirtschaftsjahres zugeführt hat. Erfasst sind Wirtschaftsgüter materieller oder immaterieller Art, die geeignet sind, das Vermögen durch Ansatz oder Erhöhung eines Aktivpostens oder durch Verminderung oder Wegfall eines Passivpostens bilanzmäßig zu erhöhen.[167] Bloße Nutzungsvorteile und Nutzungsrechte der Gesellschaft gegenüber dem Gesellschafter wie zinslose Darlehen oder verbilligte oder kostenfreie Nutzungsüberlassung z.B. eines Pkw können nicht Gegenstand einer Einlage sein.[168] Anders als im umgekehrten Fall der Entnahme oder der vGA können daher bloße Nutzungen oder Leistungen des Gesellschafters nicht eingelegt werden. Denn da die Bewertung solcher Leistungen zu unsicher ist, könnte hierdurch der Gewinn über Gebühr gemindert werden. Dies wird u.a. abgeleitet aus § 27 Abs. 2 AktG.[169] Zulässig ist aber die Erfassung einer **Aufwandseinlage**, wenn ein privates Wirtschaftsgut betrieblich genutzt wird, etwa Grundstücke oder Fahrzeuge, indem die dadurch ausgelösten Kosten als Einlage gebucht werden.[170]

1083

Beispiel:[171] Ein Gesellschafter gewährt der Kapitalgesellschaft ein zinsloses Darlehen in Höhe von 1 Mio. € Angemessen wäre ein Zinssatz von 6 % p.a. Die Vorgänge sind bei dem Gesellschafter und der Gesellschaft aufgrund der Zahlung auf der einen Seite und der Aktivierung der Forderung bzw. der Verbindlichkeit auf der anderen Seite bilanzneutral. Der Zinsvorteil in Höhe von 60.000 € pro Jahr ist nicht einlagefähig und daher nicht als vE vom Gewinn der Kapitalgesellschaft abzuziehen.[172]

1084

(b) Abgrenzung zur offenen Einlage

1085

Im Gegensatz zur verdeckten Einlage erfolgt die offene Einlage nach den Regelungen des gesellschaftsrechtlichen Kapitalaufbringungsrecht (als erstmalige Kapitalausstattung und spätere Kapitalerhöhung des Nennkapitals, als Agio nach § 272 Abs. 2 Nr. 1 HGB oder als Zuzahlung gegen Gewährung eines Vorzugs nach § 272 Abs. 2 Nr. 3 HGB).[173] Dort erhält der einlegende Gesellschafter im Gegenzug eine **Gegenleistung** in der Gestalt von Gesellschaftsrechten. Der Vorgang wird steuerlich als tauschähnlicher Vorgang aufgefasst und, wenn es sich nicht um Geldeinlagen handelt, bei der

---

167 *Frotscher*, Körperschaftsteuer, Rn. 504.
168 BFH, Beschluss v. 26.10.1987 – GrS 2/86, BFHE 151, 523 = BStBl II 1988, 348; BFH, Urteil v. 11.4.2017 – IX R 4/16, BFH/NV 2017, 1309.
169 *Frotscher*, Körperschaftsteuer, Rn. 504.
170 BFH, Beschluss v. 26.10.1987 – GrS 2/86, BFHE 151, 523 = BStBl II 1988, 348 m.w.N.
171 Nach *Frotscher*, Körperschaftsteuer, Rn. 504.
172 BFH, Beschluss v. 26.10.1987 – GrS 2/86, BFHE 151, 523 = BStBl II 1988, 348; BFH, Urteil v. 11.4.2017 – IX R 4/16, BFH/NV 2017, 1309, Rn. 76.
173 Vgl. *Dorn*, NWB 2019, 131.

Einlage von Wirtschaftsgütern nach § 6 Abs. 6 S. 1 EStG mit dem gemeinen Wert angesetzt.[174]

1086 Denkbar sind aber auch Leistungen, für die der Gesellschafter keine weiteren Gegenleistungen erhält, etwa unentgeltliche Zuführungen in die Kapitalrücklage der Gesellschaft (§ 272 Abs. 2 Nr. 4 HGB). Hier liegen **Einlagen ohne Gegenleistung** vor, die nach § 6 Abs. 1 Nr. 5 S. 1 EStG mit dem Teilwert angesetzt werden.[175] Da alle diese Leistungen offen als gesellschaftsrechtlich veranlasste Zahlungen ausgewiesen werden und im Nennkapital oder der Kapitalrücklage gebucht wurden, haben sie den handelsrechtlichen Gewinn nicht erhöht und müssen anders als verdeckte Einlagen steuerlich nicht korrigiert werden.[176]

(2) Rechtsfolgen

1087 *(a) Auf Ebene der Gesellschaft*

Auf Ebene der Gesellschaft ist das verdeckt eingelegte Wirtschaftsgut auf der Aktivseite der Bilanz grundsätzlich mit dem **Teilwert** anzusetzen (§ 6 Abs. 1 Nr. 5 S. 1 Hs. 1 EStG).[177] Ausnahmsweise kommt eine Begrenzung des Teilwerts auf die ursprünglichen Anschaffungs- oder Herstellungskosten des Gesellschafters in Betracht, wenn das Wirtschaftsgut innerhalb der letzten drei Jahre vom Gesellschafter angeschafft oder hergestellt wurde (§ 6 Abs. 1 Nr. 5 S. 1 Hs. 2 a) EStG). Die in § 6 Abs. 1 Nr. 5 S. 1 Hs. 2 b) EStG angeordnete Begrenzung auf die Anschaffungskosten bei der Einlage eines Anteils im Sinne von § 17 EStG ist hingegen im Rahmen einer teleologischen Reduktion nicht anwendbar. Bei der Begrenzung nach § 6 Abs. 1 Nr. 5 S. 1 Hs. 2 c) EStG ist eine teleologische Reduktion zumindest nicht zwingend (siehe bereits unter Rn. 271 f.)

1088 Durch den Ansatz mit dem Teilwert in der Bilanz der Gesellschaft entsteht bei Unterpreislieferungen ein außerordentlicher Ertrag. Damit hat die vE den Steuerbilanzgewinn der Körperschaft erhöht und ist außerbilanziell bei der Ermittlung des zu versteuernden Einkommens nach § 8 Abs. 3 S. 3 KStG in Abzug zu bringen. Da die verdeckte Einlage nicht in das **Nennkapital** der Gesellschaft geleistet wird, d.h. das Nennkapital nicht erhöht wird, aber aufgrund der gesellschaftsrechtlichen Veranlassung nicht zu einer Gewinnerhöhung führt, ist sie im steuerlichen Einlagekonto der Kapitalgesellschaft i.S.v. § 27 KStG auszuweisen und handelsrechtlich in der Kapitalrücklage zu buchen (§ 272 Abs. 2 Nr. 4 HGB).

1089 **Beispiel:** Wenn der Gesellschafter Y der Y-GmbH sein Grundstück mit einem Verkehrswert von 150.000 € zu einem Preis von 100.000 € veräußert, hat die Y-GmbH in ihrer Steuerbilanz das Grundstück mit dem Teilwert (150.000 €) anzusetzen und nicht nur mit den Anschaffungskosten von 100.000 €. In Höhe der Differenz liegt ein a.o. Ertrag und eine vE vor.

Aus § 8 Abs. 1 KStG i. V. m. § 4 Abs. 1 EStG und § 8 Abs. 3 S. 3 KStG ergibt sich, dass vE sich nicht auf die Höhe des Einkommens der Empfängerkörperschaft auswirken dürfen. Die vE ist außerbilanziell zu korrigieren. Das steuerliche Einlagekonto der Y-GmbH ist um 50.000 €

---

174 Vgl. zur Kapitalerhöhung BFH, Beschluss v. 18.9.2006 – IX B 154/05 BFH/NV 2007, 31.
175 BFH, Urteil v. 14.3.2011 – I R 40/10, BFHE 233, 393 = BStBl II 2012, 281.
176 BFH, Beschluss v. 9.6.1997 – GrS 1/94, BFHE 183, 187 = BStBl II 1998, 307.
177 R 8.9 (4) KStR 2015.

zu erhöhen. Durch die Gegenbuchung ist gewährleistet, dass dieser Betrag nicht als Gewinn zu versteuern ist. Aufgrund der Wirkung des Einlagekontos (dazu s.u. Rn. 1108 ff.) gilt dies auch für Ausschüttungen dieses Betrages in zukünftigen Veranlagungszeiträumen. Sofern vE nur den Steuerbilanzgewinn der Körperschaft erhöhen, sind diese ebenfalls außerbilanziell bei der Ermittlung des zu versteuernden Einkommens in Abzug zu bringen.

Beispiel:[178] Der Gesellschafter X hat der X-GmbH ein Darlehen in Höhe von 100.000 € gewährt und verzichtet nun aufgrund von Liquiditätsproblemen der Gesellschaft endgültig auf die Rückzahlung des Darlehens. Die Forderung war zum Zeitpunkt des Verzichts aber noch in voller Höhe werthaltig.

Hier liegt eine vE in Höhe von 100.000 € vor. Durch den Erlass (§ 397 BGB) der Darlehensrückzahlung entsteht zugunsten der Gesellschaft zunächst ein bilanzieller Ertrag (Buchung: „Darlehensverbindlichkeiten 100.000 €" an „sonstige betriebliche Erträge 100.000 €"). Eine Buchung im Einlagekonto der Gesellschaft ist nicht möglich, weil es sich nicht um eine Erhöhung des Kapitals handelt. Der Ertrag von 100.000 € ist nach § 8 Abs. 3 S. 3 KStG durch eine außerbilanzielle Kürzung zu neutralisieren.

(b) Auf Ebene des Gesellschafters

Auf Ebene des Gesellschafters stellt die verdeckte Einlage einen tauschähnlichen Umsatz dar.

Einer Einordnung als Einlage oder als vE steht es nicht entgegen, wenn sich durch die vE der *Wert der Gesellschaftsanteile* an der Gesellschaft, in die die Einlage oder vE erbracht wird, erhöht. Die Wertsteigerung der Anteile stellt lediglich einen bloßen Reflex und *keine Gegenleistung der Gesellschaft* dar.[179] Anders aber auf der Ebene des Gesellschafters: Hier führt die vE dazu, dass sich seine **Anschaffungskosten** der Beteiligung an der Gesellschaft **nachträglich erhöhen** (§ 6 Abs. 6 S. 2; § 17 Abs. 2a S. 3 Nr. 2 EStG: Der Gesellschafter hat der Gesellschaft einen Vermögensvorteil zugewandt und diesen Vermögensvorteil damit eingesetzt, um seine Beteiligung zu (er-)halten und zu stärken.

Wird die Beteiligung im **Betriebsvermögen** gehalten, ordnet § 6 Abs. 6 S. 2 EStG grundsätzlich eine Erhöhung um den **Teilwert** des eingelegten Wirtschaftsguts an. Nur ausnahmsweise kommt es nach § 6 Abs. 6 S. 3 EStG auf den nach § 6 Abs. 1 Nr. 5 EStG ermittelten Einlagewert an: Wenn das verdeckt eingelegte Wirtschaftsgut innerhalb der letzten drei Jahre vor der verdeckten Einlage vom Gesellschafter hergestellt oder angeschafft wurde, erhöhen sich die Anschaffungskosten der Beteiligung maximal um die Anschaffungs- oder Herstellungskosten des Wirtschaftsguts (§ 6 Abs. 1 Nr. 5 S. 1 Hs. 2 a) EStG; vgl. dazu bereits unter Rn. 265 ff.).

Wird die Beteiligung im **Privatvermögen** einer natürlichen Person gehalten, ist § 6 Abs. 6 S. 2 EStG nicht anwendbar, sodass die verdeckte Einlage eines Wirtschaftsguts zu nachträglichen Anschaffungskosten auf die Beteiligung in Höhe des **gemeinen Werts** des Wirtschaftsguts führt (§ 9 Abs. 1 BewG).[180] Hat die Gesellschaft eine Gegenleistung erbracht (beispielsweise einen unangemessen niedrigen Kaufpreis gezahlt), so ergeben sich nachträgliche Anschaffungskosten – parallel zur Ermittlung

---

178 Nach *Niehus/Wilke*, Kapitalgesellschaften, S. 89.
179 BFH, Urteil v. 14.3.2011 – I R 40/10, BFHE 233, 393 = BStBl II 2012, 281.
180 *Gosch*, in: Kirchhof/Seer, EStG, § 17 Rn. 93 m.w.N.

§ 4 Besteuerung von Körperschaften

des Vermögensvorteils auf Ebene der Gesellschaft – nur in Höhe der Differenz zwischen Gegenleistung und Teilwert bzw. gemeinem Wert.

1095 Diese erhöhten Anschaffungskosten der Beteiligung wirken sich aus, wenn der Gesellschafter seine Beteiligung zu einem späteren Zeitpunkt veräußert, einen anderen Tatbestand verwirklicht, der einer Veräußerung gleichsteht, oder wegen eines gesunkenen Teilwerts eine Teilwertabschreibung auf die Beteiligung vornimmt. In welchem Umfang im Zusammenhang mit der Beteiligung anfallende Veräußerungsgewinne steuerpflichtig bzw. Veräußerungsverluste und Teilwertabschreibungen abzugsfähig sind, richtet sich nach den allgemeinen Grundsätzen. Es kommt mithin darauf an, ob der Gesellschafter eine Körperschaft (dann greifen die Steuerbefreiung und das Betriebsausgabenabzugsverbot aus § 8b Abs. 2, 3 KStG), eine natürliche Person (dann greifen bei einem Anteil im Betriebsvermögen das Teileinkünfteverfahren und bei einem Anteil im Privatvermögen abhängig von der Beteiligungshöhe entweder das Teileinkünfteverfahren oder die Regelungen der pauschalen Abgeltungsteuer) oder eine Mitunternehmerschaft ist (dann greifen die Regelungen des § 8b KStG, insoweit unmittelbar oder mittelbar eine Körperschaft Mitunternehmerin ist, und im Übrigen das Teileinkünfteverfahren). Für Einzelheiten kann auf die obigen Ausführungen verwiesen werden (siehe Rn. 872 ff, 1007 ff.).

1096 Daneben führt der tauschähnliche Umsatz dazu, dass das **verdeckt eingelegte Wirtschaftsgut** beim Gesellschafter als **veräußert** gilt. Ob und in welchem Umfang dadurch steuerpflichtige stille Reserven aufgedeckt werden, hängt davon ab, ob das Wirtschaftsgut beim Gesellschafter steuerverhaftet ist oder nicht.

1097 Zählt das Wirtschaftsgut ebenso wie die Beteiligung an der Kapitalgesellschaft zum **Betriebsvermögen** – unabhängig davon, ob es sich um das Betriebsvermögen einer Kapitalgesellschaft, einer natürlichen Person oder einer Mitunternehmerschaft handelt –, sind die stillen Reserven zwischen dem bisherigen Buchwert und dem **Teilwert** des Wirtschaftsguts aufzudecken.

1098 **Fall 140:**[181] Die X-AG veräußert eine Fertigungsmaschine an ihre Tochtergesellschaft Z-GmbH, welche einen Teilwert von 30.000 € und einen Buchwert von 20.000 € hat, zu einem Kaufpreis von 20.000 €. Wie ist dies steuerlich einzuordnen?

Lösung Fall 140: Es liegt eine verdeckte Einlage der Maschine im Umfang von 10.000 € vor. Insoweit dem Buchwert der Maschine (20.000 €) das gezahlte Veräußerungsentgelt gegenübersteht (20.000 €) ist der Vorgang zwar erfolgsneutral (Aktivtausch). Die verdeckte Einlage führt aber dazu, dass sich die Anschaffungskosten der Beteiligung der X-AG an der Z-GmbH um den Wert der verdeckten Einlage (10.000 €) erhöhen. Dadurch sind die in der Maschine ruhenden stillen Reserven in Höhe der Differenz zwischen dem Buchwert der Maschine und dessen Teilwert aufzudecken und von der X-AG als laufender Gewinn zu versteuern (10.000 €).

1099 Zählt das Wirtschaftsgut zum **Privatvermögen** einer natürlichen Person, ist es nur unter den Voraussetzungen der § 17, § 20 Abs. 2 und § 23 EStG steuerverhaftet. In allen Fällen ordnet das Gesetz ausdrücklich an, dass die verdeckte Einlage des Wirt-

---

181 Nach *Niehus/Wilke*, Kapitalgesellschaften, S. 90.

schaftsguts einer Veräußerung gleichsteht (§ 17 Abs. 1 S. 2, § 20 Abs. 2 S. 2 Hs. 1, § 23 Abs. 1 S. 5 Nr. 2 EStG) und an die Stelle des Veräußerungspreises der **gemeine Wert** des Wirtschaftsguts tritt (§ 17 Abs. 2 S. 2, § 20 Abs. 4 S. 2 Hs. 1, § 23 Abs. 3 S. 2 Var. 2 EStG).

Fall 141: A ist alleiniger Gesellschafter der A-GmbH und hat bei Gründung der GmbH ein Stammkapital in Höhe von 50.000 € eingezahlt. A ist zudem Eigentümer eines unbebauten Grundstücks, das er vor fünf Jahren zu Anschaffungskosten von 200.000 € erworben und seither an einen Landwirt verpachtet hat. Da die GmbH weitere Lagerflächen benötigt, veräußert A das Grundstück zum 1.1.20 an die A-GmbH zu einem Preis von 200.000 € (Teilwert und gemeiner Wert mittlerweile 300.000 €). Welche Rechtsfolgen ergeben sich auf Ebene der GmbH und auf Ebene von A?

1100

Lösung Fall 141: Auf Ebene der GmbH muss das Grundstück aktiviert werden. Zwar wurde es entgeltlich angeschafft, sodass grundsätzlich eine Aktivierung mit den Anschaffungskosten in Höhe des gezahlten Kaufpreises von 200.000 € naheliegt (§ 6 Abs. 1 Nr. 2 EStG). Allerdings liegt der Kaufpreis deutlich unterhalb des gemeinen Werts (300.000 €), die Gesellschaft hat das Grundstück also zu einem zu niedrigen Preis erhalten. Damit wird der Gesellschaft durch den Gesellschafter außerhalb einer offenen Einlage und veranlasst durch das Gesellschaftsverhältnis ein einlagefähiger Vermögensvorteil zugewendet. Es liegt also eine verdeckte Einlage des Grundstücks vor. Das Grundstück ist daher nach § 6 Abs. 1 Nr. 5 S. 1 Hs. 1 EStG mit dem Teilwert in Höhe von 300.000 € zu bewerten. Der sich dadurch innerbilanziell ergebende Gewinn in Höhe von 100.000 € (Differenz zwischen dem Teilwert des aktivierten Grundstücks und dem gezahlten Kaufpreis) ist außerbilanziell nach § 8 Abs. 3 S. 3 KStG wieder abzuziehen.

Auf Ebene des Gesellschafters steht die verdeckte Einlage einer Veräußerung des Grundstücks gleich (§ 23 Abs. 1 S. 5 Nr. 2 EStG). Da diese innerhalb von zehn Jahren nach Anschaffung des Grundstücks erfolgt (§ 23 Abs. 1 S. 1 Nr. 1 EStG) erzielt A steuerbare Einkünfte aus einem privaten Veräußerungsgeschäft (§ 22 Nr. 2 EStG). Unter Berücksichtigung des gemeinen Werts des Grundstücks als Veräußerungspreis (§ 23 Abs. 3 S. 2 EStG) ergibt sich ein Veräußerungsgewinn (§ 23 Abs. 3 S. 1 EStG) in Höhe von 300.000 € -200.000 € = 100.000 €.

Insoweit der gemeine Wert des verdeckt eingelegten Grundstücks den von der Gesellschaft gezahlten Kaufpreis übersteigt (100.000 €), hat A nachträgliche Anschaffungskosten auf seine Beteiligung an der A-GmbH.

Werden die Anteile an der Kapitalgesellschaft im Betriebsvermögen, das einzulegende Wirtschaftsgut aber im Privatvermögen gehalten, ist davon auszugehen, dass das Wirtschaftsgut zunächst in das Betriebsvermögen des Gesellschafters eingelegt, dort nach den Regeln des § 6 Abs. 1 Nr. 5 EStG bewertet und anschließend verdeckt (zum Wert nach § 6 Abs. 6 S. 2, 3 EStG) in die Kapitalgesellschaft eingelegt wird. Werden umgekehrt die Anteile an der Kapitalgesellschaft im Privatvermögen gehalten, aber ein Wirtschaftsgut des Betriebsvermögens verdeckt eingelegt, liegt eine Entnahme des Wirtschaftsguts aus dem Betriebsvermögen (zu bewerten nach § 6 Abs. 1 Nr. 4 EStG) gefolgt von einer verdeckten Einlage aus dem Privatvermögen in die Kapitalgesellschaft vor.

1101

Für die Ermittlung des Veräußerungsgewinns gelten die allgemeinen Grundsätze. Ist Gegenstand der verdeckten Einlage eine Beteiligung an einer Kapitalgesellschaft, ist

1102

dementsprechend der Veräußerungsgewinn – abhängig von der Rechtspersönlichkeit des einbringenden Gesellschafters und der Zugehörigkeit der eingelegten Beteiligung zu einem Privat- oder Betriebsvermögen – nach § 8b KStG, durch das Teileinkünfteverfahren oder durch die Regelungen der Abgeltungsteuer begünstigt.

1103 **Fall 142:** B betreibt einen Handel mit Antiquitäten. Ursprünglich handelte B auch noch mit Kunstgegenständen. Den entsprechenden Teilbetrieb hat sie allerdings in eine gemeinsam mit ihrem Freund C gegründete Kunst-GmbH eingebracht. Die Anteile an der Kunst-GmbH hält B weiterhin im Betriebsvermögen ihres Antiquitätenhandels.

Die Kunst-GmbH möchte eine teure Gemäldesammlung erwerben, benötigt hierzu aber ein Bankdarlehen. Um das Vermögen der GmbH zu stärken und zusätzliche Sicherheiten für die Bank zu schaffen, überträgt B der Kunst-GmbH zum 1.7.20 ein Aktienpaket (Beteiligung in Höhe von 2 % am Vermögen der AG; Teilwert = gemeiner Wert: 1.000.000 €) zu einem Preis von 500.000 €. B hat die Aktien zwei Jahre zuvor zu einem Preis von 400.000 € angeschafft.

Welche steuerlichen Konsequenzen ergeben sich für B und die Kunst-GmbH?

Lösung Fall 142: Die Veräußerung der Aktien könnte für B zu Einkünften aus § 17 EStG führen. Da B die Aktien allerdings zu einem Preis unterhalb des gemeinen Werts auf die Kunst-GmbH, deren Gesellschafterin sie ist, überträgt und dies ausdrücklich zur Stärkung des Gesellschaftsvermögens und mithin veranlasst durch die Gesellschafterstellung der A erfolgt, liegt eine verdeckte Einlage der Aktien in die Kunst-GmbH vor. Zwar ist auch die verdeckte Einlage ein Realisationstatbestand (§ 17 Abs. 1 S. 2 EStG). Da aber die Anteile an der Kunst-GmbH zum Betriebsvermögen des Antiquitätenhandels zählen, sind die entsprechenden Gewinne aus der verdeckten Einlage vorrangig den gewerblichen Einkünften zuzurechnen (vgl. § 17 Abs. 1 S. 1 EStG „auch").

Es ist mithin davon auszugehen, dass B die Aktien zunächst in das Betriebsvermögen des Antiquitätenhandels eingelegt und von dort verdeckt in das Vermögen der Kunst-GmbH eingelegt hat. Die Einlage in das Betriebsvermögen erfolgt gemäß § 6 Abs. 1 Nr. 5 S. 1 Hs. 1 EStG grundsätzlich zum Teilwert, da es sich bei den Aktien aber um Wirtschaftsgüter nach § 17 EStG handelt, ist der Einlagewert auf die ursprünglichen Anschaffungskosten beschränkt (§ 6 Abs. 1 Nr. 5 S. 1 Hs. 2 b) EStG und beträgt mithin 400.000 €. Die verdeckte Einlage in die GmbH führt zu einer Erhöhung des Buchwerts der Anteile an der Kunst-GmbH um 1.000.000 € (§ 6 Abs. 6 S. 2 EStG). Die Differenz zum Einlagewert muss als laufender Gewinn aus dem Antiquitätenhandel versteuert werden, wobei das Teileinkünfteverfahren nach § 3 Nr. 40 S. 1 a), § 3 c Abs. 2 EStG greift. Es ergibt sich ein betrieblicher Gewinn in Höhe von (60 % * 1.000.000 €) – (60 % * 400.000 €) = 360.000 €.

Auf Ebene der Kunst-GmbH sind die Aktien zum Teilwert zu aktivieren (§ 6 Abs. 1 Nr. 5 S. 1 Hs. 1 EStG). Die Beschränkung des Einlagewerts nach § 6 Abs. 1 Nr. 5 S. 1 Hs. 2 b) EStG greift infolge einer teleologischen Reduktion nicht, weil die verdeckte Einlage beim Gesellschafter bereits zu einer Aufdeckung der stillen Reserven geführt hat. Der sich innerbilanziell durch die Differenz zwischen dem Teilwert (1.000.000 €) und dem gezahlten Entgelt (500.000 €) ergebende Gewinn muss außerbilanziell nach § 8 Abs. 3 S. 3 KStG gekürzt werden.

1104 Auch die verdeckte Einlage einer Darlehensforderung gegen die Gesellschaft – durch Verzicht des Gesellschafters auf die Forderung (§ 397 BGB) oder Abtretung der Forderung an die Gesellschaft und darauf folgende Konfusion – folgt allgemeinen Grundsätzen. Die verdeckte Einlage ist mit dem Teilwert/gemeinen Wert zu bewerten und führt insoweit zu nachträglichen Anschaffungskosten.[182] Besonderheiten ergeben sich aber, wenn dieser Wert hinter dem Nennwert der Forderung zurückbleibt, weil sich die Gesellschaft als Darlehensschuldnerin in einer wirtschaftlichen Krise befindet. Die entstehenden Verluste können im Betriebsvermögen einem Abzugsverbot unterliegen (bei natürlichen Personen und Personengesellschaften nach § 3c Abs. 2 S. 2-4 EStG und bei unmittelbar oder mittelbar beteiligten Körperschaften nach § 8b Abs. 3 S. 4 ff. KStG; jeweils ab einer Beteiligung des Gesellschafters am Grundkapital der Gesellschaft in Höhe von mindestens 25 %), können bei einer im Privatvermögen gehaltenen Beteiligung nach § 17 EStG den nachträglichen Anschaffungskosten dieser Beteiligung zugeordnet werden (§ 17 Abs. 2a S. 3 Nr. 2, 3, S. 4 EStG) und können bei einer im Privatvermögen gehaltenen Beteiligung unterhalb der Schwelle des § 17 EStG nur bis zu einer Höhe von 10.000 € jährlich mit anderen Einkünften aus Kapitalvermögen ausgeglichen werden (§ 20 Abs. 6 S. 6 EStG).

Fall 143:[183] Gesellschafter der X-GmbH sind die A-AG (50 %), sowie die natürlichen Personen B (49,5 %) und C (0,5 %). B und C halten ihre Beteiligung an der X-GmbH im Privatvermögen. Alle Gesellschafter haben der GmbH Darlehen im Umfang von jeweils 100.000 € gewährt. Da es der Gesellschaft wirtschaftlich nicht gut geht, verzichten die Gesellschafter nach § 397 BGB durch Erlassvertrag in vollem Umfang auf die Rückzahlung der Darlehen. Allerdings sind die Darlehensforderungen zu diesem Zeitpunkt noch in Höhe von 30 % werthaltig (Teilwert/gemeiner Wert also jeweils 30.000 €); andere Gläubiger haben ihre Forderungen bereits vor geraumer Zeit fällig gestellt und verzichten nunmehr allenfalls auf 70 % ihrer Forderungen gegen die X-GmbH.
Welche Rechtsfolgen ergeben sich auf Ebene der X-GmbH sowie für die A-AG, B und C?

1105

Lösung Fall 143: Auf Ebene der X-GmbH führt der Darlehensverzicht zu einem innerbilanziellen Ertrag in Höhe von 3*100.000 € = 300.000 €. Allerdings beruht die Zuwendung dieses Vermögensvorteils in dem Umfang, in dem die Forderungen noch werthaltig waren, auf dem Gesellschaftsverhältnis zwischen der X-GmbH und ihren drei Gesellschaftern. Es liegen mithin verdeckte Einlagen vor, die nach § 8 Abs. 3 S. 3 KStG außerbilanziell zu korrigieren sind. Für den verbleibenden Gewinn kommt u.U. eine Steuerfreiheit als Sanierungsgewinn nach §§ 3a, 3c Abs. 4 EStG in Betracht.

Die verdeckte Einlage führt dazu, dass sich die Anschaffungskosten für die Beteiligungen der Gesellschafter an der X-GmbH um den Teilwert (A-AG, § 6 Abs. 6 S. 2 EStG) bzw. um den gemeinen Wert (B und C), hier jeweils um 30.000 € erhöhen.

Bei der A-AG führt dies zu einem innerbilanziellen Verlust in Höhe von 70.000 €. Dieser ist allerdings nach § 8b Abs. 3 S. 4 nicht abzugsfähig, weil die A-AG zu mindestens 25 % an der X-GmbH beteiligt ist und nicht nachweisen kann, dass ein fremder Dritter das Darlehen nicht schon zu einem früheren Zeitpunkt zurückgefordert hätte (§ 8b Abs. 3 S. 6 EStG).

Bei B und C führt die verdeckte Einlage der Forderung grundsätzlich zu einem Verlust aus Kapitalvermögen (§ 20 Abs. 2 S. 1 Nr. 7, S. 2 EStG)[184] in Höhe von 70.000 €. Allerdings ist für B der Verlust vorrangig (§ 20 Abs. 8 S. 1 EStG) als nachträgliche Anschaffungskosten

---

182 BFH, Beschluss v. 9.6.1997 – GrS 1/94, BFHE 183, 187 = BStBl II 1998, 307.
183 Angelehnt an *Frotscher*, Körperschaftsteuer, Rn. 505.
184 BFH, Urteil v. 11.7.2017 – IX R 36/15, BFHE 258, 427 = BStBl II 2019, 208; BFH v. 24.10.2017 – VIII R 13/15, BFHE 259, 535 = BStBl II 2020, 831; hierzu *Förster*, DB 2018, 336 ff.; *Wiese/Göttel*, GmbHR 2018, 1169 ff.

der Beteiligung im Sinne des § 17 Abs. 2a S. 3 Nr. 2 EStG[185] zu berücksichtigen. C kann den entstehenden Verlust nach § 20 Abs. 6 S. 6 EStG nur im Umfang von 10.000 € mit anderen Einkünften aus Kapitalvermögen verrechnen.

1106 *(c) Kombination von vGA und vE bei Schwesterpersonengesellschaften*

Die Spiegelbildlichkeit von vGA und vE zeigt sich insbesondere bei Leistungen zwischen Schwesterpersonengesellschaften und führen zu einer Kombination der unterschiedlichen Rechtsfolgen:

1107 **Fall 144:**[186] Die M-GmbH ist als Muttergesellschaft an zwei Tochtergesellschaften T1-GmbH und T2-GmbH als Alleingesellschafterin beteiligt. Die T1-GmbH verkauft an die T2-GmbH Wertpapiere für 100.000 €, erzielbar wären 220.000 € gewesen. Der Preisnachlass erfolgt auf Veranlassung der M-GmbH zur Stärkung des Eigenkapitals der T2-GmbH. Wie sind die Vorgänge steuerlich zu bewerten?

Lösung Fall 144: Aufgrund der gesellschaftsrechtlichen Veranlassung hat die T1-GmbH an die M-GmbH als Gesellschafterin der T2 und damit als nahestehende Dritte eine vGA in Form der verhinderten Vermögensmehrung in Höhe von 120.000 € vorgenommen. Diese Ertragsminderung ist außerbilanziell durch Hinzurechnung von 120.000 € zum Gewinn zu neutralisieren, § 8 Abs. 3 S. 2 KStG.

Auf Ebene der M-GmbH wurden Einkünfte aus § 20 Abs. 1 Nr. 1 EStG in Höhe der vGA erzielt. Wegen § 8b Abs. 1 KStG sind diese Einkünfte jedoch steuerfrei. Lediglich in Höhe von 6.000 € (5 % von 120.000 €) liegen nach § 8b Abs. 5 KStG nicht abziehbare Betriebsausgaben vor, die dem Bilanzgewinn hinzuzurechnen sind.

Darüber hinaus liegt aber auch eine vE der M-GmbH in die T2-GmbH vor, da die vGA zugunsten der T2 erfolgte. Die M-GmbH muss daher die Anschaffungskosten ihrer Beteiligung an der T2-GmbH nach § 6 Abs. 6 S. 2 EStG um den Wert der vE, also um 120.000 €, auf der Aktivseite der Bilanz erhöhen und erzielt damit einen Gewinn.

Die T2-GmbH muss gemäß § 6 Abs. 1 Nr. 5 EStG die erworbenen Wertpapiere mit ihrem Teilwert, also mit 220.000 €, ansetzen. In Höhe von 120.000 € liegt eine vE vor, welche außerbilanziell vom Gewinn abzuziehen ist, § 8 Abs. 3 S. 3 KStG.

Abwandlung von Fall 144:[187]
Die T1-GmbH gewährt der T2-GmbH ein zinsloses Darlehen, wobei der Zinsverzicht einen Wert von 120.000 € hat.

Lösung zur Abwandlung Fall 144: Auf der Ebene der T1-GmbH ergeben sich in der Abwandlung im Vergleich zum Ausgangsfall keine Unterschiede. Auch hier liegt daher eine vGA an die M-GmbH in Form einer verhinderten Vermögensmehrung in Höhe von 120.000 € vor, weshalb das Einkommen der T1-GmbH außerbilanziell um 120.000 € zu erhöhen ist.

---

185 Durch Gesetz zur weiteren steuerlichen Förderung der Elektromobilität und zur Änderung weiterer steuerlicher Vorschriften v. 12.12.2019, BGBl I 2019, 2451.
186 Nach *Frotscher*, Körperschaftsteuer, Rn. 432.
187 Nach *Frotscher*, Körperschaftsteuer, Rn. 432.

Allerdings ergeben sich Unterschiede auf der Ebene der M-GmbH, da das zinslose Darlehen keinen einlagefähigen Gebrauchsvorteil darstellt, so dass der Vorteil bei der T2-GmbH nicht als vE behandelt werden kann. Vielmehr geht der BFH in einem solchen Fall davon aus, dass der Gesellschafter (also die M-GmbH) den Vorteil zunächst tatsächlich erhält, ihn aber „verbraucht", indem er außerhalb einer Einlage an die begünstigte Tochtergesellschaft weitergegeben wird. Folglich hat die M-GmbH Einkünfte aus der vGA in Höhe von 120.000 €, die nach § 8b Abs. 1, 5 KStG zu 95 % steuerfrei sind. Durch die (fiktive) Weitergabe des Vorteils an die empfangende Tochtergesellschaft entstehen bei der M-GmbH Aufwendungen, die in voller Höhe (120.000 €) nach den Grundsätzen von § 8 b KStG abzugsfähig sind.[188]

Auf der Ebene der T2-GmbH entsteht ggf. ein um 120.000 € erhöhter Gewinn, da die T2-GmbH in dieser Höhe aufgrund der Zinslosigkeit des Darlehens entsprechend geringere Betriebsausgaben hat als bei einem marktüblich verzinslichen Darlehen. Die daraus resultierende Einkommenserhöhung der T2-GmbH unterliegt bei dieser der vollen Besteuerung.

e) Steuerliches Einlagekonto und Rückgewähr von Einlagen

aa) Steuerliches Einlagekonto. Die Rückgewähr von Einlagen ist keine Gewinnausschüttung und daher keine steuerpflichtige Einnahme. Ob die an den Gesellschafter ausgekehrten Beträge aus Einlagen oder aus Gewinnen der Gesellschaft stammen, wird auf Ebene der Kapitalgesellschaft anhand des steuerlichen Einlagekontos ermittelt, § 27 KStG. Dort werden alle Einlagen der Anteilseigner festgehalten, welche nicht auf das Nennkapital geleistet worden sind, d.h. dieses nicht erhöhen wie insbesondere auch vE.[189] Das steuerliche Einlagekonto dient dazu, diese Beträge festzuhalten und Ein- und Ausgänge dem Gewinn oder der Kapitalrückzahlung zuzuordnen.

1108

Hierzu wird zunächst der ausschüttbare Gewinn der Gesellschaft auf den Schluss des vorangegangenen Wirtschaftsjahres bestimmt. Dieser errechnet sich nach § 27 Abs. 1 S. 5 KStG aus dem in der Steuerbilanz ausgewiesenen Eigenkapital abzüglich des gezeichneten Kapitals und abzüglich des Bestands des steuerlichen Einlagekontos. Erfolgt eine Ausschüttung, gelten zunächst die Gewinne der Gesellschaft als ausgeschüttet. Eine Einlagenrückgewähr liegt nur insoweit vor, wie der Ausschüttungsbetrag den ausschüttbaren Gewinn übersteigt, § 27 Abs. 1 S. 3, 4 KStG. Dies gilt unabhängig von der handelsrechtlichen Einordnung der Leistung als Gewinnausschüttung oder Einlagenrückgewähr.

1109

bb) Rückgewähr von Einlagen. Zahlt die Gesellschaft dem Gesellschafter gewährte Einlagen (z.B. nach einer Kapitalherabsetzung) zurück (§ 27 Abs. 1 S. 3 KStG), mindert sich auf der Ebene der Gesellschaft das Vermögen der Kapitalgesellschaft. Allerdings beruht dies auf gesellschaftsrechtlicher Grundlage und nicht auf einer Minderung der wirtschaftlichen Leistungsfähigkeit der Gesellschaft. Folglich darf sich das Einkommen der Gesellschaft für die Körperschaftbesteuerung nicht mindern. Somit ist die Rückzahlung von Einlagen auf der Ebene der Gesellschaft, ebenso wie der Erhalt der Einlage, steuerneutral.

1110

---

188 BFH, Beschluss v. 26.10.1987 – GrS 2/86, BFHE 151, 523 = BStBl II 1988, 348.
189 *Bauschatz*, in: Gosch, KStG, § 27 Rn. 35 ff.

1111 Auf der Ebene des Gesellschafters ist eine Einlagenrückgewähr differenziert zu behandeln:

1112 Werden die Anteile im **Privatvermögen** gehalten und beträgt die Beteiligung unter 1 % an der Kapitalgesellschaft, erfolgt bei der Einlagenrückgewähr keine Dividendenbesteuerung. Denn die Rückzahlung von Einlagen gehört nicht zu den Einkünften aus Kapitalvermögen i.S.v. § 20 Abs. 1 Nr. 1 S. 3 EStG. Dies gilt nach § 20 Abs. 1 Nr. 2 EStG auch für die Rückführung von Nennkapital im Rahmen einer Auflösung oder Kapitalherabsetzung.[190]

1113 Ist die **Beteiligungsquote höher als 1 %**, liegt der Tatbestand des § 17 EStG vor. Nach § 17 Abs. 4 EStG wird die Rückzahlung von Einlagen wie die Veräußerung von Kapitalanteilen behandelt. Der zu versteuernde Veräußerungsgewinn ist nach § 17 Abs. 4 S. 2 EStG der Betrag, um den der Rückzahlungsbetrag die Anschaffungskosten sowie die Veräußerungskosten übersteigt. Hat der Gesellschafter die Beteiligung zum Nennwert angeschafft, fällt kein Gewinn an. Ein etwaiger Gewinn unterliegt gem. § 3 Nr. 40 lit. c EStG dem Teileinkünfteverfahren.

1114 Wird die Beteiligung im **Betriebsvermögen** gehalten, wird die Rückzahlung der Einlage wie eine Minderung der Anschaffungskosten der Anteile behandelt und ist somit vom Buchwert der Anteile abzuziehen. Allerdings kann der Buchwert höchstens auf Null gemindert werden. Übersteigt der Rückzahlungsbetrag den Buchwert der Anteile, entsteht insoweit ein Gewinn. Dieser unterliegt dem Teileinkünfteverfahren nach § 3 Nr. 40 lit. a EStG, wenn der Gesellschafter eine natürliche Person ist bzw. ist nach § 8b Abs. 2 S. 3 KStG (zu 95 %) steuerfrei, wenn der Anteilseigner eine Körperschaft ist.

1115 Alle Folgen einer Einlagerückgewähr gelten nach § 27 Abs. 8 KStG auch für die Rückzahlung von Einlagen ausländischer EU- oder EWR-Körperschaften. Für Körperschaften aus Drittstaaten geht die Rechtsprechung von einem allgemeinen Grundsatz der Steuerfreiheit (eigentlich: fehlenden Steuerbarkeit) der Einlagenrückgewähr aus, zumal sonst die auch gegenüber Drittstaaten geltende Kapitalverkehrsfreiheit (Art. 63 AEUV) verletzt wäre.[191] Den Nachweis, dass es sich nicht um Gewinnrückzahlungen, sondern um eine Einlagenrückgewähr handelt, hat in diesem Fall der Anteilseigner zu erbringen.[192]

3. Verlustabzugsbeschränkungen

a) Grundsätze des intertemporalen Verlustausgleichs (§ 10d EStG)

1116 Die Körperschaftsteuer folgt (wie die anderen Ertragsteuern Einkommensteuer und Gewerbesteuer) dem Prinzip der Abschnittsbesteuerung nach Kalenderjahren bzw. Wirtschaftsjahren (s.u. Rn. 1176 ff.). Nur der in einem Jahr wirtschaftlich erzielte Ertrag und Aufwand werden gegenübergestellt werden und der positive Saldo wird besteuert. Der Verlustabzug als Ausnahme von diesem Prinzip ermöglicht die Besteue-

---

190 Vgl. *Bauschatz*, in: Gosch, KStG, § 27 Rn. 15; a.A. *Lechner*, Ubg 2010, 339, 343 m.w.N.
191 BFH, Urteil v. 13.7.2016 – VIII R 73/13, BFHE 254, 404 m.w.N.; BFH, Urteil v. 10.4.2019 – I R 15/16, BFHE 265, 56; *Bauschatz*, in: Gosch, KStG, § 27 Rn. 26 ff.
192 BFH, Urteil v. 13.7.2016 – VIII R 73/13, BFHE 254, 404 m.w.N.

rung nach der individuellen Leistungsfähigkeit des Steuerschuldners über die einzelnen Abschnitte hinaus und verwirklicht so das objektive Nettoprinzip.

Hinsichtlich des Verlustabzugs wird in § 8 Abs. 1 KStG auf die Einkommensermittlungsvorschrift des § 10d EStG verwiesen. § 10d EStG erlaubt den periodenübergreifenden Verlustabzug durch einen Verlustrücktrag und -vortrag, wenn nicht alle Verluste eines Besteuerungszeitraums mit entsprechenden Gewinnen ausgeglichen werden können. Zunächst kommt nach § 10d Abs. 1 S. 1 EStG ein **Verlustrücktrag** bis zu einem Betrag von 1 Mio. € auf die Einkünfte des unmittelbar vorangegangenen Veranlagungszeitraums in Betracht.[193] Auf Antrag unterbleibt der Rücktrag (§ 10d Abs. 1 S. 5 und 6 EStG). Ein bereits erlassener Steuerbescheid ist entsprechend zu ändern (§ 10d Abs. 1 S. 3 EStG). Darüber hinaus ermöglicht § 10d Abs. 2 EStG durch den **Verlustvortrag**, nicht ausgeglichene Verluste mit Gewinnen in den folgenden Veranlagungszeiträumen zu verrechnen. Dies ist bis zu einem Betrag der Einkünfte in Höhe von 1 Mio. € unbeschränkt, darüber hinaus bis zu 60 % des 1 Mio. € übersteigenden Gesamtbetrags der Einkünfte möglich. Hierdurch werden 40 % des Gesamtbetrags der Einkünfte, welcher nach Abzug der Verluste in Höhe von 1 Mio. € noch verbleibt, trotz bestehender Verlustvorträge versteuert werden muss (sogenannte Mindestbesteuerung). Verbleibende Verluste werden mittels eines feststellenden Bescheides weiter vorgetragen (§ 10d Abs. 4 EStG).

1117

Beispiel:[194] Die A-GmbH hat einen festgestellten Verlustvortrag in Höhe von 3 Mio. €. Im Jahr 17 hat sie einen Gesamtbetrag der Einkünfte in Höhe von 4 Mio. €. Von dem Verlustvortrag kann sie für 17 vorweg 1 Mio. € geltend machen. Darüber hinaus kann sie einen weiteren Verlust in Höhe von 60 % des restlichen Gesamtbetrags der Einkünfte (4 Mio. € abzüglich 1 Mio. €) von 3 Mio. €, mithin 1,8 Mio. €, insgesamt also 2,8 € Mio. abziehen. Es verbleibt ein restlicher festzustellender Verlustvortrag in Höhe von 200.000 €.

1118

Zur Verfassungsmäßigkeit der Mindestbesteuerungsregeln ist seit längerem beim BVerfG ein Normenkontrollverfahren anhängig. Der BFH hatte in seinem Vorlagebeschluss vom 26.2.2014 Zweifel daran geäußert, dass § 8 Abs. 1 KStG i.V.m. § 10d Abs. 2 S. 1 EStG (sowie § 10a S. 2 GewStG) mit Art. 3 Abs. 1 GG und dem Leistungsfähigkeitsprinzip in der Ausprägung des objektiven Nettoprinzips vereinbar sind.[195] Wegen der Kalkulierbarkeit des Steueraufkommens und der lediglich zeitlichen Verschiebung der Verlustverrechnung sei es im Grundsatz zwar verfassungsrechtlich nicht zu beanstanden, dass die Regelungen zur Mindestbesteuerung zu einer zeitlichen Streckung der Verlustnutzung führen. Soweit durch den Mechanismus der Mindestbesteuerung allerdings ein Definitiveffekt eintritt, weil die Verluste etwa im Fall der Liquidation der Gesellschaft nicht mehr geltend gemacht werden können, liege ein Verstoß gegen Art. 3 Abs. 1 GG vor. Nach Auffassung des BFH soll danach differenziert werden, ob der Steuerpflichtige den endgültigen Wegfall der gestreckten Verlustvorträge durch einen eigenen Willensentschluss veranlasst hat oder eine „schützenswerte", d.h. unverschuldete Definitivsituation vorliegt. Auch müsse zwi-

1119

---

193 Zur Abmilderung der wirtschaften Folgen der Covid-19-Pandemie ist der Betrag von 1 Mio. € zunächst auf 5 Mio. € und sodann auf 10 Mio. € angehoben worden, allerdings nur für die VZ 2020 und 2021.
194 Nach *Frotscher*, Körperschaftsteuer, Rn. 182.
195 BFH, Vorlagebeschluss v. 26.2.2014 – I R 59/12, BFHE 246, 27 = BStBl 2014, 1016; Az. beim BVerfG 2 BvL 19/14.

schen den vorgetragenen und somit infolge der Mindestbesteuerung nur zeitlich gestreckt nutzbaren Verlusten und dem (mindest-)besteuerten Gewinn ein innerer Ursachenzusammenhang bestehen. Im Ausgangsfall sei diese der Fall, denn es konnten Verluste aus der Teilwert-Abschreibung einer Forderung eines früheren Veranlagungszeitraums nach § 6 Abs. 1 S. 2 EStG nur im Rahmen der Mindestbesteuerung genutzt werden, eine spätere Teilwertaufholung derselben Forderung (§ 6 Abs. 1 Nr. 1 S. 4 EStG) führte jedoch sofort zu einem steuerpflichtigen Ertrag.

b) § 8c KStG

1120 Mit § 8c KStG besteht eine körperschaftsteuerspezifische Einschränkung des Verlustabzugs nach § 10d EStG.

1121 Die sogenannte **Mantelkaufregelung** des § 8c Abs. 1 KStG soll vermeiden, dass Anteile an einer Gesellschaft, welche einen erheblichen Verlustvortrag aufgebaut hat, nur erworben werden, um diese Verluste durch den Kauf eines leeren „Gesellschaftsmantels" steuerlich zu nutzen. Im Gesellschaftsrecht hat der BGH solche Gestaltungen wie Neugründungen behandelt, wonach die Gründungsvorschriften zur Gewährleistung der erforderlichen Kapitalausstattung entsprechend anzuwenden sind, wenn sich der Vorgang aufgrund der Einstellung der Geschäftstätigkeit der bisherigen Gesellschaft und der Neuaufnahme anderer Geschäftstätigkeiten wirtschaftlich wie eine Neugründung darstellt.[196] Steuerlich soll die Nutzung von Verlustvorträgen von „fremden" Gesellschaften vermieden werden und der Verlustabzug nur dem Gesellschafter zustehen, der auch den Nachteil aus den Verlusten der Körperschaft erlitten hat.[197]

1122 aa) **Voraussetzungen.** Bei einem **schädlichen Beteiligungserwerb** ist eine Verlustabzug nach § 10d EStG nicht möglich. Ein solcher lag nach § 8c Abs. 1 S. 1 KStG a.F. bereits ab einer Übertragung von mehr als 25 % der Anteils- oder Stimmrechte vor. Mit Beschluss vom 29.3.2017 hat das BVerfG entschieden, dass § 8c KStG in seiner Fassung vom 1.1.2008 bis 31.12.2015 insoweit gegen den allgemeinen Gleichheitssatz des Art. 3 Abs. 1 GG verstößt.[198] Die Regelung, wonach nicht genutzte Verluste im Falle eines schädlichen Beteiligungserwerbs (Wechsel von mehr als **25 % bis zu 50 %** der Anteile an der Kapitalgesellschaft innerhalb von fünf Jahren) anteilig wegfallen, verstoße gegen den Gleichheitssatz. Das Gesetz behandele Kapitalgesellschaften hinsichtlich der Bestimmung ihrer Einkünfte unterschiedlich, je nachdem ob ein schädlicher Beteiligungserwerb vorliegt oder nicht. Ein sachlicher Grund sei nicht erkennbar, da eine Veräußerung von Anteilen an einer Kapitalgesellschaft zwischen 25 % bis 50 % nicht missbräuchlich sei, sondern einen im Wirtschaftsleben normalen Vorgang darstelle und auch nicht typisierend davon ausgegangen werden könne, dass sich die wirtschaftliche Identität der Gesellschaft ändere. Der Gesetzgeber musste bis Ende 2018 rückwirkend für die Zeit vom 1. Januar 2008 bis 31. Dezember 2015 eine Neuregelung treffen. Schließlich ist mit Gesetz vom 12.12.2019[199] die 25 %-Grenze aufgehoben worden.

---

196 BGH, Beschluss v. 7.7.2003 – II ZB 4/02, BGHZ 155, 318.
197 BT-Drs. 16/4841, S. 134 f.
198 BVerfG, Beschluss v. 29.3.2017, 2 BvL 6/11, BVerfGE 145, 106.
199 Gesetz zur weiteren steuerlichen Förderung der Elektromobilität und zur Änderung weiterer steuerlicher Vorschriften v. 12.12.2019, BGBl. I 2019, S. 2451.

Mangels Entscheidungserheblichkeit hat sich das BVerfG nicht dazu geäußert, ob der in § 8c Abs. 1 S. 2 KStG geregelte vollständige Wegfall nicht genutzter Verluste der Körperschaft bei einem Beteiligungserwerb von mehr als **50 %** innerhalb von 5 Jahren verfassungswidrig ist. Hierüber wird aufgrund einer Vorlage des FG Hamburg zu entscheiden sein.[200] Das FG Hamburg hält die Vorschrift des heutigen § 8c Abs. 1 S. 1 KStG trotz der zum 1.1.2016 eingefügten „Verlusterhaltungsvorschrift" des § 8d KStG für verfassungswidrig und hat die Frage im Rahmen eines Normenkontrollverfahrens dem BVerfG vorgelegt. Für die Entscheidung wird es eine Rolle spielen, ob man in der Zusammenschau der Grundvorschrift in § 8c Abs. 1 KStG und der Rückausnahmen in den § 8c Abs. 4 bis 8 KStG (dazu sogleich) einen einheitlichen Tatbestand erblickt, der typisierend tatsächlich missbräuchliche Fälle erfasst.[201]

1123

Der Grundtatbestand des schädlichen Beteiligungserwerbs liegt nach § 8c Abs. 1 S. 1 bis 3 KStG vor, wenn 50 % der Beteiligungs- oder Stimmrechte an einer Körperschaft innerhalb eines Zeitraums von fünf Jahren auf einen Erwerber, auf diesem nahestehenden Personen oder eine Personengruppe mit gleichgerichteten Interessen übertragen werden. Nach der Vorstellung des Gesetzgebers zielt die Erwerbergruppe des S. 2 mit der Absicht einer Missbrauchsverhinderung auf das **„typische Erwerberquartett"** ab, bei dem ein Erwerb durch vier zu je 25 % beteiligte Anteilserwerber erfolgt, um hierdurch einem schädlichen Beteiligungserwerb i.S. von § 8c KStG zu umgehen.[202] Richtigerweise fordert die Rechtsprechung aber nicht nur eine solche Absprache zum gemeinsamen Erwerb, sondern auch zur späteren gemeinsamen Beherrschung der Körperschaft.[203] Gleichgestellt wird nach S. 3 eine Kapitalerhöhung, soweit sie zu einer solchen Änderung der Beteiligungsquoten führt.

1124

Der Zeitraum von fünf Jahren beginnt mit der ersten Anteilsübertragung. Innerhalb der fünf Jahre sind alle Übertragungen zusammenzurechnen. Werden innerhalb dieses Zeitraums etwa zur Vorbereitung einer Übernahme der Gesellschaft Anteile gekauft und wieder verkauft, so dass die Quote zu keinem Zeitpunkt erreicht wird, ist der Tatbestand nicht erfüllt.[204]

1125

bb) Rechtsfolge. Bei einer Übertragung von mehr als 50 % der Beteiligungs- oder Stimmrechte an einer Körperschaft gehen die bisher nicht genutzten (nach § 10d Abs. 4 EStG festgestellten) Verluste vollständig unter. Erfolgt die Übertragung in mehreren Einzelakten und kommt es zu der oben genannten Zusammenrechnung, so tritt die Rechtsfolge für die Verluste ein, die in dem Zeitpunkt des Erreichens der 50 % Grenze bestehen. Verluste, die erst nach der schädlichen Anteilsübertragung entstehen, bleiben abzugsfähig.

1126

Beispiel: A erwirbt im Jahr 16 20 % der Anteile an der X-GmbH. Die X-GmbH hat in den vergangenen Jahren aufgrund schlechter wirtschaftlicher Rahmenbedingungen einen Verlustvortrag in Höhe von 10 Mio. € angehäuft. Im Jahr 17 erwirbt A weitere 35 % an der X-GmbH.

1127

---

200 FG Hamburg, Beschluss v. 29.8.2017 – 2 K 245/17, EFG 2017, 1906, Az. beim BVerfG 2 BvL 19/17.
201 So *Birk/Desens/Tappe*, Steuerrecht, Rn. 1300.
202 BT-Drs. 16/5491, S. 22, bzw. BT-Drs. 16/5377, S. 28.
203 Vgl. BFH, Urteil v. 22.11.2016 – I R 30/15, BFHE 257, 219 = BStBl II 2017, 921.
204 Niedersächsisches Finanzgericht, Urteil v. 13.9.2012 – 6 K 51/10, EFG 2012, 2311 m.w.N., rkr.; a.A. BMF-Schreiben v. 28.11.2017, BStBl I 2017, 1645, Tz. 16, 22.

Da beide Erwerbsvorgänge innerhalb von fünf Jahren stattgefunden haben, sind sie zusammenzurechnen. Dadurch hat A im Jahr 17 insgesamt 55 % der Anteile an der X-GmbH erworben. Folglich liegt ein schädlicher Beteiligungserwerb im Sinne des § 8c Abs. 1 S. 2 KStG vor. Die bis zum Jahr 17 nicht genutzten Verluste in Höhe von 10 Mio. € gehen daher vollständig unter.

cc) Ausnahmen von der Mantelkaufregelung.

1128 **(1) Sanierungsklausel.** Der Gesetzgeber hat im Zuge der Finanz- und Wirtschaftskrise seit dem Jahr 2009 in § 8c Abs. 1a KStG die sogenannte **Sanierungsklausel** eingeführt. Danach ist ein an sich schädlicher Beteiligungserwerb unbeachtlich, wenn er zum Zwecke der Sanierung des Geschäftsbetriebs der Körperschaft erfolgt. Nach § 8c Abs. 1a S. 2 KStG ist eine Sanierung eine Maßnahme, die darauf gerichtet ist, die Zahlungsunfähigkeit oder Überschuldung zu verhindern oder zu beseitigen und zugleich die wesentlichen Betriebsstrukturen zu erhalten.

1129 Lange war fraglich, ob die Sanierungsklausel eine mit dem Binnenmarkt nach Artikel 107 AEUV unvereinbare **Beihilfe** ist. Nachdem die EU-Kommission mit Beschluss vom 26.1.2011 dies festgestellt hatte, hatte die Bundesrepublik Deutschland gegen den Beschluss der Kommission Nichtigkeitsklage vor dem EuG erhoben. Diese wurde zwar wegen der um einen Tag (!) verspäteten Klageerhebung als unzulässig abgewiesen.[205] In weiteren – von verschiedenen Unternehmen betriebenen – Verfahren hat der EuGH dann jedoch die Entscheidung der Kommission verworfen. Entscheidend sprach für den Gerichtshof gegen die Selektivität der Maßnahme, dass die Sanierungsklausel keine Ausnahme vom Grundsatz der Nichtverrechenbarkeit von Verlusten darstellt, wie es die Kommission angenommen hatte, sondern den Grundsatz der Verlustverrechnung des § 10d EStG wieder herstellt. Demgegenüber habe die Kommission auf ein fehlerhaft bestimmtes Referenzsystem abgestellt.[206]

1130 **(2) Konzernklausel.** Weiter hat der Gesetzgeber zum 1.1.2010 im Rahmen des Wachstumsbeschleunigungsgesetzes eine **Konzernklausel** in das Gesetz aufgenommen.[207] Seitdem werden bestimmte konzerninterne Beteiligungserwerbe vom Anwendungsbereich der Regelung ausgenommen, um Umstrukturierungen zu erleichtern.[208] Nach § 8c Abs. 1 S. 4 Nr. 1 KStG liegt kein schädlicher Beteiligungserwerb im Sinne des § 8c Abs. 1 KStG vor, wenn es sich um eine Umstrukturierung innerhalb eines Konzerns handelt, in dem an dem übertragenden und dem übernehmenden Rechtsträger jeweils dieselbe Person zu 100 % beteiligt ist.

1131 Nach dem früheren Gesetzeswortlaut des § 8c Abs. 1 S. 5 KStG a.F. waren solche Fallgestaltungen nicht erfasst, in denen die Konzernobergesellschaft selbst als übertragender oder übernehmender Rechtsträger fungiert und kein Gesellschafter mittelbar oder unmittelbar zu 100 % an ihr beteiligt ist. Da der enge Wortlaut der Vorschrift

---

205 EuG, Beschluss v. 18.12.2012 – T-205/11, DStR 2013, 132.
206 Vgl. EuGH, Urteil v. 28.6.2018 – C-203/16 P, ABl. EU 2018, Nr. C 294, 2 (Heitkamp Bauholding); vorher noch a.A. EuG, Urteil v. 4.2.2016 – T-287/11, ABl. EU 2016, Nr C 129 (Heitkamp Bauholding GmbH); EuG, Urteil v. 4.2.2016 – T-620/11, ABl. EU 2016, Nr C 129 (Financial Services AG).
207 Gesetz zur Beschleunigung des Wirtschaftswachstums (Wachstumsbeschleunigungsgesetz) v. 22.12.2009, BGBl. I 2009, S. 3950.
208 BT-Drs. 17/15, S. 19.

dem Zweck der Vorschrift widersprach, Umstrukturierungen von der Rechtsfolge des § 8c Abs. 1 KStG auszunehmen und somit zu privilegieren, wenn keine konzernfremden Gesellschafter beteiligt sind oder hinzutreten, wurde die Konzernklausel im Jahr 2015 erweitert.[209] Nunmehr liegt auch in solchen Fallkonstellationen kein schädlicher Beteiligungserwerb vor, in denen die Konzernobergesellschaft selbst Erwerber oder Veräußerer ist. Ausreichend ist, wenn eine mittelbare oder unmittelbare 100 %-Beteiligung des Erwerbers an dem übertragenden Rechtsträger (Erwerb durch die Konzernobergesellschaft, § 8c Abs. 1 S. 4 Nr. 1 KStG) oder des Veräußerers an dem übernehmenden Rechtsträger (Veräußerung durch die Konzernobergesellschaft, § 8c Abs. 1 S. 4 Nr. 2 KStG) besteht. Die in dem Beispiel dargestellte Gestaltung stellt nach der aktuellen Fassung keinen schädlichen Beteiligungserwerb im Sinne des § 8c Abs. 1 KStG mehr dar.

Darüber hinaus wurde klargestellt, dass die Konzernklausel auch dann eingreift, wenn die Konzernobergesellschaft eine Personenhandelsgesellschaft ist und mittelbar oder unmittelbar zu 100 % an dem übertragenden und dem übernehmenden Rechtsträger beteiligt ist (§ 8c Abs. 1 S. 5 Nr. 3 KStG). Die explizite Einbeziehung von Personenhandelsgesellschaften als potenzielle Konzernspitze trägt dem Umstand Rechnung, dass diese einkommen- bzw. körperschaftsteuerrechtlich transparent behandelt werden und somit im Grundsatz auf deren Gesellschafter (Mitunternehmer) abzustellen wäre (s.o. Rn. 6, 353 ff.). **1132**

(3) Anerkennung des Verlustübergangs in Höhe der stillen Reserven. Trotz eines schädlichen Beteiligungserwerbs können nach § 8c Abs. 1 S. 5 KStG nicht abziehbare nicht genutzte Verluste abgezogen werden, soweit sie sämtliche vorhandenen stille Reserven des inländischen Betriebsvermögens nicht übersteigen. Maßgeblich sind die **stillen Reserven**, die im Zeitpunkt des schädlichen Anteilserwerbs vorhanden sind. Der Verlustabzug soll dadurch insoweit erhalten bleiben, als er durch vorhandene stille Reserven „abgedeckt" ist. Soweit ein nicht genutzter Verlust jedoch die stillen Reserven übersteigt, greift hinsichtlich des übersteigenden Betrages die Rechtsfolge des Verlustuntergangs. Hintergrund ist die Überlegung, dass bei einer früheren Gewinnrealisierung der stillen Reserven diese ohne weiteres mit den bestehenden Verlusten hätten ausgeglichen werden können.[210] **1133**

(4) Fortführungsgebundener Verlustvortrag, § 8d KStG. Der Gesetzgeber hat rückwirkend auf den 1.1.2016 einen neuen § 8d KStG[211] eingefügt, der im Fall eines schädlichen Beteiligungserwerbs i.S.d. § 8c Abs. 1 KStG die weitere Verlustnutzung ermöglicht, sofern der Geschäftsbetrieb der Körperschaft erhalten bleibt und eine anderweitige Nutzung der Verluste ausgeschlossen ist. Findet vor dem vollständigen Verbrauch des sogenannten **fortführungsgebundenen** Verlustvortrags ein schädliches Ereignis statt, löst dies den Untergang des verbliebenen fortführungsgebundenen Verlustvortrag aus. Hintergrund des neuen § 8d KStG ist das Ziel, „steuerliche **1134**

---
209 Steueränderungsgesetz v. 2.11.2015, BGBl. I 2015, S. 1834.
210 *Birk/Desens/Tappe*, Steuerrecht, Rn. 1305.
211 Gesetz zur Weiterentwicklung der steuerlichen Verlustverrechnung bei Körperschaften v. 20.12.2016, BGBl. I 2016, 2998; vgl. auch BMF-Schreiben v. 18.3.2021, BStBl I 2021, 363.

Hemmnisse bei der Unternehmensfinanzierung durch Neueintritt oder Wechsel von Anteilseignern" zu beseitigen.[212] Die Vorschrift greift damit die frühere Mantelkaufregelung des § 8 Abs. 4 KStG a.F. in Teilen wieder auf, wonach die Erhaltung der rechtlichen und der wirtschaftlichen Identität erforderlich waren. Aufgrund praktischer Probleme, die Merkmale genauer zu bestimmen und demgemäß zahlreichen Umgehungsversuchen,[213] war der heutige § 8c KStG geschaffen worden, der nunmehr wieder in Richtung Missbrauchsvermeidung verengt wurde.

4. Organschaft

1135 Im Gegensatz zur handelsrechtlichen Konzernrechnungslegung existiert im Steuerrecht kein Konzernsteuerrecht im Sinne eines einheitlichen Steuersubjekts „Konzern". Jedes Konzernunternehmen ist ein eigenes Steuersubjekt. Gewinne und Verluste der einzelnen Konzerngesellschaften werden nicht konsolidiert. Daher unterliegen auch die Gewinne aus den Leistungsbeziehungen zwischen einzelnen Konzerngesellschaften der jeweiligen Gewinnermittlung und aufgrund des körperschaftsteuerlichen Trennungsprinzips können auch Gewinne und Verluste von Gesellschaft und Gesellschafter sowie von Konzernunternehmen nicht verrechnet werden.

1136 **Beispiel:**[214] Die Y-GmbH ist eine 100 %ige Tochtergesellschaft der X-GmbH. Während die Y-GmbH einen Gewinn von 100.000 € erzielt, erleidet die X-GmbH einen Verlust in Höhe von 90.000 €. Die X-GmbH hat ein Einkommen von 0 und muss hierauf keine Steuern zahlen. Demgegenüber unterliegt der Gewinn der Y-GmbH in Höhe von 100.000 € sowohl der Körperschaft- als auch der Gewerbesteuer in Höhe von insgesamt circa 30 %. Die Steuerlast auf Ebene der Y-GmbH beträgt somit 30.000 €.

Betrachtet man den Gewinn auf Ebene des Konzerns, so beträgt dieser 10.000 €. Bei einer Steuerlast in Höhe von 30.000 € liegt die Konzernsteuerquote mithin bei 300 %. Auch eine Ausschüttung der Gewinne der Y-GmbH an die X-GmbH führt nicht zu einer Gewinn-/Verlustverrechnung, da die X-GmbH die Dividende (zu 95 %) steuerfrei vereinnahmt, vgl. § 8b Abs. 1, 5 KStG.

1137 Durch das Rechtsinstitut der **Organschaft** erfolgt eine Annäherung an eine Konzernbesteuerung. Zwar bleiben alle Konzerngesellschaften weiterhin eigene Steuersubjekte. Aber das von der abhängigen Kapitalgesellschaft (sogenannte Organgesellschaft) erzielte Steuersubstrat wird dem herrschenden Unternehmen (sogenannter Organträger) zugerechnet. Abgesehen von einigen Sonderregelungen werden damit der Gewinn bzw. die Umsätze von Organgesellschaft und Organträger steuerrechtlich zusammengeführt und beim Organträger erfasst und besteuert.[215]

1138 Die **Organgesellschaft** muss eine Kapitalgesellschaft sein. Die **Organträgerin** kann jede beliebige Rechtsform haben. Darüber hinaus werden eine **finanzielle Eingliederung** der Organgesellschaft in die Organträgerin sowie ein **Gewinnabführungsvertrag** zwischen beiden Gesellschaften gefordert. Im Beispiel bleiben beide Gesell-

---

212 So BR-Drs. 544/16, S. 3.
213 Vgl. *Wassermeyer*, FR 2011, 752 ff.
214 Nach *Frotscher*, Körperschaftsteuer, Rn. 263.
215 Neben der Körperschaftsteuer und Gewerbesteuer findet sich das Institut der Organschaft auch in der Umsatzsteuer und der Grunderwerbsteuer, mit teils unterschiedlichen Voraussetzungen.

schaften jeweils getrennte Körperschaftsteuer-Subjekte. Der auf Ebene der Y-GmbH ermittelte Gewinn in Höhe von 100 wird der X-GmbH zugerechnet und bei dieser der Körperschaftsteuer unterworfen. Auf Ebene der X-GmbH entsteht infolge der Verrechnung mit den eigenen Verlusten ein steuerpflichtiger Gewinn in Höhe von 10. Aufgrund des Gewinnabführungsvertrages beträgt das Einkommen auf Ebene der Y-GmbH regelmäßig 0. Bei ihr entsteht mithin keine Körperschaftsteuer.

Wie sich an diesem Beispiel zeigt, ist ein großer Vorteil der Organschaft die Möglichkeit der Verlustverrechnung. Darüber hinaus wird vermieden, dass bei einer Ausschüttung der Gewinne von der Y-GmbH an die X-GmbH nicht abziehbare Betriebsausgaben in Höhe von 5 % entstehen (§ 8b Abs. 5 KStG, vgl. o. Rn. 1010 ff.). Der notwendige Gewinnabführungsvertrag kann sich jedoch als nachteilig erweisen, da im Falle eines Verlustes bei der Y-GmbH gem. § 17 Abs. 1 S. 2 Nr. 1 KStG i.V.m. § 302 AktG eine **gesellschaftsrechtliche Verlustübernahmeverpflichtung** auf Seiten der X-GmbH besteht, die X-GmbH somit für mögliche Verluste der Y-GmbH einzustehen hat. 1139

Im Gegensatz zu einer reinen Konzernbesteuerung werden Gewinne aus Innerkonzernbeziehungen nicht herausgerechnet. Die X-GmbH im obigen Beispiel hätte auch dann ein Einkommen in Höhe von 10.000 € zu versteuern, wenn der Gewinn der Y-GmbH aus reinen Intra-Konzernumsätzen resultiert. 1140

a) Voraussetzungen

aa) Organträger. Der Organträger muss nach § 14 Abs. 1 S. 1 KStG ein gewerbliches Unternehmen sein. Darüber hinaus bestimmt § 14 Abs. 1 S. 1 Nr. 2 KStG, welche natürlichen und juristischen Personen als Organträger in Frage kommen: 1141

- Unbeschränkt steuerpflichtige natürliche Personen, die einen Gewerbebetrieb unterhalten, zu deren Betriebsvermögen die Beteiligung an der Organgesellschaft gehört (§ 14 Abs. 1 S. 1 Nr. 2 S. 1 Alt. 1 KStG);
- eine Kapitalgesellschaft oder andere Körperschaft, die nicht von der Körperschaftsteuer befreit ist und ein gewerbliches Unternehmen unterhält, wobei auch ein Gewerbebetrieb kraft Rechtsform gemäß § 8 Abs. 2 KStG ausreichend ist, so dass auch eine reine Holding-Kapitalgesellschaft Organträger sein kann (§ 14 Abs. 1 Nr. 2 S. 1 2. Alt. KStG);
- eine Personengesellschaft, die originär gewerblich tätig ist und Einkünfte aus Gewerbebetrieb (§ 15 Abs. 1 und 2 EStG) erzielt. Eine gewerbliche Prägung im Sinne des § 15 Abs. 3 Nr. 2 oder eine Infizierung nach § 15 Abs. 3 Nr. 1 genügt nicht.
- Früher war Voraussetzung, dass der Organträger seinen Ort der Geschäftsleitung im Inland hat. Diese Voraussetzung wurde für eine gewerbesteuerliche Organschaft durch den BFH als Verstoß gegen das zum damaligen Zeitpunkt gültige Doppelbesteuerungsabkommen mit Großbritannien erachtet.[216] Der Gesetzgeber nahm das Urteil zum Anlass, um die Anforderungen an den Organträger auch für die körperschaftsteuerliche Organschaft zu ändern. Um jedoch zu verhindern, dass deutsches Steuersubstrat durch grenzüberschreitende Organschaften dem deutschen Fiskus entzogen wird, ist für die Anerkennung der Organschaft nach

---

216 BFH, Urteil v. 9.2.2011 – I R 54, 55/10 –, BFHE 232, 476 = BStBl II 2012, 106.

der neuen Fassung des § 14 Abs. 1 Nr. 2 S. 4 bis 7 KStG erforderlich, dass die Beteiligung an der Organgesellschaft während der gesamten Dauer ununterbrochen einer inländischen Betriebsstätte (§ 12 AO) des Organträgers zuzuordnen ist.[217]

bb) Organgesellschaft.

1142 **(1) Mögliche Rechtsformen.** Im Gegensatz dazu ist die Anzahl der möglichen Organgesellschaften beschränkt. Gemäß § 14 Abs. 1 S. 1 KStG können Organgesellschaft nur die Europäische Gesellschaft (SE), die AG und die KGaA sein. § 17 KStG ermöglicht die Einbeziehung der GmbH als Organgesellschaft.

1143 **(2) Sitz der Geschäftsleitung.** Im Gegensatz zu den Anforderungen an den Organträger musste die Organgesellschaft nach der früheren Gesetzesfassung sowohl ihren Sitz als auch ihre Geschäftsleitung im Inland haben (**„doppelter Inlandsbezug"**). Als Reaktion auf ein diesbezüglich gegen die Bundesrepublik Deutschland von der Europäischen Kommission eingeleitetes Vertragsverletzungsverfahren wegen Verstoßes gegen die Niederlassungsfreiheit (Art. 49 AEUV) hat der Gesetzgeber das Erfordernis des doppelten Inlandsbezugs in § 14 Abs. 1 S. 1 KStG aufgegeben. In der Tat war dieser doppelte Inlandsbezug unionsrechtswidrig, weil an den Zuzug einer EU/EWR-Gesellschaft keine strengeren Anforderungen gestellt werden dürfen als an eine rein inländische Gesellschaft (s.o. Rn. 1143).

1144 Nunmehr genügt die **Geschäftsleitung im Inland** (§ 10 AO) und der **formelle Satzungssitz** (§ 11 AO) in einem Mitgliedstaat der Europäischen Union oder in einem Vertragsstaat des EWR-Abkommens. § 12 Abs. 4 KStG gewährleistet, dass diese Voraussetzung auch für vor dem Brexit in UK gegründete und nach Deutschland verlegte Gesellschaften erfüllt bleibt, auch wenn der Austritt von UK ohne vertragliche Regelungen abgefedert wird („harter Brexit"). Hierdurch wird im Grundsatz auch eine grenzüberschreitende Organschaft ermöglicht. Jedoch bleibt ein weiteres Hemmnis dahingehend bestehen, als kollisionsrechtlich für den Abschluss eines Gewinnabführungsvertrages das Rechtsregime der Organgesellschaft maßgeblich ist, die meisten Länder aber das Instrument des Gewinnabführungsvertrages nicht kennen.[218] Maßgeblich kann dann nur ein schuldrechtlicher Ergebnisabführungsvertrag sein, der dem deutschen § 291 AktG möglichst entspricht.[219]

1145 Die eigene Tätigkeit der Organgesellschaft ist grundsätzlich irrelevant. Es ist nicht erforderlich, dass sie – im Gegensatz zur Organträgerin – einen gewerblichen Betrieb unterhält. Denn die Organgesellschaft unterhält nach § 8 Abs. 2 KStG als Kapitalgesellschaft immer einen Gewerbebetrieb kraft Rechtsform. Darüber hinaus ist eine Gewinnerzielungsabsicht auf Ebene der Organgesellschaft nicht zwingend notwendig.[220]

---

217 Vgl. BT- Drs. 17/10774, S. 18 f.; zur Neuregelung ausführlich *Dötsch/Pung*, DB 2013, 305 ff.
218 Vgl. *Korn*, SteuK 2013, 111. Zum maßgeblichen Rechtsregime vgl. z.B. BFH, Urteil v. 7.12.2011 – I R 30/08, BFHE 236, 159 = BStBl II 2012, 507 m.w.N.; BFH, Urteil v. 17.9.2014 – I R 30/13, BFHE 247, 260 = BStBl II 2017, 726.
219 Finanzgericht Rheinland-Pfalz, Urteil v. 17.3.2020 – 1 K 2406/07, EFG 2020, 1632, rkr.; Schleswig-Holsteinisches Finanzgericht, Urteil v. 13.3.2019 – 1 K 218/15, EFG 2019, 1466, Rev. beim BFH Az. I R 26/19; OFD Frankfurt a.M. v. 12.11.2019, DStR 2019, 2701.
220 Vgl. BFH, Urteil v. 22.8.2007 – I R 32/06, BFHE 218, 523 = BStBl II 2007, 961; BFH, Urteil v. 2.9.2009 – I R 20/09, BFH/NV 2010, 391.

Es ist jedoch davon auszugehen, dass in der Regel eine Gewinnerzielungsabsicht vorhanden ist, da der Organträger wohl nicht dazu bereit sein wird, dauerhaft die Verluste der Organgesellschaft auszugleichen (hierzu ist er durch den Abschluss des Gewinnabführungsvertrages verpflichtet). Zudem sind Dauerverluste einer Kapitalgesellschaft im Interesse der Muttergesellschaft als vGA einzustufen (s.o. Rn. 1054).[221]

cc) **Finanzielle Eingliederung im Sinne des § 14 Abs. 1 Nr. 1 KStG.**

(1) **Mehrheit der Stimmrechte.** Nach § 14 Abs. 1 S. 1 Nr. 1 KStG muss der Organträger an der Organgesellschaft vom Beginn ihres Wirtschaftsjahres an ununterbrochen in einem solchen Maß beteiligt sein, dass ihm die Mehrheit der Stimmrechte aus den Anteilen an der Organgesellschaft zusteht. Das Merkmal der finanziellen Eingliederung soll sicherstellen, dass der Organträger seinen Willen im Tagesgeschäft der Organgesellschaft durchsetzen kann.[222]

1146

Die Mehrheit der Stimmrechte liegt vor, wenn der Organträger über mehr als 50 % der Stimmrechte oder, im Fall einer in der Satzung festgelegten qualifizierten Mehrheit, über die vereinbarte Stimmrechtsmehrheit an der Organgesellschaft verfügt. Maßgeblich ist die Mehrheit der Stimmrechte, auch wenn diese von der kapitalmäßigen Beteiligung abweichen. Daher kann zum Beispiel im Falle vorhandener stimmrechtsloser Vorzugsaktien auch eine Minderheit der (Kapital-) Anteile genügen, um dennoch die Mehrheit der Stimmrechte ausüben zu können. Erforderlich ist ferner, dass die Stimmrechte dem Organträger im eigenen Namen zustehen. Folglich genügt es nicht, wenn der Organträger die Stimmrechte eines anderen (zum Beispiel als Treuhänder oder aufgrund Stimmrechtsvollmacht) nutzen darf.

1147

(2) **Berücksichtigung mittelbarer Beteiligungen.** Darüber hinaus sind gemäß § 14 Abs. 1 Nr. 1 S. 2 KStG auch mittelbare Beteiligungen an der Organgesellschaft zu berücksichtigen, wenn dem Organträger (direkt oder wiederum mittelbar) die Mehrheit der Stimmrechte an der vermittelnden Gesellschaft zusteht. Es ist zu beachten, dass die vermittelnde Gesellschaft selbst nicht Organgesellschaft (sogar nicht einmal eine Kapitalgesellschaft) sein muss. Mittelbare und unmittelbare Beteiligungen können für den Zweck der finanziellen Eingliederung zusammengerechnet werden, wobei mittelbare Beteiligungen nur dann berücksichtigt werden, wenn die Beteiligung an jeder der vermittelnden Gesellschaften jeweils die Mehrheit der Stimmrechte gewährt.

1148

Beispiel:[223] Die X-GmbH hält 100 % der Anteile an der A-GmbH. Die A-GmbH ist zu 50 % an der Y-GmbH beteiligt. Die X-GmbH ist weiter zu 40 % an der B-GmbH beteiligt, die die anderen 50 % an der Y-GmbH hält.

1149

Die Y-GmbH ist nicht finanziell in die X-GmbH eingegliedert, obwohl der X-GmbH „durchgerechnet" 70 % der Stimmrechte zustehen (50 % über die A-GmbH, 20 % über die B-GmbH). Jedoch besitzt die X-GmbH nicht die Mehrheit der Stimmrechte an der B-GmbH, kann folglich deren Stimmrechte an der Y-GmbH nicht nach ihrem Willen ausüben, so dass diese mittelbare Beteiligung an der Y-GmbH für die Zwecke der finanziellen Eingliederung nicht berücksichtigt wird. Auch über die A-GmbH ist die Y-GmbH nicht finanziell in die X-GmbH eingeglie-

---

221 Vgl. zu den Folgen für die Organschaft *Neumann*, in: Gosch, KStG, § 15 Rn. 40.
222 *Frotscher*, Körperschaftsteuer, Rn. 277.
223 Nach *Frotscher*, Körperschaftsteuer, Rn. 280.

dert, da die A-GmbH mit genau 50 % noch nicht über die Mehrheit der Stimmrechte an der Y-GmbH verfügt.

1150 **(3) Zeitliche Komponente.** Weiter muss die finanzielle Eingliederung nach § 14 Abs. 1 S. 1 Nr. 1 S. 1 KStG **ununterbrochen vom Beginn des Wirtschaftsjahres der Organgesellschaft** an bestehen. Unerheblich sind dagegen das Kalenderjahr sowie das Wirtschaftsjahr des Organträgers. Für diese Voraussetzung kommt es nicht darauf an, wie lang das Wirtschaftsjahr der Organgesellschaft ist. Folglich kann auch auf ein Rumpfwirtschaftsjahr der Organgesellschaft abgestellt werden und damit durch Umstellung des Wirtschaftsjahres der Organgesellschaft die finanzielle Eingliederung hergestellt werden, wenn die Beteiligung im Laufe des Kalenderjahres erworben wird.

1151 Der Begriff der „ununterbrochenen" finanziellen Eingliederung ist nach der Rechtsprechung des BFH eng auszulegen. Daher ist jede auch noch so kurze Unterbrechung der finanziellen Eingliederung während des Wirtschaftsjahres der Organgesellschaft schädlich und die Organschaft für das gesamte Wirtschaftsjahr zerstört. Es tritt eine **„Organschaftspause"** ein, aber anders als bei der Mindestlaufzeit des Gewinnabführungsvertrags keine Versagung der Organschaft von Anfang an, da diese Rechtsfolge gesetzlich nicht vorgesehen ist.[224]

1152 Erfolgt die finanzielle Eingliederung während des laufenden Wirtschaftsjahres, treten die steuerlichen Folgen der Organschaft grundsätzlich erst ab Beginn des folgenden Wirtschaftsjahrs der Organgesellschaft ein. Im Jahr der Begründung der finanziellen Eingliederung hat die Organgesellschaft ihr Einkommen mithin noch selbst zu versteuern.[225] Diese Rechtsfolge kann jedoch vermieden werden.

1153 **Beispiel:** Die A-GmbH hat als Wirtschaftsjahr das Kalenderjahr. Zum 1. August erwirbt die K-GmbH die Anteile an der A-GmbH und möchte so schnell wie möglich eine Organschaft begründen. Dies kann die K-GmbH erreichen, indem die A-GmbH handelsrechtlich ihr Geschäftsjahr und steuerrechtlich ihr Wirtschaftsjahr ändert. Es entsteht ein Rumpf-Geschäftsjahr/Wirtschaftsjahr vom 1 Januar bis 31. Juli. Die Organschaft wird ab dem 1. August begründet. Gegebenenfalls erfolgt eine Rückumstellung des Wirtschaftsjahres auf das Kalenderjahr, wodurch ein zweites Rumpf- Wirtschaftsjahr. entsteht. Die für die erste Umstellung des Wirtschaftsjahres notwendige Zustimmung des FA hat dieses zu erteilen, wenn die Umstellung der Begründung einer Organschaft dient.[226]

1154 **(4) Weitere Besonderheiten.** Darüber hinaus ist erforderlich, dass die Organgesellschaft in den Organträger selbst eingegliedert ist. Dies wirkt sich insbesondere bei Personengesellschaften als Organträger aus und erfordert, dass sich die Beteiligung an der Organgesellschaft im Gesamthandsvermögen der Personengesellschaft und nicht lediglich im Sonderbetriebsvermögen eines Personengesellschafters befindet.[227]

1155 Weiterhin ist nach § 14 Abs. 2 S. 1 KStG erforderlich, dass die finanzielle Eingliederung in einen einzigen Organträger besteht, so dass eine sogenannte **Mehrmütteror-**

---

[224] BFH, Urteil v. 10.5.2017 – I R 51/15, BFHE 258, 351 = BStBl II 2018, 30; BFH, Urteil v. 10.5.2017 – I R 19/15, BFHE 258, 344 = BStBl II 2019, 81.
[225] *Neumann*, in: Gosch, KStG, § 14 Rn. 156.
[226] R 14.4 (3) KStR 2015.
[227] *Neumann*, in: Gosch, KStG, § 14 Rn. 130.

ganschaft nicht mehr möglich ist. Vor 2003 war dies noch der Fall, so dass mehrere Anteilseigner einer Organgesellschaft, die zusammen die Mehrheit der Stimmrechte an dieser innehatten, sich lediglich zum Zweck der einheitlichen Willensbildung hinsichtlich dieser Stimmrechte zu einer Organträger-GbR zusammenschließen konnten. Wirtschaftspolitisch erschwert diese Rechtsänderung die Bildung gleichberechtigter Joint Venture Unternehmen.[228]

dd) Ergebnisabführungsvertrag, § 14 Abs. 1 Nr. 3 KStG.

(1) Zivilrechtliche Wirksamkeitsvoraussetzungen. Weitere Voraussetzungen für die steuerliche Anerkennung einer Organschaft ist nach § 14 Abs. 1 S. 1 Nr. 3 KStG der Abschluss eines Gewinn- bzw. Ergebnisabführungsvertrages (EAV). Es handelt sich dabei um einen EAV im Sinne der §§ 291 ff. AktG. Dieser muss zunächst zivilrechtlich entsprechend der §§ 291 ff. AktG wirksam abgeschlossen worden sein. Hinsichtlich einer GmbH als Organgesellschaft sind die Wirksamkeitsvoraussetzungen der §§ 291 ff. AktG nicht anwendbar, vielmehr ergeben sich hier die Voraussetzungen aus den allgemeinen Vorschriften über die GmbH. Damit bestehen folgende zivilrechtliche Wirksamkeitsvoraussetzungen: **1156**

Ist die Organgesellschaft eine AG oder KGaA, bedarf der Vertrag i.S.d. § 291 Abs. 1 AktG nach § 293 Abs. 3 AktG der Schriftform. Nach §§ 293 Abs.1, 130 Abs. 1 AktG bedarf der Vertrag einer Zustimmung einer Mehrheit der Hauptversammlung der Organgesellschaft von ¾ und der notariellen Beurkundung. Ist der Organträger eine Aktiengesellschaft oder AGaA, bedarf er nach § 293 Abs. 2 AktG auch der Zustimmung ihrer Hauptversammlung. Nach § 304 AktG sind gegebenenfalls Ausgleichzahlungen an außenstehende Gesellschafter der Organgesellschaft zu vereinbaren. Wirksam wird der Vertrag mit Eintragung in das Handelsregister, § 294 Abs. 1 AktG. Wird die Eintragung zwar rechtzeitig angemeldet, erfolgt aber erst im Folgejahr, können die Wirkungen der Organschaft erst im Jahr der Eintragung eintreten. Eine Behandlung des zivilrechtlich noch nicht wirksam gewordenen Vertrags mittels der Grundsätze der fehlerhaften Gesellschaft kommt im Steuerrecht aufgrund der streng formalen Voraussetzungen nicht in Betracht.[229] **1157**

Bei einer GmbH als Organgesellschaft ist der Vertrag ebenfalls in Schriftform zu fassen und bedarf entsprechend § 53 Abs. 2 GmbHG der Zustimmung einer Mehrheit von ¾ der Gesellschafterversammlung. Der Beschluss ist ebenfalls notariell zu beurkunden. Ist der Organträger eine GmbH, hat auch dessen Gesellschafterversammlung zuzustimmen. Entsprechend § 54 Abs. 1 GmbHG wird der Vertrag mit Eintragung in das Handelsregister wirksam.[230] **1158**

Ist Organträger eine Personenhandelsgesellschaft, kommt es für die zivilrechtliche Wirksamkeit auf die Vertretungsmacht der für die Gesellschaft handelnden Personen an. Im Innenverhältnis ist nach § 116 Abs. 2 HGB eine Zustimmung sämtlicher Gesellschafter erforderlich.[231] **1159**

---

228 *Frotscher*, Körperschaftsteuer, Rn. 267.
229 FG Baden-Württemberg, Urteil v. 8.7.2013 – 6 K 3578/11, juris, rkr.
230 *Neumann*, in: Gosch, KStG, § 17 Rn. 3 m.w.N.
231 *Neumann*, in: Gosch, KStG, § 14 Rn. 198 m.w.N.

1160 **(2) Mindestlaufzeit.** Nach § 14 Abs. 1 Nr. 3 KStG muss der EAV auf **mindestens fünf Jahre** abgeschlossen und während seiner gesamten Geltungsdauer durchgeführt werden. Dabei wird hinsichtlich dieser zeitlichen Komponente an Zeitjahre angeknüpft, so dass zum Beispiel ein Rumpf-Wirtschaftsjahr und vier weitere jeweils 12 Monate umfassende Wirtschaftsjahre nicht ausreichend sind. Wird der EAV vor Ablauf der Mindestlaufzeit von fünf Jahren beendet, so wird das Organschaftsverhältnis grundsätzlich ex tunc nicht anerkannt. Dies hat zur Folge, dass die Gesellschaften rückwirkend so besteuert werden, als hätte keine Organschaft bestanden. Die Gewinnabführungen stellen dann vGA und ein Verlustausgleich stellt eine vE dar. Ist der EAV bereits über einen Zeitraum von fünf Jahren durchgeführt worden, endet die Organschaft mit Wirkung ex nunc, also erst für das Jahr der erstmaligen Nichtdurchführung.

1161 **Beispiel:**[232] In dem vom BFH zu entscheidendem Fall hatte der Notar als Endtermin den 30.12. statt den 31.12. notariell beurkundet, so dass ein Tag für die Einhaltung der Frist fehlte. Der BFH stellte fest, dass bei der Prüfung, ob ein Gewinnabführungsvertrag auf mindestens fünf Jahre abgeschlossen ist, der Vertrag nach objektiven Gesichtspunkten auszulegen ist. Der aus § 133 BGB abgeleitete Grundsatz „falsa demonstratio non nocet" gelte nur, soweit sich für das von den Vertragsschließenden subjektiv Gemeinte im Vertrag oder den allgemein zugänglichen Quellen eindeutige Belege finden lassen. Daran fehlte es in diesem Fall. Die Organschaft war von Anfang an unwirksam.

1162 In Ausnahmefällen ist die vorzeitige Beendigung des EAV unschädlich, d.h. die Voraussetzungen der Organschaft enden mit ex nunc-Wirkung. Hierzu ist gemäß § 14 Abs. 1 S. 1 Nr. 3 S. 2 KStG ein wichtiger Grund, der die Kündigung rechtfertigt, erforderlich. Ein wichtiger Grund liegt bei Veräußerung oder Einbringung der Organbeteiligung durch den Organträger sowie bei Verschmelzung, Spaltung oder Liquidation des Organträgers oder der Organgesellschaft vor.[233] Ein für die vorzeitige Beendigung eines EAV unschädlicher wichtiger Grund liegt nach der Rechtsprechung allerdings nicht schon dann vor, wenn der EAV aus Sicht der Parteien den Zweck der Konzernverlustverrechnung erfüllt hat und im Rahmen der Konzernsteuerplanung nicht mehr benötigt wird.[234] Sofern nach Ablauf der 5 Jahre eine Verlängerung des EAV geplant ist, kann diese auch von kürzerer Dauer sein.

1163 **(3) Tatsächliche Durchführung.** Der EAV muss ferner während der gesamten Vertragslaufzeit tatsächlich durchgeführt werden (§ 14 Abs.1 Nr. 3 S. 1 2. HS KStG). Dies erfordert, dass die Vertragsparteien die gesetzlichen Wirkungen des Vertrages eintreten lassen. Dazu ist insbesondere die tatsächliche Abführung des gesamten handelsbilanziell zulässigen Gewinns auf Ebene der Organgesellschaft bzw. die Übernahme des Verlustes auf Ebene des Organträgers erforderlich. Handelt es sich bei der Organgesellschaft um eine AG oder eine KGaA, so ergibt sich die Verpflichtung zur Verlustübernahme aus § 302 AktG.

1164 Diese Verpflichtung zur Verlustübernahme folgt zwar nach ganz herrschender Meinung analog auch für die GmbH als Organgesellschaft. Aus § 17 S. 2 Nr. 2 KStG er-

---

232 Nach BFH, Beschluss v. 23.1.2013 – I R 1/12, BFH/NV 2013, 989.
233 Vgl. R 14.5 (6) S. 2 KStR 2015.
234 BFH, Urteil v. 13.11.2013 – I R 45/12, BFHE 244, 277 = BStBl II 2014, 486.

gibt sich jedoch, dass bei einer GmbH als Organgesellschaft die Pflicht zur Verlustübernahme aus steuerlichen Gründen ausdrücklich durch einen Verweis auf den § 302 AktG in seiner jeweils gültigen Fassung (**sogenannter dynamischer Verweis**) vereinbart werden muss.[235]

Bedeutsam ist, dass nach § 14 Abs. 1 S. 1 KStG die Abführung des **„ganzen" Gewinns** erforderlich ist. Damit muss die höchste handelsrechtlich zulässige Abführung erfolgen. Dies ist bei einer AG/KGaA nach § 301 AktG geregelt. Danach ist insbesondere auch in gewissem Umfang eine Gewinnrücklagenbildung bei der Organgesellschaft während der Vertragsdauer zulässig, wobei dies steuerrechtlich nach § 14 Abs. 1 Nr. 4 KStG dahingehend eingeschränkt wird, dass die Einstellung in die Gewinnrücklagen bei vernünftiger kaufmännischer Beurteilung wirtschaftlich begründet sein muss. Kapitalrücklagen können während der Vertragslaufzeit hingegen unbegrenzt gebildet werden. Sind noch in vororganschaftlicher Zeit gebildete Rücklagen vorhanden, so können diese nicht Gegenstand der Gewinnabführung sein, sondern zum Schutz der Minderheitsgesellschafter nur ausgeschüttet werden, damit die Minderheitsgesellschafter an diesen Gewinnen partizipieren können.

1165

Umgekehrt erfordert die Abführung des ganzen in organschaftlicher Zeit erzielten Gewinns aber, dass eine Beteiligung der Minderheitsgesellschafter an diesem Gewinn nicht möglich ist. Die Minderheitsgesellschafter erhalten stattdessen eine **Ausgleichszahlung**, die unschädlich ist, § 14 Abs. 2 KStG. Wird entgegen diesem Erfordernis Gewinn an Minderheitsgesellschafter ausgeschüttet, ist damit nicht der ganze Gewinn abgeführt worden und somit der EAV nicht durchgeführt worden. Erfolgt dies während der Mindestlaufzeit, wird die Organschaft ex tunc steuerrechtlich nicht anerkannt und es treten die oben geschilderten Folgen ein. Für die tatsächliche Gewinnabführung bzw. Verlustübernahme wird daher zunächst eine Forderung bzw. Verbindlichkeit an verbundene Unternehmen ausgewiesen. Dadurch beträgt der Jahresüberschuss der Organgesellschaft regelmäßig 0 €, da sich ihr Gewinn, um die Verbindlichkeit, den diese an den Organträger abzuführen hat, mindert. Zur Erfüllung dieser Forderung bzw. Verbindlichkeit ist nicht unbedingt ein Geldfluss erforderlich, vielmehr genügen auch Erfüllungssurrogate, wie zum Beispiel eine Aufrechnung oder die Novation der Forderung.

1166

Sollte der abgeführte Gewinn oder ausgeglichene Verlust auf einem Jahresabschluss beruhen, der fehlerhafte Bilanzansätze enthält, fingiert § 14 Abs. 1 Nr. 3 S. 4 KStG unter bestimmten Voraussetzungen die tatsächliche Durchführung des Gewinnabführungsvertrages, damit solche **Fehler** nicht dies gesamte Organschaft zunichtemachen.[236]

1167

Nach § 14 Abs. 1 S. 1 Nr. 5 KStG werden negative Einkünfte in die Organschaft nicht einbezogen, wenn sie in einem anderen Staat berücksichtigt werden. Damit sollen Steuergestaltungen doppelter Verlustberücksichtigung (**„Double Dip"**) unterbunden werden.[237]

1168

---

235 *Neumann*, in: Gosch, KStG, § 17 Rn. 10.
236 Vgl. *Forst/Suchanek/Martini*, GmbHR 2015, 408 ff.
237 Vgl. BFH, Urteil v. 12.10.2016 – I R 92/12, BFHE 256, 32; *Weinberger*, IStR 2017, 970 ff.

b) Rechtsfolgen der körperschaftsteuerlichen Organschaft

1169 Grundsätzlich bleiben sowohl der Organträger als auch die Organgesellschaft weiterhin selbständige, unbeschränkt steuerpflichtige Steuerrechtssubjekte. Ihr Einkommen ist zunächst voneinander unabhängig zu ermitteln. Dabei sind allerdings die Besonderheiten der organschaftlichen Einkommensermittlung nach den §§ 15 und 16 KStG zu berücksichtigen.[238] Verfahrensrechtlich wird das dem Organträger zuzurechnende Einkommen der Organgesellschaft nach § 14 Abs. 5 S. 1 KStG gesondert und einheitlich durch das für die Besteuerung der Organgesellschaft zuständige Finanzamt festgestellt.

1170 **aa) Besonderheiten der Einkommensermittlung bei der Organgesellschaft.** Auf Ebene der Organgesellschaft wird das zu versteuernde Einkommen in der Regel Null betragen, da Gewinne aufgrund des EAV an den Organträger abgeführt werden müssen. Aufgrund der Aufhebung der haftungsrechtlichen Abschirmwirkung des Trennungsprinzips bei Körperschaften ist es gerechtfertigt, das Einkommen der Organgesellschaft dem Organträger zuzurechnen. Um das dem Organträger zuzurechnende Einkommen zu ermitteln, muss zunächst auf der Ebene der Organgesellschaft außerbilanziell die zuvor eingebuchte Gewinnabführungsverpflichtung bzw. Verlustausgleichsforderung wieder korrigiert werden. Da bestimmte Steuerbefreiungen von der Rechtsform des Berechtigten abhängen, für die Entscheidung über die Berechtigung jedoch die Rechtsform des Organträgers maßgeblich ist, ordnet § 15 Abs. 1 Nr. 2 KStG an, dass § 8b KStG und § 4 Abs. 7 UmwStG für die Organgesellschaft nicht anzuwenden sind. Das Einkommen der Organgesellschaft wird also so ermittelt, als seien diese Einkünfte steuerpflichtig. Sofern die Organgesellschaft an den Organträger eine vGA geleistet hat, gilt sie als vorweggenommene Gewinnabführung und ist bei der Organgesellschaft außerbilanziell hinzuzurechnen.

1171 Für den Fall, dass die Organgesellschaft an Minderheitsgesellschafter Ausgleichszahlungen geleistet hat, hat sie nach § 16 KStG 20/17 des gezahlten Ausgleichsbetrages als eigenes Einkommen zu versteuern. Der Betrag von 20/17 berücksichtigt die auf die Ausgleichszahlung entfallende Körperschaftsteuer, da der Organgesellschaft auch insoweit noch Mittel zur Begleichung dieser Steuer belassen werden müssen.

1172 Mithin ermittelt sich das Einkommen der Organgesellschaft wie folgt:[239]

	Jahresüberschuss nach HGB der Organgesellschaft (regelmäßig 0 EUR)
+/./.	Korrekturen aufgrund steuerrechtlicher Bilanzierungs-/Bewertungsvorschriften
=	**Steuerbilanzergebnis**
+/./.	nicht abziehbare Aufwendungen/steuerfreie Erträge (ohne Berücksichtigung der §§ 8a KStG, 4 Abs. 7 UmwStG, vgl. § 15 Nr. 2 KStG)
+/./.	Verdeckte Gewinnausschüttungen/verdeckte Einlagen
+/./.	Gewinnabführung an/Verlustausgleich durch Organträger
+	Ausgleichszahlungen an außenstehende Gesellschafter

---

238 Siehe hierzu *Frotscher*, Körperschaftsteuer, Rn. 314 ff.
239 Vgl. *Neumann*, in: Gosch, KStG, § 14 Rn. 393.

	Jahresüberschuss nach HGB der Organgesellschaft (regelmäßig 0 EUR)	
=	Einkommen der Organgesellschaft	} eigenes zu versteuerndes Einkommen der Organgesellschaft
./.	Ausgleichszahlung/vGA an außenstehende Gesellschafter	
./.	KSt auf Ausgleichzahlung (=3/17 der Ausgleichzahlung)	
=	dem Organträger zuzurechnendes Einkommen	

bb) Besonderheiten der Einkommensermittlung bei dem Organträger. Auf der Ebene des Organträgers ergeben sich für die Einkommensermittlung ebenfalls Besonderheiten aufgrund der Einkommenszurechnung seitens der Organgesellschaft. So ist insbesondere das bereits als Ertrag bzw. Aufwand eingebuchte Ergebnis der Gewinnabführung wieder außerbilanziell zu korrigieren, da dieser Betrag sonst durch die Einkommenszurechnung doppelt erfasst würde. Gleiches gilt für erhaltene vGA und geleistete vE. Sofern in dem zugerechneten Einkommen Erträge aus Beteiligungen enthalten sind, ist nun auf der Ebene des Organträgers § 8b KStG anzuwenden. **1173**

Folglich wird das zu versteuernde Einkommen des Organträgers wie folgt ermittelt:[240] **1174**

	Handelsrechtlicher Jahresüberschuss
+/./.	Korrekturen aufgrund steuerrechtlicher Bilanzierungs-/Bewertungsvorschriften
=	**Steuerbilanzergebnis**
+/./.	nicht abziehbare Aufwendungen/steuerfreie Erträge
./.+	Verdeckt Gewinnausschüttungen/verdeckte Einlagen
+/./.	Korrekturen nach §§ 8b KStG, 3 Nr. 40, 3 c Abs. 2 EStG, 4 Abs. 7 UmwStG aufgrund von Beteiligungserträgen der Organgesellschaft
+/./.	Aufwand aus Verlustübernehme bei Organgesellschaft/Ertrag aus Gewinnabführung der Organgesellschaft
+/-	Aufwand/Ertrag aus der Auflösung oder Bildung von Ausgleichsposten
=	**Eigenes Einkommen der Organgesellschaft**
+/./.	**dem Organträger zuzurechnendes Einkommen der Organgesellschaft**
=	**vom Organträger zu versteuerndes Einkommen**

D. Besteuerungsverfahren und Entstehen der Steuer

Grundsätzlich sind nach § 31 Abs. 1 S. 1 KStG auf die Durchführung der Besteuerung einschließlich der Anrechnung, Entrichtung und Vergütung der Körperschaftsteuer sowie die Festsetzung und Erhebung von Steuern die Vorschriften des EStG anzuwenden. Das betrifft vor allem die Steuererklärungspflicht nach § 25 Abs. 3 S. 1 und Abs. 4 EStG, die Anrechnung von Vorauszahlungen und Steuerabzugsbeträgen **1175**

---

240 *Neumann*, in: Gosch, KStG, § 14 Rn. 426.

nach § 36 Abs. 2 EStG, die Abschlusszahlungen gemäß § 36 Abs. 4 EStG sowie die Körperschaftsteuer-Vorauszahlungen nach § 37 EStG.

I. Grundsatz: Abschnittsbesteuerung

1176 Zwar steht die wirtschaftliche Leistungsfähigkeit einer Körperschaft erst nach ihrer gesamten Lebensdauer mit Abschluss der Liquidation genau fest. Dies ist verfahrensrechtlich jedoch nicht durchführbar. Daher gilt ebenso wie im Einkommensteuerrecht auch bei der Körperschaftsteuer das **Prinzip der Abschnittsbesteuerung**, wonach es für die Besteuerung auf die wirtschaftliche Leistungsfähigkeit der Körperschaft in einem bestimmten Zeitabschnitt ankommt. Besteuerungszeitraum ist nach § 7 Abs. 3 KStG das Kalenderjahr. Gemessen an der wirtschaftlichen Leistungsfähigkeit der Körperschaft während ihrer gesamten Existenz kann das Prinzip der Abschnittbesteuerung zu einer Überbesteuerung führen, wenn beispielsweise kurz vor der Liquidation Verluste entstehen, die nicht mehr mit künftigen Gewinnen ausgeglichen werden können. Die Mindestbesteuerung nach § 10d EStG, die Verlustabzugsbeschränkung nach § 8c KStG sowie die Zinsschranke verstärken diesen Effekt (s.o. Rn. 984 ff.).

1177 Zu unterscheiden sind der Bemessungs-, der Ermittlungs- und der Veranlagungszeitraum. **Bemessungszeitraum** ist nach § 7 Abs. 3 S. 1 KStG der Zeitraum, für den die Körperschaftsteuer entsteht. Dies ist grundsätzlich das Kalenderjahr. Ausnahmen bestehen bei einem Wechsel zwischen unbeschränkter und beschränkter Körperschaftsteuerpflicht während des Kalenderjahrs, wodurch der Bemessungszeitraum geteilt wird in den jeweiligen Zeitraum, für den die jeweilige Steuerpflicht bestand (§ 7 Abs. 3 S. 3 KStG), und bei der Liquidationsbesteuerung, bei der der Bemessungszeitraum der maximal dreijährige Abwicklungszeitraum ist (§ 11 KStG, dazu sogleich).

1178 **Ermittlungszeitraum** ist nach § 7 Abs. 4 S. 1 KStG das Wirtschaftsjahr. Bei einem vom Kalenderjahr abweichenden Wirtschaftsjahr bestimmt § 7 Abs. 4 S. 2 KStG, dass der Gewinn als in dem Kalenderjahr bezogen gilt, in dem das Wirtschaftsjahr endet. Läuft das Wirtschaftsjahr zum Beispiel vom 1.7.19 bis zum 30.6.20, so gilt der Gewinn dieses Wirtschaftsjahres erst als im Kalenderjahr 20 bezogen. Durch Umstellung des Wirtschaftsjahres lassen sich daher Gewinne verschieben, wodurch auch die Steuerlast eines Besteuerungszeitraums beeinflusst werden kann. Daher wird die Umstellung des Wirtschaftsjahres nach § 7 Abs. 4 S. 3 KStG von dem vorherigen Einvernehmen des Finanzamts abhängig gemacht. Es handelt sich um eine Ermessensentscheidung, die nach § 5 AO i.V.m. § 102 FGO nur beschränkt gerichtlich überprüfbar ist. Die Umstellung muss jedoch genehmigt werden (Ermessenreduzierung auf Null), wenn dafür wirtschaftlich einleuchtende Gründe vorliegen (beispielsweise die Herstellung oder Auflösung von Organschaftsverhältnissen auf einen bestimmten Zeitpunkt, s.o. Rn. 1152 f.).[241]

1179 **Veranlagungszeitraum** ist nach § 31 Abs. 1 KStG, § 25 Abs. 1 EStG der Zeitraum, für den die Körperschaftsteuer durch Steuerbescheid festgesetzt ("veranlagt") wird. Dies ist – außer in den Fällen der Liquidationsbesteuerung (dazu sogleich) – immer das Kalenderjahr.

---

[241] Vgl. *Stalbold*, in: Gosch, KStG, § 7 Rn. 62 f.

Gemäß § 30 Nr. 3 KStG **entsteht** die Körperschaftsteuer für die veranlagte Steuer mit Ablauf des Veranlagungszeitraums. Allerdings kann die Steuer schon zu einem früheren Zeitpunkt entstehen, beispielsweise für Vorauszahlungen der Körperschaftsteuer nach § 30 Nr. 2 KStG mit Beginn des Kalendervierteljahres, indem die Vorauszahlung zu entrichten ist und für Abzugsbeträge, wie die Kapitalertragsteuer, nach § 30 Nr. 1 KStG im Zeitpunkt des Zuflusses der Einkünfte. Nach § 32 Abs. 1 KStG hat der Steuerabzug bei steuerbefreiten und beschränkt steuerpflichtigen Körperschaften, sofern diese keine inländische Betriebstätte unterhalten, abgeltende Wirkung. § 32 Abs. 5 KStG eröffnet beschränkt steuerpflichtigen EU- oder EWR-Gesellschaften im Sinne des § 2 Nr. 1 KStG die Möglichkeit, sich die einbehaltene und abgeführte Kapitalertragsteuer erstatten zu lassen. Das Erstattungsverfahren findet jedoch nur unter engen Voraussetzungen Anwendung und ist gegenüber anderen Erstattungsvorschriften subsidiär (beispielsweise nach § 8 Abs. 1 KStG i.V.m. § 50d Abs. 1 EStG für die Erstattung der Kapitalertragsteuer, die nach einem Doppelbesteuerungsabkommen nicht oder nicht in der vorgenommenen Höhe erfolgen darf). § 32 Abs. 5 KStG diente im Grunde nur dazu, beschränkt steuerpflichtigen Körperschaften für ausgeschüttete Streubesitzdividenden bis zum 28. Februar 2013 eine Erstattung zu ermöglichen, um die bis zur Einführung des § 8b Abs. 4 KStG (siehe bereits unter Rn. 1015 ff.) bestehende unionsrechtswidrige Rechtslage (siehe bereits unter Rn. 1016) zu beseitigen. Gemäß § 32 Abs. 5 S. 2 Nr. 2 i.V.m. § 8b Abs. 4 S. 1 KStG ist die auf Streubesitzdividenden entfallende Kapitalertragsteuer nun nicht mehr vom Erstattungsverfahren erfasst.

1180

II. Ausnahme: Liquidationsbesteuerung

Mit § 11 KStG sichert sich der Gesetzgeber den letzten steuerlichen Zugriff auf die stillen Reserven einer Körperschaft, wenn diese liquidiert wird („Schlussbesteuerung"). Wird eine Kapitalgesellschaft liquidiert, erfolgt dies gesellschaftsrechtlich stufenweise durch Auflösung, Abwicklung und Vollbeendigung. Die Auflösung ist lediglich ein Beschluss, die Kapitalgesellschaft abwickeln zu wollen und bewirkt, dass sich ihr Zweck von einem werbenden in einen Abwicklungszweck wandelt. Steuerliche Folgen werden dadurch noch nicht ausgelöst. Die daraufhin folgende Abwicklung dient der vermögensmäßigen Umsetzung der Auflösung, indem zum Beispiel die laufenden Geschäfte beendet und die Forderungen eingezogen werden sowie das Sachvermögen in Geldvermögen umgewandelt wird. Das nach der Abwicklung verbleibende Vermögen ist an die Gesellschafter zu verteilen. Erst mit der Abwicklung werden die steuerlichen Folgen der Liquidationsbesteuerung ausgelöst. **Ermittlungs- und Veranlagungszeitraum** ist daher nicht mehr das Kalenderjahr, sondern der gesamte Zeitraum der Abwicklung – also von deren Beginn bis zur Vollbeendigung – ist. Dieser einheitliche Besteuerungszeitraum soll nach § 11 Abs. 1 S. 2 KStG drei Jahre nicht überschreiten.

1181

Während dieses Abwicklungszeitraums ist die Bemessungsgrundlage für die Körperschaftsteuer der in diesem Zeitraum erzielte Gewinn. Letzterer wird nach § 11 Abs. 2 KStG durch Gegenüberstellung des Abwicklungs-Endvermögens mit dem Abwicklungs-Anfangsvermögen ermittelt. Um die stillen Reserven für Besteuerungszwecke erfassen zu können, wird dabei das Abwicklungsanfangsvermögen mit dem Buch-

1182

wert, das Abwicklungs-Endvermögen dagegen mit dem gemeinen Wert bewertet. Das Abwicklungs-Anfangsvermögen ist nach § 11 Abs. 4 KStG das Betriebsvermögen, das in der Bilanz zum Schluss desjenigen Wirtschaftsjahres, welches dem Auflösungsbeschluss vorangegangen ist, ausgewiesen ist. Dabei kann auch ein Rumpf-Wirtschaftsjahr vom Schluss des vorangegangenen Wirtschaftsjahres bis zum Auflösungsbeschluss gebildet werden. Das Abwicklungs-Endvermögen ist nach § 11 Abs. 3 KStG das zur Verteilung kommende Vermögen, vermindert um steuerfreie Vermögensmehrungen, die während des Abwicklungszeitraums entstanden sind.

1183 Die Liquidationsbesteuerung gilt nach § 11 Abs. 1 S. 1 KStG nur für Körperschaften im Sinne des § 1 Abs. 1 Nr. 1 bis 3 KStG, da nur bei diesen Körperschaften § 8 Abs. 2 KStG gilt. Bei den übrigen Körperschaften im Sinne des § 1 Abs. 1 Nr. 4 bis 6 KStG richtet sich die Besteuerung von Wertsteigerungen nach den allgemeinen Regeln, entsprechend den einzelnen Einkunftsarten und jeweils bezogen auf ein einzelnes Kalender- oder Wirtschaftsjahr. Ferner greift die Liquidationsbesteuerung nur für unbeschränkt steuerpflichtige Körperschaften ein.

E. Abschließende Übersichten

I. Belastungsvergleich zwischen Dividendenbesteuerung im Privat- und Betriebsvermögen

1184

Anteile im:	Privatvermögen		Betriebsvermögen	
	Gewinn		100.000	
	./. 15 % KSt		./. 15.000	
Ebene der Gesellschaft	Bruttoausschüttung		85.000	
	./. Sparerpauschbetrag	84.199	./. 25 % Kapitalertragsteuer	./. 21.250
	./. 25 % Kapitalertragsteuer	./. 21.049		
	Nettoausschüttung	63.150	Nettoausschüttung	63.750
Ebene des Gesellschafters	Keine steuerlichen Auswirkungen, da Kapitalertragsteuerabzug **abgeltende Wirkung** hat. (Ausnahme: Günstigerprüfung)		Bruttoausschüttung davon 40 % steuerfrei	85.000
			steuerpflichtige Einnahmen	51.000
			ESt bei (fiktivem) Satz 35 %	17.850
			Steuererstattung	3.400
Belastung	KSt (Ebene 1)	15.000	KSt (Ebene 1)	15.000
	ESt (Ebene 2)	21.049	ESt (Ebene 2)	17.850
	Gesamtbelastung	36.049 = ca. 36 %	Gesamtbelastung	32.850 = ca. 33 %

II. Besteuerung von Dividenden

Anteile werden gehalten im	Privatvermögen	Betriebsvermögen natürliche Person	Betriebsvermögen KapG Beteiligung ≥ 10 %	Betriebsvermögen KapG Beteiligung < 10 %
Einschlägige Norm	Abgeltungsteuer § 32d EStG	Teileinkünfte-Verfahren § 3 Nr. 40 lit. d EStG	§ 8b Abs. 1 KStG	§ 8b Abs. 4 KStG
Steuerpflichtige Dividende	100 % der Dividende	60 % der Dividende	5 % der Dividende	100 % der Dividende
Abzug WK/BA	Kein WK-Abzug	BA-Abzug zu 60 %	BA-Abzug zu 100 %	BA-Abzug zu 100 %

1185

III. Besteuerung von Anteilsveräußerungen

Anteile werden gehalten im	Privatvermögen Beteiligung < 1 %	Privatvermögen Beteiligung ≥ 1 %	Betriebsvermögen natürliche Person	Betriebsvermögen KapG
Einschlägige Norm	Abgeltungsteuer § 32d EStG	Teileinkünfte-Verfahren § 3 Nr. 40 lit. c EStG	Teileinkünfte-Verfahren § 3 Nr. 40 lit. a EStG	§ 8b KStG
Steuerpflichtiger Veräußerungsgewinn (VG)	100 % des VG	60 % des VG	60 % des VG	5 % des VG
Abzug WK/BA	Grds. kein WK-Abzug	Kostenabzug zu 60 %	BA-Abzug zu 60 %	BA-Abzug zu 100 %

1186

Sachverzeichnis

Die Angaben beziehen sich auf die Randnummern.

Abfärbe- bzw. Infektionstheorie 430 ff
- Aufwärtsinfektion 442 ff
- Ausgliederungslösung 437 f
- Bagatellgrenze 432 ff, 446 f
- bei gewerblichen Verlusten 436

Abgeltungsteuer 17, 21, 867, 876 ff
- Günstigerprüfung 877
- Sparer-Pauschbetrag 878
- Veranlagung 877

Abschreibung 137, 221
- degressive 221
- für außergewöhnliche technische oder wirtschaftliche Abnutzung 223
- lineare 221

Anlagespiegel 304
Anlagevermögen 146
Anrechnungsverfahren 867
Anschaffungskosten 218, 220

Bemessungsgrundlage 9 ff, 136 ff, 497, 499, 964 ff
Berufsverband 946
Beschränkte Steuerpflicht
- isolierende Betrachtungsweise 940
Betriebe gewerblicher Art 895, 1039
Betriebsaufgabe 108 ff, 114
- Ermittlungsart 318
- finale 111
- Fortführungsfiktion 112
Betriebsaufspaltung 100 ff, 137, 232, 370, 423 f
- Beherrschungsidentität 103
- Besitzunternehmen 100
- Beteiligungsidentität 103
- Betriebsunternehmen 100
- echte 107
- Gewohnheitsrecht 101
- kapitalistische 107
- mitunternehmerische 107, 426 ff, 658
- personelle Verflechtung 100, 103
- sachliche Verflechtung 100, 102
- umgekehrte 107
- unechte 107

Betriebsausgaben 139, 280
Betriebsausgabenabzugsverbot 279 ff, 976 ff
- Aufwendungen für Satzungszwecke 979
- Beteiligungsaufwand 475, 873, 1010 ff, 1022 f, 1025 f
- Geldbußen 282
- Geldstrafen 282, 981
- Häusliches Arbeitszimmer 180, 280, 978
- Schmier- und Bestechungsgelder 282
- Überentnahmen 166, 281
- Zinsschranke 283, 984 ff
Betriebsbegriff
- enger 140
- weiter 139
Betriebseinnahmen 139, 284, 290 ff
Betriebsgrundlagen, wesentliche 102, 110, 330, 700, 732
- funktional-quantitative Betrachtungsweise 110
Betriebsstätte 938
Betriebsteuer 33 f
Betriebsunterbrechung 90, 112
Betriebsveräußerung 108 ff, 114, 338, 537, 550, 697 ff
- Betriebszerschlagung 331
- Ermittlungsart 317
- Freibetrag 319
- Fünftelregelung 22, 319
- Zeitpunktbetrachtung 324, 331
- zeitraumbezogene Betrachtung 323, 325
Betriebsvermögen 139, 143 ff, 178, 183, 560
- geduldetes 235
- notwendiges 160 ff
Betriebsvermögen, gewillkürtes 165 ff, 235, 534
- bei Freiberuflern 170 f
- betriebsschädliche Wirtschaftsgüter 166
- Risikogeschäfte 168 f

409

Sachverzeichnis

– Zuordnungswahlrecht 172 f
Betriebsvermögensvergleich 181 ff, 299
Betriebsverpachtung 90
Betriebsverpachtung im Ganzen 112
Bilanz
– ~identität 205, 216
– ~kontinuität 216
Bilanzbündeltheorie 503, 541
Bilanzierung 183
– dem Grunde nach 183, 203 ff
– der Höhe nach 183, 213 ff
– korrespondierende 659, 661
Bilanzierungskonkurrenz 426, 651, 653
Bilanzierungswahlrecht 184
– handelsrechtlich 201
– steuerrechtlich 200
Bruchteilseigentum 154
Buchführung
– Bestandskonten 189
– Buchungssatz 189
– Erfolgskonten 189
Buchführungspflicht 191 f, 286 f
– derivative 193 f
– steuerrechtliche 193, 195
Buchwert 240, 761

carried interest 135
Check-the-Box-Verfahren 7

Damnum 293
Disagio 293
Dividendenabzugsverfahren 866
Doppelansässigkeit 900
Doppelte Vergleichbarkeit 126 f
Dualismus der Einkunftsarten 52, 136 ff, 178
Durchsäuerungsthese 462 ff, 468

Eheliche Gütergemeinschaft 359
Eigentum, wirtschaftliches 149
Eigentumsvorbehalt 149 f
Einbringung 339 ff, 587, 589, 604 f, 740
Einheitstheorie 335 ff, 505, 602 ff
Einkommenserzielung 1032
Einkommensteuertarif
– progressiver 14, 406
Einkommensverwendung 1032 ff
Einlage 178, 185, 247 ff, 309, 677 f
– Aufwands~ 178, 255 f, 264, 274 ff, 1083
– Bewertung 247, 251, 264 ff, 270

– fiktive 247, 261 ff
– Leistungs~ 258
– Nutzungsrechte 275 f
– Nutzungs~ 258
– Sach~ 253, 255, 258, 264 ff, 309, 1086
– ~begriff 249 ff
– ~handlung 258, 260
– ~willen 258
Einlagekonto, steuerliches 1108 f
Einlagenrückgewähr 1109 f
Einnahmen-Überschuss-Rechnung 181, 284 ff, 299
– durchlaufende Posten 291
– Grundsatz der Totalgewinngleichheit 181, 285, 299, 305 f, 312
– Sonder-~ 641 f, 644
– Wahlrecht 287 ff
Ein-Personen-GmbH & Co. KG 487
Eintrittsklausel 771 ff
Einzelunternehmer 52 ff
Entnahme 185, 228 ff, 267, 557, 677 f
– Bewertung 178, 240 ff
– finale 239
– Leistungs~ 230, 306
– Nutzungs~ 230, 242 ff, 306
– Sach~ 229
– verdeckte 13
– ~begriff 229 ff
– ~handlung 232 f
– ~wille 232, 237
Entstrickung 239, 247, 966, 968
Erbengemeinschaft 359
Ergänzungsbilanz 513
– Bruttomethode 598, 600
– negative 521 f
– Nettomethode 592, 594
– positive 517, 519

Familienpersonengesellschaft 374, 406, 408
Forderungsverzicht 689 f
Fortsetzungsklausel 758 f
Freiberufler 116 ff
– Einsatz von Hilfskräften 116, 128 ff
– Einzelähnlichkeit 126 f
– erzieherische Tätigkeit 121
– Katalogberufe 116, 123 ff
– künstlerische Tätigkeit 118
– schriftstellerische Tätigkeit 119
– Tätigkeitsmerkmale 116
– unterrichtende Tätigkeit 120

- Vertretung 131 f
- Vervielfältigungstheorie 128
- wissenschaftliche Tätigkeit 117

Freistellungsystem 867
Fremdvergleich
- externer 1052
- hypothetischer 1052
- interner 1052

Gepräge-Rechtsprechung 454
Gesamthandsbereich 360, 362 ff, 506, 525 ff
Gesamtplan-Rechtsprechung 325, 331 f, 343, 720
Gesellschafterdarlehen 1029
Gesellschafterwechsel 753 ff
- Austritt 744 ff
- Eintritt eines weiteren Gesellschafters 741 ff
Gesellschaftsvermögen 546
Gesonderte und einheitliche Feststellung 841 ff
Gewerbebetrieb
- Begriff 57 ff
Gewerbesteuer 15, 53
Gewerbliche Prägung 450 ff
gewerblicher Grundstückshandel 93 ff
- bei Personengesellschaften 97, 811 ff, 823 f
- Drei-Objekte-Regel 95
Gewinnabsaugung 1053
Gewinneinkunftsarten 136 ff
Gewinnermittlung 138
- Wechsel der Ermittlungsart 289, 311 ff, 315, 317, 334
- zweistufige 355, 505 ff
Gewinnerzielungsabsicht 70 ff
- zweistufige Prüfung 72
Gewinngemeinschaft 367
Gewinnverteilung
- bei Familienpersonengesellschaften 420
- nach Gesellschaftsvertrag 418, 526 ff
- tatsächliche 531 ff
Goldfinger-Modelle 351
Grundsätze ordnungsgemäßer Buchführung 192, 197, 203, 213
Gründungstheorie 903

Handelsbilanz 793, 955
Herstellungskosten 219
- anschaffungsnahe 219 f

Höchstwertprinzip 217
Hoheitsbetriebe 896

Imparitätsprinzip 209
Innengesellschaft 366, 396

Kapitalertragsteuer 1013 ff
Kapitalgesellschaft 373
- rechtsfähige 500
Kapitalkonto
- festes Kapitalkonto I 527
- Kapitalkonto IV 530
- variables Kapitalkonto II 528
- variables Kapitalkonto III 529
Kaskadeneffekt 1007, 1012
Kommanditist 383
Komplementär 381, 388
Körperschaft 5
- Abschirmwirkung 860, 1170
- Abschnittsbesteuerung 1176 ff
- Besteuerungsverfahren 1175 ff
- Drittstaatengesellschaft 905
- EU/EWR-Gesellschaft 903
- gemeinnützige 947 ff
- nichtrechtfähige 893 f, 930
- Scheinauslandsgesellschaft 906 ff
- Typenvergleich 906 ff
- Typusbegriff 901 f

Leasing 151 ff
Liechtenstein-Entscheidung 904

Mantelkauf 1120 ff
- fortführungsgebundener Verlustvortrag 1134
- Konzernklausel 1130 ff
- Sanierungsklausel 1128 f
- Stille Reserven-Klausel 1133
Markteinkommenstheorie 78
Maßgeblichkeitsgrundsatz 184, 192, 197 ff
Missbrauchsvermeidung 380, 409, 419 ff, 948
Mitunternehmer 359
- Kompensationsrechtsprechung 376
- Scheingesellschafter 376
- Treugeber 399 ff
- Treuhänder 399 ff
- Treuhandmodell 401
- Typusbegriff 376
- ~erlass 563

411

Sachverzeichnis

Mitunternehmeranteil
- Aufgabe 727 ff
- unentgeltliche Übertragung 730 ff, 745, 754
- Veräußerung 724 f, 746 ff, 755, 757

Mitunternehmerinitiative 372, 376, 382 ff, 416
- Kommanditist 383, 417
- Komplementär 388

Mitunternehmerrisiko 372, 375, 378 ff, 416
- Beteiligung am Gewinn und Verlust 380
- Gesellschafterhaftung 381
- Komplementär 381

Mitunternehmerschaft 359, 377, 416, 888
- faktische 366
- freiberufliche 158, 457 f
- gewerbliche 158, 355, 362 ff
- verdeckte 366, 404 f

Nachfolgeklausel
- einfache 765 f
- qualifizierte 769

Nachhaltigkeit 65 ff, 114

Nettoprinzip
- objektives 136, 472, 1006, 1116, 1119
- subjektives 861

Nießbrauch 330, 402 f
- Ertrags~ 403
- Vollrechts~ 403

Novation 292

Offene Einlage 257, 1085

Organschaft 1135, 1137
- Ausgleichszahlung an Minderheitsgesellschafter 1166 f
- doppelter Inlandsbezug 1143
- Einkommensermittlung 1170 ff
- Ergebnisabführungsvertrag 1138, 1156 f
- finanzielle Eingliederung 1146 ff
- Mehrmütter~ 1155
- Organgesellschaft 1138, 1142 ff
- Organträger 1141
- Organträgerin 1138
- -spause 1151
- tatsächliche Durchführung 1163 ff

Personengesellschaft 6, 365
- Besteuerungsverfahren 837 ff

- doppelstöckige 395, 452, 467, 482 ff
- Option zur Körperschaftsteuer 7, 50, 911 ff
- rechtsfähige 500

Privatvermögen 174
- notwendiges 174, 535

Progressionsvorbehalt 351
- negativer 351

Publikumskommanditgesellschaft 400

Quellentheorie 136
Querverbund, kommunaler 898

Realisationsprinzip 209, 219
Realteilung 708 ff
- echte 709, 715 f, 718 ff
- mit Spitzenausgleich 713 f
- unechte 709, 728, 751

Rechnungsabgrenzungsposten 208

Rechtsformabhängigkeit
- der Unternehmensbesteuerung 2 ff
- Gestaltungsspielraum 8
- Neutralität der Besteuerung 29 ff
- Verfassungsmäßigkeit 24 ff

Reinvermögenszugangstheorie 78, 136, 182

Rückstellung 209, 295
- Drohverlust~ 210
- Pensions~ 210

Sachgesamtheit
- unentgeltliche Übertragung 327 ff, 338, 537, 549 ff, 584 ff, 745

Schachtelprivileg 1018
Schachtelstrafe 1023
Schwesterpersonengesellschaft 432, 574 f
Selbständigkeit 60 ff
Selbstorganschaft 388
Sitztheorie 905

Sonderbereich 360, 471 ff, 506, 640 ff
- Gleichbehandlung mit Einzelunternehmer 355, 471, 479

Sonderbetriebsausgaben 392, 472 f, 492
Sonderbetriebseinnahmen 355, 426, 472 ff, 483
Sonderbetriebsvermögen 477, 546, 700 f, 733
- gewillkürtes 649 f
- notwendiges 647 f
- Sonderbetriebsvermögen I 477
- Sonderbetriebsvermögen II 478

Sachverzeichnis

– Sonderbilanz 481, 642, 644
Spekulationsgeschäfte 881
Sperrfrist 329, 346, 348, 577 ff, 710 f
Steuerbefreiung
– Beginn 950
– Ende 951
– partielle 945
– umfassende 944
Steuerfreistellung
– für Beteiligungserträge 872 ff, 1007 f
steuerjuristische Person 35 ff
Steuerrechtliche Liebhaberei 70
Steuersatz, gespaltener 866
Steuersubjekt 358, 505
Stichtagsprinzip 205, 214
Stille Gesellschaft
– atypische 393 ff
– typische 390 ff
Stille Reserven 209, 231, 323
Streubesitzdividenden 1015 ff

Tatsachen
– wertaufhellende 214 f
– wertbegründende 214 f
Teileinkünfteverfahren 17, 21, 278, 475, 867, 885 ff
Teilhabersteuer 47 f, 866
Teilwertabschreibung 223, 299
Territorialitätsprinzip 934
Thesaurierungsbegünstigung 16, 18, 31, 51, 785 ff
Tonnagesteuer 181
Totalgewinn 71, 73, 456
Totalgewinnprognose 73 f
Transparenzprinzip 6, 353 ff, 858
Trennungsprinzip 5, 859 f
Trennungstheorie 602, 607
– modifizierte 610, 618 ff
– strenge 608 f, 616 f
Treuhänderlösung 773
Treuhandmodell 377
Typische GmbH & Co. KG 486 f

Überschusseinkunftsarten 136 ff, 793
Umlaufvermögen 146
Unterbeteiligung
– atypische 397 f
– typische 396 f
Unternehmensfortführung, Grundsatz der 214
Unternehmensteuer, allgemeine 40 ff

Veranlassungszusammenhang 143, 159, 509
Veräußerung von Kapitalgesellschaftsanteilen 21, 879 ff, 1019 ff
Verbindlichkeit
– Bewertung 226
verdeckte Einlage 12 f, 257, 1081 ff
– Bewertung 1087 f
– einer Forderung 1104
– eines Kapitalgesellschaftsanteils 1102
– einlagefähiger Vermögensvorteil 1083
– tauschähnlicher Umsatz 257, 1091 ff
– Voraussetzungen 1081 ff
verdeckte Gewinnausschüttung 12, 1035 ff
– an nahestehende Personen 1060 ff
– Auswirkung auf den Unterschiedsbetrag 1046
– bei beherrschenden Gesellschaftern 1057 ff
– Bewertung 1068
– Fremdvergleich 1048 ff, 1058
– Korrespondenz 1075 ff
– Rechtsfolgen 1066 ff
– Rückabwicklung 1080
– totale ~ 1056
– Vermögensminderung oder verhinderte Vermögensmehrung 1041, 1043
– Voraussetzungen 1035 ff
Verlustabzugsbeschränkung 350
– bei beschränkter Haftung 380, 775 ff, 831, 833 ff
– bei Einkünften aus Kapitalvermögen 828 f
– bei privaten Veräußerungsgeschäften 830
– bei Steuerstundungsmodellen 783 f, 832
– Steuerstundungsmodell 350
Verlustausgleich, intertemporaler 1116 f
– Mindestbesteuerung 1119
– Verlustrücktrag 1117
– Verlustvortrag 975, 1117
Vermietung
– beweglicher Gegenstände 90
– von Ferienwohnungen 88
– von Grundbesitz 87
vermögensverwaltende Personengesellschaft 157, 194, 357, 789 ff, 889
– Besteuerungsverfahren 848 ff
– Bruchteilsbetrachtung 796 ff

413

- Einkünfteerzielungssubjekt 791 ff
Vermögensverwaltung 58, 86 ff, 947
- bei Wertpapieren 91
- Fruchtziehung 86
Verrechnungsverbot 204
Verstrickung 247, 261
Verursachungsprinzip 208, 221
Vollständigkeitsgebot 204
Vorabausgliederung 724 f
Vorgesellschaft 928 f
Vorgründungsgesellschaft 927
Vorsichtsprinzip 198, 209, 214 f, 217

Wagniskapitalgesellschaft 135
Welteinkommensprinzip 933
Wertaufholungsgebot 222 f
Wirtschaftsgut 144 ff
- Abgrenzung zum Vermögensgegenstand 144

- abnutzbar 267
- bewegliches 146
- des Anlagevermögens 298, 300
- des Umlaufvermögens 300, 302
- Einzelbewertbarkeit 176
- gemischt genutztes 176 ff
- immaterielles 146, 210
- materielles 146
- nicht abnutzbares 146
- Übertragung von 511
- unbewegliches 146 ff, 180
Wirtschaftsjahr 188

Zebragesellschaft 469, 816 ff
- Besteuerungsverfahren 849 ff
Zu- bzw. Abfluss 284, 292, 875

Setzen Sie die richtigen Schwerpunkte!

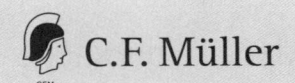

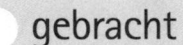

Die Reihe „Schwerpunktbereich"

- systematische Stoffvermittlung mit Tiefgang
- Vorlesungsbegleitung und Vertiefung oder punktuelle Wiederholung vor der Prüfung
- Übungen zur Fallanwendung und zum Prüfungsaufbau anhand von einleitenden Fällen mit Lösungsskizzen

RA Prof. Dr. Florian Haase
Internationales und Europäisches Steuerrecht
6. Auflage 2020. € 35,–
Auch als ebook im Online-Handel

Prof. Dr. Christian Möller
Umsatzsteuerrecht
2017. € 24,99
Auch als ebook im Online-Handel

Prof. Dr. Wilfried Schulte/
Dr. Mathias Birnbaum
Erbschaftsteuerrecht
2. Auflage 2017. € 25,99

Prof. Dr. Wolfram Scheffler
Besteuerung von Unternehmen I
Ertrag-, Substanz- und Verkehrsteuern
14. Auflage 2020. € 32,–
Auch als ebook im Online-Handel

Besteuerung von Unternehmen II
Steuerbilanz
9. Auflage 2018. € 28,99
Auch als ebook im Online-Handel

Besteuerung von Unternehmen III
Steuerplanung
3. Auflage 2020. € 27,–
Auch als ebook im Online-Handel

Alle Bände der Reihe und weitere Infos unter: **www.otto-schmidt.de/cfm**

C.F. Müller   Jura auf den gebracht

Fit im Steuerrecht

Prof. Dr. Dieter Birk †/
Prof. Dr. Marc Desens/
Prof. Dr. Henning Tappe
Steuerrecht
24. Auflage 2021. € 32,–
Auch als ebook im Online-Handel

Prof. Dr. Dieter Birk †/
Prof. Dr. Marc Desens/
Prof. Dr. Henning Tappe
Klausurenkurs im Steuerrecht
Ein Fall- und Repetitionsbuch
6. Auflage 2021. € 27,–
Auch als ebook im Online-Handel

Alle Bände aus den Reihen und weitere Infos unter: **www.otto-schmidt.de/cfm**

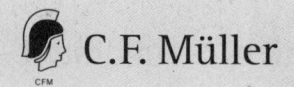

C.F. Müller

Jura auf den ● gebracht

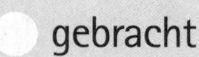